Military History of Korea

한국군사사 ② ─── 고대 II

기획 · 주간

史 육군군사연구소
ARMY MILITARY HISTORY INSTITUTE

육군본부

"역사를 깨닫지 못하는 자에게
비극의 역사는 필연적으로 되풀이 된다"

인류의 역사에서 전쟁은 한 국가의 명운을 좌우해 왔습니다. 그렇기 때문에 모든 나라들은 전쟁을 대비하는 데 전 국가역량을 집중해 왔습니다. 한 나라의 역사를 이해하기 위해 군사사 분야의 체계적인 연구가 필요한 이유가 여기에 있습니다.

육군에서는 이러한 군사사 연구의 중요성을 인식하고 1960년대부터 지금까지 '한국고전사', '한국의병사', '한국군제사', '한국고대무기체계' 등을 편찬하였습니다. 이는 우리의 군사사 연구 기반 조성에 큰 도움을 주었지만, 단편적인 연구에 국한된 아쉬움이 늘 남아 있었습니다.

이에 육군은 그간의 연구 성과를 바탕으로 군사사 분야를 보다 체계적으로 연구·집대성한 '한국군사사(韓國軍事史)'를 발간하였습니다. 본서는 2008년부터 3년 6개월 동안 비록 짧은 기간이지만, 많은 학계 전문가들이 참여하여 군사, 정치, 외교 등 폭넓은 분야에 걸쳐 역사적 사실을 새롭게 재조명하였습니다. 특히 고대로부터 근·현대에 이르기까지 전쟁사, 군사제도, 강역, 군사사상, 통신, 무기, 성곽 등 군사사 전반이 망라되어 있습니다.

"역사를 깨닫지 못하는 자에게 비극의 역사는 필연적으로 되풀이 된다"라는 말이 있습니다. 미래에 대한 변화와 발전도 과거에 대한 깊은 이해와 성찰을 통해서 이루어 질 수 있습니다. 이러한 의미에서 우리나라 최초로 군사사 분야를 집대성한 '한국군사사'가 군과 학계 연구를 촉진시키는 기폭제가 되고, 군사사 발전을 위한 길잡이가 되길 기대합니다.

그동안 어려운 여건속에서도 연구의 성취와 집필을 위해 열과 성을 다해 준 집필진과 관계관 여러분의 노고를 치하합니다.

2012년 10월
육군참모총장 대장 김상기

1. 이 책의 집필 원칙은 국난극복사, 민족주의적 서술에서 벗어나 국가와 민족의 생존의 역사로서 군사사(전쟁을 포함한 군사 관련 모든 영역의 역사)를 객관적으로 서술하는데 있다.
2. 한글 맞춤법과 표준어 등은 국립국어원이 정한 어문규정을 따르되, 일부 사항은 학계의 관례를 따랐다.
3. 이 책의 목차는 다음의 순서로 구분, 표기했다.
   : 제1장 - 제1절 - 1. - 1) - (1)
4. 이 책에서 사용한 전쟁 명칭은 다음과 같은 원칙에 따라서 표기했다.
   (1) '전쟁'의 명칭은 다음 기준에 부합되는 경우에 사용했다.
      ① 국가 대 국가 간의 무력 충돌에만 부여한다.
      ② 일정 규모 이상의 대규모 군사활동에만 부여한다.
      ③ 무력충돌 외에 외교활동이 수반되었는지를 함께 고려한다. 외교활동이 수반되지 않은 경우는 군사충돌의 상대편을 국가체로 볼 수 있는지를 검토한다.
   (2) 세계적 보편성, 여러 나라가 공유할 수 있는 명칭 등을 고려하여 전쟁 명칭은 국명 조합방식을 기본적으로 채택했다.
   (3) 국명이 변경된 나라의 경우, 전쟁 당시의 국명을 사용하는 것을 원칙으로 했다.
      (예) 고려-요 전쟁   조선-후금 전쟁
   (4) 동일한 주체가 여러 차례 전쟁을 한 경우는 차수를 부여했다.
      (예) 제1차~제7차 고려-몽골 전쟁
   (5) 일반적으로 널리 알려진 전쟁 명칭은 ( ) 안에 일반적인 명칭을 병기했다.
      (예) 제1차 조선-일본 전쟁(임진왜란)   조선-청 전쟁(병자호란)
5. 연대 표기는 다음과 같은 원칙에 따라서 표기했다.
   (1) 주요 전쟁·전투·역사적 사건과 본문 서술에 일자가 드러난 경우는 서기력(양력)과 음력을 병기했다.
      ① 전근대 : '음력(양력)' 형식으로 병기하는 것을 원칙으로 했다.
      ② 근·현대: 정부 차원의 양력 사용 공식 일자를 기준으로 구분하여, 1895년까지는 '음력(양력)' 형식으로, 1896년 이후는 양력(음력) 형식으로 병기했다.
   (2) 병기한 연대는 ( ) 안에 양력, 음력 여부를 (양), (음)으로 표기했다.
      (예) 1555년(명종 10) 5월 11일(양 5월 30일)
   (3) 「연도」, 「연도 월」처럼 일자가 드러나지 않은 경우는 음력(1895년까지) 혹은 양력(1896년 이후)으로만 단독 표기했다.
   (4) 연도 표기는 '서기력(왕력)' 형태를 기본으로 하되, 필자가 필요하다고 판단한 경우에는 왕력(서기력) 형태의 표기도 허용했다.
6. 외국 인명은 다음과 같은 원칙에 따라서 표기했다.
   (1) 외국 인명은 최대한 원어 발음을 기준으로 표기하는 것을 원칙으로 했다. 단, 적절한 원어 발음으로 표기하지 못한 경우에는 한자음으로 표기했다.

(2) 전근대의 외국 인명은 다음과 같은 원칙에 따라서 표기했다.
　　① 중국을 제외한 여타 외국 인명은 원어 발음을 기준으로 표기하고 한자를 병기했다.
　　　(예) 누르하치[努爾哈赤]　　도요토미 히데요시[豊臣秀吉]
　　② 중국 인명은 학계의 관행에 따라서 한자음으로 표기했다.
　　　(예) 명나라 장수 척계광[戚繼光]
(3) 근·현대의 외국 인명은 중국 인명을 포함하여 모든 인명을 원어 발음 기준으로 표기하는 것을 원칙으로 했다.
　　(예) 위안스카이[袁世凱]　　쑨원[孫文]
7. 지명은 다음과 같은 원칙에 따라서 표기했다.
(1) 옛 지명과 현재의 지명이 다른 경우에는 '옛 지명(현재의 지명)' 형식으로 표기했다. 외국 지명도 이 원칙에 따라서 표기했다.
(2) 현재 외국 영토에 있는 지명은 가능한 원어 발음으로 표기했다.
　　(예) 대마도 정벌 → 쓰시마 정벌
(3) 전근대의 외국 지명은 '한자음(현재의 지명)' 형식으로 표기했다.
　　(예) 대도大都(현재의 베이징[北京])
(4) 근·현대의 외국 지명은 원어 발음으로 표기하는 것을 원칙으로 하되, 학계에서 일반화되어 고유명사처럼 쓰이는 경우에는 한자음으로 표기했다.
　　(예) 상하이[上海]　　상해임시정부上海臨時政府

본문에 사용된 지도와 사진

- 본문에 사용된 지도는 한국미래문제연구원(김준교 중앙대 교수)에서 제작한 것을 기본으로 하여 필자의 의견을 반영해서 재 작성했습니다.
- 사진은 필자와 한국미래문제연구원에서 제공한 것을 1차로 사용했으며, 추가로 장득진 선생이 많은 사진을 제공했습니다. 필자와 한국미래문제연구원, 장득진 제공사진은 ⓒ표시를 하지 않았습니다.
- 이 외에 개인작가와 경기도박물관, 경희대박물관, 고려대박물관, 국립중앙박물관, 국사편찬위원회, 규장각한국학연구원, 독립기념관, 문화재청, 서울대박물관, 연세대박물관, 영집궁시박물관, 육군박물관, 이화여대박물관, 전쟁기념관, 한국학중앙연구원, 해군사관학교박물관, 화성박물관 외 여러 기관에서 소장자료를 제공했습니다. 이 경우 개인은 ⓒ표시, 소장기관은 기관명을 표시했습니다. 사진을 제공해 주신 분들께 감사드립니다.
- 이 책에 실린 사진 중에서 소장처를 파악하지 못해 사용허가를 받지 못한 사진이 있습니다. 이 사진에 대해서는 저작권자가 확인되는 대로 게재 허락을 받고 통상의 기준에 따라 사용허가 및 사용료를 지불하도록 하겠습니다.

제4장

동아시아 국제정세의 변동과 삼국통일전쟁

제1절

동아시아 국제정세의 변동과 삼국의 대외정책

1. 5~6세기초 동아시아의 국제정세와 삼국의 대외정책

1) 5~6세기 초 동아시아의 국제정세

5세기 이래 고구려를 비롯한 삼국 및 동북아시아의 여러 정치세력은 중원세력과는 별다른 충돌이 없었던 반면에, 오히려 한반도 내에서 삼국간의 전쟁이 빈번하게 일어나고 있었다. 즉 고구려는 동북아시아에서 독자적 세력권을 형성하여 패자로 군림하고 있었으며, 고구려를 중심축으로 하여 삼국과 가야, 왜 사이에 동맹과 분열이 다양하게 변주되고 있는 상황이었다. 이와 같은 동북아시아 국제관계의 동향이 독자성을 갖게 된 배경에는 사실상 5세기대 동아시아 전체 국제 질서가 갖는 독특한 상황이 자리하고 있다.[1]

439년에 북위가 북량北凉을 정복하여 화북 지역을 통일함으로써 130여 년이나 계속된 중국의 5호 16국 시대는 막을 내렸다. 북위北魏가 가장 강력한 세력으로 등장하자, 이에 대항하는 주위의 인접 국가들은 당시의 국제 관계를 새롭게 구성하면서 각자 그 존립 방식을 모색하게 되었다. 즉 북위를 가운데 두고 중국의 남조 송宋과 북의

---

[1] 아래의 서술은 盧泰敦, 「5-6세기 東아시아의 國際情勢와 高句麗의 對外關係」 『東方學志』 44, 1984 및 임기환, 「고구려와 수·당전쟁」 『한국사』 4, 한길사, 1994, 139~143쪽을 주로 참조하였다.

유연柔然 및 서쪽의 토욕혼吐谷渾, 그리고 동의 고구려는 서로 연결을 꾀하며 북위를 포위 견제하는 한편, 각자 북위와 우호 관계 혹은 적대적 관계를 맺게 되었다. 그리고 이러한 여러 국가의 역관계에 의해 당시 동아시아 국제 관계의 전반적인 성격이 규정되었다. 한반도에서 삼국의 대외관계도 기본적으로는 이러한 당대 동아시아 국제관계로부터 일면 규정을 받으며 전개되고 있었다.

당시 동아시아 여러 국가 간에 맺어진 적대 관계의 중심축은 북위 대 남조 국가, 북위 대 유연이었다. 특히 최강대국인 북위를 사이에 두고 남조 국가와 유연은 상호 연결하여 북위를 남북 양쪽에서 위협하였다. 북위와 남조 국가는 스스로 중화의 정통을 자처하며 중국의 통일을 지향하였기 때문에 양국 사이에 치열한 상쟁이 그치지 않았다. 그런데 보다 우월한 국력을 갖는 북위가 끝내 남조를 정복하지 못하였던 이유는 북쪽 유연의 위협이라는 국제적 배경 때문이었다. 이는 "유연을 꺾지 못하면 남적(남조)을 방어할 수 없다"는 북위의 인식에서도 엿볼 수 있다.

유연은 그 흥기 과정이 북위의 예속에서 벗어나기 위한 대결의 연속이었기 때문에 양국의 충돌은 끊임없이 일어났다. 특히 북위는 남조를 정벌하기 위해서는 자신의 배후를 위협하는 유연을 정복할 필요성을 절감하고 있었다. 이에 유연에 대한 전쟁을 빈번하게 일으켰으며, 때로는 상당한 전과를 거두기도 하였다. 그러나 유연에 대한 정벌 과정에서 항상 남조 국가의 침공이 두려웠기 때문에 결국 유연의 정복이라는 소기의 목적을 달성하기는 어려웠다.

이처럼 북위, 남조 국가, 유연 삼국 간에는 역관계의 연동성을 바탕으로 세력 균형이 이루어졌다. 그리고 이러한 세력 균형을 기본 축으로 5세기 이후 동아시아의 국제 질서가 안정적으로 유지될 수 있었던 것이다.

2) 삼국의 대외정책

5세기 이래의 안정적인 동아시아의 국제 정세 속에서 고구려는 동북아시아 방면에서 독자적인 세력권을 구축하였다. 그리고 이러한 동아시아의 정세를 잘 파악하고 북위, 남조 국가, 유연과 등거리 외교 관계를 맺고 있었다. 고구려의 국력은 이들 3국에 비해서는 상대적으로 열세였으나, 3국을 제외하고는 동북아시아에서 가장 강력한 세력으로서 중심축이 되어 당시 동아시아의 세력 균형에 일조를 하고 있었다. 물론 고구려 대외 정책의 기본 방향은 일차적으로 국경을 접하고 있는 강대국 북위에 대한 교섭과 견제였다. 그러면 고구려와 북위와의 관계를 살펴보자.

430년대에 들어서 북중국을 제압한 북위가 그 여세를 몰아 요서 지역의 북연北燕을 압박하기 시작하였다. 고구려는 북위의 동진에 대응하여 일단 435년에 북위에 사신을 파견하고 책봉을 받음으로써 외교 관계를 열었다. 그러나 비교적 우호적인 관계에 있었던 북연이 북위에 밀리기 시작하자 큰 위협을 느끼고, 북연을 지원하며 북위의 동진에 적극적으로 대처해 갔다. 436년에 북위군이 북연의 수도 화룡성和龍城에 진군하자, 고구려 역시 수만의 군대를 보내어 북위군과 대치하면서, 북연왕 풍홍馮弘과 다수의 주민을 이끌고 회군하였다. 북위는 곧 풍홍의 송환을 요구하였으나 고구려가 이를 거절함으로써 양국 관계는 일촉즉발의 위기 상황에 이르렀다. 그러나 유연의 침입을 경계한 북위가 소극적인 자세를 취함으로써 군사적 대결을 피할 수 있었다.

그렇지만 고구려도 인접한 강국인 북위와 언제까지나 대립적 관계를 유지할 수는 없었다. 특히 427년의 평양천도 이후 고구려는 본격적인 남진 정책을 추진하고 있었기 때문에, 무엇보다 서변의 안정이 시급한 문제였다. 이에 고구려는 남조 송이나 유연과 연결하여 북위를 견제하는 한편, 직접적으로 북위와의 관계를 개선하는 데에도 힘을 기울였다. 462년에 고구려는 20여 년만에 다시 북위에 사신을 파견하였으며, 이후 양국의 관계는 급속도로 개선되었다.

그러나 양국 관계가 시종 우호적이고 순탄한 것만은 아니었다. 466년에는 북위의 청혼을 고구려가 거절함으로써 양국 관계가 잠시 냉각되기도 하였다. 또 472년에 고구려의 남진에 위협을 느낀 백제가 북위에 청병을 요청하면서 양국간에 분쟁의 소지가 마련되기도 하였다. 물론 당시 북위는 고구려와 백제 사이의 분쟁에 개입할 의사는 없었지만, 백제에 사신을 파견하는 과정에서 고구려를 자극하였던 것이다. 또 고구려와 여러 차례 분쟁을 일으켰던 물길勿吉이 북위에 접근하자, 고구려는 이에 대해서도 예민하게 반응하였다.

북위의 입장도 마찬가지였다. 고구려가 송과 외교관계를 맺자 이에 노골적으로 불만을 터뜨리기도 하였으며, 479년에는 고구려가 유연과 합세하여 동북 내몽고 지역에 있던 지두우地豆于를 분할 점령하려고 하자, 이를 경계하기도 하였다. 이처럼 양국은 서로를 잠재적인 위협 세력으로 여기고 있었으며, 상호 이해 관계가 충돌하는 계기도 적지 않았다.

그러나 양국이 모두 또 다른 적대적인 대결 상대를 눈 앞에 둔 상황에서, 양국 간의 분쟁을 확대해 갈 수는 없는 노릇이었다. 특히 아래에서 살펴 보는 바와 같이 고구려가 북위의 현실적 적대 세력인 남조 국가 및 유연과의 연결을 도모하는 견제책을 구사하자, 적대세력으로 포위된 북위 역시 가급적 고구려와의 충돌을 피하려고 하였다. 따라서 양국은 서로의 세력권을 인정하며 빈번한 사신 교환과 문물 교류를 통해 당시 동아시아의 여러 국가 중 가장 우호적인 관계를 유지할 수 있었다.

한편 고구려는 북위에 대한 견제책으로 남조 국가와도 통교하였다. 송과는 북연왕 풍홍에 대한 지원 문제를 둘러싸고 한차례 군사적 충돌도 있었지만, 북위의 위협 때문에 곧 관계를 개선하였다. 그 후 송은 북벌을 준비하면서 고구려에 전마戰馬를 요구하고, 이에 응하여 고구려도 439년에 말 8백 필을 보내기도 하였다. 고구려는 북위와의 관계가 개선된 뒤에도 북위에 대한 외교적 견제책으로 남조와의 교섭을 계속하였다.

고구려와 유연의 교섭은 언제부터 시작되었는지 구체적으로는 알 수 없으나, 아마도 고구려와 북위의 관계가 냉각 상태에 있었던 430년대 말에는 어떤 형태로든지 서로 간에 접촉이 있었을 것으로 짐작된다. 그 후 479년에는 고구려와 유연이 연합하여 지두우地豆于의 분할을 시도한 것을 보면 이 시기 양국은 우호적인 관계를 맺고 있음을 알 수 있다. 이러한 관계가 물론 북위에 대한 견제책이었음은 말할 것도 없다.

이러한 고구려의 대외 정책으로 당시 고구려와 중원과 북방 여러 국가간에는 평화로운 관계가 유지되고 있었다. 즉 5세기 초에 후연과의 전쟁을 치룬 이후 598년 수와의 전쟁을 치루기까지 북중국의 국가와는 한차례의 전쟁도 없었고, 북방 유목국가와도 6세기 후반 돌궐과의 충돌이 일어나기까지 우호 관계를 지속하고 있었다.

고구려가 중원 국가들과 장기간에 걸쳐 안정적인 국제관계를 유지하게 되는 배경에는 당시 북위나 남조 국가들이 추구하는 조공朝貢-책봉冊封 관계라는 외교 질서를 통한 고구려의 외교 정책도 충분히 고려된다. 즉 중원 국가들과 여러 차례 갈등 대립이 일어날 수 있는 계기가 있었음에도 불구하고 군사적 충돌로 확대되지 않은 데에는 당대의 국제정세와 고구려의 강력한 국력이 그 배경이 되었을 것이다.

위에서 거론한 북위와 고구려의 갈등은 대부분 북위가 요구하는 번신藩臣으로서의 태도와 고구려가 북위에게 보여주는 독자적인 태도 사이의 현격한 거리에서 비롯하였다. 그것은 책봉·조공이 갖는 명분적 신속 관계와 실질적인 독자성 사이의 긴장 관계였다. 따라서 양국이 책봉과 조공을 매개로 맺고 있는 상대방에 대한 인식의 차이를 서로 조정해 갔던 측면도 간과할 수 없다. 다시 말해서 북위가 고구려의 독자적 세력권을 인정하는 선에서 양국의 타협이 이루어졌다고 보인다.[2]

역대로 고구려가 받은 책봉호가 사상 최고위인 예가 많았던 면이나, 아울러 동방사회에 대한 대외업무를 관장하던 관직인 동이교위東夷校尉나 동이중랑장東夷中郞將을 수여받은 사실은 북위가 책봉호를 통해 고구려의 독자세력권을 인정한 결과로 해석할 수 있다.

472년에 백제의 청병 요청을 북위가 거절한 것도 고구려의 세력권을 침범하지 않겠다는 북위의 입장을 잘 보여준다. 특히 504년에 "물길·백제의 침공으로 인해 부여의 황금과 섭라涉羅(신라)의 옥을 조공으로 바치지 못하였다"는 고구려 사신의 말에 대한 북위의 세종은 다음과 같이 대답하였다.

> 세종이 이르기를 '고구려는 대대로 상장上獎의 지위에 있으면서 해외를 오로지 하여 구이九夷와 힐로黠虜를 모두 정벌하였다. 작은 술병이 빈 것은 큰 술독의 수치이니 누구의 잘못인가. 지난날 공물의 허물은 그 책임이 고구려에 있다. 경은 짐의 뜻을 그대 왕에게 전하여 위회威懷의 방략을 다 써서 해악을 끼치는 무리를 제거하여 동방을 편안히 하도록 하고, 2읍(부여와 신라)으로 하여금 옛 터전을 회복하여 토모를 항상 조공하도록 하라'[3]

---

2 北魏의 입장에서는 고구려를 동방의 藩屏으로 인정하는 방식이었을 것이다(三崎良章, 「北魏の對外政策と高句麗」『朝鮮學報』102, 1982, 159~163쪽 ; 朴漢濟, 「北魏의 對外政策과 胡漢體制」『역사학보』116, 1987, 37쪽).

3 『위서』권100, 열전88, 고려.

이러한 북위 세종의 말은 당시 북위가 동북아 일대에 대한 고구려의 지배권을 공인하였음을 잘 보여준다. 물론 고구려가 갖는 이러한 위상은 고구려 자신의 지배력을 통해 획득한 것이지, 거기에 북위의 지원이 있었던 것도 결코 아니었다. 하지만 북위로부터 수여받은 책봉호는 이러한 고구려의 현실적 지배력을 외교 형식을 통해 공인을 받았다는 의미를 갖게 되며,[4] 그것이 고구려가 책봉·조공을 통해 구사한 외교 전략의 실질적인 내용이었다.

이와 같은 동아시아의 국제 정세 및 북위와 남조 국가에 대한 외교 전략을 배경으로 중국 세력이나 북방 유목세력의 영향력을 배제한 가운데 고구려는 동북아시아에서 독자적인 세력권을 구축하였다. 즉 세력권의 외곽에 거란족와 말갈족의 일부를 거느리고, 지두우의 분할을 시도하거나, 남실위南室韋에 철을 공급하면서 내몽고 동북부 지역에도 세력을 뻗쳤다. 또 한반도 내에서는 남진정책을 추진하여 백제를 압박하면서 한반도 중북부 일대를 차지하였고, 신라에도 정치적·군사적으로 커다란 영향력을 행사하고 있었다.[5]

「광개토왕비」나 「중원고구려비」에서 엿볼 수 있듯이 당시 고구려가 백제나 신라 등을 '속민屬民' 혹은 '동이東夷'라 칭하면서 자국 중심의 독자적 천하관을 형성하였던 배경에는 현실적으로 당대 동아시아의 국제 질서가 자리하고 있었던 것이다.[6]

그러면 5~6세기 초 동아시아 국제 정세 속에서 백제와 신라는 어떻게 대응하고 있었을까? 백제는 일찍부터 동진東晉과 교류하는 등 국제정세에 눈을 뜨고 있었다. 그러나 한반도

광개토왕비의 측면·정면(조선고적도보)

4 북위가 동방의 여러 국가로부터 조공을 받았으면서도, 고구려 외에는 일체의 책봉이 없었다는 점도 북위가 고구려에 대한 인식을 보여준다(朴漢濟, 앞의 논문, 1987, 37쪽).

5 이 시기 삼국 간의 대외관계에 대해서는 盧重國, 「高句麗·百濟·新羅사이의 力關係變化에 대한 一考察」 『東方學志』 28, 1981 참조.

6 盧泰敦, 「5세기 金石文에 보이는 高句麗人의 天下觀」 『韓國史論』 19, 1988 참조.

동남쪽에 위치한 신라가 동아시아의 국제무대에 본격적으로 등장하는 시기는 한강유역을 장악한 6세기 중반 이후부터다.

백제는 전통적으로 남조와 밀접한 외교 관계를 맺고 있었다. 그러나 그것은 고구려에 대한 견제를 위한 정치적 목적보다는 국내의 정치 상황 혹은 문물 교류의 측면이 두드러졌다.

백제가 중국 왕조와 교섭하여 처음 책봉을 받은 때는 근초고왕 27년으로, 이때 동진東晉으로부터 '진동장군영낙랑태수鎭東將軍·領樂浪太守'란 관작을 받았다.[7] 그후 386년에 침류왕이 '사지절使持節·도독都督·진동장군鎭東將軍·백제왕百濟王'으로 책봉되고, 전지왕이 동진 말에 '사지절使持節·도독백제제군사都督百濟諸軍事·진동장군鎭東將軍·백제왕百濟王'이란 관직을 받았는데, 이는 413년 고구려 장수왕에 대한 책봉과 대응하는 것이다. 즉 이 때부터 중국 남조가 고구려와 백제의 대립 상황을 의식하고, 양국 모두에게 책봉이란 형식을 통해 외교적 교섭을 시작하였다고 볼 수 있다.

그런데 백제의 경우 372년 근초고왕의 책봉 이후, 430년 비유왕 초년의 책봉 때까지는 고구려에 비하여 중국 남조와 좀더 자주 교섭하고 있었다. 하지만 그 내용을 보면 주로 백제왕의 즉위 초에 신왕新王의 즉위를 알리거나, 또는 동진이나 송으로부터 책봉을 받는 교섭이 거의 대부분이었다. 즉 근수구왕 5년(379), 침류왕 1년(384), 전지왕 2년(406), 구이신왕 1년(420), 비유왕 2년(428)과 3년의 교섭 예가 대표적이다. 이런 동향은 역시 책봉·조공이라는 외교적 형식을 지속하고 있기는 하지만, 그 내용을 보면 일종의 즉위 의례로서 일회성의 교섭에서 크게 벗어나지 않는다. 따라서 당시 백제의 경우에는 중국 왕조에 대해 본격적인 외교 전략을 구사하였다고 보기는 어렵겠다.[8]

백제가 송나라와의 외교 교섭에 관심을 기울이기 시작한 때는, 고구려가 북연 문제 때문에 북위와 대립하면서 436년 이후에 송과의 교섭을 적극화하면서부터이다. 그러

---

7 이때의 '진동장군·영낙랑태수'란 관작은 평양성을 공격한 후, 이 지역에 일대에 대한 연고권을 주장하는 의미에서 백제가 동진에 요청하여 받은 관작일 가능성이 크다.

8 이하 백제의 대중국 외교 전략에 대해서는 임기환, 「南北朝期 韓中 冊封·朝貢 관계의 성격」『한국고대사연구』 32, 2003 참조.

나 이 시기에도 송에 대한 백제 사행의 빈도는 고구려의 그것에 비하여 현저히 떨어지는 상황이다. 436년부터 고구려가 다시 북위와 통교한 462년까지 고구려는 송에 총 11회의 사절을 보냈는데 반하여, 백제는 불과 5회에 그쳤다. 그것도 개로왕 초년의 교섭을 제외하고 나면 그 빈도가 훨씬 더 떨어지게 된다.

이처럼 중국 남조에 대한 외교 사행의 빈도를 보면, 백제보다는 고구려가 훨씬 빈번하였다. 고구려의 남조에 대한 외교는 백제를 의식하기보다는 북조인 북위를 견제하기 위한 외교 전략이었다. 따라서 국가의 생존 전략의 면에서 보아도 백제보다는 고구려가 훨씬 심각한 위기감에서 남조와의 외교에 집중할 수 밖에 없는 조건이었다. 물론 고구려의 일방적인 입장만이 아니고, 420년 송의 건국 직후에 나타나듯이 남조인 송의 입장에서도 북위를 견제하기 위해 고구려와의 외교 교섭에 적극적인 태도를 취하고 있었다.

이러한 고구려와 남조의 교섭 내용으로 볼 때, 백제가 대고구려 견제 전략의 일환으로 남조와의 외교관계를 유지한다는 것은 사실상 불가능하다고 볼 수 있다. 백제 역시 이러한 사정을 모를리 없다. 따라서 비유왕~개로왕대에는 그 이전보다는 훨씬 빈번하게 남조 국가와 사신을 교환하고 있지만, 여전히 당시 고구려의 사행 빈도에 훨씬 못미치는 수준이었다.

이러한 동향은 결국 고구려와 백제가 각각 취한 대송 외교 전략의 차이에서 비롯된다고 볼 수 있다. 즉 고구려의 대송 교섭은 현실적인 위협인 북위를 견제하기 위한 외교 전략으로 구사한 결과이지만, 백제의 경우는 현실적으로 송과의 교섭에 그렇게 적극적으로 나설 이유가 없었다. 당시 고구려와 대립하고 있던 백제로서는 송의 지원이 필요하다면 필요하였겠지만, 송나라의 입장에서 보면 현실적으로 북위를 견제하기 위해서는 고구려와의 교섭에 주력해야 하는 형편이었기 때문에, 백제의 손을 들어줄 리가 만무했다. 설사 송나라가 고구려보다 백제에 더 우호적이었다고 할지라도, 현실적으로 고구려와의 군사적 충돌 시에 송의 군사력은 백제에게 거의 도움이 되지 못하는 상황이었다. 이러한 국제 정세를 잘 알고 있는 백제로서도 고구려 보다 더 적극적으로 송과의 교섭에 나설 필요가 없었을 것이다. 고구려의 남하를 저지하기 위해서는 차라리 신라나 가야 및 왜의 지원을 얻는 것이 더 현실적이었다.[9] 이러한 국제 환경이 남북조 시기 내내 백제의 대 남조 교섭의 배경이 되었으리라 짐작된다.

백제가 대고구려 전략의 일환으로 교섭한 대상은 북위北魏였다. 472년 개로왕은 고구려 공격을 요청하는 사절을 북위에 보냈다. 번국藩國으로서 지극한 예를 갖추고 북위를 자극하려는 화려한 수사의 표문表文에도 불구하고, 북위의 반응은 백제의 기대와는 거리가 멀었다. 앞에서 언급한 바와 같이 당시 북위는 고구려의 세력권을 인정하고 있었기 때문에, 백제에 보내는 답서에서 고구려와 백제 사이의 분쟁에 개입할 의사가 없음을 분명히 밝히고 있다.[10]

사실 백제는 이 이전에는 북위와 일체 교섭이 없었으며, 이후에도 다시는 북위와 교섭하지도 않았다. 왜 백제가 고구려의 남하를 저지하기 위해 진작부터 북위에 대한 교섭을 시도하지 않았는지는 여전히 의문으로 남지만, 472년에 백제 국서에 대해 보인 북위의 반응을 미리 예상하고 그동안 북위와의 교섭을 미루었다고 생각되지는 않는다. 결국 백제가 북위에 보낸 청병請兵의 사행은 한 차례의 해프닝으로 끝나고 말았으며, 오히려 고구려를 자극하여 475년에 장수왕의 한성 공격을 불러온 결과가 되었다. 따라서 당시 백제가 국제 정세 동향에 대한 안목이 부족하다고 볼 수는 없겠지만, 그 전략적 한계를 지적하지 않을 수는 없다.

웅진으로 천도한 후 백제는 남조와의 외교 교섭만 추진하였는데, 그 사행의 빈도도 같은 시기 고구려의 사행 보다 그리 많지 않았다. 즉 사료상으로 확인되는 경우만 보아도, 475년부터 진陳이 멸망한 588년까지 백제의 사신 파견 회수가 17회였으며, 고구려의 경우는 같은 기간에 21회였다. 이렇게 백제가 취한 남조에 대한 교섭의 자세는 고구려와 비교해도 소극적이었음을 알 수 있는데, 이는 앞서 살펴본 바와 같이 고구려의 남하를 저지하는 데에는 중국 남조와의 교섭보다는 신라나 가야 및 왜와의 교섭이 더 현실적이었기 때문일 것이다.

이상에서 살펴본 대외정책의 환경에서 백제가 중국 왕조와 맺고 있는 책봉·조공에 대한 태도도 고구려와는 매우 달랐다. 그것은 양국이 처한 국제적 환경의 차이에서

---

9 임기환, 「漢城百濟期 對外交涉의 변천 : 3~5세기를 중심으로」 『漢城期 百濟의 勿流시스템과 對外交涉』, 학연문화사, 2004.

10 『위서』 권100, 열전88, 백제.

비롯된 것이지만, 그 결과 대중 교섭의 실질적 목표와 내용에 있어서 백제의 독자적인 전략과 성격이 드러나게 되었다. 그러한 독특한 성격의 하나가 바로 중국 황제에게 백제왕의 신료에 대한 관작 제수를 요청하고 있는 점이었다.

즉 450년(비유왕 24)에 풍야부馮野夫의 관작 제수 요청, 458년(개로왕 4)의 신하 11인에 대한 관작 제수 요청이 그것이다. 이와 같은 백제의 남조에 대한 외교 전략의 성격은 웅진으로 천도한 동성왕대에도 지속되었다. 즉 490년과 495년에 동성왕은 각각 7인과 8인의 신료에 대한 관작 제수를 요청하여 추인을 받았다. 이처럼 이 시기 백제의 남조 외교 전략의 특징의 하나가 남조의 조공·책봉제를 백제 국내의 왕권 기반과 연관하여 활용하고 있다는 점이다. 이는 당시 남조이든 북위이든 중원의 정세 속에서 중국세력이 한반도 삼국간의 역관계에 그다지 영향을 주지 못하고 있음을 깨달은 백제가 고구려와는 달리 동아시아 국제관계를 이용하는 외교 전략을 구사하지 않고 있는 측면을 반영한다.

2. 6세기 중반 동아시아 국제정세의 변동과 삼국의 정세 변화

1) 6세기 중반 동아시아 국제정세의 변동

5세기 이래의 안정적인 동아시아의 국제 질서는 523년 북위에서 내란이 시작되면서 균열이 일어나기 시작하였다.[11] 494년의 낙양 천도 이후 북위 조정은 급속한 한화漢化 정책을 추진해 갔고, 이에 따라 북쪽 변경의 선비족 출신 무인귀족들은 그 지위가 상대적으로 떨어지게 되면서 조정에 대해 큰 불만을 품고 있었다. 그러다가 523년 옥야진沃野鎭에서의 반란을 시작으로 하여 북위의 지배를 받던 변방의 이민족과 연결되어 서북의 6개 군진에서 모두 반란을 일으켰다.

---

11 이하 중국의 형세에 대해서는 盧泰敦, 앞의 논문, 1984, 46~56쪽 및 임기환, 앞의 글, 1994, 149~154쪽을 주로 참고하였다. 그 외 傅樂成 著, 辛勝夏 譯, 『中國通史』, 1968, 334~358쪽 ; 徐連達 外(중국사연구회 譯), 『中國通史』, 청년사, 1986, 303~318쪽 참조.

이 반란은 곧 진압되었으나, 뒤이어 528년 이후에는 궁정 내부의 권력 투쟁이 지방 장군들의 무력과 연결되어 광범위한 내란으로 확대되었고, 그 결과 북위는 동위와 서위로 분열되었다. 즉 534년에 고환高歡은 스스로 효정제를 세워 정권을 장악하고 업성으로 천도하여 동위를 세웠고, 535년에는 우문태宇文泰가 장안으로 피신해 있었던 효문제를 독살하고 문제를 즉위시켜 장안에서 서위를 세웠던 것이다. 따라서 비록 북위의 왕조는 2개의 정권으로 나뉘어 근근히 유지되고 있었지만, 정치적 실권은 고씨와 우문씨 양대 군사 집단이 차지하게 되었다.

이 시기 가장 강대한 세력인 북위의 내분은 곧 동아시아의 국제질서에 큰 영향을 주었다. 먼저 남조의 양梁은 북위의 내분을 이용하여 524년과 526년에 북벌을 감행하여 526년의 정벌에서는 요충지인 수양壽陽을 회복하여 회하 일대를 차지하는 성과를 거두었다. 이어 529년에 다시 북벌을 시도하여 낙양을 점령하는 등 한때 남북조의 세력 균형을 깨뜨리는 형세를 조성하기도 하였으나, 곧 패퇴하고 말았다. 또 547년에는 동위에서 투항해 온 후경侯景의 세력을 이용하여 북진을 도모하려다가, 반대로 후경의 역공을 받아 수도 건강建康이 함락되는 등 수년간 혼란에 빠졌다. 오히려 양은 후경의 난을 틈탄 동위와 서위의 공격을 받아 익주와 양양 지역을 서위에게 빼았기고, 회남의 땅을 동위에게 점령당하여 그 세력이 크게 약화되고 말았다.

그런데 550년에 고환의 아들 고양高洋은 동위의 효정제를 폐하고 북제北齊를 세웠고, 서위에서도 557년에 우문태의 아들 우문각宇文覺이 자립하여 북주北周를 세웠다. 이후 북제와 북주는 남북으로 흐르는 황하를 경계로 동서로 나뉘어 상쟁하였다. 그리고 양梁에서도 북제의 침공을 격파한 진패선陳覇先이 556년에 양의 경제를 폐위하고 자립하여 진陳을 건국하였다. 그러나 후경의 난 이후 북주나 북제에게 양자강 이북의 땅을 대부분 빼앗긴 상태였기 때문에 진의 영역은 양자강 이남의 일부 지역에 국한되었고, 또 각지의 무장세력이 항상 내전을 일으켜 정국이 매우 불안정하였기 때문에 북조의 공격에 대항할 힘을 잃고 있었다. 이리하여 북위의 분열에도 불구하고 중국 대륙은 다시금 북제·북주·진의 3국 간의 세력 균형이 이루어졌다.

한편, 북방의 유연柔然은 북위의 내분을 틈타 점차 강성해져 갔다. 동위와 서위 및 이를 계승한 북주와 북제는 상대를 제압하기 위하여 서로 유연의 힘을 빌리려고 경쟁하는 형편이 되었고, 유연은 이러한 역관계를 이용하면서 자기 세력을 키워 갔다.

그런데 6세기 중반에 들어서면서 몽골 고원에도 세력 교체가 일어나고 있었다. 552년에 신흥 돌궐突厥이 유연을 격파하고 몽고 고원의 새로운 주인으로 등장한 것이다. 돌궐은 본래 흉노족의 일부로 알타이산 남쪽에서 유목하면서 유연의 지배를 받고 있었는데, 6세기 중엽 이후 점차 강성해져서 아사나토문阿史那土門이 유연을 대파하고 이리가한伊利可汗을 칭하며 돌궐국[突厥第一可汗國]을 건설하였다. 새로운 유목국가인 돌궐은 끊임 없이 세력을 확장하여 제3대인 목한가한木杆可汗의 치세인 553년에서 572년까지 약 20여년 동안 돌궐국의 판도를 형성하였는데, 이 때 그 영역이 동 으로 요해遼海 지역에 이르렀다. 돌궐이 요해지역 에 이르른 시점은 늦어도 557년 경으로 추정된다.[12]

돌궐 위그르시대 석상

일찍부터 몽골 고원의 세력과 관계를 맺으면서 북위를 견제하였던 고구려로서는 이러한 세력 교체를 예의 주시하였다. 특히, 돌궐에 의해 격파된 유연의 남은 무리들 이 남쪽으로 이동해 오면서 요하 상류의 거란족 지역 및 북제의 북쪽 경계에 연쇄적 인 파동이 일어나게 되고, 이에 따른 무력 충돌과 군사적 동원이 빈번해지면서, 이 지 역 일대에 깊은 이해 관계를 갖고 있던 고구려는 돌궐의 동향을 주목하지 않을 수 없 었던 것이다. 더욱 돌궐의 동진이 계속되어 흥안령산맥을 넘어 거란족과 말갈족에 그 세력이 미치고, 심지어 고구려 국경을 침범하는 사태에 이르자, 이후 고구려는 돌궐 과 치열하게 대립하게 되었다.[13]

---

12 이재성, 「6세기 후반 突厥의 남진과 高句麗와의 충돌」 『북방사논총』 5, 2005, 85~87쪽.
13 고구려와 돌궐과의 관계에 대해서는 盧泰敦, 「高句麗의 漢江流域喪失의 原因에 대하여」 『韓國史硏究』 13, 1976 및 李龍範, 「高句麗의 遼西進出과 突厥」 『史學硏究』 4, 1959 및 이재성, 위의 논문, 2005 참조.

고구려와 돌궐의 첫 충돌을 보여주는 주목할 만한 기사가 『삼국사기』 고구려본기 양원왕조에 전하고 있다.

> 7년(551년) 가을 9월에 돌궐이 신성新城에 와서 포위하였으나 이기지 못하자 백암성 白巖城으로 이동하여 공격하였다. 왕은 장군 고흘高紇을 파견하여 병사 1만 명을 거느리고 가게 하니, 이들을 막아 승리하고 1천여 급을 얻었다.[14]

위 기록은 다른 역사책에는 보이지 않는 고구려본기에만 기재되어 있는 고구려의 독자적인 기사이다. 그러나 위 기사는 사실 의문의 여지가 적지 않다. 일단 551년에 돌궐이 과연 요해지역까지 진출하여 고구려와 충돌이 가능할지가 의문이다. 왜냐하면 551년이면 아직 돌궐이 등장하기 이전이며, 더욱 돌궐의 요해지역 진출이 빨라야 555년 이후가 될 것이기 때문이다. 따라서 이 기년을 그대로 믿기는 어렵다. 그렇지만 550년대 초반 고구려와 돌궐의 충돌 자체를 부정할 필요는 없다. 즉 555년 이후 어느 시점에 고구려와 돌궐의 충돌이 있었을 가능성이 충분하다. 이 때의 충돌은 돌궐이 동진하면서 요하 상류지역에 거주하고 있던 거란족에 대한 지배권을 둘러싼 양 국간의 쟁탈전으로 이해된다.[15]

2) 삼국의 정세 변화와 대외정책

6세기 이후 북위의 분열에 따라 대륙의 정세 변동이 급격하게 이루어지고 있었다. 그런데 이러한 변화에 대하여 고구려는 소극적으로 대처하였다. 북중국에서 전개된 분열과 대립이 아직 고구려의 안위에 직접 영향을 주지 않은 탓도 있지만, 무엇보다 고구려의 국내 사정이나 한반도에서의 역관계의 변화로 인해 이러한 대륙의 정세 변동에 능동적으로 대처할 여유가 없었던 것이다.[16]

---

14 『삼국사기』 권19, 고구려본기7, 양원왕 7년.
15 이재성, 앞의 논문, 2005, 130쪽.
16 이하 삼국의 정세변화 서술은 임기환, 앞의 글 1994, 145~149쪽을 참고하였다.

고구려는 6세기 초부터 귀족세력간의 갈등으로 정치적으로 상당한 내분의 진통을 겪고 있었다. 531년에는 안장왕安藏王이 피살되었고, 또 안원왕安原王 말년인 544년에는 외척인 추군麁群과 세군細群 사이에 왕위계승전이 벌어졌다. 이 때 패배한 세군 측이 2천여 명이나 피살되었음을 보면, 그 정쟁이 얼마나 큰 규모로 전개되었는지 짐작할 수 있다. 양원왕 즉위시에 일어난 이러한 귀족세력 간의 갈등·대립은 그 뒤에도 상당 기간 계속되어, 557년에는 환도성(국내성)의 반란으로 이어졌다.

이와 같은 당시 귀족세력 간의 대립과 정쟁은 곧 고구려 귀족사회의 변화를 반영한다. 즉 5부체제의 해체와 활발한 대외정복활동 과정에서 신진귀족들이 새로이 진출하면서 구귀족세력들과 대립한 것이다. 특히 이들은 평양천도와 장수왕의 왕권강화책에 힘입어 정치적으로 크게 성장하였는데, 대체로 평양 지역에 세력 기반을 두고 있었다. 그런데 장수왕 이후 이러한 귀족사회의 변화에 따른 새로운 정치운영체제를 모색하지 못한 결과, 전통적인 국내계 귀족세력과 이들 평양계 신진귀족세력 간에 정치적 주도권을 둘러싸고 심각한 갈등이 벌어졌던 것이다.[17]

그런데 이러한 내분이 전개되는 과정에서 고구려는 급격한 국제 정세의 변동과 대외적 위기를 맞게 되었다. 즉 551년에는 고구려의 내분을 포착한 백제와 신라의 연합군에게 한강 유역을 빼앗기게 되어 한반도에서 고구려의 주도권이 크게 위협을 받게 되었다. 또 앞에서 언급하였듯이 돌궐 세력이 동진해 오면서 서북변의 긴장도 고조되어 갔으며,[18] 여기에 북제와 북주의 등장도 이전 북위와의 우호적인 관계와는 다른 대외적 상황을 연출하였다.

예를 들어 552년에 북제는 고막해庫莫奚를 정벌하는 원정 끝에 문선제文宣帝가 영주營州에 머물며 고구려에 사신을 보내어 북위 말 혼란기에 고구려로 이주하였던 유민 5천호를 쇄환해 갔다. 이듬해에도 북제의 문선제는 거란족에 대한 대규모 친정을 감행하면서 요서의 창려성까지 직접 순행하였다.[19] 이러한 요해 지역에서 북제의 무력

---

17 林起煥, 「6·7세기 高句麗 政治勢力의 動向」『韓國古代史研究』 5, 1991.
18 노태돈은 고구려 한강유역 상실의 한 원인으로서 돌궐의 동진을 들고 있다(노태돈, 앞의 논문, 1976).
19 『북제서』 권4, 제기4, 문선제 천보 3·4년.

시위에 고구려도 커다란 위기감을 느끼지 않을 수 없었다.

이와 같은 한반도와 대륙에서의 정세 변동에 따른 대외적 위기에 대처하기 위해 고구려 귀족세력은 분쟁을 수습할 길을 모색하였다. 그 결과 고구려의 정치운영 체제는 귀족세력 사이의 정치적 역관계를 조절할 수 있는 귀족연립체제로 정착되었다.[20]

내부 분쟁을 일단 수습한 고구려는 남북 양쪽의 대외적 위협에 적극적으로 대처해 갔다. 대륙 방면에서는 돌궐의 동진세를 저지하여 큰 변동 없이 종전의 세력권을 유지할 수 있었다. 특히 요해 지역의 거란·말갈족에 대한 지배권은 돌궐과의 주된 분쟁의 대상이었는데, 오히려 6세기 말까지 고구려는 거란·말갈에 대한 지배권을 강화해 가면서 요해 지역으로의 진출을 적극화하고 있었다. 이에 대해서는 다음 절에서 검토하도록 하겠다.

한편, 한반도 내 삼국간 관계에 있어서도 고구려는 여유를 찾을 수 있었다. 553년에 신라가 백제가 되찾은 한강 하류 지역을 기습 공격하여 이를 독차지하고, 이듬해에는 관산성 전투에서 백제군을 대파하고 성왕을 전사시킴으로써, 백제와 신라의 동맹 관계가 깨져 버린 것이다. 이후 백제와 신라 사이의 상쟁이 치열해짐에 따라, 고구려의 남부 국경은 상대적으로 안정될 수 있었다.

북제와의 긴장도 남조인 진陳과의 연결을 적극적으로 꾀함으로써 어느 정도 세력 균형을 되찾을 수 있었다. 552년 이후 북제가 망할 때까지 25년 동안 고구려는 북제에 4차례 사행한 데 비하여, 진에는 5차례나 사신을 파견하였다. 특히 565년 북제와 신라가 외교관계를 맺은 후부터는 북제와의 관계를 끊고 진과의 관계에 주력하였다.[21] 이러한 고구려의 대외 정책 및 근본적으로는 북제를 포함한 대륙 정세의 변화 아래에서 고구려와 북제 간에도 평온이 유지될 수 있었다.

북위의 분열 이후 이어지는 동아시아 국제 정세의 변화 속에서 백제의 대중국 외교 전략도 변화하기 시작하였다. 즉 570년에는 북제와, 577년에는 북주와 각각 외교관계를 맺었다. 이는 고구려와 우호적인 관계를 유지하였던 북위가 무너지고 북제·북주

---

20 林起煥, 앞의 논문, 1991 ; 盧泰敦, 앞의 논문, 1976.
21 盧泰敦, 앞의 논문, 1984, 54쪽 ; 徐榮洙,「三國時代 韓中外交의 전개와 성격」『古代韓中關係史의 研究』, 1987, 121쪽.

가 등장하면서 고구려와 대립하게 되자, 이들 북조 국가와의 연결을 모색하여 고구려를 견제하려는 외교전략으로 보인다.

백제가 북조 국가와의 연결을 모색한 것은 472년에 북위에 청병한 이후 100여 년만의 일이다. 그동안 백제가 북위와의 외교관계를 단절한 이유는 북위와 고구려와의 관계로 볼 때 대고구려 견제책이 성공할 수 없기 때문이었다. 따라서 그 동안 백제는 신라와의 동맹을 통해 고구려의 남하를 저지하고 있었다.

그런데 한반도 내에서의 정세 변화가 백제로 하여금 북조 국가와 적극적인 외교 관계를 맺게 만든 배경이 되었다. 즉 544년의 관산성 패전 이후 적대적 관계로 돌아선 신라가 564년에 북제와 외교 관계를 맺자, 이를 외교적으로 견제하려는 측면도 있었을 것이다.

신라도 한강 유역을 차지한 후 적극적으로 중국의 여러 국가와 외교 활동을 전개하고 있었다. 이 무렵 신라는 북제와도 외교 관계를 맺고 있었으나, 그보다는 남조인 진과 활발하게 교섭하고 있었다. 신라는 북제에 564년과 573년에 2차례 사신을 파견하였던 데에 비하여, 진에 대해서는 567년의 사신 파견을 시작으로 8회에 걸쳐 사신을 파견하고 있다. 이 역시 백제를 견제하려는 외교 정책이었을 것이다. 당시 신라는 고구려와는 별다른 충돌이 없었기 때문에, 대고구려 견제책으로서 북제 등의 북조 국가와의 교섭에 소극적이었는지도 모르겠다.

이와 같이 6세기 중반 이후 중국 대륙과 몽골 고원에서 일어난 정세의 변동 및 한반도에서의 역관계의 변화로 삼국의 대외 관계도 점차 변모하기 시작하였다. 북위의 분열과 돌궐의 등장으로 백수십년 동안 지속된 평화 관계가 깨지고 서북 지역에서 긴장이 고조되면서, 고구려도 이 지역으로 국력을 모으지 않을 수 없었다. 따라서 상대적으로 한반도 내에서 고구려의 힘이 약화되고, 이 틈을 타 신라가 급속히 성장하면서 한반도 주도권도 잃게 되었다. 또한 백제가 새로이 북중국 국가와 연결하여 고구려에 대한 견제를 꾀하고 있었다. 신라는 남조국가와 외교관계를 통해 백제를 견제하려는 전략을 구사하고 있었다. 이와 같이 중국대륙에서 일어난 동아시아 국제정세의 변동은 서서히 한반도 내 삼국간의 역관계에도 상당한 변화를 초래하기 시작하였다.

3. 수와 당의 등장과 국제정세의 변동

1) 수의 등장과 국제질서의 변동

북제와 북주의 상쟁은 575년에 북주가 북제를 정복함으로써 종식되었다. 그리고 581년에 양견楊堅이 북주 정권을 탈취하여 수를 건국하였다. 양견의 부친 양충은 북주의 개국공신으로 우문태를 따라 관중에서 군사를 일으켜 수국공隋國公에 봉해졌는데, 양견이 이를 계승하여 점차 세력을 키워나가 무제武帝 때에는 그의 딸이 태자비가 될 정도로 상당한 정치적 기반을 다졌다. 그 후 선제宣帝가 즉위하자 그는 황후의 부친이라는 자격으로 조정의 실권을 차지하더니, 580년 선제가 죽고 나이 어린 정제靜帝가 즉위하자 정권을 완전히 장악하게 되었다. 이듬해 양견은 정제를 폐위하고 스스로 제위에 올라 국호를 수隋로 고치고 장안에 도읍을 정하였다. 그가 수 문제文帝이다. 그는 정치적 실권과 군사권을 장악한 한인漢人 관료들의 지지 위에서 손쉽게 정권을 차지할 수 있었다.

수 문제는 즉위한 후 인심을 수습하고 통치 기반을 다지기 위하여 부역을 경감하고 법령을 간소화하였으며 여러 제도를 정비하였다. 이러한 새로운 기운을 불러 일으키는 체제 정비에 따라 수의 국력은 급속히 강해졌으며,[22] 이는 곧 대외적인 팽창으로 이어졌다. 588년에 수문제는 강남을 통일하기 위하여 50여 만명의 대군을 출동시켜 이듬해 진陳을 정복하였다. 수에 의한 진의 병합은 당시의 국제 질서에 커다란 파장을 불러 일으켰다. 중국 세력이 통일되어 그 강력한 힘이 외부로 뻗쳐나갈 경우, 이제까지의 다원적인 국제 질서는 급속히 변동될 수 밖에 없기 때문이다.[23]

---

22 『수서』 권2, 제기2, 고조기에는 문제의 통치 시기를 일컬어 "절약에 힘쓰고 부역을 균평하게 하여 창고가 가득 차고, 법령이 잘 시행되어 군자는 모두 살아감을 즐거워했고, 백성은 각기 그 생업에 안정을 찾아…인물이 번성하고 朝野가 즐거워하여 20년 간 천하가 무사하더라."라고 평하였다. 지나치게 미화된 기사일 수도 있겠으나, 수가 당시 상당한 안정과 번영을 누리고 있었음을 짐작할 수 있다.

23 이하 수대의 국제정세에 대해서는 임기환, 앞의 글, 1994, 149~153쪽 및 임기환, 「7세기 동북아시아 국제질서의 변동과 전쟁」 『전쟁과 동북아의 국제질서』, 일조각, 2006, 51~65쪽.

588년 수에 의한 중국의 통일은 주변 여러 나라를 긴장시켰다. 수 건국 초기에 한때 수와 충돌하던 토욕혼吐谷渾은 진의 멸망 소식을 접하자, 먼 지역으로 중심지를 옮기고 조공을 바치면서 수와 우호적인 관계를 유지하기 위해 노력하였다. 그러나 토욕혼은 실크로드를 장악하고 있는 서방의 요충이기 때문에, 이 지역에 대한 수의 관심에서 벗어날 수 없었고, 609년 수 양제는 직접 군사를 거느리고 토욕혼을 정벌하여 복속시켰다.[24]

또 중국의 최대 적대 세력인 북아시아 유목세력인 돌궐도 수의 위협을 받게 되었다.[25] 이전에 돌궐은 등장 후 북주와 북제의 대립·상쟁을 이용하여 급속히 세력을 키워갔다. 돌궐의 타발가한他鉢可汗이 "남쪽에 있는 두 아이들[북제·북주]이 내게 효순孝順한데 물자가 없을 것을 걱정하겠는가"라고 했다는 말에서 당시의 정황를 잘 알 수 있다. 그 후 북주가 북중국을 통일한 뒤에도 돌궐은 북주에 대한 군사적 압력을 늦추지 않았으며, 이에 북주는 579년에 천금공주千金公主를 타발가한他鉢可汗에게 시집보내는 등 돌궐과 우호 관계를 맺기에 급급한 실정이었다.

이와 달리 수는 건국 초부터 돌궐에 대하여 강경책을 구사하였다. 수는 581년에 북방에 장성을 축조하여 돌궐의 침입에 대비하는 한편 돌궐의 사발략가한沙鉢略可汗을 무시하는 태도를 보였다. 수의 예우에 분노한 사발략가한과 친정인 북주를 멸망시킨 데에 대해 한을 품은 천금공주는 영주자사 고보령高寶寧과 통모하여 582년과 583년에 거듭 수를 침공하였으나 격퇴되고 말았다.[26] 그런데 당시 돌궐 내부에서는 소가한小可汗들의 분열과 권력 투쟁이 전개되고 있었다. 이러한 돌궐의 내분을 이용한 수의 이간책이 주효하여 결국 583년에는 동돌궐과 서돌궐로 분열되었고, 수는 동돌궐을 공격하였다. 세력이 급격히 위축된 동돌궐의 사발략가한은 결국 수에 신하를 칭하며 조공을 바치게 되고, 천금공주도 수로부터 양성楊姓을 하사받고 대의공주大義公主로 책봉을 받는 상황이 되고 말았다.

그 후 수가 진을 병합하고 중원을 통일하였을 때, 돌궐은 사발략가한의 아들인 도

---

24 『수서』 권83, 열전48, 토욕혼.
25 이하 수와 돌궐의 관계는 『수서』 권84, 열전49, 돌궐전에 의함.
26 『북제서』 권41, 열전33, 고보령.

람가한都藍可汗이 대가한大可汗으로 있었다. 589년에 수는 진나라 최후의 황제가 쓰던 병풍을 돌궐의 대의공주(천금공주)에게 보내어 그 위세를 과시하였다. 이에 공주는 그 병풍에 고국을 잃은 자신의 처지를 빗대어 진의 멸망을 한탄하는 시를 지었고, 이를 들은 수문제는 돌궐에 대한 예우를 박하게 하였다고 한다. 이 사건은 수가 진을 병합함으로써, 돌궐과 중원 세력간의 역관계에 커다란 변화가 나타났음을 상징적으로 보여준다.

이후에도 돌궐에 대한 수의 이간책은 계속되어, 수는 도람가한都藍可汗에 대항하는 계민가한啓民可汗을 적극 지원하였으며 결국 도람가한 세력은 자멸하고 말았으며, 599년에는 서돌궐에 쫓긴 계민가한이 수에 투항하였다. 이에 다시 동돌궐에 대한 대규모 정벌을 시도하여 내몽고 사막으로 내쫓았으며, 내항한 계민가한 등 동돌궐 잔여 세력을 복속시켰다.

이렇게 수는 건국 이후 서역(토욕혼)과 북방(돌궐)에 대한 적절한 대응책으로 그리 대외적인 어려움을 겪지는 않았다. 599년 동돌궐을 복속시킨 이후에는 현실적으로 대외적인 두통거리는 거의 사라진 셈이다.

수의 등장과 중국의 통일은 삼국에도 상당한 반향을 불러 일으켰다. 그러나 백제와 신라의 존재는 처음부터 수의 관심 밖이었다. 백제는 581년 수의 건국에 즉각적인 반응을 보여 곧바로 수에 사신을 파견하였다. 그리고 수가 진을 병합하여 전통적으로 밀접한 외교관계를 맺고 있었던 남조 국가가 사라지자, 백제는 보다 적극적으로 수와의 교섭을 모색하였다.[27] 예컨대 수가 중국을 통일한 해에 수의 군선이 백제의 탐모라국耽牟羅國에 표류하자, 백제는 이를 정중히 수에 송환하고 진의 병합을 축하하는 사절을 파견하였다. 이에 대해 수는 백제에 대해 매년의 입공을 면제해 주겠다는 등 유연한 자세를 보였는데, 이는 후술하듯이 고구려에 문제의 조서詔書를 보내어 번신의 절차를 지키지 않는다고 비난하였던 강경한 대고구려 정책과 비교된다.

아마 이러한 수의 태도 차이는 동북아의 강대 세력인 고구려를 상당히 경계하였던 것과는 달리 지리적으로도 국경을 접하고 있지 않은 백제에 대해서는 그다지 관심을

---

27 이하 백제와 수의 관계는 『수서』 권81, 열전46, 백제전에 의함.

기울이지 않았던 데에서 비롯되었을 것이다. 물론 이를 고구려의 적대 세력인 백제와 연합하여 고구려를 포위하려는 외교 정책으로 볼 수도 있다. 그러나 그 후 수가 고구려 정벌 과정에서 백제의 지원을 적극적으로 촉구한 사실이 보이지 않음을 보면, 수는 대고구려 정책에 있어서 백제를 비롯한 여타 주변국과의 연결을 그다지 염두에 두지 않았던 것으로 생각된다.

한편, 신라는 고구려나 백제와는 달리 594년에 비로소 처음으로 수와 외교관계를 맺었다. 이미 이전에 북제와 외교관계를 맺은 바 있던 신라가 수의 등장에 즉각적인 반응을 보이지 않았던 이유는 잘 알 수 없다. 다만 이시기 신라의 외교 정책은 백제에 대한 견제책으로 전개되고 있었기 때문에 수와의 교섭에 소극적이었을지도 모르겠다. 그러나 이후 고구려의 대신라 공세가 강화되면서 신라 역시 수와의 교섭에 적극적으로 나섰다. 그 대표적인 예가 611년에 고구려 정벌을 청하는 걸사표를 수에 보낸 일이다. 그러나 신라의 적극적인 자세와는 달리, 수는 신라를 대고구려 정책에 동원하려는 적극적인 외교 전략을 구사하지는 않았다.[28]

이상에서 살펴본 바와 같이 수의 등장과 중국의 통일, 그리고 수에 의한 돌궐의 복속은 5세기 이래의 다원적인 국제질서를 근본적으로 변혁시키는 것이었다. 중국의 남·북조 국가와 북방의 유목세력, 그리고 고구려를 중심축으로 상호 세력 균형에 의해 유지되어 오던 국제질서는 수에 의해 중국과 북방세력이 통합됨으로써 급격히 와해되었다. 여기에 한반도의 백제와 신라도 수 제국의 구심력을 쫓아 수와 연결됨으로써 삼국 간의 상쟁에 중국 세력이 침투할 가능성도 높아졌다. 물론 수대에는 이러한 현상이 표면화되지는 않았다. 백제와 신라가 수 제국과의 교섭에 적극적이었던 것과는 달리, 수는 백제나 신라를 대고구려 정책에 이용하려는 외교 전략을 구사하지 않았기 때문이다. 이는 무엇보다 백제와 신라가 수나라와 지리적으로 국경을 접하고 있지 않아 현실적인 위협이 되지 않은 점이 주된 이유겠지만, 북조의 전통을 계승한 수로서는 과거 북조와 교섭이 적었던 백제나 신라에 대한 기본적인 인식이 마련되지 않았던 점도 하나의 요인일 것이다.

---

28 『수서』 권81, 열전46, 신라.

수에 의한 중원의 통일로 이제까지 남북조의 분열 구조 위에서 전개하여 온 고구려의 외교 전략은 깨지게 되었다. 고구려는 곧바로 수의 침입에 대해 군사적 대비를 갖추는 한편 전통적인 외교 방식인 조공-책봉제에 의한 외교 교섭도 재개하였다.[29] 그러나 590년에 고구려에 보낸 수 문제의 국서는 고구려에 대한 수의 변화된 인식을 잘 보여준다.[30]

> 왕은 해마다 사신을 보내와 조공을 바치며 번부藩附라고 일컫기는 하지만 성의를 다하지 않고 있소. (중략) 번신藩臣의 예절을 지키고 조정의 정전正典을 받들어 스스로 그대 나라를 교화시키고 남의 나라를 거스리지 않는다면, 길이 부귀를 누릴 것이며, 진실로 짐의 마음에 드는 일이오.[31]

위 국서에서는 수가 피책봉국으로서 고구려의 태도에 대해 상당한 불만을 토로하고 있는데, 이는 남북조 시기의 조공·책봉 관계와는 다른 관계를 설정하려는 수의 입장을 보여준다. 그것은 바로 중국 중심의 일원적 국제 질서의 수립이었다.

따라서 수가 책봉·조공이라는 형식을 통하여 관철하려는 세계 질서는 기존에 고구려나 백제가 갖고 있던 책봉·조공관과는 현저히 달라진 셈이다. 여기서 이념적으로 고구려와 수의 정면 충돌이 예상된다. 하지만 남북조 시기의 책봉·조공 질서에 본격적으로 참여하지 못하였던 신라의 경우에는 조공·책봉 관계에 대한 독자의 전략이나 인식이 결여되어 있었을 것이다. 이러한 점이 신라가 수나 당唐이 요구하는 중국 중심의 일원적 책봉·조공관이나 국제 질서를 손쉽게 받아들이는 배경이 되었을 것이다.

한편 고구려는 다시금 동북아시아 지역에서 세력권의 재건을 도모하고 있었다. 수의 공격을 받은 돌궐 세력이 약화되자, 요해遼海 지역의 거란·말갈에 대해 세력 침투

---

29 『수서』 권81, 열전46, 고려.
30 수가 고구려에 문제의 국서를 보낸 시기에 대하여 『삼국사기』 고구려본기에는 590년으로, 『수서』와 『자치통감』에는 597년으로 기록하고 있다. 신채호는 597년설을 취하였지만(「朝鮮上古史」『단재신채호전집 상』, 형설출판사, 1972), 당시 평원왕과 영양왕대 고구려의 국내 정세나 대외 정책을 고려하면 590년일 가능성이 높다.
31 『수서』 권81, 열전46, 고려.

를 적극적으로 꾀하였으며, 한반도 내에서는 한강유역을 되찾기 위해 신라에 대한 공세를 강화하였다. 그중에서도 요해 지역을 둘러싸고 수와 고구려의 갈등이 증폭될 가능성이 높아졌다.

요해 지역이 동북아시아의 화약고와 같은 상황으로 바뀐 것도 6세기 중반 국제 정세 변동의 결과였다. 552년 돌궐에 의해 격파된 유연의 잔여 세력이 동진 남하하여 요하 상류의 거란족을 압박하게 되면서 이 일대와 북제北齊의 북쪽 국경에 연쇄적인 파동이 일어나게 되었다. 이에 553년 북제의 문선제文宣帝는 거란족에 대한 대규모 친정을 감행하여 거란을 대파하여 10만여 명의 포로를 잡고, 이어서 요하 가까이 창려성昌黎城까지 순수하였다.[32] 물론 북제의 이 지역 진출은 북주 및 돌궐과의 대결 때문에 단기간에 그쳤지만, 이로 인해 고구려와 북제 사이의 긴장감이 한때 높아지기도 하였다.

그 뒤를 이어 요해 일대에 세력을 뻗쳐온 것이 돌궐이었다.[33] 돌궐의 요해 지역 진출은 6세기 중엽에서 말엽까지 광범위하고 지속적으로 전개되었다. 북제의 공격으로 큰 타격을 받은 거란은 이어 돌궐의 세력이 거듭 요해 지역으로 미쳐오자 그 세력이 크게 위축되면서, 돌궐의 압력을 피하려는 그 일부 세력이 고구려로 귀부해 왔다.[34] 이를 계기로 고구려는 한 때 주춤하였던 요해 일대의 경영에 적극적으로 나서면서, 580년을 전후한 무렵에는 돌궐의 이계찰利稽察 병단을 격파하는 등[35] 돌궐과 충돌하게 되었다.

고구려와 돌궐의 충돌을 처음 전하는 기사는 앞서 살펴본 바와 같이 『삼국사기』 고구려본기 양원왕陽原王 7년(551) 추9월조 기사이다.[36] 이 기사에서 보이는 바와 같이 요동 일대에서 돌궐과 고구려의 군사적인 충돌은 빨라야 555년 무렵이었다. 그런데

---

32 『북제서』 권4, 제기4, 문선제, 천보 3·4년.

33 6세기 후반 고구려와 돌궐과의 관계에 대해서는 노태돈, 앞의 논문, 1976 ; 이용범, 앞의 논문, 1959 ; 이재성, 앞의 논문, 2005 참조.

34 『수서』 권84, 열전49, 거란, "當後魏時 爲高麗所侵 部落萬餘口求內附 止于白狼河 後爲突厥所逼 又以萬餘家寄於高麗 開皇四年 率諸莫賀弗來謁".

35 『수서』 권84, 열전49, 돌궐, "往年利稽察大爲高麗·靺鞨所破".

36 『삼국사기』 권19, 고구려본기7, 양원왕 7년(551) 추9월, "突厥來圍新城 不克 移攻白巖城 王遣將軍高紇領兵一萬 拒克之 殺獲一千餘級".

이후에도 돌궐의 동진은 계속되어 사발략가한 때에는 휘하의 피지배종족을 지배하는 지방관인 토둔吐屯을 거란에 설치하는 등 이 지역에 대한 세력 확대를 늦추지 않았다. 처음 고구려와 돌궐의 충돌은 동몽골지역의 서랄목륜西剌木倫과 그 지류인 노합하老哈河 유역과 대릉하大陵河 유역에서 세력을 형성하고 있던 거란의 지배권을 둘러싼 쟁탈전으로 볼 수 있다.[37]

그 후 고구려와 돌궐의 충돌은 점차 말갈에 대한 지배권을 둘러싸고도 전개되기 시작하였다.[38] 6세기 중엽 이후 물길勿吉 세력이 약화되면서, 북송화강 유역에 거주하던 속말말갈粟末靺鞨이 두각을 나타내게 되었다. 이 때 돌궐은 속말말갈을 지원하여 고구려 변경을 침입케 하는 한편 중국에 대한 조공 루트도 제공하였다. 또 돌궐은 속말말갈 북쪽의 실위室韋에도 세력을 뻗쳐 그 지역에 토둔吐屯을 설치하면서 고구려의 서북 지역에 압력을 가하였다. 실위는 일찌기 고구려가 철을 수출하면서 영향력을 행사하던 지역이었다.[39]

이에 고구려도 돌궐이 수에 격파되어 세력이 약화된 583년 이후에는 부여성 일대를 거점으로 송화강 유역으로 세력 부식을 꾀하면서 속말말갈 지역으로 진출하였다. 그 결과 고구려에 대항하던 돌지계突地稽가 속말말갈의 일부 세력을 이끌고 유성(柳城: 지금의 요녕성 조양)일대까지 내려와 수에 투항하였다.[40]

이와 같이 거란과 말갈에 대한 지배권을 놓고 고구려와 돌궐이 각축을 벌이고 있을 때, 수도 서서히 이 지역으로 세력을 확대해 왔다.[41] 수는 582년에 요서 지역에서 반독립적인 세력을 형성하고 있던 고보령高寶寧 세력을 복속시키면서 요해 일대에 점

---

37 이용범, 앞의 논문, 1959 참조.

38 이하 고구려와 말갈 관계 내용은 『수서』 권81, 열전46, 말갈전에 의거함.

39 『수서』 권84, 열전49, 실위.

40 『수서』 권81, 열전46, 말갈 ; 『太平寰宇記』 권71, 河北道20, 燕州, "隋北蕃風俗記云 初開皇(581~600)中 粟末靺鞨與高麗戰不勝 有厥稽部渠長突地稽者 奉忽賜來部 · 窟突始部 · 悦稽蒙部 · 越羽部 · 步護賴部 · 破奚部 · 步步括利部 凡八部勝兵數千人 自扶餘城西北 舉部落向關內附 處之柳城 柳城乃燕都之北".

突地稽의 동향에 대해서는 日野開三郎, 「隋 · 唐に歸屬せる粟末靺鞨突地稽一黨」 『日野開三郎東洋史學論集 -第15卷 - 東北アジア民族史(中)』, 1991 참조.

41 이하 거란과 수와의 관계에 대해서는 『수서』 권84, 열전49, 거란 및 노태돈, 앞의 논문, 1976 ; 이용범, 앞의 논문, 1959 ; 이재성, 앞의 논문, 2005 참조.

차 세력을 부식시키기 시작하였다. 특히 583년에 돌궐이 동서로 분열되어 세력이 약화되자, 이듬해인 584년에 그때까지 돌궐의 지배하에 있던 거란 여러 부족은 수에 귀부하였다. 그리고 수의 힘이 적극적으로 미쳐옴에 따라 고구려의 지배를 받던 거란의 일부가 586년에 고구려를 등지고 수에 귀부하는 사태가 벌어졌으며,[42] 수 문제 말기에도 4천여 가의 거란 세력이 돌궐의 세력권을 이탈하여 수에 귀속하였다. 이처럼 고구려와 돌궐을 뒤이어 수의 세력이 거란 지역에 미치게 됨에 따라 거란 내부에는 이들 세 세력과 연결되어 서로 상쟁이 일어나기까지 하였다.

이처럼 584~586년경에 고구려의 지배를 받고 있던 속말말갈의 돌지계 집단과 거란의 일부 세력이 수에 귀부하였고, 또한 584년에는 거란 주세력이 돌궐의 지배를 이탈하여 수로 귀부해 간 상황은 요해 지역에서 수의 영향력이 증대되어 간 사정과 연관된다. 수왕조 초기에 요해 지역의 세력 확대에 힘을 쓴 자는 위예韋藝·위충韋冲 형제였다. 특히, 위예는 영주총관으로 있으면서 북방 민족과의 교역을 통해 크게 치부하기까지 하였다. 이는 요해지역을 둘러싼 쟁탈이 정치·군사적인 요인만이 아닌 경제적인 이득과 연관되었음을 보여주는 증거이다. 595년에 위예가 죽자 그 뒤를 이어 동생인 위충이 영주총관이 되었는데, 그도 역시 말갈·거란을 회유 위무하여 이를 복속하고 보다 적극적으로 요해 일대에 세력을 확대해 갔다.[43] 더욱 593년에는 거란, 해奚, 실위室韋 등이 수에 사신을 보내는 등 수의 영향력이 날로 증대되어 갔다.

이 과정에서 고구려와 수 사이에 충돌이 점점 빈번해졌다. 590년에 고구려에 보낸 수 문제의 국서를 보면 "(고구려가) 말갈을 핍박하고, 거란을 가두고 있다"라고 비난하고 있다. 이는 수는 이 지역의 거란·말갈족에 대한 고구려의 세력 침투를 경계하고 있었음을 잘 보여준다. 반대로 당시 위충 등의 활동으로 대표되듯이 요해 지역에서의 수가 점점 세력을 확대하는 과정에 고구려로서도 상당한 위협을 느꼈을 것이다.

이처럼 거란·말갈에 대한 지배권 다툼이 계속되면서 고구려와 수 사이에는 소규모 군사 충돌이 거듭되었다. 영양왕의 요서 출격이 있던 전 해에도 이미 양국 사이에

---

42 『책부원귀』 권977, 외신부, 항부문, "隋高祖開皇六年 是年契丹別部出伏等背高麗率衆內附 納之 安置 於渴奚郁頡之北".
43 『수서』 권49, 열전14, 위예전·위충전.

는 군사적 충돌이 있었다.[44] 고구려와 수의 전쟁의 도화선이 되었다고 볼 수 있는 598년에 영양왕이 직접 군사를 거느리고 요서를 공격한 사건은 이전부터 진행되고 있던 고구려와 수의 충돌 과정의 연장선에서 이해할 수 있을 것이다.[45] 특히 영양왕은 요서 공격 시에 1만 말갈군을 거느리고 출격하였는데, 이때 거느린 말갈 군대는 아마도 돌지계의 이탈 이후 고구려에 복속한 속말말갈 세력임에 틀림없다. 이 전투는 그동안 말갈과 거란을 둘러싸고 전개되었던 양국 간 쟁탈전의 양상을 상징적으로 보여주는 사건인 셈이다.

영양왕의 요서 공격에 대응한 수의 1차 침공 이후에도 고구려는 요해 지역으로의 세력 확대를 늦추지 않고 있었다. 605년에는 거란이 요서의 영주營州를 침공하였는데, 이는 거란에 대한 고구려의 영향력 강화와 무관하지 않으리라고 생각된다. 이때 수는 계민가한의 돌궐군을 동원하여 거란을 제압하였는데, 이 사건 역시 돌궐, 거란 등과 연결된 요해 지역 주도권 다툼의 결과였다.

고구려는 수의 위협에 대한 대응책으로서 5세기 이래의 세력권을 회복, 재구축하려고 시도하면서 다양한 외교 전략을 구사하였다.[46] 하나는 한반도의 백제와 신라에 대한 군사적인 공세이며, 다른 하나는 수를 견제하기 위한 왜와 돌궐에 대한 동맹을 위한 교섭이었다.

우선 한반도 내의 정세를 보면, 고구려의 군사적인 압박으로 백제와 신라는 다시금 수와의 교섭에 나서게 되었다.[47] 백제는 607년과 611년에 백제는 수에 사신을 보내어 고구려 정벌을 요청하였으며, 신라 역시 611년에 수에 청병 사절을 보냈다. 이에 수는 백제에 사신을 보내어 고구려 정벌을 알리고, 613년에는 신라에도 사신을 보내었다. 심지어 608년에는 왜에도 배세청을 파견한 바 있다. 이러한 수의 대응이 고구려

---

44 『수서』 권81, 열전46, 백제.

45 『수서』 권81, 열전46, 고려, "明年(598) 元率靺鞨之衆萬餘騎寇遼西 營州總管 韋沖擊走之".

46 이 시기 고구려가 자기 세력권을 재건하려는 움직임은 온달 설화에도 잘 나타나 있다. 온달은 평원왕대에 요동으로 뻗쳐온 북주군을 격파하는 데 큰 공을 세웠으며, 이어서 영양왕대에는 신라에게 빼앗긴 한강 유역을 되찾기 위하여 출전한 후 전사하였다는 설화인데, 이러한 온달의 행적은 당시 고구려 정권이 취한 대외정책의 동향을 상징적으로 보여 주는 것이다. 그것은 중국 세력에 대비하면서 신라를 압박하여 옛 세력권을 회복한다는 대외 전략으로 보인다.

47 『수서』 권81, 열전46, 백제·신라·왜.

정벌에 백제나 신라를 동원하려는 외교전략으로 보이지는 않지만, 삼국간의 충돌에 중원 세력이 개입할 가능성을 보여 주었다는 점에서 주목된다.

다음 고구려의 대돌궐과 대왜 교섭 전략을 살펴보자. 특히 고구려는 왜와의 외교관계에 적극적이었는데, 570년(영양왕 원년)부터 여러 차례 왜에 사신을 파견하였으나,[48] 당시 왜정권이 고구려와의 관계 개선에 신중한 태도를 취하고 있어 교섭의 지속에 실패하였다.[49] 고구려와 왜가 본격적인 교섭을 재개하는 시점은 595년이다.[50] 이후 영양왕대에는 왜와의 인적·물적 교류가 현저하였으며,[51] 특히 성덕태자의 스승이었던 고구려승 혜자惠慈는 595년부터 20년간 왜에서 활동하면서 고구려의 대왜 외교에서 중요한 역할을 하였다.

그 결과 수의 고구려 정벌 의중을 탐색하려는 목적에서 4차례에 걸쳐 왜의 사신이 수에 파견되었는데, 특히 607년에는 "해 뜨는 곳의 천자가 해 지는 곳의 천자에게 보내노라日出處天子致書日沒處天子"라는 왜왕의 국서가 수에 보내지게 되었다. 이 국서 사건은 왜를 통하여 수의 동향을 떠보려고 하였던 고구려 외교 전략의 하나였다.[52] 수양제도 왜의 국서 내용에 몹시 불쾌함을 감추지 못했으면서도, 왜에 사신을 파견하여 고구려를 견제하려고 하였다. 이후 수와의 전쟁에서 고구려의 승리는 왜로 하여금 고구려의 군사력을 높이 평가하게 되는 계기가 되었을 것이고, 이후 고구려의 대왜 교섭에도 영향을 주었을 것이다.

또한 고구려는 북방의 돌궐과도 제휴하기 위해 노력하였는데, 607년 8월 유림楡林으로 순행하고 돌궐의 계민가한에 찾아온 수 양제에게 그만 발각되고 말았다. 복속

---

48 『일본서기』 권19. 흠명천왕 31년 4·5·7월.
49 당시 고구려가 왜와의 교섭에 관심을 기울인 배경은 한반도 내에서 신라의 세력이 팽창하고 있던 정세변화 때문이었다. 즉 신라를 견제하기 위해 그 배후에서 신라를 견제할 수 있는 일본과의 관계를 개선하고자 한 것으로 짐작된다.
50 『일본서기』 권22. 추고천황 3년 5월.
51 이후에도 고구려에서는 602년에 승 僧隆·雲聰을 파견하고, 605년에는 불상제조용 황금 300냥을 보냈으며, 610년에는 승 曇徵·法定을 파견하는 등 지속적으로 적극적인 대왜 교섭에 나섰다. 이렇게 고구려와 수 사이에 긴장관계가 계속되는 601~615년 기간에 고구려와 왜의 교섭이 증대하고 있음은 고구려의 대왜 교섭이 대수 전략과 밀접히 연관되어 있음을 시사한다.
52 이성시, 「高句麗와 日隋外交-이른바 國書 문제에 관한 一試論」『李右成敎授 停年退職紀念論叢』, 1990.

을 맹세한 돌궐의 땅에서 적대적 관계에 있던 고구려의 사신과 마주친 수 양제와 군신들은 상당한 충격을 받았다.[53] 더욱 607년 말에 다시 왜의 국서가 수에 보내짐으로써, 고구려에 대한 수의 의구심은 깊어지게 되었을 것이다. 요해 지역의 말갈과 거란을 압박하고, 왜를 배후 조정하고 있으며, 게다가 무엇보다 두려운 적인 돌궐과의 연결을 도모하고 있는 고구려는, 수의 입장에서는 더 이상 남겨놓을 수 없는 최후의 적으로 인식되었을 것이다.

609년 토욕혼에 친정하여 이를 복속시켜 서쪽의 후환을 덜은 수 양제로서는 더이상 기다릴 이유가 없었다. 612년 1월에 장문의 조서를 내리고 군사를 일으켜 고구려 정벌을 개시하였다. 이후 614년까지 매년 고구려 정벌에 나섰으나 모두 실패하였고, 오히려 무리한 정벌이 수의 멸망을 재촉하게 되었다. 고구려의 수의 전쟁에 대해서는 아래 절에서 서술하도록 하겠다.

2) 당의 등장과 국제질서의 변동

618년 수의 뒤를 이어 새로 건국된 당왕조 앞에 놓여져 있던 대외적 과제는 수의 멸망으로 해체된 중국 중심의 국제질서를 다시 재구축하는 것이었다.[54] 당 초기의 대외적 과제 중에서도 중국의 내란을 틈타 다시 강성해진 돌궐을 견제하는 것이 무엇보다 시급하였다. 당시 화북의 많은 지방세력은 돌궐과 연결되어 칭신하고 돌궐의 봉호를 받들고 있었다. 사실은 당 고조 이연도 예외는 아니었다. 당을 건국하는 과정에서 이연은 돌궐에 대해 신하를 칭하고, "만일 장안에 입성하게 되면 토지와 백성은 당에게 돌리고, 금·옥·비단은 돌궐에게 돌리겠다"고 공언하는 실정이었다. 실제로 당의 건국 초기에 돌궐은 사신을 장안에 파견해 재물을 거두어 갔고, 다른 한편으로는 다른 지방 할거세력으로 하여금 당을 견제하도록 조정하고 있었다. 따라서 당은 지방세력을 진압하여 중국을 통일하는 과정에서 돌궐과의 대결을 피할 수 없었다.[55]

---

53 『수서』 권84, 열전49, 돌궐전 및 長孫晟傳.
54 이하 당대의 국제정세에 대해서는 임기환, 앞의 글, 1994, 169~173쪽 및 임기환, 앞의 논문, 2006, 69~78쪽을 참고하였다.

예컨대 620년에 돌궐과 연결되었던 유무주 세력을 정벌하여 그를 돌궐로 내쫓자, 돌궐의 힐리가한詰利可汗은 곧바로 당을 침공하였다. 또 622년에도 유흑달劉黑達을 격파하자, 역시 돌궐은 유흑달과 더불어 다시 침입하였으며, 이후 돌궐은 626년까지 매년 당을 침공하였다. 특히 626년 당 태종의 즉위 초에는 힐리가한이 10만 대군을 이끌고 장안 부근의 위수까지 진입하여 당에게 심각한 위협을 주기도 하였다. 이처럼 당은 중국을 통일하는 과정에서부터 돌궐과 여러 차례 대결하지 않으면 안 되었으나, 돌궐과의 본격적인 투쟁은 중원의 통일을 완성한 628년 이후로 미룰 수 밖에 없었다.

이러한 중국과 돌궐과의 관계에서 볼 수 있듯이 수왕조 말기부터 당에 의해 중국이 다시 통일될 때까지는 수왕조 때에 구축되었던 중국 중심의 국제질서가 해체된 시기였다. 이점은 삼국과 당과의 외교관계에서도 살펴볼 수 있다. 중국의 정세에 민감한 고구려는 당의 건국 직후인 619년에 바로 사신을 파견하였고, 이후 거의 매년 당에 사신을 파견하였으며, 당도 고구려와의 관계 개선에 적극적이었다. 622년에는 수의 고구려 정벌시 피차간에 사로 잡은 포로들을 교환하는 등 우호적인 관계를 맺었고, 624년에 고구려는 당에 책력冊曆의 반포를 청하였고, 당도 영류왕을 '상주국 요동군공 고구려왕上柱國 遼東郡公 高句麗王'으로 책봉하는 한편, 도사道士를 보내어 고구려에 도교를 전하고 노자의 도덕경을 강론케 하였다. 한편 622년에는 백제·신라도 당과 외교 관계를 열었으며, 624년에는 당이 백제와 신라의 왕과 책봉관계를 맺었다.

그러나 당의 세력은 아직 삼국에 힘을 미치지 못하였다. 625년·626년에 백제·신라가 고구려를 견제해달라고 당에 요청했음에도 불구하고, 당은 삼국간의 강화를 중재하기 위해 주자사朱子奢를 파견하는데 그쳤으며, 그나마 사실상 실패하고 말았다.[56] 당시 돌궐과의 대결이 급박하였던 당으로서는 고구려와의 관계를 악화시키지 않기 위해 고구려의 독자적 세력권을 인정할 수 밖에 없었던 것이다. 당시 당이 고구려의 독자적 세력권을 인정하고 있음은 당 고조의 다음과 같은 말이 잘 보여 주고 있다.

---

55 이하 당과 돌궐의 관계는『신당서』권215, 열전140상, 돌궐전에 의함.
56 『구당서』권199상 열전149상, 고려·백제·신라.

명분과 실제 사이에는 모름지기 이치가 서로 부응하여야 되는 법이다. 고구려가 수에 신하를 칭하였으나 결국 양제에게 거역하였으니 그것이 무슨 신하이겠는가. 내가 만물의 공경을 받고 있으나 교만하지는 않겠다. 다만 모든 사람이 편안히 살 수 있도록 힘쓸 뿐이지, 어찌 신하를 칭하도록 하여 스스로 존대함을 자처하겠는가?[57]

그런데 628년에 당이 중국을 재통일하자, 동아시아의 국제 질서는 새로운 국면으로 접어들게 되었다. 당시 돌궐에서는 힐리가한과 계민가한 사이에 내분이 계속되고 있었고, 더욱 627년에는 돌궐에 예속되어 있던 철륵鐵勒·설연타薛延陀·회흘回紇 등이 모두 돌궐에 반기를 들었다. 기회를 잡은 당은 629년에 설연타와 동맹하여 동돌궐에 대한 대규모 정벌에 나섰다. 동돌궐은 여러 해 동안 내분이 계속되었고, 또 큰 눈이 내리는 재해를 입어 수많은 말과 양을 잃는 타격을 입은 터라, 제대로 힘 한번 쓰지 못하고 대패하였다. 이듬해에는 힐리가한을 사로잡음으로써 사실상 동돌궐을 와해시켰다(630). 이 때 돌궐을 비롯한 제번의 군장들은 당 태종에게 돌궐의 최고 군주인 '천가한天可汗'의 칭호를 올림으로써 당에 순종할 것을 맹세하였다. 그러나 당 태종은 이에 만족하지 않고 스스로 '황제천가한皇帝天可汗'이라 칭하여 명실공히 중원과 막북의 최고 군주임을 자처하였다. 당은 남북 몽고 일대의 북방 민족들을 도독부와 자사부로 편입시켜 소위 '기미체제羈縻體制'를 건설하였다.[58]

돌궐이 당에 복속되자, 당과 고구려와의 관계에도 변화가 나타났다. 630년에 당이 돌궐을 격파하자, 고구려는 이를 축하하는 사절을 보내고, 봉역도封域圖를 당에 바쳤다.[59] 이 봉역도의 내용은 알 수 없으나, 아마도 자국의 영역을 표시한 지도였을 것이다. 이때 봉역도를 당에 보낸 것은 신속 관계의 의미보다는, 돌궐을 복속시킨 이후 고

---

57 『구당서』권199상, 열전149상, 고려.
58 김호동, 「古代遊牧國家의 構造」『강좌중국사 2』, 1989, 298쪽. 이후 돌궐족은 이전에 그들이 복속하고 있던 철륵과 함께 당의 기미지배를 받게 되는데, 이들에 대한 당의 통치는 돌궐인 스스로 중국인의 노예가 되었다고 기록할 정도였다. 따라서 돌궐족과 철륵족은 기미지배를 받는 약 50여 년 동안 여러 차례 당에 저항하면서 독립 항쟁을 벌여나갔다(정재훈,「突厥 第二帝國時期(682-745) 톤유쿠크의 役割과 그 位相」『동양사학연구』47, 1994, 51쪽).
59 『구당서』권199상, 열전149상, 고려·백제·신라.

구려로 돌려질 지도 모를 당의 침공에 대하여 고구려 자신의 영역과 세력권을 분명히 하고자 한 의도가 아닐까 추측된다.[60]

이제 고구려와 당 사이에는 긴장이 감돌기 시작하였다. 631년 당은 광주사마 장손사長孫師를 보내어 고구려가 세운 경관京觀을 헐어 버렸다. 이 경관은 고구려가 수와의 전쟁에서 승리한 것을 기념하기 위하여 수의 군사들의 유골을 모아 세운 것으로, 이를 파괴한 당의 의도는 명백히 고구려를 위협하기 위한 것이었다. 고구려도 즉각 이에 대응하여 부여성에서 요하를 따라 발해만까지 이어지는 천리장성을 16년간에 걸쳐 축조하였다.[61] 그리고 한동안 고구려와 당사이의 외교 관계가 단절되었다.[62]

그런데 이때 천리장성의 축조는 거란과 말갈을 둘러싼 고구려와 당의 주도권 다툼과 연관지어 볼 수 있다. 즉 고구려와 당의 전쟁 과정에서 당은 주로 거란을 동원하였고, 고구려는 말갈을 동원하였다. 따라서 고구려는 송요松遼분수령을 중심으로 하는 요하 중상류와 송화강 일대에 천리장성을 축조하여, 거란의 침공을 방어하는 한편 말갈의 이탈을 방지하였던 것으로 짐작된다.[63] 이후 고구려와 말갈의 군사 동맹은 상당히 강고하였는데, 이러한 점에서 645년 안시성 전투에서 고구려의 지원군이었던 고연수高延壽가 거느린 군대가 당 태종의 군대에게 패배한 뒤 고구려군과 말갈군에 대한 당의 차별적인 조치는 주목된다. 즉 고구려인 포로는 당의 내지로 끌고 가거나 방환한 것과는 달리 말갈군은 모두 생매장하였던 것이다.[64] 이는 당과의 전쟁에서 고구려의 중요 군사력으로 활동한 말갈에 대한 경고라고 볼 수 있을 것이다.

물론 고구려가 당에 대해 시종 강경한 입장만을 취하였던 것은 아니다. 640년에 고구려는 그 동안의 소원한 관계를 청산하고 태자 환권桓權을 당에 사절로 파견하였으며, 아울러 귀족들의 자제를 보내어 당의 국학國學에 입학할 것을 청하는 유화적인 자

---

60 이용범, 「高句麗의 膨脹主義와 中國과의 關係」 『古代韓中關係史의 研究』, 삼지원, 1987, 225쪽.

61 『삼국사기』 권20, 고구려본기8, 영류왕 14년(631), "春二月 王動衆築長城 東北自扶餘城 東南至海 千有餘里 凡一十六年畢功".

62 이용범은 천리장성의 축조를 고구려가 팽창주의를 포기한 결과로 보고 있다(이용범, 앞의 논문, 1987, 201쪽).

63 여호규, 「高句麗 千里長城의 經路와 築城背景」 『국사관논총』 91, 2000, 190~191쪽.

64 『구당서』 권199상, 열전149상, 고려 ; 『新唐書』 권219, 열전144, 말갈.

세를 보이기도 하였다. 그런데 이 무렵 당도 고구려가 천리장성을 쌓는 등 적극적인 대비책을 강구하고 또 외교관계를 단절하였음에도 그동안 특별한 반응을 보이지는 않았다. 왜냐하면 아직 서역 지방에 대한 통제력을 확보하지 못하였기 때문이었다.

당시 당의 관심은 서역에 쏠려 있었다. 634년 토욕혼에 대한 대규모 정벌로 이를 멸하고, 640년에는 고창국을 정복하여 서역에 대한 지배력을 완전하게 확보하였다. 나아가 641년에는 돌궐을 대신하여 서북방의 위협으로 떠오른 설연타薛延陁마저 정벌하여 서방과 북방을 안정시켰다.

서역을 확보한 당은 고구려에 대한 정벌의 기회를 엿보기 위해 고구려의 내정을 탐지할 목적으로 환권의 조공에 대한 답례를 핑계로 진대덕陳大德을 고구려에 파견하였다. 진대덕은 직방낭중職方郎中의 직책에 있었는데, 그것은 천하의 지리와 성채·봉수의 조사를 맡고 있는 직임이었다. 즉 진대덕의 파견은 곧 고구려 정벌의 사전 준비작업이었던 셈이다. 그러나 고구려 조정은 이를 눈치채지 못하였고, 진대덕은 고구려의 곳곳을 돌아다니며 지리와 실정을 소상히 파악하여 돌아가 당 태종에게 보고하였다.[65] 오히려 고구려 조정은 고창高昌이 멸망하였다는 소식을 듣고, 당시 수상직인 대대로가 진대덕의 숙소를 3번이나 찾아가 극진히 대접하는 등 당 사절의 환심을 사기에 애를 쓰고 있었다.

한편, 왜를 둘러싸고 삼국 및 당의 외교전도 전개되었다. 630년에 고구려와 백제는 공동으로 왜에 사신을 파견하였으며,[66] 왜도 630년 8월에 최초의 견당사를 파견하였다. 당도 왜를 반고구려 진영으로 끌어들이려는 노력을 하여 632년 왜 사신이 귀국할 때 고표인高表仁을 사신으로 파견하였으며, 이때 신라는 왜의 사절단을 귀국시켜 주었다. 그러나 631년 백제는 풍장豊璋을 왜에 파견하여 다시 동맹관계를 돈독히 하였으며, 서명천황舒明天皇은 친백제적 외교 노선을 유지하였다.

이러한 국제 정세 변화 속에서 고구려의 대왜 교섭의 성격이 변화된 시기는 642년 이후이다. 이는 641년 당의 설연타 정벌 이후 당에 대해 갖고 있는 고구려의 위기 의

---

65 『한원』에 인용되었던 『고려기』는 진대덕이 당 조정에 제출한 고구려보고서였다는 견해가 있다. (吉田光男, 「『翰苑』 註所引 「高麗記」 について」 『朝鮮學報』 85, 1977, 21~22쪽).

66 『일본서기』 권23, 서명천황 2년 3월·8월·9월.

태종 무열왕릉비(경북 경주)
김춘추 묘 앞에 있는 비석의 귀부와 이수이다.

식을 반영한다고 볼 수 있다. 그리고 당의 공격에 대비하기 위하여 한반도 내에서 백제와 동맹을 맺어 신라를 압박하는 입장을 취하면서 다시 왜와의 교섭에 관심을 기울이게 된 것이다. 656년 이후에 고구려와 백제는 대규모 사절단을 왜에 파견하였다.[67] 아마도 나당 연합에 따른 군사적 위기가 높아지면서 왜와의 군사적 협력 관계를 추진한 것이 아닌가 짐작된다.

이러한 대외 정세의 변동 과정에서 고구려 내부에서도 정치적 변화가 일어났다. 642년 연개소문이 정변을 일으켜 영류왕을 살해하고 보장왕을 세워 정권을 장악한 것이다. 연개소문은 집권 직후 당에 대해서는 유화책을 구사하였으나, 신라에 대해서는 강경한 입장을 보였다. 642년에 신라 김춘추가 평양성을 방문하여 고구려와 신라의 강화를 요구하였으나 한강유역의 옛고구려 땅을 돌려줄 것을 조건으로 내걸면서 이를 거절하였으며, 이후에도 신라에 대한 군사적 압박을 늦추지 않았다. 644년에 신라의 요청으로 당의 사신 상리현장相里玄獎이 중재에 나섰을 때에도 신라가 빼앗은 고구려의 옛 땅을 돌려줄 것을 조건으로 내세워 중재를 거부하였다. 이러한 연개소문

---

67 『일본서기』 권26, 제명천황 원년 2년 8월 ; 『일본서기』 권26, 제명천황 6년 춘정월.

의 대신라 정책은 과거 영양왕대의 대신라 정책과 맥락을 같이 하고 있다. 그러나 당시의 국제 정세로 볼 때 이러한 연개소문의 대신라 정책은 큰 실책이었다.[68] 당과의 전쟁을 앞두고 배후의 신라를 적대세력으로 돌린 결과가 되었기 때문이다.

한편, 북방과 서방을 안정시킨 당으로서는 이제 고구려 정벌의 명분을 찾는 일만 남았으며, 연개소문의 정변은 좋은 구실이 되었다. 그러나 연개소문으로서도 당의 고구려 침략의 명분이 자신에게 맞추어지자, 곧바로 대당 강경책으로 돌아서게 되었다. 이러한 강경노선이 오히려 연개소문의 대내적인 정치적 입지를 강화하는 결과를 가져왔다. 왜냐하면 대당 전쟁으로 내부 권력투쟁을 중단하고 중앙에서 대당 전쟁을 주도하게 되었고, 한편으로 전쟁을 치루면서 지방의 군사력이 소실되어 전쟁 후 반대세력의 저항력이 줄었기 때문이었다. 즉 연개소문의 대당 정책은 국가의 생존 전략보다는 자신의 정권 유지에 목표를 두어 전개된 것으로 보인다.[69]

당은 645년에 당 태종의 친정으로 고구려와의 전쟁을 시작하였으나, 결국 요동에서 더 진격하지 못하고 후퇴하고 말았다. 처음에 고구려는 당 태종의 정벌이 있자 말갈을 통하여 설연타와 제휴하려고 하였지만, 설연타는 당의 위협 때문에 호응하지 않았다고 한다.[70] 그런데 당의 패배로 전쟁이 끝나자 그해 12월에 설연타는 당을 공격하였다. 이는 곧 고구려 정벌에 나선 당의 배후를 공격한다는 의미에서 고구려와 설연타의 동맹 가능성을 시사한다.[71] 그러자 당은 이듬해 말갈 등을 동원하여 설연타를 공격하였고, 뒤이어 설연타에게 복속된 말갈 등을 속환시켰다.[72] 이러한 설연타에 대한 당의 공격은 곧 고구려와 설연타의 연결을 차단하여 고구려를 대외적으로 봉쇄하기 위한 전략이었다.

---

68 노태돈, 앞의 논문, 1989, 32쪽.

69 연개소문 정권의 정치적 성격에 대해서는 임기환, 『고구려정치사 연구』, 한나래, 2004, 5장 참조.

70 『구당서』 권199하, 열전149하, 철륵, "貞觀十九年(645) 謂其使人曰 語爾可汗 我父子並東征高麗 汝若能寇邊者 但當來也 夷男遣使到謝 復請發兵助軍 太宗答以優詔而止 其冬 太宗拔遼東諸城 破駐蹕陣 而高麗莫離支潛令靺鞨誑惑夷男 啗以厚利 夷男氣慴不敢動".

71 노태돈, 「高句麗·渤海人과 內陸아시아 住民과의 交涉에 관한 一考察」 『대동문화연구』 23, 1989, 244쪽.

72 『자치통감』 권198, 당기14, 태종, "貞觀二十年(646) 六月 乙亥 詔…分道並進 以擊薛延陀 上遣校尉宇文法詣烏羅護·靺鞨 遇薛延陀阿波設之兵於東境 法帥靺鞨擊破之".

제2절

고구려와 수, 당의 전쟁

1. 고구려-수 전쟁

1) 수문제의 침공과 전쟁

동북아시아에서 고구려와 수 사이의 긴장이 고조되어 가던 가운데, 598년에 고구려 영양왕이 1만의 말갈병을 이끌고 요서를 공격하면서 고구려와 수 사이에 본격적인 전쟁이 시작되었다. 이 때 영양왕의 요서 출격을 수와의 전쟁에 있어서 교두보를 선점하려는 고구려의 군사행동으로 볼 수도 있겠다. 그리고 앞 절에서 살펴본 바와 같이 요해 지역의 거란·말갈을 둘러싸고 전개된 고구려와 수의 동향이 그 배경이 되었다.

즉 거란·말갈에 대한 지배권 다툼이 계속되면서 고구려와 수 사이에는 소규모 군사 충돌이 거듭되었다. 영양왕의 요서 출격 전 해에도 이미 양국 사이에 군사적 충돌이 있었다.[73] 598년 고구려의 요서 공격은 이러한 충돌 과정에서 나타난 것이었다.

그런데 이 때 영양왕이 친정親征한 사실에서 요해 경영에 대한 고구려의 적극적인 자세를 엿볼 수 있다. 아마도 수에 의한 돌궐의 분열책과 공격이 계속되면서 요해 지

---

73 『수서』 권81, 열전46, 백제.

역으로 침투해오던 돌궐의 세력이 약화되자, 그 공백을 이용하여 요해 지역의 거란·말갈 세력에 대한 지배력을 강화하려는 의도가 아니었나 짐작된다. 특히 이때 영양왕이 고구려의 주력부대가 아닌 말갈병 1만을 거느리고 공격한 사실은 이를 뒷받침해준다. 그러나 고구려의 요서 공격은 영주총관 위충의 저항으로 별다른 성과를 거두지 못하였다.

그런데 고구려의 요서 공격은 의외로 수의 조정을 크게 자극하였다. 중국의 통일로 명실공히 중원의 지배자로서 황제의 권위를 회복한 수는 다시금 중화 중심의 천하관을 표방하고 있었다. 앞서 수 문제가 고구려에 보낸 국서에 '천하가 다 짐의 신하'라고 내세우면서 고구려의 왕에게 번신藩臣의 예를 지킬 것을 요구한 것이 그 단적인 예이다. 더욱 수는 이를 관념적인 면에 그치지 않고, 현실 정치 지배력으로 관철시키려는 운동력을 보이고 있었다. 그런데 그 동안 고구려가 보여주었던 자세와 요서 공격은 이러한 수의 자존심에 큰 손상을 주었던 것이다.

요서 경영과 교역의 거점이었던 영주를 직접 공격한 고구려의 군사 활동에 분노한 수문제는 수륙 30만의 군사를 일으키고, 영양왕에게 주었던 책봉호를 박탈하였다.[74] 막북의 돌궐과 대결을 벌이는 상황에서 30만 대군을 고구려 원정에 동원한 것은 건국 후 20년이 채 되지 않는 신생 수나라에게 동방의 정세 안정 및 이 방면으로의 세력 확장이 얼마나 중요했는지를 보여준다.

문제는 그의 넷째 아들인 한왕 양량楊諒과 왕세적王世績 등을 행군원수로 삼아 임유관臨渝關으로 진격케 하였고, 주라후周羅睺를 수군 총사령관으로 삼아 산동반도의 동래東萊로부터 바닷길을 통해 평양성으로 진공하도록 하였다.

당시 수나라 군대의 진공로에 대해서는 어느 정도 추정이 가능하다. 고구려군의 영주 공격 직후인 2월부터 약 5개월만인 598년 6월에 임유관臨渝關에 병력을 집결시켜 출발하여[75] 여기서 동쪽 400리 지점에 있던 유성柳城으로 진군하였다.[76] 즉 육군은 임

---

74 『수서』 권2, 제기2, 고조하, 18년, "二月 甲辰 幸仁壽宮 乙巳 以漢王諒為行軍元帥 水陸三十萬 伐高麗…六月 景寅 下詔 黜高麗王高元官爵".

75 『자치통감』 권178, 수기2, 고조 하, 개황 18년.

76 『수서』 권40, 열전5, 왕세적, "及起遼東之役 世績與漢王 並為行軍元帥 至柳城 遇疾疫而還".

유관-유성을 걸쳐 요하와 압록강을 건너 평양성으로 진격하려 했던 것이다. 한편 수군은 동래東萊에서 출항하여 지금의 산동반도 북쪽 해안에서 묘도열도를 따라 북상하여 요동반도에 이른 다음 남쪽 연안을 따라 동진한 후 한반도 서해안을 끼고 남하하여 대동강 하구에 이르고 이를 거슬러 올라가 평양성에 닿는 항로였을 것이다.[77]

하지만 이 첫 고구려 원정에서 수나라는 출정 시기를 잘못 선택하는 결정적 실수를 저질렀다. 임유관에서 요하를 건너 평양성까지 행군하고 전투를 곳곳에서 치루려면 수개월이 걸릴 터인데 그 시기인 음력 6~9월은 바로 장마와 태풍기였다. 실제로 육군은 유성에 이르러 홍수를 만나고 군수품 보급이 끊어졌으며 전염병이 돌아 군사를 되돌릴 수밖에 없었으며, 주라후가 거느린 수군 또한 평양을 향하다가 풍랑을 만나 많은 배가 침몰했다. 전쟁 시기를 잘못 선택하여 전투도 벌여 보지 못하고 출정 군사의 대부분이 돌아오지 못하는 상황이 벌어진 것이다.[78] 결국 수의 1차 고구려 정벌은 고구려 영내를 밟아 보지도 못하고 실패하였다.

정벌이 실패한 후 수의 조정에는 다시 고구려 정벌을 주장하는 군신들이 있었으나, 애초부터 고구려의 국력이 만만치 않음을 두려워했던 유현劉炫 등의 반대로 중지되었으며, 양국의 관계는 소강 상태로 들어가 잠시 평화적인 외교 관계가 지속되었다.

2) 수 양제의 1차 침입과 수의 전략, 전술

수의 침입을 받은 고구려는 수의 세력이 국가 존립에 매우 위태로운 존재라는 것을 깨닫고 보다 적극적인 대수 정책을 마련해 갔다. 그 중에 하나가 주변 여러 나라에 대한 외교 정책을 통하여 수를 견제하려는 것이었다. 이에 대해서는 이미 앞절에서 서술하였기 때문에, 여기서는 간략하게 살펴보자.

먼저 고구려는 6세기 중엽 이래로 상쟁을 되풀이하였던 북방의 돌궐과 제휴하기

---

77 김창석, 「고구려·수의 전쟁 배경과 전개」 『동북아역사논총』 15, 2007, 121쪽.
78 『자치통감』 권178, 수기2, 문제, 개황 18년, "漢王 諒의 군사가 임유관을 나왔는데 홍수를 만나고 보급이 이어지지 않아 군사들이 굶주렸으며 전염병까지 일어났다. 周羅睺는 동래에서 바다에 배를 띄워 평양성으로 향했는데 또한 풍랑을 만나 많은 배가 침몰했다. 가을 9월 기축에 군사가 돌아왔는데 죽은 자가 열에 여덟, 아홉이었다."

위해 노력하였다. 그런데 이러한 고구려의 외교 전략은 그만 수 양제에게 발각되고 말았다. 607년 8월에 북방의 이민족에게 수의 위세를 과시하고 그들의 복속을 확인하기 위해서, 수 양제는 몸소 낙양으로부터 북쪽으로 1,500리나 떨어진 유림楡林으로 순행하고, 다시 돌궐의 계민가한啓民可汗의 장막을 찾아갔다. 그런데 이때 고구려의 사신이 돌궐에 와있었는데, 계민가한이 이를 숨기지 못하고 양제에게 소개하였던 것이다. 복속을 맹세한 돌궐의 땅에서 적대적 관계에 있던 고구려의 사신과 마주친 수 양제와 군신들은 상당한 충격을 받았다. 이때 수 양제는 고구려왕의 입조를 요구하면서 만약 이를 어길 시에는 고구려를 정벌하겠다고 고구려 사신을 위협하였다.

그런데 이 해 말에 왜왕이 스스로 천자天子를 칭하여 수를 자극하였던 왜의 국서國書가 수에 보내지게 되었다. 이러한 고구려의 외교 정책에 의구심을 가진 수는 고구려 정벌을 서두르게 되었다. 특히 돌궐과의 연결을 꾀하는 고구려를 그대로 방치했다가는 가장 위협적 존재인 돌궐이 언제 다시 이탈해갈 지도 모르는 상황이었다. 그것이 수로서는 무엇보다 두려운 일이었다.

더욱 고구려는 수의 1차 침입이 있은 후에도 계속해서 요해 지역으로의 세력 확대를 늦추지 않고 있었다. 605년에는 거란이 요서의 영주營州를 침입하였는데, 그 배후에는 거란에 대한 고구려의 영향력과 연관되었다고 생각된다.[79] 이때 수는 계민가한의 돌궐군을 동원하여 거란을 기습 공격함으로써 큰 승리를 얻을 수 있었지만, 이 지역의 경영에 고구려가 커다란 위협적 존재임을 깨닫게 되는 계기가 되었다.

한편, 604년 즉위한 양제는 막내 동생 양량楊諒의 반란을 진압한 후 황제지배체제를 확립하였고, 주변 세계까지 포괄하는 수 중심의 새로운 세계질서를 구축하고자 했음은 앞 절에서 살펴보았다. 그 결과 서돌궐과 막북의 유목세력이 약화되었고, 동돌궐의 계민가한啓民可汗은 수의 부용집단과 같은 처지에 있었다. 유리한 국제 정세가 조성되자 양제는 608년 낙양~탁군涿郡을 연결하는 영제거永濟渠 운하를 착공하여 동방 정벌을 준비했다. 그러나 돌궐의 정세가 다시 악화되고 토욕혼吐谷渾을 경략할 상황이 되어 북방과 서방에 대한 정벌을 먼저 추진하면서 고구려 정벌은 잠시 뒤로 미

---

79 『삼국사기』 권20, 고구려본기8, 영양왕 23년, 수 양제의 조서.

루어지게 되었다.[80]

그후 서방과 북방의 정세를 안정시킨 수 양제는 다시 고구려 정벌을 계획하였다. 수 양제는 610년부터 고구려 정벌을 준비하기 시작하여 이듬해 2월에는 전국에 군사 동원령을 내렸다. 고구려의 공격에 시달리던 신라가 걸사표를 보낸 것도 이 때였다.

이제 본격적으로 전쟁 준비를 갖추었다. 동래항에서 300척의 전선을 건조하도록 했고, 조서를 내려 원근 불문하고 천하의 병사를 모두 징발하여 탁군(지금의 북경시)에 모이도록 했다.[81] 또 양자강과 회수 이남에서 뱃사람 1만, 쇠뇌병 3만 그리고 영남(지금의 광동성, 광서성)에서 창병槍兵 3만을 뽑았다. 5월에는 하남·회남·강남 지역에서 전차戰車 5만 대를 만들어 군수 물자를 싣고 오도록 하고, 7월에는 다시 강회江淮 남쪽의 백성과 배를 동원하여 군량미를 탁군으로 운송토록 했다.

이와 같이 전국에 걸친 동원으로 612년 정월에 1,133,800명의 대군과 군수품이 탁군에 집결했다. 병부상서 단문진段文振을 대장군으로 삼고 전군을 좌군과 우군으로 편성했으며, 각각을 12군軍으로 나누었다.[82] 이러한 대군도 해로로 진격하는 군대는 제외한 숫자이다.

수의 부대 편성으로 먼저 좌·우군을 살펴보면, 그 조직은 '군軍-단團-대隊'의 체계로 이뤄졌다.[83] 각 군마다 기병이 40대隊, 보병이 80대隊 편성되었다.[84] 1대의 병력으로 기병은 1대 백 명이고 10대가 1단을 이루었다.[85] 또 보병은 20대가 1단이 되어 기병과 차이가 있다. 일단 기병은 1대 백 명으로 환산하면 1군에 40대 4단 4천 명이 된다. 보병의 숫자는 정확하지 않지만, 1단의 구성이 기병과 달리 그 두 배인 20대로 된 것을 참고하여 1대도 마찬가지 비율로 2백 인으로 환산해보면 80대 16,000명이 되고 이는 기병의 4배에 해당한다. 즉 보병은 1군에 80대 4단 16,000명 정도가 되는

---

80 丁載勳, 「隋 煬帝(604~617)의 對外政策과 天下 巡行」『中國史研究』33, 2004.
81 『자치통감』 권181, 수기5, 양제, 대업 7년 2월 임오.
82 12군은 道名을 붙여주었으니 鏤方·長岑·海冥·蓋馬·建安·南蘇·遼東·玄菟·扶餘·朝鮮·沃沮·樂浪道
　와 黏蟬·含資·渾彌·臨屯·候城·提奚·踏頓·肅慎·碣石·東暆·帶方·襄平道가 그것이다.
83 이하 수의 군대의 편성과 병력에 대한 서술은 김창석, 앞의 「고구려, 수의 전쟁의 배경과 전개」,
　121~123쪽을 참고하였다.
84 『자치통감』 권181, 수기5, 양제, 대업 8년 정월 임오.
85 『수서』 권8, 지3, 예의3에서는 "隊百人置一纛 十隊爲團"이라 하였다.

것으로 볼 수 있다. 이밖에 대장과 아장의 친위대 혹은 직속 부대의 700기騎, 고취대, 치중융거산병輜重戎車散兵이 있었다.[86] 고취대는 일종의 군악대로서 전투 병력이라 할 수 없다. 치중융거산병은 전투용 중장비와 군수품을 운송하거나 예비 병력으로 편성되었다고 보이는데, 역시 4단團이었으므로 보졸 기준으로 1대 200인, 20대 1단으로 계산하면 16,000명이 된다. 따라서 1군의 병력을 어림잡아 보면 기병 4,700명, 보졸 16,000명, 중장비 운송 및 예비 병력 16,000명, 기타 인원을 합하여 약 37,000명 정도로 추산할 수 있다. 좌·우 24군을 모두 합하면 약 88만 8천 명이 된다.

여기에 황제 직속의 어영군御營軍이 6군軍으로 편성되었으므로 약 222,000명이다. 이들만 추산해도 약 111만 명이 되는데 이는 기록에 나오는 1,133,800명과 근사한 수치이다. 이와 함께 산동반도에서 별도로 출항한 해로군은 최소 5만이었다. 해로군의 총 병력 규모를 알 수 없지만, 당시 1백만 명을 훨씬 넘는 대군이 고구려 원정을 위해 동원된 것만은 사실이다. 여기에 군량과 물자 수송을 맡은 부대만도 그 2배가 되는 역사상 유례를 찾아 볼 수 없는 대군이었다.[87]

수의 육로군은 612년 정월에 탁군을 출발했다. 598년 1차 원정시의 실수를 반복하지 않으려고 출정 시기를 조정한 것으로 보인다. 탁군에서 임유관까지의 이동 거리가 더해지긴 했지만, 6개월 정도의 시간이면 장마와 더위가 닥치기 전에 평양성까지 도달하여 이를 함락시킬 수 있다는 계획이었을 것이다. 그리고 병력도 1차의 30만에 비해 3배 이상 증강했다. 그런데 과대한 병력은 오히려 병력의 이동을 지체시키는 문제를 일으켰다. 육상 교통로가 한정되어 있는 상황에서 대규모의 병력이 이동하는 데는 많은 시간이 걸릴 수밖에 없었으니, 전군대가 출진하는데 40일이 걸렸다고 한다. 탁군을 출발한 수의 대군은 '임유관-유성-요하'에 이르는 1차 원정의 교통로를 이용하여 3월에 요하에 다달은 것으로 보인다.[88] 하지만 요하를 건너는 과정에서 미숙한 부교浮橋 가설과 고구려군의 공격 때문에 맥철장·전사웅·맹차 등 수의 장수가 전사하는 패배를 당하였다. 그러나 계속되는 전투에서 마침내 고구려군의 저항선도 무너지

86 『수서』 권8, 지3, 예의3.
87 『수서』 권4, 제기4, 양제 하, 8년 정월.
88 김창석, 앞의 논문, 123쪽.

고 말았으나, 수나라 군대는 4월에야 겨우 요하를 건넜다.

3) 요동성 전투 및 살수대첩과 고구려의 방어 전략

요하를 건넌 수나라 군대의 주요 공격 대상은 요동 지역의 요충지인 요동성遼東城 이었다. 요동성의 고구려군은 수의 대군과 직접 맞서 싸우는 것이 이롭지 못하다고 판단하여 성을 굳게 지키고 있었다. 5월이 다 지나도록 요동성이 함락되지 않자 양제가 직접 요동성에 이르러 군사를 독려하였으나 아무런 성과가 없었다. 요동성 전투를 끝내지 못한 이유 가운데는 지휘·명령 체계의 문제점도 있었다.

> 황제가 친히 경계하여 말하기를 "이번 전쟁은 백성을 조문弔問하고 죄인을 징벌하기 위함이다. 혹시 여러 장수들이 짐의 뜻을 잘못 알고 가벼이 군사를 움직여 급습하거나 홀로 전투를 벌여 일신의 이름을 높여 상을 받으려 한다면 군법에 어긋나는 것이다. 공公들은 진군함에 세 갈래로 나누어 가되 공격할 일이 있으면 반드시 서로 통보하여 알게 하고 혼자서 가벼이 싸우다 패전하지 않도록 하라. 또한 병력의 진퇴는 모두 (사령부에) 보고하여 명령을 기다려야 하고 마음대로 결단해서는 안 된다"고 했다.[89]

양제가 이 지시를 5월에 내렸으므로 요동성 전투가 한창 벌어지고 있을 때이다. 즉 양제는 부대간의 상호 연락과 전투시 협공 그리고 모든 보고와 명령은 자신을 통하도록 엄명을 내렸다. 전황이 극히 유동적이고 출정로가 길어서 원정을 속히 마무리해야 하는 전쟁에서 이러한 명령체계는 비효율적이었을 것이다. 전세가 불리해지자 농성군 측에서 항복을 청하였으나 이를 사령부에 보고하고 명령 하달을 기다리는 사이에 항복을 번복하는 사태도 벌어졌다. 이에 양제는 처소를 요동성 근처로 옮기고 독전했으나 전세는 바뀌지 않았다.[90]

한편 내호아來護兒·주법상周法尙이 이끄는 수군은 황해를 건너 대동강 입구에 이르

---

89 『자치통감』 권181, 수기5, 양제, 대업 8년 5월.
90 김창석, 앞의 논문, 124쪽.

러 고구려군과 마주쳤다. 수군의 임무는 평양을 직공하는 육군에게 군량과 무기 등을 보급하는 것이었다. 그러나 첫 전투에서 승리한 내호아는 육군이 도착한 이후에 같이 공격하자는 주법상의 만류를 뿌리치고 단독으로 수만 명의 군사를 이끌고 평양성을 들이쳤다.

당시 평양성의 수비 책임을 맡은 고구려군의 장군은 영양왕의 동생 건무建武였다. 그는 성을 비우고 군사를 숨겨 놓았다가, 수군이 성안으로 들어와 약탈을 일삼으며 진영이 흐트러지자, 복병으로 공격하여 적을 대파하였다. 겨우 살아 남은 내호아와 수천의 군사는 선단으로 도망치고 다시는 감히 평양성을 공격할 엄두를 내지 못하였다.[91] 이때의 패전으로 수군은 육군에게 보급할 많은 물자를 상실했을 것으로 보이는데, 이는 뒤에 평양성에 도착한 별동대가 군량과 무기의 부족으로 후퇴하게 된 주된 요인이 되었다.

3개월이 지나도록 요동성을 함락시키지 못하자 초초해진 양제는 우문술宇文述과 우중문于仲文에게 305,000명의 별동대를 주어 평양을 직접 공격케 하였다. 이들은 요동성을 우회하여 압록강을 건너 평양성으로 진격했다. 그리고 이번에는 우중문에게 전권을 위임하여 전황에 신속하게 대처하도록 하였다. 보급부대의 지원이 없이 평양성까지 먼거리를 행군하여야 하는 별동대는 모든 군사가 각기 백일분의 식량과 무기를 갖고 이동하였기 때문에 상당한 어려움을 겪고 있었다. 결국 대부분의 군사들은 우문술의 엄명에도 불구하고 과중한 무게를 견디지 못해 도중에 군량을 몰래 버렸고, 압록강에 이르러는 이미 군량이 거의 떨어진 상태였다. 당시 고구려는 모든 주민과 식량 등을 성안으로 대피시키는 전통적인 청야淸野전술을 폈기 때문에, 수군의 어려움은 더욱 컸다.

이 때 고구려의 총사령관인 을지문덕乙支文德은 수군의 허실을 정탐하고, 가능한한 수군을 피로케 하기 위하여 하루에 7번 싸워 7번 모두 패주하면서 적을 고구려 영내로 깊숙이 끌어들였다. 매번 전투에서 승리한 수군은 을지문덕의 계략대로 살수를 건

---

91 『수서』 권64, 열전29, 내호아, "遼東之役 護兒率樓船 指滄海入自浿水 去平壤六十里 與高麗相遇 進擊大破之 乘勝直造城下 破其郛郭 於是 縱軍大掠 稍失部伍 高元弟建武 募致死士五百人 邀擊之 護兒因却屯營海浦 以待期會".

너 평양성에서 30리 떨어진 곳까지 유인되었다.[92] 고구려군을 추격하면서 급속한 행군으로 피로한 수의 별동대는 철옹성 같은 평양성을 보고 동요하기 시작하였다. 군사들은 지치고 군량은 떨어진 데다가, 보급물자를 대줄 수군마저 진작 패퇴하고 물러선 상황이라 수의 별동대는 감히 평양성을 공격할 엄두를 내지 못하였다. 이 때 을지문덕은 적을 희롱하는 유명한 오언시五言詩을 지어 수군의 진중으로 보냈다.[93]

을지문덕동상(서울 어린이대공원)

　사태가 심상치 않음을 깨달은 우중문은 고구려의 거짓 항복을 구실 삼아 후퇴하기 시작하였다. 기회를 엿보던 고구려군이 사면에서 공격하자 수군은 무너져 갔다. 살수에 이르러 고구려군은 대공세를 퍼부어 수의 장수 신세웅을 전사시키는 등 큰 승리를 거두었다. 이 때 압록강을 건너 살아 돌아간 수의 군사는 2,700명에 지나지 않았다고 한다. 이것이 유명한 살수대첩이다.

　우중문의 패전 소식을 듣고 바다에서 병선을 거느리고 있던 내호아도 퇴각하였고, 더이상 싸울 의욕을 잃은 수 양제는 패전의 책임을 물어 우문술을 쇠사슬로 묶어 가지고 물러나고 말았다. 백만이 넘는 대군을 동원한 이 정벌에서 수가 얻은 것이라곤 고구려의 전초 기지였던 무려라武勵邏 지역을 빼앗아 요동군과 통정진을 설치한 데 불과하였으나, 고구려로서도 돌궐과의 연결이나 요서로의 진출이 차단당하고 말았다.[94] 수 양제가 직접 참여한 2차 원정은 598년 1차 전쟁의 문제점을 파악해서 여러 가지 보완책을 강구했으나 이 역시 실패로 끝나고 말았다.

---

92 북한에서는 이 때 수군이 공격한 평양성과 살수·압록수의 위치를 평양성=봉황성, 살수=소자하, 압록수=태자하로 비정하고 있다(『조선전사』 2권, 북한사회과학원, 233쪽 및 244쪽 참조).
93 5언시의 내용은 다음과 같다(神策究天文 妙算窮地理 戰勝功旣高 之足願云止).
94 李龍範,「東亞細亞의 情勢」『統一期 新羅社會硏究』, 동국대신라문화연구소, 1987, 221쪽.

4) 수 양제의 3, 4차 침공

1차 정벌에 실패한 수 양제는 여전히 고구려 정벌의 뜻을 버리지 못하고 재차 고구려 원정을 준비하였다.[95] 613년 정월에 조서를 내려 전국의 군사를 다시 탁군으로 소집하고, 요동의 옛성을 수리하여 군량을 비축하게 하였다. 수의 군신들 중에는 고구려 정벌을 반대하는 자도 적지 않았으나, 수 양제는 이 말을 듣지 않았다. 4월에 양제는 친히 군사를 거느리고 요하를 건너 재차 고구려 정벌을 시도하였다. 1차 정벌 때 패장이었던 우문술을 다시 기용하여 평양을 공격케 하고, 왕인공王仁恭의 군대로 고구려 서북의 요충지인 신성新城을 치게 하였다. 그리고 양제 자신은 1차 정벌 때 수군의 진격을 가로 막았던 요동성을 공격하였다.

이번에도 고구려군은 성을 굳게 지키고 청야전술로 수의 대군에 맞섰다. 지난 정벌 때에 고구려의 뛰어난 수성守城 능력 때문에 실패한 수군은 이번 정벌에는 대규모의 공성 무기들을 총동원하여 요동성을 공격하였다. 성을 내려치기 위한 누각인 비루당飛樓幢, 높은 사닥다리인 운제雲梯, 길이가 15길이나 되는 충제衝梯 등 최신 공성구들이 요동성을 에워싸고, 또 땅굴을 파서 요동성 밑으로 파고 들었으나, 고구려군의 적절한 대응으로 요동성은 20여 일이 지나도 함락되지 않았다.

운제(복원, 전쟁기념관)

또 다시 요동성 공략에 실패할 것을 두려워한 수군은 최후의 수단으로 백 여만개의 포낭에 흙을 담아 성과 같은 높이로 나란히 둑을 쌓아 그 위에서 공격하고, 한편으로 성 보다 훨씬 높은 8층의 수레를 만들어 성안을 내려다 보면서 활을 쏘면서 대대적인 공격을

---

95 이하 고구려와 수의 전쟁의 서술은 『수서』 권81, 고려전 및 『자치통감』 권181, 수기 대업 9년조, 『삼국사기』 권20, 고구려본기8, 영양왕 24년조에 의함.

감행하였다. 이러한 수군의 총공격 앞에 요동성도 함락의 위기에 처하게 되었다.

그런데 때마침 수군의 후방 여양黎陽에서 군량 수송의 책임을 맡고 있던 예부상서 양현감楊玄感이 반란을 일으키고, 많은 고관 자제들이 이에 호응한다는 급보가 날아들었다. 그리고 수의 진중에 있던 병부시랑 곡사정斛斯政이 평소 양현감과 친하게 지내던 터라 처형될까 두려워 고구려로 투항해왔다.

사실 지난 수 양제의 1차 정벌이 시작되기 전부터 이미 수의 국내 사정은 심상치 않았다.[96] 대규모의 공사와 정벌 준비가 거듭되면서 수의 농민은 피폐해졌다. 1차 정벌 때에는 전국에 있는 수백만 농민이 징집되어 병역과 요역에 충당되었고, 민간의 수레나 소·말 등도 대부분 징발되었다. 각종 군수물자나 군량 등을 운송하는 백성들이 200만이 넘었는데, 밤낮으로 왕래하여 길에서 죽는 자도 수없이 많았다고 한다. 심지어 산동 지방의 동래東萊에서 배를 건조하는 장인들은 밤낮을 가리지 않고 물속에서 작업을 계속하여 허리 아래에 구더기가 생겨 죽는 사람이 열에 서너 명이었다고 할 정도였다. "출정한 사람은 돌아오지 않고, 남아 있는 사람은 본업을 잃었다"는 당시의 기록처럼 농촌에서는 노동력이 부족하여 농사를 지을 수 없어 전원이 황폐해지고 농민경제가 극도로 피폐해졌다.

이러한 상황에서 수의 농민들은 각지에서 봉기하였다. 특히, 고구려 정벌시에 가장 큰 부담을 졌던 산동·화북 지역에서 먼저 폭발하였다. 첫 봉기는 611년 산동에서 일어나 점차 화북으로 확대되었는데, 그 세력이 대단치 않았기 때문에 수 양제는 대규모 1차 고구려 정벌에 나섰던 것이다. 그러나 2차 정벌시에는 농민 봉기군도 수만에서 수십만에 이르고, 군현을 점령할 정도로 세력이 확대되었다. 양현감은 각지에서 농민들이 봉기하는 것을 보고, "천하를 위하여 현안의 급함을 해결하고 백성의 생명을 구한다"는 구호를 내걸고 이 기회를 이용하여 정권을 탈취할 목적으로 반란을 일으켰던 것이다. 양현감은 기병 후 각지에서 일어난 농민군과 요역을 기피한 농민들의 적극적인 호응을 얻어 곧 10만의 병력을 거느리는 세력으로 커졌다. 이에 양현감은

---

96 隋末의 형세에 대해서는 傅樂成, 앞의 책, 1968, 416~426쪽 및 徐連達 外, 앞의 책, 1986, 358~367쪽 ; 栗原益男·布目潮渢, 『中國의 歷史-隋唐帝國』, 1974, 46~58쪽 ; 布目潮渢, 「隋唐帝國의 成立」 『岩波講座 世界歷史』 5, 1970, 257~262쪽 참조.

남쪽으로 황하를 건너 수의 동도東都 낙양을 공격하였다. 낙양은 정치적 영향력이 크고 많은 귀족들이 거주하고 있었기 때문에 이곳이 함락되면 수 양제에게도 큰 타격이었다.

이처럼 본국의 사정이 급박하게 되자 요동성 함락을 목전에 둔 수 양제도 군사를 돌이키지 않을 수 없었다. 본국으로 회군한 수 양제는 양현감의 반란을 진압한 뒤 다시 고구려 정벌의 뜻을 밝혔다. 수의 대신은 모두 내심 이에 반대하였으나, 감히 양제에게 간언하지 못하였다. 614년 수 양제는 다시 전국의 군사를 소집하여 고구려 정벌에 나섰다. 그러나 2차례나 요동성 공격에 실패한 수 양제는 섣불리 진격하지 못하고 회원진懷遠鎭에 머물러 있었으며, 대신에 내호아가 거느린 수군으로 하여금 비사성卑奢城을 공격케 하였다. 이 전투에서 승리한 내호아의 수군은 평양을 공격하고자 하였다. 그런데 당시 고구려도 거듭되는 수와의 전쟁에서 지쳐 있었기 때문에 투항해 온 곡사정을 되돌려 주고 영양왕의 입조를 조건으로 강화를 청하는 유화책을 취하였다. 수 양제 역시 실질적인 고구려 정벌 보다는 고구려의 항복을 받아 천자의 자존심을 세우려는 의도였기 때문에, 기꺼이 고구려의 항복을 받아들여 군사를 돌이켰다.

사실 당시 수는 고구려 정벌을 감행할 입장이 되지 못하였다. 비록 양현감의 반란을 진압하였지만, 정권 내부의 분열 속에서 수 왕조는 큰 타격을 입고 있었다. 또 이를 계기로 전국 각지에서 농민 봉기가 확대되고 있었다. 특히, 황하·장강 유역의 광대한 지역에서 일어난 주요 봉기군 만도 7·80에 이르렀다. 더욱 이 당시 봉기군은 험준한 지역에 웅거하던 수세적 입장에서 군현이나 성을 탈취하는 공세적 입장으로 전환하고 있었다. 군대에 동원된 병사들도 상당수가 도망하여 농민 봉기군에 가담하는 실정이라 수군의 전투력은 크게 저하되었고, 고구려와의 전투에서 승리란 생각할 수도 없는 상황이었다. 수 양제가 요동으로 진격하지 못하고 회원진에 머물렀던 것도 이러한 심각한 수의 국내 사정에 기인한 것으로 짐작된다.

어쨌든 고구려의 화평책을 받아 들이고 철군한 수 양제는 국내의 농민 봉기를 진압하기 위해 애를 썼다. 615년에 각 군현의 성을 보수하고 농민들을 이주시키도록 영을 내려 농민 봉기군의 기세를 누그러뜨리려 하였다. 그러나 새로운 농민 봉기군은 끊임없이 증가하였고, 616년에는 하북·산동 일대의 봉기군이 남쪽으로 이동하여 회수와 양자강에까지 이르렀다. 수 양제는 친위군을 이끌고 강도江都을 진압하고, 고구려 정벌을 위해 동원한 군대를 돌려 각지의 봉기군을 진압하였다. 그러나 봉기군은 흩어졌다가도 다시 모이고, 서로 연합하여 대세력을 형성하였다. 이밀李密·두건덕竇建德·두복위杜伏威 등이 이끄는 세 무리의 봉기군은 황하 남북·강회 지역을 누비면서 수의 통치력을 크게 약화시켰다. 이에 따라 각지에서는 귀족·호족들이 할거하면서 군웅을 자처하였고, 수왕조는 이를 통제할 능력을 이미 상실하였다. 617년 강도에 머물고 있던 수 양제는 친위군의 쿠데타에 의해 살해되고, 수왕조는 40년이 채 못되어 멸망하고 말았다.

그러면 왕조가 멸망에 이를 정도로 수 양제가 무리하게 고구려 정벌군을 일으켰던 이유는 어디에 있을까?[97] 이에 대한 명확한 해답을 찾기는 쉽지 않지만 다음 몇가지 점을 생각해 볼 수 있다. 먼저 3백여 년에 걸친 중국의 분열을 극복하고 중원을 통일한 대제국을 지배하는 황제 권력의 권위이다. 이 시기의 중화 중심 천하관은 문제의 조서에서도 엿볼 수 있지만, 문제 때만 하여도 고구려에게 칭신을 요구하는 데 그쳤다. 그러나 돌궐을 굴복시키고, 서역을 복속시킨 양제 때에는 천하관이 보다 현실성을 띄고 확대되었다. 고구려 정벌 시에 내린 수 양제의 조서에서는 고구려의 실정을 꾸짖으며 백성들의 위무를 천명하고 있다. 즉 황제 지배체제의 확대를 추구한 것이다. 특히 3차례의 고구려 정벌이 수 양제의 친정이라는 점은 이러한 관점에서 주목된다. 이와 같은 중화 중심의 천하질서를 확대하려는 노력은 수의 뒤를 이어 중국의 통일 제국으로 등장한 당唐대에 더욱 현실화된다.

그런데 수의 천하질서의 확대에는 경제적 요인도 어느 정도 고려할 필요가 있다. 돌궐을 순행하고 있던 수 양제가 고구려 사신을 마주칠 당시 수 양제에게 고구려의 정벌을 적극 권고한 인물이 배구裴矩이다. 그는 일찍이 서역과 중국과의 무역을 감독하기 위해 서역에 파견되었던 인물로, 이 때의 경험을 바탕으로 『서역도기西域圖記』를 저술하여 양제로 하여금 서역에 대한 관심을 환기시킨 바 있었다.[98] 그 결과 수의 서역 진출이 급속히 추진되었던 것이다. 그러한 그가 중화의식에 바탕을 둔 대의명분

===========
97 이하 서술은 임기환, 앞의 글, 1994, 168~169쪽 참조.
98 『수서』 권67, 열전32, 배구.

론을 내세우며 고구려 정벌을 주장하였던 데에는 서역과의 무역에서 얻은 경험도 일면 작용하였을 것으로 짐작된다. 앞서 살펴 보았던 영주총관 위예가 북방 민족과의 교역을 통해 크게 치부하였던 점은 수의 동북방 진출에 경제적 요인도 자리잡고 있음을 엿보게 한다. 낙양과 탁군을 잇는 영제거永濟渠라는 대운하의 축조도 이러한 배경에서 이루어졌을 것이다.

한편, 수 양제를 둘러싼 수 관료 집단의 갈등도 고려할 요인이다.[99] 양현감의 반란도 이러한 갈등의 결과라 할 수 있겠는데, 양제의 말년에는 소위 蘇威·우문술宇文述·배구裵矩·배온裵蘊·우세기虞世基 등 소위 '5귀五貴'라고 불리우는 자들이 양제를 정점으로 권력을 잡고 있었다. 이들 중 배구는 앞에서 본 바와 같이 중국적 천하질서를 내세우는 인물이고, 우문술은 대외정복 활동에서 공을 세워 출신한 인물로 서역 정벌 시에도 배구와 함께 활약하였다. 이러한 성향으로 인해 이들은 정권의 유지를 위해 대외 정벌을 추구하였고, 수 양제로 하여금 무모하리만치 고구려 정벌을 감행하게 뒷받침하였던 것으로 보인다.

수는 4차에 걸쳐 대규모 고구려 원정을 감행했다. 수의 군대는 원정이 거듭될수록 출정 시기, 지휘·명령체계, 공격 방법, 무기체계가 개선되고 새로운 전술적 시도도 있었지만 실효를 거둘 수 없었다. 여기에는 우선 고구려의 군사력과 전략이 결정적인 역할을 했다. 고구려는 589년 수가 천하를 통일하기 이전부터 전쟁 상황에 대비한 군사력 보강을 추진했으며, 선제 공격·화전和戰 양면전술·기만책·이간술·유인 및 기습전·장기 농성·복병 전술 등을 유기적으로 결합하여 수의 대규모 침공을 저지했다. 이는 수나라가 방대한 병력을 동원함으로써 야기된 조직과 명령체계의 경직성 그리고 장거리를 이동함으로써 파생된 긴 보급선의 약점을 효과적으로 파고든 전략이라고 평가할 수 있다.[100]

---

99 堀敏一, 앞의 논문, 132쪽.
100 김창석, 앞의 논문, 131쪽.

2. 고구려-당 전쟁

1) 당의 1차 침공과 전략

644년에 당 태종은 고구려 정벌을 결심하고 전쟁 준비를 서둘렀다. 그런데 당이 고구려를 공격하는데 가장 큰 고민은 주요 전장이 될 수밖에 없는 요동 지역까지 이어지는 긴 병참선이었다. 이에 당은 황해 일대의 제해권을 장악하고 이를 통한 병참선의 확보를 대책으로 구상하였다. 따라서 644년 7월에 군량을 실은 4백여 척의 병선을 건조하게 하고 하남 일대의 군량을 바다길로 운반하여 비축케 하였다. 그리고 한편으로 당 태종은 영주도독 장검張儉을 보내 거란·해奚·말갈의 군사를 거느리고 요동을 공격하여 고구려의 반응을 떠보게 하였다.

644년에 당은 고구려 원정을 공포한 후 신라 사신 김다수金多遂가 644년에 귀국할 때 당 태종의 국서를 보냈다. 그러나 신라의 반응이 없자 645년에 다시 국서를 보내어 신라의 참전을 독려하였다. 고민하던 신라는 마침내 당과 연합하기로 결정하였다. 그리고 이듬해인 645년 4월 당군이 요하를 건너자, 5월에 신라는 3만의 군대를 보내어 임진강을 건너 수구성水口城을 공격하는 등 당군과 전략적으로 연결하는 군사행동을 전개하였다. 어쨌든 당은 신라를 고구려 공격 전선에 동원하는 등 외교전을 통해서도 고구려를 최대한 압박하고 있었다.

이러한 정황에서 당의 동향을 주시하던 고구려는 사태가 심상치 않게 돌아가고 있음을 깨닫고 사신을 보내어 강화를 모색하였으나, 당 태종은 강경한 입장을 누그러뜨리지 않았다. 이 해 11월 전쟁 준비가 어느 정도 갖추어지자, 당 태종은 고구려 정벌의 명령을 내렸다.[101]

당의 육군은 이세적李世勣을 총사령관으로 삼아 보·기병 6만과 거란·말갈의 군사들을 거느리고 유주에서 요동으로 진격케 하였으며, 수군은 장량張亮을 총사령관으로 5백여 척의 전함과 43,000여 명의 군사를 거느리고 산동반도의 내주萊州에서 평양을

---

101 이하 고구려와 당과의 전쟁 서술은 『구당서』 권199상, 열전149상, 고려전 및 『신당서』 권220, 열전145, 고려전, 『삼국사기』 권21, 고구려본기9, 보장왕 4년조에 의함.

직접 공격하도록 하였다. 그리고 많은 인력을 동원하여 성을 공격하는 사다리와 충차衝車 등을 만들게 하였다. 이듬해 1월 당 육군의 주력부대는 유주幽州에 집결하여 고구려 정벌의 길에 올랐으며, 이어서 3월에는 당 태종도 정주定州을 출발하여 요동으로 향하였다.

기록상으로 보면 645년의 전쟁에 동원된 당군은 이세적이 거느린 육군 6만과 장량이 거느린 수군 4만 3천 여명 등 10여만 명에 불과하다. 물론 여기에는 당 태종이 직접 거느린 본진의 군대가 포함되어 있지 않다. 기록이 없이 본진의 병력 수를 알 수가 없지만, 상당한 수의 병력이었을 것으로 추정된다. 중국측 기록에 당 태종의 본진의 병력 수를 기록하지 않은 것은 "수나라가 100만의 대군으로도 실패한 전쟁을 당 태종이 10여 만의 병력으로 수행하였다"라는 식의 정치적 홍보 효과를 노린 것일 가능성도 있다.[102] 더욱 645년의 전쟁은 당태종의 패배로 끝났기 때문에 당시 당군의 병력을 축소하려는 의도가 있었을 가능성도 짐작할 수 있다. 당시 당은 총 60여 만명의 병력을 동원할 수 있는 군사제도를 운용하고 있었으며, 실제로 668년 평양성 공격전에서는 50만 이상의 대군을 동원한 바 있다. 이러한 점을 고려하면 645년 당태종의 고구려 공격시에 동원한 당의 병력은 10여만 명의 선봉 부대 외에 당태종이 상당수의 본진 병력을 거느리고 원정에 나섰을 가능성이 높다고 생각한다.

당군은 수와는 다른 요동 공격 전략을 세웠다. 즉 4월에 당 태종 보다 한발 앞서 유성을 출발한 이세적이 거느린 당군은 요하선에 배치된 고구려의 저항선을 뚫기 위해 회원진懷遠鎭으로부터 나오는 것처럼 위장하고는 군대를 북으로 돌려 통정진通定鎭에서 요하를 건너 현도성玄免城을 공격하였다. 또 이와 별도로 부총관인 강화왕 도종道宗은 고구려 서북의 요충지인 신성新城을 공격하였다. 그리고 영주도독 장검은 요하를 건너자 곧바로 건안성建安城을 공격하였으며, 장량張亮이 거느린 수군도 평양을 직공하지 않고, 요동반도 남단에 자리잡은 비사성을 공격하였다.

이러한 작전은 과거 수 양제 정벌의 실패를 거울 삼아 주도면밀하게 짜여진 것이었다. 요서 지방에서 요하를 건너 요동으로 진출하는 육로는 크게 3가지 길이 있었다.

---

102 박경철, 「麗唐전쟁의 재인식」『동북아역사논총』 15, 2007, 159쪽.

가장 북쪽 경로가 통정진에서 요하를 건너 신성을
공격하는 길이고, 중로는 회원진에서 요하를 건너
요동성을 공격하는 길이고, 남쪽 경로는 요하 하구
를 건너 건안성을 공격하는 길이다. 수 양제의 군
대는 중로를 고집하였지만, 당군은 이 세 경로를
모두 이용하여 요하를 건너 고구려의 방어선을 타
격하였던 것이다.

한편, 당시 요동지역에서 평양성으로 가는 교통
로는 4가지 길이 있었다. 첫째는 요동성이나 개모
성蓋牟城에서 백암성白巖城을 지나 지금의 본계本溪
– 봉성鳳城을 거쳐 남하하는 길, 둘째 안시성安市城
에서 지금의 수암岫巖을 거치는 길, 세째 발해만을
건너 건안성에서 지금의 장하庄河을 거치는 길, 네
째 요동반도의 남단인 비사성에서 해안길을 따라
가는 길 등이다. 개모성·요동성·백암성·안시성·
건안성·비사성 등은 그 길목을 제압하는 요충성들
이었다.[103] 이중 요하 하류는 늪지대가 많아 요하를

백암성 등탑(중국 요녕성)

건널 수 있는 길은 요동성을 향하는 길이 주 루트이며, 아니면 더 북쪽의 개모성·신
성쪽으로 우회하거나, 발해만을 건너 건안성을 제압하는 길 뿐이었다. 수 양제의 침
략시에는 단지 요동성을 직공하는 길만을 고집하였기 때문에 요하를 건너는 과정에
서 이미 상당한 손실을 입었으며, 또 주력을 요동성 공략에만 집중하는 바람에 주변
여러 성의 지원으로 요동성 공격에 실패하였던 것이다. 따라서 당군은 요동성을 제외
하고 요하선에 배치된 다른 성들을 우회 공격하여 후환을 없앤 후 요동성을 공격하는

---

103 고구려의 중요 성들의 위치는 다음과 같이 비정된다. 현도성=지금의 遼寧省 撫順市 勞動公園山城,
신성=지금의 遼寧省 撫順市 高爾山城, 건안성=지금의 遼寧省 蓋縣 高麗城山山城, 비사성=지금의
遼寧省 金縣 大黑山山城, 개모성=지금의 遼寧省 瀋陽市 塔山山城, 백암성=지금의 遼寧省 燈塔縣 燕
州城, 안시성=지금의 遼寧省 海城市 英城子村 英城子山城.

전략을 세웠던 것이다.

이와 같이 수군과는 달리 다양한 공격로를 이용하는 당군의 전략은 당군의 병종 구성의 변화에 힘입은 바도 적지 않을 것으로 추정된다. 예컨대 당시 당의 기병은 수의 중장기병과는 달리 경기병輕騎兵이었기에 기동력이 강화되었다. 따라서 이세적이 중로인 회원진을 통해 도하하려는 것처럼 하다가 몰래 북쪽으로 진군하여 북로를 이용하여 요하를 도하하여 불의에 고구려를 공격할 수 있었던 것도 수의 군대에 비해 기동력이 높아졌음을 알 수 있다.[104]

그런데 당군의 기습적인 공격 속에서 비사성만이 함락되었을 뿐, 나머지 현도성과 신성·건안성은 당군의 공격을 막아냈다. 사실상 당군은 첫 공격에서 실패한 셈이었다. 그러나 이세적과 강하왕 도종은 군대를 합쳐 다시 개모성을 공격하여 이를 함락시키고 요동성으로 진격하였다. 그러나 요동지역의 가장 중요한 요충지이며 군사방어망의 거점이라고 할 수 있는 신성과 건안성의 고구려군은 여전히 위협적인 존재로 남아, 이후 당군의 요동 작전은 큰 제약을 받게 되었다.

한편, 장량이 이끄는 당의 수군도 평양을 직공하지 않고 동래에서 바다를 건너 요동반도 남단에 자리잡은 비사성을 공격하여 이를 함락시키고 요동성 공격을 배후에서 지원하였다. 5월에 당 태종도 본군을 거느리고 요하를 건너 요동성에 도착하였다. 당 태종의 본군이 요동성 공격에 처음으로 참여하였다는 것은 당시 당으로서도 요동성 전투가 최대의 격전이 되리라고 예상하고 있었기 때문일 것이다. 여기에 고구려의 다른 성을 공격하였던 당군 역시 모두 요동성으로 속속 모여들었다. 이에 고구려도 국내성과 신성의 군사 4만을 보내어 요동성을 구원하게 하였다.

첫 전투에서 고구려군은 강하왕 도종의 기병군을 격파하였으나, 전열을 다시 정비한 도종의 기병군과 이세적의 군대의 협공을 받아 결국 패퇴하였으며. 결국 요동성은 당군의 포위에 고립되고 말았다.

그러나 요동성은 요동지역 최대의 거점으로 과거 수 양제의 공격에도 함락되지 않았던 견고한 성이었다. 이곳에는 6만여 명의 성민과 50만 석의 군량이 갖추어져 있었

---

104 여호규, 「고구려 千里長城의 經路와 축성배경」 『국사관논총』 91, 200, 181쪽.

기 때문에 당군의 포위 공격에도 쉽사리 무너지지 않았다.

당 태종은 요하를 건너자 다리를 불태움으로써 전의를 다졌고, 요동성 공격의 중요성을 잘아는 당 태종도 친히 공격에 참여하여 군사들을 독려하였다. 이세적 등 당군은 당 태종의 정예군과 합세하여 요동성을 수백겹으로 둘러싸고 운제와 충차를 동원하여 연일 계속 공격하였다. 공방전이 계속된지 12일이 지나자 결국 요동성도 당군의 맹렬한 공격에 견디지 못하고 함락되고 말았다. 이 요동성 전투에서 고구려군의 사망자가 만여 명, 포로된 자가 군사 만여 명에 남녀 4만 명이었으며, 양곡 50만 섬을 빼앗기게 되었다.

2) 안시성 전투

요동성의 함락은 고구려군의 방어선에 중대한 타격을 입혔다. 왜냐하면 요동성은 요하·혼하·태자하 등에 산재되어 있던 고구려 1차 방어선의 중심 거점으로서 각 거점 성들을 유기적으로 연결하는 핵심고리였기 때문이다. 요동성의 함락은 이런 요하방어선의 유기적인 체계가 무너진 결과를 초래하였으며, 나머지 거점 성들의 방어망이 취약해지게 되었다. 대표적인 예가 백암성의 함락이었다.

당군은 요동성을 함락한 직후 그 후방에 위치한 백암성을 공격하였는데, 당군의 위세에 놀란 성주 손대음孫代音은 변변히 싸우지도 않고 당군에 항복하였다. 사실 백암성은 군사 2천여 명과 주민 1만여 명 정도가 주둔하는 성으로 요동성과는 비교가 되지 않는 규모였다. 그러나 요동성에서 태자하를 따라 이어지는 교통로에 위치한 백암성은 당의 군대가 요동성을 방치한 채로 태자하 유역으로 진격한다면 요동성의 군사력을 배경으로 당군의 진격을 막는 방어 기능을 충분히 수행할 수 있었을 것이다. 하지만 요동성이 함락된 이후에는 이러한 백암성의 방어 기능은 자체의 병력 만으로는 불가능하게 되었다. 백암성이 싸우지도 않고 항복한 것은 이러한 이유 때문이었을 것이다.

이상과 같이 개모성·요동성·백암성·비사성 등이 차례로 당군의 손으로 들어감으로써, 이제 요하선에 배치된 고구려군의 주요 거점성은 신성·건안성과 안시성만 남게 되었다. 이에 당군은 안시성으로 밀려들었다. 안시성이 무너지면 오골성烏骨城(지금의 遼寧省 鳳城 鳳凰山山城)을 제외하고는 당군의 평양성 공격로를 막을 만한 방어선이 없었다. 위기를 느낀 고구려 조정은 긴급히 15만 군을 동원하여 북부욕살 고연수高延壽과 남부욕살 고혜진高惠眞에게 주어 안시성을 구원하도록 하였다.

당시 고구려군에는 나이가 많고 경험있는 인물로서 대로직에 있는 고정의가 "당 태종은 일세의 영웅이니 쉽게 대적할 수 없으니, 직접 싸우지 않고 장기전으로 들어가 군사를 보내어 군량길을 끊는 전략을 구사하면 승리를 거둘 것이다"라고 조언하였다. 그러나 고연수 등은 이 계책을 받아들이지 않고 안시성 40리 지점까지 진군하였다. 사실 고정의가 제안한 전략은 당 태종도 매우 우려하는 바였다. 당 태종은 교전에 앞서 고연수의 고구려군이 안시성과 연계하여 성곽을 구축하고 험준한 지세에 의거하여 지키면 공략하기 힘들겠지만, 안시성 부근에 진을 치고 교전하면 당군이 승리할 것으로 장담하였다. 그리고 고구려군을 유인하기 위하여 돌궐병 1천 명을 보내어 거짓으로 패퇴하는 기만전술을 시도하였다. 이에 속은 고연수는 첫 승리에 자만하며 안시성 8리 지점까지 진격하여 진을 치고 당군과 대적하였다.

당시 고구려군이 펼친 진의 길이가 40리나 될 정도로 군세가 만만치 않았기 때문에, 당태종은 또다른 계략을 꾸몄다. 즉 사신을 고연수에게 보내어 "연개소문의 죄를 묻기 위하여 온 것이니, 너희가 신하의 예를 갖추면 빼앗은 몇 개의 성도 돌려줄 것이다"라고 하여 고연수를 안심시켰다. 고구려군이 별다른 방비를 하지 않자, 당군은 전면전을 시도하였다. 즉 이세적이 보기 15,000명을 거느리고 서쪽 고개에서 진을 치고, 장손무기와 우진달牛進達이 정예군 11,000명을 거느리고 산의 북쪽으로부터 협곡으로 나와 그 뒤를 공격하도록 하고, 당 태종은 본군을 거느리고 고구려군을 정면 공격하였다. 미처 방비를 갖추지 못한 고구려군은 참패하고, 결국 고연수와 고혜진은 당군에 항복하고 말았다. 이 때 당에 포로가 된 고구려군이 38,000명, 말 5만 필과 소 5만 두라고 하였으니 고구려 구원군이 치명적인 패배를 당하였음을 짐작할 수 있다. 이 승리를 기념하기 위하여 당태종이 머물렀던 산의 이름을 주필산駐蹕山이라고 하였으니, 이 전투를 주필산 전투라고 한다. 사실 고연수가 거느린 고구려군은 당시 고구려가 거의 모든 역량을 동원한 것이기 때문에, 이 전투에서의 패배로 고구려의 국운은 큰 위험에 처하게 되었다.

그러면 고연수의 고구려군은 왜 대로 고정의의 계략을 따르지 않고 대평원에서 진을 치고 당군을 대적하였을까? 이러한 대평원회전은 성을 지키면서 방어하는 과거 고구려군의 방어전술과는 다른 전혀 새로운 전술이었다. 이는 새로운 집권자로 등장한 연개소문 등이 주도한 새로운 방어전술에 따른 것으로 이해된다.

645년 당군은 요하를 건너기 전에 연개소문이 출정할 것이라는 첩보를 입수하고, 영주도독 장검은 북로를 통해 요하를 건너 연개소문과 대적하려다가 끝내 나타나지 않자 군대를 돌려 건안성을 공격하였다고 한다. 실제 연개소문이 요동지역으로 출정할 예정이었는지는 알 수 없지만, 고연수가 이끌었던 군대의 규모가 15만 명에 이르렀다는 점을 고려하면, 본래 연개소문이 이 대규모 구원군을 이끌고 당군과 맞서려고 했을 가능성이 높다고 판단된다. 그런데 중앙정계의 어떤 사정으로 인하여 연개소문이 직접 나서지 못하고 대신 고연수 등을 보냈을 것이며, 이 때 이미 고구려군의 대평원회전이라는 기본 전술이 수립되었을 가능성이 높다. 662년에 연개소문이 사수蛇水 전투에서 당군을 격파한 예에서 보듯이 연개소문은 기존의 고구려 전술과는 다르게 평원전을 주로하는 전술을 구사하였던 듯하다. 따라서 고연수가 이끄는 고구려군이 안시성 외곽에서 당군과 진을 치고 대적하였던 전술 역시 연개소문이 준비한 새로운 전술로 추정된다. 다만 이러한 전술은 중원지역을 통일하면서, 그리고 돌궐이나 서역을 정벌하면서 전쟁 경험을 풍부하게 쌓은 당태종이나 당군의 장수들을 상대로 그리 유효한 전술은 아니었던 것으로 보인다.[105]

고연수의 구원군이 참패함으로써 이제 고구려는 안시성의 방어에 희망을 걸 수 밖에 없었다. 당시 당 태종도 안시성이 연개소문의 정변 때에도 항복을 받아내지 못할 만큼 견고한 성임을 알고 있었기 때문에 안시성의 공격에 주저하던 터였다. 따라서 당군의 지휘부에서는 안시성을 우회하여 건안성이나 오골성을 먼저 공격한 후 평양으로 진격하는 작전도 논의되었다. 하지만 당 태종이 친정하는 공격에서 후방에 적군을 방치하고 전진하였다가 요동 일대의 고구려군에게 보급로가 끊길 위험이 크다고

---

105 여호규, 앞의 논문, 182쪽.

판단하여, 결국 안시성을 함락한 후 진격하기로 결정되었다.

당군은 고립무원의 상황에 빠진 안시성을 완전 포위하고 맹렬하게 공격하였다. 그러나 안시성의 고구려인 역시 조금도 굴하지 않고 당군의 총공세를 막아냈다. 당군이 토산을 쌓고 공격하면 고구려군도 성벽을 더 높이 쌓아 막았다. 당군이 충차와 포차로 성벽을 파괴하면 고구려군은 목책을 세워 무너진 곳을 막았다. 이러기를 하루에 6·7 차례씩 연일 계속되었으나, 당군은 아무런 성과를 거둘 수 없었다. 결국 당군은 최후의 수단으로 거대한 토산을 쌓기 시작하였다. 연인원 50만을 동원하여 밤낮을 쉬지않고 60여 일을 쌓은 결과 안시성을 내려다 볼 수 있는 토산이 완공되었다. 그런데 토산이 성벽으로 무너져 내리면서 고구려군이 재빨리 토산을 점령하고 이를 깎아 참호를 파고 지켰다. 애써 쌓은 토산을 잃은 당군은 이를 되찾기 위해 3일을 연이어 총공격에 나섰으나 결국 실패하고 말았다.

9월에 접어 들자 요동에는 찬바람이 불기 시작하였다. 최후의 공격 수단인 토산도 빼앗기고, 군량도 다 떨어진 당군은 마침내 포위를 풀고 철수하지 않을 수 없었다. 물론 당 태종의 고구려 정벌은 수 양제의 정벌과는 달리 자못 성과가 있었다. 요동성·비사성·개모성 등 10성을 함락하였으며, 옮겨간 고구려 민호 만도 7만 인이었다. 그러나 애초에 당 태종의 고구려 정벌은 평양성의 함락을 통한 고구려 국가의 제압이었다. 또한 중국 대륙의 군웅과 주변의 이종족을 정복하여 '황제천가한'으로 위세를 떨쳤던 당 태종의 위신을 과시하기 위한 전쟁이었다. 그런데 고구려의 일개 지방성에 불과한 안시성에 가로막혀 애초의 정벌 목적을 전혀 이룰 수 없었으니, 당태종의 위신도 추락한 셈이었다.

3) 당의 침공 전략의 변화

당 태종이 돌아간 후 고구려는 사신을 보내어 사죄의 뜻을 밝혔으나, 당 태종은 이를 받아들이지 않았다. 오히려 당의 조정에서는 고구려 정벌에 대한 논의가 계속되었으며, 지난 당 태종의 친정이 실패한 경험을 바탕으로 고구려에 대한 공격 전략을 바꾸었다. 즉 대규모 정벌을 지양하고 소규모 군대를 끊임없이 파견하여 고구려를 피로케 한 뒤에 공격한다는 지구전략을 채택한 것이었다. 이는 수 양제의 정벌 이래 계속되는 전쟁에서 고구려의 국력이 서서히 피폐해지고 있음을 간파한 전략이었다.

이 전략에 따라 647년 3월에는 이세적이 이끄는 당군이 남소성과 목저성의 외곽을 불태우고 돌아갔으며, 7월에는 우진달의 1만 수군이 해로로 고구려 국경 내로 침투하여 석성石城과 적리성積利城을 공격하였다. 이듬해 정월에도 설만철이 3만 병력을 이끌고 바다를 건너 와서 역산易山에서 고구려군을 격파하였으며, 9월에는 다시 설만철이 압록강으로 들어와 박작성泊灼城을 포위 공격하였다.

이처럼 고구려 변경에서 당군의 산발적인 공격이 계속된 후, 당 태종은 고구려가 피로해졌다고 판단하고 대규모 고구려 정벌을 꾀하며, 큰 배를 건조하고 각종 군량과 무기를 비축케 하였다. 그러나 고대하던 고구려 정벌을 미처 이루기 전인 649년에 당 태종은 숨을 거두고 말았다. 죽으면서 당 태종은 고구려 정벌의 중지를 유언하였다하나, 사실상 당 고종이 즉위한 뒤에도 당의 대고구려 전략은 변화가 없었다. 여전히 계속해서 소규모 군대를 보내어 고구려 변경을 끊임없이 공략하였다.

이처럼 고구려와 당의 소규모 충돌이 계속되는 가운데, 한편 한반도에서 삼국 간의 항쟁도 급격하게 전개되고 있었다. 641년에 의자왕이 즉위한 후 백제의 대외정책에는 일단의 변화가 있었다. 그것은 친고구려 정책으로 전환이었다. 의자왕은 즉위초 정변을 일으켜 유력 귀족들을 제거하고 자신의 정권 기반을 강화한 후 신라에 대한 대대적인 공격을 감행하였다.[106] 이는 642년에 고구려의 연개소문이 정변을 통하여 권력을 장악한 이후 대신라 공세를 강화한 것과 마찬가지로 국내의 정치 기반 강화가 그 배경으로 깔려 있는 듯하다. 어쨌든 고구려와 백제의 양면 공세에 시달리던 신라가 당과의 동맹에 힘을 기울이고, 당 역시 고구려의 배후에 있는 신라를 주목하면서 양국의 관계는 급속도로 밀착되어 갔다. 이처럼 적대세력인 신라가 당과 긴밀한 관계를 맺는 상황 속에서, 백제는 외교적으로 고립된 상황을 벗어나기 위해 친고구려 정책으로 선회한 것으로 보인다.

고구려와 백제의 연결은 적극적인 군사동맹으로 발전하지는 않았으나, 642년 신라

---

106 盧重國, 앞의 논문, 1981, 95~96쪽.

태종 무열왕(김춘추)릉(경북 경주)

당항성 공격에는 양국이 합동 작전을 전개하기도 하였다. 그러나 무엇보다 신라를 곤경으로 몰아 넣은 점은 고구려에 대한 경계를 푼 백제가 일방적으로 신라를 공격한 것이었다. 645년 당 태종이 고구려를 공격하였을 때 신라는 3만 군을 보내어 당군을 지원하였는데, 이 틈을 타 백제는 신라를 공격하여 7성을 함락시켰으며, 이에 고구려로 출정한 신라군은 후퇴하지 않을 수 없었다. 즉 백제군의 신라 공격이 간접적으로 신라군의 고구려 후방 공격을 좌절시킴으로써 고구려를 측면 지원하게 된 결과가 되었다. 이후에도 백제는 647년·648년·649년에 거듭 신라를 공격하여 여러 성을 함락하였다. 신라는 김유신만이 근근히 백제군을 막아내고 있었을 뿐, 계속되는 백제의 공격에 위기감이 고조되고 있었다.

신라는 이 위기에서 벗어나기 위하여 당과의 동맹 관계에 매달릴 수 밖에 없었다. 648년 김춘추는 당으로 건너가서 백제 정벌을 위한 당의 군사적 지원을 적극 요청하였다. 김춘추는 당과의 동맹을 성사시키기 위하여 당의 관복을 요청하고 자신의 아들을 당 조정에서 숙위케 하였으며, 독자적인 연호를 버리고 당의 연호를 사용하는 등 적극적인 중화中華 정책을 추구하였다.[107]

당도 이미 여러 차례의 단독 작전에 의한 고구려 정벌이 실패한 후였기 때문에, 신

---

107 金瑛河, 「신라의 삼국통일을 보는 시각」 『韓國古代史論』(한길역사강좌 12), 1988, 211쪽 참조.

라와의 연합 작전의 필요성을 절실히 느끼고 있었다. 이에 양국의 이해 관계가 맞아 떨어져 백제·고구려 정벌을 위한 군사동맹이 체결되었다. 이 때 양국 사이에는 백제·고구려를 멸망시킨 이후에는 대동강 이남 지역은 신라가 차지한다는 밀약이 맺어져 있었다.[108]

이와 같이 당시 동북아시아의 패권을 다투는 최대의 전쟁이었던 645년의 전쟁에서 신라는 당의 진영으로, 백제는 고구려의 진영으로 각자 서로 다른 길을 선택하였다. 그리고 645년 전쟁 이후 복잡한 국제관계가 고구려-백제 대 당-신라의 양 진영으로 재편되는 촉진 작용을 하였다.[109] 그 결과 한반도를 둘러싼 전쟁은 과거와는 달리 동아시아의 모든 국가와 세력들이 총동원되는 최대의 국제전이라는 양상으로 전개되기 시작하였다.

---

108 『삼국사기』 권7, 신라본기7, 문무왕 11년.
109 노태돈, 『삼국통일전쟁사』, 2009, 서울대학교출판부, 112쪽.

제3절

삼국의 각축과 통일전쟁의 격화

1. 7세기 초반(~641년) 삼국의 충돌과 대외관계

1) 7세기 초반 백제와 신라의 전쟁

관산성 전투(554년) 이후 백제와 신라의 전쟁은 일시 소강상태가 되었다. 백제가 위덕왕대에 561년에는 신라의 변경을, 577년에는 신라의 서변을 공격한 기사가 보이지만, 본격적인 백제의 공세가 이루어지지는 않았던 것으로 보인다. 561년 전투에서는 공격한 백제 군사 1천여명이 전사하는 패전을 당하기도 하였다. 이러한 상황으로 보아 당시 백제군은 아직 관산성 전투 패전의 후유증을 크게 벗어나지 못했던 것으로 짐작된다.

백제가 신라에 대해 다시 적극적인 공세를 시작한 것은 무왕대에 들어서였다. 무왕대 이후 백제와 신라의 전쟁 관련 동향을 종합적으로 이해하기 위하여 양국의 전투 기사를 다음 〈표 4-1〉로 만들었다.

백제의 신라에 대한 공세는 무왕 3년부터 시작되었다. 백제 무왕대인 602년~636년 동안 『삼국사기』에 기록된 양국의 전투 기사만 16건에 이른다. 그 중 신라가 백제를 공격한 기사는 단 2건이며 14건이 백제가 신라를 공격한 기사이다. 35년 동안에 16회에 이르는 전투는 백제와 신라 양국의 관계에서 가장 충돌의 밀도가 높은 시기

<표 4-1> 백제·고구려의 전쟁(561년~642년)

연도	백제왕력	신라왕력	공격 주체	전투 지휘관	전투 지명	군사규모	
561	위덕왕8	진흥왕22	백제→신라		신라 변경	백제군 전사 1천	
577	위덕왕24	진지왕2	백제→신라	신라 세종(世宗)	신라 서변		
602	무왕3	진평왕23	백제→신라		신라 아막산성(阿莫山城)(일명모산성一名母山城)		(신라) 아막성 (阿莫城)
	무왕3		신라→백제	백제 해수(解讎) 신라 건품·무은, 귀산 (乾品·武殷, 貴山)	신라 소타(小陁)·외석(畏石)·천산(泉山)·옹잠성(饔岑城) 축성	백제군 4만	
604	무왕5	진평왕26	백제→신라				
605	무왕6	진평왕27	신라→백제		백제 동변		
611	무왕12	진평왕33	백제→신라	신라 찬덕(讚德)	신라 가잠성 (椵岑城)		
616	무왕17	진평왕38	백제→신라	백제 백기(苩奇)	신라 모산성 (母山城)	백제군 8천	
618	무왕19	진평왕40	신라→백제	신라 변품(邊品), 해론(奚論)	백제 가잠성 (椵岑城)		
623	무왕24	진평왕45	백제→신라		신라 륵노현 (勒弩縣)		
624	무왕25	진평왕46	백제→신라		신라 속함(速含)·앵잠(櫻岑)·기잠(歧岑)·봉잠(烽岑)·기현(旗懸)·용책(冗柵) 등 6성		
626	무왕27	진평왕48	백제→신라	신라 동소(東所)	신라 왕재성(王在城)		(신라) 왕재성 (王在城)

627	무왕28	진평왕49	백제→신라	백제 사걸(沙乞)	신라 서변 2성		
	무왕29		신라→백제		(웅진熊津)		
628	무왕29	진평왕50	백제→신라		신라 가봉성 (椵峯城)		(신라) (가봉성 椵峯城)
632	무왕33	선덕왕1	백제→신라				
633	무왕34	선덕왕2	백제→신라		신라 서곡성 (西谷城)		서곡성 함락
636	무왕37	선덕왕5	백제→신라	백제 우소(于召) 신라 알천(閼川)	신라 독산성 (獨山城), 옥 문곡(玉門谷)	백제군5백 우소(于召) 포로	

라고 할 수 있다.

602년 백제의 공격은 8월에 신라 아막산성阿莫山城을 공격하는 것으로 시작되었다.[110] 이에 대해 신라는 정예 기병 수천기를 동원하여 이를 물리쳤다. 오랫동안 공백기를 지나 일어난 백제의 첫공격에 대해 신라는 상당한 위기감을 느낀 듯하다. 신라는 곧이어 소타성小陀城, 외석성畏石城, 천산성泉山城, 옹잠성甕岑城의 4성을 쌓고 이를 근거로 백제에 대해 반격에 나섰다. 이에 대해 백제 역시 좌평 해수解讐가 보병과 기병 4만 명을 거느리고 신라의 4성을 공격하였다. 당시 동원된 백제군이 4만 명에 이르는 것을 보면, 백제가 이제는 어느 정도 군사력을 회복하였음을 짐작할 수 있다. 그런데 이 전투에서 백제군은 상당한 타격을 입고 후퇴하게 되었다.

그리고 이들 전투 지점에 대해서도 살펴볼 필요가 있다. 아막성은 지금의 전북 남원 운봉 일대인데, 『신증동국여지승람』권39 운봉현의 산천조에는 "팔량현, 황산의 동쪽 5리에 있다. 바로 경상도 함양군의 경계이다. 신라와 백제시대로부터 요해로 불려온다."라는 기록이 있다. 즉 운봉의 팔량치가 삼국시대부터 군사적으로 중요한 요새지임을 알 수 있다. 소타성, 외석성, 천산성, 옹잠성 4성의 위치는 알 수 없지만, 아

---

110 백제본기에는 아막산성이 일명 母山城이라고 한다고 기록되어 있다. 그런데 모산성은 『삼국사기』 권34, 지리지, 강주 천령군조에 "雲峯縣은 본래 母山縣이며 혹 阿英城 혹은 阿莫城이라고 한다." 라는 기사가 있다. 이 기사에 근거하여 아막산성은 운봉지역으로 비정된다.

막성 전투로부터 전투가 이어졌기 때문에 대체로 운봉지역에서 그리 멀지 않은 지역으로 추정된다. 이 운봉 일대는 백제가 소백산맥을 통과하여 신라로 진출하기 위해서는 반드시 거쳐야하는 요충지였기 때문에, 백제는 신라에 대한 본격적인 공세를 아막성 일대에서 전개하였던 것이다.

605년에는 신라가 백제에 대해 공세를 취하였고, 다시 611년부터는 백제가 신라에 대해 지속적으로 공격을 시작하였다. 이후 백제는 신라의 가잠성椵岑城[111], 모산성母山城(전북 남원 운봉), 늑노현勒弩縣(괴산), 속함성速含城(경남 함양)·앵잠성櫻岑城·기잠성歧岑城·봉잠성烽岑城·기현성旗懸城·혈책성冗柵城 등 6성[112], 왕재성王在城, 서곡성西谷城(경남 거창), 독산성獨山城(경북 성주), 옥문곡玉門谷 등을 차례로 공격하였다. 이들 여러 전투 지역의 위치에서는 여러 견해들이 있기 때문에 확정하기는 곤란하지만, 대체로 지금의 경남의 함양~합천 일대, 충북의 괴산 일대에서 양국의 전투가 주로 벌어졌던 것으로 짐작할 수 있다.

당시 백제가 신라 지역으로 진출하는 과정을 좀더 살펴보면, 616년에 다시 모산성 즉 운봉 일대를 공격하였다. 그러나 당시에도 아직 운봉지역을 넘어서지 못했던 것으로 보인다. 그런데 624년에 백제는 드디어 운봉 일대를 넘어서 속함성速含城 등 6성을 공격하였다. 이 전투는 신라로서도 소백산맥 일대의 방어망을 지킬 수 있느냐 여부를 가르는 매우 중요한 전투였다.

이 전투의 상황은 『삼국사기』 권47 눌최전에 자세하게 전하고 있다.

> 진평왕 46년(624) 겨울 10월에 백제가 대거 내침하여 군사를 나눠 속함速含, 앵잠櫻岑, 기잠歧岑, 기현旗懸, 혈책冗柵 등 여섯 성을 포위 공격하였다. 왕이 상주上州과 하주下州의 귀당貴幢, 법당法幢, 서당誓幢 등 5군에게 가서 구하도록 하였다. (신라군)이 도착하여 백제 군사가 진영을 갖춘 것이 당당함을 보고 그 예봉을 당해낼 수 없을 것 같아 머뭇거리며 진격하지 못하였다. 어느 사람이 주장하였다. "대왕께서 5군을 여러 장

---

111 가잠성의 위치는 괴산으로 비정하기도 하고, 경기도 안성으로 비정하는 견해도 있다.
112 속함성을 제외한 나머지 5성의 위치는 불분명하지만 대략 앵잠성은 경남 함양, 기잠성은 경남 합천, 혈책성은 경남 산청 등으로 비정할 수 있다.

쌍릉(대왕릉, 전북 익산)
무왕의 릉으로 전해지고 있다.

군에게 맡겼으니 국가의 존망이 이 한 싸움에 달렸다. 병가兵家의 말에 '승리가 판단되면 진격하고, 어려울 것 같으면 후퇴하라.' 하였으니 지금 강적이 앞에 있으니 계략을 쓰지 않고 직진하였다가 만일 뜻대로 되지 않으면 후회하여도 소용이 없다." 장군과 보좌관들이 모두 그렇다고 여겼다. 그러나 이미 명을 받아 출동하였으므로 그냥 돌아 갈 수도 없었다. 이보다 앞서 국가에서 노진奴珍 등 여섯 성을 쌓으려고 하였으나 겨를이 없었는데 드디어 그 곳에 성을 다 쌓고 돌아왔다. 이에 백제의 침공이 더욱 급박하여져 속함, 기잠, 혈책의 세 성이 함락되거나 또는 항복하였다.

위 눌최전에는 이어서 나머지 3성을 지키던 눌최가 전사하고 3성이 모두 백제군에게 함락되었음을 전하고 있다. 당시 신라의 5군이 나라의 존망이 달렸다고 인정하면서도 결국 백제군과 끝까지 맞서지 못하고 후퇴한 것을 보면, 백제군의 위세가 매우 강력하였음을 예견할 수 있다. 속함성 등이 함양 일대라고 보면, 이 전투에서 함양과 합천 일대의 6성을 백제군이 차지하였다는 것은 소백산맥을 넘어서 신라의 영토 내로 진입할 수 있는 거점을 확보하였음을 의미한다. 633년에는 서곡성을 공격하여 함락시켰는데, 그 위치는 거창군 일대로 비정할 수 있겠다. 따라서 당시 백제군은 소백산맥을 넘어서 점차 신라 영토 내로 진출할 수 있는 거점을 확보해가고 있었음을 알수 있다.

당시 백제의 공격로를 보면 함양의 동북쪽으로 낙동강 중류지역으로 진출을 시도하고, 동남쪽으로는 낙동강 하류지역으로 진출을 시도하고 있었다. 이러한 일련의 백제의 공세 속에서 백제는 함양 일대를 거점으로 진주까지 영역을 확보한 것으로 짐작된다.[113]

한편, 무왕대 백제는 한강 상류지역으로도 진출을 시도하고 있었다. 618년에 신라 가잠성을 공격하여 함락시켰는데, 2년 뒤인 618년에는 신라가 다시 가잠성을 공격하여 이를 탈환하였다. 이에 백제는 다시 628년에 가잠성을 공격하였으나 실패하였다. 가잠성은 충북 괴산지역, 혹은 경기도 안성지역으로 추정되는데, 백제가 한강유역으로 진출하기 위한 요충지라고 할 수 있다. 사실 성왕대에 일시 회복하였던 한강유역을 신라에게 빼앗긴 백제로서는 한강유역을 다시 되찾는 것이 가장 중요한 숙원사업의 하나였다. 따라서 소백산맥을 넘어 신라의 서쪽 영역을 위협하는 한편 한강유역으로 진출을 꾀하는 양면 작전을 펼쳤던 것으로 보인다. 627년에도 백제 무왕은 신라에게 빼앗긴 땅을 회복하려고 크게 군대를 일으켜 웅진에서 주둔하였는데, 신라가 당나라에 사신을 보내어 위급함을 알리는 바람에 출정을 그만두기도 하였다. 웅진성에서 군대를 주둔하였다는 것은 당시 백제군의 공세가 한강유역 일대에 맞추어져 있었음을 시사한다.

이와 같이 백제는 무왕대에 소백산맥을 넘어 함양 일대를 근거지로 영역을 확장하는 한편 한강유역에도 진출을 시도하고 있었다. 이러한 백제군의 움직임은 다음 의자왕대에도 그대로 이어지게 되는데, 바로 642년의 대야성 공격과 당항성 공격이 대표적이다.

2) 7세기 초반 고구려와 신라, 고구려와 백제의 관계

신라가 553년에 한강유역을 완전히 차지한 후 거의 50여 년 동안 신라와 고구려 양국의 충돌을 전하는 기사는 보이지 않는다. 물론 이 시기에 양국이 화평 관계를 맺었다고는 생각되지 않지만, 일단 고구려가 한강유역을 상실한 직후 남부전선을 안정

---

113 박현숙, 「백제시대의 지방통치와 영역」 『백제의 지방통치』, 학연문화사, 1998, 202쪽.

시키기 위해 신라와 모종의 타협책을 맺었을 가능성이 높기 때문에, 6세기 중반까지는 양국 관계가 별다른 충돌이 없었던 것으로 볼 수 있다.

이와 관련하여 신라가 568년 10월에 북한산주(서울)를 폐지하고 남천주南川州(경기 이천)를 설치하고, 비열홀주比列忽州(함남 안변)를 폐지하고 달홀주達忽州(강원 고성)를 설치한 기사가 주목된다. 즉 고구려와의 최전선 지역에 설치한 군사적 거점인 북한산주와 비열홀주를 후방으로 후퇴한 것이다. 이러한 조치가 고구려의 공세에 따른 결과인지 여부는 확인할 수 없지만, 주요 군사적 거점을 후방으로 이치시킴으로써 고구려를 자극하지 않으려는 신라의 의도가 있었던 것이 아닌가 추정해볼 수 있다.

그러나 늦어도 590년에 고구려 영양왕이 즉위하면서부터는 점차 양국 사이에는 긴장이 높아지고 있었을 것으로 보인다. 이는 이 시기 고구려가 자기 세력권을 재건하려는 움직임과 연관되어 있다. 당시 고구려와 신라의 관계를 살펴보기 위하여 주요 사건을 〈표 4-2〉로 작성하였다. 다만 이 표에서는 당시 고구려와 신라의 관계에서는 중국의 통일세력인 수와의 외교관계 역시 중요한 변수로 작용하기 때문에, 이와 관련된 중요 사건도 포함하였다.

〈표 4-2〉를 통하여 고구려와 신라, 고구려와 백제 사이에 벌어진 한반도 내의 정세를 살펴보자. 603년에 고구려는 신라의 북한산성을 공격하였으며, 607년에는 백제의 송산성과 석두성을 공격하였다. 이러한 고구려의 군사적인 압박으로 백제와 신라는 다시금 수隋와의 교섭에 나서게 되었다.[114] 백제는 607년과 611년에 수에 사신을 보내어 고구려 정벌을 요청하였으며, 신라 역시 611년에 고구려를 견제하기 위하여 수에 군사를 청하는 사절을 보냈다. 이에 수는 백제에 사신을 보내어 고구려 정벌을 알리고, 613년에는 신라에도 사신을 보냈다. 심지어 608년에는 왜倭에도 배세청裵世淸을 사신으로 파견한 바 있다. 이러한 수의 대응이 고구려를 정벌하기에 앞서 백제나 신라의 군대를 동원하려는 외교전략으로 해석할 수는 없지만 앞으로 삼국간의 충돌에 중원 세력이 개입할 가능성을 보여 주었다.

612년 이후 고구려에 대한 수의 대규모 원정이 이어지면서, 고구려는 더 이상 백제

---

114 『수서』 권81, 열전46, 백제·신라·왜국.

<표 4-2> 7세기 초반 고구려와 신라의 관계

연도	신라왕력	신라의 대외관계	고구려의 대외관계	고구려왕력
603	진평왕25	8월 고구려가 북한산성 공격 진평왕이 1만 군사로 방어	(좌동)	
604	진평왕26	7월 남천주 폐지, 북한산주 설치		
607			고구려사신 돌궐 방문 수양제와 대면 5월,백제의 송산성, 석두성 공격	영양왕18
608	진평왕30	원광에게 걸사표 짓게 함 2월 고구려가 침공 8천명 포획 4월 고구려가 우명산성을 공취	(좌동)	영양왕19
611	진평왕33	수에 청병표		
625	진평왕47	당에 사신보냄 - 고구려가 길을 막고 침입한다고 고함 당의 주자서가 화친 사신으로 내방	당에 불교, 도교의 교법을 청함	영류왕8
626			당의 사신 주자서 내방	영류왕9
627	진평왕49	6월, 당에 사신보냄- 백제의 침공 위협 고함 11월, 당에 사신보냄 *당태종이 백제왕에게 신라와 화목할 것을 권하는 조서 보냄		
629	진평왕51	8월, 용춘, 서현, 유신 등 고구려 낭비성娘臂城 함락시킴 9월, 당에 사신보냄	(좌동)	
638	선덕왕7	10월, 고구려가 칠중성 공격	(좌동)	영류왕21
639	선덕왕8	2월, 하슬라주를 소경으로		

나 신라에 대한 공세를 취할 여유가 없었다. 고구려가 남방을 돌볼 겨를이 없었던 이 시기에는 앞서 살펴본 바와 같이 641년까지 백제와 신라 양국간의 치열한 공방전이 계속되고 있었을 뿐이다.

다만 여기서 검토할 것은 고구려와 수의 전쟁이 벌어질 때, 신라가 고구려의 남부 전선을 공격하여 차지하였는가의 여부이다. 즉 뒤에서 다시 살펴보겠지만, 644년에 신라의 요청으로 당의 상리현장相里玄獎이 중재에 나섰을 때에 연개소문은 고구려와 수의 전쟁 때에 신라가 고구려의 땅 500리를 빼앗았다고 주장하고 있다. 이러한 사실은 다른 기록으로는 확인되지 않는다. 613년에 수의 사신인 왕세의王世儀가 신라를 방문한 바가 있는데, 혹 이 때 수가 신라의 참전을 요구하였을지도 모르겠다. 그러나 수가 고구려를 공격할 당시에는 역시 백제가 신라에 대해 공세를 취하고 있는 상황이었기 때문에, 신라가 고구려에 대해 본격적인 공세를 취할 가능성은 적다고 판단된다.

만약 이 때 신라가 고구려와 수가 전쟁을 벌이는 틈을 타서 고구려의 남부 지역을 차지하였다면, 이는 후일 642년에 고구려와 당의 전쟁 때에 당이 신라군을 동원한 사실의 전례가 된다는 의미에서 주목할 필요가 있다. 그러나 642년에 당의 요청에 따라 고구려의 남부전선을 공격할 때에도 신라로서는 상당한 고민 끝에 참전을 결정하였던 점에서 미루어보면, 고구려와 수의 전쟁시에 신라가 수의 지원군으로서 고구려의 남부 전선을 공격할 가능성은 거의 없다고 판단된다. 이점은 뒤에서 7세기대에 고구려와 신라의 영역의 변화상을 검토하면서 다시 살펴보고자 한다.

한편, 이 무렵 중원에서는 커다란 정세 변화가 나타났다. 수가 무리한 고구려 원정으로 인하여 멸망하고 618년에 당이 건국하였다. 그런데 수왕조 말기부터 당에 의해 중국이 다시 통일될 때까지는 수왕조 때에 구축되었던 중국 중심의 국제질서가 해체된 시기였다. 이 점은 삼국과 당의 관계에서도 살펴볼 수 있다. 625년·626년에 백제·신라가 당에 사신을 보내어 고구려를 견제해 달라고 요청하였음에도 불구하고, 당은 겨우 주자사朱者奢를 사신으로 파견하여 삼국 간에 강화를 중재하고자 시도했으나 실패하고 말았다.[115] 당시 돌궐과의 대결이 급박하였던 당으로서는 고구려와의 관계를 악화시키지 않기 위해 고구려의 독자적 세력권을 인정할 수밖에 없었던 것이다.

그러나 628년에 당이 중국을 재통일하자, 동아시아의 국제 질서는 새로운 국면으로 접어들게 되었다. 더욱 당의 최대의 위협세력인 돌궐이 630년에 당에 복속되자, 고구려를 압박하기 시작하였다. 631년 당은 고구려가 수와의 전쟁에서 승리한 것을 기념하기 위하여 세운 경관京觀을 헐어버렸으며, 고구려도 즉각 이에 대응하여 부여성에서 요하를 따라 발해만까지 이어지는 천리장성을 16년간에 걸쳐 축조하였다.[116] 그리고 한동안 고구려와 당사이의 외교 관계가 단절되었다.

115 『구당서』 권199상, 열전149상, 고려·백제국·신라국.
116 『삼국사기』 권20, 고구려본기8, 영류왕 14년(631).

물론 고구려가 당에 대해 시종 강경한 입장만을 취하였던 것은 아니다. 640년에 고구려는 태자 환권을 당에 사절로 파견하는 등 외교적인 노력도 그치지 않았다. 그리고 이 무렵 당도 고구려에 대해 특별히 공세적 반응을 보이지는 않았는데, 그것은 아직 서역 지방에 대한 통제력을 확보하지 못하였기 때문이었다.

그러나 당이 634년 토욕혼을, 640년에는 고창高昌을 차례로 정복하고, 641년에는 서북방의 설연타薛延陀마저 정벌하여 서방과 북방을 안정시킨 뒤에는 상황이 달라졌다. 당은 진대덕陳大德을 고구려에 파견하여 고구려의 내정을 탐지하며 고구려 정벌의 기회를 엿보기 시작하였다.

한편, 왜를 둘러싸고 삼국 및 당의 외교전도 전개되었다. 630년에 고구려, 백제는 공동으로 왜에 사신을 파견하였으며,[117] 왜도 630년 8월에 최초의 견당사를 파견하였다. 이에 당도 632년 왜사신이 귀국할 때에 사신을 파견하였으며, 이때 신라는 왜의 사절단을 귀국시켜 주었다. 그리고 631년에 백제는 왕자 풍장豊璋을 왜에 파견하여 다시 동맹관계를 돈독히 하였다.

여기서 630년에 백제와 고구려가 공동으로 왜에 사신을 보낸 사실이 주목된다. 그 이전 627년에 신라는 백제의 군사적 위협을 고하는 사신을 당에 보낸 바 있다. 그리고 같은 해인 627년에 백제의 무왕은 대군을 동원하여 신라의 한강유역을 침공하려고 하였다가, 신라가 당에 사신을 보내어 위급함을 고하였다는 정보를 듣고 출병을 유보한 바 있음은 앞에서 언급한 바 있다. 그런데 이 해에 백제는 무왕의 조카 복남을 당에 사신으로 보냈는데, 이때 당은 신라와의 상쟁을 그치라는 국서를 백제에 보냈다. 이미 625년에 당이 신라에 대한 고구려와 백제의 침공을 중재하기 위하여 삼국에 파견한 주자사의 활동이 실효를 거두지 못한 상황에서, 백제가 이때 당의 국서에 어떻게 응하였는지는 알 수 없지만, 적어도 628년에 당이 중원을 통일하게 되면서부터는 당의 입장을 신중하게 받아들이지 않을 수 없었으리라 추정된다.

고구려 역시 당이 중원을 통일하고 북방의 동궐마저 복속한 이후에는 당의 위협을 현실적으로 받아들이면서 백제와 왜 등 주변국과의 외교 전략에 큰 비중을 둔 것이

---

117 『일본서기』 권19, 흠명천황 2년 3·8·9월.

칠중성의 성벽 잔존 부분(경기 파주)
임진강 중류에 위치하고 있어 관서지방과 한강유역을 연결하는
교통의 요지로 삼국시대부터 중요시되던 산성이다.

아닌가 짐작된다. 즉 630년에 고구려
와 백제가 왜에 공동으로 사신을 파
견한 것은 당 세력의 팽창과 한반도
안에서 신라가 당과의 교섭을 통해
고구려와 백제를 견제하려는 시도가
계속되자, 양국이 자연스럽게 연결을
도모한 결과가 아닐까 추정된다. 638
년에 고구려가 신라의 칠중성七重城
(경기도 파주)을 공격한 것도 백제가
신라의 서변에 대해 지속적인 공세를
취한 것과 더불어, 북방에서 신라를
압박하면서 신라의 전력을 분산시키기 위한 군사 전략으로 추정된다. 이러한 양국의
보다 구체적인 연합은 643년에 당항성 공격으로 나타나게 되었다.

이러한 정세 변화 속에서 고구려와 신라의 주요한 충돌의 하나로 주목되는 것은
629년에 전개된 낭비성娘臂城 전투이다. 낭비성의 위치에 대해서는 지금의 충북 청주
일대로 보는 견해와 경기도 파주 적성면 일대로 보는 견해가 있다. 그런데 이미 신라
가 한강 하류 지역을 차지하고 있는 상황에서 청주에 고구려의 성곽이 있다고 보기는
곤란하다. 따라서 경기도 파주 일대로 봄이 타당할 것이다.

당시 낭비성 전투에서 신라군을 이끄는 장수는 대장군 용춘龍春과 김서현金舒玄 그
리고 부장군 김유신金庾信이었다. 용춘은 진지왕의 아들로서 김춘추의 아버지이며, 김
서현은 관산성 전투에서 성왕을 사로잡아 큰 공을 세운 가야계 김무력의 아들이었다.
김유신은 김서현의 아들로서, 이 낭비성 전투에서 용맹을 발휘하여 낭비성을 함락시
키는데 결정적인 공을 세웠다. 낭비성 전투는 신라가 고구려의 남하를 저지할 임진강
방어선을 구축하는 요충지를 확보하는 의미를 갖는 것이었다. 신라는 이곳을 칠중성
이라고 불렀으며, 따라서 638년에 고구려가 신라 칠중성을 공격한 것은 낭비성을 되
찾아 임진강 일대의 방어선을 재구축하려는 의도로 이해된다.

2. 7세기 중반(642년~659년) 삼국의 충돌과 대외관계

1) 7세기 중반 백제와 신라의 충돌

642년은 삼국 간의 역관계에 큰 변화가 드러난 시기이다. 백제가 신라에 대한 공세를 한층 강화하여 642년에는 신라의 서변 40여 성을 함락시켰으며, 요충지인 대야성(경남 합천)마저 차지하였다. 게다가 643년에는 백제와 고구려가 연합하여 신라의 대당 교통로인 당항성(경기도 남양)까지 공격하였다. 642년에 일어난 대야성 전투와 당항성 전투는 이후 한반도 내에서의 세력 관계가 새롭게 재편되어 가는 서곡이었다. 여기에 당나라 세력까지 만주와 한반도로 밀려들어옴으로써 동북아시아 전체가 격렬하게 변동의 회오리로 쓸려 들어 갔다.

그러면 먼저 한반도 내에서 국운을 걸고 대결하였던 백제와 신라의 충돌부터 살펴보도록 하겠다. 양국의 충돌 과정을 다음 표로 작성하였다.

〈표 4-3〉 7세기 중반 백제와 신라의 충돌

연도	백제왕력	신라왕력	공격 주체	전투 지휘관	전투 지명	군사규모	
642	의자왕2	선덕왕11	백제→신라	백제 의자왕	신라 미후성(獼猴城) 등 40여성	백제군 1만	
			백제→신라	백제 윤충(允忠) 신라 품석(品釋)	신라 대야성(大耶城)		
642	의자왕3	선덕왕11	백제→신라		신라 당항성(黨項城)	백제, 고구려 연합군	(백제) 643년
644	의자왕4	선덕왕13	신라→백제	신라 김유신(金庾信)	백제 7성		
645	의자왕5	선덕왕14	백제→신라	신라 김유신(金庾信)	신라 7성		
647	의지왕7	진덕왕1	백제→신라	백제 의직(義直) 신라 김유신(金庾信)	신라 무산성(茂山城), 감물·동잠(甘勿·桐岑)	백제군 3천	

				백제→신라	백제 의직 (義直)	신라 요거성 (腰車城)		
648	의자왕8	진덕왕2		백제→신라	백제 의직 (義直) 신라 김유신 (金庾信)	신라 옥문곡 (玉門谷)		
649	의자왕9	진덕왕3		백제→신라	백제 은상 (殷相) 신라 김유신 (金庾信)	신라 석토성 (石吐城) 등 7성 신라 도살성 (道薩城)		
655	의자왕15	무열왕2		백제, 고구려, 말갈연합 → 신라		신라 30여성	고구려, 말갈	
659	의자왕19	무열왕6		백제→신라		신라 독산성 (獨山城)·동 잠성(桐岑城)		

641년 백제에서는 무왕의 뒤를 이어 의자왕이 왕위에 올랐다.『삼국사기』백제본기에는 의자왕에 대해 "씩씩하고 용감하며 담력과 결단력이 있었다"라고 기록한 것을 보면, 의자왕의 즉위 이후에도 백제가 신라에 대해 공세적 입장을 계속하게 되었음을 짐작할 수 있다.

그런데『일본서기』권21 황극지 원년 2월조를 보면, 642년 정월에 모후가 사망하자 동생의 아들인 교기翹岐와 왕족들, 그리고 좌평 기미岐味 등 유력한 귀족 가문 출신 40여 명이 섬으로 축출된 사실을 전하고 있다. 즉 의자왕이 즉위초부터 왕권을 강화하기 위한 일련의 정치적 정변을 단행하였음을 짐작할 수 있는 것이다. 이러한 일종의 친위 정변은 기존에 귀족 중심의 정치운영을 유지하려는 귀족세력을 제압하고 왕권을 강화하려는 의자왕의 입장을 보여준다.[118]

이러한 백제 내부의 국내 정세와 관련하여 7월에 있었던 신라와의 전투가 주목된다. 의자왕은 642년 7월에 미후성獼猴城 등 40여 성을 공격하여 이를 빼앗았다. 미후

---

118 노중국,『백제정치사연구』, 일조각, 1988, 208~209쪽.

성 등 40성의 정확한 위치에 대해서는 알기 어렵지만, 무왕이 624년에 차지한 함양의 속함성등 6개 성으로부터 동쪽인 의령·합천·고령·성산·칠곡·구미 등 낙동강 서쪽 일대의 대부분 지역으로 보는 견해가 있다. 이렇게 추정이 옳다면 의자왕은 즉위 초에 직접 군대를 거느리고 출정한 첫 전투에서 신라의 내지 깊숙하게 영토를 확장하는 대단한 성과를 거두었다고 할 수 있다. 따라서 이 대외적인 전쟁으로 의자왕은 새로이 왕권의 위엄을 과시하고 정변으로 인한 귀족들의 불만을 억제하는 정치적 성과를 거두었다고 할 수 있다.

사실 이 전투에서 패배하고 주요한 영역을 잃음으로써 신라는 커다란 타격을 받았다. 그러나 결정적인 충격은 이어서 벌어진 대야성 전투에서 패배하여 서부 방어망의 근거지인 대야성을 상실한 것이다. 대야성은 지금의 경남 합천지역으로 비정된다. 대야성은 육십령과 팔랑치를 넘어 가야지역으로 진출한 백제군을 방어하면서 경남 서부 지역을 통괄하는 전략적 요충지였다.[119] 따라서 신라도 이 중요한 대야성에 신라 왕실의 유력한 인물인 김춘추의 사위인 도독郡督 품석品釋을 성주로 보내 지키게 하였다.

642년 8월에 백제의 장군 윤충允忠이 군사 1만 명을 거느리고 신라의 대야성을 공격하였다. 그런데 그 이전에 성주인 품석이 자신의 부하인 검일黔日의 아내를 탐하여 빼앗았는데, 검일은 원한을 품고 있다가 백제가 대야성을 공격하자 창고에 불을 지르고 백제군에 내응하였다. 이에 성이 함락되고 품석의 부부도 포로가 되었다. 윤충은 품석 등의 머리를 베어 백제 도성으로 보내고 그 유골은 그곳 옥중에 묻었으니, 아마도 과거 백제 성왕이 관산성 전투에서 신라군에 포로가 되어 목이 베인 원한을 갚겠다는 복수심이 깔려 있는 듯하다. 바로 품석의 부인이 신라의 가장 유력한 왕족이며 진흥왕의 증손자인 김춘추의 딸이기 때문이다. 그후 김유신이 648년 옥문관 전투에서 승리하여 백제 장군 8인을 사로잡아 이들을 품석 부부의 유골과 맞바꾸어 송환한

---

119 합천지역은 562년 신라가 고령의 대가야를 병합하고 대야성을 쌓아 백제의 공격을 방어하는 전략적 요충지로 삼았던 곳이다. 실제로 대야성은 백제지역에서 신라로 나아갈 수 있는 최적의 통로였다. 따라서 이곳 대야성을 둘러싸고 백제와 신라가 공방을 계속하였고, 후일 후삼국시대에도 견훤이 대야성을 손에 넣기위해 심혈을 기울이기도 하였다.

김유신 묘(경북 경주)

바 있다.

대야성의 함락과 함께 딸이 비참하게 죽었다는 소식을 듣고 김춘추는 기둥에 기대어 서서 하루 종일 눈도 깜박이지 않았고 사람이나 물건이 그 앞을 지나가도 알아보지 못하였다고 한다. 얼마가 지나 "슬프다! 대장부가 되어 어찌 백제를 삼키지 못하겠는가?" 하고는, 곧 직접 고구려로 가서 도움을 요청하였다. 이렇게 해서 642년 겨울 평양성을 방문한 신라 김춘추와 고구려 연개소문의 회담이 열리게 되었던 것이다. 이러한 점에서 대야성 전투는 그 이전보다 더욱 격렬하게 전개된 백제와 신라의 충돌의 시작이라고 할 수 있다.

대야성을 비롯하여 낙동강 서쪽 영역을 상당수 잃게 된 642년의 전투는 신라의 조정에 커다란 충격을 주었다. 여기에 신라인들을 더욱 위기감으로 몰고간 전투가 벌어졌으니 바로 642년 11월에 백제와 고구려가 연합 작전으로 신라의 당항성을 공격한 사건이었다.[120] 당항성은 지금의 경기도 화성군 서신면에 위치한 당성에 비정되고 있

---

120 백제와 고구려의 당항성 공격 시기에 대해 『삼국사기』 백제본기에는 643년 11월, 신라본기에는 642년 8월로 기록하고 있다. 이에 대해 노중국은 642년의 백제와 신라의 전투상황이나 신라본기 기사의 저본자료인 『구당서』 백제전의 기사 성격으로 보아, 643년 11월의 사건으로 기록한 백제본기의 기사가 타당하다고 판단하였다(노중국, 「7세기 신라와 백제의 관계」 『2010 신라학 국제학술대회논문집-7세기 東亞世亞의 新羅』, 2011, 132쪽). 필자도 노중국의 견해가 설득력이 있다고 판단된다. 특히 고구려내의 정세 변화를 고려하면 643년일 가능성이 더욱 높아진다. 왜냐하면 642년 10월에 연개소문의 정변이 일어나고, 정권을 장악한 연개소문이 같은 해에 고구려를 방문한 신라의 김춘추와의 외교 협상에서 신라와의 강화를 거부하는 정황을 보면, 이후에 고구려

다. 이곳은 남양만과 태안반도 일대가 조망되는 요충지이다. 특히 이 당항성 일대는 신라가 중국과 통교하는 주요 항구이기도 하였다. 따라서 이곳을 잃게 되면 신라는 당장 가장 중요한 당과의 교통로가 막혀버리게 되는 위급한 상황이었다. 이에 신라는 당에 사신을 보내 구원을 요청하였으며, 백제와 고구려군은 물러났다.

고구려와 백제의 연합 군사작전인 당항성 전투는 당시 국제관계의 재편을 보여주는 사건이라는 점에서 주목된다. 앞서 630년경에 고구려와 백제의 연합 가능성을 지적한 바 있지만, 642년에야 비로소 실제적인 연합 군사작전이 전개되었다는 점에서 이때 고구려와 백제의 관계가 더욱 밀접해졌음을 알 수 있다. 여기에는 641년 의자왕이 즉위하면서 나타난 백제의 외교 전략의 변화도 고려할 수 있고, 642년에 정변으로 권력을 장악한 고구려의 연개소문이 신라에 대한 강경책을 도모하였던 측면도 고려된다. 즉 고구려와 백제의 본격적인 연합에는 양국의 내부 정세변화가 밀접하게 연관된 것으로 추정된다.

대야성이 함락되고 또 당항성에서 고구려·백제 연합군의 공격을 받은 신라는 곧 전열을 정비하여 백제에 대해 반격에 나섰다. 644년 9월 신라의 대장군 김유신은 백제의 7성을 공격하여 함락시켰다.

이듬해인 645년에는 당 태종이 고구려를 정벌하였다. 그런데 이 때 당은 백제와 신라군을 동원하여 고구려를 협공하려고 계획하였다. 644년에 당은 고구려 원정을 공포한 후 거란·해·백제·신라에 사신을 보내어 고구려 정벌에 파병을 요구하였으며, 신라사신 김다수金多遂가 644년에 귀국할 때 당 태종의 국서를 보냈다. 그러나 신라의 반응이 없자 645년에 다시 국서를 보내어 신라의 참전을 독려하였다. 당시 신라는 642년 고구려와의 협상이 실패로 돌아가고, 오히려 고구려와 연합한 백제가 신라에 대한 공세에 집중하고 있는 상황이기 때문에 부득이 당과의 동맹에 힘을 기울일 수밖에 없었다.

한편, 백제는 여전히 고구려와 당의 양국에 대해 양면 외교를 전개하고 있었다. 그리하여 645년 당 태종의 고구려 정벌 시에 신라가 군사 3만을 파견하여 고구려 남변

_____

가 백제와의 연합에 적극적이었을 개연성이 높기 때문이다. 그러나 여기서는 신라본기의 기록대로 642년으로 상정하도록 하겠다.

를 공격하는 등 적극적으로 당을 지원한 것과는 달리, 백제는 무기 등을 헌상하는 등 소극적인 태도를 취하였다.

645년 4월 당군이 요하를 건너자, 5월에 신라는 3만의 군대를 보내어 임진강을 건너 고구려 수구성水口城을 공격하였다. 그런데 신라군이 북진하는 틈을 타서 백제가 신라의 7성을 공격하였고, 신라는 더 이상 진군하지 못하고 회군하여 김유신을 보내어 백제의 침공을 막을 수 밖에 없었다. 당의 출병 요구에 반응이 없던 백제가 신라를 공격함으로써 고구려를 우회적으로 지원하는 결과가 되었다.

그후 백제는 고구려 정벌에 실패한 당에 대해 교섭을 잠시 중단하였다가, 650년부터 백제는 다시 3차례에 걸쳐 매년 당에 사신을 보내는 등 당과의 교섭에 애를 썼다. 그러나 당시 당은 이미 신라를 고구려를 견제하기 위한 신뢰성 있는 우호세력을 선택한 뒤였다. 그리하여 백제의 대당 교섭은 다시 중단되고, 이는 결국 나당연합군에 의해 공격을 받게 되는 배경이 되었다.

645년 이후 고구려와의 동맹을 보다 강화한 백제는 신라에 대한 공세를 강화하였다. 647년 10월에 백제는 장군 의직義直이 보병과 기병 3천 명을 거느리고 신라의 무산성茂山城·감물성甘勿城·동잠성桐岑城의 3성을 공격하였으며, 신라는 김유신이 보병과 기병 1만 명을 거느리고 이를 물리쳤다. 무산성은 지금의 전북 무주군 일대로 비정되는데, 이곳은 금강 상류지역의 전초기지여서 북으로 추풍령을 나아가거나 동쪽으로 김천과 거창으로 진출할 수 있는 전략적 요충지였다. 또 감물성은 경북 김천시 일대로 비정되며, 동잠성은 경북 구미시 일대로 비정된다.

648년 3월에는 다시 백제 장군 의직이 신라의 요거성腰車城 등 10여 성을 함락하였다. 그리고 다시 4월에 의직은 신라의 옥문관(경남 합천)을 공격하였는데, 신라의 김유신도 반격에 나서 군사를 세 길로 나누어 의직이 거느린 백제군을 협격夾擊하여 대패시켰다.

649년 8월에는 백제 장군 은상殷相이 정예군사 7천명을 거느리고 신라의 석토성石吐城 등 일곱 성을 공격하여 함락시켰다. 신라는 대장군 김유신 등이 백제군을 맞아 3군을 다섯 방면으로 나누어 백제군을 공격하였으나 공방전이 계속되면서 10일이 지나도록 승패가 나지 않았다. 이에 백제군은 다시 도살성道薩城 아래 나아가 주둔하였다. 이 때 신라 김유신 역시 도살성 아래 진을 치고 말을 쉬게 하면서 군사들을 배불리 먹이고 재차 진격을 시도하였다. 그러면서 김유신은 다음날 신라의 원군이 있을 것이라고 거짓 정보를 백제군에 흘렸다. 백제의 장군 은상은 신라에 원군이 있는 것으로 여기고 주저하고 있을 때 김유신이 기습 공격을 하였다. 그 결과 은상과 백제 군사 대부분을 전몰시키고 전마戰馬 1만 필을 획득하는 큰 승리를 거두었다.

석토성의 위치는 잘 알 수 없으나, 도살성은 지금의 충북 증평읍 일대나 진천군 일대로 비정된다. 따라서 석토성도 이 일대에서 크게 벗어나지 않을 것이다. 도살성은 사실상 신라가 한강 유역으로 진출할 때 공취한 전략적 거점이었다.

조선 세종 때 편찬된 『삼강행실도』의 「비령돌진」
647년 무주전투의 광경을 그린 것으로
김유신의 부하 비령의 무공을 묘사하였다.

550년(진흥왕 11년)에 백제와 고구려가 도살성과 금현성을 두고 서로 뺏고 뺏기는 공방전을 벌일 때, 신라는 이찬 이사부가 이 두 성을 공격하여 성을 함락시키고 성을 증축하여 군사를 두어 신라의 전략적 거점으로 삼았던 성의 하나이다. 이곳 도살성에서 다시 백제와 신라의 쟁탈전이 벌어진 것이다. 이 전투는 신라로서도 매우 중요한 전투였다. 이는 이 전투에서 승리한 김유신이 돌아오니 신라 대왕이 문까지 나와서 그들을 맞이하여 위로하고 후대하였다는 기록에서도 알 수 있다.

이와같이 647년~649년 3년 동안 백제는 합천 일대에서 무주·김천 일대, 그리고 증평 일대 등 여러 지역에서 신라에 대해 공세를 취하였다. 요거성 등 10여 성을 함락시키는 전과를 거두기도 하였으나, 최종 전투에서는 모두 신라의 김유신에게 참패를 당하였다. 특히, 649년에 장군 은상이 전사한 도살성 전투에서의 패배는 백제에게도 큰 타격이 되었던 듯하다. 왜냐하면 655년까지 신라에 대한 공격이 소강 상태를 보이고 있기 때문이다.

654년 신라에서 김춘추가 즉위하면서 삼국 간에 다시 정세 변화가 나타났다. 신라와 당의 군사 동맹을 추진하였던 김춘추가 왕위에 오름으로써 신라와 당의 연결이 보다 적극화될 가능성이 높아진 것이다. 이에 백제와 고구려도 동맹을 강화하여 신라를 압박하고자 하였다. 즉 이듬해인 655년 8월에 백제는 고구려·말갈과 연합하여 다시 신라를 공격하여 30여 성을 함락시켰다. 이 30여 성의 위치는 알기 어렵지만, 고구려와 말갈군과 연합작전을 전개하였다는 정황을 보면 아마도 한강 하류 일대에 대한 공격이 아닌가 짐작된다. 물론 백제와 고구려 연합 작전이 반드시 합동으로 전투를 치루는 상황은 아니었을 것이다. 한강 하류 지역을 신라가 장악하고 있는 상황에서 백제군과 고구려군이 함께 군사 작전을 수행하기는 어려웠을 것이다. 아마도 백제군은 남쪽에서 한강 하류지역을 공격하고, 고구려와 말갈군은 북쪽에서 한강 하류지역을 협공하는 형세를 취하였을 것이다.

이 때 신라가 잃어버린 30여 성이 어느 지역인지는 알기 어렵지만, 어쨌든 642년 당항성 전투 이후 13년만에 다시금 백제와 고구려가 연합하여 군사 작전을 벌였다는 점에서 신라 조정이 갖게된 위기 의식은 매우 컸을 것이다. 이에 신라왕 김춘추는 당에 사신을 보내 위급한 상황을 알리는 등 나당연합군의 백제 공격을 적극적으로 추진하였던 것으로 보인다. 그 결과 마침내 660년 신라와 당이 백제를 공격하는 나당연합군을 일으키게 되었다.

2) 7세기 중반 고구려와 신라의 관계

642년 이후 668년 고구려 멸망기까지 고구려와 신라의 충돌과 대외관계에 대해 살펴보기로 하자. 이시기 양국의 충돌과 대외관계의 주요 사건을 정리하면 〈표 4-4〉와 같다.

642년의 대야성 함락 이후 신라는 백제와의 일전을 앞두고 고구려와 동맹하기 위하여 김춘추가 고구려를 방문하였다. 당시는 바로 직전에 고구려 내에서도 연개소문이 정변을 일으켜 보장왕을 내세우고 정권을 차지한 때였다. 연개소문은 집권 직후 당에 대해서는 유화책을 구사하였으나, 신라에 대해서는 강경한 입장을 보였다. 따라서 신라 김춘추가 평양성을 방문하여 강화를 요구를 하였으나, 한강유역의 땅을 돌려

〈표 4-4〉 7세기 중반(642~668년) 고구려와 신라의 대외관계

연도	신라왕력	신라의 대외관계	고구려의 대외관계	고구려왕력
642	선덕왕11	정월, 당에 사신 보냄 7월, 백제가 40성 공격 함락 8월, 고구려와 백제 당항성 공격 함락, 백제가 대야성 함락, 당에 위급을 고하는 사신 보냄 겨울, 김춘추 고구려에 파견	정월, 당에 사신 보냄 10월, 연개소문의 정변	영류왕25
644	선덕왕13	정월, 당에 사신 보냄	연개소문 신라 2성 공격 당의 상리현장 고구려 방문 *고수전쟁시 신라가 고구려땅 500리 탈취 주장 7월, 당 고구려 침공 준비	보장왕3
645	선덕왕14	정월, 당에 사신 보냄 5월, 당의 정벌에 군사 3만 파견, 백제의 공격으로 회군	3월, 당의 고구려 침공	보장왕4
648	진덕왕2	정월, 당에 사신 보냄 겨울, 당에 사신 보냄 당에 김춘추, 문왕 사신 보냄	정월, 당에 사신 보냄 당의 고구려 침공	보장왕7
655	무열왕2	고구려, 백제, 말갈이 신라 북변의 33성탈취, 당에 구원요청	(좌동)	보장왕14
658	무열왕5	3월 하슬라 소경 폐지 주로 설치, 실직을 북진으로 삼음	6월, 당 정명진 등 침공	보장왕17
659	무열왕6	4월, 당에 백제 공격을 위한 청병 사신	9월, 당 설인귀 침공	보장왕18
660	무열왕7	7월 나당연합군의 백제 정벌	11월, 신라 칠중성을 공격 11월, 당군 침공	보장왕19

줄 것을 조건으로 내세웠다. 한강유역을 고구려에게 돌려준다는 것은 신라로서는 도저히 받아들일 수 없는 조건이었다. 따라서 연개소문의 요구는 곧 김춘추의 강화 제안을 거절한 것이나 다름없었다. 결국 김춘추는 아무런 성과도 거두지 못하고 신라로 돌아올 수 밖에 없었다.

이후에도 연개소문은 신라에 대한 군사적 압박을 늦추지 않았다. 644년에 신라의 요청으로 당의 사신 상리현장相里玄獎이 고구려를 방문하여 중재에 나섰을 때에도 신라의 변경을 공격하고 있었다. 그리고 상리현장의 중재안에 대해서도 신라가 빼앗은

고구려의 옛땅을 돌려줄 것을 조건으로 내세워 거부하였다. 이러한 연개소문의 신라에 대한 입장은 그동안 지속되었던 대신라 정책과 동일한 방향이었지만, 당시의 국제 정세를 고려해 볼 때 이러한 연개소문의 대신라 정책은 큰 실책이었다. 당과의 전쟁을 앞두고 배후의 신라를 적대세력으로 돌린 것은 이후 고구려 멸망의 결정적 요인이 되었다.

한편, 서방과 북방을 안정시킨 당은 645년 고구려를 침공하였다. 이때 신라는 앞서 언급한 바와 같이 당의 요구에 따라 3만 군사를 보내어 임진강을 건너 고구려 수구성 水口城을 공격하였다. 고구려가 요동에서 당의 공격을 방어하는데 힘을 기울이는 상황에서 남부전선에서 신라의 공격은 고구려로서도 큰 타격이었을 것이다. 그러나 그 빈틈을 이용하여 백제가 신라를 공격함으로써 신라군이 퇴각하지 않을 수 없었고, 고구려는 남쪽 전선에 대한 우려를 씻고 요동에서 당군과의 전쟁에 주력할 수 있었다.

이와 같이 당시 동북아시아의 패권을 다투는 최대의 전쟁이었던 645년의 전쟁에서 신라는 당의 진영으로, 백제는 고구려의 진영으로 각자 서로 다른 길을 선택한 셈이었다. 이 과정이 645년 전쟁 이후 동아시아 국제관계가 고구려-백제 대 당-신라의 양진영으로 재편되는 촉진 작용을 하였다.[121]

당이 고구려 정벌에서 패퇴한 이후 백제는 신라에 대한 공세를 보다 적극화하면서 647~649년에 계속 신라를 공격하였다. 결국 한반도에서 고립된 신라는 648년에 김춘추가 당으로 건너가서 백제 정벌을 위한 당의 군사적 지원을 요청하였다. 한편 당도 이미 여러 차례의 단독 작전에 의한 고구려 정벌이 실패한 후였기 때문에, 양국의 이해 관계가 맞아떨어져 백제·고구려 정벌을 위한 나당 군사동맹이 체결되었다.

신라는 650년 이후 매년 당에 사신을 보내어 양국의 동맹 관계를 유지하기에 애를 썼으나, 나당 군사동맹이 결성되었음에도 실제로 당은 쉽사리 신라의 의도대로 움직이지 않았다.

648년 당 태종은 신라의 청병 요청에 응하면서 소정방으로 하여금 20만 군사를 동원하여 백제를 치라는 조서를 내렸다. 그러나 이는 신라에 대한 일종의 외교적 제스

---

121 노태돈, 앞의 책, 2009, 112쪽.

부소산성(충남 부여)
고란사와 낙화암이 보인다.

쳐일 뿐이지, 아직 당은 본격적으로 정벌에 군대를 동원할 생각이 없었다. 더욱 당 태종이 649년 5월에 죽자 나당 연합군의 백제 공격은 실행되기 어려워졌다.

이러한 상황에서 655년에 고구려·백제·말갈이 연합하여 신라 북변의 30여 성을 공격하여 함락시키는 위기가 닥쳤다. 신라는 계속해서 당에 구원을 요청하였으나, 당은 여전히 단독으로 고구려를 공격하였다. 이는 신라의 힘을 빌지 않고 고구려를 정벌함으로써 장차 한반도에서의 주도권을 차지하려는 의도였다.

그러나 655년부터 659년까지 계속된 고구려 공격에서 별다른 성과를 거두지 못하자 마침내 당도 전략을 바꾸었다. 즉 고구려 정벌에 신라군을 동원하기 위해서는 먼저 신라를 위협하는 백제를 공략할 필요성을 깨달은 것이다. 659년 신라 무열왕은 다시 당에 왕자 김인문을 보내어 출병을 요청하였다. 당 고종은 그해 10월에 신라의 요청에 따라 백제를 공격하기로 하고 김인문을 불러 도로의 험준함과 군사 주둔 등 백제의 상황을 물었고, 김인문에 이에 대해 자세하게 알려주었다. 659년 9월 마침내 백제 공격을 위한 당군 출병이 결정되었다.

여기서 좀더 살펴볼 점은 신라는 일찍부터 백제 공격을 위한 준비를 차근차근 갖추고 있었다는 점이다. 백제의 지리 상황에 대한 정보를 소상하게 파악한 것은 물론 다양한 형태로 첩보전과 심리전을 구사하고 있었다.

신라의 김유신은 백제에 포로가 된 부산현령 조미압祖未抻을 좌평 임자任子의 집에 침투시켰다. 김유신은 조미압을 통해 백제 최고 권력자의 한사람인 좌평 임자를 회유하여 "서로의 국가가 망할 경우 서로를 의지하자"고 제안하였고, 조미압을 통해 백제 지배층의 동향은 물론 여러 중요한 정보를 상세하게 파악할 수 있었다. 그 외에 좌평 충상忠常과 상영常永까지도 포섭하여 신라와 내통하는 세력을 은밀하게 만들었다.

이외에도 신라는 백제 사비도성에서 괴이한 소문을 퍼뜨려 민심을 혼란하게 하는 등 심리전도 구사하였다.『삼국사기』백제본기에는 659년 이후 괴이한 일이 거듭 일어나고 있는 기사가 많이 수록되어 있다. 예컨대 사비의 우물물이 핏빛으로 변하고, 귀신이 궁안에 들어와 "백제는 망한다"라고 소리치고 사라졌다는 등 해괴한 일들이다. 이러한 괴변과 소문은 신라 첩자에 의해 민심을 흔들기 위해 조작되고 과장되어 나타난 유언비어일 가능성도 적지 않다. 이러한 상황에서 흔들리는 민심이 결국 백제가 멸망 과정에서 무기력하게 무너지는 주된 요인의 하나가 되었을 것이다.

이와 같이 신라가 다양한 심리전과 첩보전을 구사하고 백제의 정세를 소상하게 파악하고 있었기 때문에 당 고종이 신라 사신 김인문에게 백제의 사정을 물었을 때, 김인문이 당의 출병을 얻어낼 수 있을 정도로 신뢰감있는 답변을 할 수 있었던 것이다. 따라서 660년 당의 백제 공격의 결정에는 단지 당이 스스로 전략을 바꾸었던 것만이 아니라, 신라가 이미 백제 공격을 위한 충분한 준비를 갖추었음을 확인한 결과라고 볼 수 있다.

3. 나당연합군의 공격과 백제, 고구려의 멸망

1) 660년 나당연합군의 공격과 백제의 멸망

660년 3월 당 고종은 백제 공격을 위해 13만 군대를 동원할 것을 명령하였다. 이에 당의 장군 소정방은 6월 18일에 13만 군대를 거느리고 산동반도의 내주來州를 출발하여 바닷길로 덕물도에 도착하였다.

금강 하구(전북 군산)
현재는 댐이 건설되어 있다. 기벌포로 추정된다.

　신라 역시 태종무열왕이 친히 김유신 등 장수와 5만 군사를 거느리고 출정하였다. 태종무열왕은 6월 18일에 남천정(지금의 이천)에 도착하여 당군을 기다렸다. 그리고 6월 21일 태자 법민은 병선 백 척을 거느리고 덕물도에 가서 당군을 맞이하였다. 여기서 신라와 당군은 7월 10일에 백제의 사비도성 남쪽에서 만나 두 나라 군사를 모아서 사비성을 공략하기로 기약하였다. 당군은 덕물도에서 해안을 따라 기벌포(伎伐浦:지금의 금강 하구)로 이동하여 사비로 진격하기로 하고, 신라군은 육로로 진격하는 등 수륙양면 작전을 펼치기로 한 것이다.

　나당연합군의 이러한 수륙 양면 작전은 사실상 백제의 취약점을 간파한 전략이었다. 백제는 당군의 공격을 예상하지 못하고 있었으며, 더욱 바닷길로 침공해온 적을 맞아 싸운 경험은 전혀 없었다. 백제의 주된 적군은 신라군이었고, 따라서 백제의 방어선은 주로 신라와의 전선에 맞추어져 있었다. 그런데 바닷길로 당의 13만 대군이 진격하게 되면 백제로서도 군사를 나누어 당과 신라군을 상대해야 하였고, 이는 당시 백제의 군사력으로는 쉽게 감당하기 어려운 상황이었다. 따라서 나당연합군의 양면 작전은 성공할 가능성이 매우 높았다.

　물론 나당연합군의 이러한 수륙 양면 작전은 사전에 정해진 것은 아니었던 듯하다. 왜냐하면 태종무열왕이 군사를 거느리고 남천정(이천)에 도착한 것이 6월 18일이었고, 6월 21일 덕물도 회합 이후에 신라군은 다시 군대를 돌려 남하하여 백제 사비성까지 진격해야하는 상황이었다. 더욱 덕물도 회합의 결과가 이천정에 머물고 있는 신라군에게 전달되고 다시 신라군이 회군하는 과정 등을 고려하면 7월 10일까지는 20일의 기간도 채 남지 않는 상황이었다. 더욱 사비성까지 가기 위해서는 신라군은 왔던 길을 되돌아가는 상당히 수고로운 행군을 해야했던 정황을 고려하면, 애초에 신라군은 남천정이 위치한 경기도 남부 일대에서 당군과 연합하여 육로로 진격할 계획이 아니었나 추정된다.[122] 더욱 태종무열왕이 친히 남천정까지 출정하였다는 점에서 더욱 그러한 심증을 갖게 된다.

그러면 덕물도 회합에서 왜 수륙 병진 작전으로 결정되었을까? 이는 아마도 당군의 전략이었던 듯하다. 물론 앞서 언급한 바와 같이 수륙의 두갈래 길로 진격하는 것이 백제군의 방어망을 보다 쉽게 돌파할 수 있다는 장점이 있다. 그런데 무엇보다도 당군의 입장에서는 육로로 진격할 경우 백제군의 거센 저항으로 전력의 손실이 예상되었기 때문에, 차라리 편안한 해로로 기벌포까지 진격하고, 험준한 육로길은 신라군에게 일임한 것이 아닌가 추정된다.[123] 그러나 당군의 출병 자체가 고마운 신라로서는

---

122 이에 대해서는 신라군 정병 5만이 모두 남천정으로 이동한 것이 아니라 주력군은 사비도성을 공격하기 위해서 옥천의 관산성이나 보은의 삼년산성에 주둔하고 왕과 태자, 김유신 등 지휘부와 일부 친위대만이 당과의 작전 협의를 위해 남천정으로 이동했을 가능성을 추정하기도 한다(이호영, 「삼국통일의 과정」『한국사 9』, 국사편찬위원회, 1998 및 김영관, 「나당연합군의 침공과 백제의 멸망」『백제의 멸망과 부흥운동』(백제문화사대계 연구총서 6), 충청남도역사문화원, 2007, 112쪽). 그러나 이러한 견해는 이미 당과의 회합 이전에 수륙양면 작전이 서로 협의되었다는 점을 전제로 한다. 그러나 현재의 자료상으로는 이러한 면을 찾아보기 어렵다. 따라서 필자는 본문의 서술과 같은 정황으로 추정하고자 한다.

123 당과의 협의를 위해 태자 법민은 함선 백여 척을 이끌고 덕물도에서 당군을 맞이하였다. 당시 법민이 거느린 수군이 어디에서 출발하였는지는 기록이 없어서 알 수 없다. 본래 신라의 주요 항구인 당항성 일대에 주둔하던 수군일 수도 있고, 혹은 남해안 일대의 수군 기지에서 출발하여 남해안과 서해안을 돌아 덕적도에 도착하였을 수도 있다. 그런데 대함 백여 척의 함대는 아마도 당시 신라 수군의 전체 전력일 가능성이 높다. 그렇다면 백척 전체가 당항성 일대의 수군 전력이라기 보다는 남해안 일대의 함선이 다수 포함되었을 것이다. 이렇게 본다면 신라 주력 수군이 백제의 해안 일대를 우회하여 갈 때에도 거의 백제 수군의 저항을 받지 않았다는 결과가 된다. 또한 당의 군대가 기벌포로 진격할 때에도 사료상으로는 백제의 저항을 거의 받지 않았다고 보인다. 따라서 당시 백제의 수군의 전투력은 상대적으로 약하였을 것이다. 아마도 이러한 정황을 간파한 당의 소정방이 당군은 바닷길로 진격하고, 어려운 전투가 예상되는 육로는 신라군에게 맡겼던 것이 아닌가 추정된다.

뻔히 당군의 속셈을 알면서도 이러한 당군의 제안을 거절할 형편은 아니었을 것이다.

한편, 백제에서도 신라와 당의 심상치 않은 움직임을 간파하고 있었다. 백제의 충신 성충成忠은 여러 해 전에 의자왕의 실정을 간언하다가 옥에 갇혀 굶어죽었는데, 그 때 이미 외적의 침공을 예측하고는 기벌포와 탄현炭峴을 방어해야 된다는 글을 올린 바 있었다. 그러나 의자왕은 이런 충언을 무시하다가 결국 심각한 위기를 맞게 되었다. 나당연합군의 침공 소식을 들은 의자왕은 부랴부랴 신하들을 보아 방어책을 모색하였다. 당시 백제 조정에서 논의된 백제의 방어전략은 이 전쟁의 승패에 결정적인 영향을 미쳤기 때문에, 이에 대해 좀 장황하지만 『삼국사기』의 기록을 인용하여 살펴보도록 하자.

의자왕이 (나당연합군이 침공한다는 소식을) 듣고 여러 신하들을 모아 싸우는 것이 좋을지, 지키는 것이 좋을지를 물었다. 좌평 의직義直이 나와 말하였다. "당나라 군사는 멀리 바다를 건너왔으므로 물에 익숙지 못한 자는 배에서 반드시 피곤하였을 것입니다. 처음 육지에 내려서 군사들의 기운이 안정치 못할 때에 급히 치면 가히 뜻을 얻을 수 있을 것입니다. 신라 사람은 당나라[大國]의 후원을 믿는 까닭에 우리를 가벼이 여기는 마음이 있을 것인데 만일 당나라 군사가 불리하게 되는 것을 보면 반드시 의심하고 두려워하여 감히 기세 좋게 진격하지는 못할 것입니다. 그러므로 먼저 당나라 군사와 승부를 결정하는 것이 좋을 것으로 압니다." 달솔 벼슬의 상영常永 등이 말하였다. "그렇지 않습니다. 당나라 군사는 멀리서 와서 속히 싸우려고 생각하고 있으므로 그 날카로운 기세를 감당하지 못할 것입니다. 신라 사람은 이전에 여러 번 우리 군사에게 패배를 당하였으므로 지금 우리 군사의 위세를 바라보면 두려워하지 않을 수 없을 것입니다. 오늘의 계책은 마땅히 당나라 군대의 길을 막아 그 군사가 피로해지기를 기다리면서 먼저 일부 군사로 하여금 신라군을 쳐서 그 날카로운 기세를 꺾은 후에 형편을 엿보아 세력을 합하여 싸우면 군사를 온전히 하고 국가를 보전할 수 있을 것입니다." 왕은 주저하여 어느 말을 따를지 알지 못하였다.

위에서 보는 바와 같이 당시 백제 조정은 당군을 먼저 막아야하는가, 아니면 신라

백제 5천결사대 출정상(충남 부여 부소산)

군과 먼저 전투를 치루어야 하는가 의견만 분분할 뿐 뾰족한 방어책을 내지 못하였다. 그리하여 다시 흥수興秀에게 계책을 물었고, 흥수 역시 성충과 같은 답을 올렸으나, 신하들의 반대로 채택되지 못하였다. 당시 백제 조정이 효과적인 방어책을 결정하지 못한 것은 나당연합군의 공격이 백제로서는 전혀 예상하지 못한 상황이었던데다가, 수륙 양면으로 공격해오는 당군과 신라군을 방어하기 위해 백제 도성 일대의 군사를 나누어 막을 만큼 충분한 군사력을 갖추지 못하였기 때문이다. 더욱 나당연합군이 공격하기 이전에 성충이 이미 당군을 기벌포에서 막으라고 조언한 것을 보면, 당시 백제의 수군도 당의 수군을 바다에서 막을 정도의 전력을 갖추지 못하였음을 알 수 있다.

이처럼 백제 조정이 우왕좌왕하는 하는 사이에 이미 당군과 신라군의 진격은 빠르게 이루어지고 있었다. 먼저 신라군의 진격로를 보면, 남천정에서 남하하여 상주의 금돌성에서 무열왕은 머물렀고, 김유신과 장군 품일品日, 김흠순金欽純 등이 정예군 5만 군대를 거느리고 탄현으로 진격하였다. 당시 신라가 동원한 5만 군대는 신라 방어를 위한 최소한의 병력을 제외하고는 최대한 동원된 병력이라고 할 수 있다. 따라서 신라로서도 국가의 명운을 걸고 최후의 전쟁 길에 오른 것이다.

당시 신라군의 진격로는 탄현의 위치를 어디로 보느냐에 따라 달라진다. 탄현은 510년(동성왕 23년)에 백제가 신라의 공격에 대비하기 위하여 목책을 세운 곳이기도 하다. 따라서 백제와 신라를 잇는 주요한 전략적 요충지임은 분명하다. 현재 탄현의 위치에 대해서는 대전 부근으로 보는 견해,[124] 충남 금산과 전북 고산의 경계인 탄치로 보는 견해, 충남 금산군 진산면의 탄현으로 보는 견해 등이 있다. 그런데 상주의

---

124 탄현의 위치에 대한 연구사 정리는 김영관, 앞의 논문, 2007, 109쪽 참조.

금돌성에서 신라군이 진격할 경우 보은의 삼년산성과 옥천의 관산성을 거쳤을 것으로 추정되기 때문에 지금의 옥천-대전-두마 지역을 거쳐 백제의 사비성으로 진격하는 공격로를 예상할 수 있다. 따라서 당시 신라군의 진격로를 염두에 두면 탄현은 대략

계백 장군 묘(충남 논산)

지금의 대전과 옥천의 경계에 위치한 마도령馬道嶺으로 비정하는 것이 일반적이다.

　백제 조정이 방어책을 놓고 의견이 분분한 사이에 당군과 신라군은 이미 백강과 탄현을 지나 사비성으로 진격하고 있었다. 의자왕은 부랴부랴 달솔의 벼슬에 있던 장군 계백階伯으로 하여금 신라군을 막게 하였다. 계백은 출병에 앞서 나라의 패망을 미리 짐작하고, "살아 적국의 노비가 되기보다 죽는 것이 낫다"고 하며 처자를 모두 죽이고 나섰으며, 그가 거느린 5천 백제군은 나라의 운명을 짊어지고 최후의 전장으로 향하였다.

　다행히 별다른 충돌없이 탄현을 지난 신라군은 7월 9일에 황산벌에 도착하였다. 황산벌의 구체적인 위치에 대해서도 현재 여러 의견이 제시되고 있지만, 지금의 충남 논산군 연산면 일대의 너른 들이 바로 격전의 장소로 지목되고 있다.

　이곳에서 계백은 비록 군사는 적지만 먼저 험한 곳을 차지하여 결사대 5천 명을 나누어 세 군데에 진영을 설치하고 기다리고 있었다. 그런데 황산벌 전투에 참여한 백제군의 전력에 대해서는 다른 견해도 제시되고 있다. 즉 황산벌 전투에서 전사한 달솔 계백 이외에 좌평 충상과 상영이 신라군에 포로로 잡혔다는 기록 및 당시 백제군이 3곳에 군영을 설치하였다는 기록을 근거로 계백이 거느린 5천 군사 이외에, 좌평 충상과 상영 역시 각각 5천 군사를 거느리고 군영을 세워 3개의 군영으로 신라군과 전투를 치루었다는 주장이다.[125] 이러한 견해에 의하면 당시 백제군의 전력은 1만 5천

---

125 이문기, 「사비시대 백제의 군사조직과 그 운용」『백제연구』28, 충남대 백제연구소, 1998, 281~283쪽.

명 정도가 된다는 것이다. 그러나 당시 황산벌 전투의 전반적인 정황을 보면 계백이 총지휘하고 있어서, 상영과 충상의 역할은 잘 보이지 않는다. 따라서 좌평 충상 등은 일종의 군사 고문의 역할을 하였다고 보는 것이 타당할 것이다.[126]

김유신이 거느린 신라군은 계백이 배치한 3군영 대해 군사를 세 길로 나누어 공격하였다. 그러나 거듭 네 번을 공격하였으나 실패하고 전세가 불리해져 병사들은 힘이 다빠지게 되었다. 이런 상황에서 김유신의 동생으로서 부사령관을 맡고 있던 장군 흠순이 아들 반굴盤屈에게 말하였다. "신하된 자로서는 충성만한 것이 없고 자식으로서는 효도만한 것이 없다. 위급함을 보고 목숨을 바치면 충忠과 효孝 두 가지 모두를 갖추게 된다." 이에 반굴은 적진에 뛰어들어 힘써 싸우다가 죽었다. 뒤이어 좌장군 품일의 아들 화랑 관창官昌 역시 여러차례 적진에 돌입하다가 장렬하게 전사하였다. 두 젊은이의 희생에 기세를 올린 신라군은 마침내 계백이 이끄는 백제군을 물리치고 전진하여 기일보다 하루 늦은 7월 11일에 당군과 합류하였다.

황산벌 전투는 처음부터 백제의 패전이 예상되었다. 계백 스스로가 처자를 죽이고 출전하였다는 점에서 이미 승산이 없는 전투임을 자인하고 있었음을 알 수 있다. 험준한 탄현을 막지 못하고, 5천에 불과한 소수의 군대로 평야 전투에서 5만의 신라 대군에게 승리를 거두기란 애초에 불가능하였다.

따라서 당시 백제는 성충과 흥수의 계책대로 기벌포와 탄현의 험준함을 최대한 이용하여 나당연합군의 진격을 늦추어야 하였다. 온전하게 방어하지는 못하더라도 신라군의 진격을 최대한 늦추어 백제의 지방군이 사비도성을 구원하러 올 시간을 벌었으면, 전쟁의 승패는 가늠하기 힘들었지도 모르겠다. 이점은 사비도성이 함락되고 의자왕 등이 항복한 이후에 각 지역에서 일어난 백제부흥군에 의해 치열한 항쟁이 전개되어 불과 두어달 만에 백제의 각 지방을 장악하고 9월 23일에는 다시 사비성을 탈환하려는 공격을 전개하여 나당연합군을 위기로 몰아넣었던 상황에서도 짐작할 수 있겠다.

신라군이 황산벌에서 계백의 백제군과 격전을 치루고 있는 7월 9일에 당군 역시

---

126 김영관, 앞의 논문, 2007, 126쪽.

기벌포에서 백제군과 일대 전투를 벌이고 있었다. 덕물도를 출발한 당군은 신라 수군의 안내를 받아 웅진강 입구인 기벌포에 도착한 시점이 7월 9일이었다. 이 때 백제군은 기벌포 강변에 군사를 배치하여 당군의 상륙을 막고자 하였다. 당군 역시 기벌포에 상륙하기 위해 갯벌을 덮을 버들자리를 준비하는 등 상륙 작전 준비를 갖추고 있었다. 당군은 백제군의 방어선이 구축된 강변을 피해 강의 동쪽으로 상륙을 시도하였다. 당시 당군이 상륙한 지점은 현재 금강 일대의 지형과 산성의 배치로 보아 백제 방어망이 취약했을 금강 남안의 군산 방면이었을 가능성이 높다.[127] 금강 남안에 상륙한 당군은 백제 방어군과 전투를 벌여 수천명을 전사시키는 등 백제 방어망을 돌파하고 사비성을 진격하였다.

이와 같이 황산벌 전투와 기벌포 전투에서 패배함으로써 당시 백제 방어 전략은 모두 실패하였다. 당시 백제는 황산벌 전투에 단지 계백의 5천 결사대만 투입하였을 뿐이며, 기벌포 전투의 정황을 보아도 대규모 방어군을 투입한 정황을 볼 수 없다. 따라서 당시 백제의 주력군은 사비도성의 방어에 대부분 투입되었던 것으로 짐작된다. 즉 의직의 주장대로 당군과의 결전에 주력하지도 못하고, 상영의 주장대로 신라군과의 전투에 전력을 기울이지도 못하였다. 성충과 흥수의 주장처럼 기벌포와 탄현을 막지도 못하였다. 결국 백제는 당시 논의되었던 3가지 방어 전략을 모두 취하지 못하고 사비도성의 방어에만 집중함으로써 스스로 도성을 나당연합군의 군대에 포위되는 가장 하책의 전략을 택하였던 셈이다.

기벌포전투에서 대승을 거둔 당군은 사비성 남쪽으로 진격하였다. 당군은 조수가 들어오는 때를 이용하여 배를 금강으로 진격시켰으며 소정방은 보병과 기병을 거느리고 강을 따라 진격하여 사비성 남쪽 30리 지점까지 나아갔다. 이곳에서 7월 10일에 신라군과 만나기로 약속하였던 것이다. 그 위치는 잘 알기 어렵지만, 당군의 진격로를 고려하면 지금의 충남 논산 강경 부근으로 보기도 한다. 그리고 사비성에서 30리 떨어진 곳에 주둔하였던 것은 30리가 통상 하루에 군대가 진군할 수 있는 거리이고, 여기서 신라군과 집결하여 사비도성을 공격하려고 하였던 것이다. 그런데 황산벌

127 김영관, 앞의 논문, 2007, 130~131쪽.

삼충사(충남 부여 부소산성)
백제의 충신이었던 성충·흥수·계백을 기리기 위해 지은 사당이다.

전투에서 격전을 치룬 신라군은 하루 늦은 7월 11일에야 이곳에 도착하였다. 그러자 당의 소정방은 약속된 기일을 어겼다는 이유로 신라의 선봉장 김문영의 목을 베려하였다. 이에 김유신이 분노하여 당군과의 결전도 불사하는 결연한 의지를 보여 소정방의 기를 꺾었다. 그런데 여기서 이미 나당의 속셈이 서로 드러나기 시작하였음을 볼 수 있다.

그러면 소정방은 아직 사비도성을 공격하기도 전에 왜 기일을 어겼다는 이유로 동맹군의 선봉장을 목베려하였을까? 사실 소정방으로서도 화를 낼 수 밖에 없었을 것이다. 왜냐하면 사비도성을 방어하는 데 주력하고 있던 백제군은 당군이 진주해온 상태에서 신라군마저 도착하면 더욱 곤경에 처할 것을 알고, 신라군이 도착하기 이전에 당군을 공격하였다. 당시 백제의 공세가 어느 정도인지는 알기 어렵지만, 이 전투에서 백제군의 전사자가 만여 명이 넘었다는 것을 보면, 매우 격렬한 전투가 벌어졌음을 알 수 있다. 따라서 비록 당군이 승리를 거두었다고 하더라도 적지 않은 전력의 손실이 있었을 것이다. 그러기에 소정방은 신라군이 기일을 어겼기 때문이라고 보고, 신라군의 선봉을 처형하려고 하였던 것이다.

이러한 정황을 보면 신라군이 5만의 대군으로서 압도적인 군세임에도 불구하고 황산벌에서 계백의 5천 군사에 가로막혀 기일을 지체한 데에는 김유신의 고도의 전략이 숨어 있었던 것으로 추정할 수 있다. 즉 백제군의 강력한 예봉을 피하여 신라군의 전력을 온전하게 유지하려는 의도를 간취할 수 있겠다. 기벌포 전투에서 홀로 백제군과 격전을 치룬 소정방이 신라군의 지체를 문책한 데에는 그만한 이유가 있었던 것이다. 이렇게 양국은 이미 백제 정벌에 대한 서로의 이해 관계가 달랐기 때문에, 백제 멸망 이후에 서로 대립할 여지가 충분하였다.

당군과 신라군은 군대를 합쳐 7월 12일에 진격하여 사비성을 포위하였다. 거듭된 패배에 백제 조정은 큰 위기감을 느끼고, 항전보다는 당군과의 화평을 추진하였다. 그리하여 여러차례 좌평 등 고위 관료와 왕자들을 사신으로 소정방에게 보내어 사죄의 뜻을 밝

당 유인원 기공비(부여 박물관)
나당연합군의 당나라 장수 유인원의 공적을 기록한 비이다.

히고 회유하고자 하였으나, 소정방은 이를 받아들이지 않았다. 7월 13일 밤 의자왕과 태자 효는 웅진성으로 도피하였고, 국왕이 떠난 사비도성은 왕자 태가 성을 지키고자 하였으나, 왕자들이 당군에 투항하면서 쉽게 무너지고 말았다. 의자왕은 보다 방어가 용이한 웅진성에서 후일을 도모하고자 하였으나, 웅진 방령의 배신으로 사비도성으로 잡혀오고 말았다.

이와 같이 백제는 의자왕 집권 후반기에 귀족들이 분열되고 정사가 크게 혼란스러워지면서, 결국 나당연합군의 기습 공격에 별다른 저항도 하지 못하고 쉽게 항복하고 말았다. 오히려 이후 663년까지 백제부흥군이 끊임없이 저항하였으나 백제의 재건에는 실패하였으며, 점차 그 세력이 사그러들었다.

그런데 여기서 의문이 드는 것은 사료상으로는 고구려가 동맹국인 백제의 멸망 과정에서 전혀 군사적인 지원의 움직임을 보이지 않았다는 점이다. 이는 과연 이시기에 고구려와 백제가 동맹관계를 맺고 있는지를 의심케하는 대목이다. 고구려와 백제의 동맹이 나당 군사동맹과는 질적으로 달랐으리라고 짐작되지만, 한반도 내에서 우방인 백제의 멸망이 고구려의 남부 전선에 커다란 위협 요소가 되리란 점은 충분히 예상할 수 있기 때문이다.

당시 나당연합군의 군사 행동을 보면, 6월 18일에 신라는 태종 무열왕이 군사를 거

느리고 남천정에 도착하였으며, 21일에 덕물도에서 법민이 당의 소정방과 회동하였다. 그리고 7월 10일에 기일을 정하여 백제의 사비도성 아래에 집결하였으며, 공격을 시작한지 불과 7일만에 의자왕이 항복하였다. 즉 나당연합군이 군사행동을 개시한 지 불과 1달도 채 못되어 백제가 무너지고 만 것이다.

여기서 다음 2가지 가능성을 예상해 볼 수 있다. 첫째는 고구려와 백제의 동맹이 나당 군사동맹과는 달리 매우 느슨한 형태의 동맹으로서, 이미 국제적으로 공포되어 있었던 나당 군사동맹에 대응하는 군사 동맹의 전략 등이 마련되어 있지 않았을 가능성이다. 둘째, 양국 사이에 군사동맹이 있다고 하더라도, 백제가 너무 빠르게 항복하는 바람에 고구려군이 배후에서 신라를 공격함으로써 백제를 측면 지원할 시간적 여유를 갖지 못했을 가능성이다. 어느 경우를 상정하더라도 고구려와 백제는 나당연합군이 백제를 먼저 공격할 가능성을 미처 염두에 두지 못하였다고 볼 수 있다. 이는 수 문제의 침공 이래 중원 세력의 고구려 침공이 주로 요동지역에 공세의 목표가 맞추어져 있었다는 과거의 경험에만 생각이 갇혀 있었던 결과였다. 그런 점에서 볼 때 나당연합군의 백제 공격은 이미 승리가 예정된 전략이었으며, 당군을 백제 공격으로 유도한 신라의 외교적 승리라고 할 수 있겠다.

2) 나당연합군의 공격과 고구려의 멸망

660년 백제의 멸망 이후 나당 연합군의 그 다음 목표는 고구려였다. 668년에 고구려가 멸망하기까지 정세를 〈표 4-5〉로 작성하였다.

660년에 백제 왕실과 지배층의 항복을 받은 나당연합군이지만, 여전히 백제의 각 지방의 무력은 온존된 상태였고, 이를 기반으로 전국에서 전개된 백제 부흥운동 때문에 신라군과 당군은 어려움을 겪고 있었다. 게다가 당군의 최종 목표는 고구려 공격이었기 때문에 각 지방의 백제군을 진압할 여력을 갖고 있지 못하였다.

이러한 상황에서 고구려는 뒤늦게 660년 11월에 신라의 칠중성을 공격하여 함락시켰으며, 661년 5월에는 술천성述川城과 북한산성을 공격하였다. 신라군의 상당수가 백제부흥군과의 전투에 묶여 있었기 때문에 고구려군의 남하 작전이 보다 용이하게

연도	신라왕력	신라의 대외관계	고구려의 대외관계	고구려왕력
660	무열왕7	7월, 나당연합군의 백제 정벌	11월, 신라 칠중성을 공격 11월, 당군 침공	보장왕19
661	무열왕8	5월, 고구려 뇌음신, 말갈 생해등이 술천성, 북한산성 공격	4월, 당군 침공 준비, 그침 5월,(좌동) 8월, 당군 평양성 공격 9월, 압록수 전투	보장왕20
661	문무왕1	8월, 당의 고구려 공격 요구 10월, 당의 조문사신 보냄 당군이 평양 군량 조달 요구		보장왕20
662	문무왕2	정월 당이 책봉 김유신 평양성으로 군량 보급, 회군시 고구려군 격파 7월, 당에 김인문 사신 보냄	정월, 고구려와 당의 사수 전투	보장왕21
663	문무왕3	4월, 당이 계림주도독부로 편제 복신 등의 부흥운동		
664	문무왕4	아찬 군관(軍官)을 한산주 도독 7월, 웅진부의 당군과 고구려 돌사성 공격		
665	문무왕5	당, 신라 백제 취리산 회맹		
666	문무왕6	당에 고구려 정벌 청병 12월, 당의 고구려 공격 고구려 연정토 투항	태자 복남 태산 제사 참가 연개소문 사망, 6월, 남생 당에 투항	보장왕25
667	문무왕7	7월, 당이 고구려정벌 요청 유인원등 신라군을 비열도로 진군 8월, 문무왕 김유신 등 한성정에 주둔, 11월, 회군	9월, 당 이적 신성공략	보장왕26
668	문무왕8	비열홀주 설치 6월, 문무왕 김유신 등 고구려 정벌군 진군	2월, 당군 부여성 함락 9월, 평양성 함락	보장왕27

전개되는 상황이었음을 짐작할 수 있다. 그러나 한편으로는 백제지역에 주둔한 당군이 신라군의 군량 지원을 받으며 보다 용이하게 고구려의 남부 전선을 공격할 수 있었다는 점에서, 고구려의 군사 행동 역시 크게 제약될 수 밖에 없었다.

661년부터 본격화된 한반도 내에서의 당군의 공세는 손쉽게 패수浿水(예성강)를 넘어 평양성을 포위 공격하였다. 물론 요동에서 진군한 당군이 철륵鐵勒의 반란으로 인해 급거 귀환하는 바람에 고립된 소정방이 악전고투를 겪었으나 신라군의 지원으로 무사히 철군하였다. 이 전투에서 보여주는 바와 같이 한반도 내에서의 당군의 공격과 신라군의 보급 지원으로 인하여, 이후에도 고구려의 평양성이 손쉽게 당군의 공격에 노출되는 위기를 맞게 되었다. 이처럼 고구려의 남부 전선이 쉽게 무너지면서 고구려는 자신의 안위를 돌보기에도 급급한 사정이라, 백제부흥군을 외곽에서 지원할 수 없었다. 즉 전략상으로 고구려와 백제부흥군의 군사 행동이 상호 연쇄 작용을 일으킬 고리가 이미 깨진 상태에서, 각각 벌이는 군사 행동은 나당 연합군의 공동작전에 쉽게 무너질 수 밖에 없었던 것이다.

그런데 나당 연합군도 내부에 균열의 가능성을 갖고 있었다. 당은 백제 멸망 후 노골적인 점령 의도를 드러냈다. 백제고지에 웅진도독부熊津都督府를 설치하고, 나아가 663년에는 신라를 계림대도독부鷄林大都督府로 하고 신라왕을 계림주대도독鷄林州大都督에 임명하여 형식적으로나마 신라마저 복속시킨 모양새를 취하기까지 하였다.[128] 게다가 664년과 665년에 신라 문무왕文武王으로 하여금 웅진도독 부여융扶餘隆과 동맹을 맺고 상호 침략하지 못하도록 강요하였고,[129] 이후 백제 유민을 지원하며 백제 지역에서 신라의 세력 확대를 견제하기도 하였다.

신라의 입장에서는 백제 유민들의 저항에다 당의 간섭까지 중첩되면서, 본래의 목적인 백제 지역의 장악에 고전을 면치 못하고 있었다. 이에 당의 관심을 고구려의 정벌로 돌리기 위한 우회전략을 구사하기도 하였다. 아직 고구려 정벌이란 과제가 남아 있는 상황인지라 양국의 갈등이 표면화되지는 않았다.

661년부터 666년까지 고구려에 대한 공격은 당군이 주도하면서 신라는 주로 군량 공급 등 지원 역할을 맡았다. 그런데 666년 12월 당은 대규모 고구려 원정군을 동원하면서 신라에게도 군사적 지원을 요청하였다. 신라도 북진군을 편성하면서 고구려 정벌 준비를 갖추고 있을 때, 고구려의 연정토淵淨土가 12월에 12성城을 들어 신라에 항복하였다. 이 12성은 비열홀 등 강원도 북부와 함경남도 남부 일대 지역이었다.[130]

---

128 『삼국사기』 권6, 신라본기6, 문무왕 3년 4월.
129 『삼국사기』 권6, 신라본기6, 문무왕 4년 2월.

667년 9월 문무왕은 약정한 기일에 맞추어 한성漢城에 도착하였고, 11월에 당군이 평양 북쪽에 진주하자 신라군 역시 북진하다가 당군이 회군하였다는 소식을 듣고 철수하였다. 668년 여름에 당군이 다시 평양성을 공격하자 신라군도 북진을 개시하였으며, 9월에 나당연합군의 대대적인 공격으로 평양성은 마침내 함락되었다.

사실 660년에서 668년까지는 당이 주도적으로 고구려를 공격하는 상황이었으므로, 신라와 고구려의 관계를 따로 검토할 것은 없다. 다만 여기서는 이시기 고구려와 전선을 이루고 있는 신라의 북변에 대해서 잠시 살펴보도록 하겠다.

660년 11월에 고구려가 신라의 칠중성을 공격하여 함락시켰으며, 661년 5월에는 술천성과 북한산성을 공격하였다. 술천성의 위치는 알 수 없지만, 칠중성은 현재의 파주 칠중성으로 비정되며, 북한산성은 서울 북한산 일대일 것이다. 따라서 신라군이 백제와의 전쟁에 주력하는 동안 대략 임진강 일대에서 신라와 고구려의 전선이 형성된 것으로 보인다. 그런데 그 이전인 603년에 고구려가 북한산성을, 638년에는 칠중성을 공격한 사례로 보아 660년대의 전투가 벌어지는 이 경계선은 아마도 6세기 중엽 이래 거의 변화가 없었을 것으로 추정된다.

그런데 661년 정월에 한반도 내의 당군이 평양성을 공격하는 정황을 보면, 아마도 임진강·예성강 일대에서 평양성으로 곧바로 이어지는 공격로를 택하였을 것으로 보인다. 이때 당군은 임진강·예성강 이북의 고구려 영역을 장악하면서 진군한 것이 아니라, 평양으로 직공한 것이다. 그래서 김유신 등 신라군이 당군에 군량을 공급하기 위해 진군할 때에도 칠중하(임진강)를 건너 바로 고구려군과 격돌하게 되었고, 장새獐塞(지금의 수안)에서 후퇴할 때에도 고구려군의 추격을 받게 되었다. 그리고 668년 평양성 공격시에 비로소 고구려의 대곡성大谷城(황해도 평산), 한성漢城(황해도 신원)등 2군 12성이 항복한 것을 보면,[131] 이때까지 대략 예성강 일대에서 전선이 형성되고 있었음을 짐작할 수 있다.

신라의 동북방을 보면, 666년 12월에 연정토가 12성을 들어 투항할 때 비로소 비열홀 등 강원도 북부와 함경남도 남부 일대 지역이 신라의 영역내로 편입되었다. 즉

130 노태돈,『고구려사연구』, 사계절, 1999, 248쪽.
131 『삼국사기』권6, 신라본기6, 문무왕 8년 6월.

568년에 비열홀주를 폐지하고 후퇴한 이래, 658년에 하슬라何瑟羅(강원도 강릉)에 주州를 설치하고, 실직悉直(강원도 삼척)에 북진北鎭을 두었음을 보면, 양국의 전선이 속초·양양 일대에서 형성되었을 것으로 보인다. 따라서 동북방의 경계선 역시 6세기 중반 이후 사료상으로는 거의 변화가 없었다고 할 수 있다.

물론 사료의 누락 가능성도 배제할 수 없지만, 6세기 중반 이후 660년대까지 1세기 동안 양국의 경계선에 거의 변화가 없었다면, 그동안 신라와 고구려의 군사적 충돌은 매우 제한적이었음을 추정할 수 있다. 고구려대 중국 세력, 신라대 백제라는 갈등 관계가 중심축을 이루고 있는 상황에서 신라와 고구려의 관계는 종속 변수였음을 이 점에서도 확인할 수 있다. 그리고 앞서 언급한 바와 같이 연개소문이 고구려와 수와 전쟁시에 신라가 고구려의 5백 리땅을 빼앗겼다고 하는 주장도 허언虛言이거나 혹은 6세기 중반에 일어난 한강유역 상실 사건에 대한 착오임을 확인할 수 있다.[132]

---

132 임기환, 「7세기 신가와 고구려의 관계」『2010 신라학국제학술대회 논문집』, 2011, 112~113쪽.

제4절

신라-당 전쟁과 통일의 완성

1. 신라-당 전쟁 발발의 국제적 배경

1) 당과 토번(吐蕃)의 결혼동맹 및 토번의 성장

6세기에서 7세기로 넘어가는 시기에 티벳고원에는 여러 나라들이 있었다. 그 가운데 라싸Lhasa 부근에 있던 토번의 세력이 가장 강대했다. 이 시기에 토번의 영역은 티벳고원의 많은 부분을 차지했고, 당 초기에는 남북으로 히말라야에서 곤륜산맥, 동서로 사천四川과 인접한 부근에서 인도 북부의 케시미르와 가까운 지역까지 세력을 확장했다.[133] 623년에 토번의 세력권은 당 서북의 농우지역과 인접하게 되었고, 634년에 당과 외교관계를 열었다.

직후 당 황실의 공주가 동돌궐과 토욕혼에 시집갔다는 소식을 들은 토번왕 승쩬깐포는 당과 혼인관계를 요구했다. 그러나 토번의 요구는 받아들여지지 않았다. 당은 당시 자체붕괴한 돌궐을 흡수했고, 실크로드의 많은 오아시스를 지배했으며, 토욕혼을 병합하는 등 엄청난 세력을 떨치고 있었다. 서돌궐이 조공을 해왔으며, 외몽고 북쪽지역의 부족들까지 사절을 보내 경의를 표했다. 토번군은 사천의 서부지역을 침공

---

133 Howard J Wechsler, "Tai-tsung the Consolidator", *The Cambridge History of China* Vol. 3, Cambridge University Press, Cambridge, 1979, p.229.

하여 송주성松州城을 포위하였으나, 당의 원군이 도착하면서 무너졌다.

그런데 641년 토번 왕이 다시 화번공주를 정중히 요구하자 당이 이를 받아들였다.[134] 갑자기 당은 왜 토번에게 유화적인 자세를 취할 수밖에 없었을까.[135] 당시 당 태종은 고구려 침공을 준비하고 있었다.[136] 『구당서』 권196, 토번전과 『신당서』 권216, 토번전을 보면 문성공주文成公主가 토번의 승쩬깐포에게 출가한 사실을 전하는 기록 바로 다음에 바로 이어지는 내용이 바로 당태종의 고구려 침공 기사이다. 당시 당태종의 관심이 고구려 침공에 두어졌음은 알 수 있다.[137] 이후 계속된 당의 고구려 침공은 토번이 내실을 다지고 국력을 성장시킬 수 있는 기회가 되었다.

641년 당 태종은 공주를 토번에 보냈다. 토번왕은 호위병을 이끌고 백해까지 나와 문성공주를 맞이했다. 물론 공주를 수행한 중국사절들도 극진한 대접을 받았다. 토번왕은 문성공주가 거처할 새로운 궁전을 건립했고, 그녀가 붉은 화장을 한 토번사람들을 불길하게 여기자 그것을 금지시켰다.[138]

공주에 대한 극진한 예우는 당 태종에 대한 토번왕의 충성을 의미했다. 토번왕은 고구려에 다녀온 당태종에게 사신을 보내어 선물을 했다. 648년에 당이 서역의 중천축中天竺을 정벌하기 위해 청병을 하자 토번왕은 즉각 원조했다.[139]

문성공주가 티벳 고원으로 들어간 641년부터 20여 년간 토번은 당의 선진문물을 흡수했다. 그것은 토번의 국가발전의 토대가 되었다. 당시 토번은 중국문화의 최대 수혜자라고 할 수 있다. 중국의 서적과 장인들이 라싸Lhasa로 들어갔고, 토번 유력층

---

134 『구당서』 권196상, 열전146상, 토번.

135 黃約瑟은 "결과적으로 문성공주의 정치적인 혼인이 당과 토번이 적대관계로부터 화친관계로 되는데 큰 도움이 되었다."고 지적한 바 있다(黃約瑟, 『薛仁貴』(西北大學出版社, 西安), 1995, 126~135쪽).

136 Robert Silverberg, The Great Wall of China, Chilton Book, Philadelphia and New York, p.117.

137 Howard J Wechsler, Mirror to The Son of Heaven-Wei Cheng at Court of Tang Tai-tsung, Yale University Press, New Heaven, 1974, pp.103·164~165.

138 『구당서』 권196상, 열전146상, 토번 ; 『신당서』 권216상, 열전141상, 토번 상.

139 『구당서』 권3, 본기3, 태종 하, 정관 22년 5월, "吐蕃擊破中天竺 遣使獻捷" ; 『구당서』 권196상, 열전146상, 토번, "二十二年 右衛率府長史王玄策使往西域 爲中天竺所掠 吐蕃發精兵與玄策擊天竺 大破之 遣使來獻捷".

의 자제들이 장안의 국학에 유학했다.[140] 토번왕은 당의 선진적 생산기술을 계획적으로 받아들였다. 즉 맷돌과 종이·먹 등의 생산기술과 중원의 농기구 제조·방직·도자기 제조·야금·건축 등 생산기술을 토번에 들여왔으며, 이것이 토번사회의 생산력은 물론 문화발전을 촉진시켰다.[141]

654년에 권신 녹동찬祿東贊이 단행한 토번의 국가제도 개혁은 여기에 힘입은 바 크다.[142] 그 해에 토번은 법을 성문화하고, 지방의 통치구역을 확정짓고 병부兵部를 창설했으며, 기존에 존재했던 국경에 수비시스템을 정비했다. 또한 피지배민에 대한 감시망 확립과 세금 수취를 위한 토지 측량에 들어갔을[143] 뿐만 아니라 전쟁시 그들을 군수물자 보급에 동원할 수 있는 방대한 체계를 완성했다.[144] 중국문화의 유입은 신흥 토번의 국가체제 정비와 발전에 활력소가 되었음은 부인할 수 없다.

토번은 당에 대하여 순종적이었다. 여기에는 보다 현실적인 이유가 있었다. 당시 티벳고원에는 토번의 강력한 라이벌이 있었다. 양동羊同은 승쩬깐포弄贊贊普 이전에 티벳의 전 지역을 지배하는 동맹·연합집단이기도 했다. 승쩬깐포가 티벳고원을 하나로 병합하는 과정은 양동과의 전쟁이었다. 그의 생은 여기에 바쳐졌다.[145] 고구려 침공에 신경을 쓰고 있었던 당태종과 양동羊同 문제에 매달리던 승쩬깐포의 이해관계가 맞아떨어져, 토번과 당 사이의 평화가 유지되었던 것이다.[146]

140 『신당서』권216상, 열전141상, 토번 상 ; Denis Twitchett, "Introduction" The Cambridge History of China Vol.3, Cambridge University Press, London, 1979, pp.35~36.

141 王貫·喜饒尼瑪·唐家衛 等,『西藏歷史地位辨』, 民族出版社, 北京, 1995(김한규,『티베트와 중국』, 소나무, 2000, 38~39쪽에서 재인용).

142 佐藤長,『古代チベット史研究』, 東洋文庫, 京都, 1959, 314~343쪽 ; Josef Kolmas, Tibet and Imperial China, Center of Oriental Study, The Australian National University, Canberra, 1967, pp.2~6.

143 Warren W. Smith Jr, Tibetan Nation, -A History of Tibetan Nationalism and Sino-Tibetan Relation, Westview Press, Oxford, 1996, p.65.

144 山口瑞鳳,「チベット史文獻」『敦煌胡語文獻』, 講座敦煌 6, 大東出版, 東京, 1985, 481~482쪽 ; 王小甫,『唐·吐蕃·大食政治關係史』, 北京大出版社, 1995, 44~45쪽.

145 Christopher I. Beckwith, The Tibetan Empire in Central Asia, Princenton University Press, Princenton, 1987, pp.14~25.

146 黃約瑟은 "貞觀 말년에 토번 서북방면의 羊同이 토번에 합병 되었는데, 시간상 당태종이 요동정벌에 나섰을 때 토번이 그 세력을 팽창했던 것으로 보아진다."고 지적한 바 있다(黃約瑟,『薛仁貴』, 127쪽).

2) 토번의 토욕혼 점령 및 세력의 팽창

649년 겨울 친당적인 토번왕 승쩬깐포의 죽음은 당·토번 관계에 그림자를 드리웠다. 어린 손자가 왕위를 계승했지만,[147] 정부의 모든 실권은 군부를 장악한 권신 녹동찬의 손에 들어갔다. 섭정은 장기간 동안 계속되었다.[148] 녹동찬은 군사적 팽창을 통하여 내부 갈등을 감소시켰다. 그는 654년에 병력 12만을 동원하여 백란씨白蘭氏를 공격하여 그 땅을 점령했으며,[149] 659년 당과 토욕혼 사이의 의심스러운 밀담이 오고가자 토욕혼을 급습하여 그 괴뢰왕을 죽였다. 군사적 공훈만이 그의 권력을 유지의 바탕이었다.

녹동찬은 660년 당이 한반도 통일전쟁에 개입하자 그 이듬해 천산의 궁월弓月 등에 공작을 시도하여 당에 반기를 들게 했다.[150] 662년에 이것이 표면화되었다. 토번과 궁월이 연합한 군대가 소륵疎勒-Kashgar 남쪽에서 소해정이 이끄는 당군과 마주쳤으나, 정면충돌로 가지는 않았다. 하지만 상호간의 긴장이 고조된 것은 확실하다.[151] 이 듬해에도 토번은 파미르고원의 발율勃律-Balur과 왁한Wakhan의 연운보를 점령했다.

이로써 타림분지에 대한 전략적 위치를 선점했다.[152] 그래도 녹동찬이 살아 있을 때는 당과 토번 사이에 직접적인 무력 충돌이 없었다.[153] 그는 당의 속국을 점령하면서도 당의 자존심을 세워 주기 당에 사절을 파견하는 등 적지 않은 노력을 했다.[154]

---

147 弄贊칸포의 손자는 642년 생으로 즉위 당시인 649년에는 8세였다(Ymakuchi, Matrimonial Relationship between the Tu-fan and Tang Dynasties, Memoirs of the Research Department of Toyo Bunko. No27, Tokyo, 1969, pp.163~166).

148 『구당서』 권196상, 열전146상, 토번 ; 『신당서』 권216상, 열전141상, 토번 상 ; Christopher I. Beckwith, The Tibetan Empire in Central Asia, p.29.

149 安應民 著, 『吐蕃史』, 寧夏人民出版, 1989, 261쪽.

150 Christopher I. Beckwith, The Tibetan Empire in Central Asia, p.29.

151 『자치통감』 권201, 당기17, 용삭2년 12월.

152 Christopher I. Beckwith, The Tibetan Empire in Central Asia, p.30.

153 양당서 토번전에서는 녹동찬이 뛰어난 야전사령관인 동시에 충직하고 능력 있는 인물로 묘사되고 있다. 그는 토번사절의 수석으로서 문성공주를 토번으로 데려왔고, 당과 향후 20년간의 평화관계를 이끌어낸 장본인이었다(Tsung- Lien Shen & Shen-Chi Liu, Tibet and Tibetan, Stanford University Press, Stanford, 1953, p.23).

154 『자치통감』 권201, 당기17, 8 삭3년 6월.

660년 당군과 신라의 연합군이 백제를 협공해서 백제를 멸망시켰다. 그런데 당군의 한반도 통일전쟁 개입은 서역의 상황을 악화시켰다. 서돌궐 제부족과 타림분지의 국가들이 당의 통제로부터 이탈해간 것이다. 가장 먼저 반기를 든 것은 천산天山지역의 서돌궐 부족들이었다. 궁월弓月과 인면咽麵이 소륵疏勒-kashgar을 함락시켰다. 반란은 철륵鐵勒을 포함한 천산지역 여러 부족인 동라同羅·복골僕骨·사길思結 등에 파급되었다. 그것은 현지의 친당적 지배층들이 몰락하고 반당적 정권들이 등장하는 형태로 나타났다. 이 시기에 당 조정에 투항해 오는 서돌궐 제부족의 수장들과 타림분지 지배층들이 줄을 잇고 있는데, 이들은 당을 배척하는 자신들의 동포들로부터 밀려난 망명자들이었다.[155] 이 반란은 662년 당의 장군 정인태鄭仁泰에 의해서 진압되었다.[156]

660년 당군이 백제에 파병된 직후 토번의 제1차 공격 목표가 된 것은 북위北魏시대부터 실크로드의 주요 통로를 장악하고 있었던 토욕혼이었다. 토욕혼은 634년에 당의 장군 이정李靖의 원정으로 당에 복속되었다. 이 때 장안에 머물고 있던 토욕혼의 왕자 모용순광慕容順光이 당의 괴뢰왕으로 세워졌으며,[157] 그의 정권은 당의 원조로 불안하게 유지되었다. 635년 말 토욕혼왕 모용순광은 피살되었고, 당태종은 이 지역에 대한 지배력을 유지하기 위해 자주 군대를 파견해야 했다.[158]

하지만 한반도에서 전쟁이 장기화되면서, 서역에 구축한 당나라의 섬세한 그물망은 이완되어 갔다. 665년 노실필弩失畢과 돌륙咄陸이 연합한 서돌궐이 다시 일어났다. 이 사건의 배후에는 토번의 지원이 있었다. 토번은 서역의 여러 부족 소국의 정권교체나 당으로의 이탈을 조장했고, 자신의 영향력을 타림분지, 천산산맥, 청해 지역으로 확산시켰다.[159]

토욕혼이 약해지자 그 영향 아래에 있던 유목부족들을 토번이 흡수했다.[160] 토번은

---

155 Christopher I. Beckwith, The Tibetan Empire in Central Asia, p.41.

156 『자치통감』 권200, 당기16, 용삭2년 3월.

157 『구당서』 권3, 본기3, 태종 하, 정관 9년 5월.

158 『구당서』 권3, 본기3, 태종 하, 정관 9년 12월.

159 Denis Twitchett and Howard J Wechsler, "Kao-tsung and Empress Wu", The Cambridge History of China, Vol. 3, Cambridge University Press, Cambridge, 1979, p.280.

이들로부터 양질의 말을 공납 받았을 뿐만 아니라 유용한 기병자원이 되었다. 토번은 앞서 주변의 강족계羌族系 주민들을 복속시켜 자신의 병력으로 활용해 온 경험이 있었다.[161] 강족들은 토번에게 보병 병력자원을 제공했고, 청해 차이담분지의 유목부족은 토번의 기병이 되었다. 당이 실크로드를 석권하면서 토욕혼을 심하게 약체화시켰고, 그것은 결과적으로 토번의 군사력이 성장하는 밑거름이 되었다.[162]

660년 8월 토욕혼을 보호하는 임무를 수행했던 당나라 장군은 소정방蘇定方이었는데, 그의 한반도 전선으로의 종군은 토욕혼의 종말을 예고했다.[163] 토번의 공격이 시작되자 토욕혼은 당에 도움을 요청하였지만, 당은 토욕혼의 요청을 거절했다.[164] 그 기간은 용삭(661~3), 인덕(664~5)년간인 것으로 짐작된다.[165]

토욕혼이 추락하고, 토번이 급부상하는 것을 당은 방관할 수밖에 없었다.[166] 백제를 멸망시킨 후 그 여세를 몰아 고구려를 병합하려고 했던 당은 서쪽의 일에 간여할 수 없었기 때문이다. 당시 당에게 있어 토욕혼 문제는 부차적이었다. 당이 고구려 멸망 전쟁 준비를 시작한 667년에 토욕혼은 토번에 완전히 흡수되었다. 당과 토번 사이의 완충지대가 사라진 것이다.

---

160 Howard J Wechsler, "Tai-tsung the Consolidator" The Cambridge History of China Vol. 3, p.229.

161 『구당서』 권196상, 열전146상, 토번.

162 Warren W. Smith Jr, Tibetan Nation, p.60.

163 『자치통감』 권200, 당기16, 현경 5년(660) 8월.

164 이에 대해 룩 콴텐은 새로이 형성되는 변방세력의 상황에 무지한 당의 천자는 토욕혼의 군사원조 요청을 거절하였으며, 이것은 당조의 일대 전략적 정치적 실책으로, 그 후 타림분지뿐만 아니라 중원까지도 토번의 침공을 받게 되는 결과를 초래하였다고 한다. 그러나 이는 한반도와 요동에 병력을 투입해야 했던 당이 처한 입장을 고려하지 않은 견해이다(Luc Kwanten, Imperial Nomads-A History of Central Asia, 500~1500 ; 룩 콴텐, 宋基中 譯, 『유목민족 제국사』, 민음사, 1984, 49쪽).

165 『구당서』 권198, 열전 148, 서역, 토욕혼.

166 『자치통감』 권201, 당기17, 용삭3년 5월.

3) 당—토번 전쟁의 발발과 신라—당 전쟁의 개시

녹동찬이 666년 토욕혼 정벌을 완료하고 귀국한 그 이듬해 사망하자 상황은 바뀌었다.[167] 669년 9월에 토번은 타림분지에 급습을 가했다.[168] 당의 지배하에 있던 실크로드 지역에 대한 토번의 공격이 시작된 것이다.

당 고종은 토번의 공격을 막기 위해 670년 4월 한반도 지역을 관할하던 안동도호부 도호 설인귀薛仁貴를 대토번 전선에 투입했다.[169] 하지만 그 해 7월에 그의 군대는 참패하고 말았다.[170] 토번은 설인귀의 10만 대군을 청해호靑海湖의 대비천大非川에서 전멸시켰다. 모든 병사들을 잃어버린 설인귀는 겨우 몸만 빠져 나왔으며,[171] 실크로드의 안서4진安西四鎭은 토번의 수중에 들어갔다.

아버지 당 태종이 이루어 놓았던 실크로드 경영권이 아들 당 고종이 한반도전쟁에 주력한 사이에 토번에게 넘어가려하고 있었다. 중앙아시아는 물론 페르시아, 동로마 제국의 상인과 사절들이 이 길을 거쳐서 중국을 왕래했다. 실크로드에 대한 장악과 경영은 그야말로 당의 대외정책의 최우선 순위에 있었다.[172]

---

167 王吉林은 敦煌本吐蕃歷史文書에서 녹동번이 663년에서 666년까지 토욕혼 정벌을 위해 4년 동안 청해지역에 주둔하고 있었던 사실이 확인된다고 한다(王吉林, 「唐初與吐蕃關係의 發展(634~670)」『中華民國家藏學術會議論文集』, 文化大學, 1988년 10월, 20쪽).

168 『자치통감』 권201, 당기17, 총장 2년(669) 9월조를 보면 669년 9월 직전부터 서열에 대한 토번의 침공이 시작되었던 것을 짐작할 수 있다. 이때 동투르크스탄에서 당군이 대패하여 그 피해가 심각했다고 보는 견해도 있다(Helmut Hoffman, "Early and medival Tibet", The Cambridge History of Early Inner Asia, p.380).

169 노태돈은 설인귀의 귀국과 안동도호부의 新城으로 移治를 고구려유민의 강제이주 작업의 수행과 연관된 것으로 보고 있다(盧泰敦, 「對唐戰爭期(669~676)의 新羅의 對外關係와 軍事活動」『軍史』 34, 1997, 4~5쪽). 그러나 『삼국사기』 권6에 의하면 고구려유민 호송은 668년 7월 26일에 이루어진 것으로 명기되어 있으며, 李勣의 통솔 하에 그것이 수행되었다. 설사 2만 호의 대규모 호송이 1년 이상 소요되는 작업이라 할지라도 안동도호부 신성이치를 이와 관련하여 보는 것은 이해되지 않는다. 설인귀가 670년 4월 토번 정벌에 나서는 것을 염두에 둔다면 이를 669년 9월 토번의 타림분지 급습과 관련지어 이해하는 것이 합리적일 것이다.

170 『구당서』 권5 본기5, 고종 하, "薛仁貴 郭待封至大非川 爲吐蕃大將論欽陵所襲 大敗 仁貴等並坐除名 吐穀渾全國盡沒 唯慕容諾曷鉢及其親信數千帳內屬 仍徙於靈州界".

171 『구당서』 권83, 열전33, 설인귀.

172 Howard J Wechsler, Mirror to The Son of Heaven, p.103; David Snellgrove & Hugh Richardson, A.Cultural History of Tibet, Shambhala, Boston, 1995. p.30.

한반도와 만주에 병력을 집중시켰던 당은 향후 그 주력을 서역으로 돌릴 수밖에 없었다. 670년 3월 약자인 신라가 압록강을 넘어 당군을 선제공격할 수 있었던 것은 이 때문이다. 670년 3월 신라-당 전쟁 발발 시점이 당과 토번의 전쟁의 서막이 된 669년 9월과 일치하고 있다.

당에 대한 전쟁을 결정한 신라 수뇌부의 입장으로 돌아가 보자. 먼저 지적하고 싶은 것은 신라-당 전쟁의 개전이 누구 한 사람의 의지에 의해서 결정되지는 않았다는 점이다. 660년 백제를 멸망시킨 후 당이 신라를 정벌하려고 한다는 정보가 입수되자 문무왕은 군신회의를 소집했다. 여기서 당에 대한 전쟁도 불사하겠다는 신라 수뇌부의 결의가 있었다.[173] 670년 당에 대한 전쟁을 결정할 때도 그러했을 것이다.

당과의 전쟁을 결정했던 신라 수뇌부의 상황논리를 살펴 보자. 신라는 당 태종이 약속한 평양 이남의 땅을 당으로부터 획득해내야 한다는 선명한 목적이 있었다.[174] 당시 신라는 토번이 실크로드를 공격했고, 한반도에 주둔한 당의 장군 설인귀가 병력을 이끌고 서역으로 이동하고 있었다는 사실을 알았다. 신라 수뇌부는 서역에서 당과 토번의 전쟁이 격화되는 유리한 상황에서 당과 전쟁을 해야 신라가 바라는 소기의 목적을 달성할 수 있을 것이라고 판단했다. 따라서 신라는 670년 3월 당군에 대한 선제공격을 개시했다.

2. 당군의 침공과 신라의 대응

1) 당 기병(騎兵)의 쇄도와 신라의 장창당(長槍幢)[175] 창설

(1) 말갈·거란 기병의 신라 침공

신라-당 전쟁기에 신라군이 싸웠던 실질적인 대상은 당군이라기 보다는 당에 이끌

---

173 『삼국사기』 권42, 열전2, 김유신 중을 보면 김유신은 "어찌 어려움을 당하여 스스로를 구하지 않을 수 있겠습니까."라고 하여 당이 도발할 시 전쟁을 불사하겠다는 의지를 표명하고 있다.
174 『삼국사기』 권7, 신라본기7, 문무왕 11년 7월.

려 온 말갈과 거란 군대였다. 671년 9월 고간이 이끄는 번병蕃兵 4만이 평양에 도착해 도랑을 깊이 파고 보루를 높이 쌓고 황해도 대방帶方 지역으로 침입해 왔다. 그러나 해상을 통한 보급에 이상이 생겼다. 그해 10월 대동강으로 들어오던[176] 당 보급선 70여 척이 급찬 당천當千이 이끄는 신라 전함의 공격을 받고 격침되었던 것이다.[177]

황해도 지역으로 들어온 당군은 재령강을 통해 보급을 받으려고 했던 것 같다. 신라 수군은 대동강 입구에서 당보급선을 기다리고 있었다. 보급품을 잔뜩 실어 우둔한 보급선들은 가벼운 신라의 전함들을 당해낼 수 없었으리라 상상된다. 이미 겨울에 접어든 시점에서 보급이 단절된 당군은 철수를 하지 않을 수 없었다.[178]

당장 고간은 이듬해인 672년 7월에 다시 침공해 왔다. 당시 당군의 병력구성을 보여주는 기록을 보자.

> (672년) 7월에 당나라 장수 고간이 군사 1만 명 이근행이 3만 명을 이끌고 일시에 평양에 이르러 여덟 곳에 진영을 설치하고 주둔하였다.[179]

4만의 병력 가운데 당의 장군 고간의 병력이 1만이고 말갈추장 이근행의 병력이 3만이다. 그리고 4만의 병력 가운데는 유목민인 거란도 포함되어 있었다. 고간이 거느린 1만군은 당병으로 곧 한인漢人이다. 이근행은 말갈병을 통솔했다. 물론 총대장은 고간이었다.[180] 사실 고간은 기병대장 출신이었다.[181] 그리고 말갈족도 상당한 기병을 보유하고 있었다. 이는 675년 9월 신라군이 매소성에 주둔한 이근행의 말갈군에 승리한 후 3만필의 말을 노획했던 것에서도 알 수 있다.

말갈군대의 지휘자인 이근행은 영주지역에 본거를 둔 속말말갈추장 돌지계의 아

---

175 長槍幢은 신라 孝昭王대 緋衿誓幢으로 개칭되었다. 그런데 필자가 굳이 장창당이라고 한 것은 장창이 부대의 성격과 직결되기 때문이다.
176 許重權, 『新羅 統一戰爭史의 軍事學的 硏究』, 한국교원대 박사논문, 1995, 158쪽.
177 『삼국사기』 권7, 신라본기7, 문무왕 11년 9월·10월.
178 徐榮敎, 「羅唐戰爭期 海戰」(한국고대사학회 월례 발표요지), 2002년 10월.
179 『삼국사기』 권6, 신라본기6, 문무왕 12년 7월.
180 『구당서』 권5, 본기5, 고종하, 함형 3년, "是冬 左監門 大將軍高侃大敗新羅之衆於橫水".
181 『구당서』 권194상, 열전144상, 돌궐 상.

들이었다.[182] 돌지계가 그 지역에 정착한 시기는 수나라 초기였다. 돌지계와 그 부락은 부여 방면의 속말말갈이었다. 수나라 초기에 속말말갈이 고구려와 싸워 패하면서, 고구려의 지배를 거부한 궐계부厥稽部 거장渠長 돌지계는 그 부락민을 이끌고 수에 내부하였다.[183]

돌궐에 붙어 당을 괴롭혔던 말갈인들도 있었다. 그들도 유목민에 버금가는 기병을 보유하고 있었다고 생각된다. 여기서 주목하고자 하는 것은 돌궐의 복속 하에 있던 말갈의 모습이다. 돌리가한突利可汗의 병력을 보면 해奚·거란契丹·말갈靺鞨로 구성되어 있다.[184] 해와 거란은 분명히 유목민족이다. 말갈은 이들과 하나의 작전단위였다. 말갈인들이 기병집단이 아니면 있을 수도 없는 일이다. 수문제 때에 고구려 영양왕이 말갈기병 1만을 이끌고 요서를 공략한 적이 있었다. 이들은 고구려의 휘하에 있던 속말말갈이었다. 그러니까 속말말갈은 오래 전부터 다수의 기병을 보유하고 있었음을 알 수 있다.

한편 위 당군의 병력이 번병蕃兵과 한병漢兵이 결합된 전형적인 형태를 보여준다는 점도 주목할 필요가 있다. 물론 번한병蕃漢兵이 결합된 경우는 이 때만의 특수한 예가 아니다. 그것은 당의 대외전쟁에서 나타나는 보편적인 현상이었다. 사실 당왕조는 돌궐 항호降胡의 추장을 당의 장군으로 임명하고 그 부중部衆에 대한 군사적 통제권을 부여하여 각종 전쟁에 참여시키고 있었다.

당에 항복해 온 유목민들이 출정 병력에서 차지하는 비율 또한 한군을 능가하거나, 버금가는 것이었다. 건봉 원년(666) 고구려 침공시 계필하력契苾何力은 번한 군대 50만을 이끌고 먼저 평양에 도달하고 있다. 이와같이 이민족계 장군이 그 부중部衆을 통솔하여 정벌에 임하고 있을 뿐만 아니라, 중국인 장군이 항호부중降胡部衆(유목민 기병)을 통솔하기도 하고, 번장蕃將이 번한병蕃漢兵을 통솔하고 있었다.[185]

---

182 고구려연구재단편, 「당대 인물의 고구려 관련 행적」『중국소재 고구려관련 금석문 자료집』, 2005, 260쪽.

183 『태평환우기』 권71, 하북도연주.

184 『구당서』 권56, 열전6, 양사도, "處羅從之 謀令莫賀咄設入自原州 泥步設與師都入自延州 處羅入自並州 突利可汗與奚·契丹·靺鞨入自幽州 合於竇建德 經滏口道來會於晉絳 兵臨發 遇處羅死 乃止".

185 金奎晧, 「唐代의 異民族系 軍將」『변태섭화갑논총』, 삼영사, 1985, 1145쪽·1153쪽.

당 태종은 북방유목민족과 농경민 한족의 확연히 다른 습성을 정확히 인식하고 있었고, 그에 연유하는 군사적 특성을 정확히 파악하고 있었다. 이는 정관 년간의 대부분의 대외전쟁을 이끌었고 태종의 극진한 총애를 받았던 명장 이정李靖의 영향이 크다.[186] 이정은 전투에 있어서도 번한 각자가 지닌 특징을 살리는 것이 최선책이라고 보고 있었다. 즉 유목민은 기마騎馬가 장기이므로 속전속결速戰速決에 유리하고 석궁弩을 장기로 하는 한병漢兵은 완전緩戰에 유리하다는 것이다.[187] 그야말로 보병의 진법陣法에 유목기병遊牧騎兵의 탁월한 기동성을 접목한 것이 이정의 업적이다. 실로 여기서 이정의 진법과 기존 진법과의 차별성이 있다.

이러한 당군의 병종 구성이나 번한의 결합된 군대의 진용은 신라군에게 전혀 새로운 과제를 안겨주게 되었다. 바로 신라의 장창당의 설치이다. 신라의 장창당은 말갈·거란 기병이 황해도·경기도 평야지대에 대거 등장하는 상황에서 창설되었다. 이점 장창당의 성격과 무관하지 않다고 생각된다.

(2) 장창당(長槍幢)의 군관(軍官) 편성

구서당九誓幢은 대체로 통일기를 전후하여 조직되었다. 그 중 서당誓幢(녹금서당), 낭당郎幢(자금서당), 장창당長槍幢(비금서당), 백금서당白衿誓幢은 통일이전 혹은 통일전쟁기에 조직되었고, 나머지 적금서당赤衿誓幢, 흑금서당黑衿誓幢, 황금서당黃衿誓幢, 청금서당靑衿誓幢, 벽금서당碧衿誓幢은 통일 후 신문왕대에 조직되었다. 물론 통일 이전에 조직된 부대들은 실전에 투입되었으므로 『삼국사기』 본기나 열전에 단편적인 기록이 있다. 그러나 나머지 5개 부대에 대한 것은 『삼국사기』 직관지 무관 조에 전하는 바가 전부이다.

그것을 토대로 구서당의 군관조직을 정리한 것이 다음의 〈표 4-6〉이다.

---

186 金漢珉, 「唐太宗의 對外膨脹政策」 『東亞細亞의 人間像』, 108~109쪽.
187 『唐太宗李衛公問對』(今註今譯本 臺灣商務印書館), 1975, 140~141쪽.

〈표 4-6〉 구서당 군관조직표

부대명 (部隊名) 군관직명 (軍官職名)		녹금서당 (綠衿誓幢) 진평 5 (583) 신라인	자금서당 (紫衿誓幢) 진평 47 (625) 신라인	백금서당 (白衿誓幢) 문무 12 (672) 백제인	비금서당 (緋衿誓幢) _장창당_ (長槍幢) 문무 12 (672) 신라인	황금서당 (黃衿誓幢) 신문 3 (683) 고구려인	흑금서당 (黑衿誓幢) 신문3 (683) 말갈인	벽금서당 (碧衿誓幢) 신문6 (686) 보덕성민	적금서당 (赤衿誓幢) 신문6 (686) 보덕성민	청금서당 (靑衿誓幢) 신문8 (688) 백제잔민	관등 규정 (官等 規定)
장군 (將軍)		2	2	2	2	2	2	2	2	2	진골각간 (眞骨角干) -급찬(級飡)
대군대감 (大官大監)		4	4	4	4	4	4	4	4	4	진골(眞骨) 6-13 차품(次品) 6-11
부대감 (隊大監)	영마병 (領馬兵)	3	3	3	-	3	3	3	3	3	6-13
	영보병 (領步兵)	2	2	2	4	2	2	2	2	2	6-13
제감(弟監)		4	4	4	4	4	4	4	4	4	10-13
감사지(監舍知)		1	1	1	1	1	1	1	1	1	12-13
소감 (少監)	속대감 (屬大官)	13	13	13	13	13	13	13	13	13	12-17
	영기병 (領騎兵)	6	6	6	3	6	6	6	6	6	12-17
	영보병 (領步兵)	4	4	4	8	4	4	4	4	4	12-17
화척 (火尺)	속대관 (屬大官)	10	10	13	10	13	13	13	13	13	12-17
	영기병 (領騎兵)	6	6	6	-	6	6	6	6	6	12-17
	영보병 (領步兵)	4	4	4	8	4	4	4	4	4	12-17
군사당주 (軍師幢主)		1	1	1	1	1	1	1	1	1	7-11
대장척당주 (大匠尺幢主)		1	1	1	1	1	1	1	1	1	7-11
보기당주 (步騎幢主)		4	4	4	-	4	4	4	4	4	8-13
저금기당주 (著衿騎幢主)		18	18	18	-	18	18	18	18	18	8-13
흑의장창말보당주 (黑衣長槍末步幢主)		24	20	-	-	20	20	20	20	20	6-13

군사감 (軍師監)	2	2	2	2	2	2	2	2	2	11-13
대장척감 (大匠尺監)	1	1	1	1	1	1	1	1	1	10-13
보기감 (步騎監)	4	4	4	-	4	4	4	4	4	11-13
저금감 (著衿監)	18	18	18	-	18	18	18	18	18	11-17

〈표 4-6〉을 보아도 알 수 있겠지만 구서당은 장창당을 제외하고는 질서정연한 거의 획일적인 조직을 가지고 있다. 장창당은 기병 대대감隊大監, 기병 화척火尺, 보기당주步騎幢主, 착금기당주著衿騎幢主, 흑의장창말보당주黑衣長槍末步幢主, 보기감步騎監, 착금기감著衿(騎)監 등 7종의 군관이 결여되어 있어 여타 8개 부대와 비교해 보면 기형적인 느낌마저 든다.

장창당의 군관직 결여에 주목하여, 장창당이 통일 후 해체되었다가 불완전한 형태로 재조직되었기 때문에 군관직이 결원될 수밖에 없었다고 보는 견해가 있다. 나아가 장창당을 비금서당으로 개칭한 것은 극히 이념적이고, 형식적인 9라는 숫자를 채우기 위한 것이라고 주장했다.[188]

그러나 직관지 무관 조 자체의 사료적 신빙성에 문제가 많다고 보고, 장창당의 군관직 결여를 사료상의 누락이라고 보는 견해도 있다. 즉 장창당의 군관직 결여를 그대로 인정하면 합리적 설명이 불가능하다고 하면서, 그 근거로 장창당에 영기병領騎兵 소감少監이 존재한다는 점을 들고 있다.[189] 장창당의 영보병領步兵 군관軍官은 여타의 부대의 2배로 나타나 있어 보병이 강화된 형태로 볼 수도 있지만, 여타 부대의 절반인 3명밖에 되지 않는 영기병令騎兵 소감少監은 대대감隊大監의 영마병領馬兵이나 화척火尺의 영기병領騎兵의 부재를 생각할 때 상하의 군관직 체계에서 이해되지 않는다는 것이다. 나아가 구서당 중 장창당과 백금서당, 육정 중 하서정河西停은 공통적으

---

188 井上秀雄, 「新羅兵制考」『新羅史基礎研究』, 185쪽.
189 3명의 領騎兵 少監은 장창당 운영에 필요한 최소한의 기병이다. 적의 동태를 살핀다거나, 타부대와 연락이나, 지원요청 등에는 騎兵이 없어서는 안된다. 다시 말해 적기병의 출현을 빨리 감지해야 방어에 유리한 지형에 자리를 잡을 수도 있고, 장애물을 설치할 수 있는 최소한의 시간을 벌수 있다(『戰略戰術兵器事典』 1.[中國古代編] 東京, 1994. 47쪽).

로 흑의장창말보당주가 결여되어 있으며, 이것도 결락에 의한 것이라고 단정했다.[190]

이상의 두 견해는 차이점만 있는 것이 아니라 공통점도 있다. 장창당이 구서당의 8개 부대와 군관직 구성이 비슷해야 한다고 하는 관점이 그것이다. 그러면 『삼국사기』권40 직관지 무관조의 구서당 관계 기사에서 장창당의 기병에 관련한 군관수가 눈에 뛰게 결원된 것은 어떻게 이해할 것인가? 이것은 단순히 『삼국사기』 편자의 착오나 누락이기보다는 장창당의 성격을 반영하는 중요한 단서라고 생각된다. 즉 장창당은 신라-당 전쟁의 주요 장소였던 황해도, 경기도 평야지대에 대규모로 출현한 당, 말갈 기병을 막아내기 위하여 창설된 특수보병부대로 생각된다.

문무왕 10년(670) 이후 당의 장군 고간高侃의 통솔 아래 대규모 기병이 대방帶方(황해도)지구에 몰려왔다. 신라가 일찍이 경험해 보지 못한 새로운 현상이었다. 672년에 창설된 장창당은 이러한 전황 변화에 대처하기 위하여 만들어진 보병조직이었다. 산성을 중심으로 벌어진 산악전에 익숙한 신라로서는 당의 기병을 기병으로 대처하는 데 수적으로나 기술적으로 열세였음에 틀림이 없고, 기존의 보병을 체계적으로 조직하고, 새로운 대기병對騎兵 전술개발이 절실했을 것이다.

장창당에 기병과 관련한 군관직이 극히 결여된 것이나, 지극히 보병적인 성격이 강화된 점은 오히려 당연하다. 즉 〈표 1〉을 보면, 장창당에는 대대감은 영마병이 없고, 영보병이 4명으로 구서당의 다른 부대에 비해 2배이며, 소감의 경우 영기병이 2분의 1인 3명, 영보병은 2배인 8명, 화척은 영기병이 없고, 영보병이 2배인 8명, 보기당주, 보기감이 없고, 착금기당주와 착금(기)감著衿(騎)監도 없고, 흑의장창말보당주가 결여되어 있다. 장창당 소속 소감에 영기병군관領騎兵軍官이 3명이 있지만 여타부대의 2분의 1 수준이다. 장창당은 기병관계 군관직이 현격하게 결여되어 있으며, 보병이 구서당의 여타 부대보다 2배가 많다. 장창당은 기병을 의도적으로 빼고 보병을 강화시킨 느낌이 강하다.

장창보병이란 기병이 절대적으로 열세일 때 조직되는 군사조직이다.[191] 장창보병부

---

190 李文基, 「三國史記 武官條의 史料的 檢討」 『新羅兵制史 研究』, 일조각, 64~69쪽.
191 장창보병은 중국의 漢, 唐, 宋에서 확인되며, 서양의 로마, 잉글랜드, 스코틀랜드, 플랑드르, 스위스에서도 볼 수 있다. J. F. Verburggen, The art of warfare Europe during Middle Age,

대의 창설은 당의 기병을 막아내는 최선의 선택이었다. 여기서 장창당의 군관조직이 기병관계 군관이 심하게 결여된 그 자체 장창당의 특징에 기인하는 것이며, 따라서 『삼국사기』권40, 직관지 무관 조의 장창당의 군관 기록이 정확하다는 것을 알 수 있다.

구서당에서 장창당이 군단내부 다수의 부대가 가지고 있는 군관직이 없다고 해서 쉽게 그것을 누락으로 보는 것은 위험한 것이며, 또한 그것의 명칭이 비금서당으로 개칭되었을 때 군관조직이 변형되었다고 보아서도 안 될 것이다.

(3) 장창당의 성격

『삼국사기』김유신전에서 신라 장창당長槍幢의 실전기사를 검토해 보면, 기병과 유기적인 합동작전을 구사했기보다는 장창보병의 단독작전을 한 흔적이 강하다.

> 당나라 군사가 말갈병과 함께 석문石門들판에 진을 치매 왕이 장군 의복·장춘 등을 보내어 이를 방어하게 하기 위하여 대방帶方들판에 진을 쳤다. 이때에 장창당長槍幢 만은 다른 곳에 진을 치고 있다가 당나라 군사 3천여 명과 부딪쳐 그들을 모조리 잡아서 대장군의 병영으로 보냈다. 이에 모든 부대들이 이구동성으로 "장창당은 따로 진을 치고 있다가 공을 세웠으니 반드시 큰상을 받을 것이다. 우리도 한데 모여서 헛되이 수고만 할 필요가 없다."…[192]

장창당만이 다른 여러 부대와 떨어진 곳에 단독으로 진陣을 쳤던 것이다. 사실 장창당은 여러 부대와 함께 출전했기 때문에 단독의 작전이라고 보기는 힘들다. 그래도 장창당이 당군 3천을 포로로 잡는 전과를 올린 것을 장창당 단독의 전공이라고 명기

Amsterdam「1954」1977. pp.50~51. pp.109~111. pp146~147. p.157. pp.164~173.; Bert S. Hall, Weapons and Warfare in Renaissance Europe, The Johns Hopkins Univ Press, Baltimore & London, 1997. pp.32~38.

[192] 『삼국사기』권43, 열전3, 김유신 하. 이 기록에서 장창당이 포획한 당군이 기병이라고 명기되어 있지 않다. 그러나 그 장소가 평야인 점, 그들이 당의 변방군인 점, 그들을 인솔한 장군 高侃이 기병대장 출신인 점을 고려하면 그들이 기병일 가능성이 높다.

했고, 따로 진을 쳤다고 반복하여 언급한 것을 보면 기록대로 보아도 무리가 없을 것으로 보인다. 무엇보다도 장창당의 유일한 실전 기록인 만큼 오히려 보다 적극적인 검토를 시도해야 한다.

그러면 장창당은 어떠한 전술전략을 구사했을까? 이 때 한무제漢武帝 당시 보병부대만으로 흉노의 기병을 대적하여 혁혁한 전과를 올린 이릉의 경우를 참고할 필요가 있다. 『한서』 권54, 이릉전에 의하면, BC 99년 이릉李陵은 한무제에게 보병 5천으로 흉노를 치겠다고 간청하였는데, 그것은 말이 부족했기 때문이었다. 당시 한은 흉노와 20년 이상 계속되는 전쟁으로 엄청난 수의 말을 잃었고, 흉노에 대한 적극적인 공세를 취하는데 상당한 어려움이 있었다고 하는데,[193] 이때부터 한군은 북벌에 보병의 숫자가 현격히 증가하는 현상이 나타난다. 그러면 이릉의 보병이 흉노의 강력한 기병을 어떻게 제압할 수 있었는지 살펴보자.

> 이릉이 준계산에 닿자마자 선우와 접전하였다. 적의 기병 3만 명 정도가 이릉의 군을 포위하였다. 릉의 군대는 두 산의 사이에 있었다. 커다란 수레를 원형으로 늘어놓아 성채를 쌓고, 릉은 병사를 이끌고 밖에 나와 진을 쳤다. 앞줄에서는 창과 방패를 뒷줄에서는 활과 노弩를 지니게 했다. "북소리를 듣거든 공격하라. 징소리가 들리면 멈추어라."고 명령하였다. 적은 한漢의 군사가 적음을 보고 곧장 돌격해 와서 성채에 달려들었다. 1천 정의 쇠뇌를 일제히 발사하니 시위소리와 더불어 적들은 쓰러졌다. 적군은 후퇴하여 산에 올랐다. 한군은 추격하여 수천을 죽였다.[194]

여기서 주목되는 것은 이릉이 원진圓陣[195]을 구사하고 있다는 점이다. 이릉은 수레들을 원형으로 늘어놓아 차성車城을 구축하고, 보병이 그 앞으로 나와 원진圓陣대형을 갖추었는데, 앞줄은 창과 방패로 무장하였고,[196] 뒷줄은 활과 석궁弩을 무장한 형

---

193 『사기』 권110, 흉노열전50 ; 『사기』 권111, 위장군표기열전51.
194 『한서』 권54, 이광소건전24 ; 『사기』 권109, 이장군열전49.
195 『戰略戰術兵器事典 1(中國古代編)』, 東京, 1994. 43~44쪽.
196 『한서』 권54, 이광소건전24 를 보면 "前行持戟盾"라 하여 槍이 아니라 戟으로 나와 있다. 하지만 戟은 槍과 戈가 합쳐진 만능의 무기이다(『戰略戰術兵器事典 1(中國古代編)』, 73쪽 參照). 따라

세를 취한 것이었다. 이러한 창병槍兵과 궁병弓兵이 어우러진 원진대형은 차성車城들로만 구성된 군대가 기병과 싸울 때 구사하는 일반적인 전술의 형태였으며,[197] 무엇보다 장창 일반원진대열의 가장 큰 장점이란 적 기병의 측면공격이나 후방공격의 위험을 애초에 제거한 점이다.[198] 한편 여기에서는 석궁弩이 적을 방어하는데 결정적인 역할을 한 것으로 나와 있지만 활의 역할도 상당했다. 사실 석궁은 근거리에 있는 적기병을 공격하는데 조준이 아주 용이하지만 활보다 발사속도는 느린 단점이 있다. 석궁은 시위를 걸어서 다시 화살을 장전해야 하는 시간이 필요하며, 그 때문에 반은 쏘고 나머지 반은 장전을 해야 했다.[199] 따라서 활은 발사속도가 빠른 장점이 있어 두 가지를 병행하여 사용했을 것이다. 그러면 이때 창과 방패를 들고 앞줄에 있는 창병들은 어떠한 역할을 했을까?

기병이 달려올 때 보통 활의 사정거리에 안에서 사격을 할 수 있는 시간은 대개 15~24초이며, 사격시 궁수들은 공포에 질려 제대로 조준을 하지 못한다고 한다.[200] 선두에서 창을 들고 있는 보병들은 궁수들이 도피할 수 있는 인간 벽을 만들어 그들이 사격을 하는데 심리적 안정을 주었을 것이며, 이는 아마도 적기병敵騎兵에 대한 명중률을 상승시켰을 것이다.

서 여기서 오히려 戟이 창보다 유용한 무기일 수 있다. 기병의 공격을 방어할 뿐만 아니라, 기병을 낙마시키고 공격을 할 수 있는 무기였던 것이다. 이와 관련하여 주목되는 것은 신라의 皆知戟幢이다. 이는 직관지 무관조에 의하면 신문왕 10년에 창설된 것으로 명기되어 있다. 하지만 삼국시대에 제작된 것으로 보이는 戟이 발굴되어 신라에 일찍이 대기병 군조직이 있었다고 추측해 볼 수도 있으며(金基雄, 「三國時代 武器小考」『韓國學報』 5, 1976, 11~12쪽), 나아가 戟은 장창당의 기본 무기였을 가능성이 높다. Wittfogel도 앞의 책 .534쪽. 註 440에서 『한서』 권49, 조조전에서 보이는 長戟을 Long lance, 長槍으로 번역하고 있다.

197 이는 중세 잉글랜드, 스코틀랜드, 프로방스 長槍步兵이 對騎兵戰을 수행할 때 흔히 취하는 陣의 형태였다. 1066년 노르망디 윌리암公의 기사들이 Bouvines의 전투에서 앵글로 섹슨 장창보병의 圓陣대열과 마주쳤는데, 상당수의 기사들이 죽거나 말을 잃는 등 고전을 면치 못했다. 장창병의 대열은 뚫을 수 없는 城 만큼 강력한 것이어서 騎士들을 공포의 도가니로 몰아넣었다고 한다(J. F. Verburggen, The art of warfare Europe during Middle Age. pp.50~52).

198 J. F. Verburggen, The art of warfare Europe during Middle Age. pp.50~51, pp.156~157.

199 J F Verburggen, The art of warfare Europe during Middle Age. pp.107~8. p.197.
Ralph payne-Gallwey, The Book of The Crossbow, Dover Publication, Inc. New York 1995.

200 J F Verburggen, The art of warfare Europe during Middle Age. p.165.

화살을 피한 흉노기병이 한漢 보병의 원진에 들이닥친다 하더라도 창을 꼬나들고 있는 장창보병이 전열을 갖추고 당당히 버티고 있는 한 그 앞에서 무력해질 수밖에 없다. 말은 장창보병이 대열을 갖추고 있으면 그 자리에 멈추어서거나 놀랄 우려가 있으며, 그렇지 않으면 장창에 찔려 쓰러질 수밖에 없는 것이다. 선두 말이 쓰러지고 기병이 낙마하면 뒤에서 달려오던 기병의 흐름이 정체되면서 기동성이 사라지게 된다. 이 때 장창보병이 역습을 가하면 정체된 기병에게는 치명적일 수밖에 없는 것이다.

위 이릉의 기록을 통하여 장창보병의 단독작전의 형태를 알 수 있는데, 그것은『육도』에서 언급한 병력배치 형태와 일치한다.『육도』에는 장창과 더불어 단창 그리고 궁수 등이 효율적으로 배합된 형태가 보병이 기병을 방어할 때 가장 유효하다고 지적하고 있는 것이다. 이와 같은 전법은 남송의 장군 오린吳璘이 보다 상세히 언급하고 있다.

> 오린이 말하기를 새로운 첩진법疊陣法이 있는데 싸울 때 마다 (보병이) 장창을 앞에 두고 앉아서 일어나지 않게 하고. 전차에 가장 강한 궁수를 배치하고, 다음에 강한 석궁수를 배치한다. (궁수들은) 무릎을 꿇은 자세로 대기한다. 그 뒤에 신비궁을 배치하여 적이 거의 백보 내에 들어 왔을 때 신비궁을 먼저 발사한다. 70보 내에 들어오면 강궁을 연이어 발사한다 다음의 진도 이와 같이 한다…….[201]

노를 한꺼번에 사격하는 것이 아니라, 노 사격부대를 여러 겹으로 나누어 배치시켜 순서에 따라 계속 사격을 하는 방법이다. 최전선에 장창을 든 병사들이 무릎을 꿇은 자세로 앞으로 겨누고 두 번째 줄에는 강궁을 든 병사가 무릎을 꿇은 자세로 대기하고, 그 다음 줄에는 신비궁을 든 병사를 배치한다. 마지막 줄은 선 자세로 적을 겨누고 그 양쪽에는 기병을 배치한다. 적이 100보 정도의 거리로 접근해 오면, 가장 먼저 사정거리가 긴 신비궁으로 사격을 한다.[202] 70보 거리로 접근해 오면, 강궁을 든 병

---

201 『송사』권366, 열전125, 오린.
202 신비궁은 송대에 개발된 무기라 당대에는 없었다. 하지만 당대에도 성능이 이와 필적하는 궁(弓)

사가 일어서서 사격을 하고 강궁의 사격이 끝나면 강노를 든 병사가 서서 사격을 한다. 이렇게 함으로써 시간적인 간격을 두지 않고 사격할 수 있었다. 이릉의 경우도 노와 궁을 혼합하여 운용했던 것이 확실하다.

여기서 장창보병부대의 구성이 장창과 창, 노와 궁 등으로 이루어졌으며, 이것이 보편적이었음을 한 번 더 확인할 수 있었다. 상식적으로 보아도 장창보병이란 인간 벽 바로 뒤에 궁과 석궁石弓 등의 원거리 발사무기가 있는 것은 당연하다.[203] 질주해 오는 기병의 숫자를 줄여줄 필요가 있기 때문이다.[204] 이 점은 신라 장창당의 병과별 병력구성을 이해하는 데 참고가 될 것이다.

2) 나당전쟁의 전개 과정

(1) 671년 당 보급선의 격침과 당군의 철수

신라-당 전쟁의 주 무대는 수로와 인접한 예성강·임진강·한강하류였다. 해상을 통해 당군이 본국으로부터 보급을 받기 용이한 지점이었다. 육로 운송의 주요 수단인 짐승은 보급품을 소비하지만 수로 운송수단인 선박은 먹지 않을 뿐만 아니라 운송능력도 월등하다.[205] 따라서 당군은 재보급을 받기 위해 해안이나 수로에서 멀리 벗어날 수도 없었을 것이다.

은 있었다고 생각한다.

203 John Ellis, Cavalry- The History of Mounted Warfare, G.P.Putnam's, New York, 1978. p.20.

204 Dennis E. Showalter, "Caste, Skill, and Training: The Evolution Armies from the Middle Ages to the Sixteenth Century", The Journal of Military History Vol. 57, No.3, July, 1993. pp.400~427.

205 북송北宋의 과학자 심괄沈括은 가축을 이용한 식량의 육로 수송에 대해 산술적 계산을 시도하였다. 그에 따르면 "가축과 수레로 운반할 때, 낙타는 3석을 질 수 있고, 말과 노새는 1석 5두, 당나귀는 1석을 질 수 있는데, 사람이 운반하는 것과 비교하면 비록 짐도 많이 질 수 있고 비용은 적게 들지만 목초가 제때 공급되지 않아 가축이 굶어 죽는 경우가 많고, 한 마리가 죽으면 짊어진 것은 모두 버려야 하므로 사람이 지는 것과 비교해서 이해득실이 서로 반반 정도다"라고 했다 (『夢溪筆談』 권11 ; 갈검웅 著, 淑史연구회 譯, 『중국통일·중국분열』, 1996, 신서원, 91쪽 재인용).

먼저 아래의 사료들을 살펴보자.

① 9월에 당나라 장군 고간高侃 등이 변방의 군사 4만여 명을 거느리고 평양에 도착하
여 도랑을 깊이 파고 보루를 높이 쌓아 대방帶方을 침입하였다.[206]

② 겨울 10월 6일에 당나라 운량선 70여 척을 공격하여 낭장郎將 겸이대후鉗耳大侯와
병사 100여 명을 사로잡았는데, 물에 빠져죽은 사람은 이루다 헤아릴 수 없었다.[207]

671년 10월 6일 신라군은 당의 보급선을 격파했다. 해전이 벌어진 위치를 금강錦
江 하구로 보는 견해가 있다. 왜냐하면 문무왕 11년(671) 7월 26일에 설인귀가 승려
임윤琳潤을 통해 편지를 신라왕에 보내고, 또 신라의 죄를 묻기 위해 그해 11월 선단
을 이끌고 동정東征했다고 하는데, 그 목적지는 사비성으로 보기 때문이다.[208]

그 근거로 다음의 사료를 들고 있다.

① 당나라 군사가 와서 백제를 구원코자 한다는 말을 듣고 대아찬 진공과 아찬 □ □ □
□을 보내어 군사를 거느리고 옹포甕浦를 지키게 했다.[209]

② 당나라는 한 사람의 사신을 보내 일의 근본과 사유를 물어보지도 않으시고, 곧바로
수많은 무리를 보내 저의 나라를 뒤엎으려 하여, 큰 누선樓船들이 푸른 바다에 가득
하고 작은 배들이 잇대어 강어귀에 줄지어 있으면서, 저 웅진熊津의 백제군을 독촉
하여 이곳 신라를 치고 있다.[210]

신라는 문무왕 11년(671) 정월에 백제를 치다가 웅진 남쪽에서 당주幢主 부과大果

---

206 『삼국사기』 권7, 신라본기7, 문무왕 11년 9월.
207 『삼국사기』 권7, 신라본기7, 문무왕 11년 10월.
208 池内宏, 「高句麗滅亡後の遺民の叛亂及ひ "唐と新羅との關係」 『滿鮮地理歷史硏究報告』 12, 1927 ;
　　『滿鮮史硏究』上世第二卷, 吉川弘文官, 東京, 1960, 463쪽.
209 『삼국사기』 권7, 신라본기7, 문무왕 11년 정월.
210 『삼국사기』 권7, 신라본기7, 문무왕 11년 7월 ; 『삼국사기』 상, 조선민주주의 인민공화국 과학
　　원, 1958, 181쪽.

가 전사하는 등 피해를 입었지만, 6월에 죽지竹旨가 백제 가림성加林城의 벼禾를 밟고 석성石城에서 당군 5,300명을 참획했으며, 백제장군 2명과 당 과의果毅 6인을 포로로 잡았다. 사실 이 시기에 신라는 백제 웅진도독부에 대해 포위망을 좁혀 들어가고 있었으며, 당의 구원이 없다면 웅진도독부 함락은 시간문제였다.

당의 원군을 막기 위해 신라는 금강 하구를 봉쇄해야 했을 것이다. 그러나 671년 11월에 수십 척의 선박을 이용해서 웅진도독 곽무종郭務悰이 그 무리를 이끌고 무사히 일본으로 도주할 수 있었던 것을 보면,[211] 당시 신라 수군은 금강 하구를 봉쇄하지 않았다. 신라가 금강 입구를 막고 있었다면 곽무종 일행의 일본 탈출은 거의 불가능한 일이었다.

그렇다면 당시 신라가 우선적으로 막아야 했던 대상은 671년 9월 대방(황해도 사리원)까지 남하한 고간의 4만 번병이었을 가능성이 크다. 그러나 고간이 평양에 진지를 쌓고 대방 지역을 공격한 사실을 전하는 671년 9월의 기록 자체를 부인하는 견해도 있다. 즉 이 기록이 『삼국사기』 권7, 문무왕 12년 7·8월과 내용이 거의 일치하는 것으로 보아 『삼국사기』 편찬자가 실수로 문무왕 12년의 사실을 중복해서 11년 조에 끼워 넣은 것이라는 주장이다.[212] 두 기사에서는 당군이 평양에 와서 여덟 개 군영을 짓고 주둔한 점, 대방 지역으로 남하한 점이 공통적이다. 그러나 671년 9월의 기록을 부인할 만한 객관적인 근거는 어디에도 찾아볼 수 없다.

따라서 671년 9월 남하한 당군은 철수했고, 이듬해 672년 7월에 다시 진격해온 것으로 생각된다. 『삼국유사』 권2, 문호왕 법민 조를 보면 "신미년(671)에 당에서 조헌趙憲을 장수로 삼아 군사 5만을 이끌고 쳐들어오므로 또 그 법(문두루비법)[213]을 썼더니 배가 침몰하였다"라고 되어 있다. 이 기사는 671년 당 보급선단의 침몰 경위를 설화적으로 말해주는 것이라 생각된다.

671년에 고간의 당군이 철수한 것은 그해 10월 당 운량선 격침과 밀접한 관련이

---

211 『일본서기』 권27, 천지천황 10년 11월.
212 池內宏, 『滿鮮史硏究』 上世 第二卷, 463쪽.
213 문명대는 신인종의 기본성격을 "隆龍思想과 바다를 통하여 들어오는 외적을 방어하고 안정시켜 주는 국가 불교적인 것"이었다고 보고 있다(文明大, 「新羅 神印宗 硏究」 『震檀學報』 41, 1976). 이때 문두루비법은 바다의 적을 물리치게 하는 주술행위다.

있다. 보급선의 침몰은 곧바로 육지에 있는 군대의 작전에 차질을 빚을 수 있음을 의미한다. 필시 신라 수군은 남하한 당 육군의 위치를 고려한 후에 당 선단의 보급품 하역지가 될 가능성이 높은 강 하구를 막았을 가능성이 높다.

평양에서 황해도 대방 지역으로 가기 위해서 당군은 '평양-중화-흑교-황주-사리원'으로 이어지는 직선코스를 선택했을 것이다. 이때 고간이 인솔한 당군이 평양에 주둔한 사실을 근거로 대동강 하구 부근에서 해전이 있었으리라 추정할 수 있다.[214]

고간의 당군이 황해도 대방 지구까지 남하한 것은 재령강을 이용한 재보급을 계산에 넣었기 때문이라 생각된다.[215] 황해도까지 내려왔던 당의 군대가 더 이상 남하하지 못하고 철수한 것은 재령강으로 들어오던 보급선이 신라군에 의해 격침되었기 때문일 것이다. 671년 10월 6일 신라 수군이 당 보급함대를 격침했기 때문에 그 해 당군의 겨울 작전은 완전히 무산되었고, 그래서 이듬해 8월까지 신라-당 전쟁이 소강상태에 접어들게 된 것이다.

반면, 672년 8월 대방 지구에서 신라군이 대패한 사건은 당군에게 재보급을 보장한 것이나 다름없다. 672년 8월에 평양에 군영을 짓고 인근의 한시성韓始城과 마읍성馬邑城을 함락시킨 고간이 남하하여 황해도 석문石門 지역에서 신라의 주력군을 격파했다. 신라는 초반의 승세를 타고 당군을 추격하다가 대아찬 효천曉川과 사찬 의문義文, 산세山世와 아찬 능신能申, 두선豆善 일길찬 안나함安那含, 양신良臣 등이 역습을 받고 전사하는 등 대패하였다. 672년 8월의 승리로 당군은 이 지역에 재보급의 교두보를 확보했을 가능성이 높다.

사실 이 시기에 당 선단의 상륙과 재보급에 대한 직접적인 기록은 없다. 하지만 필자가 그렇게 생각하는 근거는 같은 해 12월에 고간의 당군이 동계작전을 수행하고 있기 때문이다. 672년 12월에 고간은 횡수橫水에서 신라군을 격파했다.[216] 나아가 이근행李謹行의 말갈군대도 그 이듬해인 673년 윤 5월에 호로하(임진강)의 서쪽에서 고

---

214 許重權, 『新羅 統一戰爭史의 軍事史的 研究』, 한국교원대 박사학위논문, 1995, 158쪽.
215 서인한은 671과 672의 백수성전투와 675년의 천성전투를 예성강하구 지역에서 벌어진 사건으로 보고 있다(徐仁漢, 『羅唐戰爭史』, 국방군사연구소, 1999, 147~149쪽).
216 『자치통감』 권202, 함형 3년 12월 조를 보면 橫水는 白水山으로 나와 있다("十二月 高侃與高麗與衆戰于白水山之 新羅遣兵救高麗 侃擊破之").

구려인들에게 치명적인 피해를 입혔다.[217] 뿐만 아니라 673년 9월에 당군은 말갈과 거란군사를 거느리고 북쪽 변경을 침략해 왔으며, 겨울에 신라의 우잠성, 대양성, 동자성을 함락시켰다.[218] 지속적인 재보급 없이는 이런 장기전을 수행하는 건 상상할 수도 없다.

(2) 672년 신라군의 석문 전투 패배

672년 8월에 평양에 군영을 짓고 인근의 한시성과 마읍성을 함락시킨 당나라 장군 고간高侃이 남하하여 석문(황해도 서흥)[219]에서 신라의 주력을 격파했다.[220] 신라는 초기의 승리의 기세를 타고 당군을 추격하다가 대아찬 효선과 사찬 의문, 산세와 아찬 능선, 두선 일길찬 안나함, 양신 등이 역습을 받고 전사하는 등 전멸하다시피 했다.

672년 8월의 전투는 신라가 장창당을 비롯한 중앙의 여러 군부대諸幢를 대거 투입한 일대 결전이었고, 신라-당 전쟁 개시 이후 규모를 갖춘 최초의 정면 승부였다. 참패의 소식이 전해지자 전신라인에게 공포가 엄습했다. 당은 역시 세계 초유의 군사강국임을 신라에게 증명해 보인 것이다.[221] 672년 9월에 이루어진 신라의 사죄사 파견과 그리고 "신臣 모某는 죽을죄를 짓고 삼가 아룁니다."로 시작하여 "저는 머리를 조아리고 죽어 참 마땅합니다."로 끝나는 상표문上表文에서 앞날의 두려움에 사로잡혀 있는 문무왕의 모습을 볼 수 있다. 석문 전투의 절망적인 패배는 신라에게 변화를 강요했다.

주력군이 동원된 이 싸움에서의 패배는 신라의 앞날에 그림자를 드리울 만큼 치명적인 것이었다. 석문에서 벌어진 전투의 내용은 아래의 사료를 통하여 살펴볼 수 있다.

---

217 『구당서』 권5, 본기5, 고종 하, 함형 4년(673) 윤 5월 ; 『자치통감』 권202, 고종 함형 4년 윤5월.
218 『삼국사기』 권7, 신라본기7, 문무왕 13년 9월.
219 石門은 황해도 瑞興 西北 雲磨山에 石門寺 부근으로 추정한다(李基東, 「歷史篇」『韓國學基礎資料選集-古代篇-』, 1987, 89쪽).
220 『삼국사기』 권7, 신라본기7, 문무왕 12년(672) 8월.
221 4개월 앞서 일어난 국제상황의 급반전은 신라를 더욱 불안하게 했다. 669년 9월 실크로드를 급습했던 吐蕃이 672년 4월에 평화사절을 長安에 파견하여 모종의 협상을 진행시켰다(『자치통감』 권202, 당기18, 함형 3년(672) 여름 4월, "吐藩遣其大臣仲琮入貢"; C. P. Fitzgerald, The Empress Wu, The Cresset Press, London [1956] 1968. p.80).

당군이 석문들에 주둔하니 신라는 대방들에 군영을 설치하여 방어했는데 이때 장창당만이 따로 진을 치고 있다가 당나라 군사 3천을 만나 그들을 잡아서 장군의 군영으로 보냈다. 이에 여러 당幢(부대)에서 함께 말하기를 "장창당이 홀로 진을 쳤다가 성공하였으니 반드시 후한 상을 얻을 것이다. 우리들이 모여 있는 것은 한갓 수고로울 뿐이다"라고 하면서 드디어 각각 자기 부대를 갈라 분산하였다. 당나라 군사가 말갈과 함께 우리 군사들이 미처 진陣을 치지 아니한 틈을 타서 공격하니 우리 군사가 크게 패하여 장군 효천과 의문 등이 죽었다.[222]

위에서 보이는 장창당은 구서당 군단 중의 한 부대이다. 전투에는 구서당(당시 4개) 중의 몇 개의 부대는 물론 육정六停 중의 여러 부대도 참여한 느낌이 강하다. 여러 부대를 갈라 분산하였다는 표현은 이러한 추측이 가능하다. 신라는 석문 전투에 중앙군을 대거 투입했던 것이다.[223]

석문 전투에서도 최초의 승리는 신라군에 돌아갔다. 신라의 장창당이 선전하여 당군 3천을 사로잡았던 것이다. 이 승리는 신라군의 사기를 진작시키기보다, 전공에 따른 포상에 관심이 몰려있는 신라군들의 이기심을 자극했다. 즉 혁혁한 공을 세운 장창당에 대한 시기심이 작동했던 것이다. 신라군의 진이 분산되기 시작했다. 그것은 평지에서 벌어진 이 전투의 패배 원인이 되었다.

신라군이 통일된 지휘 하에 진을 치지 못하고, 전공에 눈이 멀어 전력을 분산시키자 기동력이 있는 당군들이 급습을 가해왔다. 당군은 신라군이 진을 재정비할 시간을 주지 않았고, 동요한 신라군을 살육했다. 신라는 장군 효천을 비롯한 6명의 고위 군관들이 이 싸움에서 전사했으며, 순식간에 대규모의 병력을 잃게 되었다.

아울러 상세하지는 않지만 석문전투의 발단·경과·결과를 모두 전해주고 있는 사료가 있어 참고가 된다.

8월에 당나라 군사가 한시성韓始城과 마읍성馬邑城을 공격하여 이기고, 군사를 백수성

---

222 『삼국사기』 권43, 열전3, 김유신 하.
223 閔德植, 앞의 논문, 1989, 163~164쪽.

白水城으로부터 500보쯤 떨어진 곳까지 전진시켜 군영軍營을 설치하였다. 우리 군사와 고구려 군사가 맞아 싸워 수천을 목베었다. 당의 장군 고간高侃 등이 후퇴하자 석문까지 쫓아가 싸웠는데, 우리 군사가 패하여 대아찬 효천, 사찬 의문·산세, 아찬 능신·두선, 일길찬 안나함·양신 등이 죽었다.[224]

석문 전투의 발단은 신라군이 672년 8월에 백수성에 접근하는 당군을 물리친 후 황해도 사리원(석문)까지 추격한 데 있다.[225] 백수성에 주둔한 고구려인들이 당군의 공격을 받게될 위기에 몰려 있었는데 신라군이 이를 구원하러 온 것이다. 신라군은 백수성과 5백 보 떨어진 지점에 군영을 치고 있는 당군과 격전을 벌인 끝에 수천을 참수했다. 이 작은 승리로 신라군은 자신감을 얻었다. 고간이 후퇴하자 신라군은 이를 석문까지 추격했는데, 이는 당군의 유인책이었다.[226]

백수성을 구원하기 위해 왔던 신라군은 중앙군단으로 대규모 병력이었다. 구원군이 백수성 안의 병력과 합쳐질 때 신라측은 전력이 강해지는 것이며 당군으로서는 백수성 함락이 어려워진다. 따라서 고간은 672년 8월 신라군을 석문으로 유인하여 격파하고, 그 해 12월에 백수성을 함락시켰던 것이다. 당군은 신라군과 백수성에 있는 고구려군을 분리하여 각개 격파했다.[227]

당군과 평지에서 정면대결이 승산이 없음이 증명되었다. 다시 말해 진법을 훈련받은 한인과 기마술에 뛰어난 번인의 절묘하게 결합된 막강한 당군을 정규전에서 당해낼 수 없었다.

석문의 패전은 신라에게 자기 변신을 강요했다. 『삼국사기』 권43, 김유신전에는 672년의 패배 후 수심에 찬 신문왕과 김유신의 대화에서 신라가 기존의 전략을 수정해야 한다는 논의가 보인다. "군사의 실패가 이러하니 어찌해야 하는가." 왕의 물음

224 『삼국사기』 권7, 신라본기7, 문무왕 12년 7월.
225 『삼국사기』 권7, 신라본기7, 문무왕 12년 8월.
226 『신당서』 권220, 열전145, 동이, 고려.
227 『자치통감』 권202, 당기18, 함형 3년 12월, "十二月 高侃與高麗餘衆戰於白水山 破之 新羅遣兵救高麗 侃擊破之"라고 하여 672년 12월 唐將 高侃이 白水山(城-필자)에서 고구려유민과 신라군을 격파했다.

에 김유신은 "당나라 사람들의 모책을 헤아릴 수 없사오니 장졸들로 하여금 각기 요소를 지키게 해야 합니다."라고 하고 있다.

당나라 사람들의 모책을 헤아릴 수 없다는 김유신의 표현에서도 알 수 있듯이 석문전투는 당이 주도권을 잡고 신라군을 요리했던 것을 충분히 짐작할 수 있다. 신라군도 수많은 전쟁을 경험했다고 볼 수 있지만 그것은 대부분 한반도 내부에서였다. 660년 나당동맹 이후 양국이 연합작전을 함으로써 당군에 대한 정보가 축적되었다고 하더라도, 평지전투에서 진법 운영기술은 상대가 되지 못한다. 또한 신라군은 대부분 농민출신이며, 따라서 기병이 된다고 하더라도 유목기병을 상대가 되지 못한다. 기병이 수적·질적으로 월등했던 당군의 전술은 확실히 다양할 수밖에 없었다.

(3) 신라의 지구전 전개

672년 석문전투의 절망적인 패배가 신라에게 전술전략상 어떠한 변화를 초래하였을까. 현저한 변화가 있다면 신라가 성문을 굳게 닫고 수비하는 형태로 전환했다는 사실이다. 672년 12월에서 673년 겨울까지의 전황을 보면,[228] 당의 장수 고간이 백수성에서 고구려유민과 신라군을 격파했고, 말갈군 대장 이근행이 호로하(임진강) 서쪽에서 고구려유민을 격파했다. 673년 겨울 당군이 황해도 금천의 우잠성을 함락시켰고, 말갈·거란군이 강원도 금강군 현리의 대양성과 김포의 동자성을 함락시켰다.[229]

하지만 여기서 당군이 신라의 성을 하나하나 점령하는데 많은 시간이 소요되었다는 사실에 주목할 필요가 있다. 침략군의 진군 시간을 지체시키는 것이 산성이 가진 최고의 위력이다. 만일 당군이 전략적으로 제거해야 할 산성을 무시하고 깊이 들어가는 것은 보급로의 차단을 의미할 수도 있다. 그러하기에 산성 공격에 상당한 시간이 소요되는 것을 피할 수 없는 것이다.

물론 상당 수의 성이 함락됨으로써, 신라가 입은 손실도 적지 않았다. 하지만 분명한 것은 당군이 함락했던 성의 숫자는 신라 전체의 그것에 비해 소수라는 점이다. 당군의 주력이 한강을 넘어 신라의 왕경으로 가기 위해서는 아직도 통과해야 할 수많은

---

228 『자치통감』권202, 당기18, 함형 3년 12월 및 함형 4년 윤5월 조.
229 『삼국사기』권7, 신라본기7, 문무왕 13년 9월.

성들이 까마득히 널려 있었던 것이다.

실로 여기서 신라의 수많은 산성들은 위력을 발휘한다. 위에서 알 수 있듯이 신라의 산성이 당군의 공격에 견고하게 버티지는 않았지만, 그것을 함락시킨다는 것은 막대한 인력과 시간이 소요되는 것을 의미했다. 김포 동자성 함락은 예외겠지만, 당시 당군이 지금의 임진강 이남 지역까지 남하한 흔적을 전혀 찾아볼 수 없다.

당군이 신라의 수많은 산성을 점령한다고 해도 그것을 유지할 수 없다. 가령 한강유역에서부터 신라의 산성들을 점령해가면서 경주로 향한다면 보급선이 길어질 것이며, 보급로와 점령한 산성 곳곳에 수비병을 주둔시켜야 한다. 이는 보급부담을 증가시키고 병력분산을 가중시킨다.[230]

침략군에게 시간이 지체된다는 것은 패배나 철군을 의미한다. 시간이 흘러 식량이 바닥나기 전에 승부를 내야 한다. 시간이 흐를수록 수비하는 측이 유리해진다. 전쟁이 장기화 될수록 예기치 않은 사건으로 보급 기일에 차질을 가져올 가능성이 높아지기 때문이다. 수비하는 측의 방해가 없다고 해도 원정군은 때를 가리지 않는 기상이변이란 복병을 만난다.

물론 이 시기에 신라군이 성의 방어에만 매달렸던 것은 아니었다. 『삼국사기』 권7, 문무왕 13년(673) 9월 조를 보면 "당의 군사가 말갈·거란 군사와 함께 북쪽 변경을 침범하여 왔는데, 무릇 아홉 번 싸워 우리군사가 이겨 2천 명을 베었고, 당의 군사 중호로하와 왕봉하 두 강에 빠져 죽은 자는 이루 셀 수 없었다."라고 하여 신라군이 당과 전투를 벌인 기사가 보인다.

여기서 우리가 주목해야 할 것은 672년 이후의 전쟁에서 전투 그 자체의 횟수가

---

230 점령지의 부대 주둔이 얼마나 부담이었는가는 일례로 정관 14년(646) 高昌國 정벌 후 그 처리를 둘러싼 조신들의 간언내용을 통해서 알 수 있다. 魏徵은 적극 반대의사를 표명하였다. "지금 만약 그 토지를 탐내어 주현으로 삼는다면 항상 천여 명의 군사가 필요하고 수년에 한번 교대해야 하는데, 왕래할 때 마다 죽는 자가 열에 3~4명은 될 것입니다. 또 의복과 노비를 마련하고 부모형제와 이별해야 하는데 아마도 10년 후면 隴右의 땅은 공허하게 될 것입니다(『구당서』 권198, 열전148, 서역, 고창, 時太宗欲以高昌爲州縣 特進魏徵諫曰 陛下初臨天下 高昌夫婦先來朝謁 自後數月 商胡被其遏絶貢獻 加之不禮大國 遂使王誅載加 若罪止文泰 斯亦可矣 未若撫其人而立其子 所謂伐罪弔民 威德被於遐外 爲國之善者也 今若利其土壤 以爲州縣 常須千餘人鎭守 數年一易 每及交番 死者十有三四 遣辦衣資 離別親戚 十年之後 隴右空虛)".

많아진다는 사실이다. 이러한 경향은 『삼국사기』 권7, 문무왕 15년 9월 조에 "또 우리 군대가 당나라 군사와 18번 크고 작은 싸움에서 모두 이겨"라고 표현한 것에서도 다시 확인할 수 있다. 즉 신라군은 적을 상대로 18번에 이르는 전투를 수행하고 있는 것이다.

676년의 해전도 그 예외가 아니다. 그가 11월 사찬 시득이 이끄는 신라 수군은 소부리주 기벌포에서 당 수군과의 첫 개전에 패하였다가 나머지 22회의 싸움에서 승리했다고 한다. 패한 최초의 전투는 아마 당 수군과의 정면충돌에서 일어났을 것이다. 전력과 군사기술은 물론 선박과 장비도 당 수군은 신라보다 우수했을 것이다. 다만 신라군의 배는 작고 날렵한데 비해 황해를 건너온 당선唐船은 육중했을 가능성이 높다.

신라함대는 결전을 피하고 해안선의 지형이나 밀물과 썰물을 이용한 유격전을 단행하는 것이 유리하다. 여기서 나머지 22회의 전투는 기습과 도주 등 시간을 지연시키는 지구전을 단행한 것을 말해 준다. 전투 자체의 숫자가 많아진다는 것은 신라가 단 한번의 결전으로 승부를 내려하지 않았던 것을 보여주는 증거이며, 그것은 불시에 치고 빠지는 전술을 구사한 것을 의미한다. 신라-당 전쟁은 세계 초유의 군사강국과의 싸움에서 신라가 적응해 가는 과정이었다. 당이 지금의 임진강선을 돌파하지 못했던 것은 확실하였으니, 신라가 당군과 정면충돌을 피하고 산성에 의지하여 전쟁을 장기전으로 끌어가는 것은 효과적이었다고 할 수 있다.

(4) 천산북로의 긴장고조와 674년의 전쟁 소강

674년 당군의 신라침공을 673년 9월의 패배를 만회하기 위한 군사적 정치적인 공세였다고 보는 견해가 있다. 674년 당은 군사적으로 칠중성(임진강 중류)에서 신라군을 격파하는 등 약간의 승리를 하였으나, 근본적인 전세의 역전은 가져오지 못했다는 것이다.[231]

이렇게 볼만한 근거도 있다. 『신당서』 권108, 유인궤전을 보면, 함형 5년(674)에 유인궤가 계림대총관에 임명되어 병력을 이끌고 호로하를 막고 칠중성을 격파했다고

---

231 盧泰敦, 앞의 논문, 1997, 14쪽.

하고 있다.[232] 또한 674년 정월에 유인궤劉仁軌와 이근행李謹行 등이 이끄는 당군이 신라를 침공했다는 기록은『삼국사기』와『자치통감』등에도 있다. 이 기록을 그대로 믿는다면 674년에 당군은 신라에서 작전을 감행한 것이 된다.

하지만 674년 한 해 동안 신라와 당의 구체적인 전투 기록은 어디에도 보이지 않는다. 당의 장군 유인궤가 한반도에서 실질적인 전투를 시작한 시기는『구당서』권5, 고종본기와『신당서』권3, 고종본기 그리고『삼국사기』권7, 신라본기 등에 675년 2월로 명기되어 있다.

유인궤가 674년 1월에 계림도총관에 임명된 것은 사실이다. 하지만 그는 이듬해인 675년 2월에 가서야 신라에 대한 구체적 군사행동에 돌입하게 된다. 여기서 674년 한 해 동안 전쟁이 소강상태였음을 알 수 있다. 아래의 사료를 살펴보자.

> ① 상원 원년(674)에 문무왕이 고구려의 반란한 무리를 받아들이고 또 백제의 옛 땅을 차지하니, 당나라 황제가 크게 노하여 유인궤를 계림도총관으로 삼아 군사를 일으켜 와서 치고, 조서로써 왕의 관직을 삭탈하였다. 이때 (김)인문은 우효위원외대장군임해군공右驍衛員外大將軍臨海郡公으로 당나라 수도에 있었는데 그를 세워 (신라)왕으로 삼고 귀국시켜 형을 대신케 하고자 계림주대도독개부의동삼사鷄林州大都督開府儀同三司에 봉하였다. (김)인문이 간곡히 사퇴하였으나 들어주지 아니하여 드디어 귀국길에 올랐다.……
>
> ② 그런데 마침 왕이 사절을 보내 공물을 바치며 또 사죄하니 황제가 용서하고 왕의 관작을 회복시켜주었다. (김)인문도 중도에 (당나라로) 돌아가 전의 관직을 다시 맡게 되었다.[233]

①에서 보면 유인궤를 계림도총관으로 하는 당군이 신라를 침공하기 위해 한반도를 향했다. 그러나 ②에서 알 수 있듯이 이는 중도에 중단되었다. 여기서 674년 1월

---

232 『신당서』권108, 열전33, 유인궤, "咸亨五年 爲鷄林道大總管 東伐新羅 仁軌率兵絶瓠蘆河 攻大鎭七重城 破之".
233 『삼국사기』권44, 열전4, 김인문.

에 유인궤가 거느린 당군의 신라 침공이 도중에 취소되었다는 사실을 확인할 수 있다.

그러나 문제는 신라가 사신을 파견하여 사죄하자 당고종이 문무왕의 관작을 회복시켜주고 신라 침공을 중도에 중단했다는데 있다. 과연 당에 대한 신라의 사죄가 당군의 침공을 중단시켰을까?

672년 8월 참패 후 신라는 동년 9월에 당에 사죄사를 파견하여 당 고종에게 상표문을 올리고 막대한 공물을 바쳤다.[234] 그러나 이는 아무런 효과가 없었다. 오히려 당군은 672년 8월의 승세를 몰아 신라에 대한 집요한 공격을 계속해 왔다. 당군은 672년 12월 백수산白水山(황해도 재령)에서 고구려유민과 신라군을 격파했고, 673년 윤 5월에 말갈군대가 임진강 부근에서 고구려인들에게 치명적인 타격을 주었다. 673년 9월에는 말갈과 거란이 북쪽 변경을 침략해 왔고, 그 해 겨울에 신라의 우잠성·대양성·동자성을 함락시켰다.

그렇다면 674년 1월에 당군이 신라 침공을 중단한 근본적인 이유는 어디에 있는 것일까. 이와 관련하여 다시 서역의 정세에 주목하고자 한다. 670년에 토번에게 천산남로를 상실한 당은 그 대안으로 서쪽으로 통하는 또 다른 길을 이용했다. 그것은 타림분지를 경유하지 않는 천산산맥 이북의 루트로서 장안-옥문-하미-우룸치-준가리아 분지와 발하시호 부근의 일리Ili 계곡을 통과하는 길이었다.[235]

그런데 673년에 토번은 천산북로 지역의 궁월·인면과 연대했으며 어떠한 형태로든 천산지역에 대한 군사개입을 한 것이 확실하다. 궁월은 천산산맥 북쪽산록과 이식쿨호 사이에 위치해 있었으며, 인면은 발하시호 남쪽에 위치해 있었다. 토번에 동조한 경력이 있는 두 부족은 당이 유지하고 있던 천산북로를 사이에 두고 남북에 위치해 있었다.[236] 토번의 개입과 두 부족의 협공은 천산북로의 단절을 의미하며 이는 당에게 치명적이다. 674년에도 타림분지에 대한 토번의 대규모 군사 파병이 이루어

---

234 『삼국사기』 권7, 신라본기7, 문무왕 12년 9월, 90쪽.

235 Denis Twitchett and Howard J Wechsler, "Kao-tsung and Empress Wu", The Cambridge History of China, Vol. 3, Cambridge University Press, Cambridge, 1979. 286쪽.

236 Denis Twitchett and Howard J Wechsler, "Kao-tsung and Empress Wu", The Cambridge History of China, Vol. 3, 281쪽.

졌던 것으로 보인다.[237] 이 시기에 당이 천산북로에 대한 수비를 강화한 것은 사실이다.[238] 토번과 천산지역에서의 전쟁 발발은 당에게 토번의 위협을 피해 북으로 돌아가는 가늘게 연결된 길마저 상실할 수도 있다는 우려를 주었을 것이다. 이와 같은 천산지역의 전운은 당의 대신라전쟁에 영향을 주지 않을 수 없었다.

신라-당 전쟁에서 674년 1년 간의 소강기는 실로 실크로드의 긴장감 고조에 기인한 것으로 생각된다. 675년 1월 토번의 평화사절이 장안을 방문한 직후인 675년 2월에 당의 한반도 작전이 재개되고 있는 것은 이를 단적으로 말해 준다.[239]

신라-당 전쟁은 실크로드의 경영권을 놓고 벌어진 당·토번과의 전쟁에 직접적인 영향을 받았다. 서역전선에서 전쟁 격화나 긴장 고조는 동쪽 신라에 대한 당나라 군대의 공세를 약화시켰다. 전쟁의 소강 상태는 약자인 신라인들에게 소중한 시간이었다. 언제 다시 벌어질지 모르는 당과의 전쟁을 앞에 두고 전열을 재정비를 할 수 있었던 것이다.

3) 나당전쟁의 최종 : 675년 매소성 전투

(1) 당군의 재침과 임진강 - 천성의 위치

675년 1월 토번의 평화사절이 장안에 도착하면서 서역에서 한시적인 평화가 도래하자 당은 675년 2월 한반도에 대해 또 다시 재침을 단행하였다.[240] 임진강 유역은 또

237 Christopher I. Beckwith, The Tibetan Empire in Central Asia, p.42의 주 22).
　　『太平宇記』卷155를 보면 "州,……,상원 원년(674)에 토번이 쳐들어와 密恭과 丹嶺 두 현을 약탈했다."하고 있다. 또한『全唐文』卷228에 실린 「王方翼墓誌銘」에 "樂成公이 동쪽의 신라를 정벌하기 위해 장수를 천거할 때 林道總管으로 천거되었다. 군사행동이 중지되고 沙州刺史에 제수되었다. 임지에 도착하기 전에 肅州刺史로 전임되었다."고 한다. 왕방익은 674년 유인궤가 주청을 올려 계림도총관으로 선임한 장수 가운데 하나였던 것 같다(拜根興「唐과 新羅關系에 關한 問題 再研究」『2010 新羅學國際學術大會 論文集』4輯 新羅文化遺産研究院 2011, 47쪽, 61쪽 註 49). 674년 토번이 침공하자 대신라전선에 종군하기로 했던 왕방익이 현 감숙성 지역의 肅州刺史로 전임되었다.

238 Denis Twitchett and Howard J Wechsler, "Kao-tsung and Empress Wu", The Cambridge History of China, Vol. 3, 286쪽.

239 『자치통감』권202, 당기17, 고종 상원 2년 1월 및 2월.

240 『자치통감』권202, 당기17, 상원 2년(675) 정월, 2월. "(春正月)吐藩遣其大臣論吐渾彌來請和…二

호로고루성 앞의 임진강(경기 연천)

다시 전쟁터가 되었다. 유인궤劉仁軌가 군을 이끌고 대거 남하하여 칠중성을 함락시키고, 이근행에게 매소성을 전진기지로 삼게 했다. 이때 당군은 육군과 수군을 동시에 이용해서 신라를 공격해 왔다.[241]

유인궤의 당군은 육로로 남하했고, 이근행 휘하의 말갈군은 해로로 남하했다. 유인궤의 당군이 철수하자 말갈군이 칠중성과 매소성을 접수했다. 정확히 말해 말갈군대가 도착하자 유인궤는 귀국했다. 그렇다면 말갈군은 배로 임진강을 거슬러 올라가 칠중성 앞에 상륙하여 매소성을 장악하고 그곳에 주둔했을 가능성이 높다.[242]

칠중성은 배가 임진강을 거슬러 올라갈 수 있는 한계 지점과 인접해 있다. 칠중성에서 임진강 건너 맞은편에 있는 호로고루성 부근의 고랑포高浪浦는 일제시대까지도 서해에서 임진강을 거슬러 올라온 배들과 육로로 임진강을 도하하는 수로와 육로가 만나는 요충지였다.[243]

주지하다시피 신라-당 전쟁에서 당군의 공세는 675년 10월의 매소성 전투를 고비로 저하된다. 매소성 전투와 관련해서는 675년 9월의 천성泉城 전투가 주목된다. 설

月 劉仁軌大破新羅之衆於七重城"이 부분에 대해서는 다음의 논문을 참고하길 바란다(徐榮敎, 「羅唐戰爭과 吐蕃」『東洋史學研究』79, 2002).

241 『자치통감』권202, 당기17, 상원 2년(675) 조를 보면 "二月 劉仁軌大破新羅之衆於七重城"라 하여 유인궤가 칠중성을 점령함과 동시에 "又使靺鞨浮海 略新羅之南境 斬獲甚衆"라 하여 말갈군대를 시켜 海路로 신라의 南境을 공략하여 심각한 타격을 주었다고 명기하고 있다. 또한 "仁軌引兵還 詔以李勤行安東鎭撫大使 屯新羅之買肖城以經略之"라 하여 유인궤가 兵을 이끌고 귀국하면서 그 자리를 말갈군 대장 이근행에게 인계하고 있다.

242 이때 말갈 수군은 보급함대를 거느린 선단이었을 가능성이 높다. 임진강이 북에서 남으로 흐르는 것을 고려한다면 말갈 수군의 작전은 칠중성으로 인력과 물자를 이동시키기 위해 임진강에 길을 여는 작업이었을 것이다. 675년 9월 설인귀 함대가 향하는 목적지는 말갈군이 주둔해 있던 임진강 유역이었다.

243 심광주 外, 『漣川瓠蘆古壘』, 한국토지공사박물관·연천군. 1999.

인귀 함대가 천성에서의 패퇴한 상황과 10월 29일 매소성에서 말갈군단의 퇴각한 것이 시기적으로 일치하기 때문이다.

좀더 정확히 말해 '9월'로 기록된 천성 전투가 '10월 29일'로 명기된 매소성의 그것보다 선행했을 가능성이 매우 높다. 『삼국사기』 권7, 문무왕 15년 10월조를 보면 천성전투가 종료된 후 매소성 전투의 기록이 나온다. 이점은 매우 중요한데, 거의 동시기에 벌어진 두 전투가 선후 연관성을 갖고 있음을 시사한다. 이를 증명하기 위해 우선 천성의 위치를 고증할 필요가 있다.

『삼국사기』 권6, 문무왕 12년 8월조를 보면 당의 장수 고간이 백수성에서 석문 지역으로 신라군을 유인해 격파했다고 전한다. 『삼국사기』 권22, 고구려 본기를 봐도 함형 3년(672) 12월에 당의 장군 고간이 고구려 유민을 백수산에서 격파했다는 기록이 있다. 같은 내용을 전하는 『자치통감』 권202, 함형 3년 12월(672)에는 백수산으로 기록되어 있으며, 『신당서』 권220, 고려전에는 천산泉山을 공격했다고 전한다. 천산·백수산·백수성 등은 같은 지역을 가리키며, 이를 여러 사서에서 이름을 약간 다르게 기록했을 수도 있다.

한국학계에서는 천성과 천산·백수산·백수성을 동일한 지역으로 보고 있다.[244] 그 위치에 대해 예성강 하류로 보기도 하며,[245] 예성강 유역의 황해도 배천으로 추정하기도 한다.[246] 천산·백수산·백수성 가운데 '천성泉城'과 가장 비슷한 지명이 천산泉山(『신당』 고려전)이다. 나아가 천산은 백수산을 기록하는 과정에서 생긴 오기로 볼 수도 있다.[247]

그러나 675년 9월에 설인귀 함대가 공격했던 천성泉城과 672년 8월·12월에 당장 고간이 공격했던 지역(천산·백수산·백수성)을 다르게 보는 견해도 있다. 해변에 위치

---

244 関德植, 「羅·唐戰爭에 관한 考察」 『史學硏究』 40, 163쪽 ; 許重權, 『新羅統一戰爭史의 軍事學的 考察』, 158쪽 ; 『譯註三國史記』 주석편 상, 정신문화연구원, 1997, 232, 237쪽.
245 이병도, 『國譯三國史記』, 乙酉文化社, 1983.
246 김기웅, 「배천산성 답사보고」 『고고민속』, 1966, 24~27쪽.
247 사실 신라의 경우 의도적으로 2개의 글자를 한글자로 축약하여 기록하는 경우가 보인다. 일본의 正倉院에 소장된 「좌파리가반부속문서」의 뒷면을 보면 '永忽知'라 하여 乃末(奈麻)를 한 글자로 기록하고 있다.

한 성이 분명한 천성은 황해도 내륙에 위치한 천산·백수산·백수성과 구분할 필요가 있다는 것이다. 즉 천산·백수산·백수성은 재령강 유역일 가능성이 크며, 또한 천성을 문무왕 8년 당고종의 칙명을 가지고 왔던 유인궤가 당항진黨項津에서 성대한 예식禮式을 받은 후 향했던 '천강泉岡'(인천)[248]으로 추정하는 견해이다.[249]

백수성이 재령강 유역이었을 개연성은 충분하다. 『삼국사기』 권7, 문무왕 12년 8월조를 보면 당의 고간이 백수성을 치려고 하자 신라군이 이에 반격에 나섰고 퇴각하는 당군을 석문까지 추격했다고 한다. 추격을 하던 신라군이 다시 당군과 조우한 곳도 황해도의 석문(사리원)이었다. 그렇다면 백수성과 석문은 그리 멀지 않은 지역임을 알 수 있다. 그렇다면 백수성이 재령강 유역이었을 가능성이 높으며 그곳은 해안이 아니다. 따라서 천산·백수산·백수성과 천성은 구분될 필요가 있다.

천성泉城을 천강泉岡으로 본 견해처럼 배로 당항진에 왔던 유인궤가 천강으로 돌아간 것으로 보아 그곳이 해안 부근이었음은 분명하다. 그러나 천성과 천강이 '천'에서 공통점이 있다 하더라도 그것이 결정적인 증거는 될 수 없다.

결론부터 말하자면 천성의 위치는 675년 당군의 주력 군대가 내륙 어디에 포진하고 있었는지에 달려 있다. 해상 보급부대와 내륙부대의 연동관계를 생각할 때, 그 당시 당군과 신라군의 주 전쟁터 위치가 이 의문을 풀어줄 열쇠가 된다. 675년 2월 이후 신라-당 전쟁의 주전선은 임진강 유역에 형성되어 있었다.

675년 2월에 유인궤가 칠중성을 함락시키고 신라군에게 격심한 피해를 줌과 동시에 매소성을 공략하던 신라군을 3번이나 격퇴하였다. 유인궤가 이끄는 당군은 임진강 이남의 칠중성을 점령해서 주요 거점으로 삼고 매소성을 장악하고 있었다. 그렇다면 675년 9월에 설인귀의 함대가 재령강이나 예성강 유역의 어느 지점을 공격했다고 보기은 어렵다.

한성 백제기의 일화를 전하고 있는 『삼국사기』 열전의 도미都彌전은 천성의 위치를 알아내는 데 유용한 정보를 제공한다.

248 『삼국사기』 권6, 신라본기6, 문무왕 8년 6월 12일.
249 池內宏, 『滿鮮史硏究』 上世 第二卷, 462~463쪽.

후에 왕(백제 개루왕)이 속은 것을 알고 크게 노하여 도미를 죄로 얽어 두 눈동자를 빼고 사람을 시켜 끌어내어 작은 배에 싣고 물위에 띄어 보냈다. 그리고 (도미의) 부인을 끌어들여 강제로 상관하려하였는데 … (도미의) 부인은 그만 도망하여 (한)강 어귀에 이르렀으나 건너갈 수가 없어 하늘을 부르며 통곡하는 중 홀연히 한 척의 배가 물결을 따라오는 것을 보았다. 그 배를 타고 천성도泉城島에 이르러 남편을 만났는데 아직 죽지 아니하였다. 풀뿌리를 캐어 먹으며, 드디어 함께 배를 타고 고구려 산산蒜山 아래에 이르니 고구려 사람들이 불쌍히 여기며 의식을 주어 구차하게 살면서 객지에서 일생을 마쳤다.[250]

백제왕은 도미의 아내를 취하기 위해 도미에게 신체적 가해를 가한 후 배에 띄어 보냈다. 백제왕을 교묘하게 속인 도미의 부인은 배를 타고 한강을 내려가 남편을 '천성도'에서 만났다고 한다. 내용상 천성도는 한강 하류와 수로로 이어지는 곳이고, 도미부부가 고구려로 망명해 가기 직전의 중간 기착지라 할 수 있다. 물론 천성도는 한강은 물론 임진강과도 수로로 연결된 곳일 것이다.

따라서 천성도를 경기 파주의 교하면(금촌 부근)의 '오도성산성烏島城山城'으로 보고 싶다.[251] 오도성산성의 '오도烏島'라는 표현은 한때 그것이 섬으로 인식되었음을 지금까지도 전해주며, 이는 한강과 임진강 하구에 존재했던 섬의 존재로서 의미상 일치한다. 오도성산성이 위치한 교하의 옛 지명이 '천정구泉井口'였음을 고려한다면,[252] 이

---

250 『삼국사기』 권48, 열전8, 도미.
251 천성(泉城)이 지금의 오도산성임을 최초로 고증한 분은 도수희 교수이다(1991년 12월 6일 충남대에서 개최된 어문연구학회 제100회 월례발표회 발표요지). 『삼국사기』 권48 도미전을 치밀하게 분석한 도수희 교수의 논문은 『韓國地名硏究』에 실려 있다(도수희, 「都彌傳의 泉城島에 대하여」 『韓國地名硏究』, 이회문화사, 1999). 최근에 와서 김윤우도 천성을 오도산성으로 보았다(김윤우, 「都彌史話에 관한 歷史地理的 考察」 『京畿鄕土史學』 8, 문화원 경기도지회, 2003, 349~353쪽). 앞서 김윤우는 관미성을 오도산성으로 비정한 바 있다(김윤우, 「광개토왕의 남하정복지에 대한 일고-관미성의 위치를 중심으로-」 『차문섭화갑기념사학논총』, 1989, 94~100쪽). 한편 장학근도 천성(泉城)을 경기도 교하로 비정한 바 있다(張學根, 「新羅의 征服地 支配·防禦戰略-對唐戰爭을 中心으로-」 『軍史』 41, 2000, 199쪽).
252 『삼국사기』 권37, 잡지6, 지리4, 한산주. "泉井口縣 一云於乙買串"；李泳澤, 田溶新, 『韓國古地名辭典』, 고대민족문화연구소, 1993, 258쪽.

러한 추정은 더욱 설득력을 얻는다.

(2) 675년 10월 천성 전투와 매소성전투

675년 10월에 설인귀의 함대가 천성 전투에서 격파되었다. 그 사실을 전하고 있는 아래의 사료를 살펴보자.

> 가을 9월에 설인귀는 숙위학생 풍훈風訓의 아버지 김진주金眞珠가 본국에서 처형당한 것을 이용하여 풍훈을 길잡이로 삼아 천성을 쳐들어 왔다. 우리의 장군 문훈文訓 등이 맞아 싸워 이겨서 1,400명을 목베고 병선 40척을 빼앗았으며, 설인귀가 포위를 풀고 도망감에 따라 말 1천 필을 얻었다.[253]

위의 기사에서 신라군이 설인귀의 배 40척을 노획한 사실로 보아 천성 앞에서 해전이 벌어졌음을 알 수 있다. 또한 앞서 살펴본 『삼국사기』 권48, 도미전의 '천성도泉城島'라는 표현도 주목해야 한다. 육군이 아니라 설인귀의 '함대'가 '천성도'를 포위 공격한 것이다. 여기서 먼저 당 선단과 당군의 선단 구성을 알려주는 아래의 사료를 살펴보자.

> 유인궤와 별수別帥 두상杜爽·부여륭夫餘隆은 수군水軍과 군량선粮船을 이끌고 웅진강熊津江에서 백강白江으로 와서…[254]

유인궤의 함대는 수군과 군량선을 함께 운용하고 있다. 이는 『삼국사기』 권22, 보장왕 25년 12월조에서 한번 더 확인된다. "수륙제군총관병전량사 보의적 독고경운 곽대봉水陸諸軍摠管幷轉糧使 寶義積 獨孤卿雲 郭待封"이라는 구절에서 나타나듯 수륙군을 통괄하는 수륙제군총관이 양곡 보급을 담당하는 전량사轉糧使를 겸하며, 동시에

---

[253] 『삼국사기』 권7, 신라본기7, 문무왕 15년 9월.
[254] 『삼국사기』 권28, 백제본기6, 의자왕 20년.

육군의 군수물자 보급도 책임지고 있는 형태이다.[255]

이를 고려한다면 설인귀의 함대도 보급선단과 그것을 호위하는 전함들로 이루어졌을 가능성이 높으며, 675년 당시 설인귀 함대의 임무가 내륙에 있는 당군에게 재보급을 하는 것이었을 가능성 또한 매우 높다. 이와 관련해 천성 전투에서 신라가 전마 1천 필을 노획한 점을 주목해야 한다. 말이란 전쟁이라는 극한 상황에서도 정기적인 휴식을 취하지 못하고 풀을 뜯을 수 없다면 다수가 죽는 게 일반적이었으므로 병참선을 통해 지속적으로 공급받아야 될 소모품이었다.[256]

당군이 천성을 공격하는 데 기병을 운용했고, 이를 신라가 노획했다고 생각할 수도 있다. 더 정확히 말해 매소성에 주둔해 있던 말갈군이 설인귀의 천성 공격 작전에 가세했다는 추측은 충분히 가능하다. 더구나 신라가 매소성에서 3만여 필의 말을 노획했던 것에서도 알 수 있듯 말갈군은 기병 위주의 군대였다. 그러나 천성은 천성도 즉 '섬'이라 지칭되었다. 천성은 적어도 지형상 성의 3면이 육지와 격리된 곳일 가능성이 높으므로 기병의 사용이 곤란하다. 더구나 그 주변은 저지대에 위치한 하구라 늪지대가 많아, 기병으로 접근하기 쉽지도 않다.[257]

675년 9월, 천성에 주둔한 신라군은 설인귀 함대의 포위 공격을 받았고 이에 반격했다. 그러나 신라가 당의 전투함 50척을 노획한 『삼국사기』(문무왕 15년 9월 조)의 기록에서도 알 수 있듯이 주요 반격은 성 안의 육군이 아니라 신라 함대에 의해 이루어졌다.

---

255 尹明喆, 『高句麗 海洋交渉史 硏究』, 성균관대 박사학위논문. 1993.

256 존 키건 著, 『세계전쟁사』(유병진 역), 까치, 1996, 84쪽.

257 신라가 노획한 말은 그 자체가 보급품이자 그 외 다른 보급품을 운반하는 운반의 도구일 수도 있다. 미야자끼(宮崎)에 의하면 東晋의 북벌 영웅 劉裕는 보급시에 배와 말을 함께 이용하는 전술을 개발했다고 한다. 그는 강남의 전투에서는 배를 이용하면서 말로 보조하여 성공을 거두었으며, 북방에서는 말을 이용하면서 배로 보조하여 중원의 장안과 낙양을 점령할 수 있었다고 한다. 중국의 지형이 '南船北馬'로 불리는 것처럼 양자강 유역에는 수로가 많아서 배를 중요한 교통수단으로 삼았고, 북방의 黃河平野에는 말이 운송의 동력을 공급하였다고 한다. 또한 미야자끼에 의하면 배는 적재량이 많기 때문에 군수품을 운반할 때 馬 馬車보다 몇 배나 효율적이며, '전쟁은 보급전'이라는 명제는 고금의 철칙이라고 한다. 즉 양식이 충분하고 손상된 무기를 즉각 보충하는 측이 승리한다는 것이다(宮崎市定, 앞의 책, 1996, 162~163쪽). 설인귀의 선단도 수로를 통한 보급을 중심으로 하되 말로 보조하려는 계획을 세웠을 수 있다.

그렇게 되려면 적어도 신라 전함들이 천성 주위에 정박하면서 당 수군의 침공에 대비하고 있어야 가능하다.[258] 여기서 오도성산성(천성) 바로 옆에 붙어 있는 '곡릉천曲陵川'에 주목해 보자. 김포반도를 정서正西로 바라보고 흐르는 곡릉천은 배를 정박하기에 아주 좋은 장소이기 때문이다. 간척이 되기 전에는 이곳에 상당히 넓은 만이 형성되어 있었으리라 보인다. 교하의 곡릉천과 천성(오도산성)은 적을 우선 관측하고 그것에 타격을 가할 수 있는 전함이 정박하기 좋은 자연 입지조건을 갖추었다.

675년 9월에 설인귀의 보급함대가 천성 앞에서 격침되었을 때, 매소성에 주둔하던 이근행의 말갈군대도 여지없이 무너졌다. 아래의 사료를 살펴보자.

- 9월 29일에 이근행이 군사 20만 명을 거느리고 매소성에 주둔하였는데, 우리의 군사가 공격하여 쫓고 말 30,380필을 얻었으며, 그밖에 병기도 이만큼 되었다.[259]

- 파주 교하의 천성에서 설인귀의 선단이 상륙에 실패했다는 소식이 매소성에 전해지고, 차후 보급을 받을 수 있는 희망이 사라졌을 때 생긴 불안감은 말갈군단을 무력화시켰을 것이다. 신라군은 말갈군을 매소성에서 쫓아버렸고, 20만 말갈군단은 별 저항도 없이 말 30,380필과 이에 상당한 병기를 버리고 도주했다.[260]

3만 필의 말을 타지 않고 말갈군이 철수했다는 데 의문을 가질 수도 있다. 그러나 말도 먹지 않으면 움직일 수 없다. 『한서』 권69, 조충국전을 보면 군마 1마리의 1개월 식량이 병사 1인의 1년 식량에 해당된다고 한다. 말 한 마리가 병사 12배의 식량을 먹는다는 계산이다.

---

258 수로 상에 위치한 산성은 적 선단을 조기에 발견할 수 있다. 당 함대가 강하구로 접근하는 시기는 만조가 되어 밀물이 밀려올 때로 제한되는 것도 하나의 이유가 된다. 조수간만의 차이가 심한 지역일수록 바다에서 강으로 들어올 때 밀물을 이용한다. 『삼국유사』 권1, 기이1, 태종춘추공 조를 보면 660년 당군이 사비성을 공략할 시 밀물을 이용하여 白江口에 진입하고 있는 모습이 묘사되고 있다.
259 『삼국사기』 권7, 신라본기7, 문무왕 15년 9월.
260 서영교, 「나당전쟁기 石門전투」『東國史學』 38. 2002.

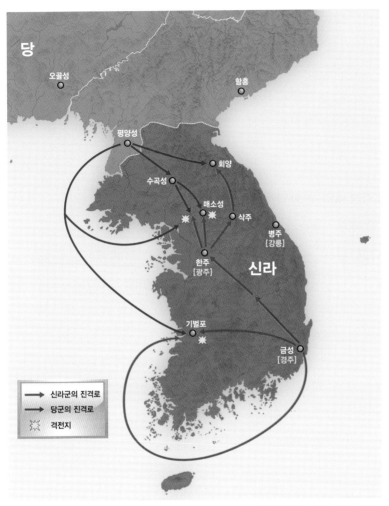

신라와 당의 전쟁, 매소성전투 전황도

　오히려 말을 버리고 말갈군이 퇴각한 정황은 그들에게 보급이 두절되었음을 단적으로 말해 주는 증거다. 임진강 하구에서 설인귀의 보급 선단이 격침되어 재보급의 가능성이 희박해진 시점, 게다가 막 겨울에 접어든 음력 9월 말에, 말갈군의 말들은 굶주렸을 것이다.

　그들이 기록대로 20만 규모의 병력인지는 알 수 없지만 말갈군이 대규모였다고 믿어도 좋을 것이다. 규모가 거대할수록 먹는 입은 많고 보급에 대한 의존도가 높으므로 보급 차단은 치명적이다. 매소성 전투에서 신라군이 노획품 획득 외에 말갈군대에

게 결정적 타격을 준 흔적은 찾아볼 수 없다. 전사자에 대한 기록이 전혀 없어 이상한 감을 준다.[261]

매소성에 물러난 말갈군이 약탈을 자행한 것도 그들의 보급품이 바닥을 드러냈음을 말해 준다. 당·말갈군이 신라의 석현성(황해도 곡산)과 적목성(강원도 회양)을 공격해 함락시킨 사건은[262] 군사적인 거점 확보보다는 '식량 확보'를 위한 약탈의 느낌이 강하다.

(3) 서역정세의 변화와 당군의 철수

670년 토번의 실크로드 장악은 당시 세계체제에서 당이 누렸던 독무대의 막이 내려졌음을 입증했다. 신라-당 전쟁은 그야말로 강력한 세계제국 토번의 등장이라는 국제적 사건에서 파생된 것이다. 따라서 신라-당 전쟁을 7세기 중반의 서역을 포함한 국제전의 하나로 바라보는 것이 유효하다. 그것도 서역과 한반도에서 양면 전쟁을 수행했던 당의 입장에서 바라보는 것이 효과적이다.

673년 12월 토번의 배후조정을 받은 천산지역 제부족이 반당적 움직임을 보이자 당은 소정방 등을 파견하여 대대적인 군사작전을 감행했고,[263] 674년 한 해 동안 신라-당 전쟁은 소강상태로 들어갔다. 하지만 675년 1월 토번의 평화사절이 장안에 도달한 한 달 후인 동년 2월에 유인궤가 칠중성을 공격하는 것을 시작으로 한반도 작전이 재개된다.[264]

이와 같이 서역에서 토번의 미세한 움직임에도 신라-당 전쟁의 양상은 크게 바뀌었던 것이다. 676년에 토번에서 왕위계승 쟁탈전이 벌어졌을 때에도 마찬가지이다. 그해 신라-당 전쟁이 영구 휴전 상태에 들어간 것은 결코 우연이 아닐 것이다.

676년 겨울 토번왕 만손만첸Man sron man brtsan 깐포贊普의 사망을 전후해서 일어난 토번의 내분과 당군의 한반도 철수는 시기적으로 너무나 일치한다. 여기서 중요

---

261 李昊榮, 『新羅三國統合과 麗·濟敗亡原因研究』, 서경문화사, 1999, 255쪽.
262 『삼국사기』 권7, 신라본기7, 문무왕 15년 9월.
263 『자치통감』 권202, 당기17, 함형 4년(673) 12월.
264 『자치통감』 권202, 당기17, 상원 2년(675) 정월, 2월.

한 점은 토번의 내분 그리고 토번과 당의 전쟁이 신라-당 전쟁에 영향을 주지 않을 수 없다는 점이다. 한반도에서 말갈군을 지휘했던 당나라 장수 이근행이 676년에 청해전선靑海戰線에 종군하고 있는 점, 그해 겨울 11월 기벌포 해전을 마지막으로 당군의 한반도 침공이 중단된 점은 이러한 일련의 서역의 정세와 직접적인 관련이 있다.

금강 하구(전북 군산)
기벌포로 추정된다.

676년 윤3월 토번이 당에 대한 대규모 공세를 감행하는 시기를 즈음하여 이근행은 청해지역에 투입되었다. 처음에 그것은 토번에 대한 반격을 위해 당의 대규모 군대가 조직되는 일환이었을 것으로 생각된다. 하지만 당의 대규모 반격은 바로 실행에 옮기지 못했다.[265] 당의 경제상황은 이미 악화일로에 있었다. 고구려 침공 비용의 증가는 당에 엄청난 부담을 주었다. 예를 들어 666년에 중국의 가장 부유하고 인구가 조밀한 지방인 하북의 전체 소득은 요동지방의 고구려 침공군에게 공급하기 위해 보내졌다. 화폐의 가치 저하로 문제를 해결하려는 정부의 노력은 재난을 야기했다.

당의 경제 상황은 668·669·670년에 일련의 기근과 자연재해로 훨씬 더 악화되었다. 황제는 모든 계획들을 중지시키지 않을 수 없었다.[266] 아래의 사료를 살펴보자.

갑술에 안동도호부를 요동의 고성故城으로 옮겼다. 이에 앞서 안동도호부에 근무했던 중국인華人들을 모두 파罷했다. 웅진도독부熊津都督府를 건안고성建安故城으로 옮기고 앞서 서주와 연주 등에 사민시켜 놓았던 백제호구百濟戶口들을 모두 건안에 안치했다.[267]

265 『자치통감』 권202, 당기18, 상원 3년(676) 윤3월.
266 Denis Twitchett and Howard J Wechsler, "Kao-tsung and Empress Wu" The Cambridge History of China, Vol. 3, Cambridge University Press, Cambridge, 1979, p.267.
267 『자치통감』 권202, 당기18, 상원3년(676) 2월.

676년 2월에 당은 안동도호부를 요동으로 옮기면서 중국인 관리들을 모두 철수시켰고, 웅진도독부를 건안성으로 옮기고, 서주와 연주에 있던 백제인들을 그곳으로 이주시켰다. 이는 당이 향후에 한반도에서 한 발 물러서겠다는 것을 의미한다. 임진강 전선에 있던 이근행을 대토번 전선에 투입한 것은 바로 직전에 결정된 것 같다.

675년에 한반도에서 신라군과 격전을 치렀던 이근행이 적석도경략대사積石道經略大使[268]에 임명되어 서역의 청해 지역에 나타났다. 황제가 번장에게 벼슬을 주고 대우했던 것은 번장 그 자신 때문이 아니라, 그 휘하의 병력 때문이었다.[269] 675년 이후 한반도에서 당 변방군대의 모습이 전혀 보이지 않은 것은 이와 관련이 있다.

물론 당왕조의 기미지배가 다분히 불안한 것이었음을 부정할 수는 없다.[270] 그래도 당시 세계제국 당은 절정기였으며, 적어도 신라-당 전쟁 기간(670~676)만큼은 당의 기미지배도 잘 작동되었다고 보여진다. 이근행은 서역으로 이동해간 당 변방군대의 그림자였을 가능성을 배제할 수도 없다. 그 병력은 적어도 토번군을 상대할 수 있는 규모였을 것으로 추측된다.

토번 전선에서 이근행의 활략은 상당했다. 그리고 공교롭게도 676년 초반에 유인궤도 토번군을 방어하기 위해 청해지역에 투입되었다.[271] 그는 675년 한반도에서 이근행과 칠중성을 함락시켰던 당의 장군이다. 대토번 전선에서도 양자는 하나의 팀을

---

268 '積石道經略大使'는 주로 대토번전선에 파견되는 장군의 직함이 아닌가 한다.

269 景龍 2년(708)의 일이다. 經略使 周以悌가 忠節에게 이르기를 "국가가 高官顯爵을 아끼지 않고 당신을 대우하는 것은 당신에게 部落의 무리가 있기 때문이다. 지금 홀몸으로 입조하게 되면 일개 늙은 胡일 따름이다…."라고 했다 한다(『자치통감』 권209, 당기25, 경룡 2년 11월 경신).

270 스기야마는 당왕조가 세계제국인 것은 당고종의 중후기인 649년~683년의 25년에 한정되며, 당의 세계제국도 다분히 불안한 것이었다고 지적한 바 있다. 그에 의하면 "몽골고원·만주·중앙아시아·베트남 등의 간접지배 지역에 筆頭官의 都護 이외에 모두 현지 유력자로 구성된 '도호부'라는 독특한 관청을 두었다. 그러나 과연 어느 정도의 '관청'이었는가? 있는 그대로 말하면 직함만은 당왕조의 관료·속관처럼 서임하여 힘과 일의 양면을 연결하려 했던 것이다. 이러한 방법을 '기미정책'이라는 것을 잘 알고 있다. 결국 임시적인 지배이고 하루살이와 같은 위험이 큰 대판도였다. 현지의 인간이 직함을 버리게 되면 대판도는 즉시 소멸되고, 당왕조는 극히 보통의 중화 본토 크기의 제국으로 돌아간다."라고 했다(杉山正明, 『유목민이 본 세계사』(이진복 옮김), 학민사, 1999, 236쪽).

271 『자치통감』 권202, 당기18, 상원3년(676) 윤3月 조에, "吐蕃寇鄯·廓·河·芳等州"라고 되어 있다. 따라서 유인궤가 대토번전선에 투입된 시기는 676년 윤 3월 직후이다.

이루고 있었을 가능성이 높다. 다시 말해서 675년 유인궤와 이근행은 함께 대신라 전선에 종군했고, 그 이듬해도 유인궤는 조하군진수로서, 이근행은 적석도경략대사積石道經略大使로서 대토번 전선에 투입되었던 것이다. 676년에 이근행과 그의 군대는 청해에서 토번의 군대 수만명을 격파하는 상당한 전과를 올렸다. [272]

677년 후반에서 678년으로 넘어가는 시점에 티벳고원에서 양동과 토번의 갈이씨 사이에 전쟁이 일어났다. 이는 당이 예상했던 것이었다. 왕위계승을 놓고 벌어진 토번 궁정내의 분파가 결국 대외전쟁으로 확대되었다.[273] 당은 이 기회를 놓칠 수 없었다. 678년에 당 고종은 토번과 전쟁 계획을 실행에 옮겼다.

> 9월……고종이 장차 군대를 일으켜 신라를 토벌하고자 했다. 병으로 집에 있던 시중 장문관張文瓘이 입궐하여 당고종에게 간했다. "지금은 토번吐蕃이 침구하니, 바야흐로 군대를 일으켜 서토西討해야 합니다. 신라는 비록 자주 불순하지만, 일찍이 변방을 침범하지는 않았습니다. 만일 또 신라를 친다면 그 폐해가 공사 간에 심하지 않을까 두렵습니다." 이에 당고종은 (신라토벌계획을) 중지했다. 계해癸亥에 시중 장문관이 죽었다. 병인丙寅에 이경현李敬玄의 장병 18만이 청해에서 토번의 흠릉군과 싸우다 패했다.[274]

당 고종은 신라 침공에 집착했다. 먼저 신라를 침공하려고 했던 것이다. 병환으로 자택에 누어있던 장문관은 이러한 소식을 듣고 입궐했다. 그는 당 고종에게 지금 군사를 일으켜 서쪽을 토벌해야 하며, 신라는 비록 불순하지만 당의 변방을 침범하지 않으니 만일 또 동쪽을 정벌한다는 것은 옳지 않은 것이라고 아뢰었다. 당 고종은 신라침공을 포기하고 토번과의 결전을 단행하였다. 하지만 그 결과는 재앙적이었다. 이경현이 18만의 당군을 지휘하는 사령관으로 임명되었고, 청해에서 전투가 벌어졌다.

---

272 『구당서』 권199하, 열전149하, 북적, 말갈. 나아가 永淳元年(682)에 그가 사망했을 때 幽州都督에 贈하고 乾陵에 매장되는 영애까지 주어졌다.
273 徐榮敎, 「羅唐戰爭과 吐蕃」 『東洋史學硏究』 79, 2002, 18~22쪽.
274 『자치통감』 권202, 당기18, 의봉3년(678) 9월.

678년 9월 당군은 자위대장군 유번례가 토번의 포로가 되는 참패를 당했다. 이 패전은 당이 신라를 재침할 수 있는 여유를 가지지 못하게 했다. 토번은 이후에도 당의 변경지방을 계속해서 기습했으며, 청해지역에 대한 그들의 요새를 더욱 견고히 하였다. 또한 그들은 680년 사천 서북부 지역에서 전략상 요새인 안융安戎을 점령함으로써 사천과 운남 변경지역의 부족에 대한 확고한 통제가 가능하게 되었다. 고종 치세 말엽에 당 조정은 토번에 대해 어떠한 확고한 정책도 결정하지 못하였다.

677년부터 험준하고 접근하기 어려운 사천 북서부 요새에 대규모의 상주군을 설치할 필요성이 있었다. 상주군의 병참 보급은 부분적인 자급자족을 위해 둔전屯田을 설치한다고 하더라도, 어렵고도 비용이 많이 들었다. 그 동안 토번의 팽창은 급속도로 가속화되었다.[275] 토번 문제에 매달릴 수밖에 없었던 당은 신라를 침공할 수 없었다. 신라-당 전쟁 종결의 주된 원인은 실크로드의 이권을 둘러싸고 벌어진 당·토번 전쟁에 있다.

3. 신라-당 전쟁의 여진

1) 신라중앙군단 구서당(九誓幢)의 완성

적대국가가 건재해 있을 경우 전쟁이 종결되었다고 하더라도, 항상 여진餘震을 남긴다. 더욱 양국의 국력이 현저한 차이가 있다면 전쟁 재발에 대한 우려감은 대개 약소국의 몫이다. 신라-당 전쟁의 경우가 여기에 해당된다. 676년에 당군이 신라에서 물러난 것은 사실이며, 그 뒤에 전쟁은 재발되지 않았다. 더구나 703년 이후에는 신라와 당은 우호적 관계로 선회하고 있을 뿐만 아니라, 733년에 가서는 당의 요청으로 신라가 발해를 공략하는 등 대리전쟁을 해주는 혈맹관계로 발전하기까지 했다.

이러한 나당관계의 우호적 상승곡선은 676년 이후를 평화기로 보기에 충분하다.

---

275 Denis Twitchett and Howard J Wechsler, "Kao-tsung and Empress Wu" The Cambridge History of China, Vol. 3, p.286.

그렇다면 신라-당 전쟁이 종결된 676년(문무왕 16)부터 효소왕대까지 이루어진 급진적인 군비 증강을 어떻게 이해할 것인가? 이와 관련하여 주목되는 시기가 바로 676년에서 701년에 이르는 시기이다. 특히 676년 이후 신라의 군비증강 및 그 중 가장 큰 비중을 차지하고 있는 구서당九誓幢 증설과 완성에 주목하고자 한다.

구서당은 통일 이전에 4개의 부대[276]가 이미 설치되어 있었고, 통일 후 5개 부대가 병렬적으로 조직되면서 완성되었다. 통일 이전에 4개 부대가 순차적으로 조직되는데, 진평왕 5년(583)부터 문무왕 12(672)년까지 근 90년이 소요되었지만, 통일 후 5개 부대는 신문왕 당대 5년 사이에 조직되었던 것이다.[277]

676년 이후에도 당 고종은 한반도에 대한 지배 의지를 결코 버리지 않았다. 그가 678년 9월에 "신라가 외반하자 고종이 군대를 일으켜 토제하려고 했다(其後, 新羅外叛, 高宗將發兵討除)"라고 한 『구당서』 권85, 장문관전의 기록은 이를 단적으로 말해주며, 신라-당 전쟁이 종전된 것이 아니라, 휴전 상태였음을 실감케 한다.

이는 신문왕대에 당고종이 김춘추의 태종太宗 칭호를 개칭하라 한 것[278]과 맥락을 같이 한다. 당고종은 사신을 보내어 "신라가 소국으로서 성고聖考 당 태종과 같은 위대한 천자의 칭호를 쓰고 있는 것은 무례한 것이며, 있을 수 없는 것"이라는 입장을 밝혔다. 676년 휴전 이후 무열왕의 추존명을 개칭하라는 당의 통보는 신라에게 엄청난 압력이었다. 당시 그것은 전쟁의 빌미가 될 수도 있었다. 그렇다고 해서 당에 압력에 굴복한다는 것은 신라 내부의 정치적 부담으로 작용했던 것임에 틀림이 없다.

이에 대해 신문왕은 "신라는 비록 작은 나라이지만 성스러운 신하 김유신을 얻어 삼국을 통일했으므로 태종太宗이라고 한 것입니다"[279]라고 말하며 단호히 거절하였다. 사실 통일신라 사회에서 태종무열왕의 카리스마적 위상이란 대단한 것이었다. 태종무열왕은 혜공왕대 불훼지종으로 모셔졌을 뿐만 아니라, 중대를 타도하고 정권을 잡은

---

276 誓幢(녹금서당)은 진평왕 5년(583), 郎幢(자금서당)은 진평왕 47년(625), 長槍幢(비금서당)과 白衿誓幢은 문무왕 12년(672)에 각각 완성되었다.

277 신문왕 3년(683)에 황금서당, 흑금서당, 동왕 6년(686)에 벽금서당, 적금서당, 동왕 8년(688)에 청금서당이 창설되었다.

278 『삼국유사』 권1, 기이1, 태종춘추공조.

279 『삼국유사』 권1, 기이1, 태종춘추공.

신문왕릉(경북 경주)

선덕왕은 물론이고 왕통이 전혀 다른 원성왕도 오묘에서 제외하지 못했던 것 같다. 원성왕의 증손 애장왕이 "태종대왕과 문무왕 이조를 별립했다(別立太宗大王·文武大王二廟)"라 하여 오묘에서 제외했지만 별립한 것을 보더라도[280] 태종무열왕을 오묘에서 제외한다는 것은 하대의 왕들에게 있어서조차 큰 정치적 부담이 되었던 것이 분명하다. 이러한 실정이니 통일 직후에 태종 칭호 개칭이 갖는 정치적 부담은 말할 것도 없다. 『삼국사기』 권8, 신문왕 12년 조에도 신문왕이 개칭을 완곡하게 거부하고 있는 내용이 나와 있어[281] 이와 관련하여 당이 신라에 압력을 가한 것은 확실하다.

사실 당 고종은 주변 민족이나 국가에 대한 정복을 성공한 이후에 피정복 수장을 비롯한 지배층을 자국 내로 끌고 오면서 당 태종의 묘인 소릉昭陵에 먼저 참배하도록 하는 절차를 지키고 있다.[282] 이는 아버지 당 태종이 추진했던 기미체제 구축사업을 당 고종이 계승·완결해 가고 있다는 점을 보고하고 있다는 인상마저 준다.[283] 이렇게 볼 때 당 고종은 신라의 태종 칭호 사용을 결코 용인할 수 없는 입장에 있었음을 충분히 짐작할 수 있다.

신문왕 원년(681)에 일어난 당의 외압은 신라 내부의 대당 노선 결정에 결정적 영향을 주었을 것으로 판단된다. 675년에서 700년의 25년 동안 신라가 사신을 파견

---

280 『삼국사기』 권10, 신라본기10, 애장왕 2년(801), 봄 2월.
281 "諸聖朝의 廟號와 서로 저촉되어 칙령으로 이를 고치라 하니 제가 어찌 명령을 좇지 않을 수 있겠는가? 그러나 先王 春秋는 자못 어진 덕이 있었고…".
282 『구당서』 권4, 본기 고종 상, 영징 원년 9월(650) 계묘 ; 『구당서』 권67, 열전17, 이적 ; 『삼국사기』 권22, 고구려본기10, 보장왕 27년(668).
283 최현화, 『羅唐同盟의 性格 研究』, 동국대 석사학위논문, 1999. 40쪽.

한 것은 675년, 686년, 699년의 3회뿐이며, 당이 신라에 사신을 파견한 것도 681년, 692년, 693년 3회뿐이다. 즉 신문왕·효소왕대에는 거의 대당 조공이 없었으므로 사실상 국교 단절상태로 볼 수 있다.[284]

신라가 이 시기에 조공을 단절한 것은 무엇을 의미하는 것일까? 이는 신문왕이 조부 태종무열왕의 칭호 개칭에 대한 당의 외압을 계기로 하여 반당적 입장을 분명히 하여 신라지배층을 하나로 뭉치게 만들었다고 볼 수 있겠다. 신문왕이 여러 신하들과 의논한 후 무열왕의 태종 칭호개칭을 거부했던 점에서도 이를 알 수 있다.[285]

신라-당 전쟁 기간에 3회에 걸쳐 사죄사를 파견하여 막대한 물량을 바치기도 했지만 당의 공격이 늦추어지지 않았을 것을 절감한 신라는 681년 이후 그 내부에 반당적 깃발을 쳐들었다. 따라서 681년 이후 신라는 대규모 군비를 확장·정비할 필요가 생기게 되었다. 무력적 뒷받침이 없는 구호란 무의미하기 때문이다.

신문왕 3년 이후부터 10년에 걸친 신라 최대 규모의 군비 확장은 이를 단적으로 말해준다. 『삼국사기』 무관 조에서 통일 후 연대를 확인할 수 있는 군 조직 창설이나 개칭은 다음과 같다.

〈표 4-7〉 7세기 후반 군사조직의 창설과 개칭

① 문무왕 16(676)	구칠당(仇七幢), 나생군삼천당(奈生郡三千幢) 창설	
② 문무왕 17(677)	낭당(郎幢)을 자금서당(紫衿誓幢)으로 개칭	
③ 신문왕 3(683)	황금서당(黃衿誓幢), 흑금서당(黑衿誓幢) 창설	
④ 신문왕 5(685)	하주정을 완산정(完山停)으로 개칭하고 전주(全州)에 이동배치	
⑤ 신문왕 6(686)	벽금서당(碧衿誓幢), 적금서당(赤衿誓幢), 적금무당(赤衿武幢) 창설	
⑥ 신문왕 7(687)	청금서당(靑衿誓幢), 황금무당(黃衿武幢) 창설	
⑦ 신문왕 9(689)	개지극당(皆知戟幢) 창설	
⑧ 신문왕 10(690)	삼변수(三邊守) 3부대 창설 한산주, 우두주, 하서주에 배치	
⑨ 효소왕 2(693)	장창당(長槍幢)을 비금서당(緋衿誓幢)으로 개칭	

①의 경우 신라-당 전쟁 기간 중 군부대 창설로 볼 수 있으며, ②와 ④는 부대 명칭 개칭이며, ⑨도 그러하다. 범군호凡軍號에서 창설연대가 확인되지 않는 경오종당,

284 申瀅植, 『韓國古代史의 新硏究』, 일조각, 1984. 327쪽.
285 『삼국사기』 권38, 신라본기8, 신문왕 12년(629).

이절말당, 구주만보당, 대장척당, 백관당, 삼십구여갑당 등의 군사조직 중에서 문무왕대 창설된 부대가 있을 수도 있다. 그래도 『삼국사기』 무관 조에서 확인할 수 있는 통일 후 군부대의 실질적인 창설은 ③, ⑤, ⑥, ⑦, ⑧을 보아도 알 수 있듯이 모두 신문왕대 이루어졌다.

683년(신문왕 3)에 고구려인으로 황금서당, 말갈인으로 흑금서당을 창설했고, 685에는 경남 합천 주둔 하주정을 완산주정으로 개칭해서 백제지역인 전주로 전진 배치했으며, 이듬해에 보덕성민(고구려인)으로 벽금서당과 적금서당을 창설하였고, 적금무당도 설치하였다. 신문왕 7년에는 백제잔민으로 청금서당을 창설했고, 황금무당을 설치했으며, 동왕 9년에 지금의 서울, 춘천, 강릉지역에 삼변수를 두어 북변의 방어를 강화했고, 개지극당을 설치하면서 대기병 방어체제를 보강했다.[286]

〈표 4-7〉의 구서당 군관조직을 보아서도 알 수 있겠지만 통일 후 군비증강 가운데 신문왕대에 구서당 5개 부대의 창설은 군관수를 환산한다 하더라도 육정 6개의 그것과 맞먹는 규모였다. 이는 당과 일전을 불사하겠다는 신라 지배층사회의 의지가 없이는 불가능한 것이었다.

2) 일본에 대한 실리외교

『일본서기』와 『속일본기』를 보면 668년부터 700년까지 신라가 25회에 걸쳐 일본에 사신을 파견했던 사실이 확인된다. 사절단의 대표도 대아찬 이상의 진골왕족이나 고위인사가 많았다.[287] 그러나 한국학계에서는 이러한 일본측의 기록에 대하여 의심을 가지고 있는 사람이 많다.[288]

---

286 이문기는 皆知戰幢을 對騎兵 방어조직으로 보고 있다. 그런데 長槍幢이 이와 같은 성격을 가진 것에 대해서는 고구려 벽화에서 騎兵이 소지하고 있는 長槍을 근거로 약간의 유보를 표하고 있다(李文基, 「7세기 후반 新羅의 軍制改編과 그 性格에 대한 一試論」 『韓國古代史研究』 16, 1999, 198쪽). 그러나 長槍으로 적 기병의 흐름을 정지시킨 후에야 갈구리 皆知戰이 말 위에서 적을 끌어내리는 기능을 발휘할 수 있다. 씨는 이점을 간과하고 있는 듯하다.
287 金恩淑, 「8세기의 新羅와 日本의 關係」 『國史館論叢』 29, 1991, 104~105쪽.
288 이기백은 "통일신라시대에 신라가 일본에 20회가 넘는 사신을 파견하였고, 그 사신 중에는 김유신과 같은 인물도 들어있는 것은 도무지 믿을 수 없다."라고 하고 있다. 나아가 그는 일본이 신라

이와 같이 7세기말의 한일관계를 보는 한국학계의 시각에는 다음과 같은 전제가 있다. 676년에 신라-당 전쟁이 신라의 승리로 종결되었으며, 당을 한반도에서 몰아낸 강력한 국가 신라는 일본에게 많은 사신을 파견할 필요가 없다는 것이다. 7세기말의 『일본서기』 기록이 납득이 가지 않는다고 하여 그것을 부정하는 것은 부당하다. 어떻게 해서 그러한 기록이 남게 되었는지 고민해야 하며, 그것이 무엇을 반영하고 있는지 검토해 보아야 한다. 7세기 후반의 『일본서기』·『속일본기』 기록은 사실로서 인정할 수 있을 만큼 상당히 정확해져 있었다.

한편, 8세기를 전후로 한 시점에 신라가 일본에 조공을 한 것은 사실이며, 이것으로 인해 신라가 일본과의 관계에서 안정을 확보할 수 있었다고 하는 지적에[289] 귀기울일 필요가 있다. 신라-당 전쟁 이후 신라·당 양국 간의 외교가 25년 간 단절되었던 것[290]은 엄연한 사실이다. 그렇다면 신라가 무엇 때문에 일본과의 관계에서 안정을 희구했던 것인가.

672년 7월 천지천황의 아들 대우황자大友皇子가 산전(山前-京都府 乙訓郡 大山崎村)에서 자살하면서 천무천황의 쿠테타는 완전히 성공했다. 대우황자의 머리가 영전營前에 바쳐졌다.[291] 백제부흥군을 지원했던 천지계天智係가 소멸하고 왕통이 천무계天武係

에 사신을 파견한 횟수가 그 반 정도밖에 되지 않는다는 것도 전혀 신용할 수 없는 대목이며, 당시 양국의 필요성을 생각한다면 그 횟수는 그 반대가 되어야 된다고 한다."라고 하였다(李基白, 「고대 한일관계사의 연구의 방향」 『韓國古代史論』(증보판), 일조각, 1995, 188~189쪽).
신형식 역시 이기백과 같은 입장에서 『일본서기』에 보이는 668년(문무왕 8년)에서 703년(성덕왕 2년)까지 27차에 걸친 신라의 사신파견 기록은 신라사회의 성격이나 입장에서 볼 때 이해하기 어려운 실정이며, 백제부흥군을 진압하기 위해서 참전한 일본에 신라가 조공해야 할 이유가 전혀 없다고 한다. 그는 당시 신라가 강력한 무열왕권의 확립과 당군 축출을 통한 민족적 응집력에서 대외교섭의 필요성이 없었다는 것은 이를 뒷받침한다고 하였다(申瀅植, 「統一新羅의 對日關係」 『統一新羅史研究』, 삼지원, 1990, 328쪽).

289 鈴木靖民, 『古代對外關係史の硏究』, 吉川弘文館, 東京, 1985, 117~118쪽.

290 신형식은 이 시기에 당측이 신라에 대하여 보다 적극적인 접촉을 시도하였다고 지적한 바 있다. 그에 의하면 신라는 문무왕 8년(668) 이후 당에 보낸 사신은 사죄사가 대부분이며, 신문왕은 당 고종의 책봉에 답례는 물론 조공도 하지 않았으며, 효소왕 역시 거의 대당 조공이 없었다고 한다. 문무왕 8년부터 성덕왕 2년까지 35년간 사실상 국교단절 상태였다고 할 수 있다는 것이다(申瀅植, 『韓國古代史의 新硏究』, 일조각, 1984, 327쪽).

291 『일본서기』 권28, 천무천황 원년 7월.

로 넘어갔던 것이다. 그 이듬해 대아찬 김승원을 필두로 하는 대규모 사절단이 파견되었다.

> 신라가 대아찬 김승원韓阿湌 金承元·아찬 김지산阿湌 金祗山·대사 상설人舍 霜雪 등을 보내어 천황의 즉위를 축하하였다. 아울러 일길찬 김살유一吉湌 金薩儒·대나마 김지산 韓奈麻 金池山 등을 보내어 선황(先皇─天知天皇)의 상을 조문하였다.[292]

대아찬 김승원 등 진골귀족을 사절단 대표로 하는 신라 사절단의 목적은 역시 천무 천황의 등극을 축하하고 어떻게 해서든지 일본과의 관계를 개선해 보려는 것이었다. 앞서 일본에 파견된 사신의 지위를 고려해 볼 때 이는 파격적인 것이 분명하며, 675년 2월에 가서 왕자王子 충원忠元을 대표로 사절을 파견한 것은 더욱 그러하다.

신라의 일본에 대한 적극적 외교는 신라-당 전쟁이 휴전된 이후에 더욱 가속화된다. 678년 9월에 당 고종은 신라를 재침하려 했다. 이는 토번 정벌이 시급함을 주장한 시중 장문관의 만류로 이루어지지 못했지만[293] 어쨌든 이 사건이 신라에게 경각심을 준 것은 사실이다. 게다가 그 이듬해(679년) 서역에서는 당과 토번 사이의 화해의 분위기가 감돌고 있었다.[294] 그 해에 토번의 유력한 동맹인 서돌궐의 여러 부족들이 당군에게 격파되어 그 가한은 사로잡히고 말았고, 토번도 676년 이후 만손만첸 깐포가 죽은 후 태후와 권신 갈이씨葛爾氏 사이의 암투가 지속되는 등 내분상태에 있었다.[295]

679년 10월부터 본격화된 신라의 일본에 대한 물량 공세는 이러한 국제정세의 변

---

292 『일본서기』 권29, 천무천황 2년 5월.

293 『자치통감』 권202, 당기18, 의봉 2年(678) 9月 ; Naoki Kojiro, "Nara state(Felicia G. Bock, tr)", The Cambridge History of Japan Vol. 1, Cambridge University Press, Cambridge, 1993, p. 223.

294 당과 토번 사이의 평화협정은 문성공주가 추진한 것이었다(『자치통감』 권202, 당기18, 조로 원년(679) 10월). ; Owen Lattimore, "Inner Asian Frontiers of China", American Geographic Society, New York, 1940, p. 217; C. P. Fitzgerald, The Empress Wu, The Cresset Press, London, [1956]1968, p. 81.

295 徐榮敎,「羅唐戰爭과 吐蕃」『東洋史學硏究』79, 2002.

화와 관련이 있을 것이다. 신라는 상당한 물량의 제품을 일본에 보내고 있으며, 이와
는 별도로 천황·황후·태자에게도 귀금속과 도刀를 증여했다.[296] 당과의 전쟁재발을
염두에 둔 신라는 일본의 천황과 그 가족, 고위 귀족들의 환심을 사야했던 것이다.

신라는 당시 천황을 비롯한 일본 최상층에 배려를 아끼지 않았다. 앞서 언급한 바
와 같이 685년 11월 19일 일본에 도착한 신라의 사절이 약물지류를 가지고 온 것은
천무천황의 지병持病과 관련이 있는 것으로 생각된다.[297] 아래의 사료를 살펴보자.

> 정유에 천황의 건강이 좋지 못하므로 3일간 대관대사·천원사·비조사에서 경을 읽게
> 했다. 그 때문에 벼를 3개 절에 보냈는데 각각 차이가 있었다.[298]

천무천황이 건강이 나빠지자 대관대사 등 3개의 사찰에서 경의 소리가 3일 동안
울려 퍼졌다. 그 대가로 3개의 사찰에 각각 차등을 주어 곡물을 보냈다. 하지만 천황
은 건강을 회복하지 못했다.

> 계해부터 천황의 병이 깊어졌다. 때문에 천원사에서 약사경을 설케 하고, 또 궁중에 안
> 거하게 했다.[299]

천무천황이 병상에서 일어나지 못했고 병은 깊어졌다. 그 해 9월 천무천황은 사망
기하기에 이른다.[300] 이 사실은 그 이듬해 정월에 신라에 통보되었다.[301] 천무천황의 장
례식에 참여하기 위해 왔던 신라의 사신이 아미타상金銅阿彌陀象·관세음보살상金銅觀
世音菩薩像·대세지보살상大勢至菩薩像을 가지고 왔다.[302] 그 3개의 불상은 아미타삼존

---

296 『일본서기』 권29, 천무천황 8년(679) 10월, 갑자.
297 『일본서기』 권29, 천무천황 14년(685) 11월, 기사 ; 『일본서기』 권29, 천무천황·주조원년
　　(686) 4월, 무자.
298 『일본서기』 권29, 천무천황 14년(685) 9월 24일, 정묘.
299 『일본서기』 권29, 천무천황 주조원년(686) 5월 계해.
300 『일본서기』 권29, 천무천황 주조원년(686) 9월 병오.
301 『일본서기』 권30, 지통천황 원년(687) 정월, 갑신.
302 『일본서기』 권30, 지통천황 3년(689) 4월, 임인.

불阿彌陀三尊佛이었다. 이것은 천무천황의 죽음에 대한 애도의 뜻과 동시에 그의 극락왕생을 기원하는 것이라 할 수 있는데, 신라는 이토록 많은 노력을 행하였다.

앞서 지통천황이 즉위한 직후인 688년 2월에 신라사절은 상당한 양의 물품을 일본에 증여한다.[303] 신라는 지통천황의 즉위를 하례하고, 이전과 변함없는 태도를 보여주려고 했다. 신라의 이러한 대일본 외교의 적극성은 앞서 언급한 바와 같이 700년까지 이어지며, 이후 하강곡선을 그리고 있지만 그래도 734년 직전까지 지속된다. 그러나 734년 당과의 관계를 신라-당 전쟁 이전의 수준으로 회복한 신라는 일본과의 관계에서 종전과 달리 고자세로 돌변한다.[304]

734년 당 현종은 신라가 영유하고 있던 평양 이남의 땅을 공식적으로 인정했다. 당이 이전까지 취해왔던 신라에 대한 애매한 태도를 청산했던 것이다. 이제 신라는 일본에 대하여 신경을 쓰지 않아도 된다. 당과의 관계가 냉각될 때 일본의 향배는 신라에게 치명적이지만 당과의 관계가 호전될 때 대일관계는 중요하지 않다.

734년에 일본에 파견된 신라 사신은 '신라'를 '왕성국王城國'이라 표현하여 반각返却되었고,[305] 이어서 736년 신라에 파견되었던 일본 사신은 "신라가 상례를 지키지 않고, 사신의 뜻을 받아들이지 않았다"고 보고하였다.[306] 당시 일본 측은 신라를 정벌할 계획을 논의할 정도로 신라의 변화된 태도에 분개하고 있었다.[307] 또한 742년 신라에 온 일본 사신을 경덕왕은 받아들이지 않았다.[308] 뿐만 아니라 743년 신라는 일본에 보내는 국서에서 종래 천황에 바치던 조調를 토모土毛라 개칭하였고, 이에 일본은 이들 신라 사신을 곧바로 돌려보냈다.[309]

이는 신라-당 전쟁 이후 신라가 일본에 대하여 저자세를 취하면서 국제정세의 풍향이 바뀔 때까지 기다렸다는 것을 단적으로 말해 준다. 신라-당 전쟁이 언제 재발될

---

303 『일본서기』 권30, 지통천황 2년(688) 2월, 신묘.
304 윤선태, 「752년 신라의 대일교역과 『바이시라기모쯔게(買新羅物解)』」 『역사와 현실』 24, 58~59쪽.
305 『속일본기』 권12, 천평 7년(735) 2월, 계축.
306 『속일본기』 권12, 천평 9년(737) 2월, 기미.
307 『속일본기』 권12, 천평 9년(737) 2월, 병인.
308 『삼국사기』 권9, 신라본기9, 경덕왕 원년 10월.
309 『속일본기』 권15, 천평 15년 4월, 갑오.

지도 모르는 상황에서 신라는 어떠한 대가를 치르고서라도 등 뒤에 칼로 변신할 수도 있는 일본과의 평화를 보장받아야 했다. 전후 신라사회는 신라-당 전쟁의 여진에 몸살을 앓고 있었다.

제 5 장

통일신라와 발해의 군사제도

제1절

통일신라의 군사제도

.....

1.『삼국사기』무관조의 사료적 성격

『삼국사기』권40, 잡지9, 직관(하) 무관조(이하 무관조로 줄임)는 현존하는 신라 군사조직에 관한 가장 체계적인 서술이자 정리되어 묶여져 있는 사료이다. 신라의 군사조직에 관한 연구가 고구려·백제와 같은 동시대의 다른 국가의 경우보다 비교적 풍부할 수 있었던 것은[1] 이 무관조의 기록이 남아 있었기 때문임은 두말할 필요도 없다.

그러나 지금까지 이 무관조를 이해하는 시각에는 서로 다른 몇 가지의 입장이 있어왔다. 일찍이 스에마츠末松保和는 무관조의 기사를『삼국사기』편찬 당시에 알 수 있었던 것을 모두 열거한 것이거나, 또는『삼국사기』편찬자들이 이용했던 사료에 열거되어 있던 것을 그대로 보여주는 데 지나지 않는 것, 둘 중의 어느 하나일 것으로 생각하였다. 그래서 무관조에 열거된 군호軍號와 군관軍官 전부가 신라의 어느 시기에 동시적으로 존재한 것은 아니며, 그 가운데는 중고기中古期의 것도 있고, 또 어떤 것은 하고下古·하대下代 시기의 것이라고 추측하였다.[2]

한편, 이노우에井上秀雄는 무관조의 서술내용이 방대하고 계통적인 사료라는 점을

---

1 신라시대 군사조직에 대한 연구사적 검토는 李文基,「新羅 軍事組織 硏究의 成果와 課題」『歷史敎育論集』12, 1988 참조.
2 末松保和,「新羅幢停考」『新羅史の諸問題』, 1954, 311쪽.

들어, 기억이나 단편적인 사료를 조합하여 재구성된 것으로 보기 어려우며, 무관조에 보이는 병제를 신문왕 10년(690)에서 그리 멀지 않은 시기, 적어도 중대기中代期에 정리된 자료를 전승하여 『삼국사기』에 수록한 것이며, 신라본기와는 그 계통을 달리하는 것이라고 추정하였다. 그리고 다소의 의문은 남지만 적어도 군관은 동시적인 존재이며, 군호도 기능을 잃은 것이 포함되어 있기는 하지만, 완전히 소멸해버린 군호까지 열거된 것은 아니라고 보았다.[3] 그리고 패강진전浿江鎭典이 무관조가 아닌 외관조外官條에 포함되어 있는 것도 무관조의 병제 조직이 한 시기의 일괄사료임을 보여주는 것이라고 주장하였다.[4] 또 이성시李成市는 육정군단과 패강진 조직을 검토하면서, 무관조에 기록된 군사조직을 전시 행군行軍에 대비한 야전군野戰軍 조직의 임시적인 소속군관 배치표일 가능성을 제시하였다.[5]

이상과 같은 신라 군사조직 연구의 주요한 기본 사료의 하나인 무관조를 이해하는 시각의 차이는 인해 신라 군사조직 자체를 재구성하는 견해도 상당한 차이를 드러내고 있다. 만약 스에마츠의 견해를 따른다면 무관조는 신라 군사조직의 전체적인 모습을 복원할 수 있는 자료로서는 미흡한 것이며, 시대를 달리하는 군사조직들을 엄밀한 사료비판을 통해 구분하고, 그 토대 위에서 개별 군사조직에 관한 연구가 진행되어야 할 것이다. 그가 주로 육정·구서당·십정·오주서 등 주요군단의 연혁을 추구하고 변화의 과정에 깊은 관심을 표명한 것도 바로 여기에 그 이유가 있다.[6]

이와 달리 이노우에의 견해를 따를 경우, 무관조는 적어도 중대의 어느 시점에서의 신라 군사조직의 전모를 보여주고 있는 셈이며, 이를 통해 그 시기의 신라 군사조직의 전모를 재구성할 수 있게 된다. 그러나 중대 이후의 변화상이나 이미 중대에는 변질되었거나 소멸해 버린 이전 시기 군사조직의 연구에서 무관조는 커다란 한계를 지닌 자료가 되는 것이다. 그리고 이성시의 견해에 의한다면, 무관조의 군관에 대한 서술만으로는 행군시의 임시적인 상황을 알 수 있을 뿐이며, 평상시의 기간 조직이나

3 井上秀雄,「新羅兵制考」『新羅史基礎硏究』, 1974, 131~132쪽 및 137쪽.
4 井上秀雄, 앞의 논문, 1974, 138쪽.
5 李成市,「新羅六停の再檢討」『朝鮮學報』92, 1979 ; 李成市,「新羅兵制における浿江鎭典」『早稻田大學文學硏究科紀要』別冊7, 1987.
6 末松保和, 앞의 논문. 1954 참조.

해당 부대의 일상적인 조직에 대해 무관조에 의거해서는 이해가 불가능해지게 된다.

이와 같이 무관조를 바라보는 시각은 신라 군사조직에 대한 연구방향이나 그 내용을 결정짓는 기초적인 전제가 되고 있다. 이러한 의미에서 무관조의 사료적 성격에 대한 보다 정밀한 검토는 매우 긴요한 작업의 하나라고 할 수 있다. 그러나 이와 같은 중요성에도 불구하고 지금까지의 이에 대한 언급은 다음과 같은 점에서 적지 않은 의문과 문제를 남기고 있다.

첫째, 기왕의 연구에서 나타나는 무관조를 이해하는 시각은 구체적인 논증의 과정을 거치지 않은 산발적이고 단편적인 언급이라는 느낌을 주고 있으며, 이로 인하여 선험적 파악이라는 혐의에서 벗어나기 힘들다고 생각된다. 그러므로 보다 정밀한 논증과정을 통해 무관조의 사료적 성격을 확정지을 필요가 있다.

둘째, 지금까지의 견해에서 가장 문제로 되어 왔던 논점은 『삼국사기』 직관지의 찬자[7]가 채택한 무관조의 저본이 된 자료의 계통 및 그 찬술방식과 관련된 것이다. 즉 스에마츠는 무관조가 산발적이고 비체계적으로 수집된 자료의 열거일 것으로 본 반면, 이노우에는 신문왕 10년에서 그리 멀지 않은 시기에 정리된 일괄사료를 전승하여 이루어진 것으로 파악하고 있다. 서로 대립되는 이 두 견해 모두 만족할 만한 이해라고 하기는 어렵다. 왜냐하면 만약 전자와 같이 무관조의 저본사료가 여러 계통이고, 이를 전재[8]한 것이라면 무관조의 사료계통에 대한 구체적인 구분이 이루어져야 할 것인데 이에 관한 언급을 찾아볼 수 없으며, 그렇다고 후자처럼 중대의 특정 시기에 일괄 정리된 사료를 전승한 것으로 보기에도 무관조의 구성 부분인 제군관과 범군호와의 사이에 존재하는 현저한 부정합을 설명할 수 없는 등의 문제가 남기 때문이다. 그러므로 무관조의 저본이 된 사료의 계통에 대해서는 다른 각도에서 접근할 필요가 있다.

---

7 田中俊明, 「三國史記中國史書引用記事の再檢討」 『朝鮮學報』 104, 1982, 46~47쪽에서는 『삼국사기』 잡지의 경우 항목마다 집필자가 달랐을 가능성을 제시하고 있는데, 필자는 이에 따라 職官志의 撰者라는 용어를 사용하였으며, 이후 '撰者' 혹은 '『삼국사기』 撰者'도 바로 職官志의 撰者를 의미하고 있다.

8 물론 스에마츠 야스카즈(末松保和)는 '轉載'라는 표현을 쓰지 않고 '열거'라고만 하고 있다. 그러나 그 의미하는 바는 수집된 자료의 전재와 다를 바 없다고 본다.

셋째, 위의 문제와 깊은 관련을 가진 것이기는 하지만 다른 측면에서 또 하나의 의문으로 제기될 수 있는 것이 무관조가 보여주는 신라 군사조직의 모습이 과연 어느 시기의 것이며, 또 그것들이 실제적인 기능을 발휘했던 군사조직이었을까라는 점이다. 스에마츠가 무관조의 군사조직을 신라 전시기의 것들이 뒤섞여 있다고 하였던 것은 그 자체 너무 방대하다는 점을 의식한 것으로 생각되기 때문이다. 그런데 이노우에는 비록 기능이 정지되어 버린 것이 포함되어 있지만 신라 중대의 상황을 보여주는 것이라고 하고 있다. 따라서 무관조 서술의 대상시기에 대한 보다 자세한 검토가 요망되고 있다.

넷째, 무관조는 신라 군사조직 연구에 있어 기본사료의 하나이지만, 직관지의 일부분을 이루고 있으므로 일정한 한계를 지니고 있는 것도 사실이다. 그러나 아직까지 신라 군사조직 연구에 있어서 무관조가 가지는 사료로서의 효용성이나 한계[9]에 관하여 구체적으로 뚜렷한 정리가 이루어지지 않고 있는 문제점도 남아 있다고 생각된다.

이상과 같은 문제제기를 토대로 필자는 다음과 같이 무관조의 사료적 성격에 대한 접근을 시도하고자 한다. 먼저 『삼국사기』가 중국 정사의 기전체 서술방식을 모방한 것이라는 점에 주목하여 직관지 무관조의 중국 정사에서의 직관지(혹은 백관지)의 무관(혹은 서반)에 대한 서술체계를 비교하여 무관조의 일반적인 서술형식과 내용 등 구성상의 특징에 대해 살펴보겠다. 다음으로 가장 문제가 되는 찬술방식에 대하여 새로운 시각에서 접근해 보고자 한다. 이어 다음에 서술되고 있는 신라 군사조직의 실태가 과연 어느 시기의 것이며, 그것들이 실제로 기능했던 군사조직이었는지를 알아볼 것이다. 이러한 작업의 전제 위에서 마지막으로 무관조의 사료적 성격에 대해 정리해 보고자 한다.

1) 무관조의 구성과 그 특징

『삼국사기』는 기전체의 편찬체제로 엮은 사서이며, 본기·표·지·열전의 네 부분으

---

9 무관조의 한계에 대해서는 그것이 杜撰이라는 지적 정도가 나와 있을 뿐이다(井上秀雄, 앞의 논문, 1974 참조).

삼국사기

로 구성되어 있음은 주지의 사실이다. 그런데 중국 정사를 포함하는 일반적인 기전체 사서의 경우, 본기·표·열전은 비록 표제나 내용의 상략에서 차이는 있지만, 서술된 내용의 측면에서는 크게 다를 바 없다. 그러나 각종 제도와 문물의 변화를 서술하고 있는 지[10]는 구성항목과 서술내용에서 각 사서마다 상당한 차이를 나타낸다.

『삼국사기』의 지는 잡지雜志라고 표제가 붙어 있으며, 제사祭祀·악樂·색복色服·거기車騎·기용器用·옥사屋舍·지리地理·직관職官의 8항목 9권으로 구성되어 있는데, 본기 등 여타 부분과 비교했을 때 가장 빈약한 내용을 담고 있어 구색을 맞추기 위한 단순한 삽입이라는 평가를 받을 만큼 초라한 편이다.[11] 이제 이러한 『삼국사기』 잡지의 구성항목을 중국 역대 정사 및 『고려사高麗史』의 그것과 비교하여 정리하면 아래의 〈표 5-1〉과 같다.

〈표 5-1〉을 보면 『삼국사기』 잡지의 구성항목과 전적으로 동일한 사서는 없다. 이는 삼국의 문물과 제도에 나타나는 특수성에서 기인된 바도 있었겠지만, 『삼국사기』 편찬시에 지의 내용을 구성할 소전 사료가 부족했기 때문일 것이다.[12]

〈표 5-1〉 지(志)의 구성항목 비교

서명	항목	구성항목
사기 (史記)	8	예(禮), 악(樂), 율(律), 역(曆), 천관(天官), 봉신(封神), 하거(河渠), 평준(平準)
한서 (漢書)	10	오행(五行), 율역(律曆), 식화(食貨), 교사(郊祀), 지리(地理), 예악(禮樂), 형법(刑法), 천문(天文), 구혁(溝洫), 예문(藝文)
후한서 (後漢書)	8	오행(五行), 군국(郡國), 백관(百官), 율역(律曆), 예의(禮儀), 제사(祭祀), 천문(天文), 여복(輿服)

10 기전체 사서에서 志의 일반적인 성격에 대해서는 邊太燮, 『高麗史의 研究』, 1982, 49~53쪽 참조.
11 申瀅植, 『三國史記研究』, 1981, 314쪽.
12 李文基, 「三國史記 雜志의 構成과 典據資料의 性格」 『韓國古代史研究』 43, 2006 참조.

송서 (宋書)	8	오행(五行), 예(禮), 악(樂), 천문(天文), 주군(州郡), 율역(律曆), 부단(符端), 백관(百官)
남제서 (南齊書)	8	예(禮), 천문(天文), 군국(郡國), 악(樂), 백관(百官), 여복(輿服), 상서(祥瑞), 오행(五行)
위서 (魏書)	10	천상(天象), 예(禮), 지형(地形), 율역(律曆), 영징(靈徵), 악(樂), 식화(食貨), 형벌(刑罰), 관씨(官氏), 석로(釋老)
진서 (晉書)	10	천문(天文), 율역(律曆), 예(禮), 악(樂), 오행(五行), 지리(地理), 직관(職官), 여복(輿服), 식화(食貨), 형법(刑法)
수서 (隋書)	10	예의(禮儀), 경적(經籍), 음악(音樂), 율역(律曆), 천문(天文), 백관(百官), 지리(地理), 오행(五行), 식화(食貨), 형법(刑法)
구당서 (舊唐書)	10	의례(儀禮), 음악(音樂), 지리(地理), 역(曆), 직관(職官), 천문(天文), 경적(經籍), 식화(食貨), 여복(輿服), 형법(刑法)
신당서 (新唐書)	13	예악(禮樂), 역(曆), 지리(地理), 백관(百官), 식화(食貨), 예문(藝文), 천문(天文), 오행(五行), 의위(儀衛), 선거(選擧), 거복(車服), 병(兵), 형법(刑法)
삼국사기 (三國史記)	8	제사(祭祀), 악(樂), 색복(色服), 거기(車騎), 기용(器用), 옥사(屋舍), 직관(職官), 지리(地理)
고려사 (高麗史)	12	예(禮), 천문(天文), 역(曆), 오행(五行), 지리(地理), 선거(選擧), 식화(食貨), 병(兵), 악(樂), 백관(百官), 여복(輿服)

『삼국사기』의 찬자가 독창적으로 지의 항목을 설정한 것이 아니라면, 잡지 항목 설정의 전범이 되었던 것은 무엇이었을까? 〈표 5-1〉을 통해 살펴보면 그래도 가장 근사한 것이 『구당서』이다. 그래서 『구당서』가 『삼국사기』 잡지의 항목 설정의 전범이 아니었을까 생각한다.[13] 이 점은 양자의 직관지를 비교 검토할 때 다시 확인된다.

〈표 5-1〉에서 각종 관직·관부제도의 변천내용을 담은 지志의 표제가 사서史書마다 차이가 있음을 알 수 있다. 즉 『사기』에는 천관지天官志, 『후한서』·『송서』·『남제서』·『수서』·『신당서』에는 백관지百官志로 되어 있으며, 『진서』와 『구당서』에는 직관지職官志라는 항목으로 나타나고 있다. 그러므로 표제에서 본다면 『삼국사기』는 일단 『진서』와 『구당서』 가운데 어느 것을 모방한 것으로 보아도 좋다. 그런데 직관지 서술의 형식적 측면을 보면 『진서』 보다는 『구당서』를 모방했음이 뚜렷이 드러난다.

중국 정사의 백관지나 직관지에 나타나는 서술의 형식을 보면 대체로 아래와 같은

---

13 申瀅植은 『삼국사기』가 형태상 『唐書』를 모방했다고 하였는데(앞의 책, 1981, 10쪽), 이는 雜志의 항목 설정의 경우에도 적용된다고 본다.

세 가지 유형이 보인다. 첫째는 관직과 관부 하나하나를 작은 표제로 나열하면서 각각의 간략한 연혁·원수員數·직장職掌 등을 서술하는 방식인데,『사기』·『후한서』·『송서』·『남제서』·『수서』 등이 이에 해당된다. 둘째는 일반적인 관직과 관부는 나열하여 서술하고 내관內官·궁관宮官·무관武官 등은 소표제를 세워 따로 서술하는 것으로『구당서』가 취하고 있는 방식이다. 셋째는 이 두 가지의 형식이 복합되어 있는 것으로 보다 자세한 설명이 가해지고 있는 유형인데,『신당서』와 그 이후의 사서들이 이에 해당한다. 그런데『진서』직관지의 경우 표제는 이전 사서들의 백관지 등과 다르게 직관지로 되어 있지만, 서술의 형식적 측면은 첫 번째의 유형과 전적으로 같다. 즉 관직과 관부 하나하나를 작은 표제로 나열하면서 서술하는 형식을 따르고 있는 것이다.

그러나『구당서』의 서술형식은 이와는 다른 독특한 유형을 보여주고 있으며, 이는『삼국사기』직관지의 그것과 매우 흡사하다.『삼국사기』직관지는 분량 면에서 지리지 다음으로 큰 비중을 갖고 있고, 상·중·하의 3권으로 구성되어 있다. 그 서술의 내용을 보면 대체로 상에는 중앙 행정관부, 중에는 내정관부, 하에는 무관과 외관에 관하여 쓰고 있지만, 서술의 형식적 측면은 상과 중의 중앙행정관부와 내정관부는 별도의 소표제를 내세우지 않고 관직·관부를 나열하여 서술하고 있으며, 중권 말미에 동궁관, 하권에 무관·외관이라는 소표제를 세워 구분 서술하는 방식을 보여주고 있어『구당서』의 그것과 거의 같음을 알 수 있다. 그러므로『삼국사기』는 지의 항목설정에서『구당서』를 모방했으며, 특히 직관지의 경우 서술의 형식적 측면까지 거의 그대로 따르고 있다고 할 수 있다.

그러면 직관지를 구성하고 있는 한 부분으로 본 절에서 다루고자 하는 무관조의 구성문제를 살펴보기로 하자. 그러기 위해서 먼저『구당서』직관지 무관조의 서술형식을 살펴보기로 하겠다.

> A. 좌우효위左右驍衛(주註 : 옛날에는 효기驍騎라고 했는데 수隋가 좌우비신左右備身으로 고쳤다가 좌우효위左右驍衛로 고쳐 표기豹騎를 거느리게 했다. 국가에서 기자騎字를 버리고 효위부驍衛府라고 했는데, 용삭龍朔 연간에 부자府字를 버리고, 좌우무위左右武衛로 고쳤다가, 신룡神龍 년간에 다시 효위驍衛라고 하였다.) 대장군大將軍

각 1명(정삼품), 장군將軍 각 2명(종삼품)이 있다.… (『구당서』권44, 지24, 직관 3)

A는 『구당서』 직관지 무관조의 서술형식을 파악하기 위하여 좌우효위의 경우를 하나의 예로서 들어본 것이다. 사료 A에서 알 수 있듯이 『구당서』는 먼저 좌우효위와 같이 군사조직 명칭을 들고, 이어 세주의 형식으로 그 연혁을 간략히 기록하고 있다. 그리고 대장군·장군과 같이 각급 군관을 열거하면서 원수와 품질규정, 각각의 직장에 대한 설명을 열거하고 있는 것이다. 이러한 서술형식은 『구당서』 무관조에 일관되게 관철되고 있다. 따라서 『구당서』 무관조는 좌우위·좌우효위·좌우무위 등 17가지의 개별 군사조직에 대해 나열적으로 설명하는 '군사조직 중심 서술형식'을 취하고 있는 것이다.

그러나 『삼국사기』 직관지 무관조는 이와는 크게 다르다. 내용구성의 측면에서나 서술의 형식적인 면에서 크게 네 부분으로 구분되어 있는 점이 주목을 끈다. 이를 도식화하면 〈표 5-2〉와 같다.

〈표 5-2〉 『삼국사기』 직관지 무관조의 서술형식

시위부(侍衛府)	연혁, 장군(將軍)-졸(卒)의 5종류 군관(軍官)의 정원 및 관등(官等)규정
제군관(諸軍官)	장군(將軍)-삼천졸(三千卒)의 31종류 군관의 연혁, 소속부대별 정원, 관등규정, 착금(着衿)여부, 총인원
범군호(凡軍號)	6정(停)-신삼천당(新三千幢)의 23군호(軍號) 열거 6정(停)-신삼천당(新三千幢)의 연혁, 부대구성, 금색규정(衿色規定)
금(衿) : 화(花)	금(衿)의 개념설명 대장군화(大將軍花)-제저금당주화(諸著衿幢主花)의 13종 화(花) 설명
부(附) : 정관(政官)	승정(僧政) 조직

〈표 5-2〉에서 알 수 있듯이 무관조의 주된 내용인 군사조직과는 성격을 달리하여 부록의 성격을 가진 승정조직인 정관政官에 관한 부분을 제외한다면,[14] 시위부·제군

---

14 政官이 武官條에 포함된 이유에 대하여 미시나(三品彰英)는 당시의 정치형태를 암시하는 것이라고 하였고(三品彰英, 『新羅花郎の研究』, 1932, 273쪽), 李弘植은 착오에 의한 것이라고 보았다(李弘

관·범군호·금과 화의 크게 네 부분으로 구분 서술되고 있다. 각각의 서술형식과 그 내용을 좀 더 자세히 살피기로 하자.

첫머리에는 시위부의 삼도三徒라는 부대조직과 그 연혁, 장군에서 졸에 이르는 각급 군관의 정원과 관등규정이 서술되고 있다. 이는 『구당서』 무관조의 '군사조직 중심 서술형식'과 다를 바 없다. 그리고 이와 같이 시위부가 무관조의 첫머리에 기록되고 있는 이유는 시위부가 여타 군사조직을 통괄하는 군령체계상의 위치 때문인 것으로 이해한 견해도 있으나,[15] 이는 잘못이다. 그것은 시위부가 국왕과 직결된 군사조직으로 신라 군제에서 차지하고 있는 특이한 위치를 나타내기 위한 것으로 보아야 한다.[16]

다음으로 제군관 부분에는 장군·대관대감에서부터 삼천졸에 이르는 31종의 각급 군관에 대한 기록이 남아 있다. 그 서술형식을 보면, 먼저 군관직명을 적고 다음으로 소속부대별 인원규정·관등규정·착금着衿여부·총인원 등이 기록되고 있으며, 관직에 따라서 서술되는 순서나 내용에서 조금씩 차이가 있다. 이러한 기록방식은 '군관 중심 서술형식'이라고 할 수 있으며, 이는 『구당서』와는 매우 다른 점이다. 그리고 제군관의 서술형식에서 찾아지는 약간의 차이는 사료계통 및 찬술방식의 상이와 관련지어 좀 더 자세히 음미할 필요가 있다.

세 번째로 기록된 것은 범군호이다. 범군호는 먼저 도론으로 23개의 군호명을 열거하고, 이어 그 순서에 따라 23개 군호에 대한 개별 설명을 하고 있다. 여기에는 물론 극히 간략하게 설치연대나 착금여부 등 한 두가지의 간단한 사항만을 적고 있는 경우도 있지만, 개별 군호의 구성부대와 상당히 자세한 연혁 등이 적혀 있어 신라 군사조직의 제도적인 측면을 밝히는데 매우 중요한 기초자료가 되고 있다. 다만 제군관과

植, 「新羅 僧官制와 佛教政策의 諸問題」 『韓國古代史의 研究』, 1971, 473쪽). 이 가운데 필자는 후자의 견해를 취한다.

15 井上秀雄, 앞의 논문, 1974, 155쪽에서는 '三徒'라는 용어를 관직으로 이해하여, 중국의 최고 사령관 제도를 모방한 것이라고 하고 있고, 『조선전사』 5, 200쪽에서는 9서당·6정·계금당 등의 신라 중앙군을 거느리는 것으로 설명하고 있어 이런 견해를 보여주고 있다. 그러나 이노우에 히데오(井上秀雄)가 관직으로 파악한 '三徒'는 세 개의 부대조직이며(李文基, 「新羅 侍衛府의 成立과 性格」 『歷史教育論集』 9, 1986, 34쪽 참조), 『조선전사』의 견해는 뚜렷한 논거를 제시하지 못하고 있어 수긍할 수 없다.

16 李基白·李基東, 『韓國史講座』 古代篇, 1982, 339쪽.

연관지어보면 서로 정합적이지 못한 부분이 많아 이에 대한 보다 정밀한 검토가 요망되고 있다.

마지막으로 금과 화에 대한 것으로, 금에 대한 일반적인 개념의 설명과 대장군화를 비롯한 13종의 군관들이 착용한 화의 재원과 크기 등을 간략히 서술하고 있다. 여기에서 설명되고 있는 군관들은 제군관에서 보이고 있는 군관과 일정한 차이가 있는데, 이 점도 양자가 각각 서술의 대상시기나 혹은 사료계통이 달랐기 때문은 아닌지 자세히 살필 필요가 있다.

이상 보았듯이 『삼국사기』는 직관지라는 항목 표제의 설정이나 외형적인 서술형식의 범주에서는 『구당서』의 그것을 모방했지만, 하나의 구성부분인 무관조의 경우는 『구당서』 무관조와 전혀 다른 방식으로 서술하고 있다. 이 점을 고려하면서 『삼국사기』 무관조의 서술형식과 내용 등 구성의 측면에서 찾아지는 원형을 찾아보면 대략 아래와 같이 정리될 수 있다.

『삼국사기』 직관지 무관조는 시위부·제군관·범군호·금과 화라는 크게 4부분으로 구분 서술하고 있는 특징을 보여주고 있다. 이는 17개의 군사조직을 나열적으로 서술하고 있는 『구당서』 직관지 무관조와는 크게 다른 방식이다. 그리고 구분 서술된 각 부분의 내용도 『구당서』 무관조의 내용과 일정한 차이를 보인다. 시위부의 경우는 '군사조직 중심 서술형식'을 취하고 있어 『구당서』의 그것과 크게 다를 바 없고 『구당서』 무관조 첫머리에 황제의 호위를 주된 임무로 하는 좌우위가 기록되고 있는 사실과도 상치되지 않는다.

그러나 제군관·범군호·금과 화의 서술형식과 내용은 『구당서』와 판이하다. 제군관 부분은 『구당서』가 '군사조직 중심 서술형식'인데 비해 '군관 중심 서술형식'을 보여주고 있으며 내용도 체계적이지 못하다. 그리고 범군호는 『구당서』에서는 세주의 형식으로 가볍게 처리하고 있는 내용인데 『삼국사기』 무관조에서는 상당한 비중을 차지하고 있다. 그리고 이러한 내용을 『고려사』의 지와 비교하면 백관지 서반조에 포함되기보다 병지에서 서술될 성격의 것이다.[17] 또 금과 화 부분도 『구당서』 무관조에서

---

17 『고려사』 백관지 및 병지 참조.

는 찾아볼 수 없는 것이며, 오히려 여복지에 수록될 성격의 것이다. 따라서『삼국사기』무관조의 경우, 비록 직관지의 구성부분으로 포함되어 있지만 직관지로서의 성격만을 지닌 것이 아닌 셈이다. 이 점이『삼국사기』무관조가 지닌 가장 큰 특징이라고 할 수 있다.

2) 사료계통과 찬술방식

무관조가 서술형식과 내용 등 구성의 측면에서 중국 정사의 그것과는 다른 특징을 보여주고 있으며, 특히 네 부분으로 확연히 구분 서술되어 있음을 알게 되었다. 이러한 무관조의 구성상의 특징은 무관조에 반영된 신라 군사조직의 특이성이 반영된 것이기도 하겠지만, 무관조의 편수에 이용된 저본자료의 계통문제와도 관련이 있을 가능성을 찾아볼 수 있었다.

이미 앞의 문제제기를 통하여 지적한 바 있지만, 무관조의 사료계통과 관련해서는 서로 시각을 달리하는 두 가지의 주장이 제출되어 있다. 즉 스에마츠는 무관조를 군관과 군호의 단순한 열거라고 하고, 그것이『삼국사기』편수 당시에 알고 있던 모든 것을 정리한 것이거나, 혹은『삼국사기』편찬에 이용된 사료에 열거되어 있던 것을 그대로 보여주는 것 중 어느 하나일 것이라 하여[18] 조심스럽기는 하지만 비체계적으로 수집된 사료의 전재일 가능성을 시사하고 있다. 이와 달리 이노우에는 중대의 특정시기에 정리된 것이 무관조의 저본사료일 것이며,[19] 무관조는 이 단일계통의 사료를 전승하여 이루어진 것으로 보고 있다.

이와 같은 양자의 견해는 결국 무관조의 사료계통과 찬술방식, 두 가지 문제에 관한 주장으로 세분될 수 있다. 즉 전자는 사료계통의 문제와 관련해서는 수집된 여러 계통의 사료로, 찬술방식은 이 자료들의 전재일 것으로 본 데 반해, 후자는 사료계통에 있어서는 중대에 정리된 단일 계통의 사료로 추정하고, 찬술방식은 이를 전승한 것이라고만 하고 있어, 불명확하지만 찬자에 의해 재정리·서술된 것으로 이해하고 있

---

18 末松保和, 앞의 논문, 1954, 311쪽.
19 井上秀雄, 앞의 논문, 1974, 131~132쪽.

는 듯하다.[20] 그러면 양자의 이 두 가지 문제에 대한 견해의 당부當否에 대해 살펴보기로 하자. 먼저 사료계통에 대한 견해부터 알아보겠다.

무관조는 관연 단일한 사료계통으로 이루어진 것인가? 아니면 사료상 여러 계통을 갖고 있을까? 무관조를 일별할 때 이노우에의 견해처럼 무관조 전체가 같은 시기에 정리된 단일한 사료를 전승한 것으로는 보기 어려운 대목이 눈에 띈다. 무관조의 구성부분인 제군관과 범군호 사이의 부정합이 가장 현저한 예이다. 제군관부분은 주로 장군을 비롯한 각급 군관이 소속된 부대명과 인원수가 열거된 것이고, 범군호는 군사조직 명칭을 나열·설명하고 있는 부분이므로, 만약 양자가 같은 시기에 정리된 동일한 저본사료를 전재했거나 혹은 그것을 토대로 서술했다면 양자 사이에 확연한 부정합은 있을 수 없을 것이다. 그런데 양자 사이에는 부정합한 면이 쉽게 찾아지고 있다.

이를 확인하기 위하여 제군관이 소속된 부대를 무관조의 제군관 부분에 의거하여 정리하면 〈표 5-3〉과 같다. 〈표 5-3〉은 제군관 부분에 기술되어 있는 내용을 그대로 옮긴 것은 아니다. 단위부대별로 기술되어 있는 것을 범군호의 23군호에 맞추어 재정리해 본 것이다.

〈표 5-3〉에서 우선 주목되어야 할 것은 각급 군관들이 소속되어 있는 것으로 기록된 군호가 23군호 모두가 아니라는 점이다. 즉 23군호 가운데 (1) 육정·(2) 구서당·(3) 십정·(4) 오주서·(5) 삼무당·(6) 계금당·(7) 사천당·(9) 경오종당·(10) 이절말당·(11) 만보당·(13) 군사당·(15) 백관당·(16) 사설당·(18) 삼십구여갑당 등 14개 군호에만 각급 군관들이 소속된 것으로 기록되어 있고, (7) 급당·(12) 대장척당·(14) 중당·(17) 개지극당·(19) 구칠당·(20) 이계당·(21) 이궁·(22) 삼변수·(23) 신삼천당 등 9개 군호에는 어떤 종류의 군관도 소속되지 않았던 것으로 되어 있는 것이다. 뿐만 아니라 제군관이 소속된 것으로 기록된 14개의 군호 가운데서도 비교적 체계적인 군관조직을 보여주는 것은 육정·구서당·십정·삼무당·계금당 정

---

20 단 스에마츠 야스카즈(末松保和)는 계통이 다른 사료가 그대로 轉載되었을 가능성을 제시했을 뿐, 구체적으로 어떤 부분이 동일한 계통의 사료로 구성되어 있는지에 관해서는 침묵하고 있으며, 이노우에 히데오(井上秀雄)는 '전승된 자료'를 토대로 하고 있다고 막연히 표현하고 있어 찬술방식과 관련한 분명한 표현은 찾을 수 없다. 그러나 양자의 사료계통과 찬술방식에 대한 이해는 위와 같이 세분해 보더라도 별 무리는 없다고 생각된다.

도이며 나머지는 군관조직의 일부만을 보여주고 있는 극히 불충분한 기록으로 생각된다.

또 하나 〈표 5-3〉에서 주의를 끄는 것은 23군호에는 포함되지 않은 군사조직에 소속된 군관이 발견되고 있는 사실이다. 법당감이 속한 사자금당과 법당두상·법당벽주가 소속된 외법당이 그것이다. 여기서 외법당은 삼십구여갑당의 단위부대인 외여갑당과 동일한 것이라는 견해[21]를 따른다고 하더라도 23군호에 없는 군사조직인 사자금당에 군관이 소속되어 있다는 사실은 제군관과 범군호 부분의 사료계통과 관련하여 주목되어 마땅하다고 생각된다.

이와 같이 범군호 부분에 23군호로 명시된 군사조직 중에 소속 군관이 하나도 없는 경우가 있다거나, 반대로 23군호가 아닌 군사조직에 소속 군관이 존재하는 등의 제군관과 범군호 사이의 부정합은 어디에서 연유한 것일까?

〈표 5-3〉 제군관(諸軍官)의 소속(所屬) 군호(軍號)

순서	군호軍號 \ 군관軍官	육당六幢	칠서당七誓幢	십정十停	오주서五州誓	삼무당三武幢	계금당罽衿幢	사천당四千幢	경오종당京五種幢	이절말당二節末幢	만보당萬步幢	군사당軍師幢	백관당百官幢	사설당四設幢	삼십구여갑당三十九餘甲幢	사자금당師子衿幢	외법당外法幢	왕도王都	구주정九州停
1	장군(將軍)	○	○																○
2	대관대감(大官大監)	○	○																
3-1	대대감(隊大監) ; 영마병(領馬兵)			○	○		○												
3-2	대대감(隊大監) ; 영보병(領步兵)	○	○																
4	제감(弟監)	○	○				○												
5	감사지(監舍知)	○	○			○	○												

---

21 武田幸男, 「中古新羅の軍事的基盤−法幢軍團の成立と展開」 『西嶋定生還曆紀念東アジアにおける國家と農民』, 1984, 236쪽. 한편 이를 별개의 군사조직으로 본 견해도 있다(井上秀雄, 앞의 논문, 1974, 167쪽 ; 盧重國, 「法興王代의 國家體制 强化」 『統一期의 新羅社會硏究』, 1987, 53~57쪽).

번호	관직명	C1	C2	C3	C4	C5	C6	C7	C8	C9	C10	C11	C12	C13	C14	C15	C16
6-1	소감(少監) ; 속대관(屬大官)	○	○														
6-2	소감(少監) ; 영기병(領騎兵)		○	○	○		○										
6-3	소감(少監) ; 영보병(領步兵)	○	○			○											
7-1	화척(火尺) ; 속대관(屬大官)	○	○														
7-2	화척(火尺) ; 영기병(領騎兵)		○	○	○		○										
7-3	화척(火尺) ; 영보병(領步兵)	○	○			○											
8	군사당주(軍師幢主)	○	○			○										○	
9	대장척당주(大匠尺幢主)	○	○														
10	보기당주(步騎幢主)	○	○			○										○	
11	삼천당주(三千幢主)			○													
12	저금기당주(著衿騎幢主)		○		●		○	○									
13	비금당주(緋衿幢主)																○
14	사자금당주(師子衿幢主)															○	○
15	법당주(法幢主)											○	○	○			
16	흑의장창말보당주(黑衣長槍末步幢主)	○	○														
17	삼무당주(三武幢主)					○											
18	만보당주(萬步幢主)								○	○	○						
19	군사감(軍師監)	○	○													○	
20	대장척감(大匠尺監)	○	○														
21	보기감(步騎監)	○	○			○										○	
22	삼천감(三千監)			○													
23	사자금당감(師子衿幢監)															●	●
24	법당감(法幢監)											○	○	○	○		
25	비금감(緋衿監)																●
26	저금감(著衿監)		○		●		○	○									

27	개지극당감 (皆知戟幢監)								○
28	법당두상(法幢頭上)						○	○	○	
29	법당화척(法幢火尺)					○	○	○	○	
30	법당벽주(法幢辟主)						○	○		○	
31	삼천졸(三千卒)	●								

※ ●는 諸軍官 部分에 명백히 기록되지 않았으나 추정 가능.

특히 전자와 관련하여 군관이 소속되지 않은 군사조직은 존재할 수 없다는 점에서 우선 쉽게 떠올릴 수 있는 것은 무관조가 극히 불비한 사료일 것이라는 추측이다.

사실 무관조를 자세히 검토하면 잘못된 내용이 들어 있는 두찬의 예도 적지 않고,[22] 확실한 누락의 경우도 종종 발견되는 등 불비한 사료임이 드러나고 있다. 무관조가 불비한 사료임을 보여주는 호례가 제군관에서 찾아지는 오주서의 소속 군관에 관한 기록이다.

B-1. 첫째는 6정六停이었다. 둘째는 9서당九誓幢이었다. 셋째는 10당十幢이었다. 넷째는 5주서五州誓였다.〈하략〉

B-2. 5주서五州誓는, 첫째는 청주서菁州誓였다. 둘째는 완산주서完山州誓였다. 셋째는 한산주서漢山州誓였다. 금색衿色은 자록紫綠이었다. 넷째는 우수주서牛首州誓였다. 다섯째는 하서주서河西州誓였다. 금색은 녹자綠紫이었다. 모두 문무왕 12년 (672)에 설치하였다.

위의 사료를 통하여 문무왕 12년(672)에 병치된[23] 다섯 개의 단위부대로 구성된 군

---

22 한 가지의 예만 들어본다면, 범군호 부분의 육정에 관한 서술 중 귀당은 문무왕 13년 상주정이 개 칭된 것이라는 기록은 두찬이며, 사실은 이 두 개의 부대의 경우 적어도 진흥왕 23년 이후 병존해 온 것이다.

23 이 설치연대에 대한 기사는 '청주서'나 '완산주서'라는 부대명으로 보아 신빙하기 어렵다. 청주와 완산주는 신문왕 5년에 설치된 것이기 때문이다(末松保和, 앞의 논문, 1954, 368쪽). 그러나 문무 왕 12년이 오주서와 관련하여 무언가 의미 있는 시기라는 사실만은 부인할 수 없겠다.

호로 나오고 있음을 알 수 있다. 그런데 이 오주서의 군관을 제군관 부분에서 찾아 정리하면 〈표 5-4〉와 같이 된다.

〈표 5-4〉 5주서(五州誓)의 군관구성

부대 ＼ 군관	대대감(隊大監)(영마병領馬兵)	소감(少監)(영기병領騎兵)	소감(少監)(영보병領步兵)	화척(火尺)(영기병領騎兵)	저금기당주[24](著衿騎幢主)	저금감[25](著衿監)
청주서(菁州誓)	1	3	9	2	6	6
완산주서(完山州誓)	1	3	9	2	6	6
한산주서(漢山州誓)	1	3	9	2	6	6
우수주서(牛首州誓)	-	-	-	-	3	3
하서주서(河西州誓)	-	-	-	-	4	4

〈표 5-4〉에 정리된 5주서의 군관조직은 단위부대에 따라 크게 두 부류로 나누어질 수 있다. 즉 청주서·완산주서·한산주서의 경우는 비교적 체계적인 군관조직을 보여주는 데 비해, 우수주서·하서주서는 착금기당주·착금감이라는 군관만 소속된 극히 조졸한 조직으로 나타나고 있는 것이다. 이러한 5주서의 단위부대의 군관조직에서 보이는 커다란 차이가 당시의 현실을 그대로 보여주고 있다고는 생각할 수 없다. 적어도 같은 군호에 포함되어 있는 단위부대들은 거의 동일한 조직을 갖춘 비슷한 성격의 군사조직이었을 것이기 때문이다. 따라서 이는 사료의 불비에서 기인된 것으로 보아야 옳을 것이다.[26]

───────

24 착금기당주는 '청주서'와 같이 부대명칭이 분명하게 기록되어 있지 않고, '청주', '완산주'와 같이 주명으로 되어 있거나, '우수당'과 같이 되어 있다. 이를 스에마츠 야스카즈(末松保和)는 서술순서를 중시하여 오주서에 관한 기록으로 인정했으며(末松保和, 앞의 논문, 1954, 368쪽), 이노우에 히데오(井上秀雄)는 9주의 일부로 파악했다(앞의 논문, 1974, 188~189쪽의 표 16 참조). 필자는 스에마츠 야스카즈(末松保和)의 견해가 옳다고 본다.

25 착금감도 착금기당주와 마찬가지 방식으로 기록하고 있어 오주서의 군관기록임을 알 수 있다. 단 스에마츠 야스카즈(末松保和)는 착금감을 오주서의 군관에서 누락시키고 있는데(末松保和, 앞의 논문, 1954, 368쪽), 무관조에 대한 소홀한 검토로 인한 실수로 보인다.

26 末松保和, 앞의 논문, 1954, 367~370쪽에서는 이를 당대의 현실을 그대로 반영하고 있다고 보고,

그런데 5주서의 예와 같이 무관조가 사료적으로 불비한 점이 있다고 하더라도 앞에서 문제로 제기했던 범군호와 제군관 사이의 부정합의 연유를 사료상의 불비로만 설명하기에는 석연치 못한 점이 남아 있다. 특히 이노우에의 주장처럼 같은 시기에 정리된 단일 사료계통을 전승하여 무관조가 서술된 것이라면, 23군호 가운데 무려 9개의 군호에 소속 군관이 나타나지 않고 있는 점이나, 23군호에는 없는 사자금당에 군관이 소속된 것으로 나오는 것과 같은 사료상의 불비는 상상하기 힘들다. 따라서 무관조 전체가 단일한 사료계통을 갖고 있다고 본 견해는 성립되기 어렵다고 본다.

이와 같이 제군관과 범군호 사이에서 찾아지는 현저한 부정합의 이유가 사료의 불비에서 기인된 것이 아니라면, 그것은 양자가 계통을 달리하는 저본자료를 토대로 찬술되었기 때문으로 볼 수밖에 없다. 그래서 범군호에 기록된 군사조직이 제군관에서는 전혀 소속군관이 없는 것으로 기록된 경우가 발생했고, 또 역으로 23군호에는 포함되지 않는 군사조직에 소속 군관이 기록되기도 했던 것이다. 요컨대 제군관과 범군호는 서로 계통을 달리하는 저본사료를 토대로 이루어졌기 때문에 상호 현저한 부정합을 나타내고 있는 것으로 생각된다.[27]

무관조가 단일한 사료계통을 갖는 것이 아니라 제군관과 범군호 부분이 서로 계통을 달리하는 저본자료를 토대로 이루어졌다는 사실은 다음을 통해서도 증명될 수 있다.

  C-1. 6정六停은 첫째는 대당大幢이다. ⋯ 둘째는 상주정上州停이다. 진흥왕 13년

청주서 · 완산주서 · 한산주서 등 3개와 우수주서 · 하서주서 등 2개 사이에 보이는 격단의 차이에 대해 전자를 주체적인 것으로 후자를 부수적인 것이라는 궁색한 설명을 시도하고 있다. 그러나 이는 소재지의 주명으로 보아 문무왕 12년경에 두어졌을 가능성이 큰 하서주서는 부수적인 것이며, 보다 후대에 두어진 청주서와 완산주서가 주체라는 의미이므로 쉽게 수긍되지 않는다. 이러한 군관 구성의 차이는 사료의 불비에서 기인한 것으로 파악하는 것이 옳다고 생각된다.

27 이미 이강래는 『삼국사기』의 분주에 관한 검토를 시도하면서 본기와 지 · 열전의 불일치나 열전 자체내의 항목간의 불일치, 지 자체내의 항목간의 불일치는 각각의 편찬 근거자료가 가지고 있는 상위에서 노정된 결과라고 추측한 바 있다(이강래, 「삼국사기 분주의 성격」『전남사학』 3, 1989, 21쪽). 이러한 지적은 무관조의 각 구성부분 사이에서 찾아지는 부정합의 이유와 관련하여 시사하는 바 크다.

(552)에 설치하였는데, 문무왕 13년(673)에 이르러 귀당貴幢으로 고쳤다.〈중략〉여섯째는 완산정完山停이다. 본래는 하주정下州停이었는데, 신문왕 5년(685)에 하주정을 혁파하고 완산정을 두었다.…

C-2. 감사지監舍知는 모두 19명인데 법흥왕 10년(523)에 설치하였다. 대당에 1명, 상주정에 1명, 한산정에 1명, 우수정에 1명, 하서정에 1명, 완산정에 1명이다.…

위의 사료 C-1을 보면 상주정은 문무왕 13년(673) 귀당으로 개칭되었고, 완산정은 신문왕 5년(685) 하주정을 파하고 설치한 것으로 나타난다. 그러므로 C-1을 따르는 한 상주정은 완산정과 같은 시기에 병존할 수 없는 부대명이 된다. 그런데 C-2에는 이 상주정과 완산정에 감사지가 각 1인씩 소속된 것으로 기록되어 있다.[28] 이러한 모순된 기록은 어느 하나가 잘못된 것이며, 만약 무관조가 동일 시기에 정리된 단일 계통의 사료로 이루어진 것이라면 이러한 논리적 모순은 생겨날 수가 없다. 이와 같은 무관조의 구성부분 상호간에 찾아지는 모순과 괴리는 역시 무관조 전체가 단일한 사료계통으로 이루어진 것이 아님을 말하고 있는 것이다.

이상 보았듯이 무관조 전체가 단일한 사료계통을 갖는 것이 아니며, 적어도 범군호과 제군관은 사료계통을 달리하고 있음을 확인할 수 있었다. 그러므로 단일한 사료계통을 상정한 이노우에의 견해는 성립될 수 없다. 그렇다고 여러 계통의 저본자료를 상정한 스에마츠의 견해도 반드시 옳은 것은 아니다. 시각의 설정에서 오류를 엿볼 수 있기 때문이다.[29]

그러면 다음으로 무관조의 편조가 수집된 사료를 그대로 전재한 것인가, 아니면 찬자에 의하여 재정리·서술된 것인가의 찬술방식과 관련한 문제를 살펴보기로 하자.

무관조에는 매우 잘 정리된 체계적인 서술이 포함되어 있어 무관조가 저본자료를 그대로 전재한 것일 가능성을 배제할 수 없다. 예컨대 무관조의 네 구성부분 가운데

---

28 군사당주·군사감·대장척당주·대장척감의 부대별 소속인원 기록에서도 동일한 사례가 발견된다.

29 단 스에마츠 야스카즈[末松保和]가 상정한 여러 계통의 저본자료는 무관조의 각 구성부분 사이의 문제로 생각한 것이 아니라 같은 구성부분 내에서 여러 계통의 저본자료가 있었던 것으로 보고 있어 필자의 견해와는 다르다. 이노우에 히데오[井上秀雄]가 스에마츠[末松]의 견해 중 저본자료 계통에 대해 비판했던 것도 결국 이러한 점을 지적한 것이다.

하나인 범군호의 경우가 그러하다.

범군호는 전술했듯이 먼저 도론의 형식으로 23개의 군호를 열거하고 이어 육정에서 신삼천당에 이르는 개별 군호에 대한 비교적 자세한 설명을 덧붙이는 구조를 갖추고 있다. 이와 같은 범군호 부분의 서술은 직관지 찬자가 단편적이고 비체계적으로 수집된 사료를 편수 당시에 정리한 것으로 보기는 어렵지 않을까 한다. 만약 범군호 부분이 찬자가 수집된 사료 중에서 군호와 관련된 것을 정리 서술한 것이라면, 신라 본기나 열전에서 산견되는 23군호가 아닌 군사조직도[30] 범군호에 포함되었어야 할 것이다. 그러나 그렇지 않은 점에서 무관조의 범군호 부분은 찬자가 편수에 이용한 저본 사료에 정리되어 있었던 것을 그대로 전재한 것으로 생각되는 것이다.

이를 방증하는 것으로 다음의 사료가 참조된다.

D. 39여갑당三十九餘甲幢은 금衿이 없다(주註 : 경여갑京餘甲·소경여갑小京餘甲·외여갑外餘甲 등을 말하는데 그 수는 자세하지 않다).

D는 23군호 가운데 18번째로 기록된 39여갑당에 대한 설명인데, 분주分註를 통해 내용을 보족하고 있다. 분주의 내용은 경여갑당·소경여갑당·외여갑당 등이 39여갑당에 포함되어 있었는데, 그 구체적인 숫자는 미상이라는 것이다. 그런데 범군호 서술의 일반성에 비추어 보면 육정이 6개의 부대, 구서당이 9개의 부대로 구성되었듯이 삼십구여갑당은 39개의 여갑당으로 구성되었음[31]이 자명하다. 그럼에도 불구하고 그 숫자를 미상이라고 한 것은 무슨 이유일까. 이 분주는 무관조의 찬자에 의해 가해진 것으로 생각된다.[32] 왜냐하면 제군관 부분에 경여갑당·소경여갑당·외여갑당이라는 3

---

30 예컨대 『삼국사기』 권47, 열전7, 눌최전에 보이는 진평왕대의 법당이나, 동서, 취도전에 등장하는 무열왕대의 삼천당이 여기에 해당된다.

31 다케다 유키오[武田幸男]는 三十九餘甲幢의 十九를 衍字로 보고 이를 三餘甲幢이라고 하고 있으나 이는 法幢軍官의 숫자를 나름대로의 기준수로 나누기 위한 자의적인 해석에 불과하다(武田幸男, 앞의 논문, 1984, 235~245쪽).

32 李康來의 『三國史記』 新羅本紀 分註의 검토에 의하면 분주의 대부분은 撰者의 自註라고 한다(李康來, 앞의 논문, 1989 참조).

종류의 여갑당이 기록되어 있으므로, 찬자가 이 자료를 토대로 하여 39여갑당 가운데 확인되는 3종의 여갑당만을 기록하고, 나머지는 확인 불가능이므로 구체적인 숫자를 미상으로 표현했다고 보여지기 때문이다. 그렇다면 범군호 부분은 『삼국사기』 편찬 이전의 어느 시점에서 일차적으로 정리된 저본사료를 찬자가 그대로 전재하면서 약간의 나름대로의 분주를 가하여[33] 성립된 셈이다.

상술한 바처럼 무관조의 범군호 부분은 『삼국사기』 편찬 이전의 특정시기에 일차적으로 정리된 저본사료를 『삼국사기』 직관지 찬자가 편수 당시 그대로 전재한 것임이 인정될 수 있고, 이것만으로 볼 때 스에마츠가 제시한 무관조가 저본사료를 그대로 열거했을 것이라는 찬술방식에 관한 지적은 타당성을 갖는다고 하겠다. 그러나 범군호 부분이 저본이 된 자료를 그대로 전재했음이 인정된다고 하여 무관조 전체가 모두 그러하다고 확대 해석하는 것은 성급하다. 왜냐하면 수집된 자료를 토대로 직관지 찬자가 재정리·서술한 부분도 찾아지고 있기 때문이다.

금과 화 부분에서 그러한 흔적이 발견된다. 즉, 금의 개념을 설명하는 단락은 "신라 사람들의 휘직은 청색·적색 등의 색으로 구별한 것으로서…羅人徽織以靑赤等色爲別者 云云"의 표현으로 보아 극히 빈약한 단편적인 자료를 가지고 찬자가 서술한 것임을 쉽게 알 수 있으며, 화를 설명하는 단락도 수집된 약간의 자료를 토대로 재정리·서술한 것으로 생각된다. 그것은 각급 군관의 화의 길이長와 넓이廣 및 재원材源에 대한 기록이 있지만 극히 비체계적이라는 점에서 짐작이 가능하고, 다음과 같은 사실에서도 방증을 얻을 수 있기 때문이다. 첫째, 그 내용을 보면 대장군화에서 삼천감화까지 12종의 군관화를 서술한 후, 마지막으로 "여러 착금당주화는 큰 호랑이 꼬리로, 길이는 한 자 여덟 치 다섯 푼이었다諸著衿幢主花大虎尾 長一尺八寸五分"이라 적고 있는데, 여기에 보이는 제착금당주는 그 자체 군관직명이 아니며 '금을 착용한 여러 당주'의 의미로서, 여러 종류의 당주화를 묶어서 간략화한 표현으로 볼 수 있는 바, 이는 저본자료에서의 기록이라기보다 찬자의 서술이라고 생각된다. 둘째, 화에 관한 설명의 말미 부분에 "화花는 맹수의 가죽이나 수리의 깃으로 만들어서 깃대 위에 달았다.

---

[33] 이외에도 十停·二罽·二弓·新三千幢의 군호명에 대한 異稱을 分註하고 있다.

이른바 표범의 꼬리와 같은 것이었다. 지금 사람들은 이를 면창장군화라고 하나 명칭은 말하지 않았고, 그 수도 혹은 많고 혹은 적어 그 뜻을 자세히 알 수 없었다.花以 猛獸皮若鷙鳥羽作之 置杠上 若所謂豹尾者 衿人謂之面槍 將軍花 不言物名 其數或多或小"라는 구절이 보이는데, 이는 저본이 된 자료가 매우 미흡한 것이었음을 고백하는 내용으로서 찬자의 서술임이 분명하다. 따라서 금과 화 부분은 수집된 극히 빈약한 자료를 토대로 하여 찬자가 재정리·서술한 것이다.

지금까지 보아 왔듯이 사료계통상 무관조 전체가 같은 시기에 정리된 단일한 저본사료로 이루어진 것이 아니며, 또 찬술방식에 있어서도 수집된 저본자료들을 그대로 전재한 기록도 아니다. 계통을 달리하는 몇 가지의 저본자료를 토대로 하여 어떤 부분은 그대로 전재하고, 또 어떤 부분은 찬자가 재정리·서술하기도 하였다.

그러면 이제 무관조의 어떤 부분이 어떠한 사료계통을 갖고 있으며, 찬자에 의한 찬술방식이 어떠했는지를 살펴보기로 하겠다. 이미 앞에서 어느 정도 밝혀진 것이지만, 무관조의 사료계통 및 찬술방식과 관련하여 주목되는 것은 무관조의 서술형식이나 내용이 시위부·제군관·범군호·금과 화의 네 부분으로 구별되고 있는 점이다. 이러한 구분은 제군관과 범군호의 경우에서 보듯이 계통이 서로 다른 저본사료를 이용하여 편수한 데서 나타난 것으로 추측된다. 이 점을 뒷받침하는 적극적인 증거는 없지만, 다음과 같은 몇 가지의 측면은 이러한 추측을 가능하게 한다.

첫째, 첫머리에 기록된 시위부는 그 서술형식에서 『구당서』 무관조와 같이 '군사조직 중심 서술형식'을 갖고 있고, 그 자체 완결된 구조를 보여 주고 있다. 이는 '군관 중심 서술형식'을 가진 여타 군사조직에 관한 기록인 제군관 부분과는 전혀 다른 것이다. 또 시위부는 범군호에 기록되어 있지도 않다. 그 이유는 물론 시위부가 지닌 군사조직으로서의 독특한 성격에서 기인된 바도 있겠지만,[34] 서로 사료계통을 달리하고 있기 때문으로 볼 수도 있다.

둘째, 범군호와 제군관은 서로 사료계통을 달리하고 있음을 앞에서 지적한 바 있고, 후술하듯이 찬술방식에서도 차이를 보여주고 있다.

---

34 李文基, 앞의 논문, 1986 참조.

셋째, 금과 화 부분에서, 특히 화를 설명하는 가운데 제군관 부분과 군관직명에서 차이를 보이고 있다. 즉, 제군관 부분에서 장군이라는 직명만 나타나는 데 비해 금과 화 부분에서는 대장군·상장군·하장군이라는 장군의 구분이 보이고 있으며, 대감의 경우는 반대로 제군관 부분에서 대관대감·대대감의 구분이 있는데 비해 금과 화에는 대감으로만 나타나고 있다. 이러한 차이 역시 사료계통의 상위로 인한 것으로 볼 수도 있다.

이와 같이 무관조가 네 부분으로 구분되어 있는 것이 각각 사료계통의 상위에서 기인된 것이라면 무관조 각 부분의 사료계통과 찬술방식은 어떠했을까? 위에서 이미 부분적으로 언급된 바가 있지만 이를 다시 정리하자.[35]

먼저 시위부는 완결된 '군사조직 중심 서술형식'을 갖고 있음을 지적하였다. 내용에 있어서도 신라본기에서 찾아지는 산발적인 관련기록들과 일치하기도 하지만 다른 내용도 덧붙여져 있다.[36] 또 군관 정원이나 관등범위와 같은 비교적 자세한 사실이 찾아진다. 그러므로 이 부분을 수집된 산발적인 자료를 토대로 찬자가 재정리·서술한 것으로 볼 수는 없고, 찬자가 시위부에 관한 일차적으로 정리된 하나의 저본자료를 그대로 전재한 것으로 추측할 수 있다. 다음으로 범군호는 앞에서 살핀 바처럼 『삼국사기』편수 이전의 어느 시점에서 정리된 자료를 그대로 전재한 것으로 보인다. 금과 화 부분은 극히 산발적이고 빈약한 자료를 토대로 찬자가 재정리·서술한 것임을 이미 언급하였다.

마지막으로 무관조에서 가장 많은 분량을 차지하고 있는 제군관 부분의 사료계통과 찬술방식에 관해 살펴보기로 하자. 제군관 부분의 첫머리에 기록된 장군에 대한

========

35 무관조 찬술의 기초가 된 저본자료는 일단 주자료와 추가자료로 나눌 수 있고, 찬술방식은 저본자료의 전재와 찬자에 의한 재정리·서술방식으로 구분이 가능하다. 이하 이러한 구분 기준에 입각하여 정리하기로 한다.

36 신라본기에서 찾아지는 시위부 관련기록은 다음과 같다.
  1) 置侍衛府大監六員(『삼국사기』권4, 신라본기4, 眞平王 46年)
  2) 罷侍衛監 置將軍六人(『삼국사기』권8, 신라본기8, 神文王 元年)이는 무관조 시위부 부분의 내용과 크게 다를 바 없다. 다만 시위부 부분에서는 대감의 설치시기가 누락되어 있으며, 시위감을 그냥 監으로만 적고 있는 미세한 차이가 엿보인다. 그리고 그 이하의 군관에 대한 새로운 사실이 기록되고 있다.

기록부터 보자.

> E. 장군은 모두 36명이었다. 대당에 4명, 귀당에 4명, 한산정에 3명, 완산정에 3명, 하
> 서정에 2명, 우수정에 2명이었다. 관등이 진골 상당에서 상신까지인 자로 임용하였
> 다. 녹금당에 2명, 자금당에 2명 …… 청금당에 2명이었다. 관등이 진골 급찬에서
> 각간까지인 자로 임용하였다. 경덕왕 때에 와서 웅천주정에 3명을 더 두었다.

사료 E에서 신라 최고의 군관직인 장군의 총인원·각 부대별 정원규정·관등범위 등
을 알 수 있는데, 여기에서 주의를 끄는 것은 총인원을 '모두 36인共三十六人'으로 적
고 있는 사실이다. 이 숫자는 말미의 경덕왕대에 가치加置된 웅천주정 장군 3인이 제
외된 육정과 구서당 장군의 총인원일 뿐이다. 이는 사료계통이나 찬술방식과 관련하
여 시사하는 바가 매우 크다. 첫째, 무관조 편찬 당시 장군에 대한 사료계통은 육정과
구서당의 부대별 정원규정이 기록된 주자료와 웅천주정 장군에 대해 기록한 추가자
료가 있었다는 말이 된다. 그리고 주자료는 총인원과 부대별 정원규정·관등범위 등이
기록된 일차 정리된 단일계통의 사료로 볼 수 있고,[37] 추가자료는 매우 단편적인 내용
임을 알 수 있다.

둘째, 찬술방식은 총인원을 36인으로 기록하고 있는 데서 알 수 있듯이 주자료는
그대로 전재하고, 추가자료는 구분하여 주자료 말미에 덧붙여 서술하는 것이었다. 이
와 같이 장군의 예에서 확인되는 사료계통과 찬술방식, 즉 주자료를 전재하고 추가자
료를 부가 기록하는 양상은 여타 군관직의 그것을 파악하는 하나의 기준이 될 수 있
을 것으로 본다.

그러면 제군관에 기록된 31종의 각급 군관직에서 주자료와 추가자료의 구분이 가
능한지를 살펴보자. 장군의 경우와 같이 명백히 추가자료가 드러나는 경우는 이를 제
외하면 더 이상 찾아볼 수 없다. 그런데 장군의 주자료는 23군호에 포함되는 육정과
구서당 구성부대의 정원규정이었으며, 추가자료는 23군호에서 찾아볼 수 없는 웅천

---

[37] 이는 六停 및 九誓幢 구성부대의 정원규정이 보여주는 정연성에서 추측이 가능하다.

주정 장군 기록이었다. 이를 실마리로 제군관의 저본자료의 계통을 추측하자면 23군호에 해당되는 부대와 관련된 기록은 주자료로, 그렇지 않은 경우 추가자료로 생각해도 좋을 것 같다.

　이러한 시각으로 제군관 부분의 각급 군관직을 볼 때 다음 사례는 사료계통과 관련하여 주목할 필요가 있다.

> F-1. 비금당주는 40명이었다. 사벌주에 3명 …… 무진주에 8명이었다. 모두 40명이었는데, 금을 붙였다. 관등이 사지에서 사찬까지인 자로 임용하였다.
>
> 　　2. 비금감은 48명으로 당을 거느리는 자는 40명, 마병을 거느리는 자는 8명이었다.
>
> 　　3. 사자금당주는 왕도에 3명, 사벌주에 3명 …… 무진주에 3명이었다. 모두 30명이었으며, 금을 붙였다. 관등이 사지에서 일길찬까지인 자로 임용하였다.
>
> 　　4. 사자금당감은 30명이었는데 관등이 당에서 나마까지인 자로 임용하였다

　사료 F에서 보이는 비금당주와 사자금당주는 23군호에는 찾아볼 수 없는 왕도 및 9주에 소속된 것으로 기록되어 있다. 그리고 각각의 직속 하위직인 비금감과 사자금당감의 경우 비록 양자 모두 구체적인 소속부대명이 나열되어 있지 않지만, 비금감의 "영당 40인領幢四十人"은 비금당주 40인이 소속된 왕도 및 9주와 다름없을 것임을 쉽게 추지할 수 있고, 사자금당감 30인도 사자금당주 30인이 소속된 왕도 및 9주와 동일할 것임은 의심의 여지가 없다. 그런데 후술되듯이 이들이 소속된 것으로 기록된 9주는 행정구역으로서의 9주가 아니라 군사조직으로서의 9주정을 의미하는 것이며, 이 9주정은 경덕왕대를 전후하여 진행되었던 신라 군사조직의 또 한번의 개편 작업 과정에서 성립된 것이다.

　사료 F에 보이는 비금당주-비금감·사자금당주-사자금당감의 군관이 왕도 및 9주정에만 소속된 것으로 기록되어 있고, 23군호로 정리된 군사조직과는 관련이 없는 것으로 나타나는 것은 이들의 사료계통이 추가사료만으로 이루어진 것임을 말하는 것이다. 이로써 보면 앞의 〈표 5-3〉에서 왕도에 배속된 군관이 포함되어 있는 군관직, 즉 군사당주-군사감·보기당주-보기감·개지극당감의 기록에도 추가사료가 포함되어 있

음을 짐작할 수 있으며, 다음의 법당화척에도 추가사료가 포함되어 있다고 생각된다.

> G. 법당화척은 군사당에 30명 …… 충당에 18명, 석투당에 18명이었다. 모두 259명
> 이었다.

사료 G에는 23군호에서 찾아볼 수 없는 사자금당이라는 부대명이 나오고 있다. 이 사자금당의 실체는 이를 제외한 다른 기록이 없어 알기 어려우나,[38] 23군호와는 다른 시기의 군사조직으로 생각된다. 그러므로 법당화척의 사자금당 기록 역시 주자료인 23군호 관련 기록과는 구별되는 추가자료에 의존한 것으로 볼 수 있다.

이상 언급한 바와 같이 제군관 부분의 사료계통은 일단 주자료와 추가자료로 나눌 수 있으며, 주자료의 성격은 23군호에 포함되는 부대의 총인원·각 부대별 정원규정·관등범위 등을 내용으로 하고 있는 것으로, 추가자료는 23군호에 포함되지 않는 여러 부대에 관한 단편적인 기록으로 추정할 수 있었다. 그러면 찬자는 이러한 저본사료를 이용하여 무관조를 찬술하면서 어떤 찬술방식을 채택하였을까? 저본자료를 전재하거나 아니면 재정리·서술하는 두 가지 방식 가운데 어느 하나였을 것이다.

제군관의 찬술방식에 대한 단서가 되는 것이 각급 군관의 총인원을 기록하고 있는 방식에서 보이는 미세한 차이이다. 각급 군관의 총인원수는 31종의 군관 모두에서 공통적으로 기록되고 있는 유일한 내용인데, 기록방식에 약간의 차이가 보이고 있다.

> H-1 a. 장군은 모두 36명이었다. 대당에 4명 ……
> b. 감사지는 모두 19명이었는데 법흥왕 10년에 설치하였다. 대당에 1명 ……
> 2 a. 대관대감은 진흥왕 10년에 설치하였다. 대당에 5명 …… 청금당에 4명이었다.
> b. 마병을 거느리는 대대감은 계금에 1명 …… 비금당에 4명으로 모두 70명이다.

---

38 師子衿幢을 『舊唐書』 新羅傳에 보이는 獅子隊와 같은 것으로 보는 견해가 있다(井上秀雄, 앞의 논문, 1974, 168쪽). 그러나 師子衿幢은 그 명칭으로 보아 師子衿幢主-師子衿幢監과 어떤 관련성을 가진 군사조직일 것이다. 그러므로 師子衿幢主-師子衿幢監의 배치지역을 볼 때 왕도의 獅子隊와 관련짓는 것은 무리라고 생각된다.

3 a. 비금당주는 40명이었다. 사벌주에 3명 …… 무진주에 8명으로 모두 40명이었다.

  b. 보기감은 63명이었다. 왕도에 1명 …… 황금무당에 2명으로 금을 붙였으며 ……

4 a. 사자금당감은 30명이었는데 관등이 당에서 나마까지인 자로 임용하였다.

  b. 비금감은 48명으로 당을 거느리는 자는 40명, 마병을 거느리는 자는 8명이었다.

  c. 개지극당감은 4명으로 모두 왕도에 있었다. 사지에서 나마까지인 자로 임용하였다.

  d. 삼천졸은 150명으로 관등이 대나마에서 그 이하까지인 자로 임용하였다.

 사료 H는 제군관 부분에 보이는 각급 군관의 총인원을 기록하고 있는 방식인데, 모두 네 유형이 있다. 첫번째 유형은 H-1의 장군·감사지와 같이 군관직명 직후에 '共□人'과 같이 총인원을 적은 다음 부대별 소속인원을 나열하는 것이며, 두 번째 유형은 H-2에서 든 대관대감·대대감을 비롯한 23종의 군관직에서 찾아지는 가장 보편적인 방식으로 부대별 소속 인원을 먼저 기록한 다음에 '共□人'의 형식으로 총인원을 기록한 것이다. 세 번째 유형은 H-3의 비금당주와 보기감처럼 군관직명 직후에 총인원을 한번 기록하고, 부대별 소속인원을 나열한 뒤 다시 H-2와 같이 '共□人'의 형식으로 총인원을 기록한 것이고, 네 번째 유형은 H-4의 4종류 군관직처럼 군관직명 직후에 총인원을 기록하는 것이다. 이록한 것이총인원의 기록방식의 차이는 찬자의 무의식적인 서술상의 차이에서 기인된이다. 세치부해 버릴 수도 있지만, 앞에서 언급했듯이 H-1a의 장군의 경우에서 보면 찬술방식과 사료계통의 차이와 깊은 관련이 있는 것으로 생각된다. 그래서 필자는 비록 사소한 표기의 차이에도 어떤 의미가 숨어 있을 것이라는 전제 위에서 이 문제에 접근하고자 한다.

 위의 총인원 기록방식을 통해 일단 확인할 수 있는 것은 H-1a의 장군의 경우이다. 이미 사료 E의 검토를 통해 알 수 있었듯이 장군의 총인원은 군관직명 직후에 '共□人'의 형식으로 기록되어 있는데, 이는 저본자료의 총인원을 그대로 전재한 것이었다. 이로써 나머지 내용도 저본자료를 전재했음을 유추할 수 있었다. 이와 같은 예에서 미루어 보면 I-1b의 감사지監舍知도 같은 형식으로 총인원을 적고 있으므로 역시 저본자료를 전재한 것으로 보아도 무방하다고 생각된다. 그러면 I-1과 같이 '共□人'의 형식으로 기록되고 있고, 서술 위치에서만 차이가 나고 있는 I-2와 같은 23종의 군관직에서 찾아지는 총인원도 저본자료의 그것을 전재한 것이며, 나아가 나머지 내용도 같은 방식을 찬술된 것일까?

이를 검토하기 위해 먼저 H-3의 비금당주와 보기감의 경우를 살피기로 하자. 사료 H-3의 비금당주와 보기감에서 보이는 총인원 기록방식은 매우 특이하다. 군관직명 직후 숫자만의 총인원을 한번 기록하고, 소속부대별 인원을 나열한 후 다시 '共口人'이라고 다시 총인원을 중복하여 적고 있기 때문이다. 이를 장군의 경우와 비교하면 전자는 서술 위치는 같고 형식은 다르며, 후자는 '共口人'이라는 형식은 같지만 서술 위치가 다르다. 이와 같은 비금당주와 보기감의 중복된 총인원 기록을 모두 저본자료의 그것이라고 생각할 수는 없다. 무관조의 찬술과정에서 발생한 모종의 착오로 인하여 이러한 중복 기록이 이루어지게 되었을 것이다.

이렇게 본다면 둘 가운데 어느 하나는 저본자료의 그것이며, 다른 하나는 찬자의 집계에 의한 것으로 생각할 수 있다. 그러면 어느 쪽이 저본자료의 것일까? 다음의 보기당주에 관한 기록을 보기로 하자.

> I. 보기당주는 왕도에 1명이었는데 금이 없다. 대당에 6명, 한산에 6명 …… 백금무당
> 에 2명, 적금무당에 2명, 황금무당에 2명이었다. 모두 63명이었다. 관등이 나마에서
> 사찬까지인 자로 임용하였다.

위의 보기당주는 H-2와 같이 부대별 배속인원을 나열한 후 '共六十三人'으로 총인원을 기록하고 있다. 그런데 주목을 요하는 것은 J에 기록된 인원의 합계는 62인임에도 불구하고 63인으로 기록하고 있는 점이다. 그래서 이를 자세하게 보면 삼무당의 단위부대인 황금무당에 1인만 배속된 것이라는 기록에 문제가 있음을 알 수 있다. 황금무당에 소속된 보기당주의 인원을 삼무당의 여타 소속군관의 수와 비교하면 위의 기록이 잘못이라는 점이 금방 드러나기 때문이다.

삼무당의 세 개 단위부대는 황금무당에 소속된 보기당주의 인원을 제외하면 소속된 각급 군관의 숫자가 모두 동일하다. 이렇게 특이성을 보여주는 황금무당의 보기당주의 인원을 원래 1인만 소속되어 있었기 때문으로 생각할 수는 없다. 여타 군관

의 경우는 모두 동일한데, 보기당주만 차이를 보인다는 것은 수긍되지 않으며, 특히 보기당주의 직속 하위직이 분명한 보기감의 인원이 3개 부대 모두 2명으로 명기되고 있어 황금무당에 소속된 보기당주도 원래는 2명으로 보아야 옳겠다.[39] 그렇다면 황금무당의 보기당주도 원래 백금무당·적금무당과 같이 2명이었으나, 편찬과정에서 1명이라는 잘못된 기록이 남게 되었을 것으로 추측된다.

그러면 이러한 실수의 원인은 어디에 있는 것일까? 우선 판각상의 실수를 떠올릴 수 있다. 정덕본 『삼국사기』의 경우 다나카 도시아키(田中俊明)의 주장처럼 태조삼년각 본을 저본으로 한 것이라면, 그 이전의 전사 내지 판각 과정에서 이러한 실수가 생겼을 가능성이 있기 때문이다.[40] 그러나 필자는 이를 찬자의 실수로 보고 싶다. 왜냐하면 앞의 사료 H-3의 총인원의 중복기록을 고려해 볼 때, 찬자가 저본자료의 내용을 토대로 재정리·서술하면서 총인원 기록을 저본자료의 63인을 참조하여 '공육십삼인'으로 기록하고, 부대별 배속인원의 기록에서는 황금무당의 인원을 1명을 오기한 것으로 생각되기 때문이다.

이러한 추측이 허용된다면, 앞의 사료 H-3의 비금당주와 보기감의 중복 총원기록 중 앞의 것은 저본자료의 그것을 전재한 것이고, 뒤의 것은 찬자의 재정리·서술과정에서 새로 첨가된 것이라 할 수 있다.. 그렇다면 H-4에서 보이는 총원기록 역시 서술 위치로 보아 저본자료의 그것을 전재한 것으로 생각되고, H-2의 대관대감 등 23종의 군관직명의 총인원 기록은 비금당주·보기감의 뒤의 총원기록과 서술위치 및 방식도 있었음을 암시한다. 제군관 부분에서 동일한 군사조직의 부대별 소속인원을 기록하면서, 각급 군관마다 부대의 기록순서가 다르거나,[41] 동일 부대의 명칭표기에서 조금씩 차이가 있는 것[42]도 이런 찬자에 의한 재정리·서술과정에서 발생한 것으로 생각된다.

---

39 이병도 역주, 『삼국사기』, 을유문화사, 1977, 381쪽에서도 2명이 아닐까라는 의문을 제기하고 있으며, 조선사학회 편, 『삼국사기』, 경인문화사(영인문화사 영인본), 1974에선 2인으로 복원하고 있다. 그러나 정덕본 『삼국사기』와 주자본 『삼국사기』(학습원대학동양문화연구소 간), 1976에는 분명하게 1인으로 기록되어 있다.

40 田中俊明, 「三國史記の版閣と流通」 『東洋史研究』 39-1, 1980 참조.

41 이는 6정과 9서당의 경우 가장 현저하게 나타난다.

42 이런 경우는 자주 찾아지지만, 보기당주의 경우 육정의 구성부대인, 한산정을 한산으로, 수두정을 수두주로, 완산정을 완산주로 적고 있는 것이 하나의 예가 된다.

지금까지 검토를 통하여 제군관 부분의 사료 계통은 23군호에 포함되는 부대에 관한 기록인 주자료 및 이와는 무관한 기록인 추가자료로 나누어지며, 찬술방식은 저본 자료를 전재한 것과 찬자의 재정리·서술로 구분될 수 있음을 알게 되었다. 이러한 두 가지의 경우를 모두 고려하면 제군관 부분의 각급 군관의 사료계통과 찬술방식은 다음과 같은 여섯 가지 유형으로 분류가 가능하다.

> Ⅰ-1형 ; 주자료만을 전재한 경우
> Ⅰ-2형 ; 주자료만을 재정리·서술한 경우
> Ⅱ-1형 ; 추가자료를 전재한 경우
> Ⅱ-2형 ; 추가자료를 재정리·서술한 경우
> Ⅲ-1형 ; 주자료와 추가자료를 전재한 경우
> Ⅲ-2형 ; 주자료와 추가자료를 재정리·서술한 경우

이와 같은 유형에 따라 각급 군관의 사료계통과 찬술방식을 정리하면 다음과 같이 된다.

> Ⅰ-1형 (주자료만을 전재한 경우) ; 감사지·삼천졸
> Ⅰ-2형 (주자료만을 재정리·서술한 경우) ; 대관대감·대대감·제감·소감·화척·대장 척당주·삼천당주·저금기당주·법당주·흑의장창말보당주·삼무당주·만보당 주·대장척감·법다두상·법당피주
> Ⅱ-1형 (추가자료만을 전재한 경우) ; 비금감·사자금당감·개지극당감
> Ⅱ-2형 (추가자료만을 재정리·서술한 경우) ; 비금당주·사자금당주
> Ⅲ-1형 (주자료와 추가자료를 전재한 경우) ; 장군
> Ⅲ-2형 (주자료와 추가자료를 재정리·서술한 경우) ; 군사당주·보기당주·군사감·보 기감·법당화척

지금까지 언급해 온 무관조 각 구성부분의 사료계통과 찬술방식을 정리한 것이 아

래의 〈표 5-5〉이다.

〈표 5-5〉 무관조의 사료계통과 찬술방식

구성부분	사료계통	찬술방식
시위부(侍衛府)	일차 정비된 단일계통사료	전재
제군관(諸軍官)	일차 정비된 단일계통의 주자료와 수집된 여러 계통의 추가자료	전재 및 재정비 서술방식 퇴재
범군호(凡軍號)	일차 정리된 단일계통사료	전재
금(衿)과 화(花)	수집된 단편적인 자료	재정비 서술

지금까지 보아온 무관조의 구성상에서 보이는 특징이나 사료계통과 찬술방식은 무관조의 사료적 성격을 해명하는 데 귀중한 실마리가 될 수 있다. 여기서는 이상의 논의를 토대로 무관조가 가진 사료로서의 효용성과 그 한계에 대해 살펴보기로 하겠다.

앞에서 본 사료계통과 찬술방식에 의하면 무관조에는 찬자의 주견이 개입된 부분은 거의 없다고 생각된다. 시위부와 범군호 부분은 앞선 시기에 정리된 저본자료를 그대로 전재하고, 약간의 분주를 가한 정도이며, 제군관 부분도 중핵적인 주자료를 토대로 몇 가지의 분주를 합쳐 전재한 정도이기 때문이다. 비록 금과 화 부분에 찬자에 의한 약간의 주견이 포함되어 있지만 그것은 빈약한 기초주들에서 기인된 것으로 찬자의 주견이 제대로 드러나는 것은 아니다. 그리고 후술되듯이 무관조에는 오류와 누락이 종종 발견되기도 하지만 그것은 찬자가 의도적으로 수집된 기초주를 가선별하여 수록하고 특정 내용을 제외했기 때문이 아니라 기초주의 부족이나 착오, 혹은 실수에 의한 것일 가능성이 크다. 이러한 의미에서 무관조는 찬자의 주견이 거의 개입되지 않은 신라 군사조직에 관한 일종의 사료집이라고 할 수 있다.

그러나 그것이 신라 군사조직의 전모를 밝히는 데 있어서 극히 불충분한 것임은 재언을 요하지 않는다. 사료로서의 뚜렷한 한계를 갖고 있기 때문이다. 신라 군사조직 연구에 있어서 무관조가 지니고 있는 한계는 대략 세 가지 측면에서 발견될 수 있다. 하나는 그것이 직관지의 구성부분이라는 데서 나오는 기본적인 한계이며, 다른 하나는 서술의 대상시기에서 연유하는 시기적인 제약이고, 마지막 하나는 자체 서술이 지니고 있는 오류와 누락에서 기인되는 한계이다. 이제 이 세 가지 측면의 한계를 차례로 살펴보기로 하자.

먼저 무관조는 그것이 곧 직관지의 구성성분이라는 데서 기인된 기본적인 한계를 갖고 있다. 무관조가 비록 직관지의 한 구성부분인데도 불구하고 후대의 기전체 사서와 비교할 때, 직관지(혹은 백관지) 무관조(혹은 서반조)의 성격을 넘어서서 병지와 여복지에 포함될 성질의 것까지 수록하고 있지만, 역시 직관지라는 고유한 성격에서 기인된 한계가 따르기 마련인 것이다. 구체적으로 말하자면 첫째, 여러 군호들의 직장이나 기능에 대한 언급이 결여되어 있다. 후대의 연구자들이 군사조직의 명칭이 지닌 어의에 의하여 그 군사조직의 성격이나 기능을 추정할 수밖에 없었던 것[43]은 곧 이에서 말미암은 것이다. 그리고 이로 말미암아 여러 군호 상호간의 관계도 전혀 해명되지 못하고 있기도 하다.

둘째, 무관조가 직관지의 한 구성부분이므로, 군사조직의 상층 지휘부인 군관조직의 경우는 비교적 자세하게 서술하고 있다. 그래서 이를 근거로 군관조직의 복원은 가능하지만, 무관조가 간과한 기본적인 군사력인 일반 병졸 집단의 구성이나 충원방식 등 군사조직의 해명에 보다 긴요한 여러 문제는 무관조가 아닌 여타 자료를 통해 접근해 갈 수밖에 없다. 셋째, 형해화한 제도 자체만을 보여주고 있어 역동적인 운용의 실태를 파악할 수 있는 단서가 전혀 발견되지 않는 한계를 지적할 수 있다. 이 역시 직관지 무관조라는 기본적인 한계에서 비롯된 것이며, 신라 군사조직의 총체적 해명에 필수적인 운용실태에 대해서도 역시 여타의 산발적인 자료를 통한 접근이 요청되는 것이다.

신라 군사조직 연구에 있어서 무관조가 지닌 또 하나의 한계는 서술된 내용이 특정 시기의 모습만을 보여주는, 시기적으로 제한된 자료라는 점이다. 즉 시위부 부분의 경우 하대 왕위쟁탈전의 전개와 더불어 변화한 내용을 전혀 담지 않고 있으며 범군호 부분도 7세기 후반기의 군사조직 재편과정에서 새로이 정리된 군호의 실태를 중심으로

---

[43] 예컨대 서당을 '호령을 받은 군대'로 풀이한다거나(末松保和, 앞의 논문, 1954, 349쪽), 혹은 '신당'으로 풀이하여(井上秀雄, 앞의 논문, 1974, 135쪽) 나름대로 서당의 군사조직적 성격을 논한 경우나, 급당을 어의에 의해 결사대로 보는 견해(백남운, 『조선사회경제사』, 1933, 336쪽) 등은 이를 잘 보여주고 있다.

기록한 것으로서 그 이전 중고기의 군사조직에 대한 기록은 극히 제한적일 수밖에 없고, 경덕왕대를 전후하여 다시 재편된 군사조직에 관한 기록은 완전히 배제되어 있다.

금과 화는 누차 지적한 바처럼 수집된 기초자료의 빈약에서 기인된 내용상의 소략함이라는 한계로 다수의 군관직에 대한 자료가 수록되지 않았을 뿐만 아니라, 시기적으로도 8세기 이후에 설치된 군관직에 관한 자료는 제외되어 있다. 제군관 부분의 경우 몇 가지의 시기를 달리하는 추가자료가 주자료와 합쳐져 재정리·서술되면서 시기별 구분이 모호하게 처리됨에 따라 구별이 어렵게 되었고, 연혁과 관련한 내용도 몇몇의 설치 연대 기록을 제외하면 찾아볼 수 없어 제군관의 시기별 변천상을 알기가 어렵게 되어 있다. 그러므로 제군관 부분은 무관조의 구성부분 가운데서 가장 다양한 시기의 내용이 포함된 자료이지만, 찬술방식의 특이성으로 말미암아 여러 시기의 실태가 혼합 서술됨으로써 그 변화의 내용을 쉽게 파악할 수 없는 한계를 가지고 있는 셈이다. 이와 같이 무관조는 서술된 내용이 시기적으로 제한되거나, 그렇지 않은 경우 구분이 매우 모호한 서술로 이루어지고 있어 역시 시기적인 문제에서 한계를 보여주고 있다.

무관조가 가지고 있는 다른 하나의 한계는 서술내용 가운데 명백한 오류나 누락된 부분이 종종 발견된다는 점이다. 이러한 오류와 누락은 사료계통과 관련지어 볼 때 무관조 찬자의 책임과 일차적으로 저본자료를 정리한 이의 책임이 혼효되어 있는 것이지만, 그것이 무관조의 사료적인 한계가 되고 있음은 부인할 수 없다. 몇 가지 예만 들어보자.

군호 육정의 상주정의 연혁에서 문무왕 13년(673) 상주정이 귀당으로 개칭된 것이라는 기록은 이미 여러 논자에 의해 지적된 바처럼[44] 명백한 잘못이다. 진평왕 40년과 문무왕 원년의 출정기사를 보면 귀당과 상주정이 동시에 출전하고 있어 양자가 병존하고 있음이 확인되며,[45] 뿐만 아니라 귀당은 진흥왕 23년(562) 대가야 정벌에서 사다함이 귀당비장이라는 직책을 갖고 있음에서 보아[46] 늦어도 562년에는 설치되어 있

---

44 末松保和, 앞의 논문, 1954, 328쪽에서 지적된 이후 이를 부인한 논고는 찾을 수 없다.
45 『삼국사기』 권47, 열전7, 눌최 ; 『삼국사기』 권6, 신라본기6, 문무왕 원년.
46 『삼국사기』 권44, 열전4, 사다함.

었음을 알 수 있는 것이다. 따라서 이는 상주정에서 귀당으로 개칭이 아니라 문무왕 13년에는 일어난 모종의 군제 재편의 결과를 잘못 적고 있는 것이다.[47]

또 서당이 진평왕 37년 녹금서당으로 개칭된 것이라는 기록 역시 오류가 분명하다. 왜냐하면 문무왕 원년의 백제 잔적 토벌을 위한 출정과 동왕 8년의 고구려 원정에서 서당총관[48]이 임명되어 있어 문무왕 8년까지 여전히 서당이라는 명칭이 사용되었음을 알 수 있기 때문이다. 더구나 문무왕 12년 백제잔민으로 편성한 백금서당이 설치될 때까지는 서당이라는 칭호가 중복되는 부대는 없었으므로 진평왕 37년 서당을 녹금서당으로 개칭할 필요성이 전혀 없었다. 서당의 녹금서당으로의 개칭은 백금서당이 설치된 문무왕 12년(672)이나 혹은 장창당을 자금서당으로 개칭한 동왕 17년(677)의 일이었을 것이다.[49]

십정의 설치연대로 기록된 진흥왕 5년 역시 잘못이다. 십정은 그 부대의 소재지로 볼 때 빨라도 백제와 고구려의 멸망 이후, 혹은 9주의 완비 이후에나 완성될 수 있는 것이므로 진흥왕 5년에 10개의 부대가 병치되었다는 기록은 오류임을 알 수 있다. 십정의 설치연대로 기록된 진흥왕 5년은 사실은 10정의 이칭으로 기록되었지만, 10정과는 구별되는 별개의 군사조직인 삼천당의 설치연대인 것이다.[50]

오주서의 설치연대를 문무왕 12년으로 기록하고 있는 것도 분명한 오류이다. 오주서의 구성부대로서 청주서와 완산주서가 보이는바, 이들은 각각 청주와 완산주에 두어진 군사조직임이 분명하다. 그런데 청주는 『삼국사기』 권8, 신문왕 5년조에 "挻居列州以置菁州"라 하여 신문왕 5년에 비로서 두어진 것이며,[51] 완산주도 같은 기사에

---

47 이노우에 히데오(井上秀雄)는 이를 귀당과 상주정이 합쳐진 것이며, 이후의 귀당과 이전의 것은 전혀 성격을 달리하는 것일고 언급한 바 있는데(井上秀雄, 앞의 논문, 1974, 187쪽), 이는 달리 파악할 여지를 남기고 있다. 왜냐하면 사료에서 상주정의 활동은 문무왕 원년 이후 더 이상 찾아볼 수 없어 상주정이 소멸된 것이 아닐까라는 의문을 던져주기 때문이다. 그리고 만약 상주정이 소멸되었다면 이것은 신라 군제의 커다란 변화를 시사하는 것이다.
48 『삼국사기』 권6, 신라본기6, 문무왕 원년 및 동왕 8년.
49 末松保和, 앞의 논문, 1954, 352~353쪽.
50 井上秀雄, 앞의 논문, 1974, 191쪽 ; 이문기, 앞의 논문, 1990 참조.
51 『삼국사기』 권34, 잡지3, 지리1, 강주 조에도 "神文王五年 唐垂拱元年 分居挻州置菁州"라 하여 동일한 사실을 전하고 있다.

서 비록 "復置完山州"라 하여 마치 다시 두어진 것처럼 기록하고 있으나, 이는 착오이며 시치임이 확실하다.[52] 그러므로 오주서의 창치 연대로 기록된 문무왕 12년에 청주서와 완산주서는 설치될 수 없다.[53] 다만 문무왕 12년은 오주서와 관련하여 그것이 지닌 의미를 다른 각도에서 천착할 필요는 있다고 본다.

이렇게 범군호 부분에서만도 명백한 오류가 적지 않게 발견되고 있다. 제군관 부분에서도 앞서 본 보기당주의 부대별 소속 인원기록이나 상주정과 완산정이 동시기에 병존하고 있는 듯이 기록된 사례에서 짐작되듯이 상당한 오류가 포함되어 있을 것으로 생각되지만, 서술방식의 특이성으로 인하여 더 이상의 사례를 밝힐 수 없다.

그리고 무관조는 여러 곳에서 누락이 발견되는 불비한 사료라는 한계를 안고 있다. 제군관 부분에서 군관직명과 총인원, 관등범위만을 기록하고 구체적인 부대별 소속 인원을 모두 누락하고 있는 예나, 범군호 부분의 23군호의 설명에서 설치연대나 구성 부대의 명칭조차 누락되어 있는 경우는 차치하고라도, 일견 체계적인 서술을 보여주고 있는 것까지 누락된 내용이 발견되고 있는 것이다. 예컨대 범군호 중 만보당에 관한 서술을 보면, 첫 부분에 9주에 각각 2종류의 금색이 있다고 서술하고 있으면서, 사실은 9주 가운데 8개 주만을 적고 완산주를 빠뜨리고 있다. 이는 분명히 누락에 의한 것이다.[54]

이상에서 살핀 무관조의 오류와 누락이 신라 군사조직 연구에서 커다란 한계로 작용하고 있다. 예컨대 제군관의 기록된 내용을 통하여 구서당과 육정의 군관조직을 복원하면 비금서당과 하서정은 여타 부대와는 달리 여러 종류의 군관이 결여되어 있는 기형적인 모습을 나타내고 있다. 즉 비금서당은 대대감(령마병)·화척(령기병)·보기당주·저금기당주·흑의장창말보당주·보기감·저금감 등 7종의 군관이 결여되어 있고, 대대감(령보병)의 숫자가 여타부대의 2배인 4명, 화척(령보병) 역시 여타부대의 2배인 8명, 소감(령보병)도 2배인 8명, 소감(령기병)은 오히려 절반인 3명이 소속된 것으로

---

52 이병도 역주, 앞의 책, 1977, 131쪽.
53 末松保和, 앞의 논문, 1954, 368~370쪽.
54 노중국, 「통일기 신라의 백제고지지배」『한국고대사연구』 1, 1988, 128쪽에서도 이를 기록상의 탈락으로 보아야 함을 지적하였다.

나타나는 기형성을 보여주고 있다. 그리고 하서정도 대대감(령보병)·소감(령보병)·화척(령보병)·보기당주·흑의장창말보당주·보기감 등 6종의 군관이 소속되지 않았으며, 소감(속대관)은 12명이 소속된 특이성을 나타내고 있다.

그런데 이러한 비금서당과 하서정이 보여주는 기형성에 대해 지금까지 어떤 연구자도 의심하지 않았고, 오히려 그 기형성의 이유를 해명하려는 견해도 제기되었다. 즉 하서정에 대해서는 명확한 이유를 알 수 없다고 하였지만,[55] 비금서당의 조직이 불완전한 이유는 구성당의 한 부대로 참여하기 이전에 이미 해체되어 있었던 것을 극히 이념적이고 형식적인 구서당을 완성하기 위해 재흥했기 때문이라고 하였다.[56] 이러한 주장은 위에서 본 두 부대의 기형성을 사실로 인정한 전제 위에서 도출된 것이라는 점에서 재고의 여지를 남기고 있다. 무관조가 보여주는 오류와 누락의 경우를 감안하면 이 역시 오류나 누락에서 기인되었을 가능성이 없지 않기 때문이다.

비금서당과 하서정의 군관조직이 보여주는 기형성을 자세히 검토하면 다음과 같은 특징이 발견된다. 첫째, 비금서당의 경우 령기병 관련 군관직이 결여되어 있고, 하서정의 경우 령보병 관련 군관직이 결여되어 있으며, 둘째, 보기당주·흑의장창말보당주·보기감 등 3종의 군관직이 양 부대에 공통적으로 결여되어 있고, 셋째, 여타 군관직의 경우도 여타 부대와는 다른 배속인원이 발견된다는 점이다. 이 세 가지의 특징은 두 부대의 기형성이 당대의 모습을 그대로 보여주는 것인지 아니면 누락에 의한 것인가를 파악하는 실마리가 될 있으므로 좀더 자세히 살펴보기로 하자.

먼저 비금서당의 령기병 관련 군관직이 결여된 문제는 얼핏 보아 동일 군관직의 령보병 계열이 여타 부대의 2배로 나타나고 있어 보병이 여타 부대보다 강화된 형태였던 비금서당의 당대 모습을 그대로 보여주고 있다고 생각되기도 한다. 그러나 소감의 예를 보면 비금서당은 령보병 소감이 여타 부대의 2배인데도, 령기병 소감은 비록 절반에 불과하지만 3명이 되고 있다. 이 3명의 령기병 소감은 상하의 군관직 체계에서 볼 때, 기형성을 그대로 인정하는 한 설명이 불가능하다. 따라서 비금서당의 대대감(령마병)과 화척(령기병) 등 령기병 군관직이 결여되어 있는 것은 누락일 가능성이

---

55 井上秀雄, 앞의 논문, 1974, 190쪽.
56 井上秀雄, 앞의 논문, 1974, 180쪽.

높다.[57]

다음 하서정의 령보병 관련 군관직의 결여 문제도 일련의 상하관계에 있는 군관직이 결여되어 있어 당대의 현실을 그대로 보여주는 것으로 볼 수도 있다. 그러나 육정이 보병중심의 군사조직이라는 기왕의 견해[58]를 존중한다면 하서정에 령보병 관련 군관직이 결여되어 있는 것은 쉽게 수긍이 가지 않는다. 따라서 이를 다른 각도에서 해석해 볼 수도 있다. 제군관 부분에서 육정을 구성하는 각 부대의 소속인원을 기록하는 순서와 방식을 보면 5가지 유형이 발견되는데,[59] 령보병 관련 군관직은 모두 동일한 유형에 속해 있다. 그런데 이 유형의 찬술방식은 앞에서 지적하였듯이 주자료의 재정리·서술로 이루어진 것이므로 재정리·서술하는 과정에서 하서정 소속의 그것이 누락되었을 가능성도 있다. 필자는 하서정이 육정의 구성부대 중 하나인 것은 적어도 여타부대와 거의 흡사한 조직과 성격을 지니고 있었을 것으로 보는 입장에서 하서정의 령보병 관련 군관직이 소속되지 않은 것으로 기록되고 있는 것은 찬술과정에서의 누락에 의한 것으로 보고 싶다.

셋째, 비금서당과 하서정 양자에서 공통적으로 소속 군관이 결여된 것으로 기록된 보기당주·흑의장창말보당주·보기감의 경우는 앞에서 검토한 바처럼 이미 오류를 포함하고 있거나 내용이 누락된 매우 부실한 기록임을 주의할 필요가 있다(앞의 사료 J 및 M-2 참조). 특히 흑의장창말보당주는 백금서당의 소속인원 결여 기록이 누락에 의한 것이듯이 비금서당의 소속인원도 누락에 의한 것으로 볼 수 있다. 그리고 하서정의 경우도 마찬가지 논리에서 누락에 의한 것일 가능성이 크다. 요컨대 구서당과 육

---

57 좀더 적극적인 추론을 가해 본다면 대대감(령마병)은 1명 정도, 화척(령기병)은 3명 정도가 소속되었을 것이다.

58 井上秀雄, 앞의 논문, 1974, 190쪽.

59 Ⅰ형 ; 대당-귀당-한산정-완산정-하서정-우수정(장군).

  Ⅱ형 ; 대당-귀당(상주정)-한산정-우수정-하서정-완산정(대관대감·제감·감사지·속대관 소감·속대관 화척·군사당주·대장척당주·군사감·대장척감).

  Ⅲ형 ; 대당-한산정-귀당-우수정-완산정-〈하서정 결〉(령보병 대대감·령보병 소감·령보병 화척).

  Ⅳ형 ; 대당-한산-귀당-우수주-완산주-〈하서정 결〉(보기당주·보기감).

  Ⅴ형 ; 대당-귀당-한산-우수-완산-〈하서정 결〉(흑의장창말보당주)가 그것이다. 여기서 만약 귀당과 상주정을 다시 구별하면 6가지 유형이 된다.

정의 구성부대 중 기형성을 보여주는 비금서당과 하서정의 경우 당대의 실제 모습이 기형적이었기 때문이 아니라 무관조의 누락에 의해 현재와 같은 기형적인 모습으로 남아 있을 가능성이 크다고 생각된다.[60] 이러한 사례는 무관조의 사료적 한계를 올바르게 인식하는 것이 신라 군사조직 연구에서 얼마나 중요한지를 웅변하고 있다고 할 수 있다.

지금까지 살펴보았듯이 무관조는 신라 군사조직 연구에 있어 정리되어 묶여져 있는 사료집으로서 엄연한 가치를 지니는 것이지만 적지 않은 한계를 지니고 있다. 직관지의 한 구성부분인 데서 연유한 기본적인 제한성을 지니고 있을 뿐만 아니라, 한정된 시기만을 반영하고 있는 등 사료적 한계가 있다. 이는 신라 군사조직의 연구에 있어 무관조에만 전적으로 의존해서는 잘못된 결론을 이끌어낼 위험도 없지 않음을 뜻한다. 따라서 비록 단편적이고 산발적인 한계가 있지만, 『삼국사기』 신라본기·열전·지리지 등의 기록과 당대의 금석문자료·중국정사자료·일본측 자료 등 모든 가능한 자료와의 비교·검토가 이루어질 때 비로소 무관조는 신라 군사조직 연구의 기본사료로서의 가치를 발휘할 수 있게 되는 셈이다.

이상에서 신라 군사조직의 보다 진전된 연구를 위한 기초작업의 일환으로, 묶여져 있는 일괄사료인 『삼국사기』 권40, 잡지9, 직관(하) 무관조에 대한 사료적 성격의 검토를 시도하였다. 지나치게 미시적인 관찰이 이루어진 느낌이 없지 않고, 억측이 가해진 부분도 있음을 자인한다. 이제 무관조의 사료적 성격에 대해 지금까지 논의된 바를 정리하여 보면 아래와 같다.

첫째, 무관조는 외형적인 서술형식이나 내용 등 구성의 측면에서 시위부·제군관·범군호·금과 화의 네 부분으로 확연히 구분되어 있어, 중국정사나 국내 후대의 기전체 사서에서의 직관지(혹은 백관지) 무관조(혹은 서반조)와는 전혀 다른 면을 보여주고 있다. 각 부분의 서술형식을 보면 시위부는 '군사조직 중심 서술형식'으로 중국정사의 그것과 다르지 않지만, 제군관 부분은 '군관 중심 서술형식'을 취하고 있어 매우 독특하며, 범군호는 후대 사서에서는 병지에, 금과 화는 여복지에 포함될 성질의 것

---

60 다만 이럴 경우 하필 공교롭게도 비금서당과 하서정의 경우만 여러 군관직이 누락된 것으로 기록되어 있는가라는 의문이 제기될 수도 있으므로 단정을 유보한다.

으로 역시 색다른 면을 보여주고 있다. 그러므로 무관조는 비록 직관지의 한 부분을 구성하고 있지만 직관지로서의 성격만을 지닌 것이 아니라는 점에 가장 현저한 특징이 있다.

둘째, 무관조가 네 부분으로 구분된 것은 각각 사료계통과 서술방식의 상위에서 기인된 것이다. 각 부분의 사료계통과 찬술방식을 보면 시위부는 『삼국사기』 편찬 이전에 이미 정리된 단일계통의 저본자료를 그대로 전재하면서 찬자가 약간의 분주를 가하고 있다. 금과 화는 수집된 단편적인 자료를 편자가 재정리·서술하였고, 제군관 부분은 주자료와 몇 가지 계통의 추가자료를 가지고 각각을 전재, 혹은 재정리·서술하는 방식이 혼효되어 있다.

셋째, 무관조의 내용이 어느 시기의 실태를 반영한 것인가라는 서술 대상시기 문제는 일률적으로 파악될 수는 없다. 무관조의 각 구성부분이 사료계통과 찬술방식을 달리하고 있기 때문이다. 시위부 부분은 대략 681년 이후부터 왕위 쟁탈전이 본격화되는 9세기 전반기 이전의 실태를 보여주고 있다고 생각되며, 범군호는 7세기 후반기에 추진된 광범위한 군사조직 재편성 작업의 결과를 수록한 것으로 경덕왕대를 전후한 시기에 다시 추진된 군사조직 변화 이전의 실태를 전하고 있다. 그리고 여기에 정리된 23군호는 형식적·제도적인 것이나 도상계획으로 그친 것 등도 포함되어 있으며, 따라서 모두 실제 군사조직으로 기능을 발휘했던 것은 아니었다. 금과 화 부분은 빈약한 자료와 한계로 단언하기는 어려우나 장군직의 분화 등에서 암시하는 바처럼 역시 중대의 사정을 전하는 것으로 볼 수 있다. 제군관 부분은 사료계통과 찬술방식에서 시사받을 수 있듯이 모든 군관직이 동일한 시기의 실태를 전하고 있는 것으로는 볼 수 없으며, 또 수록된 31종의 군관직이 동일 시기에 병존하고 있었던 것도 아니다. 추가사료만을 전재, 혹은 재정리·서술한 비금서당-비금감·사자금당주-사자금당감은 경덕왕대 이후의 실태를 보여주고 있다고 생각되며, 주자료만을 전재하거나 재정리·서술한 군관직은 7세기 후반의 군제 개편과정에서 규정된 내용을 보여주고 있는 것으로 짐작된다. 그리고 주자료와 추가자료를 재정리·서술한 군관직의 경우 7세기 후반대의 개혁 결과와 경덕왕대 이후의 실태가 혼효되어 있는 것으로 볼 수 있다.

넷째, 무관조는 신라 군사조직에 대한 묶여진 사료집으로서 엄연한 가치를 지니는 것이지만 몇 가지 측면에서 일정한 한계를 지닌 자료임에 유의할 필요가 있다. 우선 그것이 직관지의 한 구성부분인 데서 연유하는 근본적인 제약이 따르고 있고, 또 특정시기의 실태를 제한적으로 보여주고 있거나, 독특한 찬술방식에 의해 시기별 파악이 어렵게 되어 있으며, 무엇보다 명백한 오류와 누락을 포함하고 있는 한계가 나타난다. 따라서 무관조는 현존하는 신라 군사조직 연구에 있어 가장 기본적인 자료임에는 틀림없지만, 이와 같은 사료로서의 한계를 인식하고 산발적이고 단편적이긴 하지만 여타 자료와는 면밀한 검증을 거칠 때 본연의 가치를 발휘할 수 있게 된다.

〈표 5-6〉 무관조에 보이는 군호의 설치 및 변천 시기

순서	군호 시기	진흥5 544	진흥13 552	진흥29 568	진평5 583	진평13 591	진평20 598	진평26 604	진평27 605	진평35 613	진평47 625	진덕6 652	무열1 654	무열5 658	무열대?
4	오주서 五州誓 청주서(菁州誓)														
	완산주서(完山州誓)														
	한산주서(漢山州誓)														
	우수주서(牛首州誓)														
	하서주서(河西州誓)														
5	삼무당 三武幢 백금무당(白衿武幢)														
	적금무당(赤衿武幢)														
	황금무당(黃衿武幢)														
6	계금당(罽衿幢)												○		
	급당(急幢)							○							
8	사천당(四千幢)					○									
13	군사당(軍師幢)							○							
14	중당(仲幢)														
17	개지극당(皆知戟幢)														

순서	군호		1	2	3	4	5	6	7	8	9	10	11	12
19	구칠당(九七幢)													
20	이계당二罽幢	한산주계당(漢山州罽幢)												○
		우수주계당(牛首州罽幢)												
21	이궁二弓	한산주궁척(漢山州弓尺)										○		
		하서주궁척(河西州弓尺)				○								
22	삼변수당三邊守幢	한산변(漢山邊)												
		우수변(牛首邊)												
		하서변(河西邊)												
23	신삼천당新三千幢	우수주삼천당(牛首州三千幢)												
		내토군삼천당(奈吐郡三千幢)												
		내생군삼천당(奈生郡三千幢)												

순서	군호	시기	문무11 671	문무12 672	문무13 673	문무15 675	문무16 676	문무17 677	신문3 683	신문5 685	신문6 686	신문7 687	신문9 689	신문10 690	효소2 693
4	오주서五州誓	청주서(菁州誓)		○											
		완산주서(完山州誓)		○											
		한산주서(漢山州誓)		○											
		우수주서(牛首州誓)		○											
		하서주서(河西州誓)		○											

번호	구분	명칭												
5	삼무당三武幢	백금무당(白衿武幢)					○							
		적금무당(赤衿武幢)									○				
		황금무당(黃衿武幢)										○			
6		계금당(罽衿幢)													
		급당(急幢)													
8		사천당(四千幢)													
13		군사당(軍師幢)													
14		중당(仲幢)	○												
17		개지극당(皆知戟幢)											○		
19		구칠당(九七幢)					○								
20	이계당二罽幢	한산주계당(漢山州罽幢)													
		우수주계당(牛首州罽幢)	○												
21	이궁二弓	한산주궁척(漢山州弓尺)												○	
		하서주궁척(河西州弓尺)												○	
22	삼변수당三邊守幢	한산변(漢山邊)												○	
		우수변(牛首邊)													
		하서변(河西邊)													
23	신삼천당新三千幢	우수주삼천당(牛首州三千幢)	○			○									
		내토군삼천당(奈吐郡三千幢)	○			○									
		내생군삼천당(奈生郡三千幢)				○									

2. 중대 초기 신라의 군제 개편의 실태와 방향

7세기 후반의 문무왕(661~681)·신문왕대(681~692)는 신라역사상 커다란 변화의 시기였다. 삼국통일전쟁을 통한 급속한 확대, 중앙 정치제도와 지방제도를 비롯한 각종 제도적 변화와 정비, 정치권력 구조상의 성격 변화는 물론 이를 전후한 시기의 사회구성의 변화까지 지적하고 있는 최근 학계의 논의는 이 시기가 커다란 변화의 시기였음을 웅변하고 있다.

군사제도의 경우에도 7세기 후반은 커다란 변화가 있었던 시기였다. 6세기 전반 이후 신라의 국가적 성장과 영역의 팽창과정에서 현실적인 필요성에 따라 계속적으로 증치增置해 왔던 다양한 군사조직들이 장기간의 전쟁과 그 이후의 정치·사회적 변화에 부응하여 7세기 후반에 이르러 전면적인 개편을 보았던 것으로 이해되고 있다.[61] 이 시기의 신라 군제의 변화 양상에 대한 기왕의 견해를 요약하면, 중고기 이래의 주요 군제가 쇠퇴·소멸·변질되고, 시위부·구서당·삼무당 등의 중앙군과 십정·오주서·삼변수당·만보당·이계금·신삼천당 등의 지방군으로 이루어진 방대한 신군제가 출현하였던 바, 이 가운데서 왕경의 핵심적 중앙군은 구서당이고, 이에 대응되는 지방부대는 십정이었으며, 이와 같은 신군제는 삼국통일로 인하여 보다 확대된 영역을 중앙집권적으로 통치하고, 전제왕권을 옹호하려는 데에 그 설치의 배경이 있었다는 점 등으로 정리될 수 있다.

이러한 7세기 후반의 군제 개편에 대한 통설은 『삼국사기』 권41, 무관지(하) 무관조(이하 무관조로 줄임)의 기사에 근거하여 재구성된 것이었다. 사실 무관조의 범군호凡軍號 부분에는 위에서 열거한 군사조직들이 대체로 7세기 후반에 해당하는 시기에 설치되었거나, 혹은 변화를 겪은 것으로 기록되어 있으며, 제군관 부분에는 장군 이하 각급 군관이 이들 부대에 배속된 것으로 정리되어 있어 양자를 상호 관련시켜 군

---

61 7세기 후반 군제개편 이후의 통일신라기 군제 전반에 대한 대표적인 연구를 들면 다음과 같다.
末松保和, 앞의 논문, 1954 ; 井上秀雄, 앞의 논문, 1974 ; 李明植, 「新羅 統一期의 軍事組織」 『韓國古代史研究』 1, 1988 ; 李明植, 『新羅政治史研究』, 螢雪出版社, 1992 ; 李仁哲, 「新羅 骨品體制社會의 兵制」 『韓國學報』 56, 1984 ; 李仁哲, 『新羅政治制度史研究』, 一志社, 1993.

제를 복원하면, 통설과 같은 결론에 도달하게 된다.

그러나 이러한 7세기 후반대의 군제 개편에 대한 기존의 이해체계는 약간의 문제를 남기고 있다고 본다. 첫째, 7세기 후반의 개편 이후 신라에는 왕경과 지방에 매우 많은 군사조직이 거듭 설치되어 존속한 것으로 이해되는데, 이미 통일전쟁을 승리로 이끈 신라에 이처럼 방대한 군사조직이 존재할 현실적인 필요성이 있었을까 라는 의문이 든다. 더구나 일부 사료에 의하면 통일전쟁이 끝난 후에는 오히려 군비축소와 같은 전쟁분위기를 가시기 위한 노력이 경주된 흔적이 보이는데,[62] 이러한 사회 일반의 분위기와 방대하고 중복적인 군사조직의 존재는 무언가 서로 걸맞지 않는 느낌을 주고 있다.

둘째, 재편 이후의 새로운 군사조직의 활동상이 거의 보이지 않고 있는 점이 이상하며, 특히 복수의 부대들이 하나의 군호로 묶여 있는 군사조직의 경우, 군호 자체가 하나의 단위가 되어 활동을 전개한 구체적인 사례는 어디서도 찾아볼 수 없다. 이는 재편 이후의 개별 군사조직들이 과연 실제적인 기능을 발휘했던 것인가라는 의문을 남긴다.[63] 셋째, 그럼에도 불구하고 신라 왕조가 이 시기에 왜 이러한 방식의 군제 개편을 단행해야 했는지 그 이유가 선명하게 드러나지 않고 있다.

이 글에서는 이러한 의문들에 적절한 답을 찾아보도록 하겠다. 그래서 먼저 7세기 후반에 추진된 신라 군사조직의 개편 실태를 살펴보고, 그 개편의 방향을 가늠해 보고자 한다. 그리고 개편 이후의 새로운 군제가 본연의 기능을 지속적으로 발휘할 수 있었는지에 초점을 맞추어 개편작업 자체의 성격에 대해 검토해 보고자 한다. 단, 이럴 경우 유의되어야 할 점이 통일신라기의 신군제가 모두 무관조의 범군호에 열거되어 있는 것들이라는 점이다. 그래서 먼저 무관조 범군호 부분의 23군호 부분의 사료

---

62 문무왕의 遺詔 가운데 보이는 "鑄兵戈爲農器"(『삼국사기』 권7, 신라본기7, 문무왕 21년)와 鍪藏寺라는 절 이름의 유래에 대한 鄕傳(『삼국유사』 권3, 무장사미타전) 등 참조.

63 그런데 이러한 의문은 새로운 것이 아니며, 이미 先學 가운데서도 동일한 의문을 가졌던 경우를 엿볼 수 있다. 예컨대 스에마츠 야스카즈(末松保和)가 무관조의 사료적 성격을 『삼국사기』편수 당시에 찬자들이 알고 있었던 수집된 자료를 열거한 것으로 보고, 무관조에 기록된 방만한 군사조직은 병존했던 것이 아니라 신라 전시기의 것이 뒤섞여 있다고 이해한 견해는(末松保和, 앞의 논문, 1954, 311쪽) 무관조에 수록된 군사조직 자체가 극히 방대하다는 데 대한 의문에서 나온 것으로 생각된다.

적 성격을 재검토하여 이것이 7세기 후반의 군사조직 개편과 어떤 관계가 있었는지를 분명히 해 두고자 한다.

1) 무관조 23군호와 7세기 후반의 군제개혁

신라 군제가 가장 잘 정리되어 있는 현존 자료가 무관조임은 두루 아는 사실이다. 이 무관조는 서술형식상 시위부-제군관-범군호-금과 화의 네 부분으로 나눌 수 있다. 이 가운데서 범군호 부분은 첫머리에 23개의 군호를 나열한 다음, 앞에서 나열한 순서대로 개별 군호의 구성부대와 그 연혁, 금색衿色 등 비교적 자세한 설명을 덧붙이는 방식으로 서술되어 있다.

그런데 이 무관조의 사료적 성격에 대해서는 사료계통과 찬술방식, 서술의 대상시기 등의 문제를 놓고 서로 다른 의견이 제시되어 왔고, 23군호에 대해서도 대립적인 견해가 제출되어 있다.[64] 주요 논점은 23군호가 과연 상당한 변화를 거듭했을 신라 전 시기의 군사조직 가운데 『삼국사기』 찬자가 수집한 자료를 토대로 재정리한 것이냐, 아니면 특정 시기에 병존하고 있었던 군사조직을 정리한 자료를 그대로 계승한 것이냐의 여부인데, 필자는 23군호 부분의 사료적 성격에 관한 한, 후자와 같이 파악한 이노우에의 견해가 옳다고 생각한다. 즉 23군호는 신라의 특정 시기에 병존하고 있었던 군사조직을 정리해 둔 저본 자료를 『삼국사기』 직관지의 찬자가 그대로 전재한 것으로 본다. 이렇게 보아도 좋을 몇 가지의 근거가 발견되기 때문이다.

첫째, 범군호 부분의 서술형식을 보면 앞에서 말한 바처럼, 먼저 도론導論의 형식으로 23개의 군호를 열거하고, 이어 각론으로 육정에서 신삼천당에 이르는 개별 군호에 대한 설명을 덧붙이는 비교적 완결된 구조를 갖추고 있다. 즉 도론에서 나열된 군호가 각론에서도, 비록 상략詳略의 차이는 있지만, 순서에 입각하여 하나도 빠짐없이

---

64 대표적으로 23군호에 중고·중대·하대의 것도 포함되어 있는 등 이들이 어떤 시대에 동시적으로 존재했던 것이 아니라고 보는 스에마츠 야스카즈(末松保和)의 견해와 신문왕 10년에서 그리 멀지 않은 시기에 정리된 자료를 전승하여 재정리 서술한 것이므로 23군호 중에는 기능을 잃은 것도 포함되어 있지만, 완전히 소멸된 것의 명칭은 열거되지 않았다고 보는, 곧 동시대에 병존한 것으로 이해하는 이노우에 히데오(井上秀雄)의 주장을 들 수 있다.

설명되고 있다. 만약 찬자가 『삼국사기』의 편찬을 위해 수집했던 자료 중에서 군호와 관련된 것만을 뽑아서 재정리 서술했다면, 이러한 서술형식이 되기는 어려울 것이다. 또 나열된 군호의 순서를 보면 신라 당대의 군사적 비중이나 군단 규모가 비교적 정확하게 반영되어 있는데, 이는 『삼국사기』 찬자가 신라시대 군사조직에 대한 폭넓은 이해를 가졌을 경우에 가능할 것인데, 실제로 찬자가 그런 이해를 갖고 있다고 보기는 어려울 것 같다.

뿐만 아니라 무관조의 제군관 부분이나 그 밖의 신라본기나 열전 등에서만 발견되는 군사조직 명칭이 23군호 부분에서 제외된 사실도 이 부분이 찬자가 저본자료를 전재하는 방식으로 서술했음을 보여준다. 예컨대 법당·삼천당·사자금당·거열주정·웅천주정 등 『삼국사기』의 다른 부분에 보이는 군사조직 명칭이 범군호 부분에는 누락되어 있다. 특히 제군관 부분에서 법당 군단들이 소속된 것으로 기록된 (외)법당·사자금당 등이 23군호에서 제외된 점은 직관지의 찬자가 한사람이었다면,[65] 위와 같은 사료계통과 찬술방식을 상정하지 않고서는 설명이 불가능하다. 이와 같이 범군호 부분의 서술형식을 통해 이 부분이 『삼국사기』 편찬 이전에 이미 정리되어 있던 저본 자료를 찬자가 그대로 전재한 것으로 추정된다.

둘째, 범군호 부분에 보이고 있는 분주分註들이 유의된다.

    A-1. 십정(혹운 삼천당)

      2. 이계당(혹운 외계)

      3. 이궁(혹운 외궁)

      4. 삼변수당(일운 변수)

      5. 신삼천당(일운 외삼천)

    B. 삼십구여갑당 금이 없다.(위경여갑 소경여갑 외여갑등야 기수미상)

범군호 부분에는 모두 6개의 분주가 가해져 있는데, 이 가운데 5개는 군호의 이칭

---

65 田中俊明, 앞의 논문, 1982, 46~47쪽에서는 『삼국사기』 잡지의 경우 항목마다 집필자가 달랐을 가능성을 제시하고 있다.

異稱을 소개한 것이며(A), 1개는 군호 자체에 대한 설명이다(B). 그런데 『삼국사기』 신라본기에 가해진 분주를 면밀하게 검토한 연구[66]에 따르면 분주의 대부분은 편찬 당시 찬자의 자주自註이며, 이들은 외형상 단순분주(병렬형 단순분주·대립형 단순분주) 와 고증분주(보족형 고증분주·선택형 고증분주)로 구분이 가능하다고 한다. 이를 참조 할 때, 우선 범군호 부분의 분주자는 역시 직관지(혹은 보다 좁혀서 무관조)의 찬자일 것이고, 분주 가운데 군호의 이칭을 소개한 5개는 병렬형 단순분주이며, 나머지 하나 는 보족형 고증분주에 해당함을 알 수 있다.

이 가운데서 병렬형 단순분주는 찬자가 이미 정리되어 있던 저본자료를 전재 혹은 재정리 서술하면서 여타 자료에서 확인되는 내용을 분주로 처리한 것이라고 할 수 있 다. 이 점은 B에 대한 검토에서 더욱 뚜렷해진다. B는 39여갑당에 대해 구체적인 설 명을 시도하는 이른바 '보족형 고증분주'에 해당하는데, 그 내용은 39여갑당은 경여 갑당·소경여갑당·외여갑당 등을 말하는데, 그 숫자는 자세하지 않다는 것이다.

이러한 분주의 내용을 보면 찬자가 왜 이러한 분주를 남겼는지 의문이 든다. 우선 범군호 구성의 일반성에 비추어 보면, 육정이 6개의 부대, 구서당이 9개의 부대로 구 성되었듯이 39여갑당은 39개의 여갑당으로 구성되었음이 자명한 것인데도 불구하고 마지막에 '기수미상其數未詳'이라고 덧붙이고 있는 이유가 분명하지 않기 때문이다.[67]

그 이유와 관련하여 한두 가지의 가능성을 고려해 볼 수 있다. 첫째, 이 '기수미상 其數未詳'이라는 구절은 일단 경여갑당·소경여갑당·외여갑당 각각의 숫자가 자세하 지 않다는 의미로 풀이가 가능하다. 그렇다면 찬자는 39여갑당이란 경여갑당·소경여 갑당·외여갑당의 3종으로 구성되며, 이 3종의 여갑당은 여러 개의 소부대로 이루어 졌는데, 각각의 구체적인 숫자는 미상인 것으로 이해한 셈이 된다. 그러나 이러한 가 능성은 성립되기 어렵다고 본다. 여갑당을 수식하고 있는 경京·소경小京·외外가 왕경 과 소경 및 지방을 의미하는 것임은 누구나 쉽게 알 수 있으므로 찬자 역시 이를 알고

---

66 李康來, 「三國史記 分註의 類型的 檢討」 『三國史記 典據論』, 民族社, 1996 참조.

67 이로 말미암아 三十九餘甲幢은 三餘甲幢의 잘못이며, 十九는 '十九日仇七幢'에 들어갈 '十九'가 잘못 혼입된 衍字라는 견해까지 제시된 바 있다(武田幸男, 앞의 논문, 1984, 238쪽 ; 李宇泰, 『新羅 中古 期의 地方勢力 硏究』, 서울대 박사학위논문, 1991, 154쪽 ; 李仁哲, 「新羅 法幢軍團과 그 性格」 『韓 國史硏究』 6, 1988, 162쪽).

있었던 것으로 보아야 한다. 그렇다면 찬자는 왕경에 설치된 경여갑당이 하나, 소경에 설치된 소경여갑당은 다섯 개라는 사실은 쉽게 알 수 있었을 것이다. 나아가 이들 여섯 개를 제외한 나머지인 33개 여갑당이 외여갑당임도 물론 이해했을 것이다. 따라서 찬자가 경여갑당·소경여갑당·외여갑당의 부대 숫자를 몰라서 '기수미상其數未詳'이라는 분주를 덧붙였을 가능성은 거의 없다고 본다.

두 번째 가능성은 이 분주를 39여갑당은 경京·소경小京·외外여갑당 등을 말하지만, 과연 이름 그대로 39개의 여갑당이 존재했는지가 불확실하여 '기수미상其數未詳'을 부연했다고 풀이하는 것이다. 이럴 경우 찬자는 39여갑당 가운데 경여갑당·소경여갑당·외여갑당의 3종의 존재만을 확인하였고, 나머지 36개의 여갑당은 확인이 불가능하였으므로, 숫자가 자세하지 않다고 인식하여 주註를 베푼 셈이다. 그런데 공교롭게도 제군관 부분의 법당 관련 군관직에 대한 기록 가운데 경여갑당·소경여갑당·외여갑당이라는 3가지의 군호가 보이고 있는 사실이 주목된다. 찬자는 범군호 부분의 저본 사료에 있는 39여갑당을 그대로 전재하면서, 제군관 부분에 기록된 경·소경·외여갑당 등 3종류의 여갑당을 참조하여 39여갑당의 부대구성에 대한 나름의 보족형 분주를 가했던 것으로 추측할 수 있다. 그러면서도 39여갑당이라는 군호 명칭과는 달리 자신이 확인할 수 있었던 여갑당은 3종류뿐이었으므로, 과연 이름 그대로 39개의 여갑당이 존재했는지에 의문을 품고, "그 숫자가 자세하지 않다"고 부연 설명했을 것이다.

이상과 같이 39여갑당의 분주에 대한 검토를 통해 확인되는 범군호 부분의 찬술방식은 다음과 같이 정리할 수 있다. 즉 39여갑당에 대한 서술이, 찬자가 저본자료를 전재하면서 제군관 부분에 보이는 내용을 토대로 하여 39여갑당 가운데 확인되는 3종의 여갑당만을 분주로 밝혀두고 나머지의 정확한 숫자는 알 수 없다는 나름대로의 해석을 가했던 것처럼, 범군호 부분은 이미 정리된 저본사료를 찬자가 거의 그대로 전재하면서 약간의 분주를 가하여 성립되었던 것이다.

범군호 부분의 사료계통과 찬술방식이 이렇게 『삼국사기』 편찬 이전에 이미 정리되어 있었던 저본자료를 거의 그대로 전재한 것이라면, 다음으로는 저본자료의 정리 시기가 해명되어야 한다. 이에 대한 해명은 곧 범군호 부분의 서술대상 시기의 파악과도 불가분의 관계가 있다. 범군호 부분 서술의 저본자료의 정리 시기를 파악하는 유력한 단서는 여기에 나타나 있는 각종 연대 기록이다.[68] 이를 보면 군호의 연혁과 관련한 가장 이른 시기의 기록은 대당과 십정이 설치된 진흥왕 5년(544)이며, 가장 늦은 기록이 장창당이 비금서당으로 개칭된 효소왕 2년(693)이다. 여기에서 일단 유의할 것은 693년에 일어난 변화에 관한 기록이 남아 있는 점이다.

범군호 부분은 앞서 설명했듯이 『삼국사기』 편찬 이전에 정리되어 있던 일괄자료를 그대로 전재한 것이므로, 위의 기사 역시 그 저본자료에 포함되어 있었을 것이다. 그렇다면 범군호 부분의 저본자료는 일단 693년을 상한으로 하여 그 이후의 어느 시점에 정리되었음을 알 수 있다.

그러면 저본자료 정리의 하한은 언제쯤일까? 신라 최고의 군관인 장군에 대한 설명을 보면 총 인원수를 36이라고 명기하고 있다. 그런데 이는 말미에 기록된 경덕왕대에 설치된 웅천주정 장군 3인이 제외된 숫자이다. 이러한 예는 무관조의 기록이 저본 자료 가운데 주자료를 전재하면서 약간의 추가자료를 덧붙였던 찬술방식을 보여주는 것이기도 하지만, 저본자료 정리의 하한 시점을 알려주고 있기도 하다. 위의 사료에는 경덕왕대에 장군 3인이 설치된 웅천주정이라는 군사조직이 있었음이 확인되는데, 23군호에는 웅천주정이 몰각되고 있다. 이 웅천주정의 실체는 제군관 부분에서 확인되는 '9주정州停' 가운데 하나이며, '9주정'은 경덕왕대의 군제 재편에서 전국의 9개 주에 하나씩 설치된 중요한 지방군사조직이었다.[69] 23군호에 이와 같이 중요한 비중을 지닌 9주정이 제외된 이유는 범군호의 저본자료가 정리된 시기가 9주정이 존재하던 단계보다 빨랐기 때문일 것이다. 따라서 저본자료 정리의 하한은 대략 9주정이 설치되는 경덕왕대의 군제개혁 이전이라고 할 수 있다.

이와 더불어 또 하나의 방증자료가 되는 것이 왕경 주위에 설치된 육기정이 23군호에서 제외되어 있는 점이다. 신라는 진흥왕 5년 대당의 설치와 더불어 그 군영으로 왕경 주위에 6개의 정을 설치하였다. 『삼국사기』 지리지 양주良州 대성군大城郡 및 상

---

68 〈표 5-7〉 참조.
69 九州停의 성립과 성격 및 운용에 대해서는 李文基, 「景德王代 軍制改革의 實態와 新軍制의 運用」 『新羅兵制史研究』, 一潮閣, 1997 참조.

성군商城郡조에 기록된 '모지정毛只停·도품혜정道品兮停·근내정根乃停·두량미지정豆良彌知停·우곡정雨谷停·관아량지정官阿良支停(북아량정北阿良停) 등이 그것이다. 이 왕경 주위의 6개 정은 7세기 후반대에 이르러 대당의 유면무실화와 더불어 현급縣級의 지역 단위로 남아 있다가, 경덕왕 16년의 전국적인 지명 개정 과정에서 6기정六畿停으로 재편되었다. 동기정·남기정·중기정·서기정·북기정·막야정이 바로 그것이다. 이 육기정은 경덕왕대의 군제 재편 과정에서 왕경 수비를 위해 편성된 새로운 군사 조직이었다. 그런데 범군호 부분의 23군호에는 육기정이 포함되어 있지 않은 것이다. 이 역시 범군호 부분의 저본자료가 정리된 시기가 육기정으로 재편되는 경덕왕 16년 이전이었음을 말해주고 있다.

이상 검토한 바와 같이 범군호 부분에 전재된 저본자료가 정리된 시기는 효소왕 2년(693)을 상한으로 하고, 경덕왕대의 군제개혁 시기 이전을 하한으로 하고 있다. 말하자면 이 두 시기 어느 시점에 범군호 부분의 저본자료가 정리되었던 셈이다.

이와 같이 범군호 부분의 저본자료 정리시기를 규정할 때 여기에 기록된 23군호가 어느 시기의 상황을 반영하고 있는지도 짐작이 가능하다. 일단 경덕왕대의 군제개혁으로 신설된 새로운 군사조직이 23군호에 포함될 수는 없겠다. 그러면 23군호에는 경덕왕대 군제개혁 이전의 군사조직은 모두 포함되어 있는 것일까. 이러한 의문에 대한 실마리가 되는 것이 23군호의 구체적인 내용에서 간취되는 몇 가지 특징이다.

범군호에 기록된 23군호에서 찾아지는 현저한 특징 가운데 하나는 중고기 또는 중대초까지 분명히 군사조직으로서의 본연의 활동을 보여주고 있는 것들이 23군호에서 제외된 경우가 보이고 있는 사실이다. 진평왕 40년(618) 상주정하주정귀당서당과 더불어 대백제전에 출정한 사례가 보이는 법당[70]이나 무열왕 2년(655)에 낭당과 같이 대백제전에 출정한 삼천당,[71] 혹은 문무왕 12년(672)에 장창당과 더불어 나당전쟁에 참전한 거열주정[72] 등의 군사조직을 그 예로 들어 볼 수 있다. 이러한 사례는 비록 중고기 및 중대 초까지 군사조직으로 기능하고 있었더라도 어떤 기준에 의하여 23군호

---

70 『삼국사기』권47, 열전7, 눌최.
71 『삼국사기』권47, 열전7, 취도.
72 『삼국사기』권43, 열전3, 김유신 하.

에 포함되지 않은 경우도 있었음을 알려 준다.

23군호로 정리한 기준은 이미 소멸되었거나 다른 성격과 명칭으로 변질된 것은 제외하고 나머지 군사조직을 23군호로 정리했던 것으로 생각된다.[73] 앞에서 보았듯이 법당이나 거열주정의 활동상이 더 이상 보이지 않고 있으며, 또 삼천당의 경우 십정의 이칭으로 기록에 남아 있어 소멸 내지 변화를 예상할 수 있기 때문이다. 그리고 이러한 기준 적용의 시점은 문무왕 12년(672) 당시 존재가 확인되는 거열주정이 제외되고 있으므로, 일단 문무왕 12년을 상한으로 삼을 수 있다. 그런데 거열주정의 존립 기반이 되는 거열주가 신문왕 5년(685)에 청주菁州로 변화하고 있으므로 적어도 신문왕 5년까지는 존속되었을 가능성이 높다. 그렇다면 거열주정이 소멸한 신문왕 5년을 23군호 파악의 상한시점으로 볼 수 있다. 그리고 효소왕 2년 장창당의 비금서당으로의 변화 기록이 마지막으로 나타나므로, 23군호는 대체로 신문왕 5년(685)에서 효소왕 2년(693) 경까지의 실태를 반영하고 있는 것으로 볼 수 있다. 그렇다면 23군호는 적어도 신문왕 5년에서 효소왕 2년 무렵 사이의 시기에, 그것이 실질적인 기능을 발휘했던지 혹은 형식적·제도적으로만 존재하고 있었던지 간에, 분명히 병존하고 있었던 군사조직을 정리한 것이라고 할 수 있겠다.

범군호에 기록된 23군호에서 찾아지는 또 하나의 특징은 대부분의 군호가 하나의 부대로 되어 있지 않고 복수의 부대로 이루어진 군단이라는 점과 7세기 후반에 해당하는 문무왕·신문왕대에 각종 군사조직의 설치 및 변화가 집중되고 있는 사실이다. 구체적으로 복수의 구성부대로 이루어진 군호를 보면 육정·구서당·십정 등 무려 13개 군호에 달하고 있다. 이러한 복수의 부대로 이루어진 군호는 그 구성부대 가운데 어느 하나라도 설치되어 있지 않을 경우에는 성립될 수 없는 것들이다. 다시 말하면 구성부대 가운데 가장 마지막으로 설치된 부대와 동시이거나, 아니면 그 이후에야 군호 자체가 성립될 수 있다. 예를 들면 구서당이라는 군호는 아무리 빨라도 서당의 칭호를 가진 9개 부대가 모두 갖추어져야만 성립 가능하다. 그러므로 구서당은 아무리 빨라도 장창당이 비금서당으로 개편되는 효소왕 2년 이전에는 성립 불가능한 군호인

---

73 단 23군호로 정리된 군사조직들이 현실적으로 기능하고 있었는지 여부는 고려 대상이 되지 않았던 듯 하다.

셈이다.[74]

이와 같이 범군호 부분에서 개별 부대의 성립과 변화라는 측면보다 복수의 부대를 묶은 군호의 성립이라는 측면을 유의해 보면, 범군호에 보이는 23군호는 각각의 구성 부대의 설치시기나 개명시기를 통해, 그것이 7세기 후반의 군사조직 개편작업의 결과 물임을 알게 된다. 이 점을 7세기 후반에 해당하는 문무왕·신문왕대에 각종 군사조직 의 설치 및 변화가 집중되고 있는 사실과 연관시켜 보면 범군호 부분의 저본자료가 7 세기 후반의 군사제도 개혁과 밀접한 관련이 있음을 간파할 수 있다. 이에 필자는 범 군호 부분에 기록된 23군호의 저본자료는 7세기 후반의 광범위한 군사조직의 개편 결과를 정리한 자료의 일부일 것이며, 23군호 역시 7세기 후반대의 군제 개편의 결과 로 성립된 것으로 본다. 그러므로 범군호 부분의 구체적인 내용의 검토를 통해 7세기 후반 신라 군사조직의 개편실태를 파악할 수 있다.

2) 군제개편의 실태

범군호 부분의 연대기록에 나타나듯이 신라의 군사조직은 7세기 후반에 해당하는 문무왕·신문왕대에 광범위한 변화를 겪었다. 신설된 군사조직도 있으며, 개칭된 경우 도 찾아지고 있고, 기록에 분명히 나타나 있지는 않지만 소멸된 경우도 충분히 예상 할 수 있다. 말하자면 신라왕조는 이 시기에 기존 군사조직을 폐지 혹은 개편하거나 신군제를 창설하는 등 군제에 대한 일대 정리작업을 단행했던 셈이다. 여기서는 먼저 7세기 후반의 군사조직의 개편실태부터 개관하고 이어 그 개편의 방향을 가늠해보자.

신라왕조는 6세기대에 국가적 규모의 공병조직公兵組織을 제도화한 이래 7세기 후 반에 이르기까지 그때마다 현실적 필요성에 따라 다양한 군사조직들을 설치해 왔다. 그리하여 7세기 후반에 이르면 상당한 숫자의 군사조직들이 병존하게 되었다. 범군호

---

74 만약 장창당이 그 명칭을 상태로 구서당의 구성부대 가운데 하나로 편입되어 있었다면, 이를 효소 왕 2년에 이르러 새삼스럽게 비금서당으로 개명하게 된 이유를 설명할 수가 없다. 따라서 장창당 이 나머지 8개의 서당과 달리 획일적인 명칭을 갖지 않고 있었던 효소왕 2년 이전에는 구서당이 라는 군호는 성립될 수 없는 것이다.

부분에서 7세기 후반 이전에 설치되었거나 혹은 변화했음을 보여주는 군사조직들이 바로 그것이다. 이를 정리하면 〈표 5-7〉과 같다.

〈표 5-7〉 범군호 부분에 보이는 군사조직의 치폐(置廢)와 변화

	연대	군사조직의 설치와 변화 내용
1	진흥 5(544)	○대당 ○십정
2	진흥 13(552)	○상주정
3	진흥 29(568)	×신주정 ○남천정
4	진평 5(583)	○서당
5	진평 13(591)	○사천당
6	진평 20(598)	○하서주궁척
7	진평 26(604)	×남천정 ○한산정 ○군사당
8	진평 27(605)	○급당
9	진평 35(613)	서당→비금서당
10	진평 47(625)	○낭당
11	진덕 6(652)	○한산주궁척
12	무열 1(654)	○계금당 ○한산주계당
13	무열 5(658)	×실직정 ○하서정
14	문무 11(671)	○중당
15	문무 12(672)	○백금서당 ○장창당 ○오주서 ○우수주계당 ○우수주삼천당 ○나토군삼천당
16	문무 13(673)	상주정→귀당 ×비열홀정 ○우수정
17	문무 15(675)	○백금무당
18	문무 16(676)	○구칠당 ○나생군삼천당
19	문무 17(677)	낭당→자금서당
20	신문 3(683)	○황금서당 ○흑금서당
21	신문 5(685)	×하주정 ○완산정
22	신문 6(686)	○벽금서당 ○적금서당 ○적금무당
23	신문 7(687)	○청금서당 ○황금무당
24	신문 9(689)	○개지극당
25	신문 10(690)	○삼변수당
26	효소 2(693)	장창당→비금서당
27	무연대기록(無年代記錄) 군사조직	경오종당·이절말당·만보당·대장척당·백관당·삼십구여갑당

| 28 | 〈제군관(諸軍官)〉의 군사조직 | 외법당·비자금당 |

※ 비고 ○ : 설치, × : 폐지, → : 개칭

〈표 5-7〉은 범군호 부분에 보이는 연대기록을 총정리한 것이다. 이를 보면 7세기 후반의 군제개혁의 중심시기는 문무왕 11년(671)에서 신문왕 10년(690)에 이르는 약 20년간이었음을 알 수 있다. 이 기간 동안 무려 26개 부대들의 창설·폐지·개칭 기록이 찾아지기 때문이다.

신라왕조는 이러한 약 20년간의 전면적인 군제 재편 시기 이전에도 이미 적지 않은 군사조직을 설치해 왔다. 범군호에 반영된 것만을 정리하더라도 진흥왕대에 대당과 광역주를 군관구로 하는 5개의 정을 비롯하여 삼천당 등을 설치했으며, 진평왕대에는 서당誓幢·사천당四千幢·하서주궁척河西州弓尺·군사당軍師幢·급당急幢·낭당郎幢 등이, 진덕여왕대에는 한산주궁척漢山州弓尺이, 무열왕대에는 계금당罽衿幢·한산주계당漢山州罽幢 등이 두어졌던 것이다. 그런데 범군호 부분의 연대기록은 누락된 경우도 많고, 적지 않은 오류가 포함되어 있기도 할 뿐만 아니라[75] 그 자체 이미 시기적 한계를 갖고 있는 사료이기도 하다. 따라서 이것만으로는 군제 재편 이전 시기의 군사조직을 전부 파악할 수는 없다.

이를 어느 정도 보완할 수 있는 것이 각종 사료에서 구체적인 활동상을 보여주고 있는 군사조직들이다. 이렇게 『삼국사기』에서 구체적인 활동상이 확인되는 것들을 정리하면 〈표 5-8〉과 같다.

〈표 5-8〉 6~7세기대 활동상이 보이는 군사조직

연대	군사조직	전거
진흥 15(554)	신주정	진흥왕 15년조
진흥 23(562)	귀당	사다함전
진평 33(611)	상주정·하주정·신주정	해론전

---

75 범군호 부분의 연대기록 상의 오류에 대해서는 기존 연구에서 이미 많은 지적이 있었다.

진평 46(624)	상주정 · 하주정 · 귀당 · 서당 · 법당	눌최전
선덕 14(645)	상주정	김유신전
무열 2(655)	낭당 · 삼천당	김흠운점, 취도전
무열 7(660)	계금당	무열왕 7년조
무열 8(661)	대당 · 상주정 · 하주정 · 남천정 · 서당 · 낭당	무열왕 8년조
문무 1(661)	대당 · 귀당 · 상주정 · 하주정 · 남천정 · 수약정 · 하서정 · 서당 · 낭당 · 계금당	문무왕 원년조
문무 2(662)	대당 · 귀당 · 남천정	문무왕 2년조
문무 4(664)	일선정 · 한산정	문무왕 4년조
문무 8(668)	대당 · 경정 · 귀당 · 한산정 · 비열성정 · 하서정 · 서당 · 계금당	문무왕 8년조
문무 12(672)	거열주정 · 장창당	김유신전
신문 4(684)	귀당 · 황금서당	취도전, 김영윤전

〈표 5-8〉을 통해 구체적으로 활동상을 보였던 군사조직들을 23군호와 대비해 보면 크게 두 부류로 구분된다. 대당과 지방의 정停-신주정·상주정·하주정·남천정(한산정)·수약정·하서정-을 비롯하여 귀당·서당·낭당·계금당·장창당·황금서당 등 23군호에 포함되어 있는 부류와 법당·삼천당·거열주정·경정京停 등과 같이 23군호에서 제외되어 있는 부류가 그것이다. 이는 범군호에 기록된 23군호의 연혁이 6세기대 이래의 신라 군사조직 모두를 보여주지 못함을 시사한다. 따라서 〈표 5-7〉과 〈표 5-8〉의 합집合集이 6세기 이래 7세기 후반까지 신라왕조가 설치했던 군사조직의 대부분이라고 할 수 있다.[76]

여기서 먼저 주목할 것은 후자와 같이 23군호에서 제외된 군사조직들이다. 이들은 7세기 후반의 군제 개편 당시에 이미 소멸되었거나 변질된 것으로 볼 수 있다. 다만

---

76 이들 외에도 몇몇 군사조직의 설치 가능성은 유추해 볼 수 있다. 우선 무관조 범군호에서 연대기록이 누락된 군사조직과 제군관 부분에 기록된 외법당과 사자금당(〈표 5-9〉의 28 · 29 참조)이 그 대상이 될 수 있다. 그리고 7세기대의 광역주의 증치 과정에서 이를 지역적 기반으로 하는, 거열주정과 동일한 성격의 광역정이 두어졌을 가능성도 크다. 그러나 전자는 현재 그 설치시기를 추정할 만한 단서가 전혀 없고, 후자는 7세기 군제 재편 과정에서 소멸되었기 때문에 존재시기가 극히 짧았으며, 그로 말미암아 구체적인 활동에 대한 기록도 없고, 23군호에도 기록을 남기지 못했던 것으로 판단된다. 따라서 이들을 제외하더라도 7세기 후반까지 신라 군사조직의 설치에 관한 대세 파악에는 큰 지장이 없다고 생각한다.

23군호에서 제외된 군사조직은 다시 두 가지 유형으로 나눌 수 있을 것 같다. 하나는 경정京停과 같이 극히 임시적인 군사조직이다. 경정은 문무왕 8년 고구려 원정을 위한 전면적인 행군 편성에서 유일하게 나오고 있는 군사조직인데, 그 이름에서 보면 왕경인으로 구성된 것임에 분명하다. 그런데 왕경인으로 구성된 부대로는 대당이 이미 존재하고 있었다. 대당은 문무왕 8년의 행군 편성에서 경정과 함께 출전하고 있으며, 출전한 여러 부대 가운데 가장 중심적 역할을 부여받고 있었던 것으로 보인다. 대당은 왕경인 군역의무자를 징발 편성한 군사조직이었다. 이 대당의 존재를 고려할 때 왕경인을 구성분자로 하는 경정의 성격은 대당에 편성되지 않은 나머지 왕경인을 고구려 원정이라는 현실적 필요성에서 임시적으로 징발 편성한 군대로 볼 수밖에 없다.[77] 그리고 고구려 원정을 위한 임시 군대인 경정은 임무를 완수한 이후에는 당연히 해체되었을 것이다. 따라서 이는 7세기 후반의 군제재편 작업과는 무관한 것으로 보아야 한다.

나머지 법당, 삼천당, 거열주정 등은 23군호가 정리되는 7세기 후반의 군제재편 과정에서 소멸되거나 그 성격이 변화한 것이다. 즉 삼천당은 그 성격이 변질되어 10정 군단으로 개편되었으며,[78] 거열주정은 중고기 지방의 정제와 대당이 신문왕 5년에 6정군단으로 정리되면서 폐지되었다.[79] 중고기에 활동한 법당 역시 행방이 분명한 것은 아니나 아마 크게 변질된 것으로 여겨진다.[80]

이로써 7세기 후반대의 군제 재편과정에서 기존 군제에 대한 정리가 시도되었음을 알 수 있다. 다만 이때 완전히 소멸된 군사조직은 그리 많지 않았던 것으로 보인다. 구체적인 활동상을 기록에 남기지도 못했고, 무관조 제군관 부분을 통해 소속된 군관이 한명도 보이지 않는 상당수의 군사조직이 23군호로 정리되어 존속되고 있기 때문

---

77 木村誠은 京停을 王京 주위의 6개 停에 配備된 군사력으로 구성된 부대로 보아(木村誠, 「統一新羅의 王畿」『東洋史硏究』 42-2, 1983, 45쪽), 대당과 구별되는 또하나의 군사조직으로 파악하고 있지만 따르지 않는다.

78 李文基, 「三千幢의 成立과 發展」『신라병제사연구』, 일조각, 1997 참조.

79 李文基, 「新羅 中古期 停制의 成立과 發展」『大丘史學』 44, 1993 참조.

80 「村落文書」에서 유추되는 통일신라기의 법당은 중고기의 법당이 7세기대 군제 개편 과정에서 크게 변질된 것으로 양자 사이에는 상당한 성격 차이가 있다고 보고 있다. 그러나 이러한 가설은 보다 정밀한 논증을 필요로 하는 것이므로 이에 대한 검토는 후일의 과제로 남겨둔다.

이다. 이와 같은 기존 군제에 대한 불철저한 정리작업은 곧 7세기 군제재편의 하나의 문제점으로 남게 되었고, 채 70여 년이 경과하기도 전인 경덕왕대에 또 한번의 군제 개혁을 가져온 주요 요인으로 작용하였다.

〈표 5-9〉 구서당의 군관조직

구분	장군	대감			제감	감사지	소감			화척			군사당주	대장척당주	보기당주	착금기당주	흑의장창말보당주	군사감	대장척감	보기감	착금감	금색	비고
		대관대감	대대감 영마병	대대감 영보병			속대관	영기병	영보병	속대관	영기병	영보병											
1녹금서당	2	4	3	2	4	1	13	6	4	10	6	4	1	1	4	18	24	1	1	4	18	녹자	서당
2자금서당	2	4	3	2	4	1	13	6	4	10	6	4	1	1	4	18	20	1	1	4	18	자녹	낭당
3백금서당	2	4	3	2	4	1	13	6	4	10	6	4	1	1	4	18		1	1	4		백청	백제민
4비금서당	2	4	4		4	1	13	3	8	10	3	8	1	1				1	1				장창당
5황금서당	2	4	3	2	4	1	13	6	4	13	6	4	1	1	4	18	20	1	1	4	18	황적	고구려민
6흑금서당	2	4	3	2	4	1	13	6	4	13	6	4	1	1	4	18	20	1	1	4	18	흑적	말갈국민
7벽금서당	2	4	3	2	4	1	13	6	4	13	6	4	1	1	4	18	20	1	1	4	18	벽황	보덕성민
8적금서당	2	4	3	2	4	1	13	6	4	13	6	4	1	1	4	18	20	1	1	4	18	적흑	보덕성민
9청금서당	2	4	3	2	4	1	13	6	4	13	6	4	1	1	4	18	20	1	1	4	18	청백	백제잔민

관등규정	진골급찬~각간	진골사지~아찬차품나마~사중아찬	나마~아찬	사지~대나마	사지~대사	대사이하	소감 同 (대사이하)	나마~일길찬	나마~일길찬	나마~사찬	사지~사찬	사지~급찬	사지~나마	사지~대나마	당~나마	사지~나마

이러한 기존 군제에 대한 정리와 더불어 다수의 신군제가 창치創置되었다. 〈표 5-9〉에서 확인되는 것만을 보더라도 무려 21개의 군사조직에 이른다. 다만 이미 지적했듯이 범군호의 연대기록은 누락과 오류가 포함된 한계가 있어, 이들 모두가 정확한 사실을 반영하고 있는 것은 아니다. 그렇지만 십정이나 오주서의 예에서 보듯이[81] 이들 대부분이 7세기 후반의 군제 개편 시기에 개편 혹은 창설된 것으로 보아도 큰 무리는 없을 것 같다.

7세기 후반에 창설된 신군제는 대략 세 가지의 유형으로 구분이 가능하다.[82] 첫째 특수무기로 무장한 부대의 설치 경향이다. 문무왕 12년(672)에 창설된 장창당과 신문왕 9년에 신설된 개지극당이 그것이다. 우선 장창당은 그 명칭만으로도 장창으

---

81 문무왕 12년에 5개 부대가 동시에 설치된 것으로 기록된 오주서는 청주서 · 완산주서 · 한산주서 · 우수주서 · 하서주서 등 5개 부대로 이루어진 군호인데, 이와 같은 설치시기에 대한 기록은 이미 밝혔져 있듯이 잘못임이 분명하다. 왜냐하면 각 부대들이 두어진 주 자체가 이보다 늦은 시기에 설치된 경우가 있기 때문이다. 즉 청주는 신문왕 5년에 거열주가 개명된 것으로, 문무왕 12년에는 존재할 수 없으며, 완산주 역시 사정은 청주와 마찬가지이다. 따라서 오주서 가운데 적어도 청주서와 완산주서는 신문왕 5년보다 빠른 시기에 설치될 수 없다. 그렇다면 문무왕 12년에 5주서를 설치했다는 범군호의 기록은 후일 오주서라는 군단으로 묶여지는 부대 가운데 어느 하나 혹은 몇 개의 부대가 설치된 사실을 전하는 것으로 이해함이 옳겠다. 그러나 청주서와 완산주서 역시, 오주서가 중앙의 구서당에 대응되어 지방에 설치된 부대로 생각되므로, 7세기 후반의 군제 개혁 시기에 설치되어 오주서라는 군단으로 묶인 것으로 생각된다.

82 이러한 유형에서 벗어나는 경우로 문무왕 11년과 동왕 16년에 설치된 仲幢과 仇七幢을 들 수 있는데, 양자의 성격이나 활동상은 자료부족으로 전혀 파악되지 않는다.

로 무장된 특수부대임을 알 수 있다. 장창당의 기본 무기였던 장창은 약수리 고분벽화 등 고구려고분 벽화 자료에 의하면 기병이 소지했던 무기로 나오고 있어 지금까지는 장창당을 기병부대로 이해하는 것이 일반적이었다. 그러나 근래 이를 보병이 소지한 대기병용 무기로 보면서 장창당을 나당전쟁 과정에서 당과 말갈의 기병부대를 제압하기 위해 신설했던 보병부대로 파악하는 새로운 견해가 제출되었다.[83] 두 견해 모두 일정한 장단점을 가지고 있어 어느 것이 옳은지 판단하기가 쉽지 않다. 여기서는 장창당이 장창으로 무장한 군사조직이라는 사실만 지적해 둔다. 장창당은 창설된 문무왕 12년(672) 그 해에 벌어졌던 대당전쟁對唐戰爭에서 큰 전과를 거둔 바 있었다.[84] 개지극당 역시 가지극으로 무장한 특수부대였다. 가지극은 역자형逆刺形의 갈구리 형태로 보아 걸어 당기는 무기인데, 주로 보병이 대기병용으로 사용했을 것으로 추정된다. 그렇다면 가지극으로 무장한 개지극당은 기병에 대항하기 위한 특수 보병부대라고 할 수 있다.

둘째, 지역 명칭을 띤 부대가 다수 설치된 점이다. 이러한 유형은 7세기 군제 재편 과정에서 신설된 부대 유형 가운데 가장 큰 비중을 차지한다. 범군호 부분에 설치연대가 명기된 것만 보다라도 5주서五州誓(청주서·완산주서·한산주서·우수주서·하서주서), 2계금二罽幢(한산주계당·우수주계당), 3변수당三邊守幢(한산변·우수변·하서변), 신삼천당新三千幢(우수주삼천당·나토군삼천당·나생군삼천당) 등이 있으며, 이외에도 비록 설치 시기가 명기되지 않았지만, 십정 소속 10개 부대와 구주만보당 소속 18개 부대 역시 이 시기에 설치된 것으로 여겨진다. 이러한 지역명칭을 띤 부대가 다수 설치된 것은 전국적인 방어망의 구축이라는 측면과 더불어 지방민을 군사력으로 동원함에 있어 효율성을 극대화하려는 의도 때문이었겠지만, 과연 모든 부대가 실제로 기능을 발휘하였을 지는 좀더 검토되어야 할 문제이다.

셋째 금색을 명칭으로 삼는 부대의 설치경향이다. 9서당九誓幢(녹금서당·자금서당·백금서당·비금서당·황금서당·흑금서당·벽금서당·적금서당·청금서당)과 3무당三武幢(백금무당·적금무당·황금무당)과 계금당·이계 등이 그것이다. 그런데 금색을 명칭으로 삼

83 徐榮敎,「新羅 長槍幢에 대한 新考察」『慶州史學』17, 1998.
84 『삼국사기』권43, 열전3, 김유신 하.

약수리 고분 벽화 남벽(모사선화)
장창을 든 모습이 보인다.

는 구서당과 삼무당은 모두 이국인을 구성분자로 포함하고 있는 특징을 지닌 중앙군
단이다.[85] 이와 같이 이국인을 구성분자로 하는 부대에 한 해 금색으로 부대명을 삼은
것은 획일적인 통제를 용이하게 하려는 의도에서 나온 것으로 생각되며, 후술되는 군
단화의 지향과 밀접한 관련을 가진 것으로 판단된다.

이상에서 논급했듯이 7세기 후반의 군제 개편의 실태를 보면, 비록 불철저한 한계
는 있지만, 이전 시기에 설치되어 활동해 왔던 군사조직을 폐지하거나 개편하는 한
편, 특수무기로 무장된 부대를 창설하거나 지방명과 금색을 부대명으로 삼는 새로운
군제를 창설하는 것이었다.

3) 군제개편의 방향

많은 군제가 소멸 변질 창설된 7세기 후반의 군제 개편 실태를 개관할 때, 개편 작
업에 대략 세 가지 방향이 있었던 것으로 보인다. 첫째는 복수의 부대를 통일성을 가
진 하나의 체계로 묶어 군단화를 지향하는 것이었고, 둘째는 왕경과 지방에 각각 흡
사한 성격의 군사조직을 설치하는 이른바 왕경·지방 대응체제의 구축이었으며, 셋째
는 소모병으로 구성된 군사조직이 확대되고 있는 점을 지적할 수 있다. 이들을 하나

---

85 井上秀雄, 앞의 논문, 1974, 179~181쪽 ; 李仁哲, 앞의 논문, 1988, 345~349쪽.

씩 살펴보기로 하겠다. 후술할 군제 개편 작업의 성격을 이해하는데 일정한 도움을 얻을 수 있을 것으로 기대하기 때문이다.

(1) 군단화의 지향

23군호를 일별할 때 그 현저한 특징으로 지적할 수 있는 것이 구성부대의 숫자를 군호로 내세우는 경우가 많다는 점이다. 중복의 느낌이 있지만 구성부대의 숫자를 군호로 삼고 있는 것을 뽑아 보면 다음과 같다.

1. 육정 : ① 대당 ② 상주정 ③ 한산정 ④ 우수정 ⑤ 하서정 ⑥ 완산정

2. 구서당 ; ① 녹금서당 ② 자금서당 ③ 백금서당 ④ 비금서당 ⑤ 황금서당
　　　　　 ⑥ 흑금서당 ⑦ 벽금서당 ⑧ 적금서당 ⑨ 청금서당

3. 십정 : ① 음리화정 ② 고 량부리정 ③ 거사물정 ④ 삼량화정 ⑤ 소삼정
　　　　 ⑥ 미다부리정 ⑦ 남천정 ⑧ 골내근정 ⑨ 벌력천정 ⑩ 이화혜정

4. 오주서 : ① 청주서 ② 완산주서 ③ 한산주서 ④ 우수주서 ⑤ 하서주서

5. 삼무당 : ① 백금무당 ② 적금무당 ③ 황금무당

9. 경오종당 : ① 청록 ② 적자 ③ 황백 ④ 백흑 ⑤ 흑청(단,금색)

10. 이절말당 : ① 녹자 ② 자녹(단,금색)

16. 사설당 : ① 노당 ② 운제당 ③ 충당 ④ 석투당

18. 삼십구여갑당

20. 이계당 : ① 한산주계당 ② 우수주계당

21. 이궁 : ① 한산주궁척 ② 하서주궁척

22. 삼변수당 : ① 한산변 ② 우수변 ③ 하서변

23군호 가운데 구성부대의 숫자를 군호에 포함하고 있는 것은 12개를 헤아릴 수 있는데, 이들은 군호에 포함된 숫자만큼의 구성부대로 이루어진 군단적 성격의 군사조직이다. 그리고 비록 구성부대의 숫자를 내세우고 있지는 않지만, 동일한 범주로 묶을 수 있는 군호도 있다. 신삼천당은 우수주삼천당·나토군삼천당·나생군삼천의 3

개 부대로 이루어져 있고, 만보당도 9주에 각각 두 개씩 도합 18개의 부대로 구성되었으므로, 이들과 같은 성격의 것으로 보아도 무리는 없다. 따라서 23군호 가운데 복수의 부대로 구성된 군단적 성격의 군사조직은 14개에 달하는 셈이다.

그러면 복수의 구성부대를 묶어 하나의 군호로 통일하는 작업이 이루어진 시기는 언제일까. 앞에서 지적했듯이 이러한 군호의 성립 시기는 아무리 빨라도 개별 구성부대 가운데 가장 늦게 설치된 시점을 소급할 수는 없다. 그렇다면 군호를 구성하는 개별부대들의 설치 혹은 변화시기에 대한 기록을 통해 일단 군호 성립의 상한 시점을 파악할 수 있겠다.

〈표 5-9〉에서 이들 군호를 구성하는 개별부대들의 설치 혹은 변화시기에 대한 기록을 보면 세 가지 유형이 찾아진다. 첫째는 개별 부대들의 성립이나 변화의 시기가 서로 다른 것이며, 둘째는 모든 구성부대가 동시에 설치된 것이고, 셋째는 연대 기록이 없는 유형이다. 이 가운데서 첫째·둘째 유형과는 달리 셋째 유형의 경우는 약간의 문제가 있다. 여기에 포함되는 것은 경오종당·이절말당·만보당·사설당·삼십구여갑당 등 5개 군호인데, 십정과 만보당은 지방제도와 연결되어 있어 어느 정도 추론이 가능하나, 나머지는 더 이상 접근할 방도가 없다.

첫째 유형에 포함되는 군호로는 육정·구서당·삼무당·이계당·이궁·신삼천당이 있다. 그런데 이러한 유형에서 유의할 것은 구성부대의 숫자를 군호로 삼았던 시점은 아무리 빨라도 구성부대 가운데 가장 늦게 설치된 부대와 동일하지 않으면 안된다는 점이다. 이러한 관점에서 구성부대의 성립과 변화시기를 달리하는 이들 군호 성립의 상한 시기를 보면 정리하면 다음과 같다.

〈군호 성립의 상한 시기〉
- 육정-하서정이 완산정으로 개칭된 것으로 기록된 신문왕 5년(685)
- 구서당-9개 부대 가운데 최후로 장창당이 비금서당으로 개칭되는 효소왕 2년(693)
- 삼무당-황금무당이 설치되는 신문왕 9년(689)
- 이계당-우수주계당이 설치되는 문무왕 12년(672)
- 이궁-한산주궁척이 설치되는 진덕왕 6년(652)

• 신삼천당-나생군삼천당이 설치되는 문무왕 16년(676)

한편 이와는 다르지만, 십정과 만보당의 성립 시점도 동일한 맥락에서 추론이 가능하다. 군호 십정은 비록 10개의 구성부대가 모두 진흥왕 5년에 설치된 것으로 기록되어 있지만,[86] 9주에 의도적으로 배치되고 있는 점에서 일단 9주제의 성립을 전제로 한다. 따라서 개별부대의 설치시기가 기록되어 있지는 않지만, 9주제가 성립되는 신문왕 5년(685)이 군호 십정 성립의 상한이 될 것이다. 만보당의 경우도 9주에 각각 금색을 달리하는 2개의 부대씩 도합 18개의 부대로 구성된 군호이므로, 군호 십정과 마찬가지로 9주제의 성립을 전제로 한다. 따라서 9주에 배치된 18개 부대를 포괄하는 만보당이라는 군호 성립의 상한선은 신문왕 5년이다.

이와 같이 군호를 구성하는 개별부대의 설치 및 변화시기를 중시하여 군호 성립의 상한 시점을 정리해 보면, 진덕왕 6년(652)·문무왕 12년(672)·신문왕 5년(685)·신문왕 9년(689)·효소왕 2년(693)의 시기가 검출된다. 그러나 진덕왕 6년과 문무왕 12년은 각각 군호 이궁과 이계당이라는 군호의 성립 상한선으로 비정될 뿐이므로, 이 시기에 반드시 이궁·이계당이라는 군호가 성립되었다고 단정할 수는 없다. 오히려 이들 역시 대부분의 군호가 성립되는 시기에 동일한 변화를 겪었다고 보는 것이 합리적이다. 이들을 제외하고 대부분 군호의 성립시기는 신문왕 5년을 상한선으로 하고 있다. 그러므로 복수의 개별부대를 하나의 군호로 묶는 군단화 지향 작업은 신문왕 5년 이후에 이루어진 것으로 보아도 좋을 것 같다.

이러한 추론은 다음의 사실에서도 방증을 얻을 수 있다. 범군호 부분에서 모든 구성부대가 동시에 설치된 것으로 명기된 두 번째 유형의 군호로는 십정·오주서·삼변수당이 있다. 이 가운데서 10정과 오주서의 구성부대가 동시에 설치된 것이라는 기록은 두찬이다. 오주서의 구성부대 가운데 청주서와 완산주서는 빨라도 신문왕 5년에 청주와 완산주가 두어짐과 더불어 설치될 수 있기 때문이다. 이 청주서와 완산주서의 설치시기를 고려하면 군호 오주서의 성립 상한시점도 신문왕 5년이 되어야 한다.

---

86 이 시기는 10정의 전신인 삼천당의 설치시기로 생각된다.

이에 대해 삼변수당은 신문왕 10년(690)에 동시에 설치된 한산변·우수변·하서변 이라는 세 개의 구성부대로 이루어진 군호이다. 따라서 군호 삼변수당의 성립 상한은 신문왕 10년이 된다. 그런데 3개의 구성부대가 동시에 설치된 점을 보면 이미 삼변수 당이라는 군호의 성립을 전제로 한 부대 창설일 가능성이 높다. 이와 같이 삼변수당 이 3개의 구성부대를 동시에 설치하면서 군호를 성립시킨 것은 결국 삼변수당의 설 치 무렵에는 이미 복수의 부대를 하나의 군호로 묶는 작업이 이루어지고 있었던 상황 이 반영된 것으로 여겨진다. 그렇다면 이를 통해 신문왕 10년 무렵에는 복수의 부대 를 하나의 군호로 묶는 군단화 지향 작업이 진행 중임을 알 수 있다.

이상에서 살펴보았듯이 7세기 후반의 군제 재편 과정에서 복수의 부대를 하나의 군호로 묶는 군단화 지향작업은 신문왕 5년에서 효소왕 2년에 이르는 시기에 점진적 으로 추진되었음을 알 수 있다. 이러한 시각에서 23군호를 보면 비록 설치연대가 명 기되지 않은 각종 군호들, 예컨대 경오종당·이절말당·사설당·삼십구여갑당 등도 이 시기에 각각 복수의 부대를 묶어 군단화한 것으로 생각된다.

이와 같이 7세기 후반의 군제 개편 방향 가운데는 복수의 개별부대들을 하나의 통 일적인 군사조직으로 묶는 작업, 말하자면 군단화를 지향하는 작업이 포함되었음을 알 수 있다.

(2) 왕경·지방 대응체제의 구축

7세기 후반대의 군제 재편의 방향으로 주목되는 것이 왕경과 지방의 대응체제 구 축이다. 이는 23군호의 명칭에서 비슷한 성격의 군사조직이 왕경과 지방에서 각각 발 견되고 있는 사실에서 유추할 수 있다. 대응관계에 있었던 군사조직을 뽑아 보면 다 음과 같다.

가. 구서당과 오주서

이 구서당과 오주서는 군호에 '서誓'라는 용어를 공유하고 있는 점에서 일단 상호 관련성이 추정 가능하다. 이미 지적되어 있듯이 양자는 군관구성에서도 비록 정비되 고, 그렇지 못한 차이점은 있으나, 양자의 대응관계를 살필 수 있다.

나. 계금당과 이계

계금당과 이계二閣(外閣)는 일단 금색이 계閣로 동일한 점에서 상호 관련성을 찾을 수 있다. 그리고 이계의 이칭을 외계라고 하였는데, 이는 내계(內閣)와의 대응을 전제로 한 명칭일 것이다. 지금으로서는 계금당의 성격이나 활동을 추적할 수 있는 어떤 단서도 발견되지 않지만, 태종왕대에 한산주계당을 문무왕 12년에 우수주계당을 설치하고 신문왕 5년 이후 이계당이라는 군호로 성립시킨 것은 무열왕 원년에 설치된 왕경의 계금당에 대응시키려는 의도로 생각된다.

다. 사설당과 이궁

이궁二弓(外弓)은 한산주궁척과 하서주궁척의 두 부대로 구성된 군호인데, 범군호의 기록 외에는 더 이상의 자료가 발견되지 않는다. 그래서 명칭에 따라 이를 궁수부대로 비정하는 것이 지금까지의 일반적인 견해였다. 그러나 궁척弓尺이라는 부대명칭에서 보면 활을 만드는 기술부대였을 가능성이 크다. 이궁의 성격을 한산주와 우수주에 설치된 제궁기술자 부대로 비정할 때, 이에 대응되는 왕경의 기술부대로 주목되는 것이 노당운제당충당석투당의 4개 부대로 구성된 사설당이다.

이 사설당은 명칭에 포함된 노운제충차석투기 등의 무기를 제작하는 기술자부대라는 견해와 이들을 주병기로 사용하는 전투부대로 보는 견해가 대립되어 있지만, '설설'의 의미를 고려하면 전자가 옳다고 생각된다. 이와 같은 왕경에 설치된 기술부대에 대응하여 군호 이궁이 설치 정리된 것으로 생각된다. 그 이칭異稱이 외궁인 사실도 내궁內弓 즉 왕경의 기술부대를 염두에 둔 것으로 보인다.

라. 삼천당과 신삼천당

양자는 그 명칭만으로도 대응관계를 짐작할 수 있다. 문무왕 12년과 16년에 우수주·나토군·나생군에 설치된 신삼천당(外三千)은 왕경의 삼천당에 대응하여 설치된 것이다.

마. 경오종당·이절말당과 만보당

중앙군인 경오종당이절말당과 9주에 설치된 만보당 사이의 대응관계는 군관의 배치에서 확인 가능하다. 만보당주가 구주만보당에 각 2인씩 도합 18명, 경오종당 15인, 이절말당에 4명 도합 19명이 배치되어 있다. 만보당주라는 동일한 성격의 군관이 배치된 이들 부대의 성격은 흡사한 것으로 보여지므로, 왕경의 경오종당·이절말당과 지방의 만보당이 대응관계에 있었던 군사조직으로 추정할 수 있다.

이와 같이 7세기 후반의 군제 개편은 왕경과 지방에 각각 흡사한 성격의 부대를 배치하는 이른바 왕경·지방 대응체제의 구축이 또하나의 개혁방향이었다고 할 수 있다.

바. 소모병 군제의 확대

6세기대 이래 신라왕조가 설치해 온 군사조직을 병졸집단의 성격과 충원방식의 측면에서 살펴보면, 의무적 징발병으로 구성되는 것과 소모병으로 이루어진 것으로 대별된다. 전자를 대표하는 것으로 대당과 지방의 정제를 들 수 있고, 후자의 예로서 삼천당·귀당·서당·낭당 등을 들 수 있다.[87] 그런데 7세기 후반의 군제 개편에서는 의무적 징발병에 의한 군사조직은 거의 약화되고, 소모병으로 구성된 군제가 크게 확대되고 군사적 비중도 크게 증대된 듯 하다.

23군호 가운데서 의무적 징발병으로 구성되는 군사조직으로는 육정삼십구여갑당·경오종당·이절말당·백관당·만보당·삼변수당 등을 들 수 있는데,[88] 7세기 후반대의 군제 개편 이후 육정은 일종의 도상계획적인 군사조직으로서 그 본연의 기능을 전혀 수행하지 못했으며, 39여갑당 역시 왕경·소경지방에 분산된 39개의 여갑당으로서 그 군사적 위상은 그리 높지 않았고, 경오종당·이절말당·백관당·만보당·삼변수당도 마찬가지로 생각된다.

---

87 李文基, 앞의 논문, 1993, 참조.

88 이 문제는 좀더 면밀한 실증적 검토가 요청되므로, 보완의 기회를 갖고자 한다. 우선 한가지만 밝혀 둔다면, 북방 변경의 수비부대로 보이는 삼변수당과 관련하여 필자는 문무왕 13년조의 戍兵 復置 사실을 주목하고 있다. 즉 7세기 후반 이후 군역의 의무를 지고 있는 신라의 장정들은 문무왕 13년 이후 변경 요충지에 防戍를 위해 징발되었던 것으로 보이며, 북방 변경에 파견된 이들을 묶은 군제가 곧 삼변수당이 아닐까 생각하고 있다.

이에 비해 소모병으로 구성된 군사조직의 대표적인 예로서 구서당과 삼무당을 들수 있다. 구서당은 주지하듯이 신라인으로 구성되는 서당·낭당·장창당이 변화한 녹금서당·자금서당·비금서당과 백제민으로 구성된 백금서당·청금서당, 고구려민으로 구성된 황금서당, 보덕성민으로 이루어진 벽금서당·적금서당, 말갈국민으로 구성된 흑금서당 등 9개부대로 이루어졌다. 이 가운데서 신라인으로 구성된 3개 부대는 그 전신부터 소모병으로 구성되었으며, 이국인을 구성분자로 하는 나머지 6개 부대 역시 소모병의 범주에 넣을 수 있다. 삼무당 역시 그 부대명을 보면, 이국인으로 구성된 부대로 보이므로,[89] 병졸집단의 성격 역시 소모병의 범주에 포함시킬 수 있다. 뿐만 아니라 구서당에 대응되는 오주서, 삼천당의 후신인 10정과 대응관계에 있는 신삼천당 등도 소모병으로 구성된 것으로 보이는데, 이들의 군사적 비중은 상당히 높았던 것으로 이해되고 있다.

이와 같은 7세기 후반 군제 개편 과정에서 소모병으로 구성된 군제가 확대되고, 그 군사적 비중이 증대된 것은 장기간에 걸친 전쟁과 그에 따른 사회적 변동이 반영된 것으로 여겨진다.

4) 군제개편 작업의 성격

이상에서 살핀 바와 같이 7세기 후반의 군제 개편 작업 결과 신라왕조는 방만하다고 표현해도 좋을 정도로, 중앙과 지방에 중복적으로 설치된 다수의 군제를 보유하게 되었다. 그러나 이러한 개편 이후의 군제는 머리말에서 지적했듯이 군비축소와 평화 지향의 사회적 분위기와 배치될 뿐만 아니라, 과연 개편 작업 자체가 어느 정도 실효성을 지녔던 것인지에 대해서도 의심을 남기고 있다. 이에 여기서는 개편 작업의 결과로 모습을 드러낸 통일신라기의 군제가 현실적 기능을 발휘했던가 라는 점에 초점을 두어 개편 작업의 성격에 접근해 보고자 한다.

---

89 井上秀雄, 앞의 논문, 1974, 180~181쪽.

(1) 군단화의 실효성 문제

앞에서 7세기 후반대 군제재편의 방향 가운데 하나로 군단화를 지향하였음을 확인하였다. 그런데 복수의 개별부대를 하나로 묶는 군단화가 실효성을 갖기 위해서는 몇 가지의 조건이 충족될 필요가 있겠다.

첫째, 군단화란 단순히 몇 개의 부대를 하나로 묶는데 그치는 것이 아니라 개별부대 사이에 존재했던 차별성을 극복하고 일정한 균질화가 이루어져야 한다. 예컨대 각 부대별로 배속된 군관조직이 통일되어 지휘체계가 같아지거나 병졸집단의 성격이 비슷해야 할 것이다. 이 점은 어느 정도 실현된 것으로 볼 수 있다. 무관조의 제군관 부분에 기록된 부대별 군관 배속 기록을 정리하면 부대별 군관조직의 균질성을 확인할 수 있기 때문이다. 〈부표 1〉의 구서당의 군관구성을 예로 들어볼 수 있다.

둘째, 실제로 군단화가 이루어졌다면 구체적인 군사활동 과정에서 같은 군호에 소속된 부대가 상호 연계성을 갖고 활동하는 사례가 확인되어야 한다. 그러나 현존 사료에서 동일 군호에 포함된 개별부대들이 연계성을 띤 채 군사활동을 전개한 사례를 찾아볼 수 없다. 이것은 물론 현존 사료의 부족에서 기인되었을 가능성도 배제할 수 없으나, 성덕왕 32년의 발해 공격을 위한 출정 기사에도 그러한 모습이 보이지 않는 것은 아마 복수의 개별 부대를 하나로 묶은 군단화 작업의 실효성이 크지 않았음을 시사하는 것이다.

그렇다면 7세기 후반의 군제 개편 작업에서 군단화 작업은 군사활동상의 실효성을 얻기 위해서라기 보다는 6세기대 이래 산발적으로 설치되어온 여러 가지 군사조직을 외형적으로 정비했던 조치 정도로 제한하여 이해할 필요가 있겠다. 다시 말하면 군사 조직으로서의 본연의 기능을 기대하여 군단화를 추진했던 것이 아니라, 무질서한 군사조직들을 체계화하여 보다 용이하게 통제하려는 의도에서 나온 조치로 생각되는 것이다. 따라서 군단화 작업은 실제에 있어서는 현실성을 갖지 못한 개편에 지나지 않았다고 할 수 있겠다.

(2) 군사조직의 중복성 문제

23군호 가운데는 그 명칭에서 지방 명칭을 띠고 있는 예가 다수 발견된다. 이들은 일단 그 지방과 모종의 관계를 가진 것으로 보아야 할 것이다. 그리고 그 관계란 대체로 그 지방에 설치된(혹은 주둔하고 있었던) 군사조직으로 이해함이 타당할 것이다. 그리고 비록 구체적인 지방명을 띠고 있지 않더라도 기존의 연구를 통해, 혹은 소속 군관의 분석을 통해 지방군사조직으로 인정되는 것도 있다. 이들을 지방군사조직으로 범주화하여, 칭하고 있는 지방명을 중심으로 분류해 보면 다음과 같다.

A. 주명州名(혹은 주치명州治名)을 띤 유형

(1) 육정-③ 한산정, ④ 우수정, ⑤ 하서정, ⑥ 완산정

(4) 오주서-① 청주서, ② 완산주서, ③ 한산주서, ④ 우수주서, ⑤ 하서주서

(11) (9州)만보당-① 사벌주(만보당), ②삽량주(만보당), ③청주(만보당), ④한산주(만보당), ⑤ 우수주(만보당), ⑥ 웅천주(만보당), ⑦ 하서주(만보당), ⑧ 무진주(만보당), ⑨ 완산주(만보당)

(20) 이계당-① 한산주계당, ② 우수주계당

(21) 이궁-① 한산주궁척, ② 하서주궁척

(22) 삼변수당-①한산변, ② 우수변, ③ 하서변

(23) 신삼천당-①우수주삼천당

B. 군명郡名을 띤 유형

(23) 신삼천당-② 나토군삼천당, ③ 나생군삼천당

C. 현명縣名을 띤 유형

(3) 십정-① 음리화정, ② 고량부리정, ③ 거사물정, ④ 삼량화정, ⑤ 소삼정, ⑥ 미다부리정, ⑦ 남천정, ⑧ 골내근정, ⑨ 벌력천정, ⑩ 이화혜정

D. 명칭에는 명시되지 않으나, 지방군사조직으로 인정되는 경우

(1) 육정-② 귀당

(19) 삼십구여갑당-② 소경여갑당, ③ 외여갑당

이를 다시 주별로 정리한 것이 〈표 5-10〉이다. 이를 통해 가장 두드러지는 사실은 군사조직의 중복성이다. 한산주와 우수주의 경우 적어도 10개 이상의 부대가 두어졌던 것으로 나타나며, 하서주에도 최소한 8개의 부대가 존재했던 것이 확인되며, 가장 적은 무진주의 경우에도 최소한 3개 부대가 설치되어 있었다. 한산주, 우수주, 하서주의 경우 물론 북쪽 변경지대의 방어의 필요성에서 기인된 것으로 해석할 여지가 없지 않으나, 그 점을 감안하더라도 매우 많은 군사조직이 중복적으로 배치되었다는 느낌을 지우기 어렵다. 현재 사료의 부족으로 이들 부대들의 성격이나 역할을 정확하게 파악할 수 없는 형편이므로, 이들의 존재를 일률적으로 부인하기는 어려우나, 현실적으로 이러한 다수의 부대가 중복적으로 존재할 필요가 있었는지에 대해서는 의문이 제기되지 않을 수 없다.

이러한 중복성은 왕경·지방 대응체제의 구축이라는 군제 개편의 방향에서 야기된 것으로 추정한다. 현실적으로는 기능을 상실한 부대를 왕경·지방 대응체제의 구축을 위해 군제 개편 작업에서 이를 존치시킨 것이 아닐까 생각한다. 이를 통해서도 7세기 후반의 군제 재편 작업의 성격이 현실성이 미약했음을 짐작할 수 있다.

이 점은 군관조직의 검토를 통해서도 드러날 수 있다. 예컨대 한산주로 한정하여 주둔한 군관들을 정리한 〈표 5-11〉을 보면 도상 계획에 불과한 6정과 배속된 군관의 숫자가 분명하지 않은 것을 제외하더라도 160명을 상회하고 있다. 여기에다 이들과 통일기의 지방관을 동시에 고려한다면 그 중복성은 더욱 두드러진다고 하겠다.

〈표 5-10〉 범군호에 보이는 지방군사조직의 분포

군단(부대)명	주명	사벌주	삽량주	청주	한산주	우수주	하서주	웅천주	완산주	무진주
1.육정	2)상주정	○								
	3)한산정				○					
	4)우수정					○				
	5)하서정						○			
	6)완산정								○	

3.십정	1)음리화정	○								
	2)고량부리정							○		
	3)거사물정								○	
	4)삼량화정		○							
	5)소삼정			○						
	6)미다부리정									○
	7)남천정				○					
	8)골내근정				○					
	9)벌력천정					○				
	10)이화혜정						○			
4.오주서	1)청주서			○						
	2)완산주서								○	
	3)한산주서				○					
	4)우수주서					○				
	5)하서주서						○			
11.만보당	1)사벌주만보당	○								
	2)삽량주만보당		○							
	3)청주만보당			○						
	4)한산주만보당				○					
	5)우수주만보당					○				
11.만보당	6)웅천주만보당							○		
	7)하서주만보당						○			
	8)무진주만보당									○
	9)완산주만보당								●	
18.삼십구여갑당	1)소경여갑당				●	●		●	●	
	2)외여갑당	●	●	●	●	●	●	●	●	●
20.이계당	1)한산주계당				○					
	2)우수주계당					○				
21.이궁	1)한산주궁척				○					
	2)하서주궁척						○			

22.삼변수당	1)한산변			○					
	2)우수변				○				
	3)하서변					○			
23.신삼천당	1)우수주삼천당				○				
	2)나토군삼천당				○				
	3)나생군삼천당					○			

〈표 5-11〉 제군관 부군의 한산주 배속 군관

군단명	부대명	장군	대관대감	대대감	제감	감사지	소감	화척	군사당주	대장척당주	보기당주	삼천당주	법당주	흑의장창말보당주	만보당주	군사감	대장척감	보기감	삼천감	법당감	법당두상	법당화척	삼천졸
육정	한산정	3	4	3	4	1	15	10	1	1	6			28		2	1	6					
십정	남천정			1			2	2				6								6				15
	골내근정			1			2	2				6								6				15
오주서	한산주서			1			12	2																
만보당	한산주만보당															2								
삼십구여갑당	소경여갑당													?							?			
	외여갑당													?							?	?	?	
이계	한산주계당	배속 군관 미상																					
이궁	한산주궁척	상동																					
삼변수	한산변	상동																					
합 계		3	4	6	4	4	31	16	1	1	6	12	?	28	2	2	1	6	12	?	?	?	30

(3) 병졸집단의 충원 자원 문제

7세기 후반의 군제 개편에서 의무적 징발병에 의한 군사조직 보다는 소모병으로 구성된 군제가 확대되고 군사적 비중이 높아졌음을 지적하였다. 그러나 이는 병졸집단의 충원자원이라는 측면에서 보자면 엄연한 한계를 지닌 것이었다. 특히 이국인을 소모하여 병졸집단을 구성한 구서당과 삼무당의 경우 충원자원의 특수성으로 인하여 얼마 지나지 않아 허설화될 운명에 놓여 있었다. 이 점에서 두 군단이 설치된 지 채 30년이 지나지 않은 효소왕 말년(701) 무렵에는 이국인으로 구성된 부대는 해체되었을 것으로 추정한 견해가 있는데,[90] 타당하다고 생각된다. 이와 더불어 또 한가지 유의할 것은 신문왕대 이래 평화적 분위기가 지속되면서 국가적으로도 소모병으로 구성된 군사조직의 운용에 대해 관심이 엷어졌을 가능성이 크다는 점이다. 이로 인하여 7세기 후반의 군제 개편에서 신라 군제의 주요 부분을 차지한 소모병으로 구성된 군사조직은 곧 허설화의 길을 걸었던 것으로 생각된다.

5) 시위부의 정비와 운용

『삼국사기』 직관지 무관조의 첫머리에는 시위부의 간략한 연혁·군관직과 그 정원·관등규정 등이 신라의 일반 군사조직에 관한 기록인 제군관·범군호와는 구별되어 특기되고 있다. 이는 신라 병제상에서 시위부가 차지하는 특이한 위치를 암시하고 있을 뿐 아니라, 그 중요성을 표현하고 있는 것으로 이해된다.[91]

시위부는 명칭 그대로 국왕을 시위할 목적을 지닌 금위병이었다. 모든 군사조직이 당대의 권력구조와 불가분의 관련성을 갖는 것이지만, 시위부는 그 본연의 임무와 기능으로 인하여 특히 왕권과 밀착되어 있었다.

지금까지의 연구에서도 산발적이기는 하지만 역시 이 점이 중점적으로 지적되어 왔다. 곧 시위부의 군관직 설치를 전제왕권의 구축을 위한 정치적 조치로 본 견해[92]나

---

90 李仁哲, 앞의 논문, 1988, 347~349쪽.
91 이기백·이기동, 앞의 책, 1982, 339쪽.
92 신형식, 「삼국시대 전쟁의 정치적 의미」 『한국사연구』 43, 1983 ; 『한국고대사의 신연구』, 1984,

그 성립과정을 왕권강화 과정으로 파악한 견해[93]등이 모두 이와 같은 맥락에서 이해될 수 있다. 한편 시위부의 군관조직상의 특이성을 주목하거나,[94] 이에서 한걸음 나아가 군관조직의 인원규정을 중시하여 시위부가 법당의 경여갑당京餘甲幢을 계승한 것이라는 독특한 주장을 편 예도 발견되며,[95] 또 시위부가 육정·구서당 등 신라 중앙 군사조직을 예하에 소속하고 있었던 것으로 보는 견해도 찾아진다.[96]

그러나 이러한 논급에도 불구하고 아직 시위부의 전모가 만족할 만큼 밝혀졌다고는 생각지 않는다. 가장 근본적인 이유는 사료의 절대적 빈곤에서 찾을 수 있겠지만, 시위부가 왕권강화와 관련되어 있다는 커다란 시각만을 제시하고 그 세밀한 부분을 간과해 버린 것도 또 다른 이유가 될 수 있을 것이다.

그러므로 지금까지의 연구성과를 수렴하여 시위부에 관해 재검토하도록 하겠다. 먼저 시위부의 성립과정과 배경을 왕권의 강화라는 전제 위에서 국왕측의 현실적 필요성을 중시하여 보다 세밀하게 검토하고, 시위부의 기능과 성격을 고찰하여 그것이 신라 병제상에서 차지하고 있는 위치를 구명해 보겠다. 이러한 작업을 통해 소모병으로 구성된 군사조직의 한 유형이 보다 뚜렷해지며, 시위부의 군사조직적 면모가 밝혀지기를 기대한다.

(1) 시위부의 성립과 그 배경

무관조에는 시위부에 관한 다음과 같은 기록이 남아 있다.

> A. 시위부侍衛府는 3도三徒가 있었는데 진덕왕 5년(651)에 설치하였다. 장군將軍은 6명이었는데 신문왕 원년(681)에 감監을 혁파하고 장군을 두었다. 관등이 급찬級에서 아찬阿湌까지인 자로 임용하였다. 대감大監은 6명이었는데 관등이 나마奈麻에서

299쪽.

93 이기백·이기동, 앞의 책, 1982, 340쪽.
94 井上秀雄, 앞의 논문, 1974, 155~162쪽.
95 武田幸男, 앞의 논문, 1984, 230~231쪽 ; 武田幸男, 「신라 육부와 그 전개」『벽사 이우성 정년기념; 민족사의 전개와 그 문화 (상)』, 1990, 92~99쪽.
96 사회과학원, 『조선전사』 5, 1979, 202쪽.

아찬까지인 자로 임용하였다. 대두隊頭는 15명이었는데 관등이 사지舍知에서 사찬까지인 자로 임용하였다. 항項은 36명이었는데 관등이 사지에서 대나마大奈麻까지인 자로 임용하였다. 졸卒은 117명이었는데 관등이 선저지先沮知에서 대사大舍까지인 자로 임용하였다.(『삼국사기』권40 직관 하)

이를 통해 시위부의 부대 편제와 연혁·군관직과 정원·관등규정 등을 알 수 있다. 그런데 이러한 시위부의 모습은 빨라도 681년 이후의 실태를 보여주는 것이므로,[97] 일단 시위부가 제도적으로 완성된 이후의 것이라 할 수 있다. 이를 정리하면 〈표 5-12〉와 같이 된다.

〈표 5-12〉 시위부의 군관조직

직명	정원	설치 연도	관등 규정	비 고
장군	6	신문1(681)	(9)급찬-(6)아찬	시위감의 대치
대감	6	진평46(624)	(11)나마-(6)아찬	설치연대는 신라본기에 의함
대두	15	-	(13)사지-(8)사찬	
항	36	-	(13)사지-(10)대나마	
졸	117	-	(17)선저지-(12)대사	

〈표 5-12〉에 보이는 시위부의 군관조직은 물론 일시에 갖추어진 것이 아니라 진평왕대 이후 점진적인 정비과정을 거쳐 완성된 것이다. 이러한 시위부의 성립과정은 이미 지적된 바와 같이 왕권의 강화 내지 전제화 과정과 궤를 같이하고 있다.[98] 여기에서는 군관조직의 완비과정을 시위부의 성립과 결부시켜, 국왕측의 현실적인 필요성이라는 관점에 서서 좀 더 자세히 살펴보기로 하겠다.

시위부의 군관직 가운데 가장 먼저 두어진 것은 대감이었다. 무관조에는 언급되지 않았으나, 신라본기에는 다음과 같이 전하고 있다.

B-1. 봄 정월에 시위부侍衛府에 대감 6인을 두었다.(『삼국사기』권4 진평왕 46년조)

---

97 이문기, 「삼국사기 직관지 무관조의 사료적 검토」『역사교육논집』15, 1990, 46~47쪽.
98 이기백 · 이기동, 앞의 책, 1982, 340쪽.

위 사료는 진평왕 46년(624)에 시위부에 대감 6원이 설치되었음을 전하고 있다. 이 대감 6원의 설치는 단순히 국왕을 시위하는 복수제의 무관직이 두어졌다기보다는, 그 이전에 국왕 측근에서 비조직적으로 그를 경호·시위하던 병졸집단을 지휘·통솔하는 관직이 설치된 것으로 이해함이 옳을 것 같다. 왜냐하면 진평왕 이전 여러 국왕의 측근에도 일종의 친위군적인 군사력이 존재했을 개연성이 크며, 특히 대감의 설치 이전에 이미 진평왕 자신이 측근 시위군의 양성을 위해 노력했던 흔적이 보이고 있기 때문이다. 다음의 사료가 이를 시사하고 있다.

> B-2 김후직金后稷은 지증왕의 증손曾孫으로, 진평대왕을 섬겨 이찬이 되고 병부령兵部令에 전임되었다. 대왕이 자못 사냥을 좋아하므로 (김)후직이 간하였다. "옛날의 임금은 반드시 하루에도 만 가지 정사를 보살피되 깊고 멀리 생각하고, 좌우에 있는 바른 선비들의 직간直諫을 받아들이면서, 부지런하여 감히 편안하게 놀기를 즐기지 않았습니다. 그런 후에야 덕스러운 정치가 깨끗하고 아름다워져 국가를 보전할 수가 있었습니다. (그런데) 지금 전하께서는 날마다 미친 사냥꾼과 더불어 매와 개를 풀어 꿩과 토끼들을 쫓아 산과 들을 달리어 스스로 그치시지 못합니다. … 이로써 보면, 안으로 마음을 방탕히 하면 밖으로 나라를 망하게 하는 것이니 반성하지 않을 수 없습니다. 전하께서는 유념하십시오." 왕이 따르지 않았으므로, 또 간절히 간하였으나 받아들이지 아니하였다.

사료 B-2는 병부령 김후직이 진평왕의 빈번한 전렵에 대해 극간하고 있는 내용을 전하고 있는데, 이러한 일이 일어난 정확한 시기는 뚜렷하지 않다. 그러나 김후직이 병부령으로 임명된 것이 진평왕 2년(580)이었고,[99] 진평왕 재임 중에 이미 사망한 것으로 기록에 보이고 있으므로,[100] 늦어도 시위부의 대감이 설치되는 동왕 46년 이전의 일로 보아도 큰 무리는 없겠다. 그런데 김후직은 진평왕이 날마다 광부狂夫·엽사獵師와 더불어 사냥에만 열중하고 있음을 비난하고 자제할 것을 간언했으나, 진평왕이 이-

---

99 『삼국사기』 권4, 신라본기4, 진평왕 2년, "春二月 以伊湌后稷爲兵部令".
100 『삼국사기』 권45, 열전5, 김후직 참조.

진평왕릉(경북 경주)

를 받아들이지 않았다. 이러한 김후직의 간언을 국왕의 유렵遊獵에 대한 혈연적 근친
의 충고 정도로 이해한 견해[101]도 있으나, 고대사회에서의 국왕의 전렵이 단순한 오락
의 차원을 넘어 군사훈련·제사를 위한 희생의 획득·우익을 양성하기 위한 정치적 목
적 등 복합적인 의미를 내포한 활동이라는 점[102]을 중시하면 새롭게 해석해 볼 여지도
있다.

　사료 B-2에서 주목해야 할 것은 진평왕을 따라 날마다 전렵에 나서고 있는 광부·
엽사로 표현된 존재이다. 국왕과 더불어 전렵에 나서고 있는 이들의 실체를 단순히
사냥꾼으로 간주해 버릴 수는 없기 때문이다. 상술한 전렵의 의미에서 본다면 이들은
진평왕이 의도적으로 양성하려 했던 일종의 우익세력으로 볼 수 있겠다. 그런데 이들
이 병권의 일부인 군정권을 장악하고 있었던 병부령 김후직으로부터 비난받고 있는
점에 미루어 보면 군사적 성격을 지닌 존재로 추측된다. 그러므로 이 광부·엽사로 기
록된 자들은 진평왕이 의도적으로 양성하고자 했던 군사적 성격을 가진 우익세력, 즉
친위군적인 존재로 볼 수 있다.

---

101 신형식, 「신라 병부령고」 『역사학보』 61, 1974 ; 개제 「신라의 국가적 성장과 병부령」, 앞의 책,
　　156~157쪽.
102 井上秀雄, 「神話に現われた高句麗王の性格」 『朝鮮學報』 81, 1976, 59쪽 ; 김용선, 「고구려 유리왕
　　고」 『역사학보』 87, 1980, 57~58쪽 ; 김영하, 「삼국시대 왕의 통치형태 연구」, 고려대 박사학위
　　논문, 1988, 9~72쪽 참조. 단, 김영하는 신라의 전렵은 고구려·백제왕의 전렵과는 기능과 정치
　　적 의미를 달리한다고 보고 있으나, 필자는 위의 논문에서 지적된 고구려왕의 전렵의 의도는 신
　　라 국왕의 그것에 원용해도 좋을 것으로 생각한다.

진평왕의 빈번한 전렵은 결국 이 친위군적인 성격을 지닌 존재들의 양성 내지 군사훈련에 그 목적이 있었던 것으로 풀이할 수 있다. 시위부는 후술되는 바와 같이 그 운용에 있어서 병부 또는 병부령의 지휘·통솔체계에서 벗어난 국왕 직속의 군사조직이었으므로, 진평왕의 시위부 양성 노력에 대한 병부령 김후직의 견제는 차라리 당연한 것으로도 보여진다. 요컨대 사료 B-2의 진평왕의 빈번한 전렵에 대한 김후직의 간언 기사는 국왕 직속의 친위군, 즉 시위부 세력의 양성에 대한 병부령으로서의 견제나 반발로 볼 수 있는 것이다.

이와 같이 진평왕은 스스로 양성해 왔던 시위군적인 병졸집단을 지휘 통솔하는 관직으로 동왕 46년에 대감 6원을 설치했던 것으로 보인다. 그러므로 진평왕 46년은 비체계적으로 국왕을 시위하던 병졸집단을 조직화하여 군사조직으로서의 시위부가 갖추어지기 시작했던 시기라고 할 수 있다.[103]

그러면 진평왕대에 시위부가 조직화되기 시작했던 배경은 어디에 있었을까? 이를 동왕대에 단행된 일련의 왕권강화 정책의 한 고리였을 것으로 보기도 한다.[104] 이는 물론 타당한 견해이지만, 필자는 시위부 설치의 현실적 필요성에 관심을 갖고자 한다.

이와 관련하여 주목되는 것이 진평왕대가 국왕 측근세력의 양성에 깊은 관심이 베풀어졌던 시기라는 점이다. 이는 우선 관제정비의 측면을 살펴볼 때 쉽게 짐작된다. 진평왕대는 신라의 관제 발달사상 하나의 획기적인 시대이거니와,[105] 그 관제 정비의 방향은 중앙관부체계의 정비와 근시집단의 확장 및 조직화라는 두 가지로 정리될 수 있다.[106]

---

103 이기백 역시 이해를 시위부가 처음 조직된 시기로 보았다(이기백·이기동, 앞의 책, 1982, 340 쪽).

104 이기백·이기동, 앞의 책, 1982, 340쪽.

105 이기백, 「품주고」『이상백 박사 화갑기념논총』, 1964 ; 이기백, 『신라정치사회사연구』, 1974, 140쪽에서는 진평왕대를 신라 관제의 발전기로 명명하고 있다.

106 三池賢一, 「新羅官制と社會身分」『日本史研究』, 150·151합, 1975, 84쪽에서는 이 시기 관직· 관부의 설치 경향을 官吏 管理官府의 설치·실무당당 관부의 정비·국왕 측근조직의 강화라는 세 가지를 지적하고 있으나, 신라의 신료조직 체계에서 보자면 앞의 두 가지는 중앙관부 체계의 정비이며, 마지막 한 가지는 근시집단의 확장 및 조직화로 분류될 수 있다(이문기, 「신라 중고의 국왕근시집단」『역사교육논집』5, 1983, 78쪽).

<표 5-13> 진평왕 대에 설치된 중앙행정관직 및 관부

연 대	직관지	신라본기	비 고
진평 3(581)	위화부	위화부	
진평 5(583)		선부서 대감·제감	직관지 선부 기사와 상이
진평 6(584)	조부령·승부령	조부령·승부령	
진평 8(586)	예부령	예부령	
진평 11(589)	품주대사·병부제감		
진평 13(591)		영객부령	영객부 관련 기록이지만 혼란이 개입됨
진평 43(621)	왜전→영객전		
진평 45(623)	병부대감	병부대감	
진평 46(624)	상사서대정·대도서대정	상사서대정·대도서대정	

먼저 진평왕대에 설치된 중앙행정관부와 관직을 뽑아보면 〈표 5-13〉과 같다. 여기에 제시된 관직·관부들 중 약간은 그 설치 연대에 있어서 문제점이 없지 않고, 직관지와 신라본기 사이에 혼란이 개입된 경우도 있다.

그러나 이 시기의 관직·관부의 설치 경향을 파악하는 데 크게 지장을 초래하지는 않는다. 〈표 5-13〉에는 진평왕대에 다양한 각종 관부가 설치되었음이 나타난다. 이는 이 시기부터 일종의 분업체제가 형성되기 시작했음을 의미하는 것이며, 또 실무를 담당하는 하급관서 및 관직의 설치가 두드러지는바, 이는 관원의 조직화로 풀이될 수 있다. 이러한 분업체제의 형성과 관원의 조직화라는 특징은 이 시기에 중앙행정관부 체계에 질적인 전환이 일어났고, 이것이 7세기 후반 완성기의 신라 관부체계와 직결되고 있음을 말해준다.[107]

이와 같은 중앙행정관부 체계의 정비와 더불어 국왕 측근의 근시집단에서도 거의 흡사한 변화가 엿보이고 있다. 즉 근시신료의 확장이 이루어지는 한편, 조직화가 시작되어 동왕 44년(622) 내성의 설치로 귀결되었으며, 그 예하에 일반 정치활동에까지 관여하는 근시직이 두어지기 시작했던 것이다.[108] 이러한 근시집단의 확장과 조직

---

107 三池賢一, 앞의 논문, 1975, 83~85쪽.
108 이문기, 앞의 논문, 1983, 78~90쪽.

화 및 질적 전환은 중대 전제왕권의 단초로도 이해될 수 있는[109] 왕권강화의 현저한 표현이지만, 하필 중앙행정관부 체계의 정비와 궤를 같이하여 진행되고 있는 점은 주목할 필요가 있다. 곧 중앙행정관부 체계가 근본적으로 지니고 있는 일정한 한계를 극복하려는 국왕측 노력의 소산물로 보여지기 때문이다.

일반적으로 중앙행정관부 체계는 국왕의 명령을 수행하는 실무 관청으로 국왕의 수족에 비유할 수 있겠지만, 신라의 경우는 그 운용원리에 있어 골품제의 제약을 벗어날 수 없는 한계가 주어져 있었다. 즉 각 관부의 장長인 령令은 진골귀족에 의해 독점되었고, 또 정책의 결정이나 집행면에 있어서도 진골귀족에 의해 독점되었고, 또 정책의 결정이나 집행면에 있어서도 진골귀족의 합의제적인 요소가 침투해 있는 등의 한계를 지니고 있었다.[110] 이러한 제약을 극복하려는 국왕의 의도가 근시집단의 확장과 조직화로 표출된 것으로 생각된다.

이상과 같은 관제정비의 측면에서 찾아지는 국왕의 의도는 군사조직의 설치에도 그대로 반영된 것으로 보인다. 진흥왕 5년에 왕경을 지역적 존립 기반으로 하는 대당이 설치된 후 지방에도 광역주를 기반으로 하는 정이 속속 설치되어 정제를 형성하였으며,[111] 한편으로는 왕경인 출신 소모병으로 구성된 삼천당을 대당과 같은 해에 설치하여 대당 및 정제가 지닌 한계를 보완하도록 배려하였다.[112] 그리고 진평왕대에도 다양한 군사조직을 설치했음이 사료에서 확인된다. 무관조에서 이를 뽑아 정리하면 〈표

---

109 이정숙, 「신라 진평왕대의 정치적 성격」 『한국사연구』 52, 1986, 21~22쪽.

110 이 점을 강조하고 있는 대표적인 업적이 다음의 논고이다. 井上秀雄, 「三國史記にあらわれた新羅の中央行政官制について」, 앞의 책, 1974, 266~267쪽 ; 이기동, 「신라 중대의 관료제와 골품제」 『진단학보』 50, 1980 ; 이기동, 『신라 골품제사회와 화랑도』, 일조각, 1984, 132~138쪽.

111 이러한 대당과 정을 지금까지 흔히 6정군단으로 불러왔으며, 이에 대해서는 다음이 참고된다. 末松保和, 「新羅幢停考」 『新羅史の諸問題』(東洋文庫), 1954 ; 井上秀雄, 앞의 논문, 1974 ; 李成市, 「新羅六停の再檢討」 『朝鮮學報』 92, 1979 ; 이문기, 「신라 육정군단의 운용」 『대구사학』 29, 1986 ; 주보돈, 「신라 중고기 6정에 대한 몇 가지 문제」 『신라문화』 3·4합, 1987. 그러나 필자는 중고기의 왕경과 광역주를 지역적 존립기반으로 하는 대당과 정 등의 군사조직은 신문왕 5년에 여섯 개 부대를 묶음으로써 성립된 군호 '육정'과는 구별되어야 하며, 이를 '대당과 정제'로 병칭해야 마땅하다고 생각하게 되었으며, 이에 대해서는 본서 "제2장 Ⅰ 대당 및 정제의 성립과 전개"에서 논급된 바 있다.

112 이문기, 「신라 중고기의 삼천당과 그 성격」 『역사교육논집』 13·14합, 1990.

연대	부대명	비고
진평 5(583)	서당	진평 33(611) 녹금서당으로 개명
진평 13(591)	사천당	
진평 20(598)	하서주궁척	이궁의 하나
진평 26(604)	군사당	
진평 27(605)	급당	
진평 47(625)	낭당	문무 17(677) 자금서당으로 개명

5-14〉와 같다.

〈표 5-14〉에 보이는 여러 군사조직의 성격은 지금까지 부분적인 언급이 있어 왔지만 아직 미심한 바가 없지 않다. 먼저 서당은 그 어의를 '호령을 받은 군대'로 보아 국왕에게 직속된 군사조직으로 파악한 견해[113]와 진흥왕대의 구당에 대한 '신당'이라는 뜻을 취하여 신부 신흥귀족의 사병으로 편성된 부대로 이해하는 견해[114]가 제출되어 있으며, 그 구성분자들은 소모병으로서 육정군단과는 달리 신라인 가운데서 모집하여 조직된, 왕권과 밀착되어 있는 특수한 성격의 부대로 본 견해[115]도 있다. 이러한 서당의 성격은 좀더 세밀하게 검토되어야 할 과제로 생각되지만,[116] 서당이 소모병이었으며, 국왕과 긴밀한 관계에 있었다는 지적은 청종할 만하다고 생각된다.

그러나 이에 덧붙여 다음과 같은 두 가지 측면을 주목하고 싶다. 하나는 이 서당 역시 대외전쟁을 위한 전투 부대조직이라는 점이며, 다른 하나는 본래적인 성격과는 달리 실제로 운용되는 과정에서 대당이나 정제와 마찬가지로 그 지휘권이 진골귀족으

---

113 末松保和, 앞의 논문, 1954, 349쪽.

114 井上秀雄, 앞의 논문, 1974, 135쪽 및 179쪽.

115 이기백, 「한국의 전통사회와 병제」 『한국학보』 6, 1977 : 이기백, 『한국사학의 방향』, 일조각, 1978, 200쪽.

116 서당은 무관조에서 구서당의 출발점이 되는 군사조직으로 기록되어 있고, 진평왕 35년(613) 녹금서당으로 개명된 것으로 나타나지만 그대로 따르기 어렵다. 스에마츠 야스카즈(末松保和)는 문무왕 12년(677) 이후로 그 개명시기를 추측한 바 있다(末松保和, 앞의 논문, 1954, 352~353쪽 참조). 이러한 변화의 시기 문제도 재고의 여지가 있으며, 뿐만 아니라 서당의 단계와 이후의 단계 사이에는 성격상으로도 상당한 차이가 있는 것으로 여겨진다. 그래서 이에 대한 검토는 장차의 과제로 남겨 둔다.

로 구성된 '장군단'에 의해 장악되어 있는 점이다.[117] 이로 인하여 소모병으로 구성되어 국왕의 군사력으로서의 기능이 기대되었던 서당은, 실제 운용과정에서는 전투 부대조직의 성격으로 말미암아 진골귀족에 의해 직접 통솔되게 되었던 것이다.

다음 동왕 20년에 두어진 하서주궁척은 진덕왕 6년에 설치된 한산주궁척과 더불어 23군호의 하나인 이궁으로 정리되는데, 그 부대명칭에서 본다면 하서주를 기반으로 하는 궁수부대로 짐작된다.[118] 그렇다면 이는 정제인 실직정(하서정)을 보완하는 군사조직으로 추측할 수 있다. 동왕 26년에 설치된 군사당의 성격도 명확하지는 않으나, 필자는 전시출동의 상황에서 대당과 정제의 각 부대에 배속되는 군사당주-군사감이 평소 소속되어 있었던 부대로 생각한 바 있다.[119] 따라서 군사당 역시 대당 및 정제의 운용을 보완해 주는 것이었다고 할 수 있다. 사천당과 급당은 관련 사료가 극히 빈약하여 그 성격을 파악할 길이 없다.[120]

그리고 진평왕 47년에 설치된 낭당은 문무왕 17년 자금서당으로 개명되어 구서당의 단위부대로 편제되는데,[121] 그때까지의 운용방식을 현존하는 사료에서 찾아보면 앞에서 살핀 서당과 거의 흡사하다. 곧 전투를 위한 군사조직으로, 진골귀족들로 구성된 장군단에 의해 직접 통솔되고 있었던 것이다.

이상 살펴본 바처럼 진평왕대는 고구려·백제와의 긴장이 고조되고 공방전이 본격화되자, 이미 두어져 있던 진흥왕대의 군사조직을 보완하는 새로운 군사조직을 다수 창설하였다. 그러나 새로운 부대들은 서당과 낭당의 경우에서 단적으로 알 수 있는 것처럼 대외전쟁을 위한 군사조직으로서 그 운용의 과정에 있어서 진골귀족으로 구

---

117 군령체계상의 '장군단'의 위상에 대해서는 필자가 이미 간략하게 언급한 바 있다(이문기, 앞의 논문, 1986, 13~17쪽). 그리고 전시 출정의 상황에서 보이는 실제 운용의 측면을 유의하면 서당의 지휘권을 장악한 서당장군도 이 '장군단'의 구성원으로 임명되고 있음을 알 수 있다(『삼국사기』 권5, 신라본기5, 무열왕 8년 ; 『삼국사기』 권6, 신라본기6, 문무왕 원년 및 8년 조의 장군 임명기사 참조). 따라서 서당도 실제 운용과정에서 진골귀족에게 장악되어 있었다고 할 수 있다.

118 김철준, 「통일신라 지배체제의 재정비」『한국사』 3, 국사편찬위원회, 1978, 59쪽.

119 이문기, 앞의 논문, 1986, 26쪽.

120 백남운, 앞의 논문, 1933, 377쪽에서는 급당을 결사대로 파악했으나 뚜렷한 근거는 없고, 사천당은 그 군호에서 보면 삼천당을 전범으로 하여 성립된 것으로 여겨지는데, 관련 사료가 부족하여 자세한 성격은 알 수 없다.

121 末松保和, 앞의 논문, 1954, 353쪽 ; 井上秀雄, 앞의 논문, 1974, 180쪽.

성된 장군단에 의해 지휘·통솔되었다. 그리고 여타 군사조직은 이미 장군단에 의해 지휘되고 있었던 대당 및 정제를 보완하는 입장에서 설치된 군사조직이었다. 이러한 상황은 국왕의 친위 군사력을 필요로 하는 입장에 있었던 진평왕에게는 일종의 한계로 작용했던 것으로 보여진다. 그래서 진평왕은 전투와는 비교적 무관한, 그러면서도 자신을 시위하고 국왕에게 직속된 군사조직으로서 시위부를 조직화했던 것으로 생각된다. 시위부에 대한 진골귀족의 영향력을 배제하려는 노력은 그 지휘권을 지닌 관직으로서 장군보다 대감직을 우선 설치하고 있는 데서도 엿볼 수 있는 것이다. 요컨대 진평왕대의 시위부 조직화의 배경은 크게 볼 때 왕권강화 정책의 일환이었지만, 현실적으로 각종 군사조직이 진골귀족의 손에 장악되고 있었던 한계를 극복하려는 데서 찾을 수 있겠다.

시위부의 성립과정에서 또 하나의 획기적인 시기는 진덕왕 5년(651)이다.

> C-1. 시위부侍衛府는 3도三徒가 있었는데 진덕왕 5년(651)에 설치하였다.(『삼국사기』 권 40 잡지39, 직관 하)

C-1에는 진덕왕 5년에 시위부의 삼도가 설치되었음이 나타난다. 이 삼도를 중국 최고 사령관을 모방한 관직으로 이해했으나,[122] 도는 곧 두레[집단]의 의미로서 삼도는 곧 3부대를 말하는 것이다.[123] 그러므로 이때 시위부는 정연한 3부대로 조직편제가 이루어졌음을 알 수 있다.

이러한 부대조직의 정연한 편성과 아울러 군관직의 정비도 있었던 것으로 보인다.

> C-2. [시위부] 장군將軍은 6명이었는데 신문왕 원년(681)에 감監을 혁파하고 장군을 두었다.(『삼국사기』 권40, 잡지9, 직관 하)
> 3. 겨울 10월에 시위감侍衛監을 없애고 장군 6인을 두었다.(『삼국사기』 권8, 신라본기8, 신문왕 원년조)

---

122 井上秀雄, 앞의 논문, 1974, 155쪽.
123 이병도 역주, 앞의 책, 1977, 595쪽.

위의 사료 C-2·3을 통해 신문왕 원년(681) 감 또는 시위감을 파하고 장군 6인을 설치했음을 알 수 있다. 지금까지 이 기사는 진평왕 46년에 설치된 대감의 상위에 장군직이 두어진 것으로 이해되어 왔다.[124] 그러나 '파罷'라는 용어의 의미는 폐지한다는 것이다. 그런데 시위부의 대감은 폐지된 것이 아니라 여전히 군관직으로 남아있었다. 그러므로 이 감이 대감을 지칭하는 것은 아니다. 그리고 『삼국사기』 직관지나 본기에서 신라의 관부 가운데 차관직이 먼저 설치되고 나중에 장관직이 두어지는 예가 종종 찾아지지만, 어떤 경우에도 파라는 용어가 사용되지는 않고 있다. 따라서 사료 C-2·3은 대감의 상위에 장군을 둔 사실을 말하거나 대감직을 파하고 장군을 설치한 사실을 전하는 것이 아니라, 시위감이라는 관직을 폐지하고 그 대신 장군직이 설치된 것으로 보아야 하는 것이다.

그러면 신문왕 원년에 폐지된 시위감은 어떤 관직이었으며 그 설치시기는 언제일까? 이와 관련된 사료가 없어 분명하지는 않으나 그 직명으로 미루어 대감의 상위에서 시위부를 통솔하는 관직으로 볼 수 있다. 그리고 신문왕 원년 장군으로 개편되고 있는 점을 보면 장군보다 군사적 성격이 미약한 일종의 근시직으로서의 성격을 가졌던 관직이 아닐까 추측된다.[125]

이와 같이 시위부를 통솔하는 관직으로 시위감의 존재를 인정할 수 있다면 이 관직이 설치된 시기로는 진덕왕 5년이 가장 유력하다. 전술했듯이 이때 시위부에 정연한 부대조직이 갖추어지고 있으므로 시위부 전체를 통솔하는 관직도 설치되었을 가능성이 높기 때문이다. 그리고 이러한 시각에서 시위부의 군관조직을 보면 설치연대가 밝혀져 있지 못한 대두·항·졸 등의 제군관직도 늦어도 이 시기에 같이 설치되었을 것으로 추측된다.[126] 시위감-대감의 상위 군관직만으로는 정연한 3부대 조직을 갖추고

---

124 井上秀雄, 앞의 논문, 1974, 157쪽에서는 원래 대감이었던 것을 이름만으로 승격시킨 것으로 보았고, 이기백·이기동, 앞의 책, 1982, 340쪽에서는 파해진 監이 大監인지 혹은 이와 구별되는 별도의 것인지 의문을 제기하고 있다.

125 시위감이라는 직명을 근거로 하부구조는 군사조직이었으나, 책임자는 국왕 측시직의 성격을 가진 것으로 추측해 보는 것이다.

126 졸의 경우 후술되듯이 기원은 시위부의 일반 병졸에 있었지만, 보다 다수의 군사력이 보충되면서 지위가 상승하여 관등을 보유한 일종의 군관직적 성격을 갖게 된 것으로 생각된다. 따라서 졸의 전신은 이미 진평왕 때에도 존재했겠지만, 군관직적 성격을 갖게 된 시기를 진덕왕 5년으로 추정

있는 시위부를 통솔하기에 어려움이 컸을 것이기 때문이다. 이와 같은 추측이 허용될 수 있다면 시위부는 진덕왕 5년 군사력의 규모가 늘어나 3부대 조직으로 편성되는 한편, 최고의 관직으로 시위감이 두어지고 그 예하에 대감-대두-항-졸의 군관직을 갖춘 확연한 군사조직으로 일대 개편이 단행되었던 셈이다.[127]

이 진덕왕 5년에 단행된 시위부 개혁의 배경은 무엇일까? 이 해가 전제왕권을 뒷받침하는 관부인 집사부가 설치된 시기임을 지적하고, 시위부에 삼도의 편제가 이루어진 것도 결국 군사적인 면에서 전제왕권을 뒷받침해 주기 위한 것으로 이해하기도 한다.[128] 이 역시 포괄적인 의미에서는 타당한 견해로 여겨진다. 그러나 필자는 한걸음 나아가 이때의 시위부의 개혁을 당시 신라의 정치적 변동상황에서 나타난 현실적 필요성에 의한 것으로 보고 싶다. 즉 왕권에 직접적인 무력도발을 일삼는 세력에 대한 대응책의 하나로 생각되는 것이다. 다음 사료를 보자.

> C-4. 16년 정미(647)는 선덕왕 말년이고 진덕왕 원년이다. 대신 비담毗曇과 염종廉宗이 여자 임금[女主]이 잘 다스리지 못한다 하여 군사를 일으켜 왕을 폐하려 하니 왕은 스스로 왕궁 안에서 방어하였다. 비담 등은 명활성明活城에 주둔하고 왕의 군대는 월성月城에 머물고 있었다. 공격과 방어가 10일이 지나도 결말이 나지 않았다. 한밤 중에 큰 별이 월성에 떨어지니 비담 등은 사병들에게 말하였다. "내가 듣건대 '별이 떨어진 아래에는 반드시 피흘림이 있다.'고 하니, 이는 틀림없이 여왕[女主]이 패할 징조이다." 병졸들이 지르는 환호성이 천지를 진동시켰다. 대왕

한다.

127 井上秀雄, 앞의 논문, 1974, 162쪽에서는 시위부의 군관조직을 대감-졸 계열과 대두-항계열이 합체된 것으로 보았고, 武田幸男, 앞의 논문, 1984, 230쪽에서는 군관의 정원을 토대로 대감-항-졸 등 대감계 조직과 대두-졸의 대두계 조직으로 나누어, 이를 기초로 시위부를 법당군단의 경여갑당의 후신으로 보았다. 시위부의 군관조직이 보여주는 이원성에 대관의갠해는 재음미될 필요가 있다고 생각되지만, 그 정원 규정을 토대로 시위부를 경여갑당의 후신으로 파악위부를 수긍될 수 없는 견해라고 생각된다. 왜냐하면 우선 시위부는 3부대 조직이 명백하고 또 군관의 설치 시기가 각각 다르며, 특히 다케다 유키오(武田幸男)가 기준수라는 이름하에 임의적으로 인원수를 나누고 있는 것이 전혀 설득력이 없기 때문이다.

128 이기백·이기동, 앞의 책, 1982, 340쪽.

이 그 소리를 듣고 두려워하여 어찌할 줄을 몰랐다. 유신이 왕을 뵙고 말하였다. "길함과 불길함은 정해진 것이 아니라 오로지 사람이 부르는 것입니다. 그러므로 [은나라] 주紂왕은 붉은 새가 나타났어도 망하였고, 노나라는 기린을 얻었어도 쇠하였으며, [은나라] 고종은 장끼가 울었어도 중흥을 이루었고, 정공鄭公은 두 마리 용이 싸웠으나 창성하였습니다. 그러므로 덕이 요사한 것을 이긴다는 사실을 알 수 있습니다. 별이 떨어진 변괴는 족히 두려워 할 것이 아닙니다. 청컨대 왕께서는 걱정을 하지 마십시오." 이에 허수아비를 만들어 불을 붙인 다음 연에 실려 띄워 하늘로 올라가듯이 하였다. …중략… 그리고 나서는 여러 장수와 병졸을 독려하여 힘껏 치게 하니 비담 등이 패하여 달아나자 추격하여 목베고 9족族을 죽였다. (『삼국사기』 권41 열전1, 김유신 상)

위의 사료에 보이는 상대등 비담 등의 반란을 구체적인 성격규정에 있어서 아직 의견이 분분하지만,[129] 보수 진골귀족 연합세력과 김춘추·김유신을 중심으로 하는 여왕지지파의 대립으로 볼 수 있다. 그런데 양자의 군사적 충돌과정에서 초기에는 여왕지지파의 열세였으며, '왕사王師'로 표현된 국왕측의 군사력은 사료에 보이듯이 김유신의 활약에 의해 승기를 잡을 수 있었다. 이를 시위부와 관련하여 살펴본다면 진평왕 46년에 조직화되기 시작했던 시위부가 선덕여왕 말년까지 뚜렷한 국왕의 무력기반이 되지 못했음을 알게 한다.[130] 그래서 여왕지지파인 김유신이 이끈 군사력의 지원에 크

---

129 이기백, 「상대등고」 『역사학보』 19, 1962 ; 이기백, 앞의 책, 1978, 100쪽에서는 상대등이 왕위쟁탈을 목적으로 일으킨 것으로 보았고, 이기동, 「신라 내물왕계의 혈연의식」 『역사학보』 53·54합, 1972 ; 이기동, 앞의 책, 1984, 83~84쪽에서는 내물왕계 씨족회의의 선덕여왕 폐위 또는 비담의 국왕추대 결의에 불만을 품은 가야 출신 김유신 등이 선덕여왕을 옹호함으로써 발단된 것으로 이해하였으며, 이종욱, 「신라 중고시대의 성골」 『진단학보』 50, 1980, 20쪽에서는 성골 집단 3대 가계의 운영원리상 비상조치에 해당되는 여왕의 즉위에 대한 반발에서 일어났다고 하였다. 한편 井上秀雄, 「新羅政治體制の變遷過程」, 앞의 책, 1974, 440~441쪽에서는 경주 문벌귀족의 연합체인 화백의 선덕여왕 퇴위 요구에 대해 김유신 등이 여왕을 옹호하면서 일으킨 것으로 보았으며, 武田幸男, 「新羅'毗曇の亂'の一視覺」 『三上次男博士稀壽紀念論文集』, 1985에서는 親唐 2파의 대립으로 파악하였다.

130 후술된 사료 E-2·3을 보면 시위부가 진골귀족의 반란을 토평하고 있는 사실이 기록되고 있는데, 위의 경우와는 크게 대조가 된다.

게 의존할 수밖에 없었던 것이다. 더구나 선덕여왕의 불투명한 죽음의 이유를 반란의 와중에서 살해된 것으로 볼 수 있다면,[131] 국왕의 경호를 담당한 시위부의 취약성은 쉽게 간파된다.

진덕왕 5년의 시위부 개편은 이러한 상황을 체험한 국왕측의 현실적 필요성에 입각하여 이루어진 것으로 보인다. 다만 이에는 국왕 자신의 의도와 더불어 당시 막후의 실력자인 김춘추·김유신 일파의 지원이 개재되어 있었을 것이다. 마치 집사부의 설치가 이들의 정책적 배려에서 나왔던 것[132]처럼 이 시위부의 개혁도 왕권과 결탁된 이들의 필요에 응한 조치였을 것으로 생각된다.

이러한 시각을 가질 때 구성원의 증가로 인한 시위부의 삼도 편제도 김춘추·김유신 일파와 무관하지 않은 것으로 보인다. 개혁의 의도로 미루어 이들의 영향력 아래에 있었던 군사력이 시위부의 병졸집단으로 편입되었을 가능성이 있기 때문이다. 예컨대 선덕왕 11년(642) 김유신이 고구려에 억류된 김춘추를 구출하기 위해 국왕의 용인 하에 소모했던 '사사死士·용사勇士'[133]와 같은 성격의 존재들이 이때 시위부의 군사력으로 편입되었던 것이 아닐까 생각된다. 진덕왕 사후 김춘추가 화백의 결의를 뒤집고 왕위에 즉위할 수 있었던 데는 이때 개편된 시위부의 군사력이 일정한 역할을 수행했을 것으로 본다. 지금까지 살핀 바처럼 진덕왕 5년의 시위부 개혁의 배경에는 비담의 난을 체험한 진덕왕과 김춘추·김유신 일파의 현실적 필요성이 숨어 있었고, 개혁 후의 시위부는 왕권의 전제화를 추구하는 이들에게 하나의 무력기반으로 기능했다고 할 수 있다.

이와 같이 일단 하나의 군사조직으로 정비된 시위부는 무열·문무왕대에도 국왕 측근의 군사력으로서 왕권을 지지하는 제도적 장치가 되었을 것이다. 다만 당시의 상황

---

131 선덕여왕은 비담의 난이 지속되고 있었던 동왕 16년(647) 정월 8일에 돌연히 사망한 것으로 기록되고 있다(『삼국사기』 권5, 선덕왕 16년조). 그러므로 난중에 살해되었을 가능성도 고려해 봄직하다.

132 이기백, 「신라 집사부의 성립」 『진단학보』, 25·26·27합, 1964 ; 이기백, 앞의 책, 1978, 153쪽.

133 『삼국사기』 권5, 신라본기5, 선덕왕 11년, "王命大將軍金庾信 領死士一萬人赴之 庾信行軍過漢江 入高句麗南境" ; 『삼국사기』 권41, 열전1, 김유신 상, "春秋入高句麗 過六旬未還 庾信揀得國內勇士三千人…遂請王以定行期".

재매정 비와 우물(경북 경주)
김유신 장군 집에 있던 우물로 전해진다. 고종 때 세운 유허비가 있다.

이 통일전쟁이 진행되는 과정에 있었으므로 실전부대가 아닌 시위부에 별도의 각별한 관심이 베풀어지지는 않았겠지만, 궁궐을 숙위하고 친정親征과 같은 국왕의 행차에 호위를 담당하는 등 나름대로의 역할을 지속했을 것으로 생각된다.

그러다가 신문왕 원년(681) 시위부의 일대 재편이 단행되었다. 앞의 사료 C-2·3에서 알 수 있듯이 시위부 최고의 관직이었던 시위감을 파하고 장군 6인이 설치된 것이다. 이는 귀족의 위협으로부터 전제왕권을 보호하기 위한 금위병 부대의 강화로 이해되며,[134] 동년의 김흠돌의 난에서 시위부 재편의 현실적 필요성이 제기된 것이 아닐까 추측된다. 다음의 사료를 살펴보자.

D. [8월] 8일에 소판 김흠돌金欽突·파진찬 흥원興元·대아찬 진공眞功 등이 반란을 꾀하다가 죽임을 당하였다. 〈중략〉 16일에 다음과 같은 교서敎書를 내렸다.『공이 있는 사람에게 상을 내리는 것은 옛 성인의 아름다운 규범이요, 죄가 있는 사람을 처

---

134 이기백 · 이기동, 앞의 책, 1982, 340쪽.

벌하는 것은 선왕의 훌륭한 법이다. 과인은 보잘것 없는 몸과 두텁지 못한 덕으로써 숭고한 왕업을 이어 지킴에, 먹는 것도 잊어버리고 새벽 일찍 일어나서부터 밤 늦게 자리에 들 때까지 중신들과 함께 나라를 편안케 하려고 하였더니, 어찌 상중喪中에 서울[京城]에서 반란이 일어날 줄 생각이나 하였으랴! 역적의 우두머리 흠돌·흥원·진공 등은 벼슬이 재능으로 오른 것이 아니요, 관직은 실로 은전恩典에 의하여 오른 것이다. 처음부터 끝까지 몸을 삼가하여 부귀를 보전하지 못하고 어질고 의롭지 못한 행동으로 복과 위세를 마음대로 부리고 관료들을 업신여겼으며, 아래 위 가릴 것 없이 모두 속였다. 날마다 탐욕스러운 뜻을 거리낌 없이 드러내 보이고 포학한 마음을 멋대로 부렸으며, 흉악하고 간사한 자들을 불러들이고 궁중의 근시近侍들과 서로 결탁하여 화가 안팎으로 통하게 하였으며 나쁜 무리들이 서로 도와 날짜와 기한을 정하여 반란을 일으키려고 하였다. 내가 위로는 하늘과 땅의 도움을 받고 아래로는 조상의 신령스러운 돌보심을 입어, 흠돌 등의 악이 쌓이고 죄가 가득 차자 그 음모가 탄로나고 말았다. 이는 곧 사람과 신이 함께 배척하는 바요 하늘과 땅 사이에 용납될 수 없는 바이니, 도의道義를 범하고 풍속風俗을 훼손함에 있어 이보다 더 심한 것은 없을 것이다. 이 때문에 병사들을 끌어 모아 효경梟獍 같은 무도한 자들을 제거하고자 하였더니, 혹은 산골짜기로 도망쳐 숨고 혹은 대궐 뜰에 와서 항복하였다. 그러나 가지나 잎사귀 같은 잔당들을 찾아내어 이미 모두 죽어 없앴고 3~4일 동안에 죄인의 우두머리들이 소탕되었다. 마지못하여 취한 조치였으나 사람들을 놀라게 하였으니, 근심하고 부끄러운 마음이야 어찌 한시라도 잊으랴. 지금은 이미 요망한 무리들이 숙청되어 멀고 가까운 곳에 우려할 것이 없으니, 소집하였던 병마들을 빨리 돌려 보내고 사방에 포고하여 이 뜻을 알게 하라.』(『삼국사기』 권8, 신라본기8, 신문왕 원년)

위의 사료 D에서 주목을 끄는 것은 김흠돌 등이 반란의 과정에서 '교결근수交結近侍'라 하여 국왕의 측근세력이 연결되어 있었던 사실을 신문왕이 하교를 통해 지적하고 있는 점이다. 이는 김흠돌이 왕비의 아비였으므로 왕비와 연관된 왕실세력이나 내성체제에 소속된 근시신료와 결탁된 것을 의미할 수도 있다. 그러나 '추집병중追集兵中

衆'・'소집병마 의속방귀召集兵馬 宜速放歸' 등의 표현을 보면 신문왕이 이 반란을 진압하기 위해 시위부가 아니 여타의 군사력을 동원했음을 강조하고 있어, 김흠돌과 연결된 '근수'는 시위부를 지칭했을 가능성도 있다. 다시 말하면 김흠돌의 반란에 시위부가 가담했으므로 신문왕은 다른 군사력을 소집하여 이를 진압한 사실을 교서에서 밝히고 있는 것으로 볼 수도 있다.

그렇다면 같은 해의 시위부의 장군 인의 설치는 시위부의 위상의 격상이나 세력강화의 의미와 더불어 신문왕 친위세력의 재편성을 의미하는 것으로 볼 수 있겠다. 즉 신문왕은 김흠돌의 난 이후 시위부를 친위세력으로 재편하고, 지휘권을 지닌 관직으로 시위감을 파하는 대신 장군 6인을 설치했던 것으로 생각된다. 이는 시위부에 군사적 성격을 더욱 강화화는 것임은 물론이고, 다음 장에서 상론하듯이 관등규정을 (9) 급벌찬~(6)아찬으로 하고 일반 군사조직의 장군과 달리 진골독점규정[135]을 폐지하여, 진골세력을 배제하기 위한 제도적 장치를 마련했던 것이다. 또 6인의 복수체제를 채택한 것은 상호 견제의 의미도 내포하고 있었던 것으로 짐작된다. 그리하여 시위부는 삼도에 각각 장군 2인-대감 2인-대두 5인-항 12인-졸 39인의 장군조직[136]과 그 예하에 병졸집단을 갖춘 정연한 군사조직으로서 명실상부한 국왕 측근의 직속 군사력으로 기능할 수 있었던 것이다.

(2) 시위부의 성격과 변화

앞에서 살펴본 바와 같이 시위부는 국왕측의 현실적 필요성을 배경으로 왕권의 강

---

135 예컨대 육정장군과 구서당장군의 경우 취임 자격규정에 "位自眞骨上堂至上臣爲之", "位自眞骨級至角干爲之"라 하여 진골 독점의 관직임을 명기하고 있다.

136 이병도, 앞의 책, 1977, 535쪽, 그런데 이기백·이기동, 앞의 책, 1982, 340쪽과 신형식, 『신라사』, 이화여대 출판부, 1985, 125쪽에서는 시위부의 구성원 180명인 것으로 보고 있는데 이는 졸을 군관으로 파악하지 않은 데서 기인된 것으로 생각된다. 졸이 군관인 사실은 무관조의 제군관의 하나로 삼천졸이 명기되어 있는 점이나, 관등규정이 기록되고 있는 데서 쉽게 알 수 있다. 그러므로 180명은 시읩의 군관의 총 숫자이며(3개의 부대가 각각 60명씩), 그 예하에는 정확한 규모는 알 수 없으나 병졸집단이 갖추어져 있었다고 생각된다. 한편 『조선전사』 5, 201쪽에서도 시위부의 졸이 관등을 소유하고 있음을 주목하여 문벌이 높은 귀족출신의 정병으로 보고 있으나, 위와 같은 논거에서 따르지 않는다.

화 내지 전제화의 범주에서 성립된 군사조직이었다. 이는 달리 말하자면 시위부의 성격 자체가 왕권의 강화에 유효하였다는 의미가 된다. 그래서 시위부의 구체적인 기능과 그것이 신라 병제상에서 차지하고 있는 위치 등을 검토하여 그 성격을 보다 명확히 구명하고 조직과 성격상의 변화문제를 살펴보기로 하겠다.

시위부는 그 명칭에서 단적으로 드러나 있듯이 국왕의 시위를 위한 군사조직이었다. 그러므로 그 임무나 기능 역시 국왕의 시위에 있었음이 분명하다. 그러나 이를 세분하면 국왕이 거주하는 궁성의 숙위와 국왕 및 왕실세력 행차시의 호종으로 구별될 수 있다.[137]

> E-1.셋째로, 우리 조정의 호위 군졸들은 태조 시대에는 다만 궁성에서 숙위하는 일 뿐이어서 그 수가 많지 않았고 광종 때에 와서 참소를 믿고 장군들과 재상들을 책벌하였으며 의혹하는 마음이 저절로 나서 군졸을 증원하되 주와 군에서 풍채 좋은 자들을 선발하여 입시하게 하였으며 이들은 모두 다 궁중 주방에서 식사하였습니다. 당시 여론은 이것을 번잡하기만 하고 이로운 점이 없는 일이라 하였으며 경종 때에 와서는 비록 약간 감원하였으나 오늘에 이르기까지 아직도 그 수가 많으니 바라건대 태조 때의 법을 준수하시어 단지 용감한 자들만 남겨 두고 나머지를 모두 돌려 보내신다면 원망하는 사람도 없을 것이요 나라에는 저축이 생기게 될 것입니다. (『고려사』 권93, 최승로)

위의 사료는 최승로의 시무 28조에 포함된 것으로 고려 초기 시위군의 상황을 전하는 것이지만, 가장 기본적인 임무로서 궁성의 숙위가 기대되고 있었음을 알려준다.[138] 이는 신라에서도 마찬가지였을 것이다. 신라에서 시위부가 궁궐의 수비를 담당했음은 아래의 사료에서 짐작된다.

---

137 백남운, 앞의 책, 1933, 337쪽에서는 시위부를 邏兵이라 생각하여, 경찰대로서 최초로 조직화된 특수부대라고 하고 있으나, 이는 후술되듯이 시위부의 기능이 확대되면서 새로이 포함되는 기능의 일부일 뿐이다.
138 김당택, 「최승로의 상서문에 보이는 광종대의 '후생'과 경종원년 전시과」『고려광종연구』, 일조각, 1981, 60쪽.

E-2. 5월에 이찬 근종近宗이 반역을 꾀하여 궁궐을 침범하였으므로 궁궐을 지키는 군사[금군禁軍]를 내어 그들을 공격하여 깨뜨렸다. 근종은 그 무리들과 함께 밤에 성을 나갔으나 뒤쫓아가 그를 붙잡아 거열형車裂刑에 처하였다.(『삼국사기』권 11, 신라본기11, 경문왕 14년)

3. 가을 7월에 일길찬 대공大恭이 아우 아찬 대렴大廉과 함께 반란을 일으켰는데, 무리를 모아 33일간 왕궁을 에워쌌으나 왕의 군사가 이를 쳐서 평정하고 9족九族을 목베어 죽였다. (『삼국사기』권9, 신라본기9, 혜공왕 4년)

E-2에는 이찬 근종이 모역을 꾀하여 궁궐을 침범하자 금군을 내어 이를 격퇴했다고 기록되어 있다. 여기에 보이는 금군은 곧 금위병이므로 시위부의 다른 표현임이 분명하다. E-3의 왕궁을 포위한 일길찬 대공·아찬 대렴 등의 반란군을 토평했다는 왕군도 그 표현이 애매하지만, 막연히 국왕측의 군대로 생각하기보다 궁궐을 수비하던 시위부로 볼 수 있다.[139]

이러한 시위부는 고려초의 시위군들이 '개식내주皆食內廚'라는 데서 궐내에서 숙위하였음을 짐작할 수 있듯이, 역시 왕궁 내에 상주했던 것으로 보인다. 명확한 내용은 찾을 수 없으나 다음의 사료가 참조된다.

F-1. 여자는 이내 태기가 있다가 달이 차서 해산하려 할 때에 천지가 진동하더니 한 사내아이를 낳았다. 이름을 비형鼻荊이라 하였다. 진평대왕이 그 이상함을 듣고 궁중에 들여다가 길렀다. 나이 15세에 이르러 집사執事를 내리니 밤마다 멀리 도망가서 노는지라. 왕이 용사 50인을 시켜 지키게 하니 매양 월성月城을 날아 넘어 서족으로 황천荒川 언덕 위에 가서 귀신의 무리를 데리고 노는 것을 용사가 수풀 속에서 엿보니 귀신들이 여러 절의 새벽 종소리를 듣고 각각 흩어지고 낭郎도 또한 돌아왔다. 군사가 사실대로 아뢰니 왕이 비형을 불러 이르되 "네가 귀

---

139 왕군은 국왕의 사병적 성격을 지닌 군사력에 대한 표현으로 생각되는데(이기백, 「신라사병고」『역사학보』9, 1957 ; 이기백, 앞의 책, 1978, 261쪽), 이러한 국왕의 사병은 후술되듯이 국왕 직속의 군사조직인 시위부의 조직을 이용하여 편제되어 있었다고 생각된다.

신을 데리고 논다는 것이 참 말이냐"라고 물으니, 낭이 "그러합니다"라고 하였다.(『삼국유사』 권1, 기이1, 도화녀비형랑)

2. 왕의 숙부 언승 및 그 아우 이찬 제옹悌邕이 군사를 거느리고 궁궐로 들어가 난을 일으켜 왕을 죽였다. 왕의 아우 체명體明이 왕을 지키다가 함께 죽임을 당하였다. (『삼국사기』 권10, 신라본기10, 애장왕 10년)

먼저 F-1은 매우 설화적인 내용으로 구성되어 있어 구체적 사실에 대한 취신의 여부에 문제가 없지 않다. 그러나 진평왕대의 시대적 상황을 바탕으로 하여 설화가 구성되었을 것이라는 시각에서 이를 보면, 국왕이 거주하는 월성 내에 용사·군사로 표현된 일군의 병졸집단이 존재했음을 알 수 있다. 이들은 진평왕의 명을 받아 비형의 행적을 감시하고 국왕에게 직접 보고하는 등에서 드러나듯이 국왕에게 직속된 군사력이었다. 따라서 이들은 곧 시위부의 병졸집단으로 이해될 수 있겠고, 나아가 시위부가 국왕 거주 궁성을 숙위하고 있었음을 헤아릴 수 있다.

F-2는 하대의 왕위쟁탈전이 전개되는 와중의 시위부에 대한 기록이다. 이때의 시위부는 국왕의 사적인 무력기반으로 변질되어 국왕측의 핵심적 군사력으로 기능하게 되는데. F-2는 곧 이 시기의 상황을 보여주고 있다. 그런데 이에 의하면 애장왕의 제인 체명은 애장왕을 시위하다 왕과 더불어 숙부인 언승 등에 의해 피살되었다고 한다. 이를 체명 혼자서 애장왕을 시위했다고 볼 수는 없다. 언승이 병력을 이끌고 궁궐로 들어온 것은 체명이 지휘하는 시위군을 의식했기 때문일 것이다. 요컨대 이 기사는 애장왕이 거주하는 궁궐을 숙위하던 체명의 시위부가 반란군에 의해 괴멸된 것으로 이해되어야 옳다.[140] 따라서 F-2에서도 시위부가 궁성에 주둔하면서 숙위했음을 짐작할 수 있다.

또 시위부는 국왕이나 왕실세력의 행차시에 이들을 호종하는 기능을 수행하였다.

---

140 다시 언급하게 되지만, 이때의 시위부의 구성분자는 흔히 족병으로 표현되기도 하는 국왕의 사병이 그 중추를 이루고 있었을 것이다. 그리고 그 지휘부는 국왕 사적으로 깊은 관계를 맺고 있는 자로 이루어졌다. 이는 신문왕 5년 진골귀족의 침투를 배제하고 전제왕권을 보호하기 위해 재편되었던 시위부의 성격이 크게 변화했음을 단적으로 보여주고 있다.

다음 사료에서 이 점을 엿볼 수 있다.

G-1. 정신대왕淨神大王의 태자 보천寶川과 효명孝明의 두 형제(원주 : 국사國史를 보
건대 신라에 정신·보천·효명 3부자의 명문明文은 없다. 그러나 이 기록 아래 문
장에 신룡원년神龍元年에 터를 닦아 절을 세웠다 하였으니 신룡은 바로 성덕왕
聖德王 즉위 4년 을사이다. 왕의 이름은 흥광興光이요 본명은 융기隆基니 신문왕
의 둘째 아들이다. 성덕의 형 효조孝照는 이름이 이공理恭인데 혹은 홍洪이라고
도 하니 또한 신문왕의 아들이다. 신문은 이름이 정명政明이요 자는 일조日照이
니 정신은 아마 정명 신문의 와전訛傳인 듯하고 효명은 효조 혹은 소조小昭의 와전
인 듯 하다. 이 기록에 효명이 즉위하여 신룡神龍 연간에 터를 닦고 절을 지었다
고 한 것은 또한 상세히 말하지 않았을 뿐이니 신룡 연간에 절을 세운 이는 성덕
왕이다)가 하서부河西府에 이르러 세헌각간世獻角干의 집에서 하룻밤을 잤다. 이
튿날 대령大嶺을 지나 각각 무리 천명을 거느리고 성오평省烏坪에 이르러 여러날
동안 유람하다가 갑자기 하루 저녁에 형제 2인이 세속 외의 뜻을 비밀히 약속하
고 남몰래 도망하여 오대산에 들어가매 그 시위들이 귀의할 바를 알지 못하여 서
울로 돌아갔다. (『삼국유사』 권3, 탑상4, 대산오만진신)

2. 신라의 정신태자淨神太子 보질도寶叱徒가 그 아우 효명태자孝明太子와 더불어 하
서부河西府 세헌각간世獻角干의 집에 이르러 하룻밤을 자고 다음날 대령을 넘어
각기 천명을 데리고 성오평省烏坪에 이르러 며칠을 놀다가 태화太和 원년 8월 5
일에 형제가 같이 오대산五臺山에 들어가 숨었다. 그 무리인 시위자侍衛者들이 찾
지 못하고 모두 서울로 돌아왔다. (『삼국유사』 권3, 탑상4, 명주 오대산보질도태
자전기)

위의 사료 G-1·2는 그 줄거리를 보면 동일한 사건을 배경으로 성립된 같은 설화
임을 알 수 있다. 설화적 기록이므로 당연히 신빙성에는 문제가 따른다. 그러나 G-1
의 원주原註에서 보듯이 일연은 정신대왕을 신문왕으로, 왕자인 보천·효명은 신문왕
의 왕자인 효소·성덕왕에 비정하고 있다. 그리고 그 연대도 태화원년 등의 기록이 있

으나 대략 신문왕대 후반기 무렵으로 상정하였다. 한편 이 설화를 자세하게 분석한 연구에 따르면,[141] 이는 성덕왕의 즉위와 관련된 사단事端을 배경으로 하고 있다고 한다. 따라서 설령 연대나 구체적인 인물의 비정에 약간의 문제가 있더라도, 필자가 주목하는 왕실세력의 행차에 다수의 수행인물이 존재했다는 사실은 취신할 수 있을 것이다.

즉 왕자인 보천과 효명이 하서부(명주) 일대를 유람할 때 각각 천도千徒 또는 일천인一千人으로 표현된 바의 상당한 다수의 인물들을 영솔하고 있었다고 생각된다. 그런데 이들이 영솔했던 무리 가운데 이들의 행방을 수색했던 시위가 포함되어 있었음이 사료에 보이고 있다. 이 시위로 표현된 존재들은 곧 시위부의 병졸들에 다름아닐 것이다. 따라서 설화적인 요소가 많은 한계가 있지만, 사료 G-1·2에서 왕실세력인 왕자의 행차에 시위부가 수행했음을 알수 있다.

이러한 사실에서 유추한다면 국왕의 행차에 시위부가 수행했을 것임은 쉽게 짐작된다. 전술했듯이 진평왕의 전렵에 동행했던 광부·엽사들이 시위군적인 존재로 추정되는 점이 하나의 방증이 될 수 있다. 비록 자료에서 확인되지는 않으나, 국왕의 빈번한 순행[142]에도 시위부가 호종했을 것으로 보아도 전혀 무리가 없다. 이와 같은 국왕이나 왕실세력의 행차에 있어서의 시위부의 호종은 이들을 보호하는 실제적인 측면 이외에도 국왕과 왕실세력의 존엄이나 권위를 과시하는 상징적인 기능도 가졌을 것이다.

이상 살펴보았듯이 시위부는 궁성을 숙위하고 국왕 및 왕실세력 행차시에 이를 호종하는 등 국왕 측근의 군사력으로 기능하였다. 따라서 시위부에는 진골귀족 세력의 침투를 배제할 필요성이 있었을 것 같다. 이 점은 진평왕대에 시위부의 조직화를 시작하면서 대감직을 먼저 설치한 사실이나 신문왕 원년 설치된 시위부 최고 관직인 장군의 관등규정에서 확인된다.

시위부 장군의 관등은 〈표 5-13〉으로 정리한 바처럼 (9)급벌찬~(6)아찬으로 규정

---

141 신종원, 「신라초기불교사 연구」, 고려대 박사학위논문, 1988, 204~246쪽.
142 국왕의 순행 및 순수에 대해서는 다음을 참조하라. 신형식, 『삼국사기연구』, 일조각, 1981, 172~177쪽 ; 김영하, 앞의 논문, 1988, 136~194쪽.

되어 있고 진골독점의 제한규정이 철폐되었다. 이는 무관조에서 보여지는 일반 군사 조직인 육정·구서당 장군의 관등규정과 크게 대조가 된다.

> H. 장군將軍은 모두 36명이었다. 대당大幢을 맡은 [장군은] 4명, 귀당貴幢에 4명, 한산
> 정漢山停[신라 사람들은 영營을 정停이라고 하였다]에 3명, 완산정完山停에 3명, 하
> 서정河西停에 2명, 우수정牛首停에 2명이었다. 관등이 진골 상당上堂에서 상신上臣
> 까지인 자로 임용하였다. 녹금당綠衿幢에 2명, 자금당紫衿幢에 2명, 백금당白衿幢에
> 2명, 비금당緋衿幢에 2명, 황금당黃衿幢에 2명, 흑금당黑衿幢에 2명, 벽금당碧衿幢
> 에 2명, 적금당赤衿幢에 2명, 청금당靑衿幢에 2명이었다. 관등이 진골 급찬에서 각
> 간까지인 자로 임용하였다. (『삼국사기』 권40, 잡지9, 직관 하)

H에서 알 수 있듯이 육정과 구서당의 장군은 (9)급찬~(1)이벌찬의 관등 소유자들 가운데 반드시 진골만이 차지할 수 있었던 것으로 규정되어 있다.[143] 그러나 시위부의 장군은 동일한 직명에도 불구하고, 진골만이 차지한다는 단서가 없으며, 관등도 육두품이 차지할 수 있는 (9)급벌찬~(6)아찬으로 규정되어 있다. 이는 시위부의 장군직이 일반 장군직과는 달리 진골보다 육두품을 위한 것이라는 느낌을 주고 있다.[144] 설령 진골이 시위부 장군이 될 수 있다고 하더라도 이를 육두품에게도 개방하고 있는 것은 결국 여기에 진골세력의 침투를 배제하기 위한 조치로 이해된다.

이러한 시위부의 성격은 시위부가 차지하고 있는 병제상의 위치에서도 짐작될 수 있다. 시위부는 지휘·통솔의 군령계통에 있어서 일반 군사조직과는 구별되고 있었던 것 같다. 이미 지적된 사실이지만 무관조의 서술방식을 보면 시위부는 일반 군사조직

---

143 육정군단의 장군 취임자격규정인 상당-상신을 17관등체계로 환원하면 (9)급찬~(1)이벌찬에 해당한다(정경숙,「신라시대의 장군의 성립과 변천」『한국사연구』48, 1985, 9쪽). 단, 이러한 자격규정은 평상시 장군단의 구성원이 전시출동의 상황에서 6정의 각 부대에 임명·배속되는 운용상의 특징을 보여주므로 결국 신라 장군의 자격이 된다(이문기, 앞의 논문, 1986, 5~19쪽).

144 井上秀雄, 앞의 논문, 155~157쪽에서는 시위부의 군관조직을 검토하여 '제2급 귀족에 의한 군단'이라고 그 성격의 일단을 규정한 바 있다. 이는 자신 특유의 논리인 신라 병제상 강인하게 남아 있는 사병적 성격을 강조하는 시각에서 나온 견해인데, '제2급 귀족'이 어떤 성격의 존재를 말하는지는 뚜렷하지 않다. 그러나 장군이 진골세력이 아니라는 의미를 함축한 표현으로 해석된다.

에 대한 기록인 제군관·범군호와는 구별되어 첫머리에 특기되고 있다. 이러한 무관조의 서술방식은 지휘·통솔계통이 다른 데에 근거한 것으로 생각된다. 범군호에 기록된 각종 부대조직은 군령체계에서 일군의 진골출신의 유자격자로 구성된 장군단이 매우 중요한 위상을 갖고 있었고, 병졸의 충원이나 운용에 병부가 일정하게 관여하고 있었다. 다음의 사례를 보기로 하자.

> I-1. 취도驟徒는 사량沙梁 사람으로 나마奈麻 취복聚福의 아들이다. 기록에 그의 성이 전하지 않는다. 형제가 셋이었는데 맏이는 부과夫果 가운데가 취도, 막내는 핍실逼實이었다. 취도는 일찍이 출가하여 도옥道玉이라는 이름으로 실제사實際寺에 머물고 있었다. 태종대왕 때 백제가 조천성助川城에 쳐들어 오자 대왕이 군사를 일으켜 출전하였으나 결판이 나지 않았다. 이에 도옥은 그 무리에게 말하였다. "내가 들으니 승려가 된 자로서 상등은 학업[道]에 정진하여 본성을 회복하는 것이고, 그 다음은 도를 실천하여 남을 이롭게 하는데, 나는 모습만 승려일 뿐이고 취할만한 한 가지 착한 일도 없으니 차라리 종군하여 죽음으로써 나라에 보답함이 낫겠다!" 승복[法衣]를 벗어 던지고, 군복을 입고 이름을 취도로 고쳤다. 생각컨대 이는 달려가서 보병[徒]이 되었다는 뜻인 듯하다. 이에 병부에 나아가 삼천당三千幢에 속하기를 청하여 드디어 군대를 따라 전선에 나갔다. (『삼국사기』 권47, 열전7, 취도)
>
> 2. 소나素那[또는 금천金川이라고 하였다]는 백성군白城郡[현재의 경기도 안성군] 사산蛇山[현재의 충남 천안시 직산면] 사람이었다. 그의 아버지는 심나沈那이다. 〈중략〉 소나는 용감하고 호걸스러워 아버지의 풍채를 닮았다. 백제가 멸망한 후에 한주漢州 도독 도유都儒공이 대왕에게 청하여 소나를 아달성으로 옮기어 북쪽 변방을 막도록 하였다. (『삼국사기』 권47, 열전7, 소나)

먼저 I-1에 보이는 삼천당은 무관조의 10정의 이칭으로 기록되어 있지만,[145] 그 실

---

145 『삼국사기』 권40, 잡지9, 직관 하, "十停(或云 三千幢) 一曰音里火停…".

체는 10정과 구별되어야 한다. 앞 절에서 살핀 것처럼 진흥왕 5년에 두어진 이 부대는 후일 10정장군단으로 확대·발전되지만, 10정과는 성격이 다른 중고기의 군사조직이었다.[146] 그런데 취도가 이 삼천당의 병졸로서 전장에 나갈 수 있었던 것은 병부에 요청한 결과였다. 다시 말하면 병부가 삼천당의 군관이나 병졸의 선발을 관장하고 있었으므로 취도는 병부에 요청했던 것이다. 이를 통해 삼천당의 운용에 병부가 일정하게 관여하고 있음을 알 수 있다.

I-2에서는 백성군의 유력 재지세력인 소나를 아달라군(성)으로 옮겨 북쪽 변경지대의 수비에 동원하기 위해 당시 백성군과 아달라군을 관내에 두고 있던 한주도독 박도유가 국왕에게 요청하였다는 내용을 발견할 수 있다. 이러한 소나의 이동은 비록 사료에서 소나 일 개인에 한정된 것으로 묘사되어 있지만, 실제로는 소나를 매개로 징발 편성된 백성군 사산의 성병城兵의 이동을 말하고 있다고 추측된다. 이 성병들은 전시 출동의 상황에서는 한산정의 병졸집단인 주병州兵으로 결집되는 존재들이었다.[147] 그런데 이러한 성병의 천도가 도독인 박도유의 자의로 행해질 수 없었으며, 국왕의 허락 하에서만 가능한 것이다. 다만 여기서 국왕으로 표현된 것은 당시의 행정계통에서 미루어 보면 곧 병부였을 것으로 추측된다.[148] 따라서 병부는 궁극적으로는 왕명에 의거하는 형식을 취하겠으나 지방 정의 병졸집단의 징발과 편성에 일정하게 관여했음을 알 수 있다.

이와 같이 삼천당·지방의 정停 등과 같은 일반 군사조직의 관리에 병부가 관여하고 있고, 대당과 정제 등 주요 군사조직의 지휘권이 진골귀족으로 구성된 '장군단'에 의해 장악되고 있었던 데 대해 시위부는 국왕에게 직속된 군사조직이었다. 사료 F-1에서 보듯이 궐내의 용사·군사들이 진평왕으로부터 직접 명을 받아 비형의 행적을

---

146 이문기, 앞의 논문, , 1990.
147 이문기, 앞의 논문, 1986, 36~38쪽.
148 흡사한 경우로 『삼국사기』 권48, 열전8, 향덕전의 다음과 같은 기록을 들어 볼 수 있다. "鄕司報之州 州報於王 王下敎 賜租三百斛·宅一區·口分田若干 命有司立石紀事 以標之". 이를 보면 향사→주→국왕으로 보고 계통이 나타나는데, 여기서 주는 곧 도독이었을 것이며, 국왕은 물론 최종의 보고 접수자였겠지만, 주와 국왕 사이에 중앙관부인 창부 소속의 상사서가 개입해 있었을 것이다. 향덕에 대한 포상은 상사서의 업무였을 것이기 때문이다. 따라서 보고 계통에서 나타나는 국왕은 국왕자체라기보다 곧 그를 대리하는 중앙관부로 보아야 할 것이다.

감시하고, 또 그 결과를 국왕에게 보고하는 국왕 직속의 군사력이 있었고, 그것이 곧 시위부였던 것이다. 이와 같은 지휘·통솔 체계의 차이가 무관조의 서술구조에 반영되어 시위부는 제군관·범군호라는 일반 군사조직에 대한 일괄 기록과는 구별되어 첫머리에 특기되고 있는 것이다. 이렇게 시위부가 국왕이 직접 통솔하는 체계를 갖추고 있는 것도 궁극적으로는 진골귀족 세력을 배제하려는 장치의 하나임이 분명하다.

이상에서 시위부는 진골세력의 침투를 배제한 국왕 측근의 직속 군사조직이라는 사실이 보다 뚜렷해졌다고 생각된다. 이러한 시위부의 성격은 기본적 군사력으로서의 일반 병졸집단의 성격에도 반영되어 있을 것으로 예상된다.

시위부의 일반 병졸집단에 대해서는 지금까지 흔히 무관조에 기록된 (17)선저지~(12)대사의 관등을 소유했다는 졸 117명만으로 한정하여 생각해왔고, 이에 근거하여 그 성격을 문벌이 높은 귀족 출신의 정병으로 파악한 견해까지 발견된다.[149] 그러나 앞에서 간단한 지적이 있었듯이 필자는 이 졸에 대해서 다른 의견을 갖고 있다. 이 졸은 그 직명으로 보아 원래 시위부의 일반 병졸집단에서 기원된 것이 틀림없다. 그러나 진덕왕 5년에 단행된 시위부 조직의 일대 개편에서 일종의 군관직으로 변질되었고, 그 예하에는 상당수의 일반 병졸집단이 존재했다고 본다. 앞에서 본 사료 G-1·2에서 왕자인 보천과 효명을 수행한 무리를 '일천인'·'천도'라고 기록하고 있으며, 이 가운데 시위로 표현된 시위부의 군사력이 포함되어 있는 점이 이를 방증하고 있다.

이와 같이 시위부의 군사력으로서의 병졸집단을 상정할 수 있다면 그들은 어떻게 충원된 존재일까? 신라의 경우 사료의 부족으로 군인선발의 자세한 내용은 알기 어렵지만, 대체로 의무적 징병과 개별적인 소모의 방식이 있었던 것으로 생각된다.[150] 시위부의 경우는 후자의 방식에 입각한 국왕이 직접 소모한 존재였다고 생각된다. 앞에서 진평왕이 전렵을 통해 양성하려 했던 시위군은 진평왕이 친히 모집했던 존재였을 것

---

149 사회과학원, 『조선전사』 5, 201쪽.

150 군인선발의 이해는 신라의 사회구조를 파악하는 하나의 열쇠가 될 수 있을 만큼 중요한 과제로 생각되지만, 관련사료의 부족으로 만족할 만한 성과를 얻지 못하고 있다. 여기서는 전자와 같은 방식으로 충원된 중고기의 군사조직이 대당과 정제이며, 후자와 같은 방식에 입각한 것으로 시위부와 더불어 삼천당이 확인됨을 지적하는 데 그친다.

이며, F-1에서 용사로 표현된 것도 용맹한 무사들을 모집·편성했던 데서 나타난 표기로 볼 수 있기 때문이다. 뿐만 아니라 고려 광종 때에 주군에서 풍채있는 자를 간선하여 궐내의 시위군으로 삼았던 사례도[151] 시위부 병졸에 대한 국왕의 소모를 방증하고 있다. 이렇게 국왕에 의해 소모된 시위부의 병졸집단은 충성을 맹서하고 국왕의 직접적인 지휘·통솔 체계하에 놓여진 직속 군사력으로 기능하였던 것이다.

이상에서 본 바와 같이 진골귀족 세력의 침투를 배제한 국왕에게 직속된 군사조직으로서의 시위부는 말하자면 국가적인 공병조직 가운데 국왕 개인의 사병적인 성격이 가장 강한 부대라고 할 수 있다. 이와 같은 성격으로 인하여 시위부는 일반 군사조직, 즉 국가적인 공병조직이 붕괴되고 사병이 등장하게 되는[152] 하대까지도 의연히 존속되고 오히려 강화되고 있었던 것으로 보인다.

> J-1. 왕의 숙부 언승 및 그 아우 이찬 제옹悌邕이 군사를 거느리고 궁궐로 들어가 난을 일으켜 왕을 죽였다. 왕의 아우 체명體明이 왕을 지키다가 함께 죽임을 당하였다.
> (『삼국사기』 권10, 신라본기10, 애장왕 10년)

사료 J-1은 앞에서도 언급되었듯이 왕제인 체명 혼자서 애장왕을 시위했다기보다는 체명이 시위부를 통솔하고 있었다고 볼 수 있다. 왜냐하면

> J-2. 개성開成 원년 병진(흥덕왕 11년, 희강왕 원년: 836)에 흥덕왕이 돌아가고 적자嫡子가 없어, 왕의 4촌 동생 균정均貞과 4촌 동생의 아들 제륭悌隆이 왕위를 다투었다. 양陽이 균정의 아들인 아찬 우징祐徵과 균정의 매서妹壻인 예징禮徵과 함께 균정을 받들어 왕으로 삼고, 적판궁積板宮에 들어가 족병族兵으로써 숙위하였다.
> (『삼국사기』 권44, 열전4, 김양)

라는 사례에서 어느 정도 추측될 수 있기 때문이다. J-2에서는 흥덕왕 사후의 왕위쟁

---

151 『고려사』 권93, 최승로.
152 신라 하대 사병의 성격이나 그 실태는 이기백, 앞의 논문, 1974 참조.

탈전에서 균정파는 균정을 왕으로 추대하고 적판궁에 들어가 족병들로 숙위케 했음을 기록하고 있다. 이 족병은 균정파인 김균정·우징·김양 등의 사병인데[153] 이들이 왕으로 추대된 균정을 숙위하고 있는 것은 당시가 비상히 급박한 상황이었기 때문이기도 하겠지만, 국왕을 시위하는 군사력으로 사병이 동원되었음을 암시하는 것이다.

그런데 이와 같이 국왕의 숙위에 동원된 사병들은 사병적 체제로 그대로 존재했다고는 생각되지 않는다. 기존의 국왕의 금위병인 시위부 조직으로 재편되었을 것이다. 앞의 사료 E-2에서 경문왕대에 금군으로 기록된 군사력은 곧 시위부였으며 그것은 당대의 상황에서 미루어 보면 그 실체가 국왕의 직속의 사병적 군사력을 금군으로 재편한 것으로 생각된다. 따라서 J-1의 경우도 왕제 체명이 국왕측의 사병으로 구성된 시위부를 통솔했던 것으로 이해될 수 있는 것이다.

요컨대 하대의 국가적인 공병조직이 유명무실해지고, 진골귀족의 사병이 보편화되는 상황에서 시위부는 족병 등 국왕의 사병을 재편한 군사조직으로서 의연히 존재하였고, 또 왕제와 같은 측근세력이 통솔하게 됨으로써 오히려 강화되고 있었다. 이는 시위부의 구성이나 성격적인 면에서 일정한 변화가 일어났음을 시사한다.[154] 또 기능면에서도 궁성의 숙위나 왕실세력의 호종이라는 본래의 기능 이외에 보다 확대된 기능을 발휘하게 되었다. 왕도의 수비나 왕도의 치안업무까지 시위부가 간여하게 된 것이다. 다음을 보자.

> K-1. 왕王이 사는 곳을 금성金城이라 하며 둘레가 7·8리里이다. 위병衛兵은 삼천인三千人으로 사자대獅子隊를 설치하였다. (『구당서』 권199상, 열전149상, 동이, 신라)

『구당서』에는 국왕이 거주하는 금성을 수비하는 부대로서 3천 명의 위병으로 구성된 사자대獅子隊를 들고 있다. 여기서 금성은 국왕의 궁성이라기보다는 왕도로 보아야 한다. 그런데 왕도를 수비하는 군사조직인 이 사자대는 다른 기록에서 전혀 찾아

---

153 이기백, 앞의 논문, 1974, 257~258쪽.
154 이러한 변화는 경덕왕대의 군제개혁에서 단초를 찾을 수 있다.

볼 수 없는 것으로 그 실체가 뚜렷하지 않다. 무관조에 기록된 군관직명인 사자금당 주-사자금당감의 존재에서 '사자금당'이라는 부대를 유추하고, 이를 『구당서』의 사자 대에 비정하고 왕도 수비의 중핵적인 부대로 규정한 견해도 있다.[155] 그러나 그 논거 는 명칭이 흡사하다는 것 이외에는 찾아지지 않는다.[156] 따라서 명칭의 상사相似라는 논거만으로 사자대를 사자금당과 동일한 부대라고 볼 수는 없겠다. 사자대라는 칭호 는 용맹한 무사를 모집해서 편성했던 까닭에 자연 그러한 이름이 생긴 것으로 해석될 수 있기 때문이다.[157] 이러한 논리를 따른다면 왕도를 수비하는 용맹한 무사로 구성된 사자대는 곧 국왕의 사병적 성격을 지닌 시위부로 이해되어도 좋겠다. 그렇다면 이는 하대에 시위부가 강화되고 그 기능까지 확대되어 왕도수비나 치안업무에까지 핵심적 역할을 수행하게 된 사실을 잘 보여주고 있는 셈이다.

이상 검토한 바와 같이 궁성의 숙위와 국왕 및 왕실세력 행차시의 호종이라는 본연 의 기능을 지닌 시위부는 국왕 측근의 직속 군사력으로서 일반 군사조직이 붕괴된 하 대에까지 의연히 존속하였다. 중대의 시위부는 진골세력을 배제하기 위해 장군직을 육두품에게 허용하였고, 국왕이 직접 소모한 병졸집단을 친히 지휘·통솔하였다. 이는 시위부가 국가적인 공병조직 가운데 가장 국왕 개인의 사병적 성격이 강한 부대조직 이었음을 의미한다.

시위부가 지닌 이러한 성격으로 인하여 일반 군사조직이 유명무실해지고 사병이 등장하게 된 하대에도 시위부는 존속되었을 뿐 아니라, 국왕의 사병을 포괄하는 조직 으로 오히려 강화되는 경향을 나타내었다. 즉 족병 등이 구성분자로 편입되었고, 왕 제와 같은 진골을 포함하는 측근세력이 시위부를 장악했던 것이다. 이러한 시위부의 강화에 따라 왕도 수비의 중핵적인 부대로도 기능하게 되었던 것이다.

---

155 井上秀雄, 앞의 논문, 1974, 168쪽.
156 井上秀雄 외 역주, 『東アヅア民族史』Ⅱ, 平凡社, 1976, 300쪽에서는 이 밖에 사자금당주의 소속 인원 배치를 또 하나의 논거로 들고 있으나, 사자금당주는 9주정과 왕도에 각각 3인씩 소속된 것 으로 무관조에 기록되어 있어, 사자금당이 왕도 수비와 관련된 부대라는 논거로는 보기 어렵다.
157 이기백, 앞의 논문, 1974, 261쪽. 한편 백남운, 앞의 책, 1933, 337쪽에서는 獅子皮를 花로 사용 했기 때문에 이런 명칭이 붙은 것으로 보았으나, 이를 시위부와 동일한 성격의 것으로 이해한 점 은 필자의 견해와 같다.

이상에서 신라 시위부의 성립과정과 그 성격에 관해 살펴보았는데, 지금까지 논의된 바를 요약하면 아래와 같다.

시위부는 진평왕 46(624) 대감의 설치를 기점으로 조직화되기 시작했다. 이는 크게 보아 왕권강화정책의 한 고리로 이해되지만, 진흥왕대의 대당 및 정제 설치 이래 계속 증치된 군사조직이 골품제의 제약으로 진골귀족의 손에 장악되고 있었던 한계를 극복하려는 진평왕의 현실적 필요성이 하나의 배경이 되었다. 진평왕은 전렵을 통해 측근 군사력의 양성을 위해 노력하였고, 그 바탕 위에서 이들을 통솔하는 관직으로 대감 6원을 설치했던 것이다.

그러나 시위부는 선덕여왕 말년에 일어난 상대등 비담의 난에서 실제적인 기능을 발휘하지 못하는 취약성을 드러냈다. 그래서 진덕왕 5년(651)에 국왕과 당시 막후의 실력자였던 김춘추·김유신 일파는 시위부에 대한 일대 개편을 단행하였다. 우선 김유신이 선덕왕의 허락 하에 소모한 바 있었던 군사력을 시위부에 편입시켜, 증가한 병졸집단을 삼도 즉 3부대조직으로 편성하고, 또 시위감-대감-대두-항-졸의 군관직 체계를 정비하였다. 이로써 시위부는 일단 하나의 군사조직으로 완결되었다.

신문왕 원년(681)에 일어난 김흠돌의 난은 시위부의 재편의 계기를 제공하였는데, 이 반란에 시위부가 관련되어 있었기 때문이다. 그래서 신문왕은 시위감을 파하고 장군 6인을 두는 한편, 시위부에 진골세력의 침투를 막기 위해 일반 군사조직의 장군과는 달리 장군직에 진골독점규정을 폐지하고 관등을 (9)급벌찬~(6)아찬으로 규정하여 육두품에게도 개방함으로써 전제왕권의 무력적 기반으로 삼고자 했던 것이다.

이러한 과정을 거쳐 성립된 시위부는 궁성의 숙위·국왕 및 왕실세력 행차시의 호종이라는 본연의 기능을 수행하면서 국왕의 측근 군사력으로서 일반 군사조직이 붕괴되는 하대까지도 의연히 존속하였다. 중대에는 진골귀족 세력의 침투를 배제하기 위해 장군직을 육두품에게 개방하였고, 국왕이 직접 소모한 병졸집단을 친히 지휘·통솔하는 체계를 갖추고 있었다. 이로 말미암아 시위부는 국가적 공병조직 가운데서 국왕 개인의 사병적 성격을 강하게 내포한 군사조직의 성격을 갖게 되었다.

시위부는 이러한 성격으로 인하여 하대에 일반 군사조직이 붕괴되고 사병이 발생하는 상황에서 국왕의 사병을 포괄하는 조직으로 강화되는 경향을 나타내었다. 즉 족병들이 구성분자로 편입되었고 왕제와 같은 측근이 시위부를 장악하게 되었다. 이러한 시위부의 강화에 따라 왕도 수비의 중핵적인 부대로까지 기능하게 되었고, 『구당서』에는 이것이 '사자대'라는 명칭으로 채록되고 있다. 요컨대 시위부는 국왕측의 현실적 필요성을 배경으로 왕권의 강화 내지 전제화의 범주 속에서 성립된 것이며, 중고기 군사조직과의 관련 하에서 보자면 개별적 소모를 통해 충원되는 새로운 유형의 군사조직으로서의 위상을 갖는 것이다.

3. 경덕왕대의 군제개혁과 이후의 변화

1) 경덕왕대 군제개혁의 배경

통일신라기의 군사제도는 일반적으로 통일전쟁을 전후한 7세기 후반대의 전면적인 재편과정을 거쳐 성립되었으며, 시위부侍衛府라는 국왕의 측근 군대와 9서당九誓幢 · 3무당三武幢 등의 중앙군 및 10정十停 · 5주서五州誓 · 만보당萬步幢 · 삼변수당三邊守幢 등의 지방군으로 이루어진 방대한 구조를 갖추고 있었던 것으로 이해되어 왔다.[158] 이러한 견해는 대체로 『삼국사기』 무관조武官條를 기본사료로 하여 정립된 것으로, 거기에 기록된 23개의 군호를 그대로 따른다면 별다른 의문이 제기되기 어렵다.

그러나 7세기 후반대에 재편된 방대하고도 중복적인 통일신라 초기의 군제가 아무런 변화없이 멸망에 이르는 약 3백여 년간 그대로 존속되었을 수는 없다.[159] 재편 직후부터 서서히 변화의 과정을 겪었던 것으로 보아야 옳다. 왜냐하면 7세기 후반에 재

---

158 이러한 인식체계는 末松保和, 앞의 논문, 1952와 井上秀雄, 앞의 논문, 1974에 의해 성립되어 대부분의 개설서가 수용하고 있는 실정이다.

159 근래 통일신라기의 군사조직에 대해 살핀 논고를 보면 다음과 같다. 李明植, 앞의 논문, 1988 ; 이명식, 앞의 책, 1992, 285~334쪽 ; 李仁哲, 앞의 논문, 1988 ; 이인철, 앞의 책, 1993, 290~324쪽 ; 이인철, 앞의 논문, 1989 ; 이인철, 앞의 책, 1993, 325~358쪽 ; 이인철, 「8 · 9세기 新羅의 支配體制」『韓國古代史研究』 6, 1992, 152~166쪽 ; 이인철, 「新羅의 軍官職과 軍事組織의 編制」위의 책, 1993, 359~388쪽 ; 이인철, 「新羅 支配體制의 崩壞와 軍事組織」위의 책, 1993, 389~417쪽 ; 이인철, 「新羅의 軍事組織과 그 運營實態」『軍史』 28, 1994, 1~44쪽.

편된 여러 군사조직 가운데는 형식적·제도적인 것뿐만 아니라 일종의 도상계획적圖
上計劃的인 것까지 포함되어 있어서 실제 군사조직으로서의 기능을 발휘하지 못하는
것도 있었고, 그 충원자원充員資源의 특수성 등으로 말미암아 시대의 변화에 따라 허
설화虛設化된 것도 생겨났으며, 방대하고 중복적인 군사조직의 존재는 통일전쟁 승리
이후 신라의 군비축소 노력이나 평화지향의 시대 사조와는 크게 어긋나는 것이어서
현실적으로 존속될 당위성이나 필요성도 약화되었기 때문이었다.[160]

이러한 점들을 고려할 때, 통일신라기 군사조직에 대한 총체적인 이해를 얻기 위해
서는 우선 7세기 후반대의 군제재편 결과 성립된 여러 개별 군사조직의 성격이나 구
조의 해명 등과 같은 기초적 연구가 필요하겠지만, 이와 더불어 이들의 행방문제를
비롯한 재편再編 이후에 진행된 국가적 공병조직의 변화상에 좀더 관심을 기울일 필
요가 있다고 본다. 그럼에도 불구하고 기왕의 통일신라기의 군사조직에 대한 연구를
살펴보면, 연구 자체도 활발하지 못했거니와 재편 이후의 변화상에 대해서는 거의 관
심이 베풀어지지 못하였다. 연구의 초기 단계에서는 7세기 후반대에 재편된 군사조직
의 기본 골격이 통일신라기에 그대로 지속되었다는 선험적 인식을 바탕으로 한두개
의 개별군단이나 부대의 변화상에 관심을 보이는 정도였고,[161] 다른 한편에서는 국가
적 공병조직公兵組織의 유명무실화를 전제로 신라 하대의 사병私兵문제를 부각시킴으
로써,[162] 재편 이후의 군사조직의 변화상에 대해서는 거의 관심을 표명하지 않았다. 근
래에 이르러서도 통일신라기 군제의 전모를 재조명하고 그 변화상을 추구하려는 의
욕적인 시도가 이루어졌지만, 이전과 별반 다름없이 7세기 후반대의 재편된 군사조직
의 기본 골격을 인정하면서 개별부대의 변화상만을 추적하고 있는 아쉬움을 남기고
있다.

그러나 이미 지적한 바처럼 7세기 후반대에 재편된 통일신라의 군사조직은 그 자

---

160 井上秀雄, 앞의 논문, 1974, 132쪽에서 이미 무관조에 보이는 각종 군사조직 가운데는 현실적으
   로 기능하지 않는 것도 포함되어 있는 사실이 지적되었다.
161 예컨대 김철준, 앞의 책, 1978, 59~60쪽에서 정비된 통일신라의 국방력체제가 어느 때까지 유
   지되었는지 확실하지 않다고 하면서 九誓幢의 경우 통일이 안정된 뒤 해체되거나 十停에 흡수된
   것으로 추측한 견해를 들어 볼 수 있다.
162 이기백, 앞의 논문, 1974, 255~278쪽.

경덕왕릉(경북 경주)

체 상당한 한계를 내포한 것이어서 머지않아 또 한번의 군제개혁이 추진되었을 가능성이 매우 크다고 생각된다. 7세기 후반 이후 또 한번의 군제 개혁의 시기로 주목되는 것이 8세기 중엽의 경덕왕대이다. 주지하듯이 경덕왕대는 중앙정치조직과 지방제도에 대한 개혁을 비롯한 대대적인 개혁이 이루어진 시기였다.[163] 그리고 극히 단편적이기는 하지만, 이 시기에 군제에 대해서도 모종의 개혁이 이루어졌음을 시사하는 사료가 검출되고 있다. 그래서 필자는 7세기 후반대에 재편된 군사조직들이 채 1세기를 경과하기도 전에 그 한계를 드러내어 경덕왕대를 전후한 시기에 또 한번의 변화가 있었을 것이라고 간략하게 논급한 바 있다.[164]

이 글에서는 이와 같은 가설을 구체적으로 검증하여 통일신라기 군사제도의 행방과 변화의 한 단면을 밝혀보고자 한다. 이를 위하여 먼저 경덕왕대에 군제개혁이 이루어지게 되는 시대적 배경을 살펴보고, 나아가 군제개혁의 실태를 파악한다. 이러한 작업의 바탕 위에서 경덕왕대 군제 개혁 결과 성립된 새로운 군제의 운용문제에 대해 생각해 보고자 한다.

---

163 경덕왕대에 추진된 제도개혁의 실태와 의미에 대해서는 李基白,「新羅 惠恭王代의 政治的 變革」『社會科學』2, 1958 ; 이기백,『新羅政治社會史研究』, 一潮閣, 1974 ; 木村誠,「新羅郡縣制의 確立過程と村主制」『朝鮮史研究會論文集』13, 1976 참조.
164 이문기, 앞의 논문, 1990, 51~52쪽.

7세기 후반 문무왕·신문왕대에 걸쳐 진행되었던 신라왕조의 군사조직에 대한 전면적인 개편작업은 대략 효소왕 2년(693)에 이르러서야 완전히 마무리되었다.『삼국사기』무관조에 기록된 신라 군사조직의 설치와 변화에 대한 연대기록 가운데 효소왕 2년(693) 장창당長槍幢의 비금서당緋衿誓幢으로의 개편기사가 마지막으로 보이는 데서 이를 추지推知할 수 있다.[165] 그런데 경덕왕대(742~765)는 이러한 재편 작업 이후 50~70년에 불과한, 그리 멀지 않은 시기에 해당한다. 따라서 과연 이렇게 짧은 시기에 또 한번의 군사조직에 대한 개혁이 필요했을까 라는 의문이 제기될 수도 있다.

그러나 7세기 후반대에 추진된 군사조직에 대한 전면적인 재편작업이 당대의 현실적 필요성에 제대로 부응한 것이 아니었으므로, 재편 직후부터 여러가지 측면에서 모순과 한계가 노정되고 있었다. 뿐만 아니라 성덕왕대(702~737)부터 신라를 둘러싼 발해·일본 등 주변국과의 관계가 악화되면서 신라왕조는 이들에 대한 군사적 대비의 필요성이 높아지고 있었다. 그래서 경덕왕은 중앙관제와 지방제도의 개혁으로 대표되는 폭넓은 개혁정치가 추진되는 분위기 속에서 또 한번의 군제개혁을 추진했던 것으로 보인다. 그러므로 경덕왕대에 추진된 군제개혁의 배경을 이해하기 위해서는 대체로 위의 두가지 점 곧 기존 군제의 한계와 국제관계의 악화라는 사실에 초점을 맞추어 살펴볼 필요가 있겠다. 다만 여기서는 성덕왕 이후 경덕왕에 이르기까지의 대발해·일본관계의 악화로 인한 군제개혁의 필요성을 검토하고자 한다.

660년대에 백제와 고구려를 멸망시키고 신라와 당 전쟁을 거쳐 676년에 드디어 당군唐軍을 한반도에서 축출하는데 성공한 신라는 적어도 한반도 중남부 일원에 대한 독자적인 지배권을 누릴 수 있었다. 이에 따라 오랫동안의 전쟁 분위기를 일신하기 위한 군비 축소의 노력이 행해졌고,[166] 나아가 평화지향의 시대분위기가 형성되기 시

---

165 효소왕 3년 長槍幢의 緋衿誓幢으로의 개편은 구서당군단의 성립을 의미하는 것인데, 군제 재편작업의 최종 마무리에 지나지 않는다. 재편작업의 중심시기는 문무왕 11년(671)에서 신문왕 10년(690)에 이르는 약 20년 간이다.

166『삼국사기』권7, 신라본기7, 문무왕 21년조에 기록된 文武王의 遺詔 가운데는 "鑄兵戈爲農器"라 하여 군비축소를 당부하고 있고, 이는 신문왕에 의해 실행에 옮겨졌던 것으로 보인다. 또『삼국유사』권3, 탑상4, 무장사미타전조에는 鍪藏寺가 위치한 계곡인 鍪藏谷의 유래에 대해 "諺傳 太宗統三後 藏兵鍪於谷中 因名之"라는 기록을 남기고 있다. 이 諺傳은 태종과 삼국통일 후라는 상호 모순된 내용이 포함되어 있는 등 약간의 문제가 없지는 않지만, 어쨌던 통일 이후 신라에서 행해

작하였다.[167] 물론 그 과정에서 단발성의 진골귀족에 의한 왕권에 대한 도전[168]이나 백제·고구려 유민에 대한 처리과정에서 보덕국인報德國人의 반란[169]과 같은 약간의 문제가 없었던 것은 아니었지만, 그러한 시대분위기를 변화시킬 만한 비중을 가진 사건은 아니었으며, 효소왕대까지 평화지향의 분위기는 지속되었다.

그러나 성덕왕대에 이르러 주변 정세가 변화하면서 서서히 긴장국면이 조성되기 시작하였다. 북방의 발해가 세력을 확장하면서 남하하기 시작했으며, 일본과의 관계도 외교형식 문제를 놓고 점차 악화되어 갔기 때문이다. 이러한 8세기대의 신라를 둘러싼 국제환경의 변화에 대해서는 지금까지 많은 연구가 이루어졌다.[170] 그래서 기존의 연구성과를 수렴하면서 성덕왕부터 경덕왕에 이르는 시기의 대발해·일본관계를 시대순으로 신라의 입장에서 정리해 보기로 하겠다.

698년 발해를 건국한 대조영은 건국 직후 신라와 교섭을 시도하였으며, 신라는 그에게 대아찬大阿湌의 관등을 내린 사실이 확인되고 있다.[171] 따라서 발해 건국 직후의 양국은 우호·친선관계에 있었다고 할 수 있다. 그러나 710년대 후반 무렵부터 대조영이 세력을 확장하여 고구려·말갈의 유민을 결집시키는 등 심상치 않은 동향을 보

진 군비축소의 상황을 전하는 것으로 보아도 무리하지는 않다.

167 신문왕대의 만파식적 설화는 당대의 평화지향의 시대분위기를 잘 보여주고 있다. 이에 대해서는 金相鉉,「萬波息笛說話의 形成과 意義」『韓國史研究』34, 1981 참조.

168 대표적인 예로 신문왕 원년의 金欽突의 난을 들어 볼 수 있다. 이에 대해서는 金壽泰,『新羅 中代 專制王權과 眞骨貴族』, 서강대 박사학위논문), 1990, 19~30쪽 ; 김수태,「新羅 神文王代 專制王權의 確立과 金欽突亂」『新羅文化』9, 1992 참조.

169 『삼국사기』권8, 신라본기8, 신문왕 4년 ; 村上四男,「新羅國と報德王安勝의 小高句麗國」『朝鮮古代史研究』, 開明書院, 1978. 참조.

170 이와 관련된 논고는 매우 많지만 일본이나 발해의 시각에서 정리한 것이 대부분이다. 이에 대한 연구사적 정리로는 鈴木靖民,「前近代對外關係史의 研究動向-朝鮮史お中心として-」『古代對外關係史의 研究』(吉川弘文館), 1985 및 宋基豪,「渤海史 研究 動向」『韓國上古史學報』1, 1988이 참조된다. 아래의 서술에는 특히 다음의 논저에서 많은 도움을 받았다. 이하 특별한 경우가 아니면 각주를 생략한다. 古畑徹,「日渤交涉開始期의 東アジア情勢-渤海對日通交要因의 再檢討」『朝鮮史研究會論文集』23, 1986 ; 韓圭哲,『渤海의 對外關系史』, 신서원, 1994.

171 崔致遠의「謝不許北國居上表」에서 "初建邑居 來憑隣援 其酋長大祚榮 始受臣藩第五品大阿餐之秩"(『崔文昌侯全集』권1, 表)라 하여 이 사실을 전하고 있고, 安鼎福,『東史綱目』제4하, 효소왕 9년조에서는 대조영이 신라에 래빙하게 된 배경과 시기를 나름대로 고증하고 있다. 이 문제에 대해서는 韓圭哲, 앞의 책, 1994, 96~99쪽에 자세하게 언급되어 있다.

이게 되자,[172] 신라는 발해를 경계하게 되었고 양국 사이에는 긴장관계가 조성되기 시작했던 것으로 보인다. 특히 719년 대무예大武藝의 즉위 이후 더욱 적극적인 영토확장책이 추진되자,[173] 신라 역시 이에 대한 대비를 서두르지 않을 수 없었다. 이미 개성 축조(713년)·한산주도독 관내의 여러 성의 축성(718년) 등 서북지역의 방어에 대해 관심을 갖기 시작했던 신라는 그 연장선상에서 성덕왕 20년(721)에는 동해안 방면 영흥의 용흥강龍興江과 정평의 금진강金津江 사이의 분수산맥을 이용하여 북경장성北境長城을 축조하여 동북변경에도 방어태세를 구축하였다.[174]

이러한 신라와 발해 양국의 긴장관계는 성덕왕 26년(727)에 발해에서 일본으로 사신을 파견하여 양국간의 교섭이 시작되자 더욱 고조되어 갔고, 동 31년(732)에 발해가 당의 등주登州를 공격하자, 이를 계기로 신라가 양국의 전쟁에 개입하기에 이르렀다. 당과 발해의 전쟁 및 신라의 개입 과정에 대해서는 상당한 분량의 사료가 남아 있고,[175] 치밀하게 연구가 진행되었기 때문에, 이를 참조하여[176] 저간의 상황을 간략히 정리하면 다음과 같다.

732년(성덕왕 31) 9월 초에 발해의 장문휴張文休가 등주를 침입하여 자사 위준韋俊을 살해하였다. 이러한 사실이 당의 조정에 보고되자 현종玄宗이 개복순蓋福順에게 반격을 명하였지만 장문휴의 신속한 철수로 아무런 성과를 거두지 못하였다. 현종은 이듬해인 개원 21년(733) 정월에 발해왕제渤海王弟로 당에 망명해 있던 대문예大門藝에게 명을 내려 유주幽州로 나가 발병하게 하였으며, 또 재당숙위在唐宿衛 김사란金思蘭에게 신라로 돌아가 군대를 내어 조전助戰의 명을 전하게 하였다. 김사란은 7월에 신

---

172 『구당서』 권199하, 열전149하, 북적, 발해말갈. "祚榮驍勇 善用兵 靺鞨之衆及高句麗餘燼 稍稍歸之".

173 『新唐書』 권219, 列傳144, 北狄·渤海傳, "子武藝立 斥大土宇 東北諸夷畏臣之 私改年日仁安".

174 『삼국사기』 권8, 신라본기8, 성덕왕 20년, "徵何瑟羅道丁夫二千 築長城於北境". 한편 北境長城의 위치 비정과 장성의 축조 목적이 발해의 남진에 대한 대응책이었음은 池内宏, 「新羅の戊子巡境碑と新羅の東北境」 『滿鮮史研究』 上世 第二册, 1960, 49~55쪽 참조.

175 대표적인 사료들을 제시하면 다음과 같다. 『삼국사기』 권8, 신라본기8, 성덕왕 32년 ; 『삼국사기』 권43, 열전3, 김유신 하 ; 『구당서』 권199하, 북적, 발해말갈 ; 『신당서』 권219, 열전144, 북적, 발해 ; 『자치통감』 권213, 당기 29, 현종 개원 20년 9월 ; 『자치통감』 권213, 당기29, 현종 개원 21년 정월.

176 특히 古畑徹, 앞의 논문, 1986, 213~214쪽을 참조하여 정리하였다.

라에 도착하여 현종의 명을 전하였으며, 성덕왕은 김유신의 손자인 김윤중金允中·윤문允文 형제 등 4장군을 임명하여 출전 태세를 갖추고, 당병과 합류하여 그 해 겨울에 발해의 남쪽 국경 지역을 공격했으나, 눈과 추위로 말미암아[177] 많은 사상자를 내고 귀환하고 말았다.

이와 같이 당과 발해의 전쟁에 신라가 개입하게 된 이유는 이미 그전부터 신라와 발해의 상호 대립이 심화되어 온 데 따른,[178] 대발해 강경정책의 결과였다. 발해와 당 사이의 전쟁을 전후한 시기에 보이는 다음과 같은 사례들은 이를 잘 보여주고 있다.

신라는 성덕왕 31년(732) 12월에 각간角干 사공思恭·이찬伊飡 정종貞宗·윤충允忠·사인思仁을 장군으로 임명하였다.[179] 이는 『삼국사기』의 전후 기사만으로는 쉽게 이해되지 사료이다. 왜 갑자기 당대 정계의 최고 실력자들인 김사공 등 4명을 장군으로 임명했는지, 또 이들의 군사행동의 대상이 된 세력이 무엇이었는지가 석연치 않기 때문이다. 그러나 그 임명의 시기를 발해의 등주 공격과 관련지워 보면 이해가 가능하다. 곧 이때의 장군 임명은 3개월 전인 732년 10월의 발해의 등주 침입 소식에 접한 신라가 이에 대응하여 대발해전을 예상하고 출동체제를 구축한 것으로 해석된다.[180] 요컨대 신라는 당으로부터의 조전助戰 요청이 있기 전에 스스로 이미 군사적 대응을 준비하고 있었을 만큼 발해에 대해 강경노선을 따르고 있었다.

또 신라는 나·당 연합군이 발해 토벌에 나섰다가 실패로 끝난 이듬해인 734년 2월에 당에 숙위로 머물고 있었던 김충신이 귀국에 즈음하여 현종에게 발해 토벌 명령을 요청하여 허락을 얻어내고 있다.[181] 이 김충신의 상표上表는 개인의 의지였다기 보다는 신라 조정의 대발해 강경 방침에 의한 것으로 보아야 한다. 비록 이후 신라가 단독으로 출병하여 발해를 공격했는지 여부는 확인되지 않고 있지만, 신라의 대발해 강경

---

177 이는 현존사료에 보이는 '無功而還'의 이유이다. 이에 대해 한규철은 신라와 당 연합군이 결국 발해에게 패배한 것으로 보아야 한다고 주장한다(『앞의 책』, 194쪽의 註 110) 참조).
178 古畑徹, 앞의 논문, 1986 및 한규철, 앞의 책, 1994, 190~197쪽. 한편 이를 册封體制論의 시각에서 설명하는 논자도 있지만, 따르지 않는다(西嶋定生, 「六~八世紀の東アジア」『岩波講座 日本歷史』 2, 1962 ; 友寄隆史, 「養老·神龜期の新羅使の來朝について」『史正』 5·6, 1978).
179 『삼국사기』 권8, 신라본기8, 성덕왕 31년.
180 古畑徹, 앞의 논문, 1986, 215쪽.
181 『삼국사기』 권8, 신라본기8, 성덕왕 33년.

노선의 일면을 보여주는 것이다.

그리고 중국측 자료인 『문원영화文苑英華』에는 735년 3월경에 장구령張九齡이 작성한 당 현종이 성덕왕에게 내린 「칙신라왕김흥광삼서勅新羅王金興光三書」라는 칙서가 수록되어 있다.[182] 여기에는 신라가 그 직전 김사란을 통해 표문表文을 올리면서 패강 지역에 군사주둔지로서의 수자리[防戍處]를 설치하여 발해를 견제하겠다는 의사를 밝혔으며, 현종은 이를 '원도遠圖'와 '장책長策'으로 인정하고 당시 유주절도부사幽州節度副使로 발해 견제를 위해 투입된 안록산安祿山과의 상호 협조를 당부했던 내용이 나오고 있다.[183] 이는 신라가 당에 대해 대발해 강경노선을 과시했던 것이지만,[184] 실제로 발해 견제를 위해 신라가 취했던 군사적 대비 조치가 확인되고 있어서 눈길을 끈다.

김사란이 상표上表한 시기는 칙서가 작성되기 직전인 735년 초반으로 보이는데, 표문表文에서 신라는 '패강지방에 방수처를 설치하려는[패강치수浿江置戍]' 의도를 밝히고 있다. 그런데 이는 당시까지 패강 이남지역의 영유를 공인받지 못하고 있었던 신라측의 외교적 수사修辭가 덧붙여진 표현일 뿐이며, 실은 신라는 상표上表 이전에 이미 패강지역에 방수처를 설치했던 것으로 보아야 한다.[185] 다시 말하면 신라는 패강지역에 방수처를 설치하여 군사를 주둔시켜 발해 견제의 태세를 갖춘 후, 표문을 올려 패강지역의 방수처 설치를 추인받고자 했던 것이다. 당 현종도 이러한 신라측의 사정을 알고 있었기에 '원도'와 '장책'으로 인정할 수 밖에 없었던 것이 아닌가 한다. 이로써 신라가 대발해 강경노선을 취하면서 이를 실제 행동으로 옮겨 패강지방에 방수처

---

182 이에 대해서는 末松保和, 「新羅の郡縣制−特にその完成期の二三の問題」 『學習院大學文學部硏究年譜』 21, 1975, 69~70쪽 참조.

183 『文苑英華』 권471, 「勅新羅王金興光書」, "近又得思蘭表稱 知卿(O.聖德王)欲於浿江置戍 旣當渤海衝要 又與祿山相望 仍有遠圖 固是長策 且蕞爾渤海 久已捕誅 重勞師徒 未能撲滅 卿每疾惡 深用嘉之 警寇安邊 有何不可 處置訖 因使以聞".

184 신라의 당에 대한 대발해 강경노선의 과시는 그 반대급부로 패강지방의 영유를 공인받고자 하는 데 목적이 있었다.

185 末松保和, 앞의 논문, 1975, 69~70쪽에서 당이 패강 이남지역을 勅賜하기 전에 신라가 이 지역에 이미 진출해 있었던 것으로 보고 있음이 참조된다. 단 그 진출의 성격이 수자리(방수처)의 설치로 기록된 군사 주둔이었음을 주목할 필요가 있겠다.

를 두어 군사를 주둔시키는 등의 조치를 취했음을 알 수 있다. 이것은 물론 그때까지 누적되어 온 양국 간의 대립·긴장관계의 산물이었을 것이다.

이상 살펴본 바처럼 성덕왕대의 발해에 대한 신라의 공세적 자세는 발해의 남하에 따라 양국 간의 대립·긴장관계의 심화에서 기인한 것이었다. 이러한 신라측의 태도로 말미암아 당과 발해의 전쟁 이후 신라와 발해의 관계는 더욱 악화되어 갔으며, 신라는 이에 대응하여 735년에 당으로부터 패강 이남지역의 영유를 공인받고, 이 지역을 개척하여 군진을 설치함으로써 발해의 남하를 봉쇄하기 위한 군사적 대비태세를 더욱 공고하게 갖추어 나가게 되었다.

다음은 성덕왕대의 일본과의 관계에 대해 검토해 보기로 하자. 지금까지의 연구에서 잘 지적되어 왔듯이[186] 7세기 후반에서 효소왕대(692~702)에 이르기까지 신라는 대당외교보다 오히려 대일외교에 치중한 느낌을 주고 있을 만큼 양국은 원만한 교섭관계를 유지해 왔다. 그러나 성덕왕 즉위 이후부터 대당외교에 치중하게 되면서 대일외교의 비중은 점차 낮아져 갔다. 그것은 성덕왕 재위 35년간 무려 43회의 견당사를 파견하고 있는 데 비해, 견일본사遣日本使는 10회에 머물고 있는 데서 상징적으로 나타나며, 서표書表를 관장하는 상문사詳文師를 통문박사通文博士로 개편하고, 사신使臣 접대 관부인 영객전領客典과는 별도로 일본사신의 접대만을 전담하는 왜전倭典을 복설하는 등의 외교 관련 관직·관부의 개편 역시 이러한 추세를 반영하고 있는 것으로 이해된다.[187] 뿐만 아니라 『속일본기』에서 이 시기에 양국이 외교형식 문제를 둘러싸고 적지않은 갈등을 벌였던 것으로 기록하고 있는 점도 양국의 관계가 악화되고 있었던 실상의 일면을 반영하고 있다.[188]

성덕왕대의 신라와 일본과의 갈등은 이와 같은 외교적인 측면에만 그친 것이 아니었고 직접적인 무력대결의 상태로 발전하기도 하였다. 성덕왕 21년(722)에 모화관문毛火關門을 축조하고 있음은 심상치 않은 일본측의 동정을 파악한 신라가 그에 대응

---

186 鈴木靖民, 앞의 논문, 1985, 588~590쪽 참조.

187 浜田耕策, 「新羅·聖德王代の政治と外交-通文博士と倭典をめぐって-」 『朝鮮歷史論集』 上, 龍溪書舍, 1979.

188 鈴木靖民, 「奈良初期の對外關係」·「養老期の對外關係」, 앞의 책, 1985 참조.

하여 취한 군사적 대비 조치의 하나였다.[189] 뿐만 아니라 동왕 30년(731)에는 일본 병선 3백척이 신라의 동변을 침략했다가 격퇴당한 구체적인 전쟁기사도 찾아진다.[190] 이 같은 일본의 신라 공격과 패퇴에 대한 내용이 『속일본기』에는 보이지 않기 때문에 이 기사의 신빙성을 의심하여 해적의 소행으로 보거나,[191] 대재부大宰府나 산음도山陰道 제국諸國의 병선이 신라 선박과 조우하여 마찰을 일으킨 것으로 일본 중앙정부의 의지와는 무관한 것으로 축소해 보는 견해도 있지만,[192] 당시 신라와 일본간에 빚어진 외교형식 문제를 둘러싼 갈등이나 722년의 모화관문의 축조, 나아가 이 사건보다 5년후인 736년에 발생한 외교적 갈등 과정에서 일본 내부에서 신라 정벌 의견이 제기되기도 했던 점[193] 등을 고려하면, 신라와 일본의 무력 충돌은 사실로 보아야 하겠다. 이와 같이 볼 때 성덕왕대는 외교적인 갈등뿐만 아니라 직접적인 무력충돌이 이루어질 만큼 신라와 일본과의 관계는 악화되고 있었던 것이다.

이와 같은 대외관계의 기조는 이어 즉위한 효성왕대에도 여전히 지속되었다. 효성왕대의 대외정책이 대당외교의 추진에 편중되어 있었음이 확인되기 때문이다. 한편 신라와 당의 밀착에 따라 발해와 일본은 상호 더욱 빈번한 교섭을 갖게 되었으며, 그에 비례하여 신라와 발해·일본 양국의 대립관계는 더욱 심화되어 갔다.

효성왕의 재위기간에 해당하는 발해 문왕의 치세는 2차례에 걸친 수도의 천도 등 자못 복잡한 대내적인 문제가 있었지만 문치를 통해 국력이 신장되고 왕권이 강화되었으며,[194] 신라와의 대결적 상황은 여전히 지속되었던 이해되고 있다.[195] 신라와 일본

189 ① 開元十年 壬戌 十月 始築關門於毛火郡 今毛火村 屬慶州東南境 乃防日本塞垣也 周廻六千七百九十二步二尺 役徒三萬九千二百六十二人 掌員 元眞角干(『삼국유사』 권2, 기이2, 효성왕).
② 築毛伐郡城 以遮日本賊路(『삼국사기』 권8, 신라본기8, 성덕왕 21년).

190 『삼국사기』 권8, 신라본기8, 성덕왕 30년.

191 津田左右吉, 「新羅征討地理考」 『津田左右吉全集』 11, 1964, 136~137쪽.

192 鈴木靖民, 「天平初期の對新羅關係」 『古代對外關係史の硏究』, 1985, 165~171쪽.

193 『속일본기』 권12, 天平 8년 4월 병인, 9년 정월 신축, 2월 기미, 병인조 등을 종합하면, 736년 4월 신라에 파견되었던 사신이 신라로부터 홀대를 받고 이듬해 정월에 귀국하자, 이에 대한 대응을 놓고 논의가 무성하였으며, 그 과정에서 사신을 보내 그 이유를 묻자는 온건론과 군대를 내어 정벌하자는 강경론이 나왔음이 확인된다. 이는 직접적인 무력대결로 발전할 수도 있음을 시사하는 것으로, 성덕왕 30년의 일본병선의 침입과 패퇴가 사실이었음을 방증하고 있다.

194 宋基豪, 『渤海政治史硏究』, 一潮閣, 99~126쪽.

195 한규철, 앞의 책, 1994, 198쪽.

과의 관계 역시 개선되지 않고 있었다. 이는 효성왕이 파견한 두 차례의 견일본사遣日本使가 특별한 이유없이 모두 방환되고 있는 데서도[196] 드러나고 있지만, "전왕前王 승경承慶과 대부 사공思恭 등은 언행이 태만하고 항례亢禮를 궐실闕失하였다"[197]라는 『속일본기』의 기사에서 보듯이 효성왕대의 대일관계는 극히 악화된 상태에 있었던 것이다.

이 점은 효성왕대를 주도한 정치세력의 검토를 통해서도 뒷받침될 수 있다고 본다. 효성왕은 즉위 직후 이찬 정종貞宗을 상대등으로, 아찬 의충義忠을 중시中侍로 임명하였으며,[198] 동왕 3년 의충이 죽자, 이찬 신충信忠을 그 후임으로 삼았다.[199] 이들 외의 정계의 중요 인물로는 효소왕비孝昭王妃의 부父인 김순원金順元과 『속일본기』에서 대부로 기록된 사공, 그리고 동왕 5년 상대등 정종과 더불어 노병을 검열한 사인[200] 등이 확인이 되고 있다. 이 가운데서 반일세력의 대표자로 지목된 사공은 이미 성덕왕대에 중시를 역임하였고, 성덕왕 27년(728)에는 상대등에 올라 동 36년(737)년까지 재직했던 정계의 중진으로, 732년의 대발해전을 예상한 출동체제에서는 각간으로 장군에 임명되기도 했던 인물이었다.[201] 또 상대등 정종은 732년의 대발해전을 예상한 출동체제에서 사공 등과 더불어 장군에 임명된 바 있었으며,[202] 효성왕 5년에는 신무기로 무장된 노병을 검열하기까지 한 인물이라는 점을 감안하면, 사공과 거의 비슷한 정치성향을 가졌던 인물로 판단된다. 따라서 그의 외교노선 역시 사공과 마찬가지로 친당親唐·반일의 입장에 서 있었을 것이다. 다음 효성왕 즉위 직후 중시에 임명된 의

---

196 738년 1월에 파견된 及伐湌 金想純 일행과 742년 2월에 파견된 金欽英 일행 모두 大宰府에서 放還되었다(『속일본기』 성무천황 천평 6년 12월, 및 천평 10년 2월). 방환의 이유를 보면 전자에 대한 언급은 없고, 후자의 경우 新京인 恭仁京이 초창되어 궁실이 완성되지 않았다는 궁색한 명분을 내세우고 있는데, 金恩淑은 전자는 신라가 736년(성덕왕 35)에 파견된 일본측 사신을 홀대한 데 대한 대응일 가능성이 있다고 보고 있다(김은숙, 앞의 논문, 1991, 119쪽). 만약 그렇다면 효성왕대에도 양국은 외교문제를 둘러싸고 갈등이 지속되고 있었다고 하겠다.
197 『속일본기』 권18, 천평승보 4년 6월 임진.
198 『삼국사기』 권9, 신라본기9, 효성왕 즉위년.
199 『삼국사기』 권9, 신라본기9, 효성왕 3년.
200 『삼국사기』 권9, 신라본기9, 효성왕 5년.
201 『삼국사기』 권8, 신라본기8, 성덕왕 31년.
202 『삼국사기』 권8, 신라본기8, 성덕왕 31년.

충은 성덕왕 34년에 하정사賀正使로 당에 파견된 적이 있는 인물이며, 후임 중시인 김신충은 734년 신라의 독자적인 발해 공격을 당에 주청한 숙위 김충신과 동일인으로서,[203] 대발해 강경노선을 직접 드러내기도 했던 인물이다. 그리고 사인思仁 역시 732년에 대발해전을 예상한 출동체제에서 장군에 임명되었던 인물이다.

이와 같이 효성왕대를 주도한 정치세력들의 행적을 보면, 그 외교노선에 친당·반발해·반일의 경향이 두드러짐을 알 수 있다. 이는 효성왕대에도 대발해·일본관계가 여전히 대립관계로 이어졌음을 의미하는 것이다.

경덕왕대에 이르러서도 신라의 친당정책은 유지되고 있는 대신, 발해·일본과의 관계는 전 시대의 상황이 계속되고 있거나, 오히려 악화일로를 걷고 있는 느낌을 주고 있다. 우선 신라와 일본 양국의 사신교환 빈도가 매우 한산하거니와,[204] 파견된 사신마저도 상호 '불납'하거나 '반각返却'·'방환'하는 사태가 벌어졌기 때문이다. 『삼국사기』에는 경덕왕 원년(742) 10월에 일본국의 사신이 왔으나 '불납'한 사실이 기록되어 있고, 동왕 12년(754)에도 일본국사를 '만이무례慢而無禮'라는 이유로 되돌려 보냈음이 확인된다. 한편 신라가 파견한 견일본사도 되돌려 보내진 경우가 많았다. 『속일본기』에 의하면 경덕왕 2년(743)에 파견된 살찬薩湌 김서정金序貞은 공물인 '조調'를 '토모土毛'로 바꾸어 부르는 등 상례에서 크게 어긋난다는 이유로 방각放却되었으며, 동왕 19년에 파견된 급찬 김정권金貞倦, 동왕 22년의 급찬級湌 김체신金體信 일행, 동왕 23년(764)에 파견된 대나마 김재백金才伯 일행 역시 비슷한 이유로 방환되고 있다. 발해와의 관계도 기록의 불비로 확연하게 드러나지는 않으나, 후술되는 일본의 소위 '신라정토계획'이 발해의 지원 하에 추진되었던 사실은 신라와 발해 양국의 관계 역시 대립의 기조가 지속되고 있음을 말해주고 있다.

특히 경덕왕대에는 외교적인 갈등이 심화되어 갔을 뿐만 아니라 전쟁으로 발전할

---

203 金壽泰, 「統一新羅期 專制王權의 崩壞와 金邕」 『歷史學報』 99·100合, 1983, 22쪽 ; 申瀅植, 「新羅中代 專制王權의 展開過程」 『統一新羅史硏究』, 三知院, 1990, 138쪽.

204 경덕왕대의 遣日本使는 동 2년(743)·11년(752)·19년(760)·22년(763)·23년(764) 등 5회가 확인되며, 일본측의 遣新羅使는 동왕 즉위년(742)·11년(752)·12년(753)의 3회가 확인될 뿐으로, 성덕왕대의 견일본사가 10회, 견신라사가 10회였던 사실과 대조적이다(김은숙, 앞의 논문, 1991, 106~107쪽).

가능성을 갖고 있었다. 대표적인 예가 759년에서 762년 사이에 일본에서 추진된 소위 '신라정토계획'이었다. 『속일본기』에서 확인되는 이 '신라정토계획' 역시 지금까지 많은 언급이 있어 왔다.[205] 그래서 기왕의 연구성과를 토대로 사건의 추이를 정리하면 다음과 같다.

758년 일본의 등원중마려藤原仲麻呂 정권은 일찍이 신라에 사신으로 파견되었다가 '오만 무례'하다는 이유로 되돌려 보내진 소야조신전수小野朝臣田守를 발해사로 파견하여 신라정토계획 추진에 대한 발해측의 의중을 타진하였다. 이에 대해 발해는 양승경楊承慶 일행을 소야전수와 동행하여 일본에 보내면서 협조를 약속하였다. 일본은 이후 발해와의 교섭관계를 더욱 빈번하게 유지하면서 759년부터 구체적인 '신라정토계획'을 추진해 나갔다.

곧 일본은 759년에 신라정벌을 위한 동원계획인 행군식行軍式을 마련한 후, 신라정벌 전승을 가진 신공황후神功皇后를 제신祭神으로 하는 향추묘香椎廟에 신라정벌의 의지를 고하는가 하면, 북해도제국北海道諸國 등 지방의 제국諸國에 선박의 건조를 명하였다. 761년에는 미농美農·무장武藏 지역의 소년들에게 신라 정벌의 필요에 의해 신라어新羅語를 익히게 하였고, 같은 해 12월에는 실제로 동해도절도사東海道節度使 등 동원책임자를 임명하여 동원할 선박과 군대 및 선원을 검열하였다. 또 이듬해인 762년 11월에도 다시 향추묘香椎廟에 제사하고 신라 정벌을 위해 군사를 훈련시켰다. 이러한 '신라정토계획'의 입안과 추진의 배경에는 외교형식을 둘러싼 신라와의 갈등과 더불어 중마려 정권의 정치적 목적이 강하게 개재되어 있었다고 한다.

그러나 '신라정토계획'은 계획으로 그쳤으며, 성사되지 못한 채 762년 이후 중단되고 말았다. 중단된 이유에 대해서는 일본을 휩쓴 기근·역병 등의 사회불안과 중마려 정권 내부의 정쟁에 따른 정치상황의 악화 및 762년에 파견된 발해사신의 협조의사

---

205 대표적인 연구성과를 열거하면 다음과 같다. 和田軍一,「淳仁朝に於ける新羅征討計劃について」 『史學雜誌』 35-11, 1924 ; 石井正敏,「初期日渤交涉における一問題-新羅征討計劃中止との關聯をめぐつて-」『對外關係と政治文化』 1, 1974 ; 酒寄雅志,「八世紀における日本外交と東アジア情勢-渤海との關係お中心として」『國史學』 103, 1977 ; 酒寄雅志,「渤海國家の史的展開と國際關係」 『朝鮮史研究會論文集』 16, 1979 ; 金恩淑,「8세기의 新羅와 日本의 關係」『국사관논총』 29, 1991 ; 韓圭哲,「발해·일본의 신라 협공계획과 당에서의 윗자리다툼」, 앞의 책, 1994.

철회 통보 등이 지적되고 있는데, 이 가운데서 가장 큰 비중을 차지하고 있는 것은 발해의 협조의사 철회 통보였다고 한다.[206] 762년 이후에도 추진 주체였던 등원중마려가 반란을 일으키려다 패사하는 764년까지 '신라정토계획'은 어떤 형태로든 추진이 시도되었겠지만, 사료에 뚜렷하게 보이지는 않는다. 결국 762년 경부터 '신라정토계획'은 거의 실현 가능성을 잃고 있었던 것이다. 이와 같이 경덕왕대는 발해의 지원 하에 일본에서 '신라정토계획'이 수립·추진될 만큼, 외교적 갈등만이 아니라 전쟁상태로 발전할 정도로 그 관계가 악화되어 갔던 것이다.

이상 살펴보았듯이 8세기대의 성덕왕·효성왕·경덕왕대에 이르는 시기 동안 신라와 발해·일본 양국과의 관계는 계속 악화일로를 걸어 왔다. 이에 대해 신라왕조는 대체로 두가지 방향의 대응책을 강구했던 것으로 보인다. 하나는 외교적으로 적극적인 친당정책을 수립 추진하여 당과의 관계를 긴밀하게 유지함으로써 발해와 일본에 대응하는 것이었다. 이는 성덕왕에서 경덕왕에 이르는 동안의 대당對唐 조공朝貢 회수가 56회로 집계되고 있는 점에서 상징적으로 드러나고 있다. 다른 하나는 신라왕조의 군사적 대비태세의 수립이었다.

후술되듯이 국제관계의 악화와 더불어 신라는 다양한 군사적 대비태세를 갖추게 되는 것은 이를 잘 보여주고 있다. 그러나 이러한 대비태세는 이미 모순을 드러내고 있었던 기존의 군제를 개혁하지 않고서는 실질적인 성과를 얻기가 어려웠던 것으로 보인다. 이에 경덕왕은 또한번의 군제개혁을 추진할 수 밖에 없었던 것이다. 요컨대 경덕왕대의 군제개혁의 배경에는 8세기대 대발해·일본 관계의 악화에 따른 군사적 대비의 필요성과 그럼에도 불구하고 모순을 드러내고 있었던 기존 군제의 한계를 극복해야 했던 현실적 당위성이 숨어 있었다고 하겠다.

---

206 韓圭哲, 앞의 책, 1994, 208~211쪽.

2) 육기정의 설치와 왕도 방어체제의 재정비

(1) 다양한 군사적 대응의 모색

심각한 외교적 갈등을 겪어왔고, 때로는 전쟁 일보 직전의 상태에까지 발전하기도 했던 신라와 발해·일본 양국과의 관계 악화는 신라왕조로 하여금 여러가지 방향의 군사적 대응을 모색하게 만들었다. 이러한 군사적 대응은 결국 경덕왕대의 또한번의 군제개혁으로 귀결되거니와, 이러한 의미에서 8세기대의 다양한 군사적 대응의 모색은 군제개혁으로 가는 중간 과정의 의미를 지니고 있는 셈이다.

성덕왕에서 경덕왕대에 이르기까지의 신라의 군사적 대응은 대략 네가지의 방향으로 추진되었다. 변경지역 및 주요 거점에 대한 축성 작업, 직접지배를 위한 영역화의 추진, 군대 주둔지의 설치, 군사적 대비태세 강화를 위한 사회적 분위기의 조성 등이 그것이다. 이를 하나씩 살펴보기로 하자.

첫째 변경지역이나 주요 거점에 대한 축성작업이 이루어졌다. 관련 사료를 뽑아보면 다음과 같다.

> A-1. (713년) 개성開城을 쌓았다.(『삼국사기』권8, 신라본기8, 성덕왕 12년)
>
> 2. (718년) 한산주漢山州 도독都督의 관내管內에 있는 여러 성성城을 쌓았다.(『삼국사기』권8, 신라본기8, 성덕왕 17년)
>
> 3. (721년) 하슬라도何瑟羅道의 정부丁夫 2천 명을 징발하여 북경北境에 장성長城을 쌓았다.(『삼국사기』권8, 신라본기8, 성덕왕 20년)
>
> 4. (722년) 모벌군성毛伐郡城을 쌓아 일본적日本賊이 침입하는 길을 막았다.(『삼국사기』권8, 신라본기8, 성덕왕 21년)
>
> 5. (762년) 오곡五谷·휴암鵂巖·한성漢城·장새獐塞·지성池城·덕곡德谷의 6성城을 쌓고, 각각 태수太守를 두었다.(『삼국사기』권9, 신라본기9, 경덕왕 21년)

사료 A-1·2에 보이는 개성과 한산주 도독 관내 제성은 710년대의 심상치 않은 발해의 움직임에 대응하여 서북 변경지방의 안정과 방어를 위해 축성된 것이며,[207] A-3

의 북경장성은 동북변경에 대한 방어의 필요성에서 축성된 것이다.[208] 그리고 A-4의 모벌군성은 모화관문이 포함된 약 12km에 달하는 장성인데,[209] 사료에 보이듯이 일본과의 관계가 악화되자, 일본의 침입에 대비하여 왕경을 방어하기 위해 축성한 것이다. A-5의 오곡성·휴암성 등 6성은 발해의 남하에 대응하여 예성강 이북에 위치한 주요 거점에 쌓은 것들인데, 군현의 편성과 지방관 파견 및 군진의 설치 등 영역화의 추진 및 방어체제 구축 작업으로 연결되고 있다.

이와 같은 변경지역이나 방어의 요해지 혹은 주요 거점에 대한 축성작업은 신라 초기부터 시행되어 온 가장 보편적인 방어태세의 구축 방법이었다. 그런데 8세기대에 이르러 다시 축성작업이 활발하게 추진되고 있는 것은 신라왕조가 이를 주변정세의 변화에 따른 군사적 대응 방식의 하나로 삼았음을 말하는 것이다.

둘째, 축성작업과 더불어 변경의 군현 미편성 지역에 대해 군현을 설치하고 지방관을 파견하는 등 직접지배를 위한 영역화 작업이 추진되었다.

B-1. (736년) 이찬伊飡 윤충允忠·사인思仁·영술英述을 보내에 평양平壤·우두牛頭 2 주州의 지세를 검찰하였다.(『삼국사기』 권8, 신라본기8, 성덕왕 35년)

2. (748년) 아찬阿飡 정절貞節 등을 보내어 북변北邊을 검찰하였다. 비로소 대곡성 大谷城등 14군현郡縣을 두었다.(『삼국사기』 권9, 신라본기9, 경덕왕 7년)

3. (762년) 오곡五谷·휴암鵂巖·한성漢城·장새獐塞·지성池城·덕곡德谷의 6성城을 쌓고, 각각 태수太守를 두었다.(『삼국사기』 권9, 신라본기9, 경덕왕 21년)

---

207 韓圭哲, 앞의 책, 1994, 162~163쪽. 한편 이를 예성강 이북의 고구려 유민에 대한 정치적 대응 책으로 이해하는 시각도 있다(申瀅植, 「統一新羅時代 高句麗遺民의 動向」『統一新羅史硏究』, 三知院, 1990, 94~114쪽). 유의할 만한 지적이긴 하지만 역시 축성작업의 부차적인 목적으로 보는 것이 옳을 것 같다.

208 池內宏, 앞의 논문, 1960, 49~55쪽.

209 毛伐郡城은 흔히 關門城이라고도 불리는데, 慶州市 外東面 毛火里 뒷산 東大山의 서쪽 능선에서 부터 鴉述嶺의 아래에 이르는 길이 약 12km의 長城이다. 이의 축조에 대한 자세한 사정은 『삼국유사』권 2, 기이2, 효성왕조에 전하고 있다(朴方龍, 「新羅 王都의 守備」『新羅文化』9, 東國大 新羅文化硏究所, 1992, 29쪽 참조).

B-1은 신라가 당으로부터 패강 이남지역의 영유를 공인받은 직후, 서북변경(평양성平壤州)과 동북변경(우두주牛頭州)에 대한 영역화 작업과 군사적 대비책 마련을 위한 사전 정지작업의 일환임이 인정된다.[210] 이와 같은 토대 위에서 B-2에서 보듯이 748년에 다시 북변에 대한 검찰檢察이 이루어지고, 대곡성大谷城 등 여러 군현이 설치되었다. 물론 이 때 설치된 군현의 숫자가 14개였다고 볼 수는 없지만,[211] 서북변경지대에 대한 본격적인 영역화작업이 시작되었음은 의심할 바 없다. 그리고 후속조치로 B-3에서 보듯이 주요거점에 대한 축성과 더불어 지방관이 파견되었다.

이와 같은 변경지대에 대한 군현의 설치와 지방관의 파견은 이 지역에 대한 직접지배를 관철하여 주민에 대한 철저한 파악과 이들의 효율적인 군사적 동원을 가능하게 하였을 것이다. 특히 위의 사료에 보이는 서북 변경지역은 후일 이러한 작업의 기반 위에서 대곡진大谷鎭 단계를 거쳐 패강진이 설치되어 군사적 특수지대로 되었다.[212] 따라서 이러한 영역화 작업 역시 주요 거점에 대한 축성작업의 연장선상에 있는 군사적 대응방식의 하나로 볼 수 있다.

셋째, 요충지에 군대가 주둔하는 거점을 설치하였다. 이 역시 축성작업의 연장선상에 있는 것이지만, 변경의 요충지에 군사주둔지역을 설정하고 상당수의 군대를 주둔케 하고 있는 점에서 신라왕조의 또다른 군사적 대응방식으로 보아도 좋다.

> C-1. 근래 또 김사란金思蘭의 표표를 보니 경卿(성덕왕)이 패강浿江에 수자리를 두고자 함[浿江置戌]을 알았다. 이미 발해에 대비하는 요충지로 삼아 또 안록산과 더불어 서로 바라보게 되니 이는 멀리 꾀함이 있음이요 진실로 훌륭한 계책[長策]이라 하겠다.(『문원영화』 권471, 「칙신라왕김흥광서勅新羅王金興光書」)
>
> 2. 개원開元 10년(722) 임술壬戌 10월에 처음으로 모화군毛火郡에 관문關門을 쌓았다. 지금의 모화촌毛火村으로 경주의 동남경東南境에 속한다. 곧 일본을 방어하

---

210 李基東, 「新羅 下代의 浿江鎭」 『韓國學報』 10, 1976 ; 이기동, 앞의 책, 1984, 212~213쪽에서는 패강지역으로의 진출을 예상하고 그에 따른 일선지대 방비를 조정하기 위해 취한 조치로 보고 있다.

211 李基東, 앞의 논문, 1976, 213~214쪽.

212 이에 대해서는 후술된다.

는 요새였다. 둘레가 6,792보 2척이고, 소요된 역부役夫는 39,262인이며 감독은 원진각간元眞角干이었다.(『삼국유사』권2, 기이2, 효성왕)

3. 정천군井泉郡은 본래 고구려의 천정군泉井郡으로 문무왕文武王 21년에 취하였다. 경덕왕이 개명改名하고 탄항관문炭項關門을 쌓았으며, 지금의 용주湧州로 영현領縣이 셋이다.(『삼국사기』권35, 잡지4, 지리2, 삭주)

먼저 사료 C-1에서는, 앞에서도 논급한 바 있듯이, 김사란을 통해 상표하는 성덕왕 34년(735) 경에 이미 신라가 패강지역에 방수처를 설치했던 사실이 보이고 있다. 이를 설치한 목적은 물론 발해를 견제하기 위한 것이었지만, 주목할 점은 사료에서 '패강치수浿江置戍'라 하여, 수자리를 설치하는 것으로 표현된 점이다. 이 패강지역에 설치된 수자리란 적어도 일정 규모의 군대가 항상 주둔하는 지역임이 분명하다. 그리고 수자리라는 표현에서 보면 주둔하는 군사들이 반드시 그 지역 주민만으로 구성된 것이 아니라, 왕경이나 여타 지방에서 방수防戍를 위해 징발된 존재도 포함되어 있었음을 추지할 수 있다.[213] 이로써 본다면 신라는 서북변경의 군사적 요충지에 방수처를 설치하여 타지역에서 징발된 방수군을 주둔시키기도 했음을 알 수 있다.

다음의 C-2·3은 관문의 설치를 보여주는 기록들이다. 즉 성덕왕은 일본의 침입으로부터 왕경을 방어하기 위해 동왕 21년(722)에 모벌군성을 쌓고 모화관문을 설치하였으며, 경덕왕은 동왕 16년(757) 경에 동북 변경인 정천군에 탄항관문을 축조하였다.[214] 그런데 이 관문의 구조에 대해서는 다음과 같은 기록이 남아 있어 참조된다.

---

213 만약 屯田兵的인 성격을 가진 그 지역 주민만이 주둔하고 있다면 굳이 수자리를 설치했다고 표현할 이유가 없기 때문이다. 그리고 후술되듯이 이는 장차 대곡진 단계를 거쳐 浿江鎭으로 확대 발전되는데, 패강진의 군사력이 둔전병만으로 구성된 것이 아니라 防戍軍도 존재했던 사실을 통해서도 방증을 얻을 수 있다.

214 탄항관문의 축조 시기는 池內宏이 문무왕 21년의 천정군 설치시기로 보았지만(池內宏, 앞의 논문, 1960, 46~47쪽), 설득력이 약하고, 『동사강목』이나 『증보문헌비고』와 같이 경덕왕대로 보는 것이 옳다고 생각된다. 특히 『삼국사기』 지리지의 기재방식에서 보면 지명개정과 비슷한 시기인 동왕 16년 경에 비정할 수 있다고 본다(李文基, 「統一 新羅期의 「北鎭」과 軍事的 位相」 『九谷 黃種東敎授 停年紀念 史學論叢』, 1994, 318쪽).

C-4. 그 나라의 산은 수십리씩 연결되어 있는데, 골짜기에 철개鐵蓋로써 단단하게 하고 관문關門이라고 부르며, 신라는 항상 노사弩師 수천명을 주둔시켜 이곳을 지킨다.(『신당서』권220, 열전145, 동이, 신라)

이 사료는 8세기대에 신라를 다녀간 당의 사신이 실제로 견문했던 신라의 지세와 관문의 모습을 그대로 적어 놓은 것으로 보이는데,[215] 그들이 실제로 목격했던 신라의 관문이 어느 것인지는 확실하지 않다. 그러나 관문이라는 방어시설과 주둔 군사력을 알려주는 귀중한 기록임에 분명하다. 이를 따르면 관문은 철개鐵蓋로 표현된 견고한 문을 설치하여 주요 교통로를 차단하도록 세워진 시설물로서, 여기에는 이를 수비하는 수천의 노사가 상주하고 있었음을 알 수 있다. 이를 참조할 때 모화관문이나 탄항관문에도 이와 같은 시설과 비슷한 규모의 군사력이 배치되어 있었던 것으로 간주할 수 있다. 곧 관문이란 군사적 요충지에 설치된 방어시설이자 군사주둔지역이었으며, 모화관문은 120km에 달하는 모벌군성과, 탄항관문은 북경장성과 각각 긴밀한 관계를 맺고 있었던 것이다.[216] 이와 같이 신라왕조는 발해·일본과의 관계악화에 따라 방수처를 설치하거나 관문을 쌓아 군사를 주둔시키는 방식의 군사적 대응을 모색하기도 했던 것이다.

넷째, 군사적 대비태세의 강화를 위한 사회적 분위기의 조성작업을 들 수 있다. 다음의 사료가 참조된다.

---

215 『신당서』신라전의 풍속관계기사는 혜공왕 4년(768)에 당으로 부터 신라에 온 책봉사 歸崇敬의 從事官이었던 顧愔의 見聞記인 『신라국기』에서 채록했을 것이라는 견해가 있다(今西龍, 「新羅骨品考」『新羅史研究』, 1933, 198쪽). 이를 따르면 關門에 대한 이 기사도 顧愔의 견문이었을 가능성이 높다. 한편 浜田耕策은 이 기사가 『태평광기』권481, 신라조에도 수록되어 있으며, 이는 당 개원말의 牛肅이 지은 『紀聞』을 전거로 하고 있으므로, 관문에 대한 기사는 743년 경덕왕의 책립을 위해 신라에 온 魏耀 일행의 傳聞에 의한 것일 가능성을 제시하였다(浜田耕策, 「新羅の迎賓機構-關門と領客府」『古代文化』42-8, 1992, 41쪽). 양자 가운데 과연 어느 것이 옳은지는 쉽게 단정할 수 없지만, 만약 후자가 옳다면 『신당서』의 기사는 毛火關門의 상황을 전하는 것으로 볼 수 있다. 743년까지 신라에서 설치된 관문은 모화관문밖에 없기 때문이다.

216 李文基, 앞의 논문, 1994, 318쪽.

D-1. 백관百官에게 명하여 적문的門에 모여 거노車弩의 사격을 관람하게 하였다.(『삼국사기』 권8, 신라본기8, 성덕왕 30년)

2. 대신大臣 정종貞宗·사인思仁에게 명하여 노병弩兵을 검열하였다.(『삼국사기』 권9, 신라본기9, 효성왕 5년)

위의 사료들은 대외관계가 악화되고 있던 와중에서 신무기를 개발하고, 이로 무장한 군사들에 대한 열병을 통하여 신라사회에 군사적 대비 분위기를 조성하는 작업으로 주목된다. 먼저 사료 D-1은 동해변에 침입한 일본군을 격퇴한 729년 9월에 있었던 일인데, 거노의 사격 실험에 백관을 관람케 한 것은 거노라는 신무기의 개발을 자랑하는 한편,[217] 군사적 대비태세를 과시하여 조야의 투지를 일층 고무시키기 위한 조치로 생각된다.[218] 이로써 신라사회 일반의 군사적 대비 분위기는 더욱 고양되었을 것이다. D-2의 경우도 같은 맥락에서 이해될 수 있다.

신라왕조는 새로 개발한 거노 등으로 무장된 새로운 군사들을 양성했던 것으로 여겨진다. 이들이 D-2에 보이는 노병이나, 앞의 사료 C-4에서 관문을 수비하기 위해 주둔하고 있었던 노사와 동일한 성격의 군사들이었을 것이다. 나아가 이러한 새로운 군사력으로 이루어진 신유형의 군사조직을 만들었을 가능성도 없지 않다.[219] D-2에서

217 신라의 무기 가운데 弩는 비교적 이른 시기부터 사용되어 왔으며, 그 성능의 우수성은 중국에까지 알려져 있을 정도였다. 대표적인 관련기록을 제시하면 다음과 같다. "冬 唐使到 傳詔 與弩師仇珍川沙湌廻 命造木弩 放箭三十步 帝問曰 聞在爾國 造弩射一千步 今譏三十步 何也 對曰 材不良也 若取材本國 則可以作之 天子降使求之 卽遣福漢大奈麻 獻木 乃命改造 射之六十步 問其故 答曰 臣亦不能知其所以然 殆木過海 爲濕氣所侵者歟 天子疑其故不爲 劫之以重罪 而終不盡呈其能"(『삼국사기』 권6, 신라본기6, 문무왕 9년). 그러나 이전에는 "徙貴戚子弟及六部豪民 以實國原 奈麻身得作砲弩上之 置之城上"(『삼국사기』 권4, 신라본기4, 진흥왕 19년)에서 보이듯이 주로 城 위에 설치하여 방어용으로 활용되었던 것으로 보인다. 그러나 성덕왕대에는 弩를 이동 가능한 수레에 장착하여 車弩를 만들었으며, 이로써 기동성을 가진 공격용 무기로도 활용될 수 있게 되었다. 따라서 거노의 발명은 신무기의 개발이라고 표현해도 좋을 것 같다. 한편 신라가 弩를 비롯한 무기제작기술이 선진적이었음은 일본에도 알려져 있었다. 9세기 중엽(866)의 사료이지만 다음과 같은 사료가 보인다. "…同郡擬大領山春永語豊穗云 與新羅人珎賓長 共渡入新羅國 教造兵弩器械之術 還來將襲取對馬嶋…"(『日本三代實錄』 권16, 淸和天皇 貞觀 8년 7월 15일 丁巳).

218 鈴木靖民, 「天平初期の對新羅關係」『古代對外關係史の硏究』, 吉川弘文館, 1985, 176쪽.

219 단 이는 四設幢의 하나인 弩幢과는 성격을 달리하는 것이었을 것이다. 왜냐하면 이 弩幢은 병기인 弩를 제작하는 부대로 보아야 하기 때문이다(李仁哲, 앞의 논문, 1988, 293쪽).

상대등인 정종과 정계의 요인인 사인이 노병을 검열하고 있는 것은 신무기로 무장한 새로운 유형의 군대가 조직되었음을 내외에 알려, 군사적 대비태세를 과시하려는 행사였던 것으로 생각되기 때문이다.

이상 살핀 바처럼 성덕왕에서 경덕왕에 이르기까지 신라는 주변국가와의 관계가 악화되어 가자 다양한 방식의 군사적 대응을 모색해 왔다. 그러나 기존의 군제가 한계를 드러내고 있는 상황에서 추진되었던 이와 같은 부분적인 대응으로는 만족스러운 수준의 국방체제 수립에 도달할 수 없었던 것으로 보인다. 전술했듯이 특히 경덕왕대에는 발해와 일본 양국에 의해 소위 '신라정토계획'이 추진되고 있을만큼 급박한 시기였다. 이에 신라왕조는 보다 근본적인 측면의 대응을 강구하지 않을 수 없었을 것이다.

이런 의미에서 경덕왕대의 군사적 대비태세의 완결을 시사하는 다음 사료는 주의 깊게 검토할 필요가 있다.

> E. 신라사新羅使 대나마大奈麻 김재백金才伯 등 91인이 대재부大宰府 박다진博多津에
> 도착했다. 우소변右少弁 종5위하從五位下 기조신우양紀朝臣牛養과 수도대위授刀大
> 위尉 외종5위하外從五位下 속전조신도마려粟田朝臣道麻呂 등을 보내어 온 이유를 물
> 었다. … 또 묻기를 "당신네 나라에서 투화投化해 온 백성들의 말에 '본국本國이 병
> 사를 내어 경비를 하고 있는데, 이것은 혹시 일본국日本國이 와서 죄를 물을까 의심
> 하기 때문이다'라고 했는데 그일의 허실虛實이 어떠하오?"라고 하였다. 대답하기를
> "당나라가 반란으로 시끄럽고 해적이 참으로 번성합니다. 이 때문에 갑병甲兵을 징
> 발하여 연변椽邊을 방수防守하는 것입니다. 곧 이것은 국가의 대비책으로 이 일에는
> 거짓이 없습니다."라고 했다.[220]

---

220 『續日本紀』 권25, 淳仁天皇 天平寶字 8년 7월 甲寅, "新羅使大奈麻金才伯等九十一人到着大宰博多津
遣右少弁從五位下紀朝臣牛養 授刀大尉抄外從五位下 粟田朝臣道麻呂等 問其由緒…問曰 比來彼國投化百
姓言 本國發兵警備 是疑日本國之來問罪也 其事虛實如何 對曰 唐國擾亂 海賊寔繁 是以徵發甲兵 防守
椽邊 乃是國家之設 事旣不虛".

759년 일본에서 방환된 신라인들을 통해 일본이 수립한 소위 '신라정토계획'에 대한 정보를 입수했던 것으로 보이는[221] 신라왕조는 여러가지 분주한 대응을 시도하게 된다. 한편으로는 한동안 중단했던 견일본사를 보내어 추진상황을 탐지하기도 하고,[222] 다른 한편으로는 군사적으로도 모종의 대비태세를 갖추어 나갔던 것 같다.

위의 사료에는 764년(경덕왕 23)에 파견된 신라 사신 김재백 일행에 대해 일본측이 신라에서 투화해 온 백성으로부터 입수했던 정보를 바탕으로, 신라가 군대를 동원하여 전면적인 경비태세를 갖추고 있는 것이 일본의 문죄를 의심한 방어체제 구축인지 여부를 묻고 있는 내용이 보인다. 이는 곧 일본의 '신라정토계획'에 대해 신라가 전면적인 방어체제를 갖추었는지 여부를 확인한 것이라고 하겠다. 이에 대해 김재백 등은 일본 때문이 아니라 당나라의 반란과 해적의 번성에 대응하기 위한 조치라고 하고 있지만, 전면적인 방어체제 구축 자체를 부인하지는 않고 있고, 나아가 그것이 국가가 세운 대비책이었음을 떳떳하게 밝히고 있다. 여기서 경덕왕 23년(764) 무렵 신라는 국가적인 차원에서 '갑병을 징발하여 연변緣邊을 방수防守'하는 것으로 표현된 대대적인 군사적 방어체제를 갖추었음을 확인할 수 있다.

그러면 김재백 일행이 일본측에 시인한 764년 경의 국가적인 차원의 군사적 방어체제란 구체적으로 무엇을 의미하는 것일까. 일단 그 배경은 김재백 등의 표현이 외교적 언사言辭라는 점을 감안할 때 일본의 소위 '신라정토계획'을 포함하는 국제환경 변화에 대응하기 위한 것이었음을 짐작할 수 있지만 내용은 분명하지가 않다. 문면文面을 그대로 따르면 전국적인 군사동원을 통해 연변 방어 태세를 갖추는, 일종의 전국적인 군사동원체제로 돌입했던 것으로 이해된다. 그러나 기존의 군사조직은 이미 적지않은 한계를 드러내고 있었으므로, 이를 그대로 활용하는 수준의 전국적인 군사동원이란 그 실효성을 거의 기대하기 어려웠을 것으로 판단된다.

---

221 『속일본기』 권22, 순인천황 천평보자 3년 9월 정묘조에는 귀화한 신라인을 방황하는 조치가 취해졌음이 보이는데, 이때는 이미 일본이 소위 '신라정토계획'을 수립 추진하는 와중에 있었다. 따라서 신라는 방환된 신라인을 통해 그에 대한 정보를 입수했을 것이다.

222 경덕왕 19년(760) 9월에 파견된 金貞倦 일행과 경덕왕 22년(763)에 파견된 金體信 일행의 실제의 파견 목적은 『속일본기』에 기록된 명분과는 달리 '新羅征討計劃'의 그 추진상황을 탐지하는데 있었다고 한다(金恩淑, 앞의 논문, 1991, 125~127쪽).

따라서 이 시기 국가적 차원의 군사적 방어체제는 군사동원체제로의 전환 정도가
아니라, 경덕왕대에 추진되어 왔던 군제에 대한 개혁이 완결되어, 전면적인 새로운
방어체제가 구축되었음 의미하고 있는 것으로 이해해야 옳을 것이다. 다시 말하면 성
덕왕대 이래 대발해·일본관계의 악화에 따라 다양한 방향에서 군사적 대응을 모색해
왔던 신라왕조는 경덕왕대에 이르러 군제개혁을 추진해 왔고, 일본의 '신라정토계획'
이 알려짐을 계기로 이를 마무리하고, 새로운 군사조직을 통한 전면적인 방어체제를
구축했던 것으로 여겨진다. 이로 말미암아 김재백 등도 신라의 전면적 방어태세의 구
축을 일본측에 떳떳하게 밝힐 수 있었던 것으로 생각된다.

(2) 6기정의 설치와 왕도 외곽 방어

경덕왕대의 군제개혁은 크게 보면 중앙군의 개혁, 지방군의 개혁, 변경 요충지에
군진을 설치하여 변경방어를 강화하는 것 등 세 갈래로 나누어져 실시되었다. 그 가
운데서 중앙군의 개혁은 왕도 주위에 6기정을 설치하여 왕도 방어체제를 재정비하는
형태로 나타났다. 경덕왕대에 왕도 방어 군사조직의 재편[223]을 시사하는 사료로는 다
음을 들 수 있다.

> A-1. 동기정東畿停은 본래 毛只停으로 景德王이 改名했으며 지금은 경주에 合屬되었
>   다.(『삼국사기』 권34, 잡지3, 지리1, 양주良州 대성군大城郡)
>
> 2. 남기정南畿停은 본래 도품혜정道品兮停인데 경덕왕이 개명改名했으며 지금은 경
>   주에 합속合屬되었다.(『삼국사기』 권34, 잡지3, 지리1, 양주良州 상성군商城郡)
>
> 3. 중기정中畿停은 본래 근내정根乃停으로 경덕왕이 개명改名했으며 지금은 경주에
>   합속合屬되었다.(위와 같음)
>
> 4. 서기정西畿停은 본래 두량미지정豆良彌知停인데 경덕왕이 개명改名했으며 지금은

---

223 李文基, 앞의 논문, 1994에서는 이를 '중앙군의 개편'으로 표현하였다. 물론 사료 F가 중앙 군사
조직의 개편을 의미하는 것임은 의심할 바가 없다. 그런데 재편 이후 이들 군사조직의 주임무가
왕도의 방어에 있었다고 보이므로, 이 글에서는 '왕도 방어 군사조직'의 재편으로 고쳐 표현하
였다.

경주에 합속合屬되었다.(위와 같음)

5. 북기정北畿停은 본래 우곡정雨谷停인데 경덕왕이 개명改名했으며 지금은 경주에 합속合屬되었다.(위와 같음)

6. 막야정莫耶停은 본래 관아량지정官阿良支停(북아량北阿良이라고도 한다) 경덕왕이 개명改名했으며 지금은 경주에 합속合屬되었다.(위와 같음)

사료 A를 통해 원래 왕경 주위에 있었던 6개의 정이 경덕왕대에 왕기王畿의 방위方位를 나타내는 6기정六畿停[224]으로 개명된 사실을 확인할 수 있다. 즉 경덕왕대에 모지정毛只停→동기정東畿停, 도품혜정道品兮停→남기정南畿停, 근내정根乃停→중기정中畿停, 두량미지정豆良彌知停→서기정西畿停, 우곡정雨谷停→북기정北畿停, 관아량지정官阿良支停(북아량정北阿良停)→막야정莫耶停과 같은 명칭의 변화가 일어났던 것이다.

종래 사료 A는 주로 왕기王畿 문제의 해명과 관련하여 검토되거나,[225] 이들이 영속된 대성군과 상성군의 지리적 위치를 파악하기 위한 자료로 주목되었다[226]. 그러나 이는 단순한 지명(혹은 행정구역명)의 개정을 넘어서는 또 다른 의미를 내포하고 있는 것으로 생각된다. 경덕왕대에 추진된 군제개혁과 관련되어 있을 가능성이 크다.[227]

우선 신라에서 정이라는 용어는 군사 주둔지와 군사조직이라는 이중적 의미를 갖고 있다[228]. 그렇다면 정으로 표현된 6개 명칭의 개정에는 군사 주둔지 혹은 군사조

---

224 단 막야정의 경우 방위명을 갖지 않는 하나의 예외인데, 이는 동·서·남·북의 4方位 명명법으로는 中을 포함한 5개 이상의 명칭 부여가 사실상 불가능하였기 때문에 나타난 불가피한 현상으로 생각된다. 그러나 이 역시 같은 시기에 관아량지(북아량)정에서 막야정으로 개명되고 있고, 위치도 왕경의 외곽지역으로 나머지 5개 정과 크게 다르지 않았다. 이에 이들을 육기정으로 합칭해도 무방하다고 본다.

225 木村誠,「統一新羅の王畿について」『東洋史研究』42-2, 1983 ;『古代朝鮮の國家と社會』, 吉川弘文館, 2004, 참조.

226 많은 논자들은 왕경에 인접한 大城郡과 商城郡의 위치와 범위 문제를 검토하면서 예외없이 육기정 관련 사료를 주목하고 있다.

227 이 자료를 군사조직과 관련하여 주목한 연구는 거의 없다. 다만 李仁哲이 육기정을 法幢 소속 京餘甲幢의 주둔지역으로 보면서 이 사료를 京餘甲幢이 8세기 후반대까지 존속한 증거로 제시하고 있는 정도이다(李仁哲,「新羅 法幢軍團과 그 性格」『韓國史研究』61·62合, 1988 ;『新羅政治制度史研究』, 一志社, 1993, 290~324쪽).

228 『삼국사기』 권40, 잡지9, 직관 하, 무관조에 "羅人謂營爲停"이라는 註記가 남아 있고, 신라 군사

직에 무언가 변화한 사실이 반영되어 있을 것이다. 또 개정된 이후의 명칭 자체가 왕경 주위의 전통적 지명에서 왕기의 방향을 나타내는 것으로 바뀌어 통일성 내지 획일성을 가지게 된 사실도 의미가 있다. 이전의 왕경 주위에 위치했던 6개의 군사 주둔지 혹은 6개 부대가 개명 이전과 달리 개명 이후 보다 통일성이 강화된 동질적인 성격으로 재편되었음을 암시하고 있기 때문이다. 따라서 6기정으로의 개명은 단순한 지명 개정으로 보기는 어렵다. 그 위치를 감안하면 사료 A는 경덕왕대 군제개혁의 일면, 특히 왕도 방어 군사조직에 대한 개혁 실태를 보여주는 것으로 이해된다.

그러면 개명 이전의 6개 정停이나 개명 이후 6기정의 실체에 대해 살펴보자. 이에 대해서는 왕경 주위에 군사력을 집중 배치한 것으로 왕경의 특수지대 곧 방위지대를 형성했다는 견해[229]가 있다. 이 견해는 일단 정이라는 용어가 가진 이중적 의미를 참조하더라도 그 타당성이 인정된다. 그러나 약간의 부연 설명이 필요하다.

이 6개 정의 실체 파악과 관련하여 먼저 주목할 것은 이들이 『삼국사기』 직관지 무관조가 아니라 지리지에 기록되어 있다는 점이다. 이는 『삼국사기』의 찬자가 이들 각각을 군사조직이 아니라 하나의 지역단위로 인식했음을 말해준다. 그래서 이들 6개 정은 각각 상급 행정단위인 대성군과 상성군(서형산군西兄山郡)에 영속되어 있었으며, 현縣과 동급의 행정 단위로 기록되어 있는 것이다.[230] 그렇다면 이들을 군사주둔지와 같은 좁은 범위의 특정한 지점으로 보기는 어렵겠다. 구체적인 범위를 알기는 어렵지만, 현과 흡사하게 6개 정停도 일정한 영역을 가진 것으로 생각된다. 그리하여 이들은 고려 초에 경주에 합속되어 행정구역인 경주대도독부을 구성하는 일정 지역으로 편제되었던 것이다.[231]

요컨대 『삼국사기』에 의하면 6개 정의 기본적 성격은 왕도 주위에 위치한 6개의

조직이 흔히 停으로 칭해지고 있는 데서 잘 드러난다(末松保和, 「新羅幢停考」 『新羅史の諸問題』, 東洋文庫, 1952, 309~319쪽).

229 木村誠, 앞의 논문, 1983 및 木村誠, 「三國期新羅の王畿と六部」 『人文學報』 167, 1984 참조.

230 이는 『삼국사기』 지리지에서 約章縣(악지현)과 東畿停을 대성군에 영속된 동급의 행정 단위로 기록하고 있는 데서 잘 드러나 있다.

231 이들이 경주에 합속된 시기는 대대적인 지방제도 개편이 있었던 고려 태조 23년(940)일 가능성이 높다.

특수한 지역단위 내지 행정단위였다고 할 수 있다. 다만 6개 정은 명칭 자체가 현縣이 아니라 정停이라는 사실이 시사하듯이, 군사적 성격이 강한 지역단위(행정단위)였던 셈이다. 그렇다면 6개 정은 신라가 왕도 주위에 6개의 특수한 지역을 설정하여 그 곳에 군사주둔지로서 군영을 설치하게 되면서, 군영을 포함하는 일정 영역을 범위로 하는 하나의 지역단위 내지 행정단위로 성립되었음을 미루어 짐작할 수 있겠다.

그런데 군영에는 당연히 군사력이 주둔하기 마련이다. 그리고 그 군사력은 부대 형태로 편제되어 군사조직으로 기능하게 된다. 이로 말미암아 정이라는 용어는 군사 주둔지역을 의미하면서 한편으로는 군사조직의 명칭으로도 사용되는 것이다.[232] 여기에서 경덕왕대의 육기정으로의 개명이 단순한 지명 개정이 아니라 군제의 개혁이 수반된 조치임을 유추할 수 있다. 즉 개명 이전의 전통적 지명을 가진 6개 정이 육기정으로 개명된 것은 군사 주둔 지역 명칭의 개명 이외에 군사조직의 변화를 의미하고 있는 것이다.

그러면 육기정으로 개명되기 이전의 왕도 주위에 6개의 정이 설치된 시기는 언제이며, 그 곳에 주둔하고 있었던 군사력의 실체는 무엇일까. 설치시기에 대해서는 6개 정을 『양서』 신라전의 육훼평六喙評으로 비정하면서 6세기 초엽으로 보는 견해가 있다.[233] 그러나 『양서』의 육훼평은 곧 왕경의 6부를 말하는 것으로[234] 6개 정이 아니므로 이 주장은 설득력이 없다. 그런데 비록 후대의 자료이지만 안정복의 『동사강목』에서 다음과 같은 기사가 발견된다.

> B. 또한 도기都畿 안에 구력仇力(주註 : 후에 대성군大城郡이라 일컬었다)·서형산西兄山(주註 : 뒤에 상성商城이라 하였다) 2군郡을 두고 6정停을 나누어 설치하였다. 모지정毛只停(주註 : 뒤에 동기東畿라 칭하였다)·도품혜정道品兮停(주註 : 뒤에 남기南畿라 칭하였다)·두량미지정豆良彌知停(주註 : 뒤에 서기西畿라 하였다)·우곡정雨谷停(주註 : 뒤에 북기北畿라 하였다)·근내정根乃停(주註 : 뒤에 중기中畿라 하였

---

232 대표적 사례가 10정을 구성하는 10개의 부대 명칭이다.
233 李基白·李基東, 『韓國史講座』 古代篇, 一潮閣, 1982, 225쪽.
234 六喙評에 대한 연구사적 정리는 木村誠, 「三國期新羅の王畿と六部」, 132~134쪽 참조.

다)·관아량지정官阿良只停(주註 : 뒤에 막야莫邪라 하였다)인데, 모두 왕성王城을 진위鎭衛하였다.(『동사강목』 권3상, 갑자-진흥왕 5년))

안정복은 진흥왕 5년(544)을 신라가 처음으로 군호를 설치한 해로 보면서 대당大幢, 10정停이 이 해에 두어졌다고 하고, 이어서 사료 B와 같이 왕도 주위의 6개 정停도 같은 해에 설치된 것으로 기록하고 있다. 이를 제외한 군호는 이후 점차 가설加設되어 23군호로 되었음을 밝히면서, 6정·9서당을 비롯한 『삼국사기』 무관조에 보이는 제군호를 열거하고 있다. 이러한 안정복의 신라 군사조직 설치 과정에 대한 이해는 『삼국사기』에 근거하는 한 별다른 잘못이 없다. 『삼국사기』 무관조에는 대당과 10정의 설치시기가 진흥왕 5년으로 명기되어 있으며,[235] 나머지 23군호도 진흥왕 5년 이후에 점차적으로 설치되었음이 사실이기 때문이다.

그런데 안정복은 『삼국사기』 무관조가 아니라 지리지에 기록된 6개 정을 군사조직의 설치 과정 속에 포함시켰고, 또 『삼국사기』에서는 어떤 단서도 보이지 않는 왕도 주위 6개 정의 설치시기를 진흥왕 5년에 비정하는 한편 그 임무도 왕성의 진위鎭衛에 있었다고 밝히고 있다. 이는 『동사강목』에서만 보이는 새로운 내용이다. 그가 이런 새로운 기록을 남길 수 있었던 근거가 무엇인지 알 수 없지만, 혹시 『삼국사기』 이외의 다른 자료에서 이 같은 내용을 보았는지도 모르겠다. 어떻든 안정복의 6개 정에 대한 서술 중에서 왕성을 진위한다는 임무에 대한 서술은 사실로 볼 수 있다. 그렇다면 설치시기도 일정한 신뢰성을 담보하고 있다고 생각해도 좋지 않을까 한다. 이에 필자는 안정복의 견해에 따라 왕도 주위 6개 정의 설치시기를 진흥왕 5년(544)으로 비정해 둔다[236].

이상에서 검토했듯이 경덕왕대에 육기정으로 재편되는 왕도 주위 6개 정의 설치시기가 진흥왕 5년이라는 사실은 이곳에 주둔했던 군사력의 성격을 해명하는 데도 시

---

235 그러나 실제로 10정을 구성하는 10개 부대 모두가 진흥왕 5년에 설치될 수는 없다. 이 10정의 설치시기로 기록된 진흥왕 5년은 실은 그 전신인 三千幢이 두어진 시기이다(李文基, 앞의 책, 1997, 122~129쪽).

236 실학자들의 신라 군제에 대한 인식수준은 상당한 편차가 보이지만, 다른 이에 비해 安鼎福의 이해 수준이 상대적으로 높았던 점도 참조할 필요가 있다.

사하는 바가 크다. 잘 알려져 있듯이 진흥왕 5년은 왕경인으로 편성된 중고기의 핵심적 군사조직인 대당이 설치된 해이기도 하다. 이렇게 왕경인으로 병력자원으로 하는 최대의 중앙 군사조직인 대당과 왕도 주위에 특수한 지역단위로서 6개 정이 같은 해에 설치되었던 것은 양자가 모종의 깊은 관련성을 가졌음을 말해 준다. 즉 대당人幢의 설치에 따라 소속 병력이 주둔할 군영이 필요해졌고, 그에 따라 왕도 주위에 군사주둔지로서 6개 정이 설정되었을 가능성을 엿볼 수 있기 때문이다.

그러면 왕도 주위 6개 정에 주둔한 군사력의 실체에 대해 좀더 살펴보자. 이에 대해서는 종래 한두 가지 의견이 제시된 바 있었다. 즉 6개 정을 특수병기를 제작하는 4설당四設幢-노당弩幢·운제당雲梯幢·충당衝幢·석투당石投幢-의 주둔지역으로 보는 견해가 있지만[237], 논거가 뚜렷한 것은 아니다. 또 6개 정을 법당 가운데 경여갑당京餘甲幢 군사력의 주둔 지역으로 보는 견해도 있는데[238], 왕도 주위 6개 정에 주둔하고 있는 상비군으로서의 경여갑당을 상정하는 것이 과연 논리적으로 정합적인지 의문이 든다. 이에 필자는 육기정으로 개명되기 이전의 왕도 주위 6개 정을 중앙 군사조직인 대당의 병력이 나누어 주둔한 지역으로 비정한다.[239] 이제 이러한 입장에서 6개 정에 주둔한 병력의 실체가 대당에 소속된 군사력이었음을 다시 한번 논증하기로 한다.

대당人幢의 군사조직적 성격은 왕경인 가운데 3년의 복무 의무가 부과되어 있는 병역 의무자들을 징발하여 편성한 상비군이었다. 상비군인 만큼 대당 소속 병력들은, 모두가 그러했는지 여부는 단언하기 어렵지만, 적어도 상당수가 평상시에 특정 지역에 주둔하면서 군영 생활을 했을 것이다. 그리고 대당은 대표적인 중앙군이었으므로 군영이 위치한 곳은 왕도나 그로부터 멀지 않은 인근 지역으로 추정된다. 이런 점에서도 왕도 주위의 6개 정은 바로 대당人幢의 병력이 주둔하는 군영이 설치되어 있었던 지역으로 볼 수 있다.

한편, 왕도 주위 6개 정에 주둔한 군사력의 실체가 대당 소속 병력이라는 사실은 대당의 실제적인 군사활동에 대한 검토를 통해서도 어느 정도 짐작이 가능하다. 대당

=========

237 武田幸男, 앞의 논문, 1984, 241쪽.
238 李仁哲, 앞의 책, 1993, 302쪽 및 391~392쪽.
239 李文基, 앞의 논문, 1986 ; 李文基, 앞의 책, 1997 참조.

은 소속 병력이 왕도나 그 인근에 주둔하고 있었으므로, 외적이 왕경을 침입할 경우 왕경을 방어하는 임무가 일차적으로 주어져 있었을 것이다. 대당이 창설된 이후 외적이 신라의 왕도까지 침입한 기록은 거의 찾아보기 어렵지만, 다음의 사례는 대당의 왕경 방어 기능을 보여주는 것으로 판단된다.

C-1. 영묘사靈廟寺 옥문지玉門池에서 겨울에 많은 개구리가 모여서 3~4일 동안 울었다. 국인國人들이 괴이하게 여겨 왕에게 물었더니 왕이 각간角干 알천閼川·필탄弼呑 등에게 급하게 명하기를 정병精兵 2천인을 뽑아 속히 서교西郊에 가서 여근곡女根谷을 탐문하면 거기에 반드시 적병이 있을 것이니 잡아 죽이라고 하였다. 두 각간이 명령을 받들어 각각 천명을 거느리고 서교西郊에 가서 탐문하니 부산富山 아래에 과연 여근곡이 있었는데, 백제병百濟兵 5백인이 와서 그곳에 숨어 있었으므로 모두 잡아 죽였다. 백제장군 우소于召는 남산南山 고개 바위 위에 숨었으므로 이를 포위하여 활로 쏴 죽였다. 또 후속 병력 1천 3백인이 온 것을 또한 쳐서 죽여 한 사람도 남기지 않았다.(『삼국유사』 권1, 기이1, 선덕왕지기삼사善德王知幾三事)

2. 여름 5월에 두꺼비가 궁궐 서쪽 옥문지玉門池에 많이 모였다. 왕이 이를 듣고 좌우에 말하기를 "두꺼비는 성난 눈을 가지고 있으니 이는 병사의 모습이다. 내가 일찍이 듣건대, 서남쪽 변경에 이름이 옥문곡玉門谷이라는 땅이 있다고 하니 혹시 이웃나라 군사가 그 안에 숨어 들어온 것은 아닐까?"라고 하였다. 이에 장군 알천閼川과 필탄弼呑에게 명하여 군사를 이끌고 가서 찾아보게 하였다. 과연 백제 장군 于召가 獨山城을 습격하려고 무장한 군사 5백 명을 이끌고 와서 그 곳에 숨어 있었으므로, 알천이 갑자기 쳐서 그들을 모두 죽였다.(『삼국사기』 권5, 신라본기5, 선덕왕 5년)

사료 C는 사건이 발생한 시기나 지명, 등장하는 주인공의 이름 등이 일치하고 있어 동일한 사건을 『삼국유사』와 『삼국사기』가 서로 다르게 기록한 것으로 볼 수 있다. 서술 내용에서 발견되는 가장 큰 차이는 신라군이 백제군과 싸운 전장戰場이 왕도에 인접한 '서교西郊의 여근곡女根谷'(C-1)과 '서남변西南邊의 옥문곡玉門谷'(C-2)으로 서로 다른 점이다. 양자 가운데 어느 것이 옳은지는 판별하기 어렵지만, 보다 구체적으로 전투의 경과를 기록한『삼국유사』의 기사가 사실에 가까운 것이 아닐까 한다. 그렇다면 이는 선덕여왕 5년(636)에 장군 우소于召가 이끈 백제군이 왕도 지역까지 침입하자 신라 장군 알천閼川과 필탄弼呑이 정병 2천을 이끌고 서쪽 교외에서 격멸한 사건이라고 할 수 있다.

여기서 주목할 것은 백제군을 격멸한 정병으로 기록된 신라 군사력의 실체이다. 보통 정병은 정예한 병사라는 뜻이지만, 여기서는 이와 더불어 신라의 주력군임을 의미하는 것으로 볼 수 있다. 그리고 이들은 왕명에 의해 신속하게 동원될 수 있는 병력이었다. 이는 정병의 성격이 왕도나 그 인근 지역에 주둔하고 있었던 상비군이었음을 말해 준다. 왕도 지역에 주둔하고 있었던 상비군이자 신라의 주력군이라면 대당의 병력을 떠올리지 않을 수 없다. 요컨대 이 전투에 동원된 정병 2천명은 곧 대당 소속 병력으로 볼 수 있으며,[240] 이런 의미에서 사료 C는 대당의 왕도 방어기능을 구체적으로 보여주는 좋은 사례라고 할 수 있다.

대당의 실제적인 군사활동 사례인 사료 C에는 대당의 병력의 평상시 존재 양태를 보여주는 유의할만한 내용도 포함되어 있다. 전투에 동원된 2천명의 대당 병력은 천명씩 나누어져 각각 장군 알천과 필탄의 지휘 아래 분속되어 별도의 부대를 이루었다. 이러한 부대 편제가 사료에는 마치 전투에 나서기 직전에 이루어진 것처럼 서술되었지만, 아마 2개의 부대는 평상시에 이미 서로 다른 부대로 편제되어 있었을 것이다. 그리고 이 2개의 부대는 서로 다른 곳에 주둔하고 있었을 것으로 보인다. 그렇다면 여기서 대당의 병력이 평상시에 복수의 부대로 나누어져 편제되어 있었음을 짐작할 수 있고, 나아가 복수의 부대로 편제된 대당 소속 병력이 각각 다른 곳에 나누어 주둔했을 것임도 충분히 추론해 볼 수 있다.

그러면 알천과 필탄이 영솔한 각각 천명으로 이루어진 2개 부대가 대당의 모든 군사력일까. 신라가 전쟁에 동원한 병력의 규모는 사례에 따라 각기 다르게 나타나지

---

240 이 전투를 지휘한 알천의 정치적 위상을 통해서도 방증을 얻을 수 있다. 알천은 이듬해인 선덕여왕 6년에 大將軍으로 승진하므로, 그가 지휘한 병이 대당의 그것이었을 가능성은 매우 높다.

만, 가장 중요한 군사조직이자 주력군인 대당의 병력이 2천 명 정도의 소규모라고 보기는 어렵다. 이와 관련하여 진흥왕 5년에 대당과 함께 창설된 또 다른 군사조직이 삼천당이었던 점도 참조할 필요가 있다. 이 삼천당이라는 명칭은 그 후에 사천당이 설치되기도 했던 점에서 보면, 병력의 규모를 염두에 둔 군호軍號로 생각되기 때문이다. 이렇게 대당이 천명으로 이루어진 2개 부대보다 더 많은 복수의 부대로 구성되었다면, 이들 복수의 부대가 주둔했던 지역도 자연히 2곳보다 많았을 것이다. 이러한 추론을 바탕으로 할 때, 왕도 주위의 6개 정은 바로 대당을 구성하는 6개의 부대가 주둔했던 군영이 위치한 지역으로 보아도 큰 무리는 없다. 어쩌면 선덕여왕 5년에 왕도의 서교에서 백제군을 격멸한 알천과 필탄이 이끈 2개 부대는 6개 정 가운데서 전장과 가까운 서쪽의 두량미지정豆良彌知停과 중앙의 근내정根乃停 혹은 남쪽의 도품혜정道品兮停에 주둔했던 대당 소속 병력이었을 가능성도 있다.

중고기 신라의 성장과 정세의 변화에 따라 대당의 주임무는 왕도 방어에서 벗어나 신라를 대표하는 주력군으로서 신라 영역을 침범해 온 외적을 왕도를 벗어난 변경지역에서 맞아 싸우는 방어전에 나서거나, 주변 국가의 영역에 들어가 싸우는 공격전을 수행하는 것으로 바뀌었다. 그로 말미암아, 명기되어 있지는 않지만 대당임이 분명한 신라 주력군의 구체적인 군사활동을 보여주는 기사가 상대적으로 풍부하게 남아 있다. 이를 개관하면 대당은 왕도 지역에 주둔하고 있었던 상비군으로서 자주 전쟁에 참전하였다.[241] 다만 대당 소속 병력이 항상 전체가 한꺼번에 동원되지는 않았다. 앞에서 살핀 사료 C의 사례에서 볼 수 있듯이 그 일부만이 참전하는 경우도 종종 확인된다.

---

241 대표적인 사례 하나만 제시해 둔다. 『삼국사기』 권41, 열전1, 김유신 상에는 다음과 같은 저명한 일화가 남아 있다. "(善德王 14年) 三月 還命王宮 未歸家 又急告百濟兵出屯于其國界 將大擧兵侵我 王復告庾信曰 請公不憚勞巡行 及其未至備之 庾信又不入家 練軍繕兵向西行 于時其家人皆出門外待來 庾信過門 不顧而行 至五十步許駐馬 令取漿水於宅 啜之曰 吾家之水尚有舊味 於是軍衆皆云 大將軍猶如此 我輩豈以離別骨肉爲恨乎 及至疆場 百濟人望我兵衛 不敢迫乃退 大王聞之甚喜 加爵賞". 위의 기사에는 김유신의 인솔 하에 그의 집 앞을 지나는 軍衆 즉 군사력의 존재가 확인된다. 이들은 왕경에서 출발하고 있고, 또 골육과 이별하고 있는 점에서 왕경인들이며, 출동의 신속성에서 미루어 보면 상비군들로 볼 수 있다. 이렇게 왕도 지역에 주둔하고 있었던 상비된 병력은 대당 소속 군사력이었음이 틀림없다.

이러한 대당 병력의 활동 양상은 결국 대당이 평상시에 6개의 부대로 편제되어 각각이 왕도 주위의 다른 지역에 위치한 군영에 분산 주둔하고 있었기 때문일 것이다. 즉 별도의 군영에 주둔하고 있던 부대 단위로 전쟁에 동원되기도 했던 것이다. 이렇게 대당을 구성하는 6개 부대가 주둔하고 있었던 군영이 위치한 지역이 곧 왕도 주위의 6개 정이었다.

이상 진흥왕 5년에 설치된 왕도 주위의 6개 정이 곧 대당 소속 병력이 6개 부대로 편제되어 주둔했던 군영이 설치된 지역이었음을 논증하였다. 이와 같이 6개 정이 대당 군사력의 6개 부대의 주둔 지역이었으므로, 이들이 대당의 변화에 수반하여 변천을 거듭했을 것임은 쉽게 짐작할 수 있다.

대당은 창설 이래 통일을 달성하기까지 신라의 중핵적인 중앙 군사조직으로 기능해 왔다. 그런데 7세기 후반의 대대적인 군제 개편 과정에서 6정군단의 한 부대로 편제되었다. 육정군단은 중고기 이래 신라의 성장과 영토 확장 과정에서 점차적으로 증치되어 핵심적인 역할을 수행해 온 중앙군과 지방군을, 통일성을 부여하여 하나의 군단체제로 묶는 자체 거대 군단을 지향하고 있었다. 그러나 근본적인 이질성이나 조직의 방대성으로 인하여 현실에서는 실현되기 어려운 일종의 도상계획적인 군사조직에 지나지 않았다. 그리하여 그 이후 대당도 본연의 군사조직으로서의 실제적인 기능을 발휘하지 못하는 이름만의 군제로 남게 되었다. 통일 이후의 사료에서 대당의 활동상을 찾아볼 수 없는 이유를 여기에서 찾을 수 있다. 물론 대당이 허설화된 또다른 배경으로는 외적과의 전쟁 수행을 주도했던 대당의 임무가 9서당을 비롯한 새로 정비된 중앙군 조직으로 이관되었던 사정도 간과할 수 없다.[242]

이와 같이 대당大幢이 허설화되자 대당 소속 6개 부대의 주둔지였던 왕도 주위의 6개 정도 명칭과는 달리 군영이 설치된 특수한 군사 지역이라는 성격을 점차 잃어가게 되었을 것이다. 그리하여 신문왕대에 왕도 인접 지역이 대성군과 서형산군이라는 행정구역으로 편제되면서[243], 6개 정도 명칭에만 그 흔적을 남겨 둔 채 일종의 현급縣級

---

242 李文基,「大幢 및 停制의 成立과 展開」, 앞의 책, 1997 : 이문기,「7세기 후반 新羅의 軍制改編과 그 性格에 대한 一試論」『韓國古代史研究』16, 1999 참조.
243 全德在는 大城郡과 西兄山郡(一商城郡)의 설치 시기를 신라의 왕경 범위의 축소와 관련하여 신문

의 행정단위로서 두 군에 나뉘어 영속되기에 이르렀다. 이러한 상황은 경덕왕대에 육기정으로 재편될 때까지 그대로 지속되었던 것으로 보인다.

한편 7세기 후반대에 23군호로 정리된 신라의 군제는 고구려·백제의 멸망 이후 사회적 안정과 평화가 지속되면서 육정군단만이 아니라 나머지 군사조직도 본연의 기능이 점차 약화되어 간 것으로 생각된다. 그 중에서도 9서당이나 3무당과 같은 핵심 중앙군의 구성부대 가운데는 병력 충원 자원을 고구려·백제 유민이나 말갈족과 같이 한정하고 있어 현실적으로 부대가 유지되기 어려운 상황도 발생하였다.[244] 이와 같은 통일 후 신라 군제의 총체적인 약화 현상이 지속되는 가운데 성덕왕대로 접어들면서 새로 군제 재편의 필요성이 제기되기 시작했던 것으로 보인다. 발해가 북쪽에서 세력을 키워 점차 남하해 오고 있었고, 발해의 등주 기습사건 이후 신라는 당의 요청으로 발해 정벌군을 편성·파병해야 했기 때문이다. 그와 더불어 일본의 동향도 심상치 않았다. 이러한 정세 변화에 대응하여 성덕왕이 왕 20년(721)에 하슬라 지역 장정 2천 명을 징발하여 북경 장성을 축조한 것이나,[245] 이듬해에 모화관문을 쌓아 일본의 침략을 막고자 했던 것은[246] 이 시기부터 군사적 측면에서 재정비가 이루어졌음을 보여주며, 나아가 군제 재편의 필요성이 제고되어 갔던 사정을 간접적이나마 알려주고 있다.

군제 재편의 필요성은 효성왕를 거쳐 경덕왕대에 이르러 더욱 높아져 갔다. 효성왕대에 이미 악화되었던 신라와 발해·일본과의 관계는 경덕왕대에 이르러 이른바 발해와 일본의 소위 '신라정토계획'으로 표면화되었다. 신라가 위기의식을 느끼지 않을 수 없었던 상황이었다. 더구나 경덕왕이 적극적인 친당정책을 기조로 내심 협조를 기대하고 있었을 당은 안사의 난(755~763)으로 오히려 내부에서부터 위기를 맞고 있었다. 이러한 상황을 극복하기 위해 경덕왕은 각종 제도 개혁의 사회적 분위기 속에서 군사조직에 대해서도 전면적인 개혁을 단행하게 되었다. 그러한 군제 개혁의 일환으

왕대로 추정한 바 있다(전덕재, 앞의 책, 2009 참조). 타당한 견해로 생각되는데, 공교롭게도 그 시기가 大幢과 지방의 停制가 6정군단으로 재편되는 시기와 일치되고 있는 점이 흥미롭다.

244 李文基, 앞의 논문, 1999 참조.
245 『삼국사기』 권8, 신라본기8, 성덕왕 20년.
246 『삼국사기』 권8, 신라본기8, 성덕왕 21년 및 『삼국유사』 권2, 기이2, 효성왕.

로 왕도 방어 군사조직에 대한 재편도 이루어졌던 것이다.[247]

경덕왕에 추진된 왕도 방어 군사조직의 재편을 시사하는 사료는 왕도 주위 6개 정을 왕기의 방위명을 가진 6기정으로 개명하는 지극히 단편적인 것뿐이다. 그러나 이는 앞에서 지적했듯이 단순한 지명의 개정이 아니라, 허설화되어 있던 대당 소속의 6개 부대가 주둔했던 6개 정에 대해 모종의 개혁이 단행되었음을 의미한다. 이 시기 개혁의 구체적인 내용은 사료 부족으로 잘 알기 어렵지만, 개정된 명칭이 통일성 내지 획일성을 보유하게 된 사실과 이전의 군제가 보여줬던 한계 등을 감안하면 약간의 추론은 가능할 것 같다.

첫째, 육기정에 새로 군대를 주둔시켜 왕도방어체제를 일신했을 것이다. 다만 이때 육기정에 주둔했던 군사들이 소속된 군사조직이 무엇이었는지가 사료를 통해 전혀 드러나지 않고 있다. 그런데 경덕왕대까지 중앙 군사조직들이 보여주었던 한계를 고려하면, 기존의 특정부대 소속 군사력이 이곳에 주둔했다고 보기는 어렵다. 오히려 육기정 그 자체가 일종의 군사조직으로 변하여 왕도 방어를 담당하게 되었던 것이 아닌가 한다. 그것은 앞에서 지적했듯이 왕도 방어의 임무보다는 언제나 전선으로 출전할 태세를 갖추고 있어야 했던 대당 소속 6개 부대가 주둔하고 있었던 중고기中古期의 6개 정과는 달리, 이제는 왕도의 방어 태세만을 견고히 갖추고 있기만 하면 되는 정세의 변화에서 비롯되었을 것이다. 이로 인하여 6기정은 중고기 이래의 왕도 주위의 6개 정이 대당 병력의 주둔지라는 성격이 강했음에 비해, 그 자체가 하나의 군사조직적 성격을 갖게 되었다. 곧 경덕왕대의 개혁으로 왕도의 외곽을 방어하는 군사조직으로 육기정체제가 탄생하게 된 것이다.

둘째 육기정에 소속된 병력의 구성이 이전 단계와 달라졌던 것으로 보인다. 중고기의 6개 정에는 대당 소속 6개 부대가의 주둔하는 군영이 위치하고 있었다. 그런 만큼 그곳에 주둔하는 병력은 징발된 왕경인 군역의무자들이었다. 그러나 6기정에는 왕경인만이 아니라 지방민도 징발이나 소모를 통해 소속 병력으로 충원되기도 했던 것으로 보인다. 시기가 조금 떨어지지만 후백제를 세운 견훤의 정치적 출세 과정을 보면,

---

247 이상의 경덕왕대 군제 재편 배경에 대한 서술은 李文基, 「景德王代 軍制改革의 實態와 新軍制의 運用」, 앞의 책, 1996, 342~353쪽에서 언급한 내용을 재정리한 것이다.

종군하여 왕경에 들어갔다가 서남해의 진수군으로 파견되었음이 확인된다.[248] 견훤이 들어간 왕경의 군대란 곧 중앙군을 의미하며,[249] 당시의 공병조직의 실태에 비추어 보면 그것은 왕도 방어 군사조직인 육기정으로 추측된다.[250] 견훤의 사례에서 짐작되듯이, 육기정의 병력 자원으로는 왕경인만이 아니라 지방민이 충원되는 경우도 적지 않았을 것이다. 이러한 병력 구성의 변화는 그 동안의 사회변동으로 왕경인과 지방민의 구분의식이 약화되어 갔으며,[251] 9서당의 예가 대표하듯이 이미 7세기대의 군제 증치와 재편 과정에서 지방민을 중앙군의 병력 자원으로 활용하기도 했던 것이 관례화되었기 때문일 것이다.

셋째, 육기정을 구성하는 6개 부대는 지휘체계나 소속 병력의 구성과 규모 등에서 보다 균질화되었을 것이다. 명칭이 왕기의 방위를 나타내는 것으로 정리된 것은 그만큼 육기정이라는 군사조직이 상대적으로 통일성과 획일성이 높아졌기 때문일 것이다.

지금까지 살폈듯이 경덕왕대의 군제 개혁을 통하여 신라의 왕도 방어 군사조직은 육기정체제로 재편되었다. 육기정체제는 보다 통일성과 획일성이 높아진 균질적인 6개 부대로 구성되었으며, 병력의 구성도 변화하여 왕도의 외곽에 주둔하면서 왕도 방어를 주된 임무로 삼게 되었다.

이와 같은 육기정으로의 개편을 통한 왕도 방어 체제의 재편 작업은 결과적으로 7세기 후반에 대대적인 개편 과정을 거쳐 정리된 23군호 가운데서, 경덕왕대에 이르기까지 이미 허설화되어 이름만 남아 있었던 여러 종류의 중앙군에 대한 일대 정리와 병행하여 추진되었을 것으로 예상된다. 다만 사료가 워낙 부족하여 구체적인 내용을 알 수 없는 점이 안타까울 뿐이다. 어쨌든 경덕왕대 이후의 육기정체제는 왕도의 외곽에 주둔하며 왕도 방어를 주임무로 삼고 있었지만, 이전의 허설화된 다양한 중앙군

---

248 『삼국사기』 권50, 열전10, 견훤, "甄萱 尙州加恩縣人也…及壯體貌雄奇 志氣倜不凡 從軍入王京 赴西南海防戍".
249 申虎澈, 『後百濟 甄萱政權硏究』, 一潮閣, 1993, 13~14쪽.
250 신라 말 지방군제가 거의 붕괴된 상황에서는 육기정 병력을 지방의 정치군사적 요충지에 파견한 경우도 있었던 것 같다. 견훤이 西南海를 鎭戍하기 위해 파견되었던 것은 이런 상황을 반영하고 있다.
251 그 증거로는 외위가 소멸되고 경위로 일원화되고 있는 점, 금석문 자료에서 왕경인의 인명을 기록하면서 부명 冠稱의 전통이 사라지고 있는 점 등 여러 가지가 있다.

사조직이 정리됨에 따라 핵심적인 중앙군으로서의 위상도 갖게 된 것으로 생각된다.

(3) 시위부의 확대와 왕도 방어

경덕왕대의 군제 개혁 이후 신라의 왕도방어체제를 총체적으로 이해하기 위해서는 왕도 외곽에 주둔했던 육기정체제와 더불어 그와 상호보완적 성격을 가지면서 기본적으로 국왕 및 왕실의 경호와 행차시의 호종, 궁성 수비, 그리고 왕도의 순찰과 치안 및 방어 등 다양한 군사적 기능을 수행했던 또 다른 군사조직인 시위부에 대한 고찰이 필요하다. 6기정이 왕도 외곽에 주둔하면서 방어기능을 수행했다면, 시위부는 주로 왕도 내부에 존재하면서 동일한 기능을 수행했던 것으로 생각되기 때문이다.

시위부는 진평왕 46년(624)에 지휘관으로서 정원 6명의 대감직을 설치하면서 조직화되기 시작하였다.[252] 이로써 종래 비체계적으로 존재하고 있었던 국왕 측근의 군사력이 군사조직적 면모를 갖추게 된 셈이다.[253] 이후 진덕왕 5년(651)에는 대감의 상위에 시위부를 총괄하는 시위감을 설치하고, 3도徒라고 불린 3개의 부대로 편제하였다. 이 때 대감 하위의 군관으로 대두隊頭-항項-졸卒로 이어지는 지휘체계도 갖추어졌던 것으로 보인다.

곧 진덕왕 5년 이후 시위부는 시위감의 영솔 아래 대감-대두-항-졸로 이어지는 정연한 지휘체계를 갖춘 3개 부대조직으로 거듭나게 된 것이다. 시위부는 신문왕 원년(681)에 다시 개편되었다. 종래의 최고 지휘관인 시위감을 없애고 정원 6명의 장군직을 설치하여 시위부에 대한 지휘권을 갖게 한 것이다. 그리하여 〈표 5-15〉에서 볼 수 있는 시위부의 조직체계가 갖추어지게 되었다.

〈표 5-15〉 시위부의 부대조직

시위부 (侍衛府)	장군(將軍)(2)-대감(大監)(2)-대두(隊頭)(5)-항(項)(12)-졸(卒)(39)⇒도(徒)	삼도 (三徒)
	장군(將軍)(2)-대감(大監)(2)-대두(隊頭)(5)-항(項)(12)-졸(卒)(39)⇒도(徒)	
	장군(將軍)(2)-대감(大監)(2)-대두(隊頭)(5)-항(項)(12)-졸(卒)(39)⇒도(徒)	

---

252 아래의 시위부에 대한 서술은 李文基, 「新羅 侍衛府의 成立과 性格」 『歷史敎育論集』 9, 1986 ; 이문기, 「侍衛府의 成立과 性格」 『신라병제사연구』를 보완하여 재정리하였다.
253 이기백 · 이기동, 앞의 책, 1982, 340쪽.

이때 시위부의 최고 지휘관으로 설치된 장군직이 정원이 6명인 복수제이고, 취임 가능 관등이 (9)급벌찬~(6)아찬으로 규정되어 있는 점이 6정군단이나 9서당 등 여타 군사조직의 경우와 달라 주목된다.

우선 정원을 6명의 복수제로 규정한 것은 특히 두 가지 점에서 의미가 있다. 하나는 시위부에 대한 통솔권의 독점을 막기 위한 조치로 보인다. 6정군단이나 9서당의 경우와 달리 시위부 장군은 항상 특정 인물이 그 자리에 임명되어 있는 상임직常任職이었다.[254] 그런 만큼 만약 한 사람 혹은 소수의 인물들이 시위부 장군으로서 통솔권을 독점하게 되면, 그로 인하여 국왕의 신변에 위험이 초래될 수도 있다. 시위부는 지근 거리에서 국왕을 경호해야 하는 최측근의 군사력이었기 때문이다. 그래서 상호 견제를 통한 통솔권의 독점을 막기 위해 정원을 6명의 복수제로 규정했던 것이다. 이점 시위부가 3도, 즉 3개 부대로 편성되어 있던 사실에 비추어 보면 더욱 확연하게 드러난다. 위의 〈표 5-15〉에 보듯이 6명의 장군을 3개 부대로 편제하면, 개별 부대 안에서도 통솔권의 독점은 이루어질 수 없게 되는 것이다. 이와 같이 시위부 장군직의 설치에는 그들의 시위부에 대한 통솔권의 독점을 방지하는 대신 국왕의 지휘통솔권이 곧 바로 관철되게 하려는 국왕 측의 의도가 깔려 있는 것이다.

또 시위부 장군의 관등이 (9)급벌찬~(6)아찬으로 규정되어 있는 사실도 의미가 있다. 6정이나 9서당 구성부대의 장군은 비록 관등은 (9)급찬~(1)이벌찬으로 규정되어 있지만 반드시 진골 신분이어야 취임할 수 있음이 명시되어 있다.[255] 그런데 시위부 장군은 신분에 대한 규정이 없고, 관등 자체도 6두품도 취임 가능한 것으로 한정되어 있다. 여기에서 시위부의 장군직에 가능한 한 진골 신분을 배제하고 6두품을 적극 기용하려는 국왕 측의 의도를 읽을 수 있다.

이상 살펴본 바처럼 시위부는 신문왕대의 개혁을 통해 진골 세력의 침투가 배제된 국왕 측근의 직속 군사력이자 정연한 지휘체계를 갖춘 3부대 군사조직으로 변신하였

---

[254] 이에 비해 6정이나 9서당 소속 부대의 장군직은 전시 출동의 상황과 같은 국가적 필요가 있을 경우, 출정에 앞서 일정한 자격을 갖추고 있는 신료들(이를 '將軍團'으로 부를 수 있다) 가운데서 뽑아 임명되는 非常任 官職의 성격이 강하였다.

[255] 『삼국사기』 권40, 잡지9, 직관 하, 제군관.

다. 그런데 신라의 경우 7세기 후반대의 군제개혁으로 중고기 이래 통일전쟁에 이르는 과정에서 증치되어 왔던 많은 군사조직들이 23군호로 정리되었다. 이들 공병公兵 조직은 군단 혹은 부대 별로 특기나 성격 면에서 상당한 편차가 있었고, 그들에 대한 국왕의 지휘통솔권의 작동 정도도 차이가 컸을 것이다. 그렇다고 하더라도 시위부만큼 국왕이 지휘통솔권을 직접 발휘할 수 있었던 군사조직은 찾아볼 수 없다. 이런 의미에서 시위부는 국가의 공병公兵 조직 가운데서 국왕의 사병적 성격을 가장 강하게 지닌 군사조직이라고 할 수 있다.

시위부는 이러한 본연의 성격으로 말미암아 지배체제가 동요하거나 정치적 변란으로 왕권이 위협을 받게 되면 오히려 강화되는 속성을 지니기 마련이다. 신라도 23군호로 재편된 군사조직이 허설화되거나 약화되어 가는 와중에 시위부는 오히려 확대·강화되어 갔던 것으로 보인다.

시위부의 확대·강화와 관련하여 주목되는 것이 다음 자료이다.

> D-1. 왕이 사는 곳을 금성金城이라 하며 둘레가 7·8리里이다. 위병衛兵은 3천인으로 사자대獅子隊를 설치하였다.(『구당서』 권199상, 열전149상, 동이, 신라)
>
> 2. 왕은 금성金城에서 사는데, 둘레가 8리이며, 위병衛兵이 3천인이다.(『신당서』 권220, 열전145, 동이, 신라)

사료 D는 『구·신당서』 신라전의 신라왕이 거주하는 금성을 지키는 수비병에 대한 기록이다. D-2에는 '사자대'라는 부대 명칭이 보이지 않지만, 양자가 동일한 실체를 묘사한 것임에는 의심할 바 없다. 이 금성 수비부대에 대한 기사는 이전 단계의 자료에는 보이지 않고, 『당서』 신라전에서 비로소 등장하는 초견初見 기사이다. 그런데 양 『당서』 신라전의 독특한 기사들은 혜공왕 4년(768)에 당의 책봉사로 온 귀숭경歸崇敬의 종사관으로 신라 왕경을 찾았던 고음顧愔이 그 때의 견문을 토대로 쓴 『신라국기新羅國記』의 기술이 인용된 것이라는 견해가 유력하다[256]. 이를 참조한다면 사료 D의 금

---

256 今西龍, 앞의 논문, 1933, 198쪽에서 『신당서』 신라전의 풍속 관계 기사가 顧愔의 『新羅國記』에 의한 것으로 추정한 이후, 이기백, 앞의 논문, 1974, 256쪽에서 宰相家의 재산 관련 기사를, 李基

성 수비부대에 대한 기사도 고음의 『신라국기』를 참조하여 찬술된 것으로 보아도 큰 무리는 없겠다.

D의 사료적 성격을 이와 같이 이해할 수 있다면, 768년을 전후한 시기에 신라의 수도 금성에는 사자대라고도 칭해지는 3천 명으로 구성된 수비부대가 존재했다고 보아도 좋겠다. 그러면 이 금성 수비부대의 성격은 어떠했을까. 사료 I의 문면文面을 그대로 따르면, 이는 신라 국왕 거주하는 궁성인 금성을 호위하는 경호부대이므로, 곧 시위부侍衛府를 가리키는 것일 가능성이 크다.

다만 그 규모가 무려 위병 3천 명으로 확대되어 있는 점에서 시위부가 아닌 다른 군사조직으로 파악해 볼 여지가 전혀 없다고는 할 수 없다. 이에 명칭의 유사성에 착안하여 '사자금당師子衿幢'이라는 군사조직에 비정하는 견해도 나왔다[257]. 하지만 사자대獅子隊라는 칭호는 효용자驍勇者로 구성된 용감무쌍한 정예의 군대라는 의미[258]로 생긴 별칭일 것이다. 그래서 필자는 사자대가 국왕이 소모召募한 용맹한 무사로 구성된 시위부의 별칭으로 생각한다[259].

사자대가 시위부의 별칭이라면 이는 종래의 모습과는 크게 달라진 셈이 된다. 비록 사료 I에는 금성을 국왕이 거주하는 궁성을 뜻하는 것으로 적고 있지만, 신라 중하대

東, 『新羅社會史研究』, 一潮閣, 125쪽 및 294쪽에서 망덕사 관련 기사나 화랑 기사를 『신라국기』에 의거한 서술로 보고 있다.

257 井上秀雄, 앞의 논문, 1974, 168쪽 ; 井上秀雄 外 譯註, 『東アジア民族史』 II, 平凡社, 1976, 300쪽. 한편 그는 이 밖에 師子衿幢主의 인원 배치를 또 하나의 논거로 들고 있는데, 師子衿幢主는 九州停과 王都에 각각 3인씩 소속된 것으로 武官條에 기록되어 있어, 師子衿幢이 왕도수비와 관련된 부대라는 논거로는 성립될 수 없다. 또 李仁哲은 이노우에 히데오(井上秀雄)와 마찬가지로 이 獅子隊를 師子衿幢으로 파악하고, 이를 王都와 州治에 배치된 法幢軍團이라고 하였다.(李仁哲, 「新羅 法幢軍團과 그 性格」, 앞의 책, 313쪽) 이를 따르면 3천 명에 달하는 사자대를 왕도에 배치된 3인의 사자금당주가 지휘했다는 이야기가 되므로, 아무래도 무리한 추론으로 보인다.

258 李基白, 앞의 논문, 1974, 261쪽. 한편 백남운, 앞의 책, 1934, 337쪽에서는 獅子皮를 花로 사용했기 때문에 이런 명칭이 붙은 것으로 보았는데, 이를 侍衛府와 동일한 성격의 것으로 이해한 점은 필자의 견해와 같다.

259 한편 최근 경호와 경비업무는 서로 크게 다르다는 점을 강조하면서 시위부와 사자대를 관계가 없는 서로 다른 군사조직으로 보는 주장(徐永敎, 「新羅 侍衛府-警護와 警備의 相異」 『한국 고대사연구의 현단계』(石門 李基東敎授 停年紀念論叢), 주류성출판사, 2009, 675~679쪽)이 나왔지만 따르지 않는다.

기에 사용된 금성이라는 용례를 검토하면, 그것은 국왕이 거주하는 궁성만이 아니라 이를 포함하는 신라의 왕도를 칭하는 용어로 사용되는 것이 일반적이다. 그러므로 위의 기사는 시위부가 이 시기에 규모가 위병 3천 명을 포괄하는 군사조직으로 크게 확대되었고, 그 임무도 국왕과 왕실집단의 호종과 경호, 궁성의 숙위와 경비 등의 본연의 업무뿐만 아니라 왕도인 금성을 지키는 수비부대로 더욱 넓어졌음을 보여주는 것이 된다.

이와 같이 768년을 전후한 시기에 중국 사신의 눈에 포착된 시위부가 종래의 시위부와 전혀 다르게 훨씬 확대·강화되어 있었다면, 그 이전에 시위부에 모종의 개혁이 이루어졌기 때문임은 쉽게 알 수 있다. 그리고 그러한 변화가 일어났던 시기는 군제개혁이 추진되었던 경덕왕대가 분명하다. 요컨대 시위부는 경덕왕대의 군제개혁을 통하여 규모와 임무 면에서 종래의 그것보다는 훨씬 확대·강화되었으며, 변화한 이후의 모습은 위병 3천 명으로 구성된 사자대로 보일 정도였던 것이다.

이렇게 경덕왕대의 개혁으로 규모가 크게 달라진 사자대, 즉 시위부의 군사적 활동은, 그 명칭이 직접적으로 기록되어 있지는 않지만, 아래의 사례를 통해 어느 정도 파악될 수 있다.

> E-1. 가을 7월에 일길찬 大恭이 아우 아찬 대렴大廉과 함께 반란을 일으켰는데, 무리를 모아 33일간 왕궁王宮을 에워쌌으나 왕군王軍이 이를 쳐서 평정하고 9족族을 목 베어 죽였다.(『삼국사기』권9, 신라본기9, 혜공왕 4년)
> 2. 이찬伊飡 근종近宗이 모역謀逆하여 궁궐宮闕을 침범하니 금군禁軍을 내어 격파하였다. 근종近宗이 그 무리와 더불어 밤에 성을 나가거늘   아가서 잡아 차열형車裂刑에 처하였다.(『삼국사기』권11, 신라본기9, 경문왕 14년)

사료 E-1은 혜공왕 4년(768)에 발생했던 반란 사건인데, 상당 기간 반란군이 왕궁을 포위했을 정도로 국왕측이 수세에 몰렸음을 알 수 있다. 그런데 이들 반란군을 평정한 주체가 왕군王軍, 즉 국왕의 군대로 나오고 있다. 일찍이 왕군을 국왕이 거느린 사병으로 파악한 견해가 있었다.[260] 그러나 이를 막연히 국왕 측 군대나 국왕의 사병으로 생각하기보다는 당시 궁궐을 수비하던 국왕의 사병적 성격이 강한 군사조직으로서 시위부에 비정함이 타당하다고 생각된다.[261] 말하자면 E-1의 사례를 통해 강력히 도전하는 반란군을 상당한 기간에 걸쳐 결국 평정하고 있는 시위부의 실제적인 군사활동을 추지할 수 있는 것이다. 이는 시위부가 종래와는 달리 규모면에서부터 크게 확대·강화되었음을 알려주고 있다.

사료 E-2는 시기가 조금 늦지만, 확대·강화된 시위부가 여전히 국왕의 사병적 성격이 강한 군사조직으로 기능했음을 보여주는 사례이다. 위의 사료에는 궁궐을 침범한 반란군을 격파한 군사력을 금군이라고 표현하고 있다. 금군은 그 칭호만으로도 국왕 직속의 군대 즉 시위부임을 금방 알 수 있다. 요컨대 경문왕대의 시위부는 궁궐을 방어했을 뿐만 아니라, 반란군을 왕도 바깥까지 추격하여 섬멸하였다. 여기서 시위부가 궁궐 경호만아니라 명실상부한 왕도 방어의 군사력으로 기능했음을 거듭 확인할 수 있는 것이다.

한편 확대·강화된 시위부도 본연의 기능이라 할 수 있는 국왕 및 왕실의 경호와 행차시의 호종, 궁성 수비 등의 기능을 잃어버린 것은 아니었다.

F-1. 왕의 숙부 언승彦昇과 그 아우 이찬 제옹悌邕이 군사를 거느리고 궁궐로 들어가 난을 일으켜 왕을 죽였다. 왕의 아우 체명體明이 왕을 시위하다가 함께 죽임을 당하였다.(『삼국사기』 권10, 신라본기10, 애장왕 10년)

2(1) 효녀孝女 지은知恩은 한기부韓歧部 백성百姓 연권連權의 딸이다.…대왕大王도 이를 듣고, 또 조租 5백 석石과 집 한채를 내리고 정역征役을 면제해 주었다.

---

260 李基白, 앞의 논문, 1974 261쪽.
261 사료 E-1은 혜공왕 4년(768) 마침 당에서 책봉사로 파견되어 신라 왕경에 머물고 있던 歸崇敬 일행이 직접 체험한 사건을 기록한 것으로(李基白, 「新羅 惠恭王代의 政治的 變革」 『앞의 책』, 230쪽. 다만 이 사건을 『신당서』 신라전에서는 "會其宰相爭權相攻 國大亂 三歲乃定"이라고 기록하고 있다), 顧愔의 『新羅國記』에 의거했을 가능성이 매우 크다. 그런데 전술했듯이 양 『당서』 신라전의 신라의 금성을 수비하는 獅子隊 3천 인 관련 기록(사료 D)도 역시 『신라국기』에 의거한 것으로 볼 수 있다. 그렇다면 사자대 관련 기록은 歸崇敬 일행이 체험했던 768년의 반란 사건에서 그 활약상을 직접 목격했던 국왕의 군대, 즉 시위부를 묘사한 것일 가능성을 배제하기 어렵다. 이런 추측이 허락된다면 사료 D의 신뢰도는 매우 높다고 할 수 있다.

곡식이 많아 도둑질하는 자가 있을까 하여 유사有司에 명하여 병졸을 보내 지키게 하고 그 마을을 효양방孝養坊이라고 하였다.(『삼국사기』권48, 열전8, 효녀지은)

2(2) 이 일이 왕에게 알려지자 당시 진성왕眞聖王이 곡식 5백 석과 아울러 집 한채를 주고 군사를 보내어 그 집을 호위하여 도적을 막게 하였다. 마을에는 정문旌門을 세워 효양리孝養里라고 하였다.(『삼국유사』권5, 효선9, 빈녀양모)

F-1은 애장왕이 재위 말년에 숙부인 언승과의 정치적 갈등[262]으로 살해되는 장면에 대한 기록이다. 여기서 각별히 주목할 것은 왕과 함께 죽임을 당한 왕제王弟 체명體明이다. 사료에서는 그가 애장왕을 시위侍衛하다가 해를 입었다고 하였다. 따라서 이 기사는 시위부 병력을 거느린 왕제 체명이 군대를 거느리고 궁궐에 난입한 숙부들에 맞서 싸우다가 애장왕과 함께 살해되었음을 전하는 것으로 이해할 수 있다. 이를 통해 애장왕대에도 시위부가 궁궐에 숙위하면서 국왕을 경호했던 사실을 짐작할 수 있다.

한편 F-2(1)·(2)에서는 효녀 지은의 집을 지키는 경찰 성격의 군사력이 보이고 있다. 이와 같이 치안확보 등의 임무를 수행한 군사조직이 무엇인지 명기되어 있지는 않지만, 진성여왕대의 정치적 상황과 관련하여 생각하면 왕경 내에서 그런 역할을 수행했을 군사력으로는 시위부를 제외하고는 해당할 만한 것이 없다.

이렇듯 신문왕대에 정연한 3부대 군사조직으로 편제된 시위부는 경덕왕대의 개혁을 거쳐 위병 3천 명의 사자대로 불릴 정도로 그 규모가 크게 확대되고, 임무도 넓어지게 되었다. 즉 국왕 및 왕실의 경호와 행차시의 호종, 궁성 숙위와 경비 등의 본연의 임무 외에 왕도의 순찰과 치안 나아가서는 왕도 방어에서 최후의 보루로 기능하기를 기대하는 군사조직으로 변화하였던 것이다.

이상에서 경덕왕대에 왕도 방어 군사조직의 재편 실태에 대해 살펴보았다. 개편된 왕도 방어체제는 신라인들이 왕기라고 인식했던 왕도 외곽의 특정 지역에 주둔했던

---

262 애장왕대의 정치과정과 개혁을 둘러싼 숙부 언승과의 갈등에 대해서는 최홍조,「新羅 哀莊王代의 政治變動과 金彦昇」『韓國古代史研究』34 ; 최홍조,「新羅 哀莊王代의 政治改革과 그 性格」『韓國古代史研究』54, 2009에 자세하게 언급된 바 있다.

육기정체제와 규모가 크게 확대되어 왕도 내부에서 방어와 치안을 담당하는 시위부가 역할 분담을 이루는 방식으로 운영되었다. 이 새로운 왕도방어체제는 이후 왕권의 약화와 사병私兵의 출현 등의 정치·사회의 변동에 따라 일정한 변화가 있었겠지만, 멸망기에 이르기까지 그 골격은 지속되었던 것으로 판단된다.

(4) 왕도 방어 군사조직의 성곽 활용

경덕왕대에 재편되어 멸망기까지 그 골격이 지속된 것으로 보이는 신라의 왕도 방어 군사조직은 어떻게 운용되었던 것일까. 육기정체제와 확대된 시위부가 상호 보완하는 형태로 왕도의 외곽과 내부에서 방어 기능을 수행했을 것이라는 전체적인 운용 구도는 짐작할 수 있지만, 그 구체적인 모습을 밝히기 위해서는 실로 많은 문제가 검토되어야만 한다.

육기정과 시위부의 군관들로 이루어진 상하 지휘체계의 구성과 실제적인 명령의 집행 형태, 일반 병졸집단의 충원과 복무의 실상, 이들 군사조직의 구체적인 활동 사례, 평소의 주둔지와 주둔의 형태 등 많은 문제들이 해명되어야만 왕도 방어 군사조직의 운용 양상이 제대로 드러날 수 있다[263].

그러나 이 모든 문제들을 전부 다룰 수는 없다. 문제 자체가 방대할 뿐만 아니라 관련 사료 역시 너무나 부족하기 때문이다. 그래서 이 장에서는 특히 육기정체제와 시위부의 주둔지 문제를 신라의 왕도 경주 지역 일원에 현존하고 있는 성곽 유적과 관련지어 약간의 시론적인 검토를 시도해 보고자 한다.

경덕왕대에 왕도 방어 군사조직으로 재편된 육기정에 대한 유일 사료는 『삼국사기』 지리지 양주조의 대성군과 상성군조의 기록이다(앞의 사료 A 참조). 이에 근거할 때 동기정東畿停은 대성군大城郡에, 그리고 남南·중中·서西·북기정北畿停과 막야정莫耶停 등 5기정은 상성군商城郡에 영속되어 있었음을 알 수 있을 뿐 그 구체적인 위치는 드러나지 않는다. 이에 몇몇 논자들에 의해 나름의 시각에서 육기정의 위치를 밝히려는 시도가 이루어졌다.

---

263 이러한 여러 문제 가운데서 六畿停의 지휘체계나 병력의 충원 문제에 대해서는 李文基, 『앞의 책』, 1997, 386~400쪽에서 일부 다룬 바 있다.

지금까지 제시된 육기정의 위치에 대한 견해[264]를 정리하여 보면 〈표 5-16〉과 같다.

〈표 5-16〉 육기정의 위치에 대한 제설

명칭		민덕기 (閔德基)	이기동 (李基東)	역주 『삼국사기』	전덕재 (全德在)	비고
6개정	육기정 (六畿停)					
모지정 (毛只停)	동기정 (東畿停)	명활성 거점 왕경 동쪽	영일군(?), 경주시동북부(?) 서악(?)	경주시 동방동	왕경 동남쪽~ 모화리~ 울산 도로	대성군 (大城郡)
도품혜정 (道品兮停)	남기정 (南畿停)	남산신성·고허성 거점 왕경 남쪽	양산군 방면(?)	경주시 남산동 남산성지 일대	월성 서남쪽(탑동·배동)~내남면 노곡역 도로	상성군 (商城郡)
근내정 (根乃停)	중기정 (中畿停)	서형산성 거점	부산성(富山城)	경주시 건천읍 부산성	건천읍 모량리	〃
두량미지정 (豆良彌知停)	서기정 (西畿停)	부산성 거점 왕경 서쪽	두야보 부곡 (豆也保 部曲) (청도군 각남면)	경주시 서면	모량~산내면 의곡리 도로	〃
우곡정 (雨谷停)	북기정 (北畿停)	왕경 북쪽 (?)	영천군 북안면 (경산군 자인면)	경주시 현곡면	경주~모량리~ 아화리~영천 도로(?)	〃
관아량지정 (官阿良支停) (북아량정 北阿良停)	막야정 (莫耶停)	안강지방 (?)	미상	경주시 천북면	경주~ 안강 도로(?)	〃

〈표 5-16〉에서 저절로 드러나듯이 육기정의 위치에 대한 지금까지의 견해는 저마다 큰 차이가 있다. 이런 차이는 육기정을 바라보는 기본적 인식 자체가 서로 다르기 때문이다. 이에 논자들의 육기정에 대한 기본 인식을 소개하고, 각각에서 발견되는 문제점을 지적해 두기로 한다.

민덕식은 육기정이 왕경 주변의 산성을 거점으로 설치된 것으로 추정했다. 그 결과

---

264 〈표 5-16〉은 다음의 논문들의 내용을 정리한 것이다. 閔德植, 「新羅 王京의 防備에 關한 考察」, 41~42쪽. 李基東, 「新羅 中古期 淸道 山西지방의 戰略的 중요성-西畿停의 起源문제에 부쳐서-」 『新羅社會史硏究』, 一潮閣, 1997, 49~55쪽 ; 정구복 외, 『譯註 三國史記 4(주석편 하)』, 한국정신문화연구원, 1997, 211~213쪽 ; 全德在, 「신라 6부 명칭의 어의와 그 위치」 『신라 왕경의 역사』, 새문사, 2009, 59~66쪽.

〈표 5-16〉에 보듯이 동·남·중·서기정은 산성과 관련지어 비정했으나, 북기정과 막야정은 비정할만한 산성이 없어 막연한 추정에 그치고 말았다. 더구나 이 견해는 남산신성을 남기정의 거점이라고 한 데서 드러나듯이 육기정이 왕도가 아니라 대성군과 상성군에 영속되어 있음을 간과한 점에서 문제를 남기고 있다. 한편 이기동은『동국여지승람』경주부 교적조에 기록된 이첨의 견해에 입각하여 서기정(두량미지정)을 청도군 각남면에 위치한 두야보豆也保 부곡部曲으로 비정하였다. 나아가 그는 조선시대 지리서에서 육기정으로 개명되기 이전의 6개 정 명칭과 비슷한 지역을 찾아내어 나머지 5개 정의 위치로 비정하였다. 서기정(두량미지정)의 위치를 왕도에서 멀리 떨어진 청도군 각남면으로 비정한 데서 출발한 결과, 〈표 5-16〉에 보듯이 육기정의 대부분을 왕도에서 멀리 떨어진 곳에 위치했다고 생각했던 것이다. 그러나 육기정은 명칭 그대로 신라인들이 왕기라고 여겼던 왕도의 인근 지역에 있었다고 보는 것이 합리적이다. 뿐만 아니라 서기정은 물론 남기정과 북기정으로 비정된 지역들이 과연 상성군商城郡의 영역에 포함될 수 있는지도 의문이 남는다.

『삼국사기』역주자는 일단 경주에 인접한 곳에 육기정을 비정하고 있다. 그러나 육기정의 명칭에 반영된 방향이나 지명의 유사성만을 주된 논거로 삼고 있는 점이 불안하다. 특히 남기정을 남산성지南山城址에 비정하고 있는 것은 그것이 상성군에 영속된 지역이라는 점과 어긋나고 있다. 이에 대해 전덕재는 육기정이 왕도에서 지방으로 나가는 주요 교통로 근처에 위치한 것으로 보았다. 그리하여『삼국사기』유명미상지분有名未詳地分조에 기록된 주요 교통로로 추정되는 5통通과 연관지어 육기정의 위치를 파악하였다. 그러나 5개 교통로와 6기정은 일단 숫자 면에서 정합적이지 않으며, 아직 5통 자체의 고증도 불확실하여 양자를 직결시키기에는 무리가 따른다. 더구나 신라의 왕도에서 지방으로 이어지는 주요 간선 도로는 반드시 왕도에서 5개 방면으로 나누어져 있었던 것이 아니라 왕도를 훨씬 벗어난 지점에서 분기分岐되기도 했으므로, 6기정 가운데는 왕도에서 멀리 떨어진 곳에 위치했던 것도 있다고 보아야 하는 문제점도 발생하게 된다.

이상에서 살핀 바처럼 육기정의 위치 비정을 둘러싼 기왕의 여러 견해에는 모두 일정한 문제점이 내포되어 있다. 그럼에도 불구하고 육기정의 위치 비정에서 참조할만한 흥미로운 시각도 제시되어 있다.

위치 비정에 앞서 육기정의 기본적 성격과 관련된 문제를 한번 더 분명히 해 두고 자 한다. 육기정은 일정한 영역 범위를 가진 현급의 지역 단위로서 대성군과 상성군 에 영속되어 있었다. 다만 그 영역 범위 안에 군사 주둔지로서의 군영軍營이 존재하는 특수한 군사지역이었다. 그리고 육기정은 명칭이 알려주듯이 왕도에서 그리 멀지않은 지역에 위치하면서, 왕도의 외곽 방어를 주임무로 하고 있었던 6개 부대이기도 했다.

이와 같은 육기정의 기본 성격을 고려하면 육기정의 위치 비정에는 다음과 같은 기 본 시각이 필요할 듯 싶다. 첫째, 육기정의 위치는 일단 왕도에서 멀지 않은 지역에서 찾아야 한다. 특히 그것이 대성군과 상성군에 영속되어 있었으므로, 대성군과 상성군 의 영역 범위와 그와 접하고 있는 군현들의 영역을 적극 고려되어야 함은 물론이다. 이에 더하여 신라 하대의 정치적 변란 과정에서 산견되는 왕도의 방어와 관련된 지역 들에 대해서도 관심을 기울일 필요가 있다. 그를 통해 왕도 방어의 요충 지역이 파악 될 수도 있겠기 때문이다.

둘째, 육기정이 왕도 외곽 방어를 위한 군사조직이었던 만큼, 만약 영역 범위 안에 방어시설인 성곽이 존재한다면 그것을 주둔지로 삼거나 유사시에 방어 거점으로 삼 는 등 적극 활용했을 가능성이 높다. 그렇다면 육기정의 위치는 왕도 주위의 신라시 대 성곽과 관련지어 검토할 필요가 있다. 다만 육기정 모두가 반드시 성곽과 관련되 어 있었는지는 의문이다. 신라는 성덕왕 21년(722)에 관문성을 축조한 이래 왕도 주 위에 더 이상 축성을 하지 않았기 때문이다. 그렇더라도 경주지역에 존재하는 신라 시대 성곽을 기준으로 육기정의 위치를 파악하려는 접근 시각은 여전히 유효하다고 본다.

셋째, 주임무인 왕도 방어를 효과적으로 수행하기 위해서는 육기정은 왕도로 진입 하는 주요 교통로를 차단할 수 있는 곳에 위치해야 한다. 이런 의미에서 육기정의 위 치에 대해서는 주요 교통로와 연결하여 접근하는 시각이 필요하다. 왕도에서 지방으 로 연결되는 신라의 교통로는 5통通이 널리 알려져 있지만,[265] 육기정의 위치를 반드

---

265 井上秀雄, 「新羅王畿の構成」, 앞의 책 ; 朴方龍, 「新羅王都의 交通路」『新羅文化祭學術會議論文集』 16, 1995.

시 5개 간선도로로 한정하여 생각할 필요는 없다. 왕도의 안전을 보장하기 위해서는 가능한 교통로는 모두 차단할 필요가 있었을 것이기 때문이다.[266]

이상의 세 가지 전제를 염두에 두면서 육기정의 위치 문제에 접근하기로 한다. 왕도와 인접하고 있었던 대성군과 상성군의 영역 범위에 대해서는 근래 새로운 견해가 나온 바 있다.[267] 이에 의하면 대성군은 왕경의 동남쪽에서 외동읍 모화리에 이르는 지역, 토함산과 그 동쪽의 양북면, 양남면, 감포읍, 북형산과 삼기산이 위치한 강동면, 천북면과 안강읍 일부 지역을 포괄하고 있었고, 상성군(서형산군)은 왕도 서쪽의 선도산과 그 이서지역으로서, 건천읍, 서면, 산내면, 내남면, 언양군 두서면 등을 포괄하고 있었다고 한다. 충분한 타당성을 갖고 있다고 본다. 그렇다면 육기정도 일단 이 범위 안에 위치했을 것이다.

다만 이 견해에는 왕도의 북쪽 지역이 과연 2군 가운데 어느 쪽에 영속되어 있었는지가 불분명하다. 주변의 군현 배치 상황에서 보면 대성군의 북쪽 영역과 상성군 동북쪽 영역은 왕도를 둘러싼 채 경계를 맞대고 있었음을 알 수 있다. 그런데 육기정에는 북쪽 방면에 북기정(우곡정)과 막야정(관아량지정, 북아량정)의 두 개가 있었고, 모두 상성군에 영속되어 있었다. 그렇다면 왕도의 북쪽 방면은 상성군의 영역이었을 가능성이 높다. 상성군 영역은 왕도의 북쪽인 현곡면과 강동면 일부 및 안강읍 일부까지 미치고 있었을 것이다.

한편 신라 하대의 정치적 변란 과정에서 왕도 방어와 관련된 지역들이 몇몇 사료에 등장한다. 육기정의 주임무가 왕도 외곽 방어에 있었던 점에서 이들 지역과 육기정의 위치는 무관할 수 없을 것이다.

먼저 전체적인 왕도 방어 상황을 보여주는 것으로 다음의 사료가 주목된다.

　　G. 3월에 웅천주도독熊川州都督 헌창憲昌이 아버지인 주원周元이 왕이 되지 못했음을

---

266 아래의 사료 G에서 보듯이 김헌창의 반란에 대응하여 신라 조정은 왕도를 방어하기 위해 8개 방면에 군대를 파견하였다. 이 8개 방면이 왕도로 진입하는 교통로를 차단하는 방어 거점을 의미함에는 의심의 여지가 없다.
267 全德在, 앞의 논문, 2009, 57~66쪽.

이유로 반란을 일으켜 국호國號를 장안長安이라 하고, 연호를 세워 경운원년慶雲元年이라 하였다. … 드디어 원장員將 8인을 차정差定하여 왕도王都의 8방方을 지키게 한 후 군사를 출동시켰다. 일길찬一吉飡 장웅張雄이 먼저 나아가고, 잡찬帀飡 위공衛恭·파진찬波珍飡 제릉悌凌이 그 뒤를 이었으며, 이찬伊飡 균정均貞잡찬帀飡 웅원雄元·대아찬大阿飡 우징祐徵 등이 삼군三軍을 이끌고 출정하였다. 각간角干 충공忠恭·잡찬帀飡 윤응允膺은 문화관문蚊火關門을 지키고, 명기明基·안락安樂 두 화랑은 각기 종군從軍을 청하여 명기明基는 중중從衆과 더불어 황산黃山으로 가고, 안락安樂은 시미지진施彌知鎭으로 향하였다.(『삼국사기』 권10. 신라본기10. 헌덕왕 14년)

사료 G는 헌덕왕 14년(822)에 김헌창의 반란에 대한 신라 조정의 대응 양상을 보여주는 것이다. 신라 조정은 제일 먼저 8명의 지휘관을 차정差定하여 왕도의 8개 방면을 지키게 하였다. 이 8개 방면은 반란군이 왕도로 진입할 수 있는 교통로를 막는 왕도 방어의 최후의 방어망을 의미한다. 8개 방면의 방어에는 교통로를 차단할 수 있는 지역에 위치한 왕도 내부와 주위의 성곽들이 방어거점으로 이용되었을 것이다.

이어서 왕도를 벗어난 외곽 지역으로 군사를 출동시켰는데, 성격상 두 유형으로 분류된다. 하나는 선발대와 삼군으로 편성되어 김헌창의 반란군을 공격하는 병력이었고, 다른 하나는 문화관문(관문성)과 황산(양산 지역) 및 시미지진(미상)을 지키기 위해 파견된 병력이었다. 이 중 후자는 왕도로 진입하는 주요 간선도로를 막아 왕도를 지키기 위한 제1선 방어 병력이 분명하다. 이와 같이 김헌창 반란 당시에 신라 조정은 왕도 방어를 위하여 2겹의 방어선을 구축했던 것이다. 육기정의 위치는 사료 G에서 짐작되는 2겹의 방어선 구축지역과 무관할 수 없겠다. 특히 모화관문은 후술되듯이 축조 당시부터 왕도 방어의 측면에서 동남방 방어의 핵심기지로서의 역할이 기대되었던 최일선의 방어시설로서, 육기정의 위치와 관련하여 각별한 유의가 요청된다.

왕도 방어와 관련하여 또 하나 주목할 곳이 왕도 서쪽의 모량리 지역이다.

H-1. 김양金陽의 군사가 밤낮없이 행군하여 19일에는 달벌達伐의 언덕에 이르니, (민

애)왕이 군사가 이르렀다는 말을 듣고 이찬 대흔大昕과 대아찬 윤린允璘·억훈嶷勛 등을 시켜 군사를 거느리고 이에 대항하도록 하였다. 또 한바탕 싸워 크게 이기니 왕의 군사로 죽은 자가 절반이 넘었다. 이 때 왕이 서교西郊의 큰 나무 아래에 있다가 좌우가 모두 흩어지니 혼자 남아 어절 줄을 모르다가 월유택月遊宅으로 바삐 들어가니 병사들이 찾아서 죽였다.(『삼국사기』 권10, 신라본기10, 민애왕 2년)

2. 적들이 나라 서남쪽에서 일어나서 바지를 붉게 하여 스스로 달리했으므로 사람들이 적고적赤袴賊이라고 불렀다. 그들이 주와 현을 도륙하고 왕경의 서부西部 모량리牟梁里에 이르러 인가人家들을 겁략해 갔다.(『삼국사기』 권11, 신라본기11, 진성왕 10년)

H-1에는 장보고의 군대를 이끈 김양 등이 경주를 향해 진격해 올 때, 민애왕측의 대응태세가 보이고 있다. 즉 민애왕은 이찬 대흔·대아찬 윤린·억훈 등이 이끈 주력군을 달벌(대구)로 보내 김양군을 맞아 싸우게 하고, 스스로는 '서교 대수하'에 주둔하고 있었다. 이 때 민애왕이 친임親臨하고 있었던 '서교 대수하'는 모량리 지역에 비정된다.[268] 이와 같이 민애왕이 모량리 지역에 주둔하고 있었던 것은 이곳이 서쪽에서 침입하는 적으로 부터 왕도를 방어하는 핵심 기지였기 때문이었을 것이다.

이러한 군사적 요충 가까운 곳에 왕경 방어를 위해 군대가 주둔했을 가능성은 매우 높고, 그것이 육기정 가운데 하나가 아니었을까 한다. 또 H-2는 적고적이 왕경 서부 모량리 지역을 약탈하고 돌아갔다는 기사인데, 이들의 약탈이 여기에 그치고, 왕도 내부까지 휩쓸지 못했던 것은 이 지역에서 강한 저항에 부딪쳤기 때문일 것이다. 따라서 이 역시 왕경의 서방을 방어하는데 모량리 지역이 중요한 역할을 수행했던 하나의 증거가 된다.

---

268 斯盧六村 가운데는 茂山大樹村이 있는데 이 大樹部가 牟梁部로 개명되었음이 『삼국사기』 권1. 신라본기1, 시조 즉위조와 유리니사금 9년조에 보이고 있고, 또 『삼국유사』 권1, 지철로왕조에도 牟梁里에 冬老樹라는 큰 나무가 있었음이 기록되어 있다. 이는 大樹가 모량부(리)의 상징으로 알려졌음을 시사한다. 그러므로 '西郊 大樹下'란 곧 모량리 지역으로 볼 수 있다.

월성 해자(경북 경주)

이상 검토한 바와 같이 육기정의 위치는 대성군과 상성군의 영역 범위 내에서, 그리고 사료를 통해 왕도 방어 기능을 수행한 지역과 관련지어 파악되어야 한다.

왕도 지역에 위치하고 있는 신라시대에 축성된 성곽들을 육기정과 관련지우는 접근 시각이 유효하다는 점은 앞에서 지적한 바 있다. 이에 경주지역에 분포하는 신라의 성곽을 검토하여 육기정과의 관련성을 타진해 보고자 한다.

『삼국사기』와 『삼국유사』로 대표되는 문헌자료에서 확인되는 신라시대에 축조된 성곽은 모두 10개소이다.[269] 그러나 그 가운데는 위치 불명인 금성과 만월성滿月城도 포함되어 있어 이들을 제외하면 8개소에 지나지 않는다. 그런데 현장 조사로서 확인된 성곽의 숫자는 대략 14개소 정도라고 한다. 문헌자료에 기록되지 않은 성곽이 6개가 되는 셈이다.[270]

경주지역에 남아있는 신라시대에 축조된 성곽 유적을, 기존 연구를 바탕으로 하되 축조 순서를 감안하여 〈표 5-17〉로서 정리하면 다음과 같다.[271]

---

269 조선시대에 편찬된 地誌와 邑誌類에 기록된 성곽 기사를 논외로 한 것이다.
270 경주지역의 신라시대 성곽 유적의 숫자에 대해서는 강종훈, 앞의 논문 4~13쪽 참조.
271 특히 강종훈, 앞의 논문, 7쪽의 〈표 2〉와 朴方龍, 「新羅 都城의 防禦體制」 『영남의 성곽』, 2008의 시기별 분류에 대한 서술을 크게 참조하였다. 단 두 논문 사이에는 구체적인 성곽 유적의 비정에서 약간의 차이가 보이는데, 필자의 판단에 따라 재정리하였다.

<표 5-17> 경주지역 신라시대 성곽 유적

순서	명칭	입지	축조 방식	규모	축조 순서 혹은 이용시기 (박방룡/강종훈)	자료에 반영된 변화상
1	월성(月城)	천변 구릉	토축	2.4km	제1기/先	101 축조(築造), 이거(移居)(『史』) 487, 488 수즙(修葺), 이거(移居)(『史』)
2	도당산토성 (都堂山土城)	낮은 구릉	토축	1km	제1기/先	
3	남산토성 (南山土城)	낮은 산지	토축	1.2km	제1기/先	
4	명활성(토성)	산지	토축	3.6km	제1기/中(?)	405, 431 왜병 내공(來攻) (『史』) 474, 475 수즙(修葺), 이거(移居)(『史』)
5	건천작성 (乾川鵲城)	낮은 구릉	토축	2.1km	제1기/先	
6	구성(龜城)	낮은 구릉	토축	2.1km	?/先	
7	양동리산성 (良洞里山城)	산지	토축	0.9km	제1기/中	.
8	명활성 (明活城) (석성石城)	산지	석축	4.5km	제2기/中	551 작성(作城)(「碑」) 554 수축(『史』) 593 증축(『史』)
9	서형산성 (西兄山城)	높은 산지	석축	2.9km	제2기/中	593 축조(?)(『史』) 673 증축(『遺』)
10	남산신성 (南山新城)	산지	석축	3.7km	제2기/中	591 축성(『史』,「碑」) 663 장창(長倉)축조(『史』, 『遺』) 679 증축(增築)(『史』)
11	고허성 (高墟城)	높은 산지	석축	잔존 3.6km	제2기/後	626 축조(『史』)
12	북형산성 (北兄山城)	산지	토축+ 석축	0.75km	제2기/中	673 축조(『史』)
13	부산성 (富山城)	높은 산지	석축	7.5km	제3기/後	※진평왕대 부산성(富山城) 존재(『遺』)663 축조
14	관문성 (關門城) (신대리성 新垈里城)	산곡 -높은 산지	석축	10.9+ 1.8km	제3기/後	722 모벌군성(毛伐郡城) 축조 (『史』,『遺』)

〈표 5-17〉에 보이는 성곽들의 현존 상태나 각종 내·외부의 성곽 시설물에 대해서는 이미 기존 연구에서 자세하게 언급된 바 있다. 이들 성곽은 입지와 축조 방식, 규모 등에서 시기별로 차이가 있다. 입지면에서 비교적 낮은 구릉지대→산지→높은 산지로 변화하고 있고, 축조방식도 토축→석축으로 바뀌었으며, 규모도 소형(둘레 1km 내외)→중형(2km 내외)→대형(3km 이상)으로 변화했다는 것이다[272].

이들 경주지역 신라 성곽 가운데서 기존 연구에서 제1기로 파악되는 낮은 구릉지에 입지한 소규모의 토성은[273] 무기·무구류의 발달이나 전투 기술의 변화 상황 등을 감안하면, 이 글에서 대상으로 삼는 8세기 중엽 이후에는 방어시설로서의 기능을 거의 발휘할 수 없게 되었을 것이다. 따라서 이들을 육기정을 관련 지울 수는 없다. 이들을 제외하면 대략 7~8개 성곽이 남게 되는데, 이들이 아마 육기정과 관련되었을 가능성이 크다.

이에 아래에서는 대성군과 상성군의 영역범위, 성곽, 그리고 왕도로 진입하는 교통로를 감안하여 육기정의 위치를 비정해 보고자 한다.

가. 동기정

동기정東畿停(毛只停)은 대성군에 영속되어 있었으며, 대성군의 영역 범위는 왕도의 동남쪽에서 동북쪽에 걸쳐 있었다. 이러한 지역적 위치와 부합하는 성곽으로는 관문성(신대리성 포함)이 있다. 관문성은 곧 다음 자료에 보이는 모벌군성 혹은 모화관문이다.

> I-1. 모벌군성毛伐郡城을 쌓아 일본적日本賊이 침입하는 길을 막았다.(『삼국사기』 권8, 신라본기8, 성덕왕 21년)
>
> 2. 개원開元 10년 임술壬戌 10월에 처음으로 모화군毛火郡에 관문을 쌓았다. 지금의 모화촌毛火村으로 경주慶州의 동남경東南境에 속하는데, 이는 일본을 방비하는 울타리로, 둘레가 6,792보步 2척尺이며 역도役徒가 34,262인이 들었으며, 감독은

---

272 강종훈, 앞의 논문, 참조.
273 朴方龍, 앞의 논문, 2008 참조.

원진각간元眞角干이다.(『삼국유사』 권2, 기이2, 효성왕)

사료에 보이듯이 모화관문은 동남 방향으로 부터의 일본의 침입로를 차단하는 왕도 방어시설로 축성된 것이다. 따라서 모화관문은 축조 당시부터 왕도의 동남방 방어의 핵심기지로서의 역할이 기대되었고, 실제로 김헌창의 반란 당시에 신라 조정은 왕제王弟인 각간角干 충공忠恭 등을 파견하여 지킬 만큼 왕도 방어 기능을 수행하였다. 더구나 이 곳은 경주~모화~울산으로 연결되는 주요 교통로[274]를 막을 수 있는 요충지이다. 따라서 모화관문은 동기정의 거점 방어시설이었다고 할 수 있다. 모화관문을 포함하는 일정 영역이 곧 동기정 관할이었을 것이다. 다만 이럴 경우 동기정과 인접한 임관군(모화군)과의 영역 경계에 대해 의심이 제기될 수도 있겠다. 그러나 임관군은 말 그대로 관문과 접하고 있다는 의미이므로, 약 11km에 달하는 관문성이 동기정과 임관군의 경계가 되었을 것이다.

이렇게 동기정을 모화관문을 포함하는 일정 영역으로 비정하는 데는 약간의 방증을 보탤 수 있다. 첫째, 동기정으로 개명되기 이전의 명칭이 모지정毛只停이라는 점이다. 모화관문은 문화관문으로도 기록되어 있듯이 원래 지명이 '모기벌'이었을 것이다. 그런데 모지毛只 역시 '모기'로 읽을 수 있다. 따라서 모화관문은 곧 모지정毛只停=동기정東畿停으로 비정할 수 있다. 둘째, 신라의 관문에는 군대가 상비되어 있었던 점이다. 『신당서』 신라전에는 관문 시설을 통해 교통로를 차단하고, 여기에 수천의 노사를 상비적으로 주둔케하여 지켰다는 기록이 있다.[275] 물론 여기에 보이는 관문이 곧 모화관문이라고 단정할 수는 없다. 그러나 신라가 관문에 일정 규모의 군대를 주둔시켰을 가능성은 배제할 수 없다. 이러한 모화관문의 모습은 왕도의 외곽 방어가 주임무였던 육기정의 실태와 잘 부합하고 있다.

요컨대 육기정 가운데 동기정은 모화관문을 거점으로 삼아 부근의 일정 지역을 관할하면서 왕도로 진입하는 동남방 교통로를 차단하여 왕도 방어 기능을 수행하였다.

---

274 이노우에 히데오(井上秀雄) 이래 이를 5통 가운데서 東海通으로 비정하고 있다.
275 『신당서』 신라전, "其國連山數十里 有峽 固以鐵闔 號關門 新羅常屯弩士數千守之".

나. 남기정

남기정南畿停(道品兮停)은 그 명칭에서 보면 왕도의 남쪽 방향에 위치했음을 알 수 있고, 상성군(서형산군)에 영속되어 있었다. 상성군의 영역 범위는 왕도의 서남부 지역에서 서부 및 북부에 걸쳐 왕도를 둘러싸고 있었다. 이러한 지역 범위와 방향을 염두에 두면, 남기정과 관련된 성곽으로는 고허성高墟城을 떠올릴 수 있다. 고허성은 남산의 남쪽에 있는 고위산高位山을 둘러싼 석성으로 남산의약 3.6km에 달하는 대규모 성곽이다. 『삼국사기』에서 진평왕 48년(626)에 축성되었음을 알 수 있다.

이 고허성은 『삼국사기』 제사지 소사小祀조의 "고허(사량沙梁)"일 것이다. 그렇다면 고허성은 왕경 6부의 하나인 사량부에 속한 셈이 되므로, 고허성을 상성군에 영속된 남기정과 연결시키는 것은 성립되지 않는다고 볼 수도 있다. 그러나 앞에서 지적했듯이 육기정은 성곽 하나에 국한되는 것이 아니라 일정한 영역을 관할하는 현급의 지역 단위였다. 그러므로 관할지역은 상성군에 속하여 있지만, 거점 성곽은 그에 인접한 사량부에 속해 있을 수도 있는 것이다. 따라서 고허성이 사량부에 속해 있다고 해서 남기정의 거점성이 될 수 없는 것은 아니다.

고허성은 그 위치가 경주~언양~양산으로 연결되는 주요 교통로인 남해통南海通을 차단할 수 있는 곳에 있다. 이에 남기정은 고허성을 거점으로 하여[276] 남해통에 연한 내남면과 언양군 두서면 일부를 관할했던 것으로 추측된다.

요컨대 남기정은 고허성을 거점 성곽으로 삼아 고위산 서쪽 지역을 영역으로 관할하고 있었고, 양산~언양~경주로 이어지는 주요 교통로를 차단하며 왕도 방어 기능을 수행하였던 것으로 볼 수 있다.

다. 중기정

중기정中畿停(根乃停)을 왕도 주변의 성곽과 관련짓는 견해는 일찍부터 있어 왔다.

---

[276] 박방룡은 고허성 성내에 高寺(天龍寺)가 통일신라 초기에 창건된 점을 중시하여, 고허성은 통일신라 초부터 성의 기능을 상실한 것으로 판단했다(朴方龍, 앞의 논문, 2008, 78쪽). 그러나 성내에 사찰이 건립된 사실이 성의 기능 상실과 직접적인 관련성이 있는지가 의문이고, 무엇보다 626년에 축조한 대규모의 성곽이 50년이 지나지 않아 기능을 잃어 버렸다고 믿기도 어렵다. 고허성은 성내에 천룡사가 건립된 이후에도 여전히 왕도를 지키는 방어시설로 기능했을 것이다.

즉 서형산성이나 부산성이 중기정과 관련된다고 보았다(〈표 5-16〉 참조). 그 중 중기정과 부산성을 관련지운 논거는 개명되기 전의 근내정根乃停이라는 명칭이 여근곡 설화에서 유래했다고 보거나[277] '건내'로 풀이될 수 있는 건천乾川이라는 지명과 유사하다는[278] 점에 의한 견해이다.

그러나 중기정은 그 명칭에서 보자면 육기정 가운데 상대적으로 왕도에 가까운 중심부에 위치하고 있어야 하며, 또 상성군 관할 영역이어야 한다. 따라서 상성군 영역 내에서 왕도에 가장 근접한 지역에서 중기정의 위치를 찾는 것이 합리적이다. 이러한 지리적 조건에 상대적으로 부합하는 정도가 높은 성곽으로 서형산성을 주목할 수 있다.

서형산성은 서형산(선도산)의 산허리를 두르고 있는 둘레 약 2.9km의 석성石城인데, 문헌에도 다음과 같은 기록이 보인다.

> J-1. 15년 (593) 가을 7월에 명활성明活城을 고쳐 쌓았는데 둘레가 3천보였고, 西兄山城은 둘레가 2천보였다.(『삼국사기』 권4, 신라본기4, 진평왕 15년)
>
> 2. 13년 (673) 2월에 서형산성西兄山城을 증축하였다.(『삼국사기』 권7, 신라본기7, 문무왕 13년)
>
> 3. 10년 (809) 여름 6월에 서형산성西兄山城의 염고鹽庫가 울었는데, 그 소리가 소가 우는 것과 같았다.(『삼국사기』 권10, 신라본기10, 애장왕 10년)

사료 J에서 보듯이 진평왕 15년(593)에 개축된 서형산성은 문무왕 13년(673)에 다시 증축되었다. 그리고 J-3에서 애장왕 10년(809) 당시까지 소금 창고와 같은 군수물자를 저장하는 시설물이 성내에 있었음이 확인된다. 그러므로 서형산성은 진평왕대와 문무왕대의 개·증축 이후 9세기에 이르기까지 왕도 방어시설로서 기능을 유지해 왔음을 짐작할 수 있다[279].

277 李基東, 앞의 논문, 53~54쪽.
278 정구복 외, 앞의 책, 211쪽.
279 朴方龍은 성내에 마애삼존불이 조성되었고, 또 663년에 왕도의 서쪽 방면을 방어하기 위한 부산

이 서형산성은 왕도에 가장 근접한 위치에 있을 뿐만 아니라, 고려·조선시대 역제를 참조하면 왕도 안의 활리역活里驛(경도역京都驛)에서 모량역으로 나가는 교통로를 차단할 수 있는 곳에 자리잡고 있다. 이 왕도에서 모량역으로 이어지는 교통로는 다시 아불역阿弗驛을 거쳐 영천~대구 방면과 영천~의성방면으로 나갈 수 있고, 또 모량역에서 지리역地里驛으로 연결되는 역로는 건천~청도~밀양·창녕으로 나가는 통로가 되고 있을 정도로 비중이 컸다. 이러한 곳에 왕도 방어를 위해 중기정이 설치되었다고 보아도 조금도 이상한 일이 아니다.

다만 서형산성을 중기정과 관련지우기 위해서는 『삼국사기』 제사지 소사조의 "서술西述(주 : 모량牟梁)"에 대한 해명이 필요하다. 여기에 보이는 서술은 곧 서악西嶽으로 서형산성이 위치한 선도산을 의미한다. 그런데 이곳이 상성군이 아니라 왕경 6부의 하나인 모량6부에 속하는 것으로 기록되어 있어 문제가 된다. 만약 이를 그대로 믿는다면, 상성군에 속한 중기정과 모량부에속한 서형산성을 관련짓기는 어렵게 된다. 그러나 상성군의 원래의 이름이 서형산군인데서 알 수 있듯이, 서술(서악)은 모량부와 상성군의 경계가 되었던 지역으로 볼 수 있다. 그래서 이곳이 모량부와 상성군에 속한 것처럼 기록되었을 가능성이 크다.

이에 중기정은 서형산성을 거점으로 하여 그 서쪽의 일정 영역을 관할하면서 왕도의 서방과 나아가서는 남방으로부터의 외적의 침입을 막아 왕도의 안전을 보장하는 역할을 수행했다고 할 수 있다.

라. 서기정

서기정西畿停(豆良彌知停)은 명칭 그대로 왕도의 서방에 위치하였으며, 상성군에 영속되어 있었다. 이러한 서기정의 거점이 되었던 성곽으로는 부산성富山城을 들 수 있다. 부산성은 화랑 죽지랑과 낭도인 득오의 일화에서 볼 수 있듯이 늦어도 진평왕대에는 성곽이 축조되어 있었던 것으로 보이고, 문무왕 3년(663)에 대대적인 증축이 이루어진 것으로 생각된다. 부산성은 둘레가 7.7km에 달하는 대규모 석성으로서 왕도

성이 축조된 점을 들어 서형산성의 방어 기능이 크게 약화된 것으로 보았으나(朴方龍, 앞의 논문, 2008, 76쪽), 따르지 않는다.

의 서쪽지역을 방어하는 요충지로 기능하였다. 또한 위치 자체가 모량역~아불역~영천방면과 모량역~지리역~청도방면으로 이어지는 교통로를 동시에 제어할 수 있는 곳이었다. 따라서 서기정은 부산성을 거점으로 건천읍과 서면 일부를 관할하면서 왕도의 서방을 방어하는 기능을 수행했다고 할 수 있다. 이는 신라 하대의 정치적 변란 과정에서 부산성에서 멀지 않은 모량리 지역이 왕도 방어를 위한 전장戰場으로 주로 등장하고 있는 데서도 방증을 얻을 수 있다.

마. 북기정

북기정北畿停(雨谷停)은 명칭에서 왕도의 북방에 위치했음이 짐작되며, 상성군에 영속되어 있었다. 그런데 〈표 5-16〉에 의하면 왕도의 북쪽 방면에 위치한 성곽으로는 북형산성北兄山城이 있다. 이 성곽은 강동면 국당 2리에 위치한 형산兄山에 축조된 토석土石 혼축성混築城으로, 둘레가 약 1.8km에 이르는 중급 규모이다. 『삼국사기』에는 문무왕 13년(673)에 축조된 것으로 나온다. 성내에서 사방을 바라보면 북동쪽으로 형산강 하류와 포항 일대를 한 눈에 조망할 수 있어 북쪽을 방어할 목적을 가진 성곽 임을 알 수 있다고 한다[280]. 이와 같은 위치와 기능을 고려하면, 일단 북형산성이 북기정의 거점이었을 가능성이 크다.

그런데 북형산성을 북기정과 관련지우는 것은 『삼국사기』 제사지에 "북형산성北兄山城(주 : 대성군大城郡에 있다)"라는 기록과 어긋나고 있어 문제가 된다. 즉 북기정은 상성군에 영속되어 있는데 비해 북형산성은 대성군 소속임이 명기되어 있는 것이다. 『삼국사기』의 기록에 입각하는 한 북형산성과 북기정을 관련지어 생각하기는 어렵게 된다.

그러나 여기서 육기정이 성곽 자체에 한정되는 것이 아니라, 성곽을 포함하는 일정한 영역범위였다는 사실을 상기할 필요가 있다. 그러므로 만약 북기정이 대성군에 속한 북형산성을 거점으로 하면서, 상성군에 속하는 일정한 영역을 관할하고 있었다고 가정하면, 북기정이 상성군에 영속되어 있고, 북형산성이 대성군에 속한다는 『삼국사

---

280 朴方龍, 앞의 논문, 2008, 79쪽.

기』의 기록을 상호 배치되는 것으로 볼 필요는 없게 된다. 다시 말하면 북기정은 왕도 동북쪽의 상성군과 대성군이 경계를 맞대는 지역에 위치하고 있어, 북형산성을 거점 성곽으로 하면서, 관할 지역은 그 보다 서쪽에 있는 상성군의 영역일 가능성을 배제할 수 없는 것이다.

북형산성과 북기정이 관련되어 있었음은 다음을 통해서도 방증을 얻을 수 있다.

> K. 서진四鎭 동쪽은 온말근溫沫懃(주 : 아곡정牙谷停), 남쪽은 해치야리海耻也里(주 : 실제悉帝라고도 하였다. 추화군推火郡), 서쪽은 가야갑악加耶岬岳(주 : 마시산군馬尸山郡), 북쪽은 웅곡악熊谷岳(주 : 비열홀군比烈忽郡)이었다.(『삼국사기』 권32, 잡지 1. 제사)

사료 K는 신라 중사中祀의 하나로 제사된 4진에 대한 기록인데, 동진東鎭인 온말근溫沫懃에 대해 아곡정牙谷停이라는 주기註記를 달고 있다. 그런데 이 아곡정은 남·서·북진에 붙은 주기가 추화군·마시산군·비열홀군인 사실에 비추어 보면, 동진인 온말근이 속해 있는 행정 구역 명칭으로 보아야 한다.

그런데 신라의 행정 단위로서 정停은 왕도 주위의 육기정 밖에 없다. 그렇다면 아곡정은 곧 육기정의 하나가 아닐까 한다. 아곡정과 명칭상 가장 비슷한 것은 북기정의 개명되기 전 이름인 우곡정雨谷停이다. 아곡정과 우곡정은 발음상 서로 통하고 있기 때문이다. 요컨대 신라의 중사가 시행되었던 4진鎭 가운데 동진인 온말근은 곧 우곡정(→북기정)에 속해 있었다고 하겠다.

한편 온말근溫沫懃을 『동국여지승람』 권21 경주부 산천조에서 안강현 동쪽 24리에 있다고 기록한 온지연溫之淵에 비정한 견해가 있다[281]. 이 온지연에는 용당龍堂이 있는데 날이 가물 때 비를 빌면 응함이 있다고 하고 있어, 조선시대까지 제사처祭祀處로 기능했음을 알려주고 있다. 따라서 온말근을 온지연에 비정하는 것은 설득력이 있다고 본다. 이 온지연의 현재 위치는 경주시 강동면 국당리菊堂里 부근으로 북형산성에

---

281 정구복 외, 앞의 책, 23~24쪽.

가까운 곳에 있다. 이로써 북형산성이 북기정(우곡정)의 거점이었음이 어느 정도 논증된 셈이다.

요컨대 북기정은 대성군에 속한 북형산성을 거점으로 하면서 상성군에 속한 일정 영역을 관할하고 있으면서 왕도의 동북방을 방어하는 기능을 수행했던 것으로 생각된다. 이곳은 경주에서 안강을 거쳐 동북방면인 영일만으로 이어지는 교통로를 통제할 수 있는 요충이기도 하였다.

바. 막야정

막야정莫耶停(官阿良支停, 北阿良停)은 개명되기 이전에 북아량정으로도 불렸다고 하였으므로, 왕도의 북쪽을 방어하는 역할을 맡았을 것이다. 그러나 〈표 5-17〉에서 볼 수 있듯이 막야정의 위치에 대해서는 지금까지 뚜렷한 견해가 제시된 적이 없었다. 그 이유는 왕도의 북쪽 지역의 지명 가운데서도 비슷한 명칭이 발견되지 않고, 비정할만한 성곽도 남아있지 않기 때문이었다. 필자 역시 이러한 제약에서 벗어날만한 새로운 자료를 확보한 것이 아니므로, 막야정의 위치에 대한 견해를 내기가 어렵다.

다만 북기정이 북형산성을 거점으로 그 서쪽의 인근 지역을 관할하면서, 동북방면으로의 주요 교통로를 막아 왕도를 방어했을 것이라는 추론을 바탕으로 하여, 역시 왕도 북쪽에 있었음이 분명한 막야정의 위치에 대한 하나의 가설을 제시해 두고자 한다. 왕도의 북쪽 방면에서 중요성을 가진 지역으로는 안강읍 일원을 제외하기 어렵다. 따라서 막야정의 위치는 현곡면에서 안강읍으로 나아가는 교통로를 통제할 목적으로 이 부근 지역에 위치했을 가능성이 있다.

그런데 이 안강읍 동쪽의 양동리에 양동리산성이 위치하고 있다. 이는 토축이고, 길이도 0.9km에 불과한 소규모 산성이며, 성내에서 5~6세기대의 토기편이 주로 채집되고 있어, 삼국시대에만 사용되었을 것이라는 견해가 있다[282]. 이러한 고고학적 조사 결과는 존중되어야 하지만, 본격 발굴에 의한 것이 아니라는 점에서 장차 시기가 늦은 유물이 확인될지도 모른다. 이에 필자는 막야정이 양동리산성을 거점으로 하면

---

[282] 朴方龍, 앞의 논문, 2008, 74쪽.

서 안강읍 일부를 관할하며 왕도의 북쪽을 방어하는 기능을 수행했다고 추정해 둔다.

이상에서 고증한 6기정畿停의 위치와 거점으로 삼았던 성곽을 정리하면 다음과 같다.

〈표 5-18〉 육기정의 거점 성곽과 관할 지역

명칭		영속된 행정구역	거점 성곽	차단 교통로	관할 지역	비고
6개 정	육기정					
모지정 (毛只停)	동기정 (東畿停)	대성군 (大城郡)	관문성 (關門城)	경주~모화관문~ 울산	왕도 쪽 관문성 주변	임관군과 접경지역
도품혜정 (道品兮停)	남기정 (南畿停)	상성군 (商城郡)	고허성 (高墟城)	경주~언양~양산	내남면, 두서면 지역	사량부와 접경지역
근내정 (根乃停)	중기정 (中畿停)	〃	서형산성 (西兄山城)	경주~모량	선도산 이서 지역	모량부와 접경지역
두량미지정 (豆良彌知停)	서기정 (西畿停)	〃	부산성 (富山城)	경주~모량~ 건천~청도	건천읍, 서면 일부	-
우곡정 (雨谷停)	북기정 (北畿停)	〃	북형산성 (北兄山城)	경주~모량~ 아화~영천 경주~안강~영일만	북형산성 서쪽 의 강동면 지역	대성군과 접경지역
관아량지정 (官阿良支停) (북아량정 北阿良停)	막야정 (莫耶停)	〃	양동리산성 (良洞里山城) (?)	경주~안강~영일만 (?)	현곡면과 안강읍 일부	-

마지막으로 내부에서 왕도 방어를 맡았던 확대된 시위부(사자대)와 성곽과의 관련성에 대해 덧붙여 두고자 한다. 중고기의 시위부는 규모도 작았고, 주된 임무가 국왕과 왕실의 경호와 호종, 궁궐의 숙위와 경비에 있었으므로, 보통 궁성 안에 주둔하고 있었던 것으로 보인다. 그러나 경덕왕대의 개혁으로 규모가 3천 명으로 확대되었고, 임무의 범위도 크게 확장된 이후에도 이들이 궁성 안에 주둔했다고 보기는 어렵다. 시위부는 궁궐의 경비와 왕도의 치안 확보 임무도 부여되었으므로, 왕도 안의 시가지에 별도의 군영이 설치되어 있었을 것이다. 그러나 대부분의 병력은 남산신성과 명활성(석성) 등의 왕도 내 성곽에 주둔했던 것이 아닌가 한다. 즉 확대된 시위부도 왕도내의 성곽을 군사주둔지로 활용했던 것이다.

2) 지방군사조직 9주정체제의 구축과 운용

(1) 9주정체제의 구축

경덕왕대에는 지방군에 대한 개혁도 추진되었다. 다음의 사료를 통해 짐작이 가능하다.

> L. 장군將軍은 모두 36인이다. 대당大幢을 맡는 이가 4인, 귀당貴幢이 4인, … 우수정牛首停이 2인으로 관등官等은 진골眞骨 상당上堂에서 상신上臣까지이다. 녹금당綠衿幢이 2인, 자금당紫衿幢이 2인, … 청금당靑衿幢이 2인인데, 관등官等은 진골眞骨 급찬級湌에서 각간角干까지이다. 경덕왕 때에 이르러 웅천주정熊川州停에 3인을 가치加置하였다.(『삼국사기』 권40, 잡지9, 직관 하)

위의 사료는 무관조武官條 제군관諸軍官 부분의 장군에 대한 기록인데, 기록 방식을 보면 장군의 총원을 밝히고, 이어 육정군단의 부대별 장군수와 관등, 구서당의 부대별 장군수와 관등을 적은 후 마지막으로 경덕왕대에 웅천주정熊川州停에 3인의 장군을 가치加置했음을 밝히고 있다. 그런데 말미의 가치된 장군 3인은 장군의 총수에는 포함되어 있지 않다.[283] 그 이유는 이 부분의 찬술이 6정과 9서당 장군에 대한 주자료를 전재하면서, 웅천주정과 관련된 추가자료를 부가적으로 기록했기 때문이다.[284] 이러한 사료계통과 찬술방식으로 말미암아 웅천주정과 동일한 시기에 존재했던 같은 성격의 군사조직에 대한 정보가 무관조에는 거의 남아있지 않게 된 것으로 생각된다.[285]

그러면 경덕왕대에 3인의 장군이 설치된 웅천주정의 실체는 무엇일까. 일단 장군

---

[283] 만약 이를 포함한다면 "將軍 共三十九人"으로 되어야 한다.

[284] 李文基, 앞의 논문, 1990.

[285] 다행히 熊川州停에 대한 기록이 남게 된 것은, 경덕왕 때에 모종의 이유로 웅천주정에 3명의 장군을 설치했던 자료가 『삼국사기』 찬자에게 수습되었기 때문일 것이다. 그러나 웅천주정을 비롯한 九州停에 장군이 설치되는 것은 특별한 경우에 한정되며, 평상시에는 장군이 최고 지휘자로 존재했던 것으로 생각되지는 않는다.

이 두어지기도 했던 점, 정停으로 명기된 점, 웅천주를 관칭하고 있는 점에서 보면 웅천주정은 웅천주에 설치된 군사조직임이 분명하다. 그러나 이를 제외하면 관련 기록이 전혀 없어 웅천주정이 과연 어떤 성격의 군사조직인지 알기가 쉽지 않다.

중고기 이래 주명을 관칭冠稱한 군사조직은 여럿 있어 왔다. 가장 대표적인 것이 중고기의 지방군사조직인 광역정廣域停이다. 이 중고기의 광역정은 대략 상주정上州停·하주정下州停·신주정新州停(한산정漢山停)·비열홀정比列忽停(우수정牛首停)·실직정悉直停(하서정河西停)의 5개가 유지되어 오다가, 문무왕 5년 이후 그 존립의 지역적 기반이 되는 광역주廣域州의 변동에 따라 변화를 거듭하였으며, 새로운 광역주가 출현하면서 이를 기반으로 하는 새로운 광역정이 등장하기도 하였다.[286] 그러나 이들은 신문왕 5년에 이르기까지 한산정·우수정·하서정·완산정 등 4개 부대만 6정군단 소속 부대로 정리되고 나머지는 소멸되고 말았다.[287] 따라서 중고기 이래의 광역정과 사료 G의 웅천주정은 시대가 판연히 다르므로 양자를 상호 관련지어 생각하기는 어렵다. 더구나 웅천주정의 지역적 기반이 되는 웅천주의 설치 시기 자체가 신문왕 6년이다.[288]

이외에도 주명을 띤 군사조직으로 무관조의 23군호에는 오주서五州誓·이계二罽·이궁二弓·삼변수三邊守 등이 보이고 있지만, 이들의 구성부대 중에 웅천주에 설치된 것은 없으며, 이들 부대에 장군이 소속된 흔적도 보이지 않는다. 이들을 제외하면 웅천주에 설치된 군사조직으로 만보당萬步幢이 남지만, 웅천주에 설치된 만보당은 '구주만보당九州萬步幢'이라는 무관조의 용례에서 보면 웅천주정으로 칭해졌을 가능성은 거의 없다.[289] 그러므로 이들 역시 위의 사료 Q에서 장군 3인이 두어지고 있는 웅천주정으로는 보기 어렵다.

---

286 대표적인 사례가 『삼국사기』 권 43, 열전3, 김유신 하에 기록된 문무왕 12년(672)의 나당전쟁에서 활동상을 보여주는 거열(주)정이다(李文基, 앞의 논문, 1992, 46~47쪽).

287 李文基, 앞의 논문, 1992, 40~48쪽.

288 『삼국사기』 권8, 신라본기8, 신문왕 6년, "以泗沘州爲郡 熊川郡爲州".

289 『삼국사기』 권40, 잡지9, 직관지 하, 무관조의 제군관 부분에는 "萬步幢主 京五種幢主 十五人 節末幢主 四人 九州萬步幢主 十八人 共三十七人 無衿 位自舍知至大奈麻爲之"라 하여 만보당주의 소속에 대한 기록이 보이는데, 이 가운데서 九州萬步幢主는 '九州의 萬步幢에 소속된 萬步幢主'를 말한다. 이러한 용례를 보면 九州萬步幢은 9개 주에 설치된 萬步幢을 합칭한 것으로 볼 수 있다. 이를 참조할 때 웅천주에 설치된 만보당은 熊川州停이 아니라 '熊川州萬步幢'으로 불렀을 것이다.

그렇다면 웅천주정은 23군호에는 포함되어 있지 않은 다른 성격의 군사조직으로 볼 수 밖에 없겠다. 위의 기록을 통해 웅천주정은 경덕왕 16년 이전에 존재했던 군사조직임이 확인되므로,[290] 23군호가 7세기 후반의 군제재편 결과를 전하는 것임을 고려할 때, 23군호보다는 상대적으로 늦은 시기의 군사조직임을 알 수 있다. 그래서 필자는 이 웅천주정이 경덕왕대의 군제개혁 결과 웅천주에 설치된 새로운 지방군사조직이라고 생각한다.[291]

그러면 경덕왕대의 지방군에 대한 개혁에서 웅천주정만 특별히 설치되었던 것일까. 이러한 의문과 관련하여 무관조 제군관 부분에서 각종 군관이 소속된 것으로 나오는 9주의 실체에 유의하게 된다. 제군관 부분에서 저금기당주著衿騎幢主·비금당주緋衿幢主·사자금당주師子衿幢主·구주만보당주九州萬步幢主 등이 소속된 것으로 기록된 주州들이 그것이다. 그런데 이 가운데서 저금기당주가 소속된 5개 주는 서술방식에서 보면 그것이 곧 오주서를 의미함을 알 수 있고,[292] 만보당주가 소속된 9주는 위에서 지적했듯이 9주에 각각 설치된 만보당을 말하는 것이다. 그러나 비금당주와 사자금당주가 소속된 9주는 그 실체가 뚜렷하지 않다.

> M-1. 비금당주緋衿幢主는 40인인데, 사벌주沙伐州에 3인, 삽량주歃良州에 3인, 청주菁州에 3인, 한산주漢山州에 2인, 우수주牛首州에 6인, 하서주河西州에 6인, 웅천주熊川州에 5인, 완산주完山州에 4인, 무진주武珍州에 8인으로 모두 40인이다. 저금著衿하며, 관등이 사지舍知로부터 사찬沙湌에 이르는 자가 취임한다.(『삼국사기』권40, 잡지9, 직관 하)
>
> 2. 사자금당주師子衿幢主는 왕도에 3인, 사벌주沙伐州에 3인, 삽량주歃良州에 3인,

---

290 경덕왕 16년에 熊川州는 熊州로 改名되었으므로, 이 熊川州停은 늦어도 개명 이전에 설치된 것이 분명하다.

291 한편 李仁哲은 이를 6정과 10정이 해체된 후 옛 백제지역을 통제하기 위해 설치된 것으로 보고 있지만(李仁哲, 「8·9세기 新羅의 支配體制」, 155쪽), 구체적인 논증이나 근거를 제시하지 않고 있어 따르지 않는다.

292 이노우에 히데오(井上秀雄)는 著衿騎 당주를 九州 가운데 5개 주에 소속된 군관으로 보았으나(앞의 논문, 1974, 188~189쪽의 表16 참조), 이는 잘못이며, 스에마츠 야스카즈(末松保和)가 추측했듯이 이는 五州誓에 소속된 군관임이 분명하다(末松保和, 「新羅幢停考」, 368쪽).

청주주菁州에 3인, 한산주漢山州에 3인, 우수주牛首州에 3인, 하서주河西州에 3인, 웅천주熊川州에 3인, 완산주完山州에 3인, 무진주武珍州에 3인으로 모두 30인이다. 저금著衿하며, 관등이 사지舍知로부터 일길찬一吉湌에 이르는 자가 취임한다.(『삼국사기』 권40, 잡지9, 직관 하)

위의 사료를 보면 비금당주와 사자금당주가 소속된 것은 일견 행정단위인 9주 그 자체로 보이기도 한다. 그러나 이들이 소속된 9주는 행정구역으로서의 9주九州가 아니라 군사조직인 9주정을 의미하는 것으로 보아야 할 것 같다. 다음과 같은 기사가 발견되기 때문이다.

> M-3. 비금감緋衿監은 48인인데, 당幢을 영솔하는 40인과 마병馬兵을 영솔하는 8인이다.(『삼국사기』 권40, 잡지9, 직관 하)
> 4. 사자금당감師子衿幢監은 30인인데, 관등이 당幢으로 부터 나마奈麻에 이르는 자가 취임한다.(『삼국사기』 권40, 잡지9, 직관 하)

이 비금당緋衿監·사자금당감師子衿幢監은 신라 군관직의 일반적인 지휘체계인 당주幢主→감監의 상하 서열관계에서 미루어 보면, 각각 비금당주·사자금당주에 직속된 하급 군관직이라고 할 수 있다. 따라서 이에 관한 기록이 비록 소략하지만, 그 소속은 비금당주와 사자금당주의 그것을 통해 쉽게 유추할 수 있다. 즉 H-4의 사자금당감의 경우 사자금당주와 30인으로 정원이 같고, 지휘체계에서 상하관계를 이루고 있었으므로, 사자금당주의 소속(사료 H-2)과 같이 왕도 및 9주에 각 3인씩 소속되었음이 분명하다. 마찬가지로 비금감 48인 가운데 40인의 경우도 비금당주 40인의 소속과(사료 H-1) 마찬가지로 9주에 나누어 소속되었음은 의심할 바 없다.

그런데 이 비금감 40인의 소속을 '당幢을 영솔하는 40인[領幢四十人]'으로 기록하고 있는 점은 주목된다. 즉 비금당주가 소속된 9주를 '당'으로 일괄 지칭하고 있기 때문이다. 당이 신라에서 군사조직을 의미하는 용어임은 재언할 필요도 없다. 따라서 비금당주와 비금감이 소속된 9주는 행정단위가 아니라, '당' 곧 9주에 설치된 군사조직임을 알 수 있다. 그렇다면 사자금당주와 사자금당감이 소속된 9주 역시 9주에 설치된 군사조직을 의미한다고 보아도 큰 무리는 없다.

비금당주–비금감·사자금당주–사자금당감이 소속된 9주에 설치된 군사조직은 무관조 23군호에는 기록되어 있지 않다. 아마 서로 존재시기를 달리하는 군사조직이었기 때문일 것이다. 이렇게 9주로 기록된 군사조직은 앞에서 논급한 웅천주정과 상당한 공통점을 갖고 있다. 양자 모두 주에 설치된 것이며, 또 23군호에는 채록되어 있지 못한 것이다. 이러한 공통성을 확보하고 있는 양자는 곧 동일한 군사조직으로 보아도 좋을 것 같다. 요컨대 9주에는 웅천주정과 동일한 성격의 군사조직이 존재하였으며, 여기에는 비금당주–비금감·사자금당주–사자금당감과 같은 군관이 소속되어 있었던 것으로 생각된다. 이들은 웅천주정의 예로 미루어 경덕왕대의 군제개혁 과정에 새로이 설치된 것으로 볼 수 있겠다.

지금까지 검토한 바처럼 경덕왕대의 군제개혁을 통해 지방의 9주에는 각각 군사조직이 설치되었다. 이들은 웅천주정이라는 용례를 보면 각각 사벌주정·삽량주정·청주정·한산주정·우수주정·하서주정·완산주정·무진주정으로 지칭되었을 것이며, 이러한 칭호를 갖게 된 것은 그것이 9주의 주치지역에 설치되었기 때문일 것이다. 이렇게 각 주에 설치된 9개의 '주정'을 '9주정'으로 통칭해도 무방할 것 같다. 이 '9주정'의 등장은 지방군제가 경덕왕대의 개혁으로 이전의 방만함과 중복성에서 벗어나 다시 9개 주州를 단위로 하는 통일적인 군사조직으로 다시 전환되었음을 의미한다. 그래서 9개 주를 단위로 하는 경덕왕대에 개편된 새로운 지방군제를 '9주정체제'로 부르고자 한다.

경덕왕대 지방 군사제도의 개혁과 관련하여 또하나 주목되는 것이 10정군단의 개편이다. 10정군단은 7세기 후반의 군제 재편 과정에서 삼천당三千幢을 확대 개편한 것으로 무관조에는 다음과 같은 기록이 남아 있다.

N-1. 10정停(혹은 삼천당三千幢이라고도 한다) 첫째는 음리화정音里火停이고, 둘째는 고량부리정古良夫里停이며, 셋째는 거사물정居斯勿停인데 금색衿色은 청靑이다. 넷째는 삼량화정參良火停이고, 다섯째는 소삼정召參停이며, 여섯째는 미다부리정

未多夫里停인데 금색은 흑黑이다. 일곱째는 남천정南川停이고, 여덟째는 골내근정骨乃斤停인데 금색은 황黃이다. 아홉째는 벌력천정伐力川停이고, 열째는 이화혜정伊火兮停인데 금색은 녹綠이다. 모두 진흥왕 5년에 설치되었다.(『삼국사기』 권40, 잡지9, 직관지 하)

고선사 서당화상비 탁본(조선고적도보)

9주에 의도적으로 배치된 이 10정군단은 지금까지 통일신라기의 대표적인 지방군사조직으로 인정되어 왔는데,[293] 적어도 9세기 전반까지 존속했던 흔적을 찾을 수 있다. 애장왕대에 건립된[294] 「고선사 서당화상비誓幢和尚碑」의 전자鐫者인 고금高金○가 10정의 하나인 음리화정音里火停의 삼천당주三千幢主로 명기되어 있는 것[295]이 그것이다. 그런데 10정이 설치되고부터 자료를 통해 존속이 확인되는 9세기초에 이르기까지 고정불변의 상태로 지속되었다고는 할 수 없다. 다음의 사료에서 그 변화상이 간취되기 때문이다.

N-2 ① 청효현은 본래 음리화현이었는데, 경덕왕이 이름을 고쳤다. 지금의 청리현이다.(『삼국사기』 권34, 잡지3, 지리1, 상주)

② 청무현은 본래 백제 고량부리현이었는데, 경덕왕이 이름을 고쳤다. 지금의 청양현이다.(『삼국사기』 권36, 잡지5, 지리3, 웅주 임성군)

293 末松保和, 「新羅幢停考」, 359~367쪽 및 井上秀雄, 앞의 논문, 190~191쪽.
294 黃壽永, 「新羅 誓幢和尚碑의 新片-建立年代와 名稱에 대하여」 『考古美術』 108, 1970.
295 「高仙寺 誓幢和尚碑」, "音里火三千幢主高金○鐫".

③ 청웅현은 본래 백제 거사물현이었는데, 경덕왕이 이름을 고쳤다. 지금의 거령 현이다.(『삼국사기』,권36, 잡지5, 지리3, 전주 임실군)

④ 현효현은 본래 추량화현이었는데, 경덕왕이 이름을 고쳤다. 지금의 현풍현이 다.(『삼국사기』 권34, 잡지3, 지리1, 양주 화왕군)

⑤ 현무현은 본래 소삼현이었는데, 경덕왕이 이름을 고쳤다. 지금의 소삼부곡이 다.(『삼국사기』 권34, 잡지3, 지리1, 강주 함안군)

⑥ 현웅현은 본래 백제 미동부리현이었는데, 경덕왕이 이름을 고쳤다. 지금의 남 평군이다.(『삼국사기』 권36, 잡지5, 지리3, 무주)

⑦ 황무현은 본래 고구려 남천현이었는데, 신라가 병합하였고 진흥왕이 주로 삼 아 군주를 두었다. 경덕왕이 이름을 고쳤는데 지금의 이천현이다.(『삼국사기』 권35, 잡지4, 지리2, 한주)

⑧ 황효현은 본래 고구려 골내금현이었는데, 경덕왕이 이름을 고쳤다. 지금의 황 록현이다.(『삼국사기』 권35, 잡지4, 지리2, 한주 기천군)

⑨ 녹효현은 본래 고구려 벌력천현이었는데, 경덕왕이 이름을 고쳤다. 지금의 홍 천현이다.(『삼국사기』 권35, 잡지4, 지리2, 삭주)

⑩ 녹무현은 본래 고구려 이대혜현이었는데, 경덕왕이 이름을 고쳤다. 지금의 안 덕현이다.(『삼국사기』 권35, 잡지4, 지리2, 명주 곡성군)

위의 N-2는 경덕왕 16년(757)에 단행된 지방행정구역 명칭 개정을 보여주는 자료 이지만, 10정군단의 부대별 금색衿色을 개정된 명칭의 첫글자로 이용되고 있어서, 10 정군단과 관련하여 일찍부터 주목되어 왔다. 그러나 이 자료를 10정군단의 소재지를 확인하는 방증자료로만 이용했을 뿐[296] 경덕왕대의 군제개혁과 결부시켜 검토하지 못 한 한계를 남기고 있다.

N-2는 『삼국사기』 지리지의 경덕왕 16년에 단행된 4백여 개 이상의 전국 군현 개명 기록 가운데서 극히 특이한 사례에 해당한다.[297] 지역 내에 소재한 군사조직의

---

296 末松保和, 앞의 논문, 359~362쪽.
297 末松保和, 앞의 논문, 364쪽.

금색衿色을 현縣의 명칭으로 차용借用했기 때문이다. 이러한 방식의 개명은 곧 이것이 군사조직의 개혁과 불가분의 관계를 갖고 있음을 시사한다.

하나의 예로 음리화정音里火停의 경우를 생각해 보기로 하자. 경덕왕 16년에 음리화현音里火縣이 청효현靑驍縣으로 개명되었을 때, 그곳에 소재한 군사조직인 음리화정은 이름을 그대로 고수했을까. 당연히 음리화정도 청효정으로 개명되었다고 보는 것이 순리일 것이다. 이와 같이 현명縣名의 개정과 10정의 개명이 불가분의 관계에 있다면, 위의 자료 N-2는 경덕왕대의 군제개혁의 일면을 보여주는 것이 된다. 이럴 경우 먼저 제기될 수 있는 의문이 경덕왕 16년의 지명개정과 10정군단 개명의 선후관계이다. 이에 대해서는 지명 개정이 앞선 경우, 부대명 개정이 앞선 경우, 양자가 동시에 이루어진 경우가 상정될 수 있다. 이 가운데서 필자는 10정군단의 개명이 먼저 이루어진 후, 이에 입각하여 경덕왕 16년에 지명개정이 뒤따라 이루어진 것으로 본다.

방증을 얻을 수 있는 것이 고쳐진 10개의 현명이 가지는 특징과 명칭 사이에 보이는 일정한 획일성이다. 개정된 현의 명칭은 10정군단 개별부대의 금색衿色에서 첫글자를 따오고, 이어 효驍·무武·웅雄 등 군대 혹은 무인武人의 속성인 무용武勇를 상징하는 글자를 연접하여 현명을 만들고 있다.[298] 이렇게 성립된 명칭은 행정구역명이라기 보다 오히려 군사조직의 이름으로 걸맞은 것이다. 따라서 이를 그 지역내에 10정군단이 소재하는 특수성에서 비롯된 것[299]이라기보다는, 그보다 앞서 10정군단 부대명칭이 고쳐지고 또 그 비중이 높아졌으므로, 경덕왕 16년의 전국적인 지명개정 과정에서 부대명을 차용하여 획일적으로 현명을 고친 것으로 보는 것이 훨씬 순조롭다. 그러므로 경덕왕 16년의 10정군단이 소재한 행정구역명칭의 변화는 그 이전에 있었던 10정군단의 개명에 입각한 후속조치였다고 할 수 있다.

그리고 부대명 개정의 정확한 시기는 불명이지만, 전술한 9주정의 설치시기가 지명 개정 이전의 경덕왕대였음을 참조하면, 10정군단의 개명도 이와 동일한 시기에 이루어졌을 가능성이 크다. 그러면 10정군단의 명칭을 금색衿色과 무용을 상징하는 용어로 일률적으로 개명한 조치는 단순한 개명에 지나지 않는 것일까. 경덕왕 16년의

---

298 末松保和, 앞의 논문, 363쪽.
299 末松保和, 앞의 논문, 363쪽.

전국적인 지명개정이 읍격邑格의 승강昇降·영속관계領屬關係의 변화를 비롯한 군현제의 변화가 수반된 조치였고,[300] 동 18년의 관직·관부명칭의 개정 역시 관제기구의 조직적 개편을 목표로 이루어진 것으로[301] 단순한 명칭변화가 아니라 전제주의의 강화, 중앙집권의 강화를 의미하는 것[302]이었음을 상기하면 이 역시도 단순한 개명으로 이해될 수는 없다.

이런 시각에서 10정군단의 변화와 관련하여 다음과 같은 점을 추론해 볼 수 있다. 첫째는 부대명의 개정이 부대 자체에 대한 재정비를 시사하고 있는 점이다. 7세기 후반대의 군제재편 과정에서 성립되었던 10정군단은 그 이후 제대로 기능을 발휘하지 못하다가 개명과 더불어 다시 실제적인 군사조직으로서의 기능을 회복했을 것으로 생각된다.

둘째는 개명으로 인하여 각 부대에 대해 한편으로는 차별성을 강화하면서 다른 한편으로는 획일적인 통제를 가할 수 있게 되었을 것이라는 점이다. 즉 10정군단의 개별부대들이 이미 금색에 의해 크게 넷으로 나뉘어져 있었음에도 불구하고 금색을 부대명에 포함시키고 있는 것은 각 부대별 차별성을 더욱 뚜렷히 드러내려는 의도로 풀이되며, 한편으로 부대명칭 상호간에 일관된 원칙을 부여했던 것은 10정군단 전체에 대한 통일성을 높혀 획일적인 통제를 가하려는 의도를 보여주는 것이다.[303] 이로써 적어도 개명 이전 단계보다는 그 명칭만으로도 어떤 주에 소속된 부대인지가 선명하게 드러날 수 있었을 것이며, 10정군단 전체에 대한 보다 획일적이고도 효율적인 통제가 가능했을 것이다.

셋째는 10정군단의 운용상의 변화가 예상되는 점이다. 개명 이전의 10정군단의 운용실태가 어떠했는지 명확하지는 않지만, 개명된 이후는 다음 장에서 후술되듯이 그

---

300 木村誠, 「新羅郡縣制の確立過程と村主制」 『朝鮮史研究會論文集』 13, 1976.
301 木村誠, 「統一新羅の官僚制」 『東アジア世界における日本古代史講座』, 學生社, 1982, 137~148쪽 참조.
302 이기백·이기동, 앞의 책, 1982, 338쪽.
303 이는 경덕왕대의 개혁으로 처음으로 통일성이 부여되었다는 뜻은 아니다. 삼천당에서 10정으로의 전면적인 개편과정에서 이미 설치지역에 대한 정책적 배려가 가해졌고, 군관조직에서도 10개 부대에 고르게 배치되는 등 통일성이 부여되었기 때문이다. 여기에서는 이러한 통일성이 보다 강화되었다는 의미이다.

운영에서 9주정체제와 밀접한 관련하에 놓이게 되었던 것으로 보이기 때문이다. 이와 같이 경덕왕대에 추진된 10정군단에 대한 개혁을 〈표 5-19〉로서 정리하면 다음과 같다.

〈표 5-19〉 경덕왕대(景德王代) 십정군단(十停軍團)의 변화

구분	부대명 (部隊名)	금색 (衿色)	경덕왕 개정 부대명 (추정)	소재지(所在地) 고명(古名)	경덕왕대(景德王代) 개명(改名)
1	음리화정 (音里火停)	청 (靑)	청효정 (靑驍停)	음리화현(音里火縣)	상주(尙州) 청효현 (靑驍縣)
2	고량부리정 (古良夫里停)	청 (靑)	청무정 (靑武停)	(백제)고량부리현 (古良夫里縣)	웅주(熊州) 임성군 (任城郡) 청무현(靑 武縣)
3	거사물정 (居斯勿停)	청 (靑)	청웅정 (靑雄停)	(백제)거사물현 (居斯勿縣)	전주(全州) 임실군 (任實郡) 청웅현(靑 雄縣)
4	삼량화정 (參良火停)	흑 (黑)	현효정 (玄驍停)	추(推)(삼三) 량화현(良火縣)	양주(良州) 화왕군 (火王郡) 현효현(玄 驍縣)
5	소삼정 (召參停)	흑 (黑)	현무정 (玄武停)	소삼현 (召三縣)	강주(康州) 함안군 (咸安郡) 현무현(玄 武縣)
6	미다부리정 (未多夫里停)	흑 (黑)	현웅정 (玄雄停)	(백제)미동부리현 (未冬夫里縣)	무주(武州) 현웅현 (玄雄縣)
7	남천정 (南川停)	황 (黃)	황무정 (黃武停)	(고구려) 남천현(南川縣)	한주(漢州) 황무현 (黃武縣)
8	골내근정 (骨乃斤停)	황 (黃)	황효정 (黃驍停)	(고구려) 골내근현(骨乃斤縣)	한주(漢州) 기천군 (沂川郡) 황효현(黃 驍縣)
9	벌력천정 (伐力川停)	녹 (綠)	녹효정 (綠驍停)	(고구려) 벌력천현(伐力川縣)	삭주(朔州) 녹효현 (綠驍縣)
10	이화혜정 (伊火兮停)	녹 (綠)	녹무정 (綠武停)	(고구려) 이화혜현(伊火兮縣)	명주(溟州) 곡성군 (曲城郡) 녹무현(綠 武縣)

이상 살핀 바와 같이 경덕왕대는 전국 9주의 주치州治에 정停을 설치하여 9주정체제로 전환하였으며, 10정 군단에 대해서도 부대별 차별성을 강화하는 한편 군단 전체

에 대한 획일적인 통제를 꾀하기 위해 명칭을 고치는 등 지방군에 대한 개혁을 단행하였다. 이러한 개혁은 7세기 후반대의 군제 재편에서 나타난 지방군제의 방만성과 중복성이라는 모순을 극복하려는 의도에서 추진되었을 것이다. 그러므로 7세기대의 군제재편 과정에서 두어졌던 많은 지방군사조직들에 대한 일대 정리 작업인 진행되었을 것으로 추정된다.

(2) 9주정체제의 운용

앞에서 경덕왕대의 군제개혁을 통해 성립된 새로운 지방군제를 '9주정체제'라 명명하였다. 이는 이전의 방만하고 중복적이었던 지방군제의 모순을 극복하고, 다시 주치州治에 주정州停을 설치함으로써 9개주 각각을 단위로 하는 통일적인 군제로의 전환을 의미하는 것으로 풀이하였다. 여기서는 9주정체제의 구조와 운용문제에 대해 살펴보고자 한다.

9주정체제의 운용문제에 대해 관심을 돌릴 때 먼저 주목되는 것이 운용상 보여지는 이원적인 구조이다. 이는 9주정체제의 지휘체계와도 밀접한 관련을 가지고 있었다. 먼저 다음의 사료부터 검토하기로 하자.

> O-1. 장군將軍은 모두 36인이다. 대당大幢을 맡는 이가 4인, 귀당貴幢이 4인 … 우수정牛首停이 2인으로 관등官等은 진골眞骨 상당上堂에서 상신上臣까지이다. 녹금당綠衿幢이 2인, 자금당紫衿幢이 2인, … 청금당靑衿幢이 2인인데, 관등은 진골 급찬에서 각간까지이다. 경덕왕 때에 이르러 웅천주정熊川州停에 3인을 가치加置하였다.(『삼국사기』 권40, 잡지9, 직관 하)

여기에는 경덕왕대에 9주정의 하나인 웅천주정에 장군 3인을 설치했던 사례가 보인다. 이를 일반화할 수 있다면 9주정에는 장군이 3인씩 설치되어 최고의 지휘권을 장악했다고 생각할 수도 있다. 그러나 이후의 주州 단위 군사력의 활동에 장군이 지휘권자로 등장하는 예는 더이상 발견되지 않는다. 따라서 경덕왕대에 웅천주정에 3인의 장군을 설치한 것은 매우 이례적인 경우라고 할 수 있다. 아마 당시의 현실적 필요성에 입각한 임시적인 조치였을 것이다.[304] 그러나 앞에서 논증했듯이 9주정은 엄연히 존재한 군사조직이므로, 9주정에는 특별한 경우에 한정되어 장군이 임명되어 지휘하기도 했던 사실은 유념할 필요가 있다.

9주정에 장군이 임명되는 것이 특별한 경우에 한정되어 있었다면, 보통 일상적으로 9주정의 지휘권을 보유했던 관직은 무엇일까. 이와 관련하여 통일신라기에 주의 장관인 도독이 군사활동의 지휘자로 등장하는 사례[305]를 눈여겨 볼만하다. 9주정이 각각의 주를 단위로 설치된 군사조직이었으므로, 이것이 9주정의 지휘체계와 관련되었을 가능성이 높기 때문이다.

O-2. 웅천주도독熊川州都督 헌창憲昌이 아버지인 주원周元이 왕이 되지 못했음을 이유로 반란을 일으켜 국호國號를 장안長安이라 하고, 연호를 세워 경운원년慶雲元年이라 하였다. 무진武珍·완산完山·청주菁州·사벌주沙伐州 등 4주의 도독都督과 국원國原·서원西原·금관경金官京의 사신仕臣 및 여러 군현郡縣의 수령守令을 위협하여 자기 소속으로 하니, 청주도독菁州都督인 향영向榮이 몸을 빼어 추화군推火郡으로 달아났고, 한산漢山·우두牛頭·삽량歃良·패강浿江·북원北原 등은 먼저 헌창憲昌의 역모逆謀를 알고 군대를 일으켜 스스로 지켰다.(『삼국사기』권10, 신라본기10, 헌덕왕 14년)

3. 헌창憲昌의 아들 범문梵文이 고달산적高達山賊 수신壽神 등 1백여 인과 함께 모반謀叛하여 도읍을 평양平壤에 정하려 하여 북한산주北漢山州를 치자, 도독都督 총명聰明이 군사를 이끌고 그를 잡아 죽였다.(『삼국사기』권10, 신라본기10, 헌덕왕 17년)

4. 신라인 이사정李少貞 등 40인이 축자대진筑紫大津에 도착하였다. 대재부大宰府에서 사자를 보내어 온 까닭을 물으니 우두머리인 소정少貞이 말하기를 "장보고

---

304 이것이 熊川州停을 제외한 나머지 8개 州停의 장군 임명기사가 무관조에 채록되지 않은 이유일 것이다.
305 통일신라기 都督이 兵馬權을 보유하고 있었던 사실은 이미 널리 지적되어 왔으나, 도독이 거느린 군사력의 실체에 대한 자세한 논의는 이루어지지 않았다.

張寶高가 죽고 그의 부장副將 이창진李昌珍 등이 반란을 일으키고자 함에 무진
주武珍州 열하列賀(*별가別駕의 잘못) 염장閣丈이 군사를 일으켜 토평討平하였
다.…"라고 하였다.(『속일본후기』권11, 승화 9년 봄 정월 병인)

먼저 O-2에서 김헌창의 반란에 대해 한산주·우두주·삽량주가 거병하여 스스로
지킨 경우를 볼 수 있다. 이때 주의 거병이란 김헌창이 주의 도독을 위협하여 자기 진
영으로 끌어들였던 데서 알 수 있듯이, 결국 주장관州長官인 도독이 군사를 일으켜 스
스로를 방어한 사실을 의미하는 것이다. 이를 통해 도독은 주의 군사를 동원하고, 지
휘하는 권한을 가졌음을 알 수 있다. 김헌창 자신이 반란을 일으킬 수 있었던 기본적
인 역량이나 그가 난을 일으키면서 4주의 도독을 지지세력화 했던 이유도 바로 여기
에 있었던 것이다.

또 O-3은 헌창의 아들 범문梵文 등의 반란을 한산주 도독인 총명聰明이 진압했던
사례인데, 도독이 군사지휘권을 행사했음을 보여주고 있다. 이 때 총명이 지휘한 군
사력이 사료를 통해서는 확인되지 않지만, 한산주의 그것임은 의심할 바 없다. 한편
O-4는 무주도독의 직속 하위직인 별가別駕(=주조州助·주보州輔)가 군사를 동원·지휘
했던 사례이지만, 이는 무언가의 특별한 사정으로 인하여 별가가 도독의 임무를 대신
수행한 것으로 보아야 한다.

그러면 이와 같이 도독이 동원·지휘했던 주의 군사력의 실체는 무엇이었을까. 아
래에 보이는 무주군의 존재가 주목된다.

O-5. 김양金陽이 평동장군平東將軍이라 일컫고 (개성開成 3년;828) 12월에 다시 출동
하는데, 김양순金亮詢이 무주군鵡洲軍을 거느리고 왔으며, 김우징金祐徵이 또 날
래고 용맹한 염장閻長·장변張弁·정년鄭年·악금駱金·장건영張建榮·이순행李順
行 등 여섯 장수를 보내어 병사를 통솔케 하니 군용軍容이 매우 성하였다.(『삼국
사기』권44, 열전4, 김양)

위의 자료에는 민애왕을 공격하려는 김양 군에 김양순이라는 인물이 무주군을 이

끌고 가담한 사실이 보인다. 여기에 보이는 무주군鵡洲軍은 곧 무주군의 군대를 말하는데, 이를 이끈 김양순은 앞에서 검토한 도독의 역할을 참조할 때 무주도독으로 추측할 수 있다. 곧 위의 사료는 무주도독인 김양순이 무주의 군사력을 인솔하고 김양 군대에 가담한 사실을 보여주는 것이다. 이를 통해 도독이 이

'명주군왕' 김주원 묘(강원 강릉)
김주원의 아들 김헌창은 아버지가 왕위에 오르지 못한 것을 이유 삼아 반란을 일으켰다.

끈 군사력을 '모某주군'으로 불렀음을 짐작할 수 있다.

그런데 이러한 방식의 호칭법은 중고기에도 종종 발견된다. 예를 들면 '상주정上州停 장군'을 '상주장군上州將軍'으로 칭하거나,[306] '주정'의 군사력을 '주지병州之兵' 혹은 '주군'으로 표기한 용례[307]가 그것이다. 이러한 중고기의 용례를 감안하면 위 사료의 무주군은 곧 무주정의 군사력임이 인정될 수 있다. 나아가 이 시기의 지방군의 실태를 고려할 때 이는 곧 9주정의 하나인 무주정에 비정된다. 이러한 무주정의 사례에서 볼 때 9주정 군사력의 동원권과 지휘권은 주장관인 도독이 장악하고 있었다고 하겠다.[308]

이와 같이 9주정의 운용에서 장군이 임명되어 지휘하는 특별한 경우가 있었고, 도독이 지휘하는 경우도 찾아 볼 수 있다. 운용상 보여지는 이 두가지의 9주정은 결국

---

306 이런 사례는 매우 많은데, 예를 들면 『삼국사기』 권5, 신라본기5, 태종무열왕 8년조에서 "迊湌文忠爲上州將軍"이라 하고 있는 것은 文忠이 上州停 將軍에 임명된 기사이다.

307 『삼국사기』 권47, 열전7, 해론, "眞平王命將 以上州·下州·新州之兵救之…讚德憤恨之 謂士卒曰 三州軍帥見敵强不進…".

308 직접적인 것은 아니지만, 최치원의 아래와 같은 말에서도 도독이 군사지휘권을 장악했음이 시사되고 있다. "故 全州大都督 金公 小昊玄裔 太常令孫 襄帷而接俗多能 早分銅虎 云云"(「華嚴佛國寺繡釋迦如來像幡贊 幷序」『東文選』 권50). 여기에는 전주도독인 김공이 일찍이 동호부를 나누었다고 했는데, 호부는 군사지휘권을 가진 자에게 왕이 내려주는 신표의 하나이기 때문이다.

병졸집단의 구성이나 지휘체계에 있어서도 일정한 차이를 예상하게 한다. 이를 해명하기 위하여 먼저 도독이 지휘하는 9주정의 군사력의 실체를 알아보기로 하자.

　도독이 지휘한 9주정은 주치를 기반으로 한 군사력이거나 아니면 광역주의 그것 가운데 하나일 것이다. 신라의 주는 주치와 광역주라는 이중의 의미를 갖고 있었기 때문이다. 이와 관련하여 주목되는 것이 다음 사료이다.

> P-1. 초적草賊이 사방에서 일어남으로 모든 주州와 군郡의 도독都督과 태수太守에게 명하여 잡게 하였다.(『삼국사기』 권10, 헌덕왕 11년)
>
> 　2. 3월에 웅천주도독 헌창憲昌이 아버지인 주원周元이 왕이 되지 못했음을 이유로 반란을 일으켜 국호를 장안長安이라 하고, 연호를 세워 경운원년慶雲元年이라 하였다. 무진武珍·완산完山·청주菁·사벌주沙伐州 등 4주의 도독都督과 국원國原·서원西原·금관경金官京의 사신仕臣 및 여러 군현郡縣의 수령守令을 위협하여 자기 소속으로 하니, 청주도독菁州都督인 향영向榮이 몸을 빼어 추화군推火郡으로 달아났고, 한산漢山·우두牛頭·삽량歃良·패강浿江·북원北原 등은 먼저 헌창憲昌의 역모를 알고 군대를 일으켜 스스로 지켰다.(『삼국사기』 권10, 신라본기10, 헌덕왕 14년)

　먼저 P-1에는 도독과 더불어 초적의 토벌을 명령받은 군태수의 존재가 확인된다. 이를 보면 도독과 마찬가지로 군태수도 독자적으로 군대를 이끌고 군사활동을 전개했음을 짐작할 수 있다. 이 점 P-2에서 보다 분명하게 알 수 있다. 김헌창은 주장관인 도독 외에 소경의 사신과 군현의 수령까지 우익으로 확보하고자 하였다. 이에 대해 패강진과 북원경은 한산주 등과 더불어 김헌창에 대항하여 병사를 일으켜 스스로 방어하였다. 이는 도독 뿐만 아니라 소경 사신·패강진 두상·군태수·현령 등 각급 수령들 역시 독자적인 지휘권을 보유하고 있었음을 시사한다. 이때 각급 수령들은 통치지역 내의 지방민을 징발 편성한 군사력을 거느렸을 것이다.[309] 따라서 통일신라기의 지

---

309 이러한 지방관이 거느린 군사조직을 법당군단에 비정하는 견해가 있다(李仁哲, 앞의 논문, 1988, 290~324쪽). 그런데 이 견해는 주요논거를 법당군단의 군관수와 지방관의 수가 흡사하다는 데

방관들은 지역 내의 지방민을 징발 편성한 군대를 지휘하는 권한을 보유했으며, 이런 의미에서 각급 행정구역은 그 자체 소군관구小軍管區의 성격을 지니기도 했던 셈이다.

이와 같이 소경·군·현의 수령들 역시 도독과 더불어 독자적으로 지휘하는 군사력이 있었다면, 이들과 더불어 활동상을 보여주는 도독이 지휘했던 9주정도 마찬가지일 것이다. 곧 도독은 주치지역을 소군관구로 하여 주민을 징발·편성하거나, 주치에 주둔한 군사력으로 구성된 9주정을 지휘하여 독자적인 군사활동을 전개했다고 생각된다.

그러면 도독이 지휘하지 않고 경덕왕대에 웅천주정에 장군 3인이 임명된 바와 같은, 9주정에 복수의 장군이 임명되어 지휘하게 되었을 때도 군사력의 성격이 동일했을까. 장군의 임명은 매우 이례적인 경우라고 보았던 앞의 지적을 상기하면, 양자의 성격은 서로 다르다고 보는 것이 합리적이다. 만약 동일하다면 따로 장군을 임명할 필요조차 없었을 것이기 때문이다. 이를 보여주는 명확한 사료는 없으나, 이사도李師道의 반란을 진압하려는 당唐의 요청으로 김웅원金雄元이 순천군장군順天軍將軍에 임명되어 갑병甲兵 3만 명을 이끌고 출동한 사례[310]는 참조할 만하다. 장군의 임명은 보다 대규모의 군사력이 요청될 경우였음을 짐작할 수 있기 때문이다.

그렇다면 9주정에 장군이 임명되었을 경우에는 주치州治의 정停이 본영이 되었겠지만, 주 관내 군현의 군사력을 동원하는 등 보다 대규모의 군사력이 9주정으로 편성되었을 것으로 여겨진다. 이때의 지역적 범주는 9주정이 주명을 앞세우고 있는 점에서 보면 광역주가 범위로 되었을 것이다. 즉 장군이 임명되었을 때의 9주정은 광역주를 범위로 하여 관내 군현의 군사력을 결집하여 구성했던 것이다. 이와 같이 9주정은 도독이 지휘하는 주치에 설치된 9주정과 장군이 임명되어 지휘하는 광역주를 범위로 하여 관내 군현의 군사력을 동원한 9주정이라는 이중적인 운용을 보여주고 있다.

이렇게 9주정의 운용이 이원적이었다면, 주치에 두어진 9주정의 지휘체계는 일종

두고 있어, 설득력이 약하다. 이러한 지적은 李宇泰, 『新羅 中古期의 地方勢力 研究』, 서울대 박사학위논문, 1991, 150쪽에서도 이루어진 바 있다. 그래서 일단 이들 지방관이 거느린 군사조직이 법당군단인지 여부는 장차의 검토로 미루어두고자 한다.

310 『삼국사기』 권10, 헌덕왕 11년.

의 상비조직이었으며, 장군이 임명되는 경우는 대규모 출정에 즈음한 임시적인 조직이라고 할 수 있다. 이러한 시각에서 상비적인 지휘체계부터 살펴보기로 하겠다.

보통 일상적인 9주정의 최고의 지휘권자는 주장관인 도독이었다. 그 예하에는 막료로서 주조州助와 장사長史가 있었음은 널리 알려진 사실이다. 이들은 도독의 9주정 지휘에 있어서도 보조 역할을 수행했을 것이다. 다음으로 9주에 파견된 군관들 역시 간과될 수 없다.

> Q-1 ① 비금당주緋衿幢主는 40인인데, 사벌주沙伐州에 3인, 삽량주歃良州에 3인, 청주菁州에 3인, 한산주漢山州에 2인, 우수주牛首州에 6인, 하서주河西州에 6인, 웅천주熊川州에 5인, 완산주完山州에 4인, 무진주武珍州에 8인으로 모두 40인이다. 착금著衿하며, 관등이 사지舍知로부터 사찬沙湌에 이르는 자가 취임한다.(『삼국사기』 권40, 잡지9, 직관 하)
> ② 비금감緋衿監은 48인인데, 당幢을 영솔하는 40인과 마병馬兵을 영솔하는 8인이다.(위와 같음)
> 2 ① 사자금당주師子衿幢主는 왕도에 3인, 사벌주沙伐州에 3인, 삽량주歃良州에 3인, 청주菁州에 3인, 한산주漢山州에 3인, 우수주牛首州에 3인, 하서주河西州에 3인, 웅천주熊川州에 3인, 완산주完山州에 3인, 무진주武珍州에 3인으로 모두 30인이다. 착금著衿하며, 관등이 사지舍知로부터 일길찬一吉湌에 이르는 자가 취임한다.(위와 같음)
> ② 사자금당감師子衿幢監은 30인인데, 관등이 당幢으로 부터 나마奈麻에 이르는 자가 취임한다.(위와 같음)

위 사료의 비금당주緋衿幢主-비금감緋衿監과 사자금당주師子衿幢主-사자금당감師子衿幢監이 파견된 9주는 곧 9주정임을 앞에서 지적해 두었다. 이들은 곧 주치에 설치된 9주정에 파견된 군관들로서, 관등규정에서 알 수 있듯이 도독의 지휘 하에 놓여 있었던 것으로 보인다. 따라서 이들은 주치정의 군사력을 실질적으로 지휘했던 실병實兵 지휘관이었다고 하겠다. 그러므로 도독 예하의 9주정의 상비조직으로는 일단 막료조직인 주조-장사와 실병 지휘관인 비금당주-비금감·사자금당주-사자금당감의 지휘체계를 찾아볼 수 있다.

그런데 무관조에는 9주 모두에 설치된 또다른 군사조직으로 만보당과 10정군단이 보이고 있다. 일단 이들은 소재지가 9주라는 점에서 9주정과 관련이 있을 가능성이 예상된다. 그래서 이들과 9주정의 관계 및 그 군관조직과 9주정의 상비조직의 관계를 밝혀둘 필요가 있다. 먼저 만보당에 대한 기록을 보면 다음과 같다.

> R-1. 만보당萬步幢 9주에 각각 두 가지의 금색衿色이 있다. 사벌주沙伐州는 청황靑黃·청자靑紫, 삽량주歃良州는 적청赤靑·적백赤白, 청주菁州는 적황赤黃·적녹赤綠, 한산주漢山州는 황흑黃黑·황녹黃綠, 우수주牛首州는 흑녹黑綠·흑백黑白, 웅천주熊川州는 황자黃紫·황청黃靑, 하서주河西州는 청흑靑黑·청적靑赤, 무진주武珍州는 백적白赤·백황白黃이다.(『삼국사기』 권40, 잡지9, 직관 하)
>
> 2. 만보당주萬步幢主 경오종당주京五種幢主가 15인, 절말당주節末幢主가 4인, 9주만보당주九州萬步幢主가 18인으로 모두 37인이며, 무금無衿으로 위위는 사지舍知로부터 대나마大奈麻까지로 한다.(『삼국사기』 권40, 잡지9, 직관 하)

먼저 R-1은 만보당의 배치현황인데, 9주에 각각 서로 다른 금색을 가진 2개의 소부대가 존재했음을 알 수 있다.[311] 여기에 기록된 9주는 곧 9주의 주치州治를 의미한다. 그리고 R-2에는 9주만보당에 만보당주가 각 주州마다 2인씩 도합 18인이 소속되었음이 보이고 있다. 이를 종합하면 만보당은 9주의 주치에 금색을 달리하는 2개의 소부대가 있었고, 각각의 소부대에 만보당주가 1인씩 파견된 군사조직임을 알 수 있고, 그 성격은 명칭이 시사하듯이 보병부대였다.[312]

---

311 단 完山州의 경우는 기록되지 않았지만, '九州各二衿色'이라는 데서 보면 누락으로 말미암은 것임을 쉽게 알 수 있다.

312 李仁哲, 「新羅 骨品體制社會의 兵制」, 앞의 책, 354쪽에서는 萬의 字意에 '干戚을 가지고 추는 춤'이라는 의미가 있다고 하면서, 이를 방패와 도끼를 사용하는 보병부대라고 하였다. 그런데 신라의 군호를 보면, 만약 특정 무기를 사용하는 부대는 무기명을 부대의 칭호로 삼고 있다. 즉 장창부대인 '長槍幢'이나 가지가 달린 戟을 사용하는 '皆知戟幢'이 대표적인 예이다. 이를 참조할 때

그러면 만보당이나 그에 소속된 만보당주와 9주정의 관계는 어떠했을까. 이미 살펴본 바 있듯이 만보당은 7세기 후반의 군제재편과정에서 성립된 군사조직으로 왕경의 경오종당京五種幢이나 이절말당二節末幢과 왕경-지방 대응체제 구축의 일환으로 정리된 것이었다. 그리고 극히 단순한 군관구성에서 보듯이 현실적으로 기능을 발휘하기가 어려운 한계가 있었다. 따라서 이는 9주정과는 시기를 달리하는 군사조직이었으며, 경덕왕대의 군제개혁과정에서 소멸된 것으로 판단된다. 다시 말하면 만보당은 9주의 주치에 두어진 군사조직이기는 했으나, 9주정과는 시기를 달리하는 상호 관계없는 군사조직이었다.

한편 9주 영역 내에는 10정군단이 설치되어 있어[313] 이들과 9주정과의 관계나, 소속 군관과 9주정의 상비조직의 관계가 궁금해진다. 10정군단에는 각 부대별로 대대감隊大監(1인)-소감少監(2인)-화척火尺(2인), 삼천당주三千幢主(6인)-삼천감三千監(6인)-삼천졸三千卒(15인)의 군관들이 파견되어 있었으며, 특히 대대감-소감-화척은 기병을 영솔한다는 단서가 있어, 10정군단이 기병부대로서의 성격이 강했음을 알려주고 있다.[314] 이들의 배치에 의도성이 간파되는 점, 최고 군관직이 대감에 그치고 있는 점 등에서 보면 10정군단의 운용에 도독이 관여했을 가능성이 엿보이기도 한다.[315] 그러나 소재지가 주치에 있지 않고 주의 영현이나 아니면 상당한 거리를 두고 존재하는 점, 획일적인 인원구성 등을 보면 10정군단은 독립부대적인 성격이 강하다고 할 수 있다. 그래서 필자는 10정군단은 필요할 경우 도독이 지휘하는 9주정과 합동작전을 전개하기도 했겠지만, 10정군단은 독립부대적 성격이 강한 기병부대였으며, 그 군관조직을 9주정의 상비조직으로 간주할 수는 없다고 본다. 다만 이례적으로 장군이 임명되고 광역주를 기반으로 한 9주정이 편성될 경우에는 9주정체제의 운용에 포함

만약 만보당이 방패와 도끼로 무장한 부대였다면 굳이 궁벽한 의미를 끌어내어 군호로 사용하기보다 도끼와 방패의 의미를 조합한 군호를 칭했을 가능성이 훨씬 크다. 그래서 필자는 만보당을 전국적으로 설치된 보병부대라는 평범한 의미를 가진 것으로 보고 싶다.

313 앞의 〈표 5-19〉 참조.

314 末松保和, 앞의 논문, 1954, 367쪽 ; 井上秀雄, 앞의 논문, 1974, 190~191쪽.

315 朱甫暾, 「新羅 中古期 6停에 대한 몇가지 問題」『新羅文化』3·4合, 東國大 新羅文化硏究所, 1987, 30쪽 ; 주보돈, 「統一期 新羅 地方統治體制의 整備와 村落構造의 變化」『大丘史學』37, 1989, 34~35쪽.

되었을 가능성이 크다.

이와 같이 도독이 지휘하는 주치의 9주정은 그 상비조직으로 주조-장사의 막료조직과 실제로 병력을 지휘하는 비금당주-비금감, 사자금당주-사자금당감의 실병 지휘조직을 갖추고 있었다. 이에 대해 장군이 임명된 경우의 9주정의 지휘체계는 광역주를 범위로 하여 대규모의 군사력이 동원된다는 점에서 상비조직보다는 확대된 지휘체계가 구성되었을 것이 분명하지만, 구체적인 사례를 찾을 수 없어 자세한 내용을 알 수 없다. 그래서 필자는 중고기의 정제停制가 전시출동체제에서 갖추었던 것과 흡사한 지휘체계가 성립되었던 것으로 추측해 둔다.

4) 군진의 설치와 운용

(1) 패강진과 서북변경 방어

신라시대 군사적 성격이 강한 특별한 지방행정단위였던 군진은 일찌기 상고기에 성과 더불어 설치된 바 있었다. 그러나 6세기대의 주군제 시행과정에서 소멸되었다가 다시 무열왕 5년에 재등장하였다. 다만 재등장한 직후의 진鎭은 군사적 위상 면에서 군사활동의 중심 기능까지 수행했던 주치보다도 그 비중이 낮았다.[316] 그러나 경덕왕대의 군제개혁 과정에서 진은 변경의 군사요충지에 설치되어 그 군사적 기능이 크게 강화되고, 위상도 높아지게 되었다.

그런데 경덕왕은 북진의 이치移置를 통해 동북변경의 방어체제를 구축했을 뿐만 아니라 서북변경지대의 방어체제에 대한 개편도 단행했던 것으로 보인다. 그것이 곧 대곡진大谷鎭 설치로 나타났다.

지금까지 신라의 서북변경지방에 설치된 군진에 대해서는 실로 많은 연구가 이루어져 왔다.[317] 그러나 이 지역에 두어진 군진의 명칭·설치시기·관할구역·본영의 위치

<hr>

316 上古期의 鎭과 재등장 직후의 鎭이 가졌던 군사적 위상에 대해서는 李文基, 「統一新羅期의 「北鎭」과 軍事的 位相」, 299~308쪽에서 논급한 바 있다.
317 浿江鎭에 대해 언급한 논고를 대략 열거하면 다음과 같다. 津田左右吉, 「新羅北境考」『滿鮮歷史研究』 1, 1913 ; 津田左右吉, 『津田左右吉全集』 11, 岩波書店, 1964 ; 藤田亮策, 「新羅九州五京攷」『朝鮮學報』 5, 1953 ; 藤田亮策, 『朝鮮學論考』, 藤田先生紀念事業會, 1963 ; 井上秀雄, 「新羅軍制考」

등 실체 구명에 긴요한 여러 문제를 놓고 이견이 대립되고 있는 실정이다. 따라서 경덕왕대의 군제개혁을 통해 서북변경지대에 군진이 설치되었음을 명확히 하기 위해서는 이 문제를 정리해 둘 필요가 있다고 생각된다. 먼저 논란을 야기한 사료를 제시하면 다음과 같다.

> A-1. 왕이 한산주漢山州에 순행하여 민호民戶를 패강진浿江鎭으로 옮겼다.(『삼국사기』 권7, 신라본기7, 선덕왕 3년)
>
> 2. 아찬阿湌 체신體信을 대곡진大谷鎭 군주軍主로 삼았다.(『삼국사기』 권7, 신라본기7, 선덕왕 4년)
>
> 3. 浿江鎭典 頭上大監 一人 宣德王三年始置 大谷城頭上 一人 位自級湌至四重阿湌爲之 (『삼국사기』 권40, 잡지9, 직관 하, 외관)

위의 사료 A-1·2에는 선덕왕 3년(782)에 패강진이, 동 4년(783)에 대곡진이 존재했던 것으로 기록되어 있고, A-3에는 패강진전의 두상대감頭上大監과 더불어 대곡성두상大谷城頭上이라는 관직이 보이고 있다. 이 패강진과 대곡진은 명칭에서 이미 양자 모두가 통일신라기에 예성강 이북에서 대동강에 이르는 지역에 설치되었던 군진임을 짐작할 수 있다. 위의 사료에서는 양자 간의 관계를 알려주는 어떤 실마리도 찾을 수 없다. 결국 서로간의 관계가 불투명한 두개의 군진이, 사료에서 비슷한 시기에 같은 지역에 존재했던 것처럼 기록되어 있음에 따라, 이를 둘러싸고 다기한 주장이 제출되었다.

『朝鮮學報』 11·12, 1957·1958；井上秀雄,「新羅兵制考」『新羅史基礎研究』, 東出版, 1974；李基白,「高麗 太祖時의 鎭」『歷史學報』 10, 1958；李基白,『高麗兵制史研究』, 一潮閣, 1968；方東仁,「三國史記 地理志의 郡縣 考察-九州所管郡縣의 漏記를 中心으로-」『史學研究』 23, 1973；末松保和,「新羅의 郡縣制-特にその完成期の二三問題」『學習院大學文學部研究年報』 21, 1975；李基東,「新羅 下代의 浿江鎭」『韓國學報』 10, 1976；李基東,『新羅骨品制社會와 花郎徒』, 一潮閣, 1984；方東仁,「浿江鎭의 管轄範圍에 관하여」『盧道陽華甲紀念論文集』, 1979；木村誠,「統一新羅の郡縣制と浿江地方經營」『朝鮮歷史論集』 上, 1979；李成市,「新羅兵制における浿江鎭典」『早稻田大學大學院文學研究科紀要』 別冊7, 1981；李仁哲,「新羅統一期의 地方統治體系」『新羅政治制度史研究』, 一志社, 1993.

이 대곡진과 패강진이라는 두 개 군진의 상호관계에 대해서는 크게 보아 네가지의 주장이 나와 있다. 첫째는 양자를 동일한 것으로 간주하는 견해이다.(일치설)[318] 이 주장은 사료 A-2에서 대곡진이 나오고 있는 것은 선덕왕 3년(782) 대곡성(평산)에 패강진을 설치했으므로, 패강진이 대곡진으로 불리기도 했다고 이해한다. 즉 대곡진으로 표현된 것은 패강진에 다름아니라는 것이다. 같은 시각에서 사료 A-3의 패강진 두상대감과 대곡성 두상을 동일한 지방의 동일직책으로 간주하였다.

둘째는 양자를 병존한 두개의 군진으로 보는 견해이다.(병존설)[319] 이 주장은 양자를 설치시기와 관할범위를 달리했던 것으로 본다. 곧 패강진은 경덕왕 21년(762) 경에 설치되어[320] 멸악산맥 이북~패강 이남지역을 관할하였으며, 대곡진은 선덕왕 3년(782)에 설치되어 예성강 이서~멸악산맥 이남지역을 관할했다는 것이다. 자연히 패강진 두상대감은 패강진을 관할하는 장관이며, 대곡성 두상은 대곡진의 장관으로 양자는 별개의 관직으로 이해된다.

셋째는 대곡진이 패강진으로 확대 발전했다고 보는 견해이다.(발전설)[321] 이는 사료 A-3을 패강진 두상대감의 유래기사로 보아 선덕왕 3년(782)에 대곡성 두상이 설치되었다가 후일 패강진 두상대감으로 고쳐졌다는 주장에[322] 근거하여, 선덕왕 3년에 설

---

318 藤田亮策, 앞의 논문 ; 井上秀雄, 앞의 논문, 1974 ; 李基白, 앞의 논문, 李基東, 「新羅 下代의 浿江鎭」.

319 木村誠, 「統一新羅の郡縣編制と浿江地方經營」.

320 木村誠은 『삼국사기』권43, 열전3, 김유신 하에 기록된 金巖의 官歷 가운데 패강진 두상을 역임했음이 밝혀져 있고, 또 그가 패강지방을 덮친 누리의 피해를 구제한 逸話가 大曆 14년(혜공왕 15년; 779)의 日本 使行보다 앞선 사실처럼 기록되어 있는 점을 중시하여, 김암의 패강진 두상의 역임시기를 779년 이전으로 추정하였다. 이에 근거하여 패강진의 설치시기를 경덕왕 21년(762)으로 앞당겨 보았다.(「앞의 논문」, 253~255쪽) 그러나 『삼국사기』권43, 열전3, 김유신 하에 기록된 金巖의 전기에는 그가 大曆 年間(766~779)에 당으로부터 귀국한 뒤 良 · 康 · 漢州 지방의 郡太守를 역임한 뒤 執事侍郎과 浿江鎭 頭上을 지냈다고 적고 있는데, 이는 일생동안 그가 역임한 官歷을 순차적으로 기록한 것으로 보는 것이 옳다고 생각된다. 그렇다면 浿江鎭 頭上은 金巖의 최종관직이 되므로, 이를 근거로 패강진의 설치시기를 앞당겨 보는 것은 무리라고 판단된다.

321 李成市, 앞의 논문 참조.

322 末松保和, 앞의 논문, 1975, 79쪽. 그래서 그는 위의 사료 A-3을 "浿江鎭典 頭上大監은 1인이다. 宣德王 3년에 大谷城 頭上 1인을 처음 설치하였다."로 풀이하였다. 한편 그는 패강진의 관할범위를 황해도 서부의 12개 군현 미설치지역으로 보고 있기도 하다.

치되었다가 후일 패강 이남~예성강 이북의 광범위한 지역을 관할하는 패강진으로 발전했던 것으로 간주한다. 그러므로 패강진에 관한 초견기사인 사료 A-1을 부인하거나, 패강진을 대곡진으로 고쳐보지 않으면 안 된다.

넷째는 양자가 전혀 관계가 없다고 보는 견해이다.(무관계설)[323] 이는 사료 A-3에 대곡성 두상으로 기록되어 있는 점을 중시하여, A-2의 대곡진을 대곡성으로 간주하면서 예성강 이북지방에 설치된 군진은 패강진 하나로 본다. 즉 대곡진의 존재 자체를 부인하고 있다. 그리고 패강진의 설치시기는 경덕왕 21년(762)이었고, 본영은 황해도 봉산에 두어져 있었으며, 관할범위는 멸악산맥 이북~재령강 서쪽에 위치한 황해도 서부의 12개 군현 미설치 지역이라고 한다.[324]

이상의 네 가지 견해는 모두 약간의 문제점을 안고 있어, 만족할 만한 결론에 도달한 것으로 보기는 어렵다. 다만 이 문제의 해결에 필요하다고 여겨지는 한두가지의 유의점만 지적해 두기로 하겠다.

첫째, 사료에서 패강진-대곡진, 패강진 두상대감-대곡성 두상과 같이 군진 명칭과 장관직이 서로 다르게 나오고 있는 점은 중시될 필요가 있다고 생각한다. 물론 설치 지역이 똑같이 평산平山인[325] 대곡진과 패강진이 사료상 거의 같은 시기에 등장하고 있으므로, '일치설'처럼 양자를 동일한 것으로 인정할 근거가 전혀 없는 것은 아니다. 또 사료에서 대곡성과 대곡진이 혼용되고 있으므로, '무관계설'처럼 대곡진은 군진이 아니라고 할 일말의 근거가 있는 것도 사실이다. 그러나 두상頭上이라는 관직은 군진의 장의 직명으로 고려 초까지 흔적을 남기고 있다.[326] 그러므로 대곡성에 두상이 존재했던 사실만으로도 그 곳에 군진이 설치되었음은 충분히 추론이 가능하므로, 대곡진의 존재를 부인한 '무관계설'은 설득력이 약하다고 하겠다.[327] 그리고 대곡진이라

---

323 李仁哲, 앞의 논문, 1988.

324 관할범위는 末松保和, 앞의 논문, 1975, 77~78쪽의 주장을 따른 것이다.

325 대곡진을 大谷城 혹은 大谷郡(평산)에 비정하는 것은 명칭에서 보아 당연한 것이며, 패강진의 본영 위치에 대해서는 '金川說'·'鳳山說' 등이 나와 있으나 '平山說'이 가장 설득력이 있다.

326 고려 초의 軍鎭에 대해서는 李基白, 앞의 논문 ; 趙仁成, 「高麗 兩界의 國防體制」『高麗軍制史』, 육군본부, 1983 참조. 고려 초의 鎭의 長은 일반적으로 '鎭頭'라고 하였는데, 이는 '鎭 頭上(大監)'의 殘影으로 보인다.

327 그래서 '無關係說'을 내세우는 李仁哲은 大谷城 頭上을 法幢頭上에 비정하고 있다(李仁哲, 앞의 논

는 군진의 설치가 인정되고, 그 장관인 대곡성 두상의 존재가 사실이라면, '일치설'처럼 이를 굳이 패강진·패강진 두상대감과 동일한 것으로 보아야 할 필요는 없다. 직관지의 일반 용례를 감안할 때 패강진 두상대감과 동직同職인 대곡성 두상이 A-3의 기사에 등장하는 이유를 설명하기 어렵기 때문이다. 이렇게 볼 때 대곡진과 패강진, 대곡성 두상과 패강진 두상대감은 상호 구별되는 것으로 이해하는 것이 옳다고 여겨진다.[328] 그렇다면 '일치설' 역시 근본적인 문제를 안고 있는 셈이다.

둘째, 위에서 제시한 바와 같은 설치기의 자료뿐만 아니라 보다 늦은 시기의 활동상을 반영하는 자료에 대해서도 관심을 돌릴 필요가 있다고 본다. 이를 개관하면 패강진 관련 기록은 적어도 9세기 후반까지 각종 사료를 통해 빈번하게 등장한다.[329] 그러나 대곡진은 위의 사료 A-2·3을 제외하면 더 이상 발견되지 않는다. 이는 선덕왕 3~4년 무렵이 대곡진이 존재한 마지막 시기였을 가능성을 시사한다. 이렇게 보면 경덕왕 21년에 패강진이 설치되고, 선덕왕 3년에 대곡진이 설치되어 양자가 신라 말에 이르기까지 병존한 것으로 본 '병존설' 역시 수긍하기 어렵다.[330]

이와 같이 대곡진과 패강진은 서로 구별되는 별개의 군진이면서도 병존하지는 않았던 것으로 보아야 마땅하다. 이런 시각에서 보면 양자를 시기를 달리하는 것으로 간주하여, 대곡성에 설치되었던 군진이 패강진으로 확대 발전되었다는 '발전설'이 가장 타당성이 크다고 여겨진다. 그러나 기왕의 '발전설' 역시 전적으로 옳은 것은 아니며, 약간의 문제를 갖고 있다. 곧 설치시기에 대한 견해가 그것이다. 앞에서도 언급했듯이 '발전설'에서는 대곡성에 군진이 설치된 시기를 선덕왕 3년으로 보고, 그것이

문, 1988, 307쪽 및 310~311쪽). 그러나 법당군단의 군관에 대한 그의 견해는 법당군관을 지방관이 겸직했다는 것으로 요약되는데, 다른 군현과는 달리 대곡성의 경우만 하필 두상이라는 군관 직명으로 표기되고 있는지가 석연하지 않다.

328 末松保和, 앞의 논문, 1954, 79쪽 ; 李成市, 앞의 논문 참조.

329 『삼국사기』 신라본기에는 이후 원성왕 원년조, 헌덕왕 14년조 등에 패강진의 활동상이 보이고 있고, 9세기 후반대에 해당하는 금석문자료인 「皇龍寺九層木塔刹柱本記」·「聖住寺朗慧和尙塔碑」·「太子寺朗空大師碑」 등에는 장관직인 '浿江鎭都護'·'浿江都護' 역임자가 기록되어 있다.

330 그래서 木村誠은 통일신라기에는 도제가 실시되어 패강지방이 浿江道와 浿西道로 나뉘어 경영되었다고 자신의 입론을 보강하고 있지만(「統一新羅の郡縣制と浿江地方經營」, 252~260쪽), 통일신라기에 도제가 실시되었다고 보기에는 상당한 무리가 따른다.

후일 패강진으로 확대 발전했다고 하였다. 그러나 이미 '일치설'에서 밝혀진 바처럼 선덕왕 3년에 패강진이 확인되므로, 패강진의 설치를 선덕왕 3년보다 늦은 시기에 잡는 것은 잘못이며. 패강진의 설치 시기는 선덕왕 3년으로 보는 것이 합리적이다.[331] 이와 같이 생각할 때 패강진의 전신인 대곡진의 설치 시기는 선덕왕 3년보다 전대前代에서 찾아야 함은 두말할 필요가 없다.[332]

그러면 대곡진의 설치 시기는 언제일까. 결론부터 말하자면 필자는 대곡진의 설치 시기를 경덕왕대로 비정하고 있는데, 아래에서 신라왕조에 의한 패강지방의 경영과정을 재검토하여 이 문제에 접근해 보기로 하겠다.

> B-1① 근래 또 김사란金思蘭의 표表를 보니 경卿(성덕왕)이 패강浿江에 수자리를 두고자 함을 알았다. 이미 발해에 대비하는 요충지로 삼아 또 안록산安祿山과 더불어 서로 바라보게 되니 이는 멀리 꾀함이 있음이요 진실로 훌륭한 계책이라 하겠다. 또한 저 조그마한 발해를 이미 토벌함에 거듭 군사를 수고롭게 하였으나 아직 박멸하지 못하였다. 경卿이 매양 (발해를) 몹시 미워하니 심히 가상하다. 도둑을 경계하며 변경을 안정하게 하면 어찌 불가不可함이 있겠는가? 조치가 끝나면 사신을 보내 알리도록 하라.(『문원영화』 권471, 칙신라왕김흥광서)
>
> ② 김의충金義忠을 하정사賀正使로 당에 보냈다.……의충義忠이 돌아올 때 (현종

---

331 사료 A-3은 일반적인 견해(이병도 역주, 앞의 책, 1977, 606쪽)처럼 "浿江鎭典頭上大監은 1인으로, 宣德王 3년에 처음 설치하였다. 大谷城頭上은 1인이다. 位는 級湌에서 四重阿湌까지이다."로 해석하는 것이 옳다고 본다.

332 이러한 필자의 논리에 가장 장애가 되는 것이 사료 A-2이다. 大谷鎭이 선덕왕 3년에 浿江鎭으로 확대 개편되었음에도 불구하고 이듬해인 동왕 4년에 대곡진이 등장하고 있기 때문이다. 그러나 사료 A-2는 대곡진 자체 보다 '大谷鎭 軍主'라는 직명에 유의할 필요가 있다ㅡ의할 필요가 軍主란 주지하듯이 6세기 이래 신라의 州長官의 칭호였다. 따라서 대곡진 군주 역시 주에 비견되는 광역의 복수군현을 관할하는 관직으로 볼 수 있다. 이는 대곡진이 패강진으로 확대 개편되면서 대곡성에 本營이 두어져 州治에 비길 수 있는 위상을 갖게 되었고, 이에 따라 그 장관을 군주젤지하듯한 것이 아닌가 게 되 곧 대곡진 군주란 표현은 이전의 대곡진 장관이었던 대곡성 두상과는 질적으로 다른 직명이었기 때문에 나온 것으로 여겨지는 것이다. 한편 이러한 표현상의 혼란은 선덕왕 3~4년이 대곡진의 종말기이자 패강진의 설치기인 일종의 과도기였음을 말하는 것이기도 하다.

이) 칙명勅命으로 패강浿江 이남의 땅을 내렸다.(『삼국사기』 권8, 신라본기8, 성덕왕 34년)

③ 사신을 보내 당에 들어가 하정賀正케 하고 이에 덧붙여 표表를 올려 진사陳謝하기를 "패강浿江 이남의 지경地境을 내리는 은칙을 받들었습니다. 폐하께서 우로雨露와 같은 은혜를 내리시고 일월日月과 같은 조서詔書를 내리시어 저에게 토경土境을 주고 읍거邑居를 넓혀주어, 드디어 개간으로 시기를 갖게 하고 농상農桑으로 제곳을 얻게 하였습니다.…"라고 하였다.(『삼국사기』 권8, 신라본기8, 성덕왕 35년)

④ 이찬伊湌 윤충允忠·사인思仁·영술英述을 보내어 평양平壤·우두牛頭 2주州의 지세를 검찰하였다.(『삼국사기』 권8, 신라본기8, 성덕왕 35년)

B-2① 아찬阿湌 정절貞節 등을 보내어 북변北邊을 검찰하였다. 비로소 대곡성大谷城등 14군현郡縣을 두었다.(『삼국사기』 권9, 신라본기9, 경덕왕 7년)

② 오곡五谷·휴암鵂巖·한성漢城·장새獐塞·지성池城·덕곡德谷의 6성城을 쌓고, 각각 태수太守를 두었다.(『삼국사기』 권9, 신라본기9, 경덕왕 21년)

B-3① 사신을 내어 패강浿江 남쪽 주군州郡을 안무安撫하였다.(『삼국사기』 권9, 신라본기9, 선덕왕 2년)

② 왕이 한산주漢山州에 순행하여 민호民戶를 패강진浿江鎭으로 옮겼다.(『삼국사기』 권9, 신라본기9, 선덕왕 3년)

③ 패강진전浿江鎭典 두상대감頭上大監은 1인이며 선덕왕宣德王 3년에 시치始置하였다. 대곡성두상大谷城頭上은 1인이며 위는 급찬級湌에서 4중아찬四重阿湌까지이다.(『삼국사기』 권40, 잡지9, 직관 하, 외관)

B-4① 우잠태수 백영牛岑太守 白永에게 명하여 한산주漢山州 북쪽의 여러 주군인州郡人 1만을 징발하여 패강장성浿江長城 3백리를 쌓았다.(『삼국사기』 권10, 신라본기10, 헌덕왕 18년)

② 취성군取城郡은 본래 고구려의 동홀冬忽인데 헌덕왕憲德王이 개명改名하였고 지금의 황주黃州로 영현領縣이 셋이다. 토산현土山縣은 본래 고구려의 식달息達로 헌덕왕憲德王이 개명하였으며, 지금은 그대로 따른다. 당악현唐嶽縣은 고구

려의 가화압加火押으로 헌덕왕憲德王이 현縣을 두고 개명하였으며, 지금의 중화현中和縣이다. 송현현松峴縣은 본래 고구려의 부사파의현夫斯波衣縣으로 헌덕왕憲德王이 개명하였고 지금은 중화현中和縣에 속한다.(『삼국사기』 권35, 잡지4, 지리2, 한주)

이는 성덕왕 34년(734) 당으로 부터 패강 이남지역 영유를 공인받기 직전부터 경덕왕·선덕왕·헌덕왕대의 이 지역에 대한 군현 편성 및 패강진 경영에 대한 사료를 모은 것이다. 이미 사료에서 드러나듯이 신라왕조에 의한 패강지방의 경영과정은 4단계로 나누어 이해할 수 있다.

첫번째는 사료 B-1에 보이는 성덕왕대의 패강지방 영유와 개척단계이다. 전술했듯이 성덕왕 33년(733) 당과 발해의 전쟁에 개입하여 발해 남변을 공격한 바 있었던 신라는 이듬해에 숙위 김충신으로 하여금 독자적인 발해공격을 제안하여 허락을 얻어낼 만큼 대발해정책에서 강경책을 구사하여 당의 환심을 샀다. 이러한 신라의 정책은 그 반대 급부로 패강지방의 영유를 도모한 것으로 이후에도 지속되었다.

즉 동왕 34년(734)에 다시 김사란을 통해 당에 상표하면서 패강지역에 수자리(방수처)를 설치하고 군사를 주둔시켜 발해를 견제하겠다는 의사를 밝혔으며, 현종은 '원도'와 '장책'이라 인정하고 이를 허락하였다(B-1①). 그런데 이 734년의 상표의 내용이 보여주는 진실은 신라가 그 이전에 이미 패강지역에 군사주둔지역인 수자리(방수처)를 설치해 둔 상태에서 사후 추인을 받은 것으로, 이 지방의 개척과 관련하여 상당한 의미를 가지고 있다. 이런 상황에서 당은 신라의 패강 이남지역의 영유를 공인하게 되었으며(B-1②), 성덕왕은 이듬해 다시 사신을 보내 패강 지역에 대한 개척 의지를 재천명하는 한편(B-1③), 즉각 당시의 정계 요인들을 파견하여 지세를 검찰하였다.(B-1④)[333] 이러한 신라의 즉각적인 행동개시는 734년 이래 방수처를 설치하여 군사를 주둔시키는 등의 사전 토대가 마련되어 있었기 때문임은 말할 필요도 없다. 요

---

333 이 지세 검찰의 대상지역인 平壤州는 서북변경지대, 牛頭州는 동북변경지대를 가리키고 있으며, 그 목적은 이 지역에 군사적 대비태세를 갖추고 나아가 영역화를 추진하기 위한 사전 정지작업에 있었음은 이미 앞에서 언급한 바 있다.

컨대 성덕왕대는 요충지에 방수처를 설정하여 군대를 주둔시키고, 당으로부터 영유를 공인받는 등 패강지방 개척을 위한 교두보를 확보한 시기였던 것이다.

두번째는 사료 B-2에 보이는 경덕왕대의 본격적인 경영이 시작된 단계이다. 경덕왕은 위와 같은 성덕왕대의 기초작업의 토대 위에서 동왕 7년(748)에 대곡성을 비롯한 여러 곳에 군현을 편성하였으며,(B-2①) 동왕 21년에는 오곡·휴암·한성·장새·지성·덕곡 등 6성을 쌓고 태수太守를 파견하였다.(B-2②) 그러나 이미 밝혀져 있듯이[334] 이러한 경덕왕대의 패강지방의 군현 편성기사에는 오류가 포함되어 있다. 즉 동왕 7년에 설치된 군현을 14개로 기록한 것은 잘못이다. 대곡성 등 14군현이란 『삼국사기』 지리지 한주조漢州條 말미 부분에 보이는 예성강 이북의 영풍군(=대곡군) 이하 14군현에 대응되는데, 그 중에는 헌덕왕대에 설치된 취성군取城郡과 예하의 3개의 영현 도합 4개군현이 포함되어 있어, 경덕왕 7년에 설치된 군현은 아무리 많아도 이들을 제외한 10개 군현으로 보아야 하기 때문이다.[335] 뿐만 아니라 경덕왕 7년에 10개 군현이 설치된 사실까지도 그대로 따르는 데는 문제가 있다. 왜냐하면 동왕 21년에 축성하여 태수太守를 두었다고 기록된 6성 역시 대곡성 등 10개 군현과 중복되기 때문이다. 그래서 이 문제는 일반적으로 경덕왕 7년에 설치된 10개 군현 가운데 실질적으로 군현제도가 시행된 것은 동왕 21년에 축성하여 태수를 파견한 6개 군현을 제외한 4개 군현뿐이며, 나머지는 명목만으로 존재하다가 동왕 21년에 이르러 본격적으로 경영되기에 이른 것으로 이해한다.[336] 어쨌던 경덕왕대는 패강지방에 군현을 편성하는 등 본격적인 경영을 시작했던 시기였다.

세번째는 사료 B-3에 보이듯이 선덕왕대의 패강지방 경영을 위한 체제정비 단계이다. 먼저 선덕왕은 동왕 2년 패강지방에 사신을 보내 주민을 안무하였다(B-3①). 이는 모종의 개혁을 위한 현지사정을 파악하려는 조치였을 것이다. 그리고 이듬해

---

334 李基東, 「新羅 下代의 浿江鎭」, 213~215쪽. 참조.

335 藤田亮策, 앞의 논문, 362쪽에서는 이를 『삼국사기』 편수자의 계산상의 착오로 보았다. 그러나 그는 한편으로 14군현 중 4개는 군현이 설치되지 않은 황해도 서부지역의 고구려지명 12개 속에 포함되어 있을지 모른다고 하고 있다.

336 井上秀雄, 「『三國史記』地理志의 史料批判」 『新羅史基礎硏究』, 1974, 87쪽 ; 李基東, 앞의 논문, 214쪽.

(782)에는 사민을 실시하여 패강진을 충실화하는 한편(B-3②), 이 지역을 관할하는 장관으로 패강진 두상대감을 설치하였다(B-3③). 이러한 패강지방에 대한 관심과 제반조치는 곧 패강진이 설치된 사실을 의미하는 것으로 이해되며, 이 패강진의 설치는 곧 대곡진을 확대 개편하는 방식으로 이루어졌다. 뿐만 아니라 782년은 패강진의 통치기구인 패강진전浿江鎭典이 설치되기도 했던 것으로 추측된다. 비록 명기되지는 않았지만, 두상대감 예하의 여러 군관직 역시 두상대감과 동시기에 두어졌을 것으로 여겨지기 때문이다. 요컨대 선덕왕 3년은 패강진과 통치기구인 패강진전을 설치하여 서북변경 방어와 패강진지역 통치의 효율성을 제고하였던 체제 정비기였던 것이다.

네번째는 사료 B-4에 드러나듯이 헌덕왕대의 패강진의 재정비를 통한 서북변경 방어체제의 보강단계이다. 헌덕왕은 패강에 근접한 황주에 취성군取城郡과 예하의 3개 영현을 설치하였고,(B-4②) 826년에는 3백 리에 달하는 패강장성의 축조하여 방어태세를 더욱 튼튼히 하였던 것이다. 이것은 모두 패강진에 대한 재정비 내지 방어체제의 보강작업으로 이해된다. 이후 패강진은 통치기구인 패강진전의 관직 개명과 같은[337] 약간의 변화를 거치면서 적어도 9세기 후반까지 존속되었던 것이다.[338]

이상과 같이 신라왕조의 패강지방 경영과정을 성덕왕대의 개척단계-경덕왕대의 본격적 경영 개시단계-선덕왕대의 지배체제 정비단계-헌덕왕대의 재정비 및 보강단계로 나눌 수 있다면, 대곡진의 설치시기로 당연히 경덕왕대를 주목하게 된다. 앞에서 논급했듯이 선덕왕대는 패강진이 설치되었고, 통치기구인 패강진전과 장관인 두상대감을 비롯한 예하 관직체계가 성립되었던 시기였는데, 이는 대곡진을 확대 개편하는 방식으로 이루어졌다. 따라서 대곡진의 설치는 당연히 그 이전 시기에서 찾아야 하기 때문이다.

대곡진의 설치시기로 경덕왕을 주목할 때, 우선 눈길을 끄는 것이 군현 설치과정에서 대곡성이 특기되고 있는 점이다(사료 B-1①). 이는 대곡성이 패강지역 경영의 중

---

337 9세기 후반대의 금석문자료를 통해 패강진의 장관인 頭上大監이 都護로 개칭되었음을 알 수 있는데, 이로 미루어 보면 하위관직에 대한 개명도 있었음을 짐작할 수 있다.

338 9세기 후반대에 해당하는 금석문자료인 「皇龍寺九層木塔刹柱本記」에 '浿江鎭都護'가, 「聖住寺朗惠和尙碑」 및 「太子寺朗空大使碑」에 '浿江都護'가 보이고 있는데서 입증된다.

심 거점이었음을 시사한다. 이와 더불어 경덕왕대의 군현편성이 성덕왕대의 기초작업에 토대를 두고 있다는 사실을 유의할 필요가 있다. 성덕왕대는 패강지방 개척의 교두보로 삼기 위해 특정지역에 군대가 주둔하는 방수처를 설치한 바 있다. 그러므로 경덕왕에 의해 패강지방에 설치된 군현은 전대前代의 방수처적 성격이 계승된 것으로서, 내지內地의 일반 군현과는 성격상 일정한 차이를 상정하는 것이 옳다고 생각된다. 곧 이 지역의 군현은 보다 군사적 성격이 강한 특수한 성격의 것으로 보이는 것이다. 이러한 점을 중시하면 경덕왕대의 패강지방에 대한 군현 설치는 직접지배를 위한 영역편성이라는 의미와 더불어 서북변경의 방어체제의 구축이라는 성격을 강하게 내포했던 것이 아닌가 한다. 이로써 패강지방은 일종의 군사적 특수지대를 형성하게 되었으며, 그 중심 거점인 대곡성에 군진을 설치했던 것으로 생각된다. 그리고 그 정확한 시기는 대곡성의 설치시기로 기록된 경덕왕 7년이거나 이 지역에 10개의 군현이 본격적으로 경영되기 시작한 동왕 21년 가운데 어느 하나였을 것이다.

이상의 검토를 통해 경덕왕대에 서북변경 방어를 위하여 황해도 평산에 대곡진을 설치했음을 알 수 있다. 곧 이 서북변경 방어를 위한 대곡진의 설치는 동북변경 수비를 위한 북진北鎭의 이치移置와 더불어 경덕왕대의 군제개혁의 일환이었다.

변경을 방어하는 새로운 변경수비체제가 갖추어지면서, 군진의 군사적 위상이 현저하게 강화되어 변경 방어의 최일선기지로 기능하게 되었다. 이로 인하여 이후 군진은 군사적인 주요 거점에 계속 설치되어 신라의 변경수비체제의 근간을 형성하게 되었다.

이에 다음으로는 군진의 지역적 기반 내지 관할 범위, 군사적 지휘체계와 병졸집단의 구성과 성격 등 진의 운용과 관련된 사항을 밝혀 경덕왕대 이후의 신군제 운용의 일단을 알아보고자 한다.

먼저 경덕왕대 이후의 진의 확대과정을 살펴보기로 하겠다. 관련 사료를 나열하면 다음과 같다.

C-1① 왕이 한산주漢山州에 순행하여 민호民戶를 패강진浿江鎭으로 옮겼다.(『삼국사기』 권9, 신라본기9, 선덕왕 3년)

② 패강진전浿江鎭典 두상대감頭上大監은 1인이며, 선덕왕宣德王 3년에 이치始置
하였다. 대곡성두상大谷城頭上은 1인이며 위는 급찬級湌에서 4중아찬四重阿湌
까지이다.(『삼국사기』 권40, 잡지9, 직관 하, 외관)

2① 청해대사淸海大使 궁복弓福은 성이 장씨로 당나라 서주徐州에 들어가 군중소장
軍中小將이 되었다. 뒤에 귀국하여 왕을 배알하고 병졸 1만 인을 거느리고 청해
淸海를 지키게 되었다.(『삼국사기』 권10, 신라본기10, 흥덕왕 3년)

② 뒤에 장보고가 환국하여 왕을 배알하고 "중국을 돌아다녀 보니 우리나라 사람
들로 노비를 삼고 있었습니다. 바라옵건대 청해를 지키는 일을 맡아〔願得鎭淸
海〕적으로 하여금 사람을 서쪽으로 잡아가지 못하도록 하겠습니다"라고 하였
다. 청해淸海는 신라의 해로의 요충으로 지금은 완도莞島라고 한다. 대왕大王이
보고保皐에게 1만 명을 주었더니 이후로는 해상에서 우리나라 사람을 팔고사
는 일이 없어졌다.(『삼국사기』 권44, 열전4, 장보고)

3. 당은군唐恩郡으로 당성진唐城鎭을 삼고 사찬沙湌 극정極正으로 하여금 가서 지키
게 했다.(『삼국사기』 권10, 신라본기10, 흥덕왕 4년)

4. 혈구진穴口鎭을 설치하고 아찬阿湌 계홍啓弘으로 진두鎭頭를 삼았다.(『삼국사기』
권11, 신라본기11, 문성왕 6년)

사료 C-1은 앞에서 언급했듯이 대곡진에서 패강진으로의 확대 개편 기사이다. 즉
선덕왕 3년(782) 패강진으로 확대 개편하면서 사민을 통해 이를 충실화하고, 통치기
구인 패강진전을 설치하고, 장관인 패강진 두상대감을 두는 등 서북변경의 방어체제
에 대한 일대 혁신을 꾀하였던 것이다. 이는 헌덕왕대의 재정비를 적어도 9세기 후반
까지 군진으로서의 기능을 발휘하였다. C-2는 흥덕왕 3년에 해로의 요충인 완도에
청해진을 설치한 기사이다. 이 청해진을 중심으로 한 장보고의 활동에 대해서는 매거
하기 어려울 정도로 많은 연구가 이루어져 더 이상 논급할 필요성을 느끼지 않지만,
해로의 요충에 자리잡은 청해진은 군사적인 측면에서도 신라 왕조의 매우 중요한 방
어기지로 기능했었던 점만을 강조해 둔다.

이듬해인 흥덕왕 4년에 설치된 당성진 역시 이른 시기부터 대중국교섭의 주요 창

구로서 해로의 요충이었고, 문성왕 6년에 설치된 혈구진 역시 마찬가지였다. 이러한 교통로 상의 요충은 군사적으로도 중요한 거점이었음은 말할 나위 없다. 이와 같이 통일신라기에는 교통의 요충이자 군사적 요지에 군진을 설치하여 변경방어체제를 형성하였던 것이다.[339] 이는 경덕왕대 군제개혁과 동일한 맥락에서 놓여있는 것이다.

한편, 이와 같이 그 설치시기가 명기된 것들 외에도 통일신라기에는 상당수의 군진이 설치되었다.

청해진 유적(전남 완도)

C-5. (헌덕왕憲德王 14년; 822) 명기明基·안락安樂 두 화랑花郎이 각기 종군從軍을 청하여 명기明基는 종중從衆과 더불어 황산黃山으로 가고, 안락安樂은 시미지진施彌知鎭으로 향하였다.(『삼국사기』 권10, 신라본기10, 헌덕왕 14년)

6. 등주동북해행登州東北海行 대사도大謝島·귀흠도龜歆島·어도淤島·오호도烏湖島 3백리를 지나고… 오목도烏牧島패강구浿江口·초도椒島를 지나면 신라 서북의 장구진長口鎭에 닿는다. … 이어 동남쪽으로 육로 7백리를 가면 신라왕성에 이른다.(『신당서』 권43하, 지33하, 지리7하 소인 가탐의 방역도리수기)

7. (천우天祐 3년; 906) 병인에 궁예가 태조에게 명하여 정기장군精騎將軍 검식黔式 등을 인솔하고 군사 3천 명을 거느려 상주尙州 사화진沙火鎭을 치게 하였다. 견훤과 여러번 싸워 이기니 궁예는 토지가 더욱 넓어지고 병마兵馬가 점차 강성해졌다.(『고려사』 권1, 태조 1년)

---

339 金東洙,「新羅 憲德·興德王代의 改革政治」『韓國史研究』 39, 1992, 43쪽에서는 흥덕왕대의 청해진과 당성진 설치가 김헌창 계열의 반항세력을 견제려는 정치적 목적도 내포한 것으로 보았는데, 이를 따른다면 군진은 변경방어 뿐만 아니라 국내의 반대세력을 견제하는 기능을 수행하는 등 그 군사적 비중은 더욱 높았던 것으로 볼 수 있다.

8① (태조 13년;930) 닐어진昵於鎭에 성을 쌓고 아름을 고쳐 신광진神光鎭이라 하여 백성을 옮겨 이를 충실히 하였다.(『고려사』권82, 병지 2, 진수)

② (태조 13년;930) 경자에 닐어진昵於鎭에 행차하였다. 북미질부성北彌秩夫城主 흰달萱達이 남미질부성주南彌秩夫城主와 함께 항복해왔다.(『고려사』권1, 태조 13년 2월)

9. 또 이듬해(태조 16년;933)에 정남대장군征南大將軍이 되어 의성부義城府를 지키는데, 태조가 사람을 보내 이르기를 "신라가 백제로부터 침범당할까 걱정이 되어 일찌기 대광大匡 능문能文·영주英周·열궁烈弓·총희悤希 등을 보내어 지키게 하였는데, 이제 들으니 백제 병사가 이미 혜산성과 아불진阿弗鎭 등처等處에 이르러 인물을 겁략한다고 하니 신라국도에까지 침범할까 두렵다. 경卿이 마땅히 가서 구원하라"고 하였다.(『고려사』권92, 유검필)

먼저 C-5의 시미지진은 헌덕왕 14년(822) 당시에 존재하고 있었던 군진인데, 정확한 위치는 불명이다.[340] 그러나 화랑인 안악이 두중을 이끌고 김헌창의 반란군에 대응하여 그곳으로 진주했던 점으로 보아 군사적으로 중요한 요충지 가운데 하나였던 것으로 보인다. 다음 C-6의 장구진은 황해도 장연군 장산곶에 비정되는데,[341] 사료에 보이듯이 중국과의 북방 연안항로에서 매우 중요한 위상을 갖고 있다. 이러한 교통로 상의 요지는 청해진·당성진·혈구진 등의 예에서 보듯이 군사적으로도 긴요한 지역이었음은 물론이다.

나머지 C-7·8·9의 사화진·닐어진·아불진은 모두 후삼국 시기의 진들로서, 반드시 신라왕조가 설치한 것인지 자못 의심스러운 것이다.[342] 그러나 앞에서 언급했듯

---

340 金泰植, 「『삼국사기』지리지 신라조의 사료적 검토」『삼국사기의 원전 검토』, 한국정신문화연구원, 1995, 238쪽에서는 이를 상주군 외동면에 비정하고 있다. 이것이 옳다면 시미지진은 후술된 사화진과 밀접한 관련을 가지고 있다고 생각된다.

341 今西龍, 「慈覺大師入唐求法巡禮行記お讀みて」『新羅史硏究』, 國書刊行會, 1932, 356쪽.

342 그래서 李基白은 이 가운데 阿弗鎭만을 신라가 설치한 것으로 보고, 沙火鎭은 甄萱이, 昵於鎭은 太祖 王建이 설치한 것으로 이해하였다(李基白, 「高麗 太祖時의 鎭」『歷史學報』10, 1958 ; 이기백, 『高麗兵制史硏究』, 一潮閣, 1968, 232~235쪽). 이에 대해 木村誠은 阿弗鎭과 昵於鎭에 대해서는 언급하지 않았으나, 沙火鎭을 신라의 軍鎭으로 보고 있다(木村誠, 앞의 논문, 262쪽).

이 아불진과 닐어진은 각각 경주군 서면 아화리와 영일군 신광면에 비정되는데, 후삼국기에 지배영역이 극도로 위축된 신라가 경주를 방어하기 위해 설치했던 것이다. 그리고 사화진沙火鎭은 사벌주沙伐州(상주尙州)의 주치지역으로 중고기 이래 군사적 비중도가 매우 높았던 곳이며, 후삼국의 정립으로 위축된 신라가 특별히 설치한 군진이 가능성이 높다. 다만 이들 군진은 신라왕조가 극히 위축된 9세기 말~10세기 초에 설치된 것으로, 이전의 것들과는 일정한 성격상의 변화를 상정함이 마땅하다. 그렇더라도 이러한 진의 확대는 경덕왕대의 군제개혁 과정에서 군사적 요충지에 군진을 설치하여 변경방어체제를 구축했던 그 연장선상에서 이루어진 것으로 간주된다.

이 패강진의 운영은 군진의 특성을 잘 보여주고 있다. 이에 대한 주자료가 패강진전浿江鎭典에 대한 기록이다. 패강진전은 패강진 지역의 통치기구로서 두상대감 아래에 대감大監 7인·두상제감頭上弟監 1인·제감弟監 1인·보감步監 1인·소감小監 6인 등의 지휘체계를 형성하고 있었다. 그러나 앞에서 지적했듯이 패강진은 광범한 관할범위를 가진 군진으로 신라 군진 가운데는 유일한 것이므로, 지휘체계에도 특수성이 반영되어 있다.

패강진전 조직을 일별하면 우선 상하 관직간의 인원규정이 극히 부정합하다는 점이 눈에 띈다. 이로 인하여 지금까지 군진의 지휘체계 복원이나 패강진전의 지배 실태 파악에 적지 않은 어려움이 따랐다.[343] 그래서 이 문제에 대해 간략히 검토하기로 한다.

〈표 5-20〉으로 정리하였듯이 패강진전 조직은 인원규정에서 부정합성이 두드러지지만, 일단 직명의 공통점을 중시하면 크게 3부류로 나누어진다. 즉 대감-제감-소감의 3등급이 그것인데, 상한上限 관등규정을 보면 대감급의 대표자를 두상대감, 제감급의 대표자를 두상제감, 소감급의 대표자를 보감步監으로 칭했던 것으로 생각된다.[344] 이러한 패강진전 조직을 기왕에는 본영인 대곡성에 설치된 커다란 하나의 기구로 보

---

343 패강진전(浿江鎭典)의 지휘체계 복원에 대한 논의는 末松保和, 앞의 논문, 12쪽, 李基東, 앞의 논문, 217~220쪽. 李成市, 앞의 논문 등에서 이루어진 바 있으나, 역시 많은 의문을 남기고 있다. 어쩌면 사료 자체에 오류가 포함되었는지도 모르겠다.
344 〈표 5-20〉에 보이듯이 각급 대표관직의 상한관등이 차이를 보이고 있다.

〈표 5-20〉 패강진전(浿江鎭典)의 조직

직명(職名)		인원	⑰ 선저지(先沮知)	⑭ 길사(吉士)	⑬ 사지(舍知)	⑫ 대사(大舍)	⑪ 나마(奈麻)	⑩ 대나마(大奈麻)	⑨ 급찬(級湌)	⑧ 사찬(沙湌)	중아찬(重阿湌)	사중아찬(四重阿湌)	비고
대감급(大監級)	두상대감(頭上大監)	1								⟨─	─	─⟩	
	대감(大監)	7				⟨─	─	─	─	─	─⟩		위여태수동(位與太守同)
제감급(弟監級)	두상제감(頭上弟監)	1				⟨─	─⟩						
	제감(弟監)	1			⟨─	─⟩							
감급(監級)	보감(步監)	1			⟨─	─	─	─	─	─	─⟩		위여현령동(位與縣令同)
	소감(少監)	6	⟨─	─	─⟩								

아 왔지만, 이것이 잘못임을 지적하면서 본영을 비롯한 패강진이 관할하는 지역단위의 기구들의 총합으로 보는 견해[345]가 제시되었다. 이를 따르면 패강진전 조직의 부정합성을 해명할 수 있는 실마리를 잡을 수 있다.

첫번째 단서가 되는 것은 패강진은 7군 7현 도합 14개 군현으로 구성되어 있었고, 본영을 7군 중의 하나인 영풍군(대곡군=평산)에 두었다는 점이다. 이 14개 군현에는 각각 통치기구가 설치되어 있었을 것이며, 본영이 두어진 대곡군에는 여타 군현보다

---

345 末松保和, 앞의 논문, 79~80쪽. 李基東, 앞의 논문, 219~220쪽 등에서는 이러한 시각에서 제군관이 관할하는 지역에 대한 의견을 제시하였다. 먼저 스에마츠 야스카즈(末松保和)는 頭上大監-頭上弟監은 鎭의 본부인 大谷城의 장관과 차관이었으며, 대감 7인과 소감 6인은 재령~해주 이서의 황해도 서부 12곳과 본부에 각각 배치된 것으로 보았다. 이기동은 두상대감을 대곡성에 둔 본영의 장관으로 간주하면서, 대감 7인을 14개 군현 중 7개 군에 대응시켰다. 그러나 보감·소감에 대해서는 언급하지 않고 있다. 이 가운데서 보다 타당한 것은 이기동의 견해로 생각된다(李成市, 앞의 논문 참조). 그러나 보감·소감의 배치에 대한 언급이 없는데서 알 수 있듯이 여전히 미심한 점을 남기고 있다.

는 우월한 통치기구가 존재했을 것은 쉽게 예상할 수 있다. 두번째의 단서는 대감이 군태수와, 보감이 현령과 관등규정이 동일하다는 직관지의 지적이다. 이로써 대감이 군에, 보감이 현에 파견되었음을 쉽게 짐작할 수 있다.

이러한 점을 단서로 패강진전의 지휘체계를 재구성해 보면 다음과 같다.[346] 먼저 패강진 본영에는 두상대감-두상제감이 소속되었던 것으로 보인다. 직명 자체가 여러 관직 가운데 최고의 위상을 갖고 있고, 이들의 상하관계를 인정할 수 있기 때문이다. 이들은 패강진의 관할구역 전체를 총괄하는 업무를 맡은 일종의 패강진 총사령부를 구성했을 것이다.

다음 대감 7인은 7개 군에 배치되었다. 대감의 관등규정이 군태수와 같다는 점에서 쉽게 추측할 수 있다. 다만 한가지 강조해 두고 싶은 점은 본영이 두어진 대곡군에도 대감이 배치되었다는 점이다. 두상대감과 두상제감의 업무가 패강진 전체를 총괄하는 것이었으므로, 대곡군 지역의 통치를 위해서는 대감이 파견될 수 밖에 없었던 것으로 생각된다. 그리고 제감 1명은 대곡군에 배치되어 대곡군 대감의 휘하에서 대곡군의 통치 업무를 맡은 것으로 보인다. 이점 패강진 내에서의 대곡군의 위상을 반증하는 것이기도 하다.

나머지 소감급은 7개 현에 배치되었던 것 같다. 소감급은 보감 1명과 소감 6명으로 구성되어 있는데, 이 가운데서 보감은 한두가지의 특징적인 면이 유추된다. 첫째 관등규정이 소감급 가운데서는 가장 높아 이들의 대표자적 성격을 암시하는 점이며, 둘째 그 명칭이 시사하듯이 보병을 영솔하는 군관임이 드러나고 있는 점이다. 이러한 특징을 감안할 때 보감은 패강진의 관할 현 가운데서는 가장 비중이 큰 곳에 배치되었으며, 기병 일변도의 구성을 보완하는 성격을 가졌을 것으로 본다. 그렇다면 보감이 파견되었던 현縣은 본영本營이 두어진 대곡군의 영현인 단계현(수곡성현)과 협계현(십곡성현) 가운데 어느 하나가 아닐까 한다.

이상 논의한 바를 정리하면 〈표 5-21〉과 같다.

---

346 이는 기왕의 견해를 수렴하여 필자의 생각을 보탠 것이다.

<표 5-21> 패강진전(浿江鎭典)의 군관 배치[347]

순서	지명		고구려 지명	고려 지명	위치 비정	군관 배치 현황(인원)
	군(郡)	현(縣)				
본영 (本營)	영풍군 (永豊郡)		대곡군 (大谷郡)	평주 (平州)	평산 (平山)	두상대감(頭上大監)(1)- 두상제감(頭上弟監)(1)
1	영풍군 (永豊郡)		대곡군 (大谷郡)	평주 (平州)	평산 (平山)	대감(大監)(1)-제감(弟監)(1)
		단계현 (檀溪縣)	수곡성현 (水谷城縣)	협계현 (俠溪縣)	신계 (新溪)	보감(步監)(1) 혹은 소감(小監)(1)
	②	진서현 (鎭瑞縣)	십곡성현 (十谷城縣)	곡주 (谷州)	곡산 (谷山)	
2	해고군 (海皐郡)		동삼홀군 (冬彡忽郡)	염주 (鹽州)	연안 (延安)	대감(大監)(1)
	③	구택현 (雊澤縣)	도랍현 (刀臘縣)	백주 (白州)	연안 (延安) 혹은 백천 (白川)	소감(小監)(1)
3	폭지군 (暴池郡)		내미홀군 (內米忽郡)	해주 (海州)	해주 (海州)	대감(大監)(1)
4	중반군 (重盤郡)		식성현 (息城縣)	안주 (安州)	재령 (載寧)	대감(大監)(1)
5	서암군 (栖嵒郡)		휴암군 (鵂嵒郡)	봉산 (鳳山)	봉산 (鳳山)	대감(大監)(1)
6	오관군 (五關郡)		오곡군 (五谷郡)	동주 (洞州)	서흥 (瑞興)	대감(大監)(1)
	④	장새현 (獐塞縣)	장새현 (獐塞縣)	수안군 (遂安郡)	수안 (遂安)	소감(小監)(1)
7	취성군 (取城郡)		동홀(冬忽)	황주 (黃州)	황주 (黃州)	대감(大監)(1)
	⑤	토산현 (土山縣)	식달(息達)	토산현 (土山縣)	상원 (祥原)	소감(小監)(1)
	⑥	당악현 (唐嶽縣)	가화압 (加火押)	중화현 (中和縣)	중화 (中和)	소감(小監)(1)
	⑦	- 송현현 (松峴縣)	부사파의현 (夫斯波衣縣)	중화속현 (中和屬縣)	중화 (中和) (?)	소감(小監)(1)

---

347 <표 5-21>은 李基東, 앞의 논문, 213쪽의 표 1을 참조하여 필자가 재정리하였다.

이상 살핀 바와 같이 패강진전은 패강진 본영의 통치기구와 예하 군현의 그것이 모두 포함되어 있는 것이었다. 이러한 패강진전의 조직 자체가 패강진 지역이 하나의 독립된 행정구획적 성격을 가졌음을 시사한다. 이와 같은 패강진전의 성격을 보다 분명히 하기 위해 다음의 사료를 보기로 한다.

> D. 처음 당나라에 갈 때 죄인의 무리와 함께 같은 배로 취성군取城郡에 이르자, 군감郡監이 이를 알고 칼을 씌워 가두고 추궁하였다. (적인寂忍)선사禪師가 흑백黑白을 말하지 않고 또한 같이 하옥下獄되었는데, 군감郡監이 사실을 갖추어 아뢰고 교敎에 따라 30여 명을 목베었다. 마침내 순서가 선사에게 이르자 선사는 얼굴이 온화하여 얼굴이 죄인같지 않았고, 스스로 형장에 나아가니 군감郡監이 차마 바로 죽이라고 하지 못하였다. 곧 다시 명령이 있어 석방되니 오직 선사만이 죽음을 면하였다.(「곡성 대안사 적인선사탑비」)

위의 사료에는 814년 적인선사가 입당 도중 신라 영역 가운데서는 최북단에 위치해 있었으며, 패강진의 관할 구역이기도 했던 취성군(황주)에서 군감의 단속에 걸려 어려움에 빠졌던 일화가 보이고 있다.[348] 그런데 군감이라는 관직은 내지의 일반 군에서는 확인되지 않는 특이한 것으로 그 실체가 궁금하다. 군감은 불법 항해자를 단속하고 있는데서 알 수 있듯이 해상교통로를 경비하는 임무를 맡고 있었다.[349] 취성군에 인접한 패강(대동강)하구는 대중국 교통로상의 주요 거점 가운데 하나였기 때문이다.[350] 그리고 군감은 상부[351]에 "사실을 갖추어 아뢰어 교敎에 따라 30여인을 참수監其申奏 准敎斬三十餘人"하기도 했고, 형벌 집행의 명령을 직접 내리고 있기도 한 사실을 보면, 취성군의 치안을 책임지고 있었음을 확인할 수 있다.

---

348 같은 비문에는 "乃以元和九載 秋八月 駕言西邁也. 時也 天不違乎至誠 人莫奪其壯志"라 하여 寂忍禪師가 元和 9년(814) 입당 도중 겪었던 어려움을 암시하고 있어, 위의 사료에 보이는 일화를 뒷받침하고 있다.
349 李成市, 앞의 논문.
350 『신당서』 권43, 지리7하 所引 賈耽의 方域道里數記 참조.
351 후술되듯이 이때 취성군 군감이 보고하고, 교와 명령을 받고 있는 상부는 패강진 본영일 것이다.

이러한 임무를 수행하고 있는 군감은 취성군의 최고 책임자임이 분명하며, 내지의 군태수郡太守에 비길 수 있다. 따라서 이 군감은 곧 패강진전에 기록된 대감의 1인으로서 취성군에 배치되어 있던 '취성군取城郡 대감'의 약칭으로 생각된다. 이와 같이 패강진의 관할 지역인 취성군에 군감이 파견되어 있었다면, 나머지의 군현에도 앞에서 상정한 군관들이 파견되었음을 미루어 짐작할 수 있다.

이러한 패강진전의 조직을 참조하여 북진·대곡진·당성진·혈구진 등 신라의 일반적인 군진의 경우를 유추해 보기로 하자. 이미 지적했듯이 장관직은 패강진과 마찬가지로 두상대감이었다. 이를 보면 일반 군진의 본영도 패강진의 그것과 동일했던 것으로 간주해도 좋을 것 같다. 즉 군치에 두어진 각 군진의 본영에는 두상대감→두상제감 지휘체계가 존재했다고 하겠다. 그리고 관할 현 지역에는 소감이 두어져 있었을 것이다.[352]

이러한 군진의 지휘체계 가운데 장관인 두상대감은 여러 사료에 보이듯이 왕경인이 파견되는 관직이었다. 그러나 하급 지휘관의 경우 그 지역 토착인 가운데 유력자가 역임하는 경우도 있었던 것으로 보인다. 다음의 사료가 그것이다.

> E. 화상和尙의 휘諱는 순지順之이며, 속성俗姓은 박씨朴氏로 패강인浿江人이다. 할아버지와 아버지 모두 가업이 웅호雄豪하여 대대로 변장邊將이 되었으며, 충성스럽고 근면한 명예가 향리에 빛났다.(「개풍서운사 요오화상 진원탑비」)

이를 보면 순지화상의 가계는 조고대부터 대대로 변장을 역임했다고 하는데, 여기서 변장이란 그의 출신지가 패강지방이었음을 보면 곧 패강진의 군관직임을 알 수 있다.[353] 패강지역 출신자의 패강진 군관직 역임 사례는 이 밖에도 징효대사澄曉大師 석중析中의 가계와 평주인平州人 박수경朴守卿의 가계, 철감선사鐵鑑禪師 도윤道允의 가

---

352 李文基, 「統一新羅期의 「北鎭」과 軍事的 位相」 326쪽에서는 하나의 가설로 북진의 지휘체계를 北鎭頭上의 예하에 頭上弟監·小監이 있어 본영 주둔 병졸집단을 통솔했던 것으로 보이며, 3개의 縣級 지역에는 步監이 파견되었던 것으로 추정한 바 있으나, 본문의 견해와 같이 수정한다.
353 金杜珍, 「了悟禪師 順之의 禪思想」 『歷史學報』 65, 1975, 7쪽 ; 李基東, 「新羅 下代의 浿江鎭」 225~226쪽.

쌍봉사 철감선사(도윤) 탑(좌)과 탑비(우)(전남 화순)

계에서도 발견되고 있다.[354] 그러므로 군진의 군관직 가운데 장관인 두상대감을 제외한 하위직의 경우 토착 지방유력자가 취임하기도 했음을 알 수 있고, 군진의 토착세력은 이를 기반으로 호족으로 성장한 경우도 많았던 것이다.[355]

군진의 운용과 관련하여 마지막으로 검토되어야 할 것은 위와 같은 지휘체계 아래에 존재했던 군사력의 성격이다. 이에 대해서는 이미 패강진에 대한 사민徙民 기사[356]를 토대로 사민된 민호民戶는 일종의 군호적軍戶的 성격을 가졌으며, 이들 토착한 둔전병적屯田兵的 주민이 평화무장平和武裝하는 형태로 외적의 방어 임무를 수행하였다는 지적[357]이 있다. 군진의 군사력으로 토착한 둔전병적 주민을 상정한 이같은 견해는 타당하다고 생각된다.

---

354 이에 대해서는 李基東, 앞의 논문, 225~226쪽에 자세하다.

355 특히 浿江鎭勢力의 豪族化에 대한 논의가 활발하게 이루어졌다. 다음의 논문을 참조하라. 金光洙, 「高麗建國期의 浿西豪族과 對女眞關係」『史叢』 21 · 22 合, 1977, 138~139쪽 ; 李基東, 앞의 논문, 225~226쪽 ; 鄭淸柱, 「新羅末 高麗初 豪族의 形成과 變化에 대한 一考察-平山朴氏 一家門의 實例 檢討-」『歷史學報』 118, 1988.

356 『삼국사기』권9, 신라본기9, 선덕왕 3년, "王巡幸漢山州 移民戶於浿江鎭".

357 李基白, 앞의 논문, 1968a, 232쪽 ; 李基東, 앞의 논문, 221쪽.

다만 군진의 군사력이 모두 토착 지방민에 의한 둔전병적 존재들로만 구성되어 있었던 것은 아니라고 생각한다. 예컨대 북진의 경우를 보기로 하자. 북진은 탄항관문炭項關門을 관할하였다.[358] 그런데 신라의 관문에는 이를 수비하는 '노사弩師 수천數千'이 항상 주둔하고 있었다는 기록이 있다. 그러므로 북진의 탄항관문에도 노사들이 주둔했던 것으로 이해된다. 이와 같이 관문을 지키는 상비병의 존재를 상정할 수 있다면, 이들 관문 주둔 상비병을 평화무장하는 형태의 토착주민으로 구성된 둔전병적 존재로만 보기는 어렵다. 오히려 다음과 같은 몇 가지의 사료에서 볼 때 둔전병적 군사력과 더불어 일정한 기간을 복무하고 교체되는 방수군의 존재가 고려되어야 할 것 같다.

> F-1. 건장한 남자는 모두 뽑아 군대에 편입시켜 봉수熢燧·방수防戍·순라巡邏로 삼았으며, 둔영屯營마다 부오部伍가 조직되어 있었다.(『수서』 권81, 열전46, 신라)
>
> 2. 설씨녀薛氏女는 율리栗里 민가民家의 여자였다. 비록 한문단족寒門單族이었지만 안색이 단정하고 뜻과 행실이 의젓하여 보는 사람마다 아름다움을 흠모하였지만, 감히 범접하지 못하였다. 진평왕 때 연로한 그의 아버지가 정곡正谷에서 방추防秋하는 번番에 해당하였는데, 딸은 아버지가 노쇠하고 병들었으므로 차마 멀리 보낼 수 없고, 또 여자의 몸으로 대신 갈 수 없음을 한스럽게 여겨 스스로 극심한 번민만 하였다. 사량부沙梁部 소년 가실嘉實은 비록 가난하고 누추하나 마음가짐이 곧은 남자로 일찍부터 설씨의 아름다움을 좋아하면서도 감히 말하지 못하였다. 설씨가 늙은 아버지가 종군從軍하게 됨을 걱정한다는 말을 듣고, 드디어 설씨에게 나아가 말하기를 "내가 비록 한낱 용렬한 남자지만 일찍부터 의지와 기개로 자처하여 왔다. 불초한 몸으로 엄군嚴君의 역역役을 대신하기를 청합니다"라고 하였다.……그런데 나라에 사유가 있어 사람들을 교대시키지 않았으므로 6년이 되도록 돌아오지 않았다. 아버지가 딸에게 이르기를 "처음에는 3년으로 기약했는데, 지금 기한을 넘었으니 다른 집으로 시집감이 옳다."고 하였다. 설씨가 말하기

---

358 李文基, 「統一新羅期의 「北鎭」과 軍事的 位相」 317~320쪽.

를 "전에 아버지를 편안케 하기 위하여 억지로 가실과 약속을 하였고, 가실도 그 약속을 믿었으므로 여러 해를 종군하여 기한신고飢寒辛苦하고 있습니다. 하물며 적경賊境에 바싹 가 있어 손에 병기를 놓지 않고 호구虎口에 가까이 있는듯 언제나 물릴까 두려워하고 있는데 신의를 버리고 식언食言하는 것이 어찌 인정이겠습니까? 아버지의 명을 감히 따르지 못하겠으니 다시는 말씀하지 마십시요."라고 하였다.(『삼국사기』 권48, 열전8, 설씨녀)

위의 사료 F-1에 의하면 신라의 건장한 남자에게는 공통으로 획일적인 군역이 부과되었으며, 이들은 군인으로 징발된 후 봉수·방수·순라 등의 부대로 분속되었음을 알 수 있다. 여기에 보이는 방수가 곧 변경의 요충지에 파견되어 실제 군인으로 복무하는 것이었음은 재언할 여지도 없다. F-2는 변경지방에서의 방수의 실례로서 많은 주목을 받아 온 자료이다. 이를 보면 변방인 정곡에 방수해야 하는 연로한 설씨의 역役을 대신한 가실嘉實이 원래의 기한인 3년을 넘어 무려 6년간 '손에서 병기를 놓지 않고' 복무하고 있는 것이다. 이 자료에서 왕경인들이 3년을 기한으로 방수의 역에 차정되어 의무를 수행하는 곳으로 정곡正谷으로 기록된 변경지대의 일정한 지역이 존재하고 있음을 주목할 필요가 있다.

그런데 이와 같은 변경지대의 방수는 9세기까지 이어지고 있음이 확인되고 있다.

F-3. (견훤이) 장성해서는 체모가 웅대기이雄大奇異하고 지기志氣가 활달하고 비범하였다. 종군從軍하여 왕경에 들어왔다가 서남해 방수防戍에 부임하여 창을 배게로 삼고 적을 기다리고 있는 등, 그 용기가 항상 사졸들의 앞에 있었다. 그 공로로 하여 비장裨將이 되었다.(『삼국사기』 권50, 열전10, 견훤)

위의 사료에 보이는 견훤은 대략 20세 무렵에 종군하여 입경하여 중앙군으로 편입되었으며, 그 후 서남해의 방수군으로 부임하였을 것이라는 연구 결과가 있다.[359] 이를

---

359 申虎澈, 『後百濟 甄萱政權研究』, 一潮閣, 1993, 12~15쪽.

따른다면 9세기 말엽에 이르기까지 신라의 중앙군 가운데는 변경의 방수군으로 파견된 경우도 있었음을 알 수 있는 것이다. 견훤이 방수한 서남해지역이 구체적으로 어디인지 단정하기는 어렵지만, 서남해지역의 요충지에 일정한 방수처가 설치되어 있었음은 분명하다.

이와 같이 왕경인을 비롯한 신라의 군역의무자들은 변경지대의 일정한 방수처에서 방수의 역을 수행했던 바, 그러한 방수처로서 변경방어의 최일선기지였던 군진이 주요한 자리를 차지했을 것임은 쉽게 추측할 수 있다.[360] 따라서 군진의 군사력 가운데는 왕경인과 내지 군현의 지방민 가운데 3년을 기한으로 부방赴防한 방수군도 포함되어 있었다고 하겠다.

(2) 북진과 동북변경 방어

가. 신라 상고기의 진

『삼국사기』에 의하면 신라는 상당히 이른 시기부터 지방의 주요 거점에 鎭을 설치하였다. 관련 기록을 뽑아보면 다음과 같다.

> A-(1) 3월 장령진長嶺鎭에 순행하여 수졸戍卒을 위로하고 각각 정포征袍를 하사하였다.(『삼국사기』 권1, 신라본기1, 아달라이사금 4년)
>
> (2) 동10월 군대를 보내어 신라 우두진牛頭鎭에 들어가 민호를 초략抄略하니 신라 장군 충훤忠萱이 병사 오천을 거느리고 웅곡熊谷에서 맞아 싸우다가 크게 패하여 단기單騎로 돌아갔다.(『삼국사기』 권24, 백제본기2, 구수왕 9년)
>
> (3) 7월 임해臨海·장령長嶺 2진鎭을 두어 왜적을 방비하였다.(『삼국사기』 권3, 신라본기3, 조지마립간 15년)
>
> (4) 3월 왜인이 장봉진長峯鎭을 공함攻陷하였다.(『삼국사기』 권3, 신라본기3, 조지마립간 22년)

---

360 이러한 추론은 장보고가 청해진에 주둔하고 있는 것을 수자리를 살고 있었다고 표현하고 있는 다음의 기록을 통해 입증되리라고 본다. "時巴在淸海鎭爲軍戍 怨王之違言 欲謀亂"(『삼국유사』 권2, 신무대왕·염장·궁파).

(5) 10월 백제의 병사가 우두주牛頭州에 침입하므로 이벌손 충훤忠萱이 군사를 거느리고 가서 막다가 웅곡熊谷에 이르러 적에게 패한 바 되어 단기單騎로 돌아오니 그 벼슬을 떨어뜨려 진주鎭主를 삼고 연진連珍으로 이벌손을 삼아 군사를 겸장兼掌케 하였다.(『삼국사기』 권2, 신라본기2, 나해이사금 27년)

사료 A-(1)에 의하면 아달라이사금 4년(157)에 진의 존재가 확인되고 있으며, 백제 구수왕 9년(신라 나해이사금 27년:222)에도 우두진이라는 신라의 진이 보인다(A-(2)). 또 조지마립간 15년(493)에는 임해진과 장령진을 설치했다는 기사가 나오고 있으며(A-(3)), 동왕 22년(500)에는 또 다른 진으로서 장봉진의 존재가 확인되기도 한다(A-(4)). 그리고 A-(5)에는 진의 지휘관을 의미하는 것이 분명한 진주鎭主라는 관직이 나해이사금 27년(222) 당시에 존재했음을 알려주고 있다. 그러므로 위의 사료를 그대로 따른다면 2세기 중엽 이래 5세기 후반에 이르기까지 신라의 지방에는 진주가 파견되는 진이 설치되어 있었다고 할 수 있다.

그러나 이러한 상고기의 진에 대한 기사를 그대로 취신하기에는 의문이 남는 것도 사실이다. 예컨데 A-(1), (3)에 거듭 나오고 있는 장령진은 (1)에 의하면 아달라이사금 4년(157) 이전에 이미 설치되었던 것인데, (3)에서는 또 왜를 방어하기 위해 소지마립간 15년(493)에 비로소 설치한 것으로 나오고 있어 모종의 착오가 있는 듯하고,[361] 또 A-(2)와 (5)는 동일한 사건에 대한 백제본기와 신라본기의 기술인데 신라본기에서는 우두진을 우두주로 적고 있기 때문이다.[362] 뿐만 아니라 후술되듯이 진은 당시의 지방지배단위로 기록에 나오고 있는 성과 성격상 큰 차이를 보여주지도 않고 있는 것이다.

---

361 이 두개의 장령진이 동일한 것인지, 혹은 중도에 폐했다가 다시 세운 것인지도 불분명하므로 반드시 착오가 개입되었다고 단정할 수도 없다.

362 李康來,『三國史記 典據論 研究』, 고려대 박사학위논문, 1993, 67쪽에서는 이 두기사의 관계를 신라본기 기사(A-(5))를 기초로 하여 백제본기 기사(A-(2))가 작성된 것으로 보았다. 이를 따른다면 우두주와 우두진이라는 지명의 차이는 백제본기 작성과정의 오류로 보아야 한다. 그러나 A-(5)에는 '鎭主'라는 職名도 보이고 있어 반드시 牛頭州가 옳고, 牛頭鎭은 오류라고 단정하기는 힘들지 않을까 한다.

그렇지만 신라는 6세기대 이후 주군제라는 본격적인 지방지배체제의 성립 이전에 이미 나름의 지방지배방식을 갖추고 있었다. '읍륵제邑勒制' 혹은 '성읍제城邑制'로 명명된 거점지배방식이 그것인데, 늦어도 4세기 후반대에는 이런 방식의 지방지배가 실현되어 있었던 것으로 여겨진다. 4세기 후반 이후 6세기 초까지의 이러한 방식의 지방지배과정에서 지방의 주요 거점에 성城뿐만 아니라 그와는 구별되는 진鎭을 설치했을 가능성은 매우 높다고 본다. 위의 사료를 놓고 말하자면 A-(1), (2)의 경우는 기년이나 자료의 신빙도 면에서 문제가 있다고 하더라도,[363] (3)과 (4)의 경우와 같은 5세기 말의 설진기사나 진의 존재는 부정해야 될 하등의 이유가 없다. 그러므로 신라 상고기에 지방의 주요거점에 진이 설치된 것은 사실로 보아야 할 것이다.

상고기 진의 성격 가운데 두드러지는 것은 외적 방어를 위해 군사적 요충지에 설치되었다는 점과, 진에는 진주의 지휘하에 수졸戍卒이 주둔하고 있었다는 사실이다. A-(1)의 장령진은 일성니사금대에 여러차례 말갈의 침입을 받은 곳으로, '새塞'라고 표현되어 있거나 책을 세우기까지 했던[364] 말갈 방어의 요새지로 나오고 있다. 또 (3)의 임해진과 장령진은 왜의 침입을 막기 위해 설치되었음이 명기되어 있으며, (3)의 장봉진長峯鎭 역시 왜의 공격을 받아 함락되었다는 기록에서 알 수 있듯이 왜의 침입로를 차단하는 요해지에 위치하고 있음을 알 수 있다. 이는 곧 진이 외적 방어를 위해 군사적 요충지에 설치되었음을 말하는 것이다. 그리고 진에는 A-(1)에서 알 수 있듯이 수졸들이 주둔하고 있었다. 이 수졸이 진에 주둔하고 있었던 병졸집단임은 재언할 필요가 없다. 이들은 A-(4)에 나오고 있는 진의 지휘관인 진주에 의해 지휘 통솔되었을 것이다.

다만 이러한 상고기의 진은 당시의 일반적 지방단위였던 성城과 커다란 차이는 없었던 것으로 보인다. 곧 성에도 수졸이 주둔하고 있었고, 진주와 같은 성격의 지휘관으로 성주가 존재했음이 확인되기 때문이다.

---

363 설령 기년상의 문제가 있다고 하더라도 후술되듯이 5세기 말 무렵의 진의 존재를 인정할 수 있다면, 이 자료를 상고기 진의 일반적 성격을 추출하는데 충분히 활용할 수 있다고 생각된다.
364 ①靺鞨入塞 燒長嶺五柵(『삼국사기』 권1, 신라본기1, 일성이사금 4년) ②靺鞨襲長嶺 虜掠民口(『삼국사기』 권1, 신라본기1, 일성이사금 6년) ③立柵長嶺 以防靺鞨(『삼국사기』 권1, 신라본기1, 일성이사금 7년).

B-(1) 사도성沙道城에 순행하여 수병成兵을 위로하였다.(『삼국사기』 권2, 신라본기2, 아달라이사금 9년)

　(2) 왕이 비열성比列城에 행행하여 군사를 위로하고 정포征袍를 하사하였다.(『삼국사기』 권3, 신라본기3, 조지마립간 3년)

　(3) 백제가 봉산성烽山城을 공격해왔다. 성주城主 직선直宣이 장사壯士 2백인을 거느리고 나가 치니 적이 패주하였다. 왕이 듣고 성주城主 직선直宣을 일길찬一吉湌으로 삼고 사졸士卒들에게 후한 상을 내렸다.(『삼국사기』 권2, 신라본기2, 미추이사금 5년)

　(4) 고구려 변장이 실직悉直의 들판에서 사냥을 하매, 하슬라何瑟羅 성주城主 삼직三直이 군사를 내어 그를 엄살掩殺하였다.(『삼국사기』 권3, 신라본기3, 눌지마립간 34년)

　B-(1)에 보이는 사도성은 일찍부터 왜병의 침입을 방어하는 요해지에 위치하고 있어 왜와의 빈번한 전투가 벌어진 곳으로,[365] 신라왕조는 사도성을 충실히 하기 위해 사벌주의 호민을 사민徙民시키기까지 했던[366] 곳인데, 여기에도 수병이 주둔하고 있었으며, 그리고 비열성·봉산성·하슬라성에도 군주가 배비되어 있었다.(B-(2)·(3)·(4)) 뿐만 아니라 성에는 성주라는 군사적 성격을 강하게 띤 지방통치를 위한 관직이[367] 설치되어 있었다.[368](B-(3)·(4))

　이와 같이 군사적 요충지에 설치되었고, 수병이 주둔하고 있으며, 그 지휘자로 성주가 존재하고 있는 성은 위에서 살핀 진의 특징과 매우 흡사하다. 그럼에도 불구하고 성과 진으로 구별되고 있는 것은 양자 사이에 무언가의 성격적 차이가 있었기 때문일 것이다. 비록 명백한 증거자료는 없지만, 그 어의에서만 보더라도 성보다는 진의 군사적 성격이 더욱 강하였고, 진이 상대적으로 군사적 요충지에 설치된 것이 아

---

365 ①伊飡于老與倭人 戰沙道 乘風縱火焚舟 賊赴水死盡(『삼국사기』 권2, 신라본기2, 조분이사금 4년)
　②倭兵攻陷沙道城 命一吉飡大谷 領兵救完之(『삼국사기』 권2, 신라본기2, 유례이사금 9년).
366 改築沙道城 移沙伐州豪民八十餘家(『삼국사기』 권2, 신라본기2, 유례이사금 10년).
367 李鍾旭,『新羅國家形成史研究』, 1982, 249쪽.
368 이러한 사례는 枚擧하기 어려울 만큼 많다.

닐까 생각된다.[369]

이와 같이 5세기 말 무렵까지 그 존재가 확인되는 진은 중고기의 자료에는 더 이상 등장하지 않는다. 그 이유는 다음과 같이 추정해 볼 수 있다. 하나는 6세기대 이후의 주군제 시행과정에서 행정단위가 주·군·성(촌) 등으로 일괄 재편되었기 때문일 것이다. 그 과정에서 이전의 진이 군이나 성(촌)으로 편성된 것으로 여겨진다. 다른 하나는 중고기의 지방통치조직이 군사적 성격이 매우 강했던 점에서 찾아질 수 있다고 생각된다. 중고기의 지방행정단위가 일종의 군사적 단위이기도 했음은 널리 지적되고 있거니와, 이러한 일원적인 행정단위를 설치하면서 진과 같이 특별히 군사적 성격이 강한 단위를 별도로 설치할 필요는 없었을 것이기 때문이다.

나. 북진의 설치와 초기의 성격

앞에서 살핀 바와 같이 주군제 실시 이전에 지방의 요충지에 설치되었던 군사적 성격이 강한 진은 중고기에는 주·군·성(촌)의 하나로 재편되어 일단 소멸되었다. 그런데 돌연 무열왕 5년(658)에 북진의 설치와 더불어 진이 재등장하고 있다. 이 북진의 설치는 주군제 시행과정에서 일단 소멸되었던 것이 다시 등장하고 있는 점에서나 이후 통일신라기에 설치되는 상당히 많은 진들[370]의 효시가 되고 있다는 점에서 주목을 끈다. 북진의 설치에 대해서는 다음과 같은 기록이 남아 있다.

> C. 3월 왕이 하슬라何瑟羅의 땅이 말갈靺鞨과 이어져 있어 사람들이 편안치 못하므로 소경小京을 파罷하여 주州로 삼고 도독都督을 두어 지키게 했다. 또 실직悉直을 북진北鎭으로 삼았다.(『삼국사기』 권5, 신라본기5, 무열왕 5년)

사료 C는 무열왕 5년(658)에 단행된 신라의 동북 해안지대에 대한 통치체계의 변

---

369 자료의 부족으로 단언하기는 어려우나 어쩌면 주둔하고 있는 군사력의 성격이 달랐을 가능성도 있다고 본다. 곧 왕경 육부인이 중심이 된 중앙군이 주둔하고 있는 곳을 鎭으로, 지방민 중심의 군사력을 갖추고 있는 곳을 성으로 했던 것은 아닌지 모르겠다.
370 통일신라기의 鎭으로는 浿江鎭·淸海鎭·施弥知鎭·穴口鎭·唐城鎭·沙火鎭·長口鎭·阿弗鎭 등이 확인된다.

화를 보여주는데, 말갈의 침입을 우려하여 소경이었던 하슬라를 주치로 삼아 도독을 파견하여 진수케 하고, 주치였던 실직에 북진을 설치한 내용으로 이해된다.[371] 이러한 조치는 신라의 동북해안지대에 상당한 영역상의 변동이 초래되었기 때문으로 보인다. 왜냐하면 이 일대는 비교적 이른 시기부터 하슬라지역보다 훨씬 북방까지 신라의 영역으로 편입되어 있어, 하슬라가 말갈 거주지역과 연접하려면 그 북방 영역의 변동을 상정하지 않을 수 없기 때문이다.

상고기의 불명확한 기사는 차치하더라도 동북해안지대는 6세기대의 주군제 시행 이래 신라의 주군이 설치되어 있었다. 곧 지증왕 6년(505)에 신라에서는 최초로 실직주가 설치되어 이사부異斯夫가 군주로 파견되었으며,[372] 동왕 13년(512)에는 하슬라가 주로 되었다.[373] 그러나 법흥왕 11년(524) 당시에는 「울진봉평비」에 보이듯이 실지 군주가 두어져 있어,[374] 실직이 다시 주로 되었음을 알려 준다. 그런데 이러한 주는 진흥왕대 이후의 주치지역과 복수의 군을 포괄하는 '광역주廣域州'와는 엄연히 구별되는 것으로, 지방의 지배단위인 읍락에 대한 차별화 조치인 지증왕 6년의 주군제 실시 이래 군보다는 군사적 정치적 비중이 상대적으로 높은 지배거점에 설치된 행정단위였다.

신라의 동북해안지대의 주요거점에 두어졌던 주는 그 이후 「창령비」가 건립되는 진흥왕 22년(561)에 이르는 어느 시기에 폐지되었던 것으로 보인다. 그래서 「창령비」에는 상주와 하주에 대응하는 '우추실직하서하군于抽悉直河西何郡'이라는 3개의 군을 묶은 독특한 광역의 지배단위가 보이고 있다. 요컨대 신라왕조는 561년을 전후한 무렵에 태백산맥 이동의 신라 동북해안지대에는 광역주를 설정하지 않고 '우추실직하서하군'이라는 3개군이 연결된 일종의 준주準州와 같은 형태로 지방지배를 관철하

---

371 물론 사료를 문면 그대로 따르면 실직을 북진으로 삼은 것은 말갈과는 관계가 없는 조치로 보여질 수도 있다. 그러나 후술되는 바와 같이 진이 가진 군사적 성격을 고려하면 하슬라에 주치를 두고 실직에 북진을 설치한 것은 모두 말갈을 의식한 방어책의 일환으로 이해하는 것이 옳다.

372 『삼국사기』 권4, 신라본기4, 지증왕 6년.

373 『삼국사기』 권4, 신라본기4, 지증왕 13년 및 『삼국사기』 권44, 열전4, 이사부.

374 「울진봉평비」의 판독과 분석은 韓國古代史研究會編, 『韓國古代史研究』 2(울진봉평신라비 특집호), 1989 참조.

고 있었던 것이다.[375]

그러다가 「창령비」 건립시기 이후의 진흥왕대 후반에 이르면 이 지역에도 실직을 주치로 하는 광역주가 설치된 것으로 여겨진다. 이로써 당시의 신라 영역은 상주·하주·신주·비열홀주·실직주의 5개 광역주로 구분되게 되었다. 이 중 동북해안지대를 포괄하는 광역주인 실직주는 얼마후 주치가 실직에서 하슬라로 옮겨졌다가 선덕왕 8년(639)에 다시 주치가 변화되었다. 하슬라를 북소경으로 삼으면서 하슬라에 두어져 있었던 주치를 다시 실직으로 옮겼던 것이다.[376]

위의 사료 C는 그 이후에 일어난 또 한번의 변화를 보여주는 것으로 이러한 변화는 앞에서 지적했듯이 동북변경지대에서 일어난 영역의 변화에서 말미암은 것이었다. 하슬라지역의 북방에는 일찍부터 신라의 동북변경 요충지인 비열홀이 위치하고 있어 하슬라가 말갈과 연접하려면 비열홀지역의 변화가 전제되어야 하기 때문이다. 비열홀지역의 변화를 집약적으로 보여주는 것이 다음의 자료이다.

> D-(1) 또 비열지성卑列之城은 본래 신라의 것으로, 고려가 타득打得한 지 30여 년에 신라가 다시 이 성을 얻어 백성을 옮기고 관리를 두어 수비하였던 것인데, 또 (당이) 이 성을 뺏어 다시 고려에게 주었다.(『삼국사기』 권7, 문무왕 11년, 신라본기7, 문무왕 11년;671)

위의 사료는 문무왕이 설인귀에게 보낸 소위 「답설인귀서」의 일절로서 비열지성(비열홀성比列忽城)의 영유를 둘러싼 저간의 변화를 집약해 보여주고 있다. 여기에서 문무왕이 먼저 비열홀성을 본래 신라의 영토였다고 주장하는 근거는 진흥왕대에 여기에 주치를 설치하는 등 분명한 신라의 영역이었기 때문일 것이다.[377] 그런데 이 지

---

375 이에 대해서는 이문기, 『新羅 中古期 軍事組織 硏究』, 경북대박사학위논문, 1991, 101~103쪽 참조.

376 『삼국사기』에는 "以何瑟羅爲北小京 命沙湌眞珠鎭之"(『삼국사기』 권4, 선덕왕 8년조)라고만 되어 있으나, 그 배후에는 州治가 하슬라에서 실직으로 이동한 사실이 숨어 있음은 末松保和, 앞의 논문, 1953, 340쪽에서 지적된 바 있다.

377 진흥왕대 신라의 비열홀 지역 경영을 보여주는 것이 다음의 자료이다. ① 比列忽州를 두고 沙湌

역은 그 후 언젠가 고구려에게 빼앗겼다가, 30여 년이 지난 후인 문무왕 11년 이전의 어느 시점에 다시 신라가 차지하고 백성들을 옮기고 관리를 두어 지켰다고 주장하고 있다. 여기서 문무왕 11년 이전에 신라가 비열홀을 되찾은 시기는 다음의 자료에서 확인된다.

창녕 진흥왕 척경비(경남 창녕)

> D-(2) 비열홀주比列忽州를 두고 파진찬波珍湌 용문龍文에게 명하여 총관總管을 삼았다.(『삼국사기』 권6, 신라본기6, 문무왕 8년)

　문무왕 8년(668) 신라는 우수주를 폐지하고 다시 비열홀에 주를 설치하는 한편 총관을 파견하였다. 이는 비열홀을 되찾은 직후에 취해진 조치가 분명하다.[378] 그러므로 D-(1)에서 '신라가 다시 이 성을 얻어 백성을 옮기고 관리를 두어 수비했다'함은 곧 문무왕 8년(668)에 비열홀에 주치를 설치하고 총관을 파견한 위의 사실을 의미하고

成宗을 軍主로 삼았다.(『삼국사기』 권4, 신라본기4, 진흥왕 17년;556) ②(진흥왕 22년;561) 碑利城軍主 喙 福登智沙尺干(「昌寧碑」) ③比列忽州를 폐하고 達忽州를 두었다.(『삼국사기』 권4, 신라본기4, 진흥왕 29년;568) 다만 여기에서 568년의 비열홀주를 폐지하고 달홀주를 설치한 것이 비열홀을 상실했기 때문으로 보는 견해도 있으나, 주지하듯이 같은 해에 진흥왕은 황초령과 마운령을 순수하고 순수비를 남기고 있으므로, 비록 주치를 옮겼다고 하더라도 비열홀 지방은 여전히 신라의 영역이었던 것으로 보아야 한다.

378 아래 사료에 보이듯이 이미 두해 전에 淵爭土의 투항으로 동북변경지대의 일부를 수복한 바도 있었다(이에 대한 지적은 池內宏,「新羅の戊子巡境碑と新羅の東北境」『滿鮮史研究~上世 第二册, 1960, 38~40쪽 참조).『삼국사기』 권6, 신라본기6, 文武王 6년, "高句麗貴臣淵淨土 以城十二 戶 七百六十三 口三千五百四十三來投 淨土及從官二十四人 給衣物糧料家舍 遂置王都及州府 其八城完 并 遣士卒鎭戍".

있는 것이다. 그렇다면 신라가 그 이전 이 지역을 상실한 시기는 그로부터 30여년전 이라 했으므로 대체로 630년대의 일로 보여지는데, 이와 관련하여 다음 자료가 주목 된다.

> D-(3) 삭주朔州…… 선덕왕 6년(637) 당唐 정관貞觀 11년에 우수주牛首州로 삼고 군 주軍主를 두었다.(『삼국사기』 권35, 잡지4, 지리2)

이 자료는 우수주의 설치만을 전하는 것이지만, 그 배후에 달홀에 두었던 주치[379]를 폐지하고 그것을 우수로 옮긴 사실이 숨어 있다. 여기에는 이러한 주치의 이동 사유 가 드러나 있지 않지만, D-(1)에서 668년에 되찾기까지 30여 년 동안 고구려가 영유 하고 있었다는 지적과 시기적으로 정확히 대응되고 있어 사정을 알게 한다. 곧 D-(3) 의 우수주 설치기사는 신라가 비열홀지역을 고구려에게 빼앗겼고, 달홀에 두었던 주 치를 우수(춘천)로 후퇴해야 했던 사실을 전하고 있는 것이다. 그렇다면 비열홀지역 은 진흥왕대에 주치가 두어질 만큼 신라의 확실한 영역이었으며 선덕왕 6년(637)까 지도 여전히 신라의 영역이었지만, 그 해에 고구려에게 빼앗겼고, 다시 30여년 후인 문무왕 8년에 되찾아 비열홀주를 설치하고 총관을 파견했음을 알 수 있다. 이와 같은 비열홀지역에 대한 영유권의 변동과정에서 무열왕 5년에는 하슬라까지 말갈의 침입 에 노출될 정도였던 것이다(사료 C).

이러한 영역상의 변동과정에서 하슬라가 말갈과의 접적지역으로 되자 신라왕조는 하슬라에 두었던 북소경을 폐지하고 주치를 두는 한편, 주치였던 실직(삼척)에 북진 을 설치하였다. 이러한 조치가 말갈의 침입에 대비한 것임은 앞의 사료 C에 잘 나타 나 있다. 그렇다면 주치와 진은 일단 소경이나 군보다 군사적 성격이 강한 지방단위 임이 인정된다. 특히 이때 재등장한 진은 외적을 방어할 목적으로 설치되는 군사적 성격이 강한 독특한 지방단위라고 하겠다.

다만 말갈과 보다 근접한 하슬라에 주치가 두어지고, 상대적으로 후방에 위치한 실

---

379 달홀이 주치로 되었던 사실은 "比列忽州를 폐하고 達忽州를 두었다."(『삼국사기』 권4, 신라본기4, 진흥왕 29년)에서 알 수 있다.

직에 북진이 설치되고 있는 사실은 진의 초기적 성격과 관련하여 시사하는 바가 크다. 이 시기에는 아직 군사적인 측면에서 주치가 진보다 그 비중이 컸음을 의미하는 것이기 때문이다. 이 시기 주치였던 하슬라에는 일단 하서주군주河西州軍主가 직접 인솔하는 주치停州治停이 존재했으며, 또 광역주인 하서주 영역 내의 군사력을 결집하여 형성되는 광역정인 하서정의 중심지이기도 하였다.[380] 뿐만 아니라 진평왕 20년에 설치된 하서주궁척이라는 특수부대가 설치되어 있기도 하였다.[381] 이와 같이 주치인 하슬라에는 여러 군사조직이 중복 설치되어 있었으며, 각각의 군사조직 역시 실질적인 기능을 발휘하고 있었던 것으로 보인다. 이러한 사정 때문에 하슬라의 후방에 위치한 실직에 북진이 두어졌던 것이다.

이와 같이 무열왕 5년에 북진의 설치와 더불어 군사적 성격이 강한 특별한 지방단위로 진이 재등장하였지만, 주치지역을 중심으로 설치된 여러 군사조직이 건재하고 있었던 상황에서는 진의 군사적 비중이나 중요성이 상대적으로 그리 크지 않았고, 또 적극적인 기능이 기대되지 않고 있었음을 알 수 있다. 이 점 후술되는 일선의 전초기지로 기능했던 보다 후대의 군사조직적 성격이 매우 강한 진과는 성격면에서 일정한 차이를 보여주고 있어 진의 초기적 성격으로 여겨도 좋을 것이다. 이와 같은 진의 초기적 성격에서 미루어 보면, 보다 후대에 설치되는 진의 군사적 위상이 크게 부각되는 것은 기존 군사조직의 약화 내지 변질이라는 사실과 밀접한 관련성을 가졌음을 예상케 한다.

다. 북진의 이동과 그 시기

무열왕 5년(658) 실직에 설치된 북진은 이후 어떤 변화를 겪었는지 사료의 부족으로 자세한 내용을 알 수 없다. 그러나 아래와 같이 8세기 후반에 이르면 다시 사료에 등장하고 있어, 무열왕 5년에 설치된 북진이 일단 헌강왕 12년(886)에 이르기까지 존속하고 있었음을 알려준다.

---

380 신라 중고기의 지방군제였던 정제의 성립과 전개에 대해서는 졸고, 「新羅 中古期 停制의 成立과 展開」 『大丘史學』 44, 1992 참조.
381 『삼국사기』 권40, 잡지9, 직관 하, "外弓…二曰 河西州弓尺 眞平王二十年置 無衿".

E. 헌강왕 12년 봄 북진北鎭에서 아뢰기를 "적국인狄國人이 진鎭에 들어와 편목片木을 나무에 걸어두고 돌아갔기에 마침내 취하여 바칩니다"라고 했다. 그 나무에 15자를 써서 이르되 "보로국寶露國은 흑수국인黑水國人과 더불어 모두 신라국과 화통하고 자 한다"라고 했다.(『삼국사기』 권11, 신라본기11, 헌강왕 12년)

위의 자료에는 886년에 신라에게 적국인으로 인식된 보로국·흑수국인들이 북진에 들어와 화통和通을 원하는 나무쪽을 걸어두었던 사건이 일어났음을 전하고 있다. 여기서 북진과 관련된 한 두가지 주목할만할 사실을 간파할 수 있다. 하나는 북진의 위치이다. 북진은 곧 보로국·흑수국 등 적국인의 출입이 가능할 정도로 그들의 거주 지역과 인접해 있었던 곳으로 나오고 있는 것이다. 다른 하나는 북진의 통속관계이 다. 이를 보면 북진은 국왕에 대한 직보체계直報體系를 갖추고 있어 중앙의 직접적인 지배단위였음을 시사하고 있다.[382]

그러면 먼저 이 시기의 북진의 위치에 대해 살펴보기로 하자. 이에 대해서는 처음 설치될 당시와 같이 삼척지방에 그대로 두어져 있었다고 보는 견해[383]와 보다 북방으 로 이동해 있었다는 견해[384]로 나누어져 있다. 그런데 이 시기 북진의 위치를 생각할 때 우선 고려되어야 할 사항이 있다. 즉 무열왕 5년 북진이 설치된 실직의 북방에 해 당하는 신라의 동북지방에는 일찍부터 군현이 설치되어 왔다는 사실이다. 이는 북진 의 위치가 이 동북지방 군현들과의 유기적 관련 하에서 검토되어야 함을 의미한다.

이를 고려할 때 북진을 삼척에 그대로 위치하고 있었다고 보는 견해는 9세기 후반 에 이르면 삼척 북방의 여러 군현들이 형해화되어 신라의 통치력이 미치지 못하게 됨 으로써 적국인들의 활동무대로 변했다고 간주하지 않으면 안된다.[385] 만약 동북변경지

---

382 이러한 북진을 비롯한 군진의 통속관계에 대해서는 이인철, 앞의 논문, 238쪽에서 간략하게 지적 된 바 있다.

383 池內宏, 앞의 논문, 55~56쪽. 그래서 씨는 9세기 무렵에는 천정군과 삭정군 지역까지 말갈의 발 호지역으로 보고 있다.

384 대표적으로 木村誠, 앞의 논문, 251쪽을 들 수 있다.

385 池內宏, 앞의 논문, 55~73쪽에서는 이러한 시각에서 철령 이북의 삭정군(안변)과 정천군(덕원) 등 2군이 헌강왕 12년(886) 무렵에는 말갈의 발호지역으로 된 것으로 이해하였다. 필자는 철령 이북의 2개군이 말갈의 발호지역으로 되었다는 주장에도 반대의견을 갖고 있거니와, 설령 그렇

대에 설치되었던 군현의 존재를 그대로 인정한다면 북진에 대한 적국인들의 출입경로는 해로를 상정할 수 밖에 없는데, 이는 아무래도 무리한 추론으로 여겨지기 때문이다. 그러나 주지하듯이 삼척의 북방에 위치한 강릉지역은 하슬라주(명주溟州)의 주치州治로 멸망기까지 의연히 존속되어 왔다. 따라서 이 시기의 북진은 일단 삼척보다 북방으로 옮겨졌을 것이라는 후자의 견해가 옳다고 판단된다.

그러면 북진이 옮겨 설치된 곳은 어디이며, 그 이동의 시기는 언제일까. 앞에서 지적했듯이 북진의 이동을 상정할 경우에도 역시 신라의 동북변경지방에 설치된 군현과의 상호관계가 해명되지 않으면 안된다. 그래서 이 지역에 대한 신라의 경영과정을 검토하여 위의 의문에 접근해 보기로 하겠다.

신라의 동북지방 경영에서 주목되는 곳은 중고기 이래 철령 이북의 요충지로 인식되어 온 비열홀 지역이다. 이 지역을 둘러싼 고구려와의 각축은 이미 앞에서 언급한바 있다. 이를 다시 보면 비열홀지역은 진흥왕대에 주치가 두어질 만큼 신라의 확실한 영역이었다가 선덕왕 6년(637)에 고구려에게 빼앗겼고, 다시 30여년 후인 문무왕 8년(668)에 되찾아 비열홀주를 설치하고 총관을 파견하였던 것으로 정리된다.

그런데 668년 이후 신라는 당의 압력으로 이 지역을 다시 잃어버리게 되었다. 앞의 사료 D-(1)에서 문무왕이 "(당이) 이 성을 뺏아 다시 고구려에 주었다"함은 이를 가르키는 것이다.[386] 이와 같은 비열홀지역의 재상실을 시사하는 자료가 다음과 같이 발견된다.

> F-(1) (문무왕 13년;673) 비열홀정比列忽停을 폐하고 우수정牛首停을 두었다.(『삼국사기』권40, 잡지9, 무관)
>
> (2) 삭주朔州……선덕왕 6년(637) 당唐 정관貞觀 11년에 우수주牛首州로 삼고 군주軍主를 두었다.(혹은 문무왕 13년 당唐 함형咸亨 4년에 수약주首若州를 두었

더라도 삼척 북방에 제군현이 존속하고 있어 북진이 삼척지방에 그대로 두어져 있다고 보는 것은 그릇된 것임을 지적해 둔다.

386 다만 여기서 이 성을 차지하게 된 주체로 등장하는 고구려의 실체는 아마 고구려왕조가 아니라 당이 설치한 安東都護府일 것이다.

다고 하였다)(『삼국사기』권35, 잡지4, 지리2, 삭주)

위의 자료에는 비열홀주의 폐지나 비열홀 지역의 상실이 분명하게 나타나 있지는 않다. 다만 문무왕 13년(673) 광역정인 비열홀정을 폐하고 우수정을 설치했다고 하고, 또 삭주의 연혁 가운데 같은 해에 수약주가 설치되었다는 이설을 전하고 있을 뿐이다. 그러나 이 시기 광역정의 변화란 주치의 이동 결과 나타나는 현상이며,[387] 또 수약주 설치의 이설 역시 문무왕 8년에 비열홀에 두었던 주치(D-(2))를 동왕 13년에 다시 우수로 옮겼던 사실을 보여주는 것이다.[388] 그러므로 신라는 673년에 당의 압력에 의해, 그리고 당과의 직접적인 마찰을 피하기 위해 주치를 우수주(춘천)로 옮기는 한편 외견상 비열홀에서 후퇴할 수 밖에 없었음을 알 수 있다.

그러나 주지하듯이 안동도호부의 지배는 제대로 실현되지 못한 일종의 도상계획에 불과한 것이었다. 오히려 신라는 나당전쟁의 와중에서 동북 변경지방에 대한 지배를 확대해 나가고 있었다.

G-(1) 안북하安北河에 연沿하여 관성關城을 설치하고, 또 철관성鐵關城을 쌓았다.(『삼국사기』권7, 신라본기7, 문무왕 15년)

(2) 사찬沙湌 무선武仙이 정병精兵 3천으로 비열홀比列忽을 진수鎭戍하였다.(『삼국사기』권7, 신라본기7, 문무왕 21년)

(3) 정천군井泉郡은 본래 고구려의 천정군泉井郡으로 문무왕 21년에 취하였다. 경덕왕이 개명하고 탄항관문炭項關門을 쌓았으며, 지금의 용주湧州로 영현領縣이 셋이다.(『삼국사기』권35, 잡지4, 지리2)

G-(1)에 보이듯이 신라는 비열홀에서 우수로 주치를 옮긴 2년 후인 문무왕 15년(675)에 안북하에 연하여 관성을 설치하고, 다시 철관성을 수축하였다. 여기에 보이는 안북하는 비열홀보다 북방에 위치한 덕원德原의 북면천北面川이며, 관성은 북면천

---

387 이문기, 『新羅 兵制史研究』참조.
388 이문기, 위의 책 참조.

변의 망덕산에, 그리고 철관성은 그 보다 약 15Km 북방의 소망덕산에 위치한 것으로 비정된다.[389] 주치의 후퇴에도 불구하고 오히려 신라의 동북방면의 영역은 비열홀을 지나 보다 북방으로 확대되고 있는 것이다. G-(2)의 동왕 21년(681) 요충지인 비열홀에 사찬 무선으로 하여금 정병 삼천을 이끌고 진수시켜 방어태세를 갖추게 한 것은 새로이 개척한 영역을 더욱 공고히 하려는 조치로 볼 수 있겠다. 이러한 방어태세의 구축과 함께 같은 해에는 덕원지역에 천정군과 3개의 영현을 설치하여 동북변경에 대한 직접적 지배망을 갖추었다(G-(3)).

그런데 신라의 동북변경지대에 대한 군현의 설치는 더 이상 이루어지지 않았다. 신라가 그 천정군 이북 지역에 대한 추가로 군현을 설치하지 않았던 이유는 분명하지 않으나,[390] 군현의 설치와 같은 적극적인 지배정책을 펴지는 않았다고 해도 동북변경지역에 대한 관심을 버릴 수는 없었다. 그것은 다음 사료에서 보듯이 적적狄賊으로 표현된 세력집단의 위협이 상존하고 있었기 때문이었다.

H. 천수天授 3년(692:효소왕 1년) 임진壬辰 9월 7일 효소왕이 대현살손大玄薩飡의 아들 부례랑夫禮郎을 받들어 국선國仙으로 삼았더니 화려한 차림을 한 낭도들이 천명이나 되었는데 그 중에서 안상安詳과 더욱 친하였다. 천수天授 4년(693) 계사癸巳 늦은 봄에 낭도郎徒를 거느리고 금란金蘭을 유오遊娛하여 북명北溟의 지경地境에 이르러 적적狄賊에게 약취掠取되어 갔다. 문객門客들은 모두 어찌할 바를 몰라 돌아왔으나 안상安詳만이 추적하였는데 그 때가 3월 11일이었다.(『삼국유사』 권3, 탑상 4, 백률사)

---

389 이는 철관을 철령에 비정한 『동사강목』의 견해를 비판하면서, 『세종실록지리지』와 『신증동국여지승람』의 자료를 토대로 고증한 池內宏의 견해를 따른 것이다(池內宏, 「앞의 논문」 40~45쪽). 李丙燾 역시 그의 견해를 추종한 바 있다(이병도 역주, 앞의 책, 1977, 123쪽).

390 徐丙國, 「渤海와 新羅의 國境線問題 硏究」 『關東大論文集』 9, 1981 ; 趙二玉, 「統一新羅時代의 靺鞨 硏究」 『梨大史苑』 26, 1992에서는 그 북방에 말갈이 존재했기 때문으로 보았고, 金鍾福, 「渤海 初期의 對外關係」, 成均館大 碩士學位論文, 1993에서는 舊百濟領 통치를 둘러싼 신라의 내부사정 때문이라고 보고 있다.

이 사료에 보이는 적적의 종족 계통이나 실체가 무엇이었는지 확실치는 않으나,[391] 어쨌든 신라의 국선을 약취했다는 설화를 남길 만큼 신라왕조에 적대적인 세력이 북명北溟 지경地境으로 표현된 동북변경에 존재하고 있었다. 이러한 세력의 위협에 대처하기 위하여 신라는 비열홀군성을 축조하는[392] 등의 방어시설을 마련하기도 하였다.

신라의 동북변경에 대한 경계는 698년 발해의 건국 이후 더욱 강화되어 갔다. 발해 건국 초기 일시적으로 지속된 양국의 우호관계가 8세기 초반부터 서서히 대립관계로 변화해 갔기 때문이다.[393] 특히 719년 대무예가 집권하면서 부터 발해는 고구려의 고토를 회복하기 위해 주변지역에 대한 병합정책을 추진하였다.[394] 이러한 발해의 심상치 않은 동정은 신라의 경계심을 촉발한 것으로 보인다. 그것이 다음 사료에 보이듯이 북경장성의 축조로 나타났다.[395]

> I-(1) 성덕왕 20년(721) 하슬라도何瑟羅道의 정부丁夫 2천을 징발하여 북경北境에 장성長城을 쌓았다.(『삼국사기』 권8, 신라본기8, 성덕왕 20년)

이 하슬라도의 정부丁夫를 동원하여 축조한 북경장성의 위치에 대해서는 의견이 분분하지만[396] 대체로 영흥의 용흥강과 정평의 금진강 사이의 분수산맥을 이용하여 쌓은 것이라는 주장[397]이 타당하다고 생각된다. 왜냐하면 이미 문무왕대에 덕원지역 일

---

391 池內宏, 앞의 논문 및 趙二玉, 앞의 논문, 1992에서는 말갈족 그 자체로 보고 있다.
392 『삼국사기』 권35, 지리2, "朔庭郡 本高句麗比列忽郡 眞興王十七年 梁太平元年 爲比列州置軍主 孝昭王時築城 周一千一百八十步".
393 이하 발해와 신라의 대외관계에 대한 서술은 韓圭哲, 『渤海의 對外關係 硏究』(高麗大 博士學位論文), 1991의 도움을 받았음을 밝혀둔다.
394 『신당서』 권219, 열전144, 북적·발해, "子武藝立 斥大土宇 東北諸夷畏臣之 私改年曰仁安".
395 北境長城의 축조가 발해의 南進에 대한 대응이었음은 池內宏, 앞의 논문 이래 반대하는 견해를 찾아볼 수 없다.
396 金正浩, 『大東地志』 권16, 江原道九邑 高城의 城池條에는 "城串長城(細註:北三十六里通川界 長九百八十二尺 ○ 新羅 聖德王 三年 徵何瑟羅道丁夫 築長城於北境)"이라 하여 고성과 통천의 경계에 있는 城串長城을 성덕왕대에 축조된 장성으로 보았다. 그러나 성곶장성의 규모가 너무 작은 점이나 장성의 축조시기를 성덕왕 3년으로 오해하고 있는 점 등에서 보면 설득력이 떨어진다.
397 池內宏, 앞의 논문, 49~55쪽 참조.

대에 천정군과 3개의 영현을 설치하여 군현편성을 완료한 신라가 힘들여 개척했던 군현을 주요 방어선이었을 장성 밖으로 방기했을 것으로는 보기 어렵기 때문이다. 그렇다면 성덕왕대에 축조한 북경의 장성은 곧 발해와의 접경지역에 위치하였으며, 신라 동북변경의 북방경계가 되는 셈이다.

그런데 발해와 신라의 국경에 대해서는 『신당서』에 "남쪽으로 신라와 니하를 경계로 한다南與新羅以泥河爲境"[398]라는 기사가 보이고 있어 과연 북경장성이 신라의 동북방 경계인지 여부에 대해 의문이 제기될 수 있다. 그래서 이에 대해 일별해 두기로 한다. 『신당서』에 보이는 니하는 『삼국사기』의 기사에도 신라와 고구려 혹은 신라와 말갈의 교전지역으로 여러 차례 등장하는 지명인데,[399] 양자가 동일한 것인지 여부를 놓고 이견이 없지 않다.[400] 뿐만 아니라 그것의 위치에 대해서도 강릉 니하수설泥河水說,[401] 안변 남대천설南大川說,[402] 재덕원설在德原說,[403] 영흥 용흥강설龍興江說,[404] 정평 금진강설金津江說[405] 등의 다양한 견해가 제시되어 있는 실정이다.

발해와 신라의 경계선으로 되는 니하는 여러 논자들이 지적한 바와 같이 『삼국사기』에 등장하는 니하와는 서로 다른 강을 지칭하는 것으로 보는 것이 옳겠다. 『삼국사기』의 니하가 대체로 강릉 부근으로 비정될 수 있는데 대해, 신라와 발해의 경계선이 되는 니하는 보다 북쪽에서 찾는 것이 타당하기 때문이다.[406] 그러면 발해와 신라의 경계선이 되는 니하는 어디로 비정될 수 있을까?

이와 관련하여 먼저 가탐賈耽의 『고금군국지古今郡國志』에서 신라와 발해의 교통로

---

398 『신당서』 권219, 열전144, 북적전 발해.
399 『삼국사기』 신라본기, 지마니사금 14년, 자비마립간 11년, 조지마립간 3년, 동왕 18년조 등에 주로 말갈·고구려와 교전이 있었던 지명으로 泥河가 등장하고 있다.
400 丁若鏞, 『我邦疆域考』 「渤海考」에서는 양자를 동일한 것으로 보고 위치비정을 시도하였으나, 대부분의 논자는 서로 구별되는 것으로 이해하고 있다.
401 丁若鏞, 「渤海考」 『我邦疆域考』 권5에서 비롯되어 徐炳國, 앞의 논문에서는 현 連谷川이 泥河에 해당한다고 보았다.
402 津田左右吉, 「新羅北境考」 『朝鮮歷史地理』 1, 1913, 326~329쪽.
403 安鼎福, 『東史綱目』 附錄 地理考, 新羅疆域考.
404 松井等, 「渤海國の疆域」 『滿洲歷史地理』 1, 1913, 422~423쪽 ; 박시형, 『발해사』, 1979.
405 池內宏, 앞의 논문, 69쪽.
406 『조선전사』 5, 52~53쪽.

인 신라도新羅道에 관해 언급하면서 "신라 천정군에서 책성부에 이르기까지 무릇 39역이 있다自新羅泉井郡至栅城府 凡三十九驛"이라 하여 신라의 기점을 천정군으로 잡고 있음이 주목된다. 이는 천정군보다는 북쪽에 양국의 경계선이 되는 니하泥河가 위치하였음을 시사한다. 그리고 발해의 남경남해부가 북청토성에 비정되는 점이나 영흥의 용흥강을 대체적인 경계로 하여 그 이북지방에서만 발해의 유물이 분포하고 있는 고고학적 자료를 통해서도 방증을 얻을 수 있다.[407]

용흥강 부근이 신라와 발해의 경계였음을 의미하기 때문이다. 그러므로 『신당서』에 신라와 발해의 국경선으로 기록된 니하는 일단 용흥강으로 비정할 수 있을 것 같다. 그러나 『신당서』의 기록만을 전적으로 신빙하여 니하인 용흥강이 반드시 양국의 국경선이었다고 단언하기는 어렵다. 니하는 발해측의 입장에서 파악하는 신라와의 경계선이었을 가능성이 높기 때문이다. 그래서 필자는 신라와 발해의 접경지역은 신라의 북경장성의 위치를 감안하여 장성의 북방에 위치한 정평의 금진강과 그 남쪽의 영흥의 용흥강 및 가운데 위치한 북경장성 일대로 넓혀보는 것이 무난할 것으로 생각한다.

이상 살핀 바와 같이 신라와 발해의 경계는 성덕왕 20년에 용흥강과 금진강 사이의 분수산맥을 이용하여 축조한 북경장성을 중심으로 그 남쪽의 용흥강과 북쪽의 금진강 일대로 비정이 가능하다. 이는 신라의 동북변경의 경계는 대체로 북경장성의 축조에 즈음하여 어느 정도 획정되었음을 의미하는 것이다.

신라왕조는 북경장성 축조 이후에도 동북변경의 경영에 지속적인 관심을 표명하였다. 장성 축조 이듬해에 발해와 일본의 접근으로 일본으로부터 위협이 고조되자 왕경수호를 위해 모벌군성毛伐郡城(모화관문毛火關門)을 축조하고 있는 사실은 동북변경에 대한 관심을 충분히 예상케 하며, 특히 732년 발해의 등주 공격으로 야기된 발해와 당의 전쟁을 전후하여 신라는 발해에 대해 적극적인 자세를 나타내고 있는 점도 또하나의 방증이 될 수 있다.[408]

성덕왕은 당의 요청을 받자 동왕 32년 윤중·윤문 등 4장군을 보내어 발해의 남경

---

407 박시형, 앞의 책 참조.
408 이에 대해서는 韓圭哲, 앞의 논문, 131쪽 및 149~154쪽에 자세하게 논급된 바 있다.

을 공격한 바 있었고,[409] 그 이듬해는 당에 있던 숙위 김충신金忠信으로 하여금 표를 올리게 하여 발해에 대한 공격을 자청하기도 하였다.[410] 뿐만 아니라 양국 모두의 요충지에 해당하는 패강지역에 방수처를 두어 발해를 견제하려는 적극적인 의욕이 당에 알려지기까지 했다.[411] 이러한 서북변경에 대한 일련의 조치가 특수한 군사지대로서 패강진의 설치로 귀결되거니와, 이는 동북변경의 경우에도 마찬가지였을 것이다. 신라의 동북변경에 대한 지속적인 관심은 다음 사료에서 엿볼 수 있다.

> I-(2) 성덕왕聖德王 35년(736) 이찬伊飡 윤충允忠과 사인思仁, 영술英述을 보내어 평양平壤 우두牛頭 2주州의 지세를 검찰하였다.(『삼국사기』 권8, 신라본기8, 성덕왕 20년)

위의 사료 I-(2)에 의하면 당시 정계의 요인인 윤충·사인 등이 평양과 우두 2주의 지세를 검찰하고 있는데, 여기서 평양은 서북변경지대, 우두는 동북변경지대를 가르키고 있음에 틀림없다. 발해와의 대립과정에서 이러한 서북 및 동북변경지대에 대한 지세검찰의 목적이 무엇이었는지 사료에서는 분명하지 않다. 그러나 서북변경지대의 경우 그것이 후일 패강진의 설치를 위한 사전 준비작업의 일환이었던 것으로 이해되고 있다.[412] 그렇다면 동북변경지대에 대한 지세 검찰도 발해의 견제를 위해 모종의 군사적 대응책을 마련하기 위한 사전 정지작업의 목적을 가졌을 것으로 추측해 볼 수 있다.

그런데 이러한 지세 검찰의 결과 신라가 동북변경지대에 취한 조치가 무엇이었는지는 명확하지 않다. 그러나 다음의 사료는 이와 관련하여 눈여겨 볼 필요가 있을 것 같다.

---

409 『삼국사기』 권8, 신라본기8, 성덕왕 32년 및 『삼국사기』 권43, 열전3, 김유신 하.
410 『삼국사기』 권8, 신라본기8, 성덕왕 33년.
411 「勅新羅王金興光書三首」 『문원영화』 권471, 번서4, 신라, "知卿欲於浿江置戍 旣當渤海衝要 又與祿山相望 仍有遠道 固是長策".
412 木村誠, 앞의 논문, 251쪽.

I-(3) 정천군井泉郡은 본래 고구려의 천정군泉井郡으로 문무왕 21년에 취하였다. 경덕왕이 개명하고 탄항관문炭項關門을 쌓았으며, 지금의 용주湧州로 영현領縣이 셋이다. 산산현㦗山縣은 본래 고구려의 매시달현買尸達縣인데 경덕왕이 개명하였으며 지금은 미상이다. 송산현松山縣은 본래 고구려의 부사달현夫斯達縣인데 경덕왕이 개명하였으며 지금은 미상이다. 유거현幽居縣은 본래 고구려의 동허현東墟縣인데 경덕왕이 개명하였으며 지금은 미상이다.(『삼국사기』 권35, 잡지4, 지리2)

I-(3)에는 경덕왕대에 천정군과 3개 영현의 개명과 천정군지역에 탄항관문을 축조한 사실이 기록되어 있다. 먼저 개명의 정확한 시점은 여타 군현과 마찬가지로 경덕왕 16년(757)일 것이며, 탄항관문의 축조도 서술방식으로 보아 이와 거의 동일한 시점에 이루어진 것으로 볼 수 있다.[413] 그렇다면 지세검찰 이후 약 20년 후에 지명의 개정과 아울러 탄항관문을 축조한 셈이다. 여기에서 경덕왕 16년에 천정군과 3개 영현의 개명은 전국적인 조치의 일환이었으므로, 이 지역에 대한 신라의 통치력이 지속되고 있었음을 말해주는 이상의 의미는 찾기 어렵다. 그러나 탄항관문의 축조는 동북변경지대 방어태세와 관련하여 매우 중요한 의미를 갖고 있는 것으로 보인다. 관문이라는 시설물 자체가 가지는 군사적 의미가 예사롭지 않기 때문이다.

J-(1) 그 나라의 산은 수십리씩 연결되어 있는데, 골짜기에 철개鐵盖로써 단단하게 하고 관문關門이라고 부르며, 신라는 항상 노사弩師 수천 명을 주둔시켜 이곳을 지킨다.(『신당서』 권220, 열전145, 신라)

(2) 개원開元 10년 임술壬戌(722) 10월에 처음으로 모화군毛火郡에 관문關門을 세웠다. 지금의 모화촌毛火村으로 경주의 동남경東南境에 속하였다. 이것은 일본을 방어하는 요새였다.(『삼국유사』 권2, 기이2, 효성왕)

---

413 탄항관문의 설치시기를 池內宏, 앞의 논문, 46~47쪽에서는 문무왕 21년의 일로 보았으나, 지리지의 서술 방식에서 볼 때 안정복, 『동사강목』이나 『증보문헌비고』에서 이해하고 있듯이 경덕왕대로 이해하는 것이 보다 설득력이 있다.

위의 J-(1)은 당의 사신이 실제로 견문했던 신라의 지세地勢와 관문關門의 모습을 그대로 적어 놓은 것으로 보이는데,[414] 구체적으로 당의 사신이 신라의 어느 관문을 목격하고 기록한 것인지는 알 수 없다. 그러나 관문이라는 방어시설과 군사적 방어태세를 알려주는 귀중한 기록으로 생각된다. 이를 따르면 관문은 철개鐵蓋로 인식된[415] 견고한 문을 설치하여 주요 교통로를 차단하도록 세워진 시설물이며, 여기에는 이를 수비하기 위해 항상 수천의 노사가 주둔하고 있었음을 알 수 있다. 그리고 J-(2)에서 보듯이 실제로 성덕왕 21년(722) 모화군에 설치된 관문은 일본으로부터 왕경을 방어하는 요새지였으며, 여기에도 상당한 군사력이 주둔했을 것임에 틀림없다.

이와 같은 관문에 대한 중국 사신의 견문기록이나 모화관문의 예에서 보면 경덕왕대에 천정군에 축조한 탄항관문의 실체나 기능에 대해서도 추측이 가능하다. 탄항관문의 구체적인 위치에 대해서는 일찍부터 문무왕 15년에 철관성이 축조된 바 있었던 덕원 북쪽 15리 지점으로 비정한 견해가 있으며,[416] 이를 참조하여 그곳이 소망덕산에 비정될 수 있음을 논증한 주장도 있다.[417] 그러므로 탄항관문은 철관성을 보다 강화하여 견고한 문을 설치하고 발해와의 주요교통로를 차단하고 있었던 것으로 볼 수 있으며, 거기에는 이를 수비하는 상당수의 군사가 주둔하고 있었을 것이다. 그렇다면 경덕왕 16년 무렵부터 천정군에는 발해에 대한 방어태세의 일환으로 탄항관문이라는 주요한 군사시설물이 설치되어 상당한 군사력이 주둔하는 동북변경 방어의 최일선 기지로 기능하게 되었던 셈이다.

지금까지 살펴 본 바처럼 신라는 동북변경지방의 경영과정에서 7세기 후반대에 비

---

414 『신당서』 신라전의 風俗關係記事는 혜공왕 4년(768)에 당으로 부터 신라에 온 册封使 歸崇敬의 從事官이었던 顧愔의 見聞記인 『新羅國記』에서 채록했을 것이라는 견해가 있다.(今西龍, 「新羅骨品考」 『新羅史研究』, 1933, 198쪽) 그렇다면 關門에 대한 이 기사도 顧愔의 견문이었을 가능성이 높다. 신라의 관문은 성덕왕 21년(722)의 毛伐郡城의 築造와 더불어 비로소 신라의 군사적 방어시설로 설치되기 시작했을 것으로 추측되기 때문이다(『삼국유사』 권2, 기이2, 효성왕).

415 실제로 견고한 鐵製의 門이었을 가능성도 있다.

416 "新羅北界止於井泉郡 景德王築炭項關門 疑今德原府鐵關之地也"(『東史綱目』 附錄(하), 地理考, 新羅疆域考 및 "井泉郡 景德王築炭項關門 今德原府北十五里 有古關鐵基 疑是"(『增補文獻備考~ 권18,興地考)가 대표적인 견해이며, 池內宏 역시 이에 찬동하고 있다(池內宏, 앞의 논문, 참조).

417 池內宏, 앞의 논문, 40~44쪽.

열흘 북쪽의 덕원지역을 장악하고 그곳에 군현을 편성하였으며, 성덕왕대에는 발해를 의식하여 북경장성을 축조하고, 그 남북의 영흥의 용흥강과 정평의 금진강 일대를 발해와의 경계로 삼았고, 동왕 35년에는 정계의 요인들로 하여금 지세의 검찰를 통해 군사적 대응조치를 위한 사전 준비작업을 거쳤으며, 드디어 경덕왕 16년 무렵에는 덕원북쪽 15리 지점의 소망덕산에 탄항관문을 쌓았다.

북진이 이동해 간 지역으로는 탄항관문의 축조로 발해 방어의 최일선기지로 기능하게 된 정천군 일원을 주목하지 않을 수 없다. 북진이 적국인의 출입이 가능할 정도의 인접지역이라는 점과 더불어 그곳이 북경장성과 직결되어 있는 군현이라는 점, 탄항관문이 설치되어 주요 군사기지로 기능하게 되었던 점, 중국에까지 발해와의 교통로인 신라도의 신라측의 기점으로 알려져 있었던 점 등을 근거로 볼 때 삼척에 두어졌던 북진이 이동해 간 곳은 천정군(덕원)지역으로 보아도 좋겠다.

그리고 북진이 덕원지역으로 이동한 시기도, 역시 분명한 기록이 없는 한계가 있지만, 상술한 신라의 동북변경지방의 경영과정에서 보면 탄항관문이 설치된 경덕왕 16년 무렵이 가장 가능성이 높다고 생각된다.[418] 앞에서 보았듯이 성덕왕대의 북경장성 축조를 통한 영역의 획정과 이듬해의 지세 검찰을 통한 준비작업을 거쳐 경덕왕 16년 무렵의 탄항관문炭項關門 축조로 동북변경의 방어태세가 완결되고 있을 뿐만 아니라 관문의 설치와 더불어 천정군지역은 상당수의 군사가 항상 주둔하는 최일선의 군

---

418 木村誠, 앞의 논문, 264쪽의 註(16)에서는 성덕왕 35년의 북진에 대한 地勢檢察의 시기를 가장 유력한 북진의 이동시기로 파악하였다. 씨는 그 근거로『삼국사기』지리지에 명주 관내 삼척군이 鎭이었다는 기록이 없는 점, 또 경덕왕 16년조에 보이는 명주 관내의 군현수와 지리지 소재 그것이 일치하므로 이미 그 이전에 북진이 북방으로 이동하여 悉直에는 군이 설치되었을 것이라는 점을 들었다. 그러나『삼국사기』지리지에는 북진 뿐만 아니라 패강진, 청해진을 비롯한 모든 진의 존재가 완전히 몰각되어 있어 지리지에 삼척군이 진이었다는 기록이 없다는 사실을 논거로 삼을 수는 없다. 또 경덕왕 16년조의 명주 관내의 군현수와 지리지의 그것이 일치함을 논거로 삼는 것도 문제가 있다. 북진이 만약 명주 관내를 벗어나 그 북방으로 이동했다면, 삭주 관내로 이동했을 것이고, 그렇다면 삭주 관내의 군현수에서 차이가 있어야 하나, 여기에는 1개 현이 1개 군으로 승격한 사실만 반영되어 있을 뿐 북진의 이동을 시사하는 내용은 없다. 그러므로 씨가 북진의 이동시기로 상정한 성덕왕 35년은 씨도 지적하고 있는 바 처럼, 패강지방 획득 이듬해로서 북변에 대한 지세 검찰은 모종의 군사적 방안을 마련하기 위한 준비작업의 일환이었을 것이다. 따라서 이 시기를 북진의 이동시기로 상정하기는 어렵다고 본다.

사기지로 되었기 때문이다.

　이상에서 언급한 바처럼 삼국통합 이래 신라는 동북변경의 방어를 위해 여러가지의 정책적 배려를 베풀어 왔다. 축성과 군사주둔, 군현의 편성 등으로 지배영역화 작업을 추진하였으며, 그 토대 위에서 북경장성을 축조하였고, 지세검찰을 통해 군사적 대응조치를 위한 사전 준비작업을 행했으며, 또 탄항관문을 설치하여 천정군지역을 군사적 일선 전초기지로서의 기능을 갖추게 하였다. 이는 물론 남하하는 발해세력과 적적 혹은 적국인으로 표현된 동북변경지대의 세력집단을 견제하려는 현실적 배경에서 추진된 여러 정책이었다. 이러한 과정에서 삼척지방에 설치되어 있었던 북진을 경덕왕 16년 무렵 탄항관문의 설치와 더불어 천정군 지역으로 이치하여, 동북변경 방어의 최일선기지로 삼았던 것이다. 이렇게 옮겨진 북진은 앞의 사료 E에서 알 수 있듯이 적어도 9세기 후반에 이르기까지 그 기능을 잃지 않은 채 의연히 존속되었다.

라. 북진의 군사적 위상

　무열왕 5년 실직(삼척)에 설치되었던 북진이 경덕왕 16년 무렵 탄항관문의 축조와 더불어 천정군(덕원)으로 이동했을 것으로 보았다. 이러한 북진의 이동은 통일신라기 진의 새로운 전개라는 측면에서 주목된다. 곧 군사적 비중이 주치지역보다 낮을 정도의 초기 성격에서 벗어나 변경 방어의 최일선기지로 변모하고 있는 등 군사적 위상이 현저하게 강화되고 있기 때문이다. 그래서 본 절에서는 북진의 지역적 기반 내지 관할 범위, 군사적 지휘체계와 병졸집단의 구성과 성격 등 구조적 측면과 더불어 북진이 가진 신라왕조의 전체적 군사체계 내에서의 군사적 위상에 대해 알아보고자 한다.

　통일신라기에 다수 설치된 진에 대한 기록은 『삼국사기』 지리지에 전혀 반영되어 있지 못한 실정이다.[419] 따라서 진의 지역적 기반을 파악하기란 쉽지 않다. 특히 지리지뿐만 아니라 본기에도 관련기사가 제대로 남아있지 못한 북진의 경우는 더욱 큰 어려움이 따른다. 그러나 여타 진들에 대한 단편적인 기사를 통해 북진의 지역적 기반에 대해 우회적인 접근을 시도해 보고자 한다.

---

419 그래서 이인철은 『삼국사기』 찬자가 군진에 관한 기록을 지리지에 넣지 않으려는 편찬방침을 갖고 있었던 것으로 추정하기도 하였다(이인철, 앞의 논문, 221쪽).

K-(1) 당은군唐恩郡으로 당성진唐城鎭을 삼고 사찬沙湌 극정極正으로 하여금 가서 지키게 했다.(『삼국사기』 권10, 신라본기10, 흥덕왕 4년)

위의 사료에는 흥덕왕 4년(829)에 당은군唐恩郡을 당성진唐城鎭으로 개편했음이 나타난다. 그런데 당은군은 『삼국사기』 지리지에

K-(2) 당은군唐恩郡은 본래 고구려의 당성군唐城郡으로 경덕왕이 개명했는데 지금은 복고復故했으며 영현領縣이 둘이다. 차성현車城縣은 본래 고구려의 상홀현上忽縣으로 경덕왕이 개명했으며 지금의 용성현龍城縣이다. 진위현振威縣은 본래 고구려의 부산현釜山縣으로 경덕왕이 개명했으며 지금은 그대로 따른다.(『삼국사기』 권35, 잡지4, 지리2, 한주)

라 하여 군치지역과 2개의 영현領縣으로 구성되어 있었다. 그리고 당성진으로 개편되기 5년전에 당은군은

(3) 수성군水城郡을 당은현唐恩縣(군郡의 오기誤記-필자[420])에 합속하였다.(『삼국사기』 권10, 신라본기10, 헌덕왕 15년)

이라 하여 수성군水城郡[421]을 통폐합하였다. 수성군에 대한 통폐합 이후에도 군명이 당은군이었음은 위의 사료 L-(1)에서 알 수 있다. 그렇다면 당성진으로 개편되기 직전의 당은군은 군치지역과 2개의 영현 그리고 수성군 지역[422] 등 4개의 단위행정구역으로 이루어져 있었다고 하겠다. 그러면 당성진으로 개편된 당은군은 군치지역만을 의미하는 것일까 아니면 군치지역과 2개의 영현 및 통폐합된 수성군 지역까지를 포괄

---

420 李丙燾 校勘, 『原文 三國史記』, 107쪽에서도 "縣 當作郡"이라 하여 唐恩縣은 郡의 誤記로 보았다.
421 "水城郡 本高句麗買忽郡 景德王改名 今水州"(『삼국사기』 권35, 잡지4, 지리2, 한주)에서 보듯이 수성군은 영현을 거느리지 않은 郡治地域만으로 이루어진 소규모 군이었다.
422 당은군 예하의 현으로 되었을 가능성이 크다.

한 것일까? 만약 군치지역만을 당성진으로 삼았다면 2개의 영현과 편입된 수주군지역의 영속관계에 변화를 상정할 수 밖에 없는데, 이들의 영속관계에 대한 변동은 어느 기록에도 나타나지 않고 있다. 따라서 당성진은 당은군 군치지역과 2개의 영현 및 편입된 수주군 지역을 그 지역적 기반 내지 관할범위로 삼았다고 생각된다.[423]

이와 같은 1개군의 군치지역과 그 영현을 지역적 관할범위로 했던 진으로는 또 문성왕 6년(846)에 설치된 혈구진을 들 수 있다.

L-(1) 혈구진穴口鎭을 설치하고 아찬阿湌 계홍啓弘으로 딘두鎭頭를 삼았다.(『삼국사기』 권11, 신라본기11, 문성왕 6년)

(2) 해구군海口郡은 본래 고구려의 혈구군穴口郡으로 바다 가운데 있다. 경덕왕이 개명했으며 지금의 강화현江華縣으로 영현領縣이 셋이다. 강음현江陰縣은 본래 고구려의 동음나현冬音奈縣으로 경덕왕이 개명하였고, 혈구도穴口島 안에 있으며 지금의 하음현河陰縣이다. 교동현喬桐縣은 본래 고구려의 고목근현高木斤縣으로 해중海中의 섬이다. 경덕왕이 개명하였고 지금도 그대로 일컫는다. 수진현守鎭縣은 본래 고구려의 수지현首知縣으로 경덕왕이 개명하였고 지금의 진강현鎭江縣이다.(『삼국사기』 권35, 잡지4, 지리2, 한주)

L-(1)에 보이는 혈구진은 그 명칭으로 보아 (2)의 해구군(혈구군)을 진으로 개편한 것이 틀림없다. 그리고 혈구진의 지역적 관할범위는 해구군의 군치와 3개의 영현을 포괄하는 것으로 보인다.[424] 왜냐하면 L-(2)에서 나와 있듯이 3개의 영현은 모두 강화도와 그 부근의 교동도 등의 섬에 위치하고 있어 영속관계의 변경이 현실적으로 어려웠을 것이기 때문이다. 이와 같이 당성진과 혈구진의 예에서 보면 진의 지역적 관할범위는 대략 1개군의 군치지역과 그 영현을 포괄하는 것으로 된다.

---

423 이러한 시각은 李仁哲, 앞의 논문, 221~222쪽에서 제시된 바 있으나, 씨는 헌덕왕 15년에 있었던 수주군의 폐합사실을 간과하고, 당성진의 관할범위를 당은군 군치지역과 2개의 영현만으로 이루어진 것으로 보았다.

424 李仁哲, 앞의 논문, 221~222쪽.

그러나 패강진의 경우는 이들과는 상당한 차이를 보여주고 있다. 패강진의 설치지역이나 관할범위에 대해서는 논란이 적지않지만,[425] 위에서 살핀 1개군의 영역을 관할범위로 가진 당성진이나 혈구진과는 달리 복수의 군현을 관할범위로 인정하고 있기 때문이다. 그러므로 통일신라기의 진은 당성진·혈구진과 같이 1개군 영역을 관할범위로 가진 경우도 있었지만, 또 패강진처럼 상당히 넓은 복수의 군현을 관할 범위로 가진 경우도 있었던 셈이다.

그러면 북진의 경우는 어떠했을까. 일단 주변의 지형적 조건에서 볼 때 천정군으로 이치된 후의 북진의 관할범위에 철령 이남지역은 포함시키기 어렵다고 생각된다. 철령은 명주와 삭주의 경계였으며 그 이남은 명주 관내 지역이었으므로, 아무래도 북진의 관할범위는 철령 이북 지방으로 한정해 생각하는 것이 순리이기 때문이다.

이럴 경우 북진의 관할범위로는 삭정군(비열홀군)과 천정군 지역 및 그 북방의 군현이 설치되지 않은 북경장성에 이르는 지역이 고려의 대상이 될 수 있다. 그런데 삭정군은 그 영현인 난산현[426]에 관해 다음과 같은 기사가 보인다.

> M. 우두주牛頭州 난산현蘭山縣에서 복석伏石이 일어났다.(『삼국사기』 권10, 신라본기 10, 애장왕 5년)

사료 M은 북진이 천정군으로 이동한 757년 무렵보다 47년 후인 애장왕 5년(804)의 기록인데, 삭정군의 영현인 난산현을 우두주 난산현으로 적고 있다. 이는 난산현이 여전히 우두주 곧 삭주의 관내에 있었음을 의미하는 것이며,[427] 이로 미루어 보건

---

425 패강진을 둘러싼 의견차이는 예성강 이북지역에 대곡진과 패강진이라는 두개의 진이 설치되었는가 아니면 양자가 동일한 것인가라는 기본적인 문제에서 부터 패강진의 본영이 평산이었는지 여부, 관할구역이 과연 예성강 이북의 모든 군현을 포괄한 것인지 아니면 군현이 설치되지 않은 것으로 기록된 황해도 서부의 12지역인지 등 여러 측면에서 확인되고 있다. 이에 대한 검토는 후일로 미루기로 하거니와, 다만 여기서는 어떤 논자라도 그 관할구역을 1개군보다는 훨씬 넓은 복수의 군현을 상정하고 있는 점에는 의견의 일치를 보고 있다는 점만 지적해 둔다.
426 『삼국사기』 권35, 잡지4, 지리2, 朔州條, "朔庭郡 本高句麗比列忽郡…景德王改名 今登州 領縣五… 蘭山縣 本高句麗昔達縣 景德王改名 今因之".
427 이를 근거로 蘭山縣을 朔州의 속현으로 본 견해도 있으나(『新增東國輿地勝覽』 권35, 春川都護府

데 삭정군 역시 삭주 관내의 군으로 남아있었던 것으로 추측된다. 그러나 북진의 경우 패강진이 한주의 관내에서 벗어나 있듯이 삭주의 관내에서 벗어나 중앙과 직결되어 있었다. 따라서 여전히 삭주의 관내에 포함되어 있는 삭정군과 그 영현은 북진의 관할범위로 볼 수 없다.

그러므로 북진의 관할범위는 천정군과 그 3개의 영현[428] 및 그 북방의 북경장성에 이르는 군현 미설치 지역으로 좁혀 볼 수 밖에 없다. 이 가운데서 천정군의 군치 지역과 3개의 영현 곧 산산현·송산현·유거현 지역은 앞서 살핀 당성진과 혈구진의 예에서 보면 북진의 관할범위로 인정된다. 그리고 그 북방의 군현 미설치지역은 자료의 부족으로 북진의 관할범위였는지 여부를 단정하기 어렵지만, 그 가능성은 배제하기 어렵다고 생각된다.[429]

다음으로는 북진의 군사적 지휘체계와 병졸집단의 구성과 성격 등 인적 구조에 대해 검토하기로 하겠다. 북진도 여타 진의 성격이 그러하듯이 일반 군현과는 달리 군사적 지휘관이 파견되었을 것이기 때문이다. 그러나 이 역시 자료의 부족으로 여타 진에 대한 기록을 통해 추정해 볼 수 밖에 없다. 먼저 북진의 최고 지휘자부터 살펴보기로 하자.

> N-(1) 혈구진穴口鎭을 설치하고 아찬阿湌 계홍啓弘으로 진두鎭頭를 삼았다.(『삼국사기』 권11, 신라본기11, 문성왕 6년)

古跡條), 다른 경우에도 이러한 경우는 종종 발견된다. 예컨대 『삼국사기』의 같은 애장왕 5년조의 기사에 "熊川州 蘇大縣 釜浦의 물이 피로 변하였다."라 하여 웅천주 소대현이 보이는 바, 이 소대현은 곧 熊州 관내 富城郡의 領縣인 蘇泰縣 그것으로 웅천주의 속현이 아니었다. 따라서 우두주 난산현이라는 기록만으로 난산현이 삭주의 속현으로 보는 것은 무리이며, 난산현은 여전히 삭정군의 영현이었다.

428 『삼국사기』 권35, 잡지4, 지리2, 삭주.
429 사실 북진이 두어진 천정군(덕원) 지역에서 용흥강과 금진강 사이의 분수산맥에 위치한 북경장성에 이르는 지역에는 후대에 독립된 행정단위가 설치되는 문천, 고원, 영흥 등이 위치하고 있어 상당히 넓은 군현 미설치지역이 확인된다. 이들이 과연 북진의 관할범위였는지 여부를 판단하기는 쉽지 않다. 그러나 패강진의 관할범위를 군현이 설치되지 않았던 황해도 서부의 12지역으로 비정하는 견해(末松保和, 앞의 논문, 77~78쪽. 및 李仁哲, 앞의 논문, 222~226쪽)를 참조하면 천정군 이북의 북경장성에 이르는 지역 역시 북진의 관할범위였을 가능성도 있다고 본다.

(2) 당은군唐恩郡으로 당성진唐城鎭을 삼고 사찬沙飡 극정極正으로 하여금 가서 지키게 했다.(『삼국사기』권10, 신라본기10, 흥덕왕 4년)

(3) 아찬阿飡 체신體信을 대곡진大谷鎭 군주軍主로 삼았다.(『삼국사기』권7, 신라본기7, 선덕왕 4년)

(4) 윤중允中의 서손庶孫 김암金巖은……대력연간大曆年間에 본국으로 돌아와서 사천대박사司天大博士가 되었고, 양주良州 강주康州 한주漢州등 3주의 태수太守를 역임하고 다시 집사시랑執事侍郎 패강진두상浿江鎭頭上으로 되었다.(『삼국사기』권43, 열전3, 김유신 하)

(5) 浿江鎭典 頭上大監 一人 宣德王三年始置 大谷城頭上 位自級飡至四重阿飡爲之 大監七人 位與太守同 頭上弟監一人 位自舍知至大奈麻爲之 弟監一人 位自幢至奈麻 步監一人 位與縣令同 小監六人 位自先沮知至大舍爲之(『삼국사기』권40, 잡지9, 직관 하, 외관)

(6) 청해진대사 궁복弓福을 봉하여 감의군사感義軍使로 삼았다.(『삼국사기』권10, 신라본기10, 신무왕 즉위년)

위의 자료는 통일신라기 여러 진의 최고지휘자의 직명을 뽑아본 것인데, 그것이 반드시 동일한 것은 아니었다. 청해진의 경우 '대사'로 사료에 나오고 있고(N-(6)), 패강진의 경우 '두상'·'두상대감' 등으로 불리다가(N-(4)·(5)) 9세기의 금석문에는 '도호'로 나오고 있으며,[430] 대곡진은 '군주' 혹은 '두상'으로 기록되어 있다(N-(3)·(5)). 한편 혈구진의 최고 지휘자는 '진두'로 기록되어 있는 바(N-(1)), 이는 '혈구진두상(대감)'의 축약된 표기일 가능성이 크다. 이러한 몇 사례에서 볼 때 진의 최고지휘관의 직명은 '두상(대감)'으로 보아도 좋겠다. 그러므로 북진의 최고지휘관 역시 '북진두상(대감)'이었을 것이다.

그리고 이들의 관등도 패강진두상과 대곡진두상의 경우 급찬에서 사중아찬四重阿飡에 이른다는 직관지의 규정이 있으며, 당성진과 대곡진에는 아찬이, 당성진에는 사찬

---

430 李基東, 앞의 논문, 218~219쪽.

이 파견된 기록이 남아 있어 직관지의 규정에 부합되고 있다. 이를 참고로 하면 북진두상의 관등규정 역시 패강진두상과 같았던 것으로 보아도 좋겠다.

다음으로 북진두상 예하의 지휘체계에 대해 살펴보기로 하자. 참고자료가 되는 것이 앞의 사료 N-(5)에 보이는 패강진전의 조직이다. 패강진전은 패강진을 지배하는 군사적 성격이 강한 지방통치조직인데, 여기에는 패강진두상(대감)의 예하에 대감·두상제감·제감·보감·소감 등의 지휘체계가 보이고 있다. 그러나 이 자료는 각급 관직의 인원규정에서 상당한 문제점을 보여주고 있다. 따라서 명확한 지휘체계를 복원하기가 쉽지 않다. 그러나 약간의 추정을 통해 복원해 본다면 패강진 본영에는 두상(대감)·두상제감·소감이 관할범위의 군치급郡治級 지역에는 대감과 제감이, 현급縣級 지역에는 보감이 파견되었던 것으로 추측된다. 이는 여러 지역단위를 관할한 패강진만의 독특한 조직으로 보이며, 이를 여타 진에 그대로 적용하기는 어렵다고 생각된다. 북진의 경우는 북진두상의 예하에 두상제감·소감이 있어 본영 주둔 병졸집단을 통솔했던 것으로 보이며, 3개의 현급 지역에는 보감步監이 파견되었던 것으로 추정해 둔다.

다음으로 북진의 군사적 지휘체계 아래에 존재했던 군사력의 성격에 대해 살펴보기로 하자. 이에 대해서는 패강진에 대한 사민기사[431]를 토대로 사민된 민호民戶는 일종의 군호적軍戶的 성격을 가졌으며, 이들 토착한 둔전병적屯田兵的 주민이 평화무장하는 형태로 외적의 방어 임무를 수행하였다는 진의 군사력에 대한 지적[432]이 참고된다. 이와 같은 진의 군사력에 대한 견해는 극히 타당하다고 생각된다. 따라서 북진의 군사력도 일단 토착주민들로 이루어진 둔전병적 존재를 떠올릴 수 있다.

그러나 북진의 군사력이 전적으로 토착 지방민들로 구성된 둔전병적 존재들로만 구성되어 있었던 것은 아니라고 생각된다. 앞에서 보았듯이 신라의 관문에는 이를 수비하는 '노사 수천'이 항상 주둔하고 있었으며, 북진의 탄항관문에도 이와 흡사한 상비병의 존재가 상정되기 때문이다. 이들 관문 주둔 상비병을 평화무장하는 형태의 토착주민으로 구성된 둔전병적 존재로만 보기는 어렵다. 오히려 다음과 같은 몇 가지의 사료에서 볼 때 둔전병적 군사력과 더불어 일정한 기간을 복무하고 교체되는 방수군

---

431 『삼국사기』 권9, 신라본기9, 선덕왕 3년, "王巡幸漢山州 移民戶於浿江鎭".
432 李基白, 앞의 논문, 1968a, 232쪽 및 李基東, 앞의 논문, 221쪽.

의 존재가 고려되어야 할 것 같다.

O-(1) 건장한 남자는 모두 뽑아 군대에 편입시켜 봉수烽燧·방수防戍·순라巡邏로 삼았으며, 둔영屯營마다 부오部伍가 조직되어 있었다.(『통전』 변방문)

(2) 설씨녀는 율리栗里 민가民家의 여자였다. 비록 한문단족寒門單族이었지만 안색이 단정하고 뜻과 행실이 의젓하여 보는 이 마다 아름다움을 흠모하였지만, 감히 범접하지 못하였다. 진평왕 때 연로한 그의 아버지가 정곡正谷에서 방추防秋하는 번番에 해당하였는데, 딸은 아버지가 노쇠하고 병들었으므로 차마 멀리 보낼 수 없고, 또 여자의 몸으로 대신 갈 수 없음을 한스럽게 여겨 스스로 극심한 번민만 하였다. 사량부沙梁部 소년 가실嘉實은 비록 가난하고 누추하나 마음가짐이 곧은 남자로 일찍부터 설씨의 아름다움을 좋아하면서도 감히 말하지 못하였다. 설씨가 늙은 아버지가 종군하게 됨을 걱정한다는 말을 듣고, 드디어 설씨에게 나아가 말하기를 "내가 비록 한낱 용렬한 남자지만 일찍부터 의지와 기개로 자처하여 왔다. 불초한 몸으로 엄군의 역을 대신하기를 청합니다"라고 하였다.…그런데 나라에 사유가 있어 사람들을 교대시키지 않았으므로 6년이 되도록 돌아오지 않았다. 아버지가 딸에게 이르기를 "처음에는 3년으로 기약했는데, 지금 기한을 넘었으니 다른 집으로 시집감이 옳다."고 하였다. 설씨가 말하기를 "전에 아버지를 편안케 하기 위하여 억지로 가실과 약속을 하였고, 가실도 그 약속을 믿었으므로 여러 해를 종군하여 기한신고飢寒辛苦하고 있습니다. 하물며 적경에 바싹 가 있어 손에 병기를 놓지 않고 호구虎口에 가까이 있는듯 언제나 물릴까 두려워하고 있는데 신의를 버리고 식언하는 것이 어찌 인정이겠습니까? 아버지의 명을 감히 따르지 못하겠으니 다시는 말씀하지 마십시오."라고 하였다.(『삼국사기』 권48, 열전8, 설씨녀)

위의 사료 (1)에 의하면 신라의 건장한 남자에게는 공통 획일적인 군역이 부과되었으며, 이들은 군인으로 징발된 후 봉수·방수·순라 등의 부대로 분속되었음을 알 수 있다. 여기에 보이는 방수가 곧 변경의 요충지에 파견되어 실제 군인으로 복무하는 것이었음은 재언할 여지도 없다. O-(2)는 변경지방에서의 방수의 실례로서 많은 주목을 받아 온 자료이다. 이를 보면 변방인 정곡에 방수해야 하는 연로한 설씨의 역을 대신한 가실이 원래의 기한인 3년을 넘어 무려 6년간 '손에서 병기를 놓지 않고' 복무하고 있는 것이다. 이 자료에서 왕경인들이 3년을 기한으로 방수의 역에 차정되어 의무를 수행하는 곳으로 정곡으로 기록된 변경지대의 일정한 지역이 존재하고 있음을 주목할 필요가 있다.

그런데 이와 같은 변경지대의 방수는 9세기까지 이어지고 있음이 확인되고 있다.

> O-(3) (견훤이) 장성해서는 체모가 웅대기이雄大奇異하고 지기가 활달하고 비범하였다. 종군하여 왕경에 들어왔다가 서남해 방술防戍에 부임하여 창을 배게로 삼고 적을 기다리고 있는 등, 그 용기가 항상 사졸들의 앞에 있었다. 그 공로로 하여 비장裨將이 되었다.(『삼국사기』 권50, 열전10, 견훤)

위의 사료에 보이는 견훤은 867년에 출생하여 대략 20세 무렵에 휘하에 가병家兵을 거느리고 종군하여 입경하여 중앙군으로 편입되었으며, 그 후 서남해의 방수군으로 부임하였을 것이라는 연구결과가 있다.[433] 이를 따른다면 9세기 말엽에 이르기까지 신라의 중앙군 가운데는 변경의 방수군으로 파견된 경우도 있었음을 알 수 있는 것이다. 견훤이 방수한 서남해지역이 구체적으로 어디인지 단정하기는 어려우나[434] 여기에서도 일단 일정한 방수처가 있었음을 알 수 있는 것이다.

이와 같이 왕경인을 비롯한 신라의 군역의무자들은 변경지대의 일정한 방수처에서 방수의 역을 수행했던 바, 그러한 방수처로서 변경방어의 최일선기지였던 진이 주요한 방수처였을 것임은 추측하기 어렵지 않다. 따라서 북진의 군사력 가운데는 왕경인과 여타 군현의 지방민 가운데 3년을 기한으로 부방赴防한 방수군도 포함되어 있었다고 할 수 있다. 아마 탄항관문을 수비하기 위해 항상 주둔하고 있었던 상비병들은 이러한 방수군일 가능성이 크다고 본다. 그러므로 북진은 방수처의 하나이기도 했던 셈

---

433 申虎澈, 『後百濟 甄萱政權研究』, 1993, 12~15쪽.
434 淸海鎭이었을 가능성이 높다고 본다.

이다.

이상에서 살핀 북진의 구조를 다시 정리하면 대체로 다음과 같다. 북진은 경덕왕 16년 무렵 실직에서 천정군으로 이동하였으며, 그 지역적 기반은 천정군의 군치지역과 3개 영현 지역이었다. 그리고 본영인 군치지역에는 북진두상(대감)-두상제감-소감의 지휘체계가, 현지역에는 보감步監이 파견되어 있었으며, 군사력은 토착 지역민으로 구성된 둔전병적인 존재와 왕경인 및 여타 지방민 가운데 방수의 역을 수행하는 방수군의 이원적으로 구성되어 있었다. 특히 후자는 관문을 수비하기 위해 주둔하고 있는 상비병으로 볼 수 있다.

그러면 마지막으로 북진이 가진 신라왕조의 전체적인 군사체제 내에서의 위상에 대해 간략하게 언급해 두기로 하겠다. 사실 이 문제는 진의 초기적 성격과는 전혀 다른 조치인, 경덕왕 16년 무렵 북진을 천정군지역으로 이동하여 동북변경방어의 최일선기지로 만들게 된 배경을 살피는 것이며, 통일신라기의 전체 진의 군사적 위상파악과도 밀접한 관계를 지니고 있어 보다 자세한 검토가 요청되는 부분이다. 따라서 이에 대해서는 별도의 고찰이 필요할 것이지만, 여기서는 북진과 관련된 점만 간략하게 언급해 두고자 한다.

신라왕조는 통일전쟁을 전후한 7세기 후반에 전면적인 군사조직재편을 단행한 바 있었다. 이를 통해 성립된 통일신라의 군사조직은 6세기 이래 국가의 현실적 필요성에 따라 증치해 왔던 여러 군사조직을 군단으로 정리하고 왕경--지방의 대응체제를 구축한 것으로 통일된 신라사회의 요청과는 일정한 거리가 있는 것이었다. 이에 경덕왕대를 전후한 시기에 또 한번의 개편이 있게 되었다. 그것은 왕경에는 6기정체제를 구축하고, 지방에는 9주정체제를 갖추는 방향으로 추진되었다.[435] 그리고 이러한 전국적인 군사체제를 보완하는 각도에서 변경의 요지에는 진을 설치하였다. 그것이 동북변경에는 북진으로, 서북변경에는 패강진의 설치로 나타났던 것이다. 그러므로 북진은 중앙의 6기정체제와 지방의 9주정체제를 보완하는 동북변경 방어의 최일선 기지로서의 위상을 갖는 셈이다.

---

435 景德王代의 軍制改革에 대해서는 이문기, 「경덕왕대 군제개혁의 실태와 신군제의 운용」『신라병제사연구』, 일조각, 1997 참조.

이상에서 통일신라기의 진이 가진 군사적 성격과 그 위상을 가늠해보기 위한 선행 작업의 하나로 북진에 대하여 검토하였다. 논의된 바를 정리해 보면 다음과 같다.

첫째 진은 상고기에 이미 군사적 요해지에 설치된 바 있었던 지방단위였다. 그러나 이는 6세기대의 주군제 시행과정에서 주·군·성(촌)으로 재편되면서 소멸하였다.

둘째 658년 실직(삼척)에 북진이 설치되면서 진鎭은 신라의 지방단위로 재등장하였다. 그러나 재등장 시기의 진은 군사적 성격을 갖고 있긴 했지만, 오히려 주치보다도 군사적 비중은 낮은 존재였다. 이것이 곧 진의 초기적 성격이거니와, 그 이유는 주치를 중심으로 설치된 각종의 국가적 군사조직의 기능이 활성화되어 있어 진의 필요성이 상대적으로 낮았기 때문이었다.

세째 북진은 경덕왕 16년 무렵 실직(삼척)으로부터 동북변경의 천정군(덕원지역)으로 이동하여 9세기 후반까지 의연히 존속하였다. 북진의 이치와 존속은 동북변경에 대한 적狄敵 및 발해의 위협에 대처하려는 신라왕조의 현실적 필요성을 그 배경으로 하였다.

넷째 북진은 천정군의 영역이었던 1군 3현을 관할하는 지역단위로서, 북경장성과 관문을 갖춘 동북변경 방어의 최일선 기지였다. 그리고 여기에는 최고지휘관으로 북진두상(대감)이 파견되었고, 그 예하에 제감·소감이 있어 본영의 군사를 지휘 통솔하였으며, 3개의 현급 지역에는 보감이 파견된 것으로 추정되었다.

다섯째 북진의 군사력은 토착 지역민으로 구성된 둔전병적인 존재와 왕경인 및 여타 지방민 가운데 방수의 역을 수행하는 방수군의 이원적으로 구성되어 있었다. 특히 후자는 관문을 수비하기 위해 주둔하고 있는 상비병으로 볼 수 있다.

여섯째 북진의 이동과 성격변화는 신라 군사조직의 전면적 재편과정에서 나타난 것이며, 통일신라기의 북진은 중앙의 6기정체제와 지방의 9주정체제를 보완하면서 동북변경지대를 방어하는 일선기지로서의 군사적 위상을 갖고 있었다.

제2절

발해의 대외관계와 군사제도

1. 발해의 대외교섭과 전쟁

1) 당으로부터의 탈주, 발해 건국[436]

종래의 발해건국에 대한 논의는 주로 발해 건국자의 출자出自에 관심이 두어져 대조영大祚榮[혹은 걸걸중상乞乞仲象]의 종족적 귀속이 고구려계高句麗系인지 말갈계靺鞨系인지를 구명하는 방향으로 전개되어 왔다고 할 수 있다. 그러나 건국자의 종족계통을 밝히는 것만로는 발해 건국의 종합적인 역사상 구축에 일정한 한계가 있게 마련이다.

영주營州에서 이진충의 반란을 계기로 696년 중반에 이 곳을 벗어나 동쪽으로 이주한 집단은 고려별종 집단과 말갈 걸사비우의 무리, 그리고 고려여종高麗餘種이었다. 이들 집단의 동주 이전의 실태에 대하여 『구당서』·『신당서』·『오대회요』의 발해전에는 대조영의 행적을 짐작케 하는 기록만 있을 뿐인데, 그것도 세 역사서가 서로 다른 서술을 하고 있다.

그런데 『오대회요』의 "당 총장연간에 고종이 고려를 평정하고, 그 사람들을 사민

---

436 임상선, 「渤海 建國 參與集團의 硏究」『國史館論叢』42, 국사편찬위원회, 1993 참조.

시켜 중국에 산거시켰다.(唐總章中 高宗平高麗 徙其人散居中國)"라는 기록은 『구당서』의 "고려가 이미 멸하자 (대)조영이 가속들을 거느리고 영주로 옮겨 거주하였다.(高麗既滅 祚榮率家屬徙居營州)"라는 기사와 대동소이한 내용임을 알 수 있다. 다만 『구당서』에서는 이주자를 대조영과 그 가속家屬으로, 이주지역을 영주營州로 명시하였으나, 『오대회요』의 기록에서는 당이 중국에 산거散居시킨 고구려유민의 일부인 듯한 표현으로 되어있는 차이가 있다.

발해 석등

결국 두 역사서의 기록를 종합하면, 당이 고구려를 멸망시키고 그 주민들을 중국에 이주시키는 가운데 대조영의 가속도 여기에 포함되어 영주에 거주하게 된 것으로 이해할 수 있다.

고려별종 집단과 함께 영주에서 동주한 말갈 걸사비우 집단이 영주에 거주하게 된 것도 대조영과 마찬가지로 고구려 멸망 이후 강제로 이주되었던 것으로 파악된다. 즉 이들은 고구려의 대당전쟁에 깊이 참여하는 등 반당적反唐的인 색채가 강하였기 때문에 당이 고구려를 멸망시키고 고구려 유민들의 저항을 원천적으로 봉쇄하기 위한 방편으로 고구려의 호강豪强한 민호나 반당적 집단을 당 내지로 대규모 강제 이주시켰을 때 그 대상에 포함된 집단의 하나로 간주할 수 있다.[437] 또 하나의 동주집단인 고려여종高麗餘種은 고려별종高麗別種과 마찬가지로 고구려 멸망 뒤에 영주營州에 사거되어 있었으나 고려별종과 달리 지휘자나 조직없이 이곳에 거주하고 있었을 것이다.[438]

그리하여 이상의 세 집단은, 696년에 거란인 이진충의 반란을 계기로 각각의 무리를 이끌고 동주東走의 길에 나서 연군성燕郡城[요녕성 의현義縣]·여라수착汝羅守捉[칠

---

437 盧泰敦, 「渤海國의 住民構成과 渤海人의 族源」 『韓國古代의 國家와 社會』, 一潮閣, 1985, 278쪽.
438 한규철은 高麗餘種을 고구려 멸망 후 强制徙居된 평양지역의 지배층으로 분류한다(韓圭哲, 「渤海建國과 南北國의 形成」 『韓國古代史硏究』 5, 지식산업사, 1992, 166~167쪽).

리하七里河 부근]을 지나 요하를 건너 요동의 고려고지高麗故地로 향하게 된다.[439]

대조영 집단이 동주하여 1차로 정착한 곳은 요하를 건넌 요동지역으로서 천문령天門嶺 서쪽의 옛고구려 땅이었다. 그 구체적인 지역에 대해서는 요서遼西지방설地方說[440]·길림지방설[441]·태자하太子河유역의 양수梁水지역설[442] 등이 제기되고 있다.

이 가운데 양수梁水지역은 오늘날의 요양遼陽 부근으로서 1차 정착지로 예시된 요동지역遼東地域이다. 아울러 천문령天門嶺 서쪽이며 옛고구려 땅으로서 관련기록에 모두 부합되는 지역이기도 하다. 또한 이 지역은 토지가 비옥하고 목철어염木鐵魚鹽의 이익이 있어 국가 터전을 마련하는 데 좋은 입지조건을 갖추고 있던 지역이었다.[443] 그리하여 발해멸망 이후 야율우지耶律羽之가 그 발해유민을 이곳으로 옮기면서 발해의 고향故鄕이라 지칭한 것도 양수지역이 발해건국과 일정한 관계가 있었음을 시사하는 것이라고 할 수 있다.

이상과 같이 양수지역은 제반 요건에 합당함에도 이 견해의 최대 약점은 이 곳에 당의 세력이 잔존해 있었다는 점이다. 즉 고구려 유민과 말갈인이 양수지역에 일시 정착하는 696년 후반에서 697년 사이에 이 곳에는 친당세력인 요동도독遼東都督 고구수高仇須가 있었고, 부근의 신성新城[무순]에는 안동도호安東都護 배현규裴玄珪가 있었던 것이다.[444] 그러므로 대조영 집단이 동주하여 1차로 정착한 곳은 요하를 건넌 요

---

439 영주도(營州道)가 통과하는 지역을 표시한 지도로는 다음이 참조된다(嚴耕望 撰, 『唐代交通圖考』 5, 中央研究院歷史言語研究所, 1986, 圖22 ; 王綿厚·李健才, 『東北古代交通』, 瀋陽出版社, 1990, 附圖 4·5).

440 遼西地方을 주장하는 경우에도 天門嶺의 위치와 관련하여 논자에 따라 차이가 난다. 박시형은 천문령을 요하를 건너기 이전의 한 개 지점으로 추정하고 대조영 집단이 천문령 전투 이전에 요하를 건너지 않았다고 보며(박시형, 앞의 책, 23쪽), 노태돈은 大凌河 유역 북쪽편의 요서지방을(盧泰敦, 「渤海 建國의 背景」 『大丘史學』 19, 大丘史學會, 1981, 26쪽), 그리고 방학봉도 천문령을 오늘의 요녕성 창무현 서쪽 산지대의 한 개 嶺으로 비정하여 천문령전투 전에는 그 서쪽에 있었던 것으로 간주하고 있다(方學鳳, 『중국동북민족관계사』, 대륙연구소, 1991, 85쪽).

441 和田淸, 「渤海國地理考」 『東亞史研究』(滿洲篇), 東洋文庫, 1955, 63쪽.

442 宋基豪, 앞의 논문, 203쪽 ; 新妻利久, 『渤海國史及び日本との國交史の研究』, 東京電氣大學出版局, 1969, 18~24쪽.

443 『요사』 권75, 열전5, 야율우지, "太宗卽位 上表曰…(渤海)遺種浸以蕃息 今居遠境 恐爲後患 梁水之地 乃其故鄕 地衍土沃 有木鐵鹽魚之利 乘其微弱 徒還其民 萬世長策也 彼得故鄕 又獲木鐵鹽魚之饒 必安居樂業…是歲(926年) 詔徒東丹國民於梁水".

444 宋基豪, 『渤海政治史研究』, 一潮閣, 1995, 51~53쪽.

동지역으로서 오늘날의 요양과 무순의 북쪽이라고 하는 것이 합당할 것이다.

대조영과 걸사비우가 태자하太子河 유역의 요양遼陽 북쪽 일대에 국가적 체제를 갖추자 당은 이들 세력을 인정하고 걸걸중상을 진국공震國公에, 걸사비우를 허국공許國公에 임명하게 된다. 그러나 걸사비우가 당의 책봉冊封을 거절하자, 측천則天이 이해고李楷固에게 토벌을 명하였다.

그리하여 이해고는 먼저 걸사비우 집단을 공격하여 그를 참斬하고 대조영도 격파한다. 이해고와의 1차 전투에서 패배한 대조영은 패잔병을 이끌고 요양 부근의 1차 정착지로부터 천문령을 넘어 도주하였다. 천문령은 북류 송화강의 지류인 휘발하揮發河와 혼하渾河의 분수령 지대인 합달령哈達嶺으로 비정되는데, 대조영이 이곳을 넘어 이동한 곳은 앞의 1차 정착지가 어느 정도 앞날을 내다보고 지리적 조건을 감안하여 정착지를 고른 것과는 차이가 있었을 것이다. 왜냐하면 당시로서는 당의 추격군을 따돌리는 것이 절대절명의 과제였기 때문에, 아마도 일시적인 도피처였던 것으로 생각된다.

그러나 이해고가 걸사비우를 참한 뒤 계속 천문령을 넘어 공격해오자 대조영은 다시 전열을 가다듬게 된다. 이 때 대조영이 아우른 무리는 "고려말갈의 무리高麗靺鞨之衆", "고려말갈병高麗靺鞨兵"으로서 『구당서』와 『신당서』의 기록은 표현만 다를 뿐 실상은 같은 집단으로 생각된다.

천문령 동쪽에서 2차 정착을 하는 시점에서 대조영 집단은 고구려계와 말갈계의 혼합병적連合兵的 성격을 띠게 된다. 고구려계는 영주로부터 행동을 같이한 무리인 고려별종高麗別種과 고려여종高麗餘種에 영주에서 천문령으로 이동하는 과정과 그 이후에 참여한 무리가 혼재된 집단으로 파악할 수가 있다. 그리고 말갈계는 영주에서 동주한 걸사비우 집단의 패잔병이 주축을 이루면서 동주 이후 부분적으로 참여한 집단으로 형성되어 있었다.

이리하여 영주를 탈주한 이후 별개의 집단으로 활동하던 대조영 집단과 걸사비우 집단은 이해고와의 1차 전투 이후 대조영의 기치 아래 하나로 연합하여 천문령 동쪽에서 이해고군과 맞섰다. 이 천문령 전투에서 이해고가 겨우 몸만 빠져 달아날 정도의 대승을 거두어 발해건국 과정의 최대의 위기를 극복하게 되었다. 결국 고구려계와

동모산 전경(중국 길림성)

말갈계 양세력은 당의 추격이라는 공동의 위험을 타개하기 위해 연합하였으나, 말갈계가 그 지도자인 걸사비우가 죽은 반면 고구려계는 대조영이 용맹스럽고 또한 탁월한 용병用兵으로 계속 그 세력을 확대할 수가 있었다.

천문령에서 이해고의 추격군을 격파한 대조영은 거란契丹과 해奚의 돌궐突厥 귀속으로 길이 막혀 당의 토벌이 불가능해지자 그 무리를 이끌고 다시 동쪽으로 이동하여 읍루의 옛 땅을 차지하고, 오늘날 중국 길림성 돈화시敦化市 부근의 성산자산성城山子山城으로 비정되는 동모산東牟山에 축성하고 거주하였다. 이후 대조영이 용맹스럽고 용병에 뛰어나자 새로이 말갈의 무리와 고구려의 나머지 무리들이 점점 귀속해 왔다. 여기서 이들 새로운 참여집단은 크게 보아 고구려 멸망 이후에도 원래 동부 만주 지역에 머물러 있던 집단들과 외부에서 이 곳으로 이입移入해 들어온 주민들이 있었을 것이다.[445]

그런데 최치원의 「사불허북국거상표謝不許北國居上表」에는 발해 건국 직후에 참여한 집단을 구체적으로 알려주는 중요한 내용이 실려 있다.

신臣이 삼가 살피건대, 발해의 원류源流는 ① [고]구려가 멸망되기 이전 본시 보잘것 없던 부락인 말갈靺鞨의 족속族屬이 번성해져 속말소번栗末小蕃이라 불렸는데 일찍이 [고]구려를 좇아 내사內徙하였다. ② 그 수령 걸사비우 및 대조영 등이 [측천則天]무

---

445 698년 高德武의 安東都督 임명 후 "自是高麗舊戶在安東者 漸寡少 分投突厥及靺鞨等"이라는 『구당서』 고려전의 기록은 당시의 이러한 상황을 잘 전하고 있다.

후武后 치세 때에 이르러 영주營州로부터 죄를 짓고 달아나, 문득 황구荒丘를 차지하고 비로소 진국振國이라 칭하였다. ③ 그 때 [고]구려유신句麗遺燼과 물길잡류勿吉雜流가 있어, 올빼미가 우니 백산白山에 모여들고, 솔개가 날개를 펼치니 흑수黑水에서 떠들썩하였다. ④ 처음에 거란契丹과 악惡을 행하고, 이어서 돌궐突厥과 통모通謀하였다.[446]

위의 글은 897년 당의 과거 시험에서 발해왕자 대봉예大封裔가 발해의 석차席次를 신라보다 상위에 있도록 요청하였으나 당이 이것을 거절한 쟁장爭長사건에 대한 신라왕의 감사를 나타내는 내용으로, 발해 건국에 관련된 가장 중요한 사료로 평가되고 있다. 먼저 ①은 걸사비우 집단의 내원來源에 대한 언급이고, ②는 동주한 집단이 진국振國을 건국하는 내용, ④는 거란·돌궐과의 교섭을 알려주는 기사이다. 그리고 ③에서는 발해 건국 전후에 참여한 집단을 '구려유신句麗遺燼'과 '물길잡류勿吉雜流'라고 구체적으로 거론하고 있어 가장 주목할 부분이다.

최치원은 여기서 구려유신을 올빼미와 백산白山으로 설명하고, 물길잡류는 솔개와 흑수黑水로 표현하였다. 이것을 통하여 최치원이 건국 전후에 참여한 집단을 백산지역의 구려유신과 흑수지역의 물길잡류 두 집단으로 파악하고 있었다는 것을 알 수 있다. 그렇다면 최치원은 발해의 건국에 태백산 지역의 고구려유민과 속말수 지역의 주민, 즉 속말말갈粟末鞨이 참여한 것으로 인식하고 있었다고 볼 수가 있겠다. 다시 말하면 최치원은 발해건국에 참여한 집단과 이들이 거주한 지역을 이원적二元的으로 인식하고 있었던 것이다.

발해 고왕高王은 698년 오늘의 중국 길림성 돈화시 성산자산성을 중심으로 자립해서 진국왕振國王으로 등극하였다. 곧이어 당의 침공 가능성에 대비하여, 돌궐에 사신을 보내어 통교하였다. 이것은 두 나라가 공동의 적인 당나라의 세력에 대항하기 위한 필요에 의해 이루어진 것이다.[447]

또한 700년경에는 남쪽의 신라에도 사신을 보내어 건국을 알리고 통교하였다. 그후 713년에는 신라가 개성開城 지방에 축성하였는데, 아마도 발해를 의식한 것으로

---

446 崔致遠, 「謝不許北國居上表」『東文選』권33 ;『孤雲先生文集』권1,『崔文昌侯全集』.
447 임상선, 「발해의 대외팽창」『발해의 역사와 문화』, 동북아역사재단, 2007.

짐작된다.[448] 그리고 732년에는 발해의 등주登州 공격을 계기로 신라가 발해 남경南境을 공격하기에 이르렀다. 이는 신라가 735년(성덕왕34) 정식으로 당으로부터 패강浿江 이남 지역의 영유를 확인받기 이전부터 이미 북변 지역에 대한 경영이 개시되었음을 보여준다.

8세기초에 접어들면서 당은 정책을 바꾸어 발해의 건국을 인정하고 회유하고자 하였다. 이는 당시 요서지역을 교란하고 있던 거란·해·돌궐 등에 대처하기 위하여 그 동편에 있는 발해의 존재를 주목한 데서 비롯한 것이었다. 발해도 당과의 충돌을 피하는 것이 필요하였던 만큼, 당과 우호적인 관계를 유지하고자 하였다.

당은 중종中宗이 즉위하여 시어사侍御史 장행급張行岌을 보내 그를 위로하니 대조영은 아들을 보내 입시入侍하게 하였다. 그러나 당과 발해의 중간에 거란과 돌궐이 세력을 떨쳐 사신을 보내지 못하다가, 713년에야 가능해졌다.

즉, 713에 당 예종은 최흔崔訢[449]을 보내 대조영을 좌효위원외대장군 발해군왕으로 삼고 아울러 통할하는 지역을 홀한주라 하였고, 홀한주도독을 제수하였고, 이때부터 말갈이라는 호칭을 버리고 발해라고 하였다.

2) 발해와 당의 전쟁[450]

719년에 대조영이 죽으니 고왕高王이라 시호를 정하였고,[451] 그의 아들 계루군왕 대무예桂婁郡王 大武藝가 왕위에 올라,[452] 스스로 연호를 인안仁安이라 하였다. 이가 곧 무왕武王이다. 무왕은 왕위에 오른 뒤 적극적으로 대외 확장을 시도하였는데, 729년에 이르러서는 '여러 나라를 아우르고 여러 번국을 감독하니 고구려의 옛 거주지를 회복하고 부여扶餘의 습속을 지녔다'[453]라고 자칭하며 대국의 맹주로 자처하였다. 대

---

448 『삼국사기』 권8, 신라본기8, 성덕왕 12년, "十二月 大赦 築開城".
449 중국 旅順에서 출토된 鴻臚井의 碑에는 崔忻이라 되어 있으며, 714년 여름에 당나라에 돌아갔다.
450 임상선, 앞의 논문, 2007.
451 『신당서』 권219, 열전144, 북적, 발해.
452 『구당서』 권199하, 열전149하, 북적, 발해말갈.
453 『속일본기』 권10, "忝當列國 監總諸蕃 復高麗之舊居 有扶餘之遺俗".

외 확장을 통해 발해 영역이 몇 배로
확장되고 인구가 빠르게 증가하였다.

등주만 일대(중국 산동)

> 그 땅이 영주營州로부터 동으로 2
> 천리 되는 곳에 있는데, 남으로 신
> 라新羅와 서로 접하고 (서쪽으로)
> 월희말갈越喜靺鞨과 접하며 동북쪽
> 으로 흑수말갈黑水靺鞨에 이르는
> 데 영토의 크기는 사방 2천리나 된
> 다.[454]
> 대토우大土宇를 개척하여 동북의 여러 오랑캐夷들이 두려워하여 발해의 신하가 되었
> 다.[455]

위 사료에서 보듯이 발해 무왕武王 때에는 '영역을 크게 개척하여 동북의 여러 오
랑캐들이 두려워하여 발해의 신하'가 될 정도로 적극적인 영토 확장이 이루어졌다.
『구당서』에는 이 시기의 강역을 사방 2천리나 된다고 하였다. 즉 동으로 목단강을 건
너 두만강 지역에 이르고, 서쪽으로 압록강 하구와 길림, 장춘을 넘어섰으며, 북으로
철리, 월희와 인접하였으며, 남으로 신라와 접경하고 있었던 것을 알 수 있다.

무왕의 대외 확장 정책은 주변 민족과 국가에 위협이 되어 이들의 관계는 줄곧 긴
장상태가 되었다. 726년에 무왕은 군대를 보내 북쪽의 흑수말갈부에 쳐들어가 말갈
의 여러 부를 통일하려고 시도하였다.

당은 거란, 해, 돌궐이 일시 쇠퇴한 틈을 이용하여 발해의 배후에 있는 흑수말갈을
포섭하여 726년에는 그 지역에 흑수부黑水府를 설치하고 당의 관리를 파견하여 흑수
말갈족들을 감독·조종하는 임무를 수행하게 하였다. 종래에는 흑수말갈은 발해에 소

454『구당서』권199하, 열전149하, 북적, 발해말갈, "其地在營州之東二千里 南與新羅相接 越喜靺鞨東
北至黑水靺鞨 地方二千里".
455『신당서』권219, 열전144, 북적, 발해, "斥大土宇, 東北諸夷畏臣之".

속되어 있지는 않았지만 발해의 양해를 얻은 뒤에 대외적 교섭을 하였다. 돌궐과 교류하여 흑수말갈에 돌궐의 관리인 吐屯을 두었을 때에도 사전에 발해의 승락을 받았었다.[456]

그런데 이번에는 발해와 사전 상의없이 독자적으로 당과 교류하며 그 관부를 설치하게 하였던 것이다. 당과 흑수말갈이 연결된다면 그것은 앞뒤에서 발해를 압박하는 형세가 되고, 만약 이를 용인하게 되면 발해의 세력 아래 있는 다른 말갈 부족들도 같은 형태를 취해 당의 영향권 안으로 귀속해 갈 가능성이 높았다. 이는 발해의 존립에 치명적 요소가 될 수 있는 것이기 때문에, 무왕은 흑수말갈에 대한 공격을 단행키로 하였다.[457]

이에 아우인 대문예大門藝와 그의 외삼촌인 임아任雅로 하여금 군사를 징발하여 흑수를 치라고 명령하였으나, 문예가 이에 반대하였다.

> 흑수가 당의 관리를 청한다고 해서 친다면 이것은 곧 당을 배반하는 것이다. 당나라는 사람이 많고 군사력이 강하기로 우리보다 만배나 넘는데 하루아침에 원수를 지게 되면 자멸을 초래할 뿐이다. 옛날 고구려의 전성시기에 강병 30만으로 당과 대적하면서 복종하지 않다가 당나라 군사가 한번 들이닥쳐 모두 쓸어 없애고 말았다. 오늘의 발해는 백성이 고구려보다 몇 배나 적은데 당을 등지려고 해서는 일이 꼭 성사되지 못할 것이다.[458]

이와 같이 이전에 당나라에 볼모로 가있던 문예가 당의 세력이 강대함을 이유로 반대하였으나, 무왕은 그 말을 받아들이지 않고 계속 공격을 명령하자, 문예는 군사를 버리고 당으로 달아났다. 무왕은 사신을 보내 문예의 죄상을 말하며 그를 죽여달라고 청하였으나, 당은 받아들이지 않았고, 점차 양국간에 긴장이 높아졌다.[459]

---

456 『구당서』 권199하, 열전149하, 북적, 발해말갈.
457 노태돈, 「발해의 성립과 발전」 『한국사 10(발해)』, 국사편찬위원회, 1998.
458 『구당서』 권199하, 열전149하, 북적, 발해말갈.
459 무왕과 대문예의 다툼은 黑水討伐에 대한 두 사람의 견해차이가 표면적인 이유이지만, 한편으로는 무왕 이후의 왕위계승을 둘러싸고 자신의 아들인 大欽茂를 즉위시키려는 무왕과 동생인 자신

드디어 732년에 무왕은 장군 장문휴張文休를 보내 해적을 거느리고 등주登州 자사 위준韋俊을 공격하게 하였다. 당 현종은 문예를 유주幽州에 파견하여 군사를 징발하여 이를 막도록 하였다.

한편 당은 태복원외경太僕員外卿 김사란金思蘭을 신라에 보내 군사를 징발하여 발해의 남쪽 지역을 공격하게 하였다.[460] 이에 신라는 윤중允中을 비롯하여 그의 아우인 윤문允文 등 4장군에게 군사를 거느리고 당나라 군사와 회맹하여 발해를 치도록 명하였다.[461]

> 말갈발해는 겉으로는 번한藩翰이라 하면서 안으로는 교활한 생각을 품고 있다. 지금 군사를 출동하여 죄책을 국문하고자 하거늘 경도 군사를 징발해서 기각지세를 이루게 하라. 듣건대 옛 장수 김유신金庾信의 손자 윤중允中이 있다고 하니 모름지기 이 사람들을 장수로 파견하라.[462]

그러나 신라군은 발해의 남쪽 변경의 공격에 나섰으나, 마침 산이 막히고 날씨가 추운데다 눈이 한길 넘게 쌓였으므로 병사의 태반이 죽고 아무런 전과도 이루지 못하고, 733년 봄에 돌아오고 말았다.[463]

이러한 정세에서 무왕은 원한을 풀기 위하여 오늘의 낙양洛陽에 사람을 보내 자객의 손을 빌어 천진교天津橋 남쪽에서 문예를 암살하게 하였으나, 문예가 자객에 대적하여 싸웠기에 죽음을 면하였다.[464]

으로의 왕위계승을 요구한 대문예와의 대립이었다는 견해도 있다(酒寄雅志,「渤海王權の一考察 – 東宮制を中心として」『朝鮮歷史論集』上卷(旗田巍先生古稀記念會 편), 龍溪書舍, 1979) ; 林相先 편역,『渤海史의 理解』, 신서원, 1990, 137쪽 및 145~146쪽).

460『구당서』권199하, 열전149하, 북적, 발해말갈.

461『삼국사기』권43, 열전3, 김유신 하. 여기서는 당의 신라에 대한 구원 요청이 개원 21년(733년)이라고 기록하고 있다.

462『삼국사기』권43, 열전3, 김유신 하.

463 성덕왕 33년(734년) 춘 정월에 入唐宿衛 左領軍衛員外將軍 김충신이 다시 표를 올려 본국에 돌아가 재차 병마를 징발하여 말갈을 치고자 한다고 하였으나(『삼국사기』권8, 신라본기9), 실행 여부는 알 수 없다.

464『구당서』권199하, 열전149하, 북적, 발해말갈 및『신당서』권219, 열전144, 북적, 발해.

발해는 그 후 다시 당과의 관계 개선에 노력하였다. 특히 733년에 돌궐의 비가가한
毗伽可汗이 사망하자 내부 분란이 심해져 돌궐의 세력이 크게 약화되었고, 이에 따라
당을 측면에서 견제할 수 있는 세력이 없는 상황이었으므로 당과 계속 대결을 벌인
다는 것은 발해로서도 큰 부담이었다. 당도 발해에 대한 공격이 현실적으로 어렵다는
것을 체험하고, 동북아지역에 급격한 변화를 초래하지 않는 현상유지책으로 정책 방
향을 바꾸어 발해와 관계 개선을 꾀하였다. 이에 양국간에 국교가 재개되었는데, 737
년에 무왕이 죽고 문왕이 즉위한 뒤에는 발해와 당의 관계가 더욱 긴밀해졌다.[465]

3) 안록산(安祿山)의 난과 발해의 천도

758년에 일본에서 소야전수小野田守를 발해에 파견한 것으로부터 763년에 왕신복
王新福의 파견까지 교류가 연이어지는 것은 당에서의 안록산의 난에 대한 정보 교류
이외에, 일본이 추진하고 있던 이른바 '신라침공계획'과 관련시켜 설명하기도 한다.
'신라침공계획'이란 『속일본기』에 나오는 군사적 움직임을 두고 일본이 발해와 연합
하여 신라를 침공하고자 했던 일련의 사건을 말한다.[466]

758년 9월에 발해의 대사인 보국대장군 행목저주자사 양승경楊承慶이 부사 귀덕장
군 양태사, 판관 풍방례馮方禮 등 일행 23명과 함께 일본을 방문하였다.[467] 이 때에 발
해가 사신을 파견한 것은 같은 해 일본이 발해에 파견한 사신 소야전수가 귀국할 때
동행하는 형식을 띠었다. 그런데 이때 소야전수小野田守가 천황에게 당에서 일어난 안
록산安祿山의 난에 대하여 보고한 내용이 있어 주목된다. 소야전수 등이 당과 발해의
소식을 보고하는 내용에 의하면,[468] 756년에 평노유후 서귀도平盧留後 徐歸道가 판관
장원간張元澗을 파견하여 병마를 징발하려고 하자, 발해는 이들이 다른 마음이 있지
않나 의심하여 사신을 머무르게 하여 돌려보내지 않았고, 758년에는 평노절도 왕현

---

465 노태돈, 「발해의 성립과 발전」 『한국사 10(발해)』, 국사편찬위원회, 1996.
466 임상선, 「발해와 일본의 교류사」 『고대 환동해 교류사(2부 발해와 일본)』, 동북아역사재단,
    2010.
467 『속일본기』 권21, 淳仁天皇, 天平寶字 2년 8월 ; 『속일본기』 권22, 淳仁天皇, 天平寶字 3년 2월.
468 『속일본기』 권21, 淳仁天皇, 天平寶字 2년 12월 무신.

지王玄志가 왕진의王進義를 보내어, 천자의 환경還京과 적 토벌을 보고하자, 발해는 이번에도 그 일을 의심하여 왕진의를 머물게 하고 사람을 보내 알아보도록 하였다.

소야전수의 보고를 받은 등원중마려는 759년 6월 대재부大宰府에 신라정벌을 위한 행군식을 하고, 9월에는 북륙北陸·산음山陰·산양山陽·남해南海의 모든 도道에 5백 척의 병선을 만들도록 하고, 정벌 기한인 762년에 맞추어 준비를 진행시켜 나갔다. 당나라에서 안록산의 난에 이은 사조의史朝義의 난이 평정되기까지, 발해와 일본은 빈번하게 사신을 주고 받았다. 즉 발해에서는 3회(758, 759, 762)의 사신 파견이 있는 반면, 일본에서 발해에 사신을 파견한 기록은 5회(758, 759, 760, 761, 763)이다.

더욱 당시 발해사신의 일본 방문은 모두 일본의 초빙에 의해 이루어졌다. 양승경은 소야전수와 함께, 고남신高南申은 내장전성內藏全成과 함께, 왕신복王新福 또한 고려대산高麗大山과 함께 일본으로 갔다. 또한 파견된 사신은 일본에서 극진한 환대를 받은 뒤 발해로 돌아가는 길엔 반드시 송사가 동행하고 있었다.

이와 같이 다른 어느 시기보다도 발해에 대한 사신 파견에 일본이 적극적이었던 것은 당시의 집권자인 등원중마려가 발해를 신라정벌계획의 파트너로 여기고 있었기 때문이라는 것이다. 하지만 신라침공이 이루어지지 않은 것으로 미루어, 당시의 집권자 등원중마려가 자신의 집권 위기를 타개하려는 일환으로 해석하기도 한다.[469]

그러나 일본의 신라침공 계획의 실행 여부와 별개로 당시 양국간의 빈번한 사신 교류는 안사의 난에 대한 정보, 당에서의 난에 대한 경과를 알고, 아울러 이에 대비하기 위한 목적이 중요하였던 것은 분명하다. 가령, 안록산의 난이 발발한 직후, 발해가 중경에서 북쪽으로 멀리 떨어진 상경으로 천도한 것도 안록산 난의 영향을 최소화하려는 의도였기 때문이다.

대체적으로 8세기 발해와 일본간의 교류는 정치적인 의미가 강했던 기간으로, 그후의 경제적 목적에 의한 사신 파견과는 구별이 된다. 발해는 건국으로부터 멸망에 이르는 228년간 4번에 걸쳐 5경을 중심으로 수도를 이동하였다.[470] 그런데 천도는 정치, 경제, 문화, 군사 또는 교통상의 중심지인 도읍이 이동하는 것이므로, 국가적으로

---

469 구난희, 「日本의 新羅侵攻計劃 추진 의도」『靑藍史學』2, 靑藍史學會, 1998.
470 임상선, 「渤海의 遷都에 대한 考察」『淸溪史學』5, 淸溪史學會, 1988 참조.

상경용천부 성벽

매우 중대한 사건이다. 먼저 '천보연간天寶中'(742~756)에는 건국지인 '구국舊國'에서 '현주顯州(중경中京)'로 이동하였고,[471] '천보 말년天寶末'에는 다시 '상경'으로 수도를 옮겼다. 그리고 '정원 연간'(785~793)에는 상경을 떠나 동남쪽의 '동경'으로 천도하였고, 얼마 뒤 제 5대 성왕成王의 즉위와 함께 상경으로 돌아왔다. 이후 발해는 926년에 나라가 망하기까지 '상경'에 정도하게 된다.

구국에서 현주로의 천도는 늘어난 영토의 효율적인 통치와 국력의 상승에 따라 746년에서 752년간에 이루어졌다. 현주에서 상경으로의 천도는 안록산安祿山의 난을 주요 원인으로 하고, 거란契丹에 대한 방비를 겸하여 756년에 급작스럽게 단행되었다. 상경에서 동경으로의 천도는 일본과의 관계를 고려한 것이 중요한 동기이고, 한편으로는 문왕 후기에 동경지역의 지리적 이점을 근거로 새로이 성장한 세력들이 자신의 입장을 강화하기 위하여 785년에서 786년간에 실행하였다.

그후 793년 3월에 문왕이 사망하고 족제族弟인 원의元義가 즉위하였다. 그는 의심이 많고 포악하여 1년이 안되서 국인國人에 의해 살해되고, 문왕의 손자(문왕의 아들인 굉림宏臨의 자子인 화여華璵(성왕成王)가 추대되어, 상경으로 도읍을 옮기고 중흥中興으로 개원改元하였다. 동경에서 상경으로의 환도는 793년 성왕成王의 즉위와 함께 그의

---

471 이와 달리 "顯州 渤海國 按皇華四達記 唐天寶以前 渤海國所都"(『武經總要』 前集, 권16下)라는 기록을 근거로 현주로의 천도가 천보 이전이었을 가능성도 제기되었다(宋基豪, 「발해의 초기 도읍지와 천도과정」 『于江權兌遠敎受定年紀念論叢』, 1994).

세력기반인 상경지역으로 돌아옴으로써 왕권의 쇄신과 새로운 기풍氣風을 조성하려는 목적으로 이루어진 것이다.[472]

4) 거란과의 충돌과 멸망[473]

(1) 발해와 거란의 충돌

발해는 건국 이전부터 거란과 친밀하였고, 이러한 관계가 8세기 전반까지 유지되었고, 9세기에 일시 긴장관계도 있었지만, 양국간의 관계에서 근본적인 변화가 나타나는 것은 10세기에 접어들면서부터이다. 그 전까지는 대체적으로 양측의 관계가 대등하거나 혹은 발해측이 우세한 입장이었다면, 이때부터 거란이 적극적인 공세로 전환하게 된다. 이때가 바로 야율아보기耶律阿保機가 거란족의 유력한 지도자로 등장하는 시기에 해당된다.

> ① 당 말년에 먼 곳의 경략에 힘쓰지 못하여 요동遼東의 땅이 발해 대씨의 소유가 되어 10여 세대를 지나, 오대 때에 이르러 거란이 발해와 혈전血戰 수십 년에 마침내 그 나라를 멸망시켰다. 이에 요동의 땅이 모두 요遼에 들어갔다.[474]
> ② 동경東京은 발해渤海의 옛 땅인데, 아보기阿保機가 힘써 싸우기 20여년에 비로소 그것을 얻어, 동경東京으로 삼았다.[475]

위 사료를 보면 당이 말기에 변방의 경략에 힘쓰지 못하여 발해가 요동 지역을 차지하고 10여 세대를 지나, 오대 때에 거란이 발해와 수십년 혈전을 치른 끝에 마침내 그 나라를 멸망시키고 요동 지역을 차지하였다고 하였다. 발해가 요동을 차지한 것이 대인선 시기 이전 10여대 전이니, 대략 폐왕, 성왕 전후로서 8세기 말이 된다. 발해와

---

472 林相先,「渤海의 遷都에 대한 考察」『淸溪史學』 5, 淸溪史學會, 1988.
473 임상선,「渤海國과 契丹의 교섭관계 재검토」『고구려발해연구』 32, 2008 참조.
474 王寂,『遼東行部志』.
475 『契丹國志』 권10, 天祚皇上, 天慶 6년.

거란이 수십년 혈전을 치른 결과, 아보기는 20여 년만에 비로소 요동 지역을 차지하게 되었다는 것이다.

918년 전반경에 발해의 영토였던 요양성遼陽城이 거란의 수중에 들어가고, 919년 2월 거란이 다시 요양의 옛성을 수리하고 한민漢民과 발해호渤海戶로 이 곳을 채우고 동평군東平郡으로 명칭을 바꾸고 방어사防禦使를 두면서부터, 거란에 대한 발해의 경계심은 높아지기 시작하였다.[476]

(2) 발해와 신라 결원협정

921년 12월에 거란 태조가 단주檀州와 순주順州의 주민을 동평군, 심주瀋州로 옮기면서,[477] 발해의 불안이 가중되었다. 923년 3월에는 거란이 해호손奚胡損을 토벌하고 그 무리 3백 인을 주살하는 등 해奚를 복속하게 되어,[478] 발해에 대한 거란의 압박은 높아만 갔다. 이에 발해의 대인선은 거란의 침입에 대비하려는 자구책의 일환으로 주변의 나라들과 결원 협정을 맺게 되었다. 즉, 923년 3월에서 924년 5월 이전에 발해는 '신라제국新羅諸國'과 결원협정을 체결하였다. 이때의 상황을 『거란국지契丹國志』를 통해 살펴볼 수 있다.

> [태조 천찬天贊 6년(927)] 이보다 앞서 발해국왕 대인선은 본래 해奚·거란契丹과 함께 입술과 이빨의 관계처럼 서로 돕고 의지하였다. 거란 태조가 처음 일어나 8부部를 병탄하고, 이어서 군사를 내어 해국奚國을 병탄하였다. 이리하여 대인선은 거란의 공격을 아주 두려워하여 몰래 '신라제국新羅諸國'들과 연결하여 서로 결원結援하게 되었는데, 거란 태조가 이를 알고 회의를 열었으나 결론을 내지 못하였다.[479]

발해와 거란의 관계가 대인선 초기에는 상호 협조적이었으나, 거란의 야율아보기

---

476 宋基豪, 「발해멸망기의 대외관계-거란, 후삼국과의 관계를 중심으로-」 『韓國史論』 17, 서울대 국사학과, 1987, 39쪽.
477 『요사』 권2, 본기2, 태조 하, 신책 6년 12월 기묘.
478 『요사』 권2, 본기2, 태조 하, 천찬 2년.
479 『거란국지』 권1, 태조, 천보 6년.

의 등장부터 관계가 악화되었다는 것을 알 수 있다. 심지어 대인선 초기에는 발해와 거란이 입술과 이빨의 관계처럼 서로 돕고 의지하였다는 것이다. 그러나 거란이 해국을 병탄하며 공격이 임박하자, 인접한 고려·신라의 협조를 얻는 데 성공한 발해는 924년 5월에 거란이 계주薊州의 주민을 옮겨 요주遼州를 채우고 서방 정벌을 시작한 것을 기회로, 종래까지 수세에 몰려 있던 자세를 바꾸어 요주자사 장수실遼州刺史 張秀實을 죽이고 그 주민을 약탈하는 등 적극적인 태도를 취하게 되었던 것이다.[480]

이와 같이 924년 7월, 이때 동북의 제이諸夷가 모두 거란에게 복속하였는데 발해만이 불복하고 있었다.

① 동광同光 2년(924) 7월……거란契丹이 그 강성强盛함을 믿고 황제에게 사신을 보내 유주幽州를 요구하고 노문진盧文進에게 지키게 하였다. 이때 동북의 제이諸夷가 모두 거란에게 복속하였는데 발해만이 불복하였다. 거란주契丹主는 (중원으로) 침입해 오려고 계획했는데, 발해가 그 뒤를 끌어당길까 걱정하여 먼저 병사를 일으켜 발해의 요동遼東을 공격하고, 그 장수 독뇌禿餒와 노문진盧文進을 보내 영주營州와 평주平州 등을 점거하여 연燕 지역을 어지럽혔다.[481]

② 천찬天贊 3년(924)……거란契丹이 날로 강성해지자 사신을 보내 당唐에게 유주幽州를 요구하고 노문진盧文進에게 지키게 하였다. 이때 동북東北의 제이諸夷가 모두 복속했으나 오직 발해만이 굴복하지 않았다. 태조太祖가 남정南征을 꾀하는데 발해가 그 뒤를 끌어당길까 두려워 이에 군사를 일으켜 발해의 요동遼東을 공격하고, 그 장수 독뇌禿餒와 노문진盧文進을 파견하여 평平·영營 등의 주州를 점거하여 연燕 지역을 어지럽혔다. 군사가 발해를 공격했으나 공을 세우지 못하고 돌아왔다.[482]

거란 태조 아보기가 중원을 침입하려고 계획했는데, 발해가 배후에서 방해할까 걱정하여 먼저 병사를 일으켜 발해의 요동을 공격하였다. 그 장수인 독뇌와 노문진을

---

480 『요사』 권2, 본기2, 태조 하, 천보 3년 하5월.
481 『자치통감』 권273, 후당기2, 장종 동광 2년 7월.
482 『거란국지』 권1, 태조대성황제, 천찬 3년(924).

보내 영주營州와 평주平州 등을 점거하고, 연燕 지역을 어지럽혔다. 이어 8월에도 발해를 공격했으나 도리어 여진女眞·회골回鶻·황두실위黃頭室韋의 공격을 받고,[483] 성과 없이 돌아오게 되었다.

(3) 거란의 침략과 발해국의 멸망

그 후 거란은 다시 발해를 공격하기 위하여 국력을 축적하고, 드디어 천찬 4년 (925) 12월 을해에 야율아보기는 발해 공격에 나서는 조서를 발표하였다. "이른바 두 가지 일 가운데서 한 가지 일은 이미 완수하였으나, 발해와의 대대로 내려온 원수는 갚지 못하였으니, 어떻게 편안히 있을 수 있겠는가."라 하고, 이에 군사를 일으켜 친히 발해 정벌에 나서게 되었다.[484]

아율아보기가 말한 거란이 당면한 두가지 중요한 현안은 서쪽 정벌과 발해 정벌이 었다. 즉 아보기는 천찬 3년(924) 6월에 "3년 뒤인 병술(926년) 초가을에는 반드시 돌아갈 것이나, 아직 두가지 일이 끝나지 않았으니 어찌 친인親人의 성심誠心을 짊어 지겠는가." 라고 말한 바 있다.[485] 그리하여 925년 9월 서쪽 정벌을 마치고 돌아온 후 [486] 그해 12월에 대대로의 원수인 발해를 정벌하겠다는 앞의 발언을 하게 되었던 것 이다. 결국 발해는 925년 12월 16일부터 시작된 거란의 전면적인 공격 앞에 얼마 안 가서 멸망하였다.

『고려사』에 의하면 발해 멸망 후 고려에 내투한 발해인은 대광현 이외에 고려 태조 8년(925) 9월 발해장군 신덕申德 등 5백 인을 시작으로 예종 11년(1116) 12월에 이 르는 191년간에 대략 12만 명에 이르렀다. 이 숫자는 고려 전기의 총인구 210만 가 운데 2~6%를 차지하는 비율이었다.

이와 같이 발해가 멸망한 이후 그 유민들이 가장 많이 이주한 곳이 고려였다. 기록 상의 숫자를 모두 합하면 적게는 수만명에서 많게는 수십만명에 이르는 발해 유민이

---

483 『구오대사』 권32, 당서8, 장종6, 동광 2년, 추7월 임술.
484 『요사』 권2, 본기2, 태조 하, 천찬 4년 12월 을해.
485 『요사』 권2, 본기2, 태조 하, 천찬 3년 6월 을유.
486 『요사』 권2, 본기2, 태조 하, 천찬 4년 추9월 계사.

고려로 넘어왔다. 이것은 신라에 이어 고려의 통일이 갖는 또다른 민족사적 의미이기도 하다.

발해인이 고려에 넘어온 시기가 발해 멸망 이후 이어진 광복운동의 실패와 대부분 일치하고 있는 것으로 미루어, 이들의 고려내투는 일종의 민족적 유대감에서 우러나온 최후의 수단이었던 것으로 짐작된다.

이 시기 발해와 거란간의 관계는 고려 태조太祖의 인식을 통해서도 엿볼 수 있다.

> [후진後晋 제왕齊王 개운開運 2년(945)] 처음에 고려 왕건王建이 군사를 써서 주변나라를 병탄함으로써 자못 강대해졌다. 왕건은 오랑캐 승려인 말라襪囉를 통하여 고조高祖에게 이르기를 "발해渤海는 나와 혼인한 사이인데 왕王이 거란契丹에 잡혔으니, 청컨대 후진後晉 조정과 함께 거란을 쳐서 발해왕을 구하고자 한다."고 하였으나 고조高祖는 응답하지 않았다.[487]

특히, 고려 태조는 발해는 본래 나의 친척親戚 나라인데 그 왕王이 거란에 잡혔으니, 내가 후진後晉 조정과 더불어 거란을 공격하여 발해왕을 구하고, 또 옛날의 원한을 갚고자 한다고 주장하고 있다. 태조의 발언은 후진後晉 천복 연간(936~943) 고려에 온 서역西域의 승려 말라襪囉에게 한 것인데, 왕건의 발언을 통하여 고려와 발해가 혼인관계에 있었을 가능성도 엿볼 수 있다.[488] 발해에 대한 고려의 태도는 얼마 후 거란에 대하여 외교 단절이라는 강력한 형태로 나타났다.

> (태조) 25년 겨울 10월에 거란契丹이 사신을 보내와 낙타橐駝 50필을 선사하매 왕王은 '거란이 일찍이 발해와 화목하게 지내오다가 별안간 의심疑心을 내어 맹약盟約을 어기고 멸망을 시켰으니 심히 무도無道한지라 멀리 화친和親을 맺어 이웃을 삼을 것이 되지 못한다.'하여 드디어 교빙交聘을 거절하며 그 사자使者 30인을 해도海島에 유배流

---

487 『자치통감』 권285, 후진기6, 제왕하, 개운 2년.
488 임상선, 「高麗와 渤海의 關係-高麗 太祖의 渤海認識을 中心으로」 『素軒南都泳博士 古稀紀念歷史學論叢』, 민족문화사, 1993.

配하고 낙타를 만부교萬夫橋 아래에 매어놓아 다 굶어 죽게 하였다.[489]

즉 태조 25년(942) 10월에 거란이 낙타 50필과 함께 사신을 보내왔는데, 고려 태조에 의하면 발해와 거란은 오랫동안 이웃 국가로서 서로 평화로운 관계를 유지하기로 맹약을 맺고 있었는데, 갑자기 의심하며 두 마음이 생겨 맹약을 어기고 발해를 멸망시켰으니, 이것은 무도한 짓이라는 것이다. 발해와 거란이 아보기의 등장 이전까지는 서로 평화로운 관계를 유지하여 왔으나, 아보기가 등장후 세력을 확장하면서 양국 간에 긴장이 조성되었다는 것을 다시 한번 알 수 있는 기록이다.

5) 발해 부흥운동

발해가 멸망한 후 그 유민들은 발해왕조를 다시 세우려는 부흥운동을 적극적으로 전개하였다. 후발해를 시작으로 정안국, 흥료국,대발해국이 발해 멸망 후 1백 년이 넘도록 거란의 지배에 항거하며 등장한 부흥국가들이다.

(1) 후발해

발해가 멸망한 후 거란에 의해 세워졌던 동란국이 927년 서쪽의 요양으로 옮겨간 이후 세워진 최초의 발해 부흥국가를 926년 이전의 발해와 구별하여「후발해」라고 한다. 후발해는 고정사高正詞가 발해 사신으로 후당에 갔던 929년경 처음 기록에 등장하고, 멸망 시기는 후발해의 올야 정권이 거란으로부터 공격을 받고 붕괴되었을 것으로 짐작되는 1003년 무렵으로 보고 있다.

후발해의 대씨정권은 건국후 얼마 지나지 않아 올야 출신의 오씨烏氏로 정권이 바뀌면서 '대씨발해'가 '오씨발해'가 되었다. 후발해는 5대와 활발히 교류하였는데, 954년 7월 발해 호족 최오사崔烏斯 등 30인이 후주後周에 귀화했던 기록이 마지막이었던 것으로 보아, 이때부터 후발해는 주로 내정과 거란과의 관계에 관심을 쏟았던

---

489 『고려사』 권2, 세가2, 태조2, 25년 동10월.

것으로 짐작된다.

(2) 정안국

발해의 서경 압록부가 있던 압록강 일대에서도 발해유민들의 부흥운동이 일어나 정안국을 세우고 거란에 대항하였다. 정안국의 건국 연도에 대해서는 935~936년설과 937년설, 970년설 등이 있는데, 『송사』 열전에는 정안국이 다음과 같이 별도로 기록되어 있다.

정안국은 본래 마한馬韓의 종족으로 거란의 공격을 받아 무너지고 그 추장이 남은 무리들을 규합하여 서쪽 변경에서 건국하고 개원開元하였으며 나라 이름을 스스로 정안국定安國이라고 하였다. 970년 그 국왕인 열만화烈萬華가 여진女眞의 사신편에 글과 공물을 바쳤다. 송의 태평흥국(976~984) 기간에 태종이 거란을 공격하려고 정안국에 글을 보내 호각지세를 이루자고 하고, 정안국도 거란에 대한 복수를 꾀하려던 차에 좋아하였다. 981년 겨울 당시의 왕인 오현명烏玄明이 여진 사신 편에 보낸 글에서도 송이 거란을 토벌하는데 협력하겠다는 뜻을 피력하였다. 989년에는 그 왕자가 여진 사신 편에 말 등을 보냈고, 991년에도 그 왕자인 태원太元이 여진 사신 편에 글을 보냈으나 그 후는 다시 이르지 않았다고 한다. 이러한 내용은 『송사』와 비슷한 시기에 간행된 『문헌통고文獻通考』에도 실려있다.

정안국은 그 왕이 처음에는 열만화였다가 얼마 후에는 오현명으로 바뀌는 것으로 보아 왕권의 교체가 있었다. 정안국의 오현명은 고구려의 옛 땅과 발해의 유민이라고 하며 고구려-발해-정안국이라는 계승의식을 갖고 있었고, 특히 원흥元興이라는 연호를 사용하기도 하였다. 정안국은 인접한 거란의 위협에 대항하는 한편으로 거란과 적대적인 관계에 있었던 남쪽의 송과도 적극적으로 교류하였다. 여진의 사신을 통한 간접적인 교류이긴 했지만, 거란이라는 공동의 적에 대항하기 위한 두 나라 사이의 결의를 엿볼 수가 있다.

(3) 흥요국

정안국 이후 발해의 또다른 부흥운동은 대연림에 의한 흥요국興遼國의 건국이다. 흥료국은 1029년(고려 현종 20년) 8월초 요遼의 동경도東京道 관하에 있던 발해시조 대조영의 7대손(혹은 11대손)으로 당시 동경사리군상온東京舍利軍詳穩의 직위에 있던 대연림大延琳의 지휘하에 건국되었다.

대연림이 거란에 반기를 든 직접적인 원인은 거란이 소금, 술의 전매와 물품교역에 대한 과다한 세금 부과로서 발해인을 수탈하고, 흉작으로 인한 생활고에서 반요 감정이 첨예화되어 있었던 데에 있었지만, 한편으로는 발해 멸망후 끊임없이 지속되던 발해유민의 반거란·발해부흥운동의 일환이기도 하였다.

대연림은 발해인 다수가 거주하고 있던 동경요양부東京遼陽府를 거점으로 그 주변의 발해인을 규합하여 거란의 동경유수 소효선東京留守 蕭孝先과 그의 처 남양공주南陽公主를 동경성(요양성)에 가두고, 호부사 한소훈戶部使 韓紹勳·부사 왕가副使 王嘉·사첩군도지휘사 소파득四捷軍都指揮使 蕭頗得 등을 죽인 뒤 국호를 흥료興遼, 연호를 천경(天慶: 고려사에서는 천흥天興으로 기록)이라 하였다.

요는 1029년 10월초에 남경유수 소효목南京留守 蕭孝穆의 지휘하에, 국구상온 소필적國舅詳穩 蕭匹敵, 해육부대왕 소포노奚六部大王 蕭蒲奴 등이 동경 요양성을 에워싸고 공격하였다. 흥요국은 거란에 포위당한지 거의 1년동안 완강히 저항하다가 양상세楊詳世의 배반으로 요양성이 1030년 8월 25일 경에 함락당하면서 대연림도 사로잡혔다.

(4) 대발해국

1116년 1월 발해유민들은 요의 동경 요양지방에서 고영창高永昌을 중심으로 다시 '대발해국大渤海國'을 세워 거란에 대항하였다.

고영창은 요나라의 관리로서 발해의 무용마군武勇馬軍 2~3천 명을 이끌고 여진女眞에 대항하고 있다가 발해 부흥의 기치를 들었다. 그는 발해 유민이 심한 민족적 차별 대우를 받고 혹은 살해당하는 것을 보고 자기 상관인 동경유수東京留守 소보선蕭保先을 처단하려고 하였다. 고영창은 반감을 가진 발해유민들을 선동하여 거사를 일으키고, 10일만에 인근 지역이 모두 호응하여 군사가 8천명에 달하였다. 이에 동경 요양부를 점령하여 스스로 황제라 하고, 국호를 대발해, 연호를 융기隆基라고 하였다.

대발해국은 거란 동경도 관하의 79주 가운데 50주를 공략할 정도로 발해 유민의 적극적인 지원을 받았다. 고영창은 금의 황제 아골타에게 사신을 보내 구원을 청하고, 두 나라가 힘을 합쳐 거란을 공격할 것을 제의하였다. 거란이 황제 칭호를 버리고 투항할 것을 요구하자, 고영창은 이것을 거절하고 오히려 금에 억류되어 있는 발해 사람들의 송환을 요구하였다. 이에 금나라의 공격을 초래하여 동경성이 함락되고, 남은 군사 5천과 함께 장송도長松島로 피하였으나 얼마 뒤 여진에 사로잡혀 죽음을 당하였다.

그러나 대발해국은 고영창이 내세운 국호에서도 알 수 있듯이, 발해 멸망후 2백여 년이 지난 시점에서도 발해 계승의식이 명확히 나타난 이른바 명실상부한 마지막 발해 부흥국이었다고 할 수 있다.

2. 발해의 군사조직과 지방통치[490]

1) 발해의 군사조직 8위

발해는 698년에 건국되어 926년 거란의 침입에 의해 멸망하였다. 다른 왕조와 마찬가지로 발해는 군사제도를 근간으로 영역확장은 물론 통치체제를 유지하였다. 특히 건국과정 속에서 일어난 천문령 전투, 무왕 대에 일어난 당의 등주 및 마도산 공격, 거란의 침입에 따른 전쟁 등을 겪었으며, 그에 따라 군사제도의 변천도 이루어졌을 것으로 짐작된다. 하지만 구체적인 사료가 없어 그 실상을 파악하기에는 많은 무리가 따른다. 우선 발해의 군사조직을 살펴볼 수 있는 기본 자료는 아래의 『신당서』 발해전이다.

---

490 이하의 서술은 강성봉, 「발해 8위제에 관한 검토」 『군사』 79, 국방부 군사편찬연구소, 2011을 주로 참고하였음을 밝혀둔다.

무원武員에는 좌맹분위左猛賁衛·우맹분위右猛賁衛·좌웅위左熊衛·우웅위右熊衛·좌비위左羆衛·우비위右羆衛·남좌우위南左右衛·북좌우위北左右衛가 있으며 각각 대장군大將軍 1인과 장군將軍 1인이 있다.[491]

위의 사료는 대이진 시기(830~857)에 발해를 다녀간 당 행군사마行軍司馬 장건장張建章의 견문기인 『발해국기渤海國記』 내용 중 일부로 이해되고 있다.[492]

기존의 연구자들은 위의 사료를 놓고서 발해의 군사제도 중 8위[493] 또는 10위[494]가 있었다는 두 견해로 나뉘었다. 이것은 사료해석에 있어서 구두점을 어떻게 끊느냐에 따라 견해 차이가 나타난 결과이다. 즉 좌맹분위·우맹분위·좌웅위·우웅위·좌비위·우비위를 해석하는 것에는 별다른 이견이 없으나, 남좌우위·북좌우위를 놓고서는 남좌위南左衛·남우위南右衛, 북좌위北左衛·북우위北右衛라고 해석하여 도합 10위설을 주장하거나, 남좌우위南左右衛, 북좌우위北左右衛로 보아 8위설을 주장하는 견해로 나뉘어졌다.

아울러 고려로 내투했던 좌우위장군 대심리左右衛將軍 大審理라는 인물이 『고려사』의 기록에 나타나 '좌우위'가 독립된 위衛의 명칭으로 파악하여 8위설을 주장하는 근거가 되기도 하였다.[495] 하지만 10위설을 주장하는 연구자들은 좌우위장군이 좌위장

---

491 『신당서』 권219, 열전144, 북적, 발해.

492 장건장의 묘지에 따르면 유주절도사의 휘하에 있던 그는 태화 7년(833) 발해에 사신으로 가서 태화 9년(835)에 귀국 후 『발해국기』를 저술하였다고 한다(『발해의 지방통치체제』, 신서원, 1990, 236쪽).

493 李基白, 「統一新羅와 渤海의 社會」 『韓國史講座 I』(古代篇), 一潮閣, 1982, 357~358쪽 ; 주보돈, 「남북국시대의 지배체제와 정치」 『한국사 3』, 한길사, 1994, 356쪽.

494 金毓黻, 『渤海國志長編』 권15, 職官考, 1934 ; 鳥山喜一, 「渤海國王의制度와文化」 『渤海史上의諸問題』, 風間書房, 1968, 82~83쪽 ; 박시형, 「발해의 국가제도」 『발해사』, 김일성종합대학출판사, 1979, 131~134쪽 ; 王承禮 저, 『발해의 역사』(宋基豪 역), 한림대학교 아시아문화연구소, 1987, 147~148쪽 ; 崔茂藏, 「渤海의政治와對外關係」 『渤海의起源과文化』, 藝文出版社, 1988, 187~188쪽 ; 한규철, 「지방·군사제도」 『한국사 10』(발해), 국사편찬위원회, 1996, 150~152쪽 ; 姜華昌·沈仲衡, 「試論渤海國的軍事制度」 『高句麗渤海研究集成 4』, 1997, 314~316쪽 ; 장국종(사회과학원), 『발해국과 말갈족』, 도서출판 중심, 2001, 72~73쪽.

495 『고려사』 권1, 세가1, 태조 8년(925년) 9월, "丙申 渤海將軍 申德 등 5백 인이 來投하였다" ; 『고려사』 권1, 세가1, 태조 8년(925년) 9월, "庚子, 발해의 禮部卿 大和鈞, 均老司政 大元鈞, 工部卿 大福謨, 左右衛將軍 大審理 등이 백성 1백 戶를 거느리고 來附하였다".

군과 우위장군의 겸임일 개연성도 있다고 하여 반박하기도 하였다.[496]

　그동안 발해 군제와 관련된 연구성과들은 주로 위의 자료들을 이용해 왔으나 새롭게 해석될 여지가 있는 자료가 있어 주목된다. 그것은 당의 사신으로 발해에 갔던 왕종우王宗禹가 832년 12월에 귀국한 뒤에 발해의 군사조직에 대한 중요한 사실을 당 조정에 보고한 기사이다. 즉 발해가 좌우신책군左右神策軍과 좌우삼군左右三軍, 120사司 등을 설치했다는 것이다.[497]

　그런데 왕종우의 이러한 보고는 위 사료에서 보이는 발해 군사조직의 명칭과는 표현 방식에 있어서 많은 차이점을 지니고 있다. 그러나 두 자료는 공통적으로 830년대의 발해 군사조직을 서술한 기사이다. 그러므로 별개의 군사조직이 아닌 동일한 군사조직을 달리 표현한 것으로 생각할 수 있다. 즉 왕종우王宗禹가 발해의 군사조직을 당 조정에 보고함에 있어서 이해하기 쉽도록 당시 당의 군사조직의 명칭을 차용하여 보고한 것으로 볼 수 있다. 이렇게 볼 때 당시 발해의 군사조직에는 좌신책군左神策軍, 우신책군右神策軍, 좌삼군左三軍, 우삼군右三軍과 같이 당 군사조직의 명칭을 차용한 8개 군軍이 있었음을 알 수 있다.

　따라서 위 사료와 왕종우 관련 기사는 수치상 8개의 군사조직으로 일치를 나타낸다. 여기에서 좌우맹분左右猛賁·웅위熊衛·비위羆衛를 좌우삼군左右三軍으로, 남좌우위南左右衛, 북좌우위北左右衛를 좌우신책군左右神策軍으로 연결시켜보면, 당시 발해의 군사제도가 8위衛로 이루어졌음을 유추해 볼 수도 있겠다.

　한편, 8위 또는 8군으로 이루어진 부대편성과 관련하여 속말말갈의 부족편제를 살펴보면 유익한 정보를 알 수가 있다. 고구려는 583년 돌궐突厥이 수隋에게 격파되자 속말말갈을 공격하였고, 그 결과 고구려에 패한 속말말갈의 일부 집단은 수隋로 망명하기에 이른다. 속말말갈의 궐계부厥稽部 수장인 돌지계突地稽는 홀사래부忽賜來部, 굴돌시부窟突始部, 열계몽부悅稽蒙部, 월우부越羽部, 보호뢰부步護賴部, 파해부破奚部, 보보괄리부步步括利部 등 여타 7부를 포함한 8부部를 대표하여 승병勝兵 수천인을 인솔하여 수隋에 망명하였다.[498]

---

496 한규철, 앞의 논문, 1996, 150~151쪽.
497 『구당서』 권17하, 본기17하, 문종 하, 태화6년, 12월 무진.

6세기말~7세기 초 속말말갈로 불리는 지역집단 안에는 다수의 부部가 존재하였고, 각각의 부에는 군대가 있었다.[499] 여기에서 중요한 점은 돌지계가 이끌었던 궐계부를 중심으로 8개의 부部가 연합적 행동을 취하고 있다는 점이다. 평상시에는 각각의 독립된 부部로 존재하다가 유사시에는 8개의 부部들이 궐계부를 중심으로 연합적 행동을 취하는 모습은 말갈의 군사편제에 관하여 시사하는 바가 크다. 유목 및 수렵사회에서는 목축과 사냥이라는 경제적 특성으로 인하여 부락의 사회편제가 곧바로 군대의 편제로 나타나기 때문이다.[500] 따라서 당시 속말말갈의 여러 부部 중에서 돌지계가 이끌었던 8부는 사회적 편제인 동시에 군대가 징집되기도 하는 군사적 편제가 되고 있음을 유추할 수 있겠다.[501]

위와 같은 사실과 더불어 속말말갈 추장 돌지계의 아들인 이근행李謹行이 당의 군사와 함께 평양에 이르러 8영營을 설치한 다음 사료도 주목된다.

> 12년(672년) 가을 7월에 당나라 장수 고간高侃이 군사1만 명, 이근행李謹行이 군사 3만 명을 이끌고 일시에 평양에 이르러 8영營을 설치하고 주둔하였다.[502]

이근행이 이끈 말갈의 군대가 8영을 설치하였다는 점은 말갈의 사회편제 및 군사편제의 일면을 알려 준다. 말갈의 군대는 다른 왕조의 지배통치를 받더라도 전투 참여에 있어서는 항상 독자적인 부대 편성으로 구성되었다. 고구려에서도 말갈의 군사

---

498 『太平寰宇記』 권71, 하북도20, 연주(燕州).
499 흑수말갈의 경우에는 16部로 이루어졌다(『구당서』 권199하, 열전149하, 북적, 말갈). 따라서 속말말갈 역시 휘하 수십 개의 집단으로 이루어짐을 짐작할 수 있다(盧泰敦, 「渤海 建國의 背景」 『大邱史學』 19, 1981, 11쪽).
500 김영하(金瑛河)는 유목ㆍ수렵사회에서 차지하는 수렵과 전쟁의 상관관계를 강조하였다. 그는 유목 및 수렵사회에서의 정상적인 경제생활과 지속적인 군사훈련이 일치하는 현상을 농경사회와는 다른 특징으로 보았다(金瑛河, 『韓國古代社會의 軍事와 政治』, 고려대학교 민족문화연구원, 2002, 110~135쪽).
501 한편 거란에 있어서도 8부의 존재는 확인되며(『위서』 권100, 열전88, 거란), 유사시에 모든 부족장이 모여서 전쟁에 따른 동원 등을 회의를 통해 결정하고 전쟁을 수행하지만, 평상시에는 각 부족이 독립된 단위로 수렵생활을 하였음을 알 수 있다(『구당서』 권199하, 열전149하, 북적, 거란).
502 『삼국사기』 권7, 신라본기 7, 문무왕 하, 12년 7월.

조직을 운영함에 있어서는 혹 지휘관을 고구려인으로 임명하더라도 부대 편성은 토
착적인 말갈의 군사편제로 전투에 참여시키고 있었다.[503] 따라서 위 사료에 나타나
는 8영은 토착적인 말갈의 군사편제가 그대로 군영軍營으로 나타난 것으로 볼 수 있
다.[504]

결국, 앞에서 살펴보았던 말갈의 8부 및 8영은 발해의 8위와 연관성을 배제할 수는
없을 것이다. 즉 발해의 8위는 삼림이 펼쳐져 있는 만주지역이나 연해주 지역의 사회
경제적 요인에 의해 형성된 군사조직의 편제로 볼 수 있겠다.[505] 따라서 발해는 말갈
의 토착적인 8영 내지는 8부의 요소 위에 당의 위제衛制를 변용하여 군사제도인 8위
를 편성하였을 것으로 추론된다.[506]

503 李仁哲, 「고대국가의 군사조직과 그 운영」『강좌 한국고대사 2』, 가락국사적개발연구원, 2003,
324~336쪽.

504 '營'은 여진사회의 구성을 통해 그 의미를 살펴볼 수 있다. 여진사회에서는 營을 'Tatan'이라고
하는데 Tatan은 수렵사회를 형성하는 기초가 된다. 또한 이것이 연합하여 정치적 세력을 가지
게 되면 또 하나의 큰 집단을 형성하게 되는데 이를 'Aiman(部落 또는 部:니루)'이라 한다. 따라
서 위와 같은 여진의 부락구성은 사냥하고 이동하는 생활의 단위가 되었으며, 또 이것이 군사적
인 기능을 발휘할 때에는 곧 군대의 편제로 전환하여 막강한 힘을 발휘할 수가 있었다(金九鎭,
『13~17C 女眞 社會의 研究-金 滅亡 以後 淸 建國 以前까지 女眞社會의 組織을 중심으로-』, 고려
대학교 박사학위논문, 1988, 287~291쪽 ; 徐正欽, 「明末 建州女直과 八旗制의 起源」『歷史敎育論
集』 2, 경북대 사범대학 역사교육과, 1981, 179~182쪽).

505 참고로 『금사』 병지에서는 발해군이 곧 발해팔맹안의 군사라고 표현되어 있다(『금사』 권44, 지
25, 병, "所謂渤海軍 則渤海八猛安之兵也"). 한편, 심양고궁에서 나타나는 八旗亭도 참고가 된다.
심양고궁의 건축배치는 東路·中路·西路로 나누어지는데, 동로에는 팔각지붕으로 이루어진 大
政殿과 八字로 만들어진 양쪽 길 위에 左翼王亭·右翼王亭을 필두로 팔기정이 배치되어 있다. 이
팔기정은 여진족의 수렵을 바탕으로 만들어진 청의 군사제도인 팔기제와 상관되는 것으로 말갈
족과 여진족의 상관관계를 고려해 볼 때 시사하는 바가 크다(中國建築藝術全集編輯委員會 編,『中
國建築藝術全集』 3, 中國建築功業出版社, 1999, 1~26쪽).

506 참고로 고려시기의 군제인 2군6위제를 도합 8위제로 표현한 기사가 『고려사』에 자주 나타난다
(『고려사』 77, 지31, 백관2, 서반 ;『고려사』 권 81, 지35, 병1, 병제 ;『고려사』 권82, 지36, 병
2, 숙위 ;『고려사』 권116, 열전29, 심덕부 ;『고려사』 권 118, 열전31, 조준 ;『고려사』 권125,
열전38, 간신1, 김원명 ;『고려사』 권 132, 열전45, 반역6, 신돈). 이들 사료는 대개 공양왕 및
공민왕 시기의 상황을 나타내는 것으로, 원의 정치적 간섭이 이루어진 후에 정치사회제도가 문란
해짐을 비판하면서 고려초기의 정치체제를 복원하려는 복고주의적 성격을 지닌다. 따라서 군사
제도에 있어서는 초기의 2군 6위 즉, 8위제의 복원을 주장하고 있다. 이를 통해 고려 또한 당제
를 수용함에 있어 자국의 현실적인 상황에 맞게 2군 6위로 군사제도를 성립하였고, 이를 도합 8
위로 호칭하였음을 확인할 수 있다. 이것은 발해의 당제 수용면에 있어서도 군사조직이 8위로 이

2) 8위의 역할

그렇다면 발해의 군사조직인 8위衛는 어떠한 역할을 수행하고 있었을까. 이와 관련해서는 발해의 위제衛制와 당의 각 위衛·군軍을 비교하여 그 역할을 추정한 견해가 있다.[507] 이를 표로 제시하면 아래와 같다.

〈표 5-22〉 김육불의 10위에 대한 역할 비정

발해	당	역할
좌우맹분위 (左右猛賁衛)	좌우위(左右衛), 좌우효위(左右驍衛), 좌우무위(左右武衛), 좌우위위(左右威衛), 좌우령군위(左右領軍衛)	궁궐숙위 (宮闕宿衛)
좌우웅위(左右熊衛)· 좌우비위(左右羆衛)	좌우금오위(左右金吾衛), 좌우감문위(左右監門衛), 좌우천우위(左右千牛衛)	경성방비 (京城防備)
남좌우위(南左右衛)· 북좌우위(北左右衛)	좌우우림군(左右羽林軍), 좌우룡무군(左右龍武軍), 좌우신책군(左右神策軍)	금군 (禁軍)

먼저, 좌우맹분위左右猛賁衛는 당의 좌우위左右衛, 좌우효위左右驍衛, 좌우무위左右武衛, 좌우위위左右威衛, 좌우령군위左右領軍衛로 비정하고 있다. 이것은 『신당서』 백관지를 통하여 좌우위가 궁궐숙위를 행하고, 좌우효위·좌우무위·좌우위위·좌우령군위가 같은 역할로 수행하였음을 근거로 한 것이다.[508] 좌우맹분위는 '맹분猛賁'이란 단어에서 알 수 있듯이 날래고 용감한 최정예의 부대였음을 짐작할 수 있고, 또한 사료 서술의 순서상 맨 먼저 등장하는 것으로 보아 부대 규모와 비중도에 있어서도 중요한 위치를 차지하는 것으로 생각된다.[509]

다음으로 좌우웅위左右熊衛와 좌우비위左右羆衛를 살펴보자. 여기에서 웅熊은 '곰'으로, 비羆는 '큰곰'으로 해석될 수 있는데, 곰은 이리떼와 더불어 만주지역의 산악지대나 초원지대에서 분포하던 가장 무서운 짐승이었다. 사료를 통해서는 이러한 동물

루어지는 것에 하나의 시사점이 된다고 하겠다.

507 김육불은 10위설을 따르고 있지만 각 위의 역할을 참고하기에는 무리가 없다.

508 『신당서』 권49상, 지39상, 백관4상 16위.

509 이와 관련하여 金代 여진사회의 독특한 통치조직이었던 猛安謀克制度는 '猛安'이라는 명칭과 관련하여 발해의 '猛賁衛'와 그 상관성이 있지 않을까 한다.

들이 백두산 주변에 많이 분포하였고, 말갈족은 곰과 이리를 그들의 토템으로 섬겨 이들을 죽이지 않고 숭배하였으며, 또 이들 짐승도 사람을 해치지 않았던 사실을 알 수 있다.[510] 따라서 수렵을 중시하는 말갈의 사회에서는 곰을 신성시하는 습속이 존재하였고, 이것이 발해의 군사제도에 영향을 주어 웅위熊衛·비위羆衛와 같은 군사조직의 명칭으로 나타난 것은 아닐까 생각할 수 있다.[511]

청동부절
좌효위장군 섭리계라는 명문이 새겨졌다.

그렇다면 좌우웅위와 좌우비위의 역할은 어떠하였을까. 이에 대한 직접적인 사료는 존재하지 않는다. 다만 앞에서 살펴본 좌우맹분위가 당의 좌우위, 좌우효위, 좌우무위, 좌우위위, 좌우령군위로 비정되어 궁궐에 숙위를 행하는 정예의 부대였으므로, 당의 16위衛 중에서 이를 제외한 좌우금오위左右金吾衛·좌우감문위左右監門衛·좌우천우위左右千牛衛가 발해의 좌우웅위, 좌우비위에 비정될 수 있다. 그러므로 당의 좌우금오위·좌우감문위·좌우천우위를 참조하여 발해의 좌우웅위, 좌우비위의 역할을 추정코자 한다. 이와 관련하여 아래의 사료들을 살펴보자.

> ① 좌우금오위左右金吾衛에는 상장군上將軍 각 1인, 대장군大將軍 각 1인, 장군將軍 각 2인이 있으며 궁중宮中 및 경성京城의 순경巡警과 봉후烽候·도로道路·수초水草의 일을 관장管掌한다.[512]
>
> ② 좌우감문위左右監門衛에는 상장군上將軍 각 1인, 대장군大將軍 각 1인, 장군將軍 각

---

510 『북사』 권94, 열전82, 물길국 ; 『수서』 권81, 열전46, 말갈.
511 참고로 739년 일본으로 간 발해의 외교사절단들은 虎皮·豹皮를 비롯한 羆皮 등의 특산물을 일본에 가져갔다. 따라서 군사조직의 명칭인 웅위 및 비위는 수렵을 중시하는 발해의 사회·경제적 상황과 밀접한 관련이 있을 것으로 생각된다(『續日本記』卷13 聖武天皇 天平11년(739) 12月 戊辰, "…仍差若忽州都督胥要德等充使 領廣業等 令送彼國 幷附大蟲皮羆皮各七張 貔皮六張 人參三十斤 蜜三斛進上").
512 『신당서』 권49상, 지39상, 백관4상, 16위.

2인이 있으며, 제문諸門의 금위禁衛 및 문적門籍을 관장管掌한다.[513]

③ 현종顯宗 22년(1031) 정묘丁卯일에 발해감문군渤海監門軍 대도행랑大道行郎 등 14인이 내투來投하였다.[514]

④ 덕종德宗 2년(1033) 계사癸巳일에 발해감문대정渤海監門隊正 기질화奇叱火 등 19인이 내투來投하였다.[515]

⑤ 좌우천우위左右千牛衛에는 상장군上將軍 각 1인, 대장군大將軍 각 1인, 장군將軍 각 2인이 있으며, 시위侍衛 및 공어供御와 병장兵仗을 관장管掌한다.[516]

우선 위 사료를 통하여 당의 금오위는 궁성 및 경성京城을 순찰하고 경계하였음을 알 수 있다. ②에서는 당의 감문위가 궁성 내외의 제문諸門을 금위禁衛하는 임무를 지닌 것을 알 수 있다. 이와 관련하여 『고려사』에 '발해 감문군渤海 監門軍', '발해 감문대정渤海 監門隊正'의 관직이 나타난 사료 ③④가 있어 주목된다. 두 사료는 고려 현종 22년(1031)에 고려로 내투한 발해 감문군 대도행랑渤海 監門軍 大道行郎 등 14인과 덕종德宗 2년(1033)에 내투한 발해 감문대정 기질화渤海 監門隊正 奇叱火 등 19인의 내투관련 기사이다.

이 시기는 발해가 멸망한지 이미 1백여 년이 지난 후로서, 발해왕손 대연림大延琳이 흥요국興遼國을 세워(1029) 부흥운동을 일으켰지만 실패하였던 바로 직후의 시기가 된다.[517] 따라서 위에 나타난 발해 감문군 및 감문대정의 관직을 지녔던 인물들은 흥요국에 속한 발해유민일 것이라 생각된다. 이와 관련하여 감문군·감문대정의 관직은 요遼가 발해인의 회유를 위해 수여했던 관직이라고 볼 수 있으나,[518] 발해유민들이

---

513 『신당서』 권49상, 지39상, 백관4상, 16위.

514 『고려사』 권5, 세가5.

515 『고려사』 권5, 세가5.

516 『신당서』 권49상, 지39상, 백관4상 16위.

517 이 시기부터 거란의 관직을 가진 발해인의 내투, 거란·해 등 타민족과 함께 고려로 내투하는 사례 등이 자주 나타난다. 이것은 거란의 지배하에 있던 발해들이 거란에 불만을 갖고 있던 타민족들을 규합하여 고려로 내투한 사실을 보여주는 사례라고 하겠다(朴玉杰, 『高麗時代의 歸化人 研究』, 國學資料院, 1996, 102~106쪽 ; 韓圭哲, 앞의 책, 1994, 260~267쪽).

518 朴玉杰, 앞의 책, 1996, 99쪽.

그와 같은 관직의 역할을 흥요국에서 수행하였다는 것은 부정할 수 없을 것이다. 그러므로 발해멸망 이전에도 감문위監門衛와 같은 역할은 행해졌으리라 추정된다. 다음으로 사료 ⑤를 통하여 천우위千牛衛가 왕을 시위하고 황제에게 진상되는 물건과 병기를 관장하는 일을 맡았음을 알 수 있다.

지금까지 당의 좌우금오위·좌우감문위·좌우천우위의 역할을 살펴보았다. 발해에서 좌우웅위·좌우비위가 이러한 역할을 하였다는 직접적인 사료는 없지만, 당의 군사제도에 영향을 받았던 발해에서도 당과 비슷한 궁성宮城 및 경성京城의 방비체제가 존재하였을 것으로 추정된다.[519]

마지막으로 남좌우위南左右衛·북좌우위北左右衛를 살펴보겠다. 이들 위衛에 관한 사료는 역시 존재하지 않는다. 다만 앞에서 살펴본 바와 같이 발해의 남좌우위·북좌우위가 당의 금군禁軍과 같은 역할을 수행하였음을 추정코자 한다.[520] 즉 좌우맹분·웅위·비위가 왕종우가 당에 보고했던 좌우삼군에 해당된다면, 남좌우위, 북좌우위는 좌우신책군左右神策軍으로 연결시킬 수 있다. 당의 신책군은 황제직속의 근위군단의 성격을 지니며 좌우 2개의 부대로 편성되어 있었다.[521] 따라서 발해에서는 남좌우위와 북좌우위가 그 역할을 수행했을 가능성이 있다.[522] 한대漢代에도 황제의 친위군인 남군南軍과 북군北軍이 존재하였다.[523] 그러므로 발해에서도 친위군의 역할을 수행한 것

---

519 참고로 발해의 上京城은 唐의 長安城을 본따 수축하였으며, 都城의 수비나 관서(官署)의 배치도 장안성을 모범으로 삼았을 가능성이 농후하다는 견해가 있다(金鍾福, 「渤海 上京城의 성립과 구조」『한국의 도성』, 서울학연구소, 2003, 131~134쪽). 이를 통해 宮城 및 京城을 방비하는 발해의 군사조직들 또한 당의 군사조직 역할과 비슷하였을 것으로 추정할 수 있겠다.

520 唐에서의 禁軍의 역할은 左右羽林軍·左右龍武軍·左右神武軍·左右神策軍 등이 수행하였다(『신당서』권49상, 지39상, 백관4상 16위).

521 唐의 左右神策軍은 원래 변경을 지키는 지방병이었다. 唐 玄宗 시기(713~756)에 河西節度使 哥舒翰은 황하 九曲에 병사를 주둔시키고 神策軍이라고 했다. 唐 肅宗 시기(757~762)에는 衛伯玉을 神策軍節度使로 임명하고 陝州를 지키게 하였다. 代宗 시기(763~779)에 이르러 吐蕃의 침략을 막기 위하여 宦官이었던 魚朝恩는 신책군을 불러들여 天子의 禁軍으로 있게 하였다. 唐 德宗 시기(780~805)에 이르러 정식으로 左右神策軍으로 나누었다(李殿福·孫玉良 저, 정진헌·서길수 옮김, 『渤海國』, 고구려연구회, 1987, 40~41쪽).

522 이와 관련하여 猛賁衛·熊衛·羆衛가 宮城의 宿衛를 담당하는 데 대해서, 남북의 左右衛가 각기 南衛禁兵·北衛禁兵을 관장했을 것으로 추측하는 견해가 있다(金毓黻, 『渤海國志長編』권15, 職官考. 1934).

523 『中國官制大辭典』下, 黑龍江人民出版社, 984쪽, "漢代屯衛京城的禁衛軍 南軍以衛尉統率 掌管宮城門

천문군지인

은 남좌우위·북좌우위가 아닐까 생각된다. 한편, 1960년 4월에 상경성上京城에서 발견된 동인銅印에 새겨진 '천문군天門軍'이 이와 관련 있다고 추정하는 견해도 있다.[524] 이것은 황제를 지키는 군대로서의 의미라고 해석할 수 있기 때문에 왕 직속의 친위부대인 금군禁軍의 성격을 띤다고 할 수 있겠다. 이렇게 볼 때 발해의 남좌우위와 북좌우위가 당의 좌우신책군에 비정되어 국왕의 정예부대인 친위대의 역할을 수행하였을 것으로 추정된다.

3) 발해의 군사규모

그렇다면 발해의 군사력은 어느 정도였을까. 앞에서 살펴 본 8위衛와 관련해서는 직접적인 사료가 나타나지 않는다. 하지만 고왕高王 대조영大祚榮 시기부터 나타나는 발해의 군사력은 가늠할 수 있다.

① 조영祚榮은 굳세고 용맹스러우며, 용병用兵을 잘하였으므로 말갈의 무리 및 고려高麗(고구려)의 남은 무리餘黨들이 점점 모여들었다. 성력聖曆(698~700)연간에 스스로 진국왕振國王에 올라 돌궐突厥에 사신을 보내고 통교通交하였다. 그 땅은 영주營州 동쪽 2천리 밖에 있어 남쪽은 신라와 서로 닿고, 월희말갈越憙靺鞨에서 동북으로 흑수말갈黑水靺鞨까지 지방地方이 2천리에 편호編戶가 10여 만이며, 승병勝兵이 수만 명이다.[525]

② 이에 나라를 세워 스스로 진국왕震國王이라 부르며 돌궐에 사신을 보내어 통교通交하였다. 땅은 사방 5천리에 호戶가 10여 만이고 승병勝兵이 수만이며, 서계書契도

內的兵 以守衛皇宮 北軍以中尉統率 掌管京城門內的兵 以守衛京城". 또한 후한시대의 都城은 洛陽으로서 南宮과 北宮의 구조로 되어있다(와타나베 신이치로 지음, 문정희·임대희 옮김, 『天空의 玉座』, 신서원, 2002, 49~53쪽).

524 宋基豪, 『渤海政治史研究』, 一潮閣, 1995, 155쪽.

525 『구당서』 권199하, 열전149하, 북적, 발해말갈.

제법 알아서 부여·옥저·변한·조선 등 바다 북쪽에 있던 여러 나라의 땅을 다 차지
하였다.…… 아들 무예武藝가 왕위에 올라 영토를 크게 개척하니 동북의 모든 오랑
캐들이 겁을 먹고 그를 섬겼다.[526]

③ (측천)무후 때에 거란이 북쪽 변방을 침공하자, 고구려의 별종別種인 대걸걸중상大
乞乞仲象이 말갈의 추장酋長 걸사비우乞四比羽와 함께 요동遼東으로 달아나 고구려
高麗의 옛 땅을 나누어 임금노릇을 하니, 무후武后가 장수를 파견하여 걸사비우乞
四比羽를 공격하여 죽였고, 걸걸중상乞乞仲象도 병들어 죽었다. 중상仲象의 아들 조
영祚榮이 즉위하여 비우比羽의 민중民衆을 병합하였는데, 그 무리가 40만 인으로서
읍루挹婁에 웅거하여 당에 신속하였다.[527]

위의 사료들을 통해서는 '편호編戶'의 출현이 주목된다. 편호는 국가의 재정확보를
위한 조세수취는 물론 병력충원에 근간이 되는 국가적 편제단위라 할 수 있다. 따라
서 이러한 편호의 증가는 영역의 확장, 인구 증가는 물론 군대수의 증가를 살필 수 있
는 근거가 될 수 있다. 이러한 관점으로 볼 때 사료 ①과 ③은 건국초기의 상황으로
서 영역은 2천리에 펼쳐져 있으며, 국가에 의해 편제되어진 호戶가 10여 만이었음을
알 수 있다. 또한 전쟁에 참여할 수 있는 승병勝兵이 수만 명이며, 인구가 40여 만으
로 이루어졌음을 추정할 수 있다.[528] 한편 사료 ②의 사방 5천리는 발해 전성기의 영
역을 의미하지만, 호戶가 10여 만이고 승병이 수만 명으로 기술되어 있는 점은 의구
심이 간다. 즉 건국초기에 이미 편호가 10여 만으로 이루어졌음에도 불구하고 영역확
장과 인구증가를 이룬 전성기에 단순히 호戶가 10여 만으로 구성되었다고 하는 점은
용납되기 쉽지 않으므로 오기로 보여 진다.

대조영이 죽자 왕위를 이은 무왕武王 대무예는 고왕高王의 뒤를 이어 영토를 더욱
확장하였다. 즉 동북의 여러 말갈지역을 통합하고, 남쪽으로는 신라와 접경을 이루게

---

526 『신당서』 권219, 열전144, 북적, 발해.
527 『신오대사』 권74, 사이부록, 발해.
528 송기호는 40만 명의 인구수는 동모산에 정착하여 다시 주변의 고구려 유민과 말갈족들이 통합된
뒤의 사정을 나타낸 것으로 본다(宋基豪, 앞의 책, 1995, 75~76쪽).

되었다.[529] 그러나 이후 흑수말갈과 당의 밀착에 따라 발해는 대외적인 위기에 처하였고, 내부적으로는 왕위계승을 둘러싼 지배층 내부의 갈등이 증폭되었다. 발해는 이러한 대내외적인 위기를 돌파하기 위하여 당의 등주登州를 공격하였다.[530] 이와 관련하여 당시 발해의 군사력을 짐작해 볼 수 있는 아래의 사료가 있어 주목된다.

> [대무예의 발언] 지난날 고구려의 전성기에 강병強兵 30여 만으로 당唐과 맞서서 복종하지 않다가, 당병唐兵이 한번 덮치매 땅을 쓴 듯이 다 멸망하였습니다. 오늘날 발해의 무리가 고구려의 몇 분의 일도 못되는데, 그런데도 당唐을 저버리려 하니, 이 일은 결단코 옳지 못합니다.[531]

위 사료는 대문예가 그의 형인 무왕武王에게 당과 맞서지 말 것을 당부하는 기사이다. 이를 통해 고구려 전성기 때의 강병強兵은 30여 만이었으며, 발해에서는 그 무리가 고구려에 비하여 수배로 적었음을 알 수 있다. 이와 관련하여 『신당서』 발해전에서는 발해의 무리가 고구려에 비하여 3분의 1로 표현되어 있다.[532] 여기에서 주목되는 점은 고구려의 군사력이 '강병強兵' 내지는 '사士'로 표현되지만 발해에서는 군대의 명칭이 아닌 '중衆'으로 표현된다는 점이다. 그러나 대문예가 발해의 군사력이 당에 비해 쇠약함을 강조한 것으로 생각한다면 '중衆'은 당시 발해의 병력을 의미한다고 할 수 있다. 따라서 당시 무왕대의 군사력은 고구려 강병強兵의 3분의 1인 10만 여명으로 추정할 수 있다.

이후 구체적인 발해의 인구수와 총 군대수를 알려주는 사료는 존재하지 않지만, 발해 멸망기에 거란의 공격에 대항하여 발해의 수도를 방어하는 군사적 행동이 있어 주목된다.

---

529 『삼국사기』 권8, 신라본기8, 성덕왕 20년 추7월.
530 『자치통감』 권213, 당기29, 개원20년 9월 을사 ; 『구당서』 권199하, 발해말갈, 개원20년 ; 『구당서』 권8, 현종본기, 개원20년 9월 을사.
531 『구당서』 권199, 열전149, 북적, 발해말갈.
532 『신당서』 권219, 열전144, 북적, 발해, "昔高麗盛時 士三十萬 抗唐爲敵 可謂雄彊 唐兵一臨 掃地盡矣 今我衆比高麗三之一 王將違之 不可".

천찬天贊 초初에 홀로 기병騎兵 5백을 거느리고 노상군老相軍 3만을 물리쳤다. 발해를 함락시키고 동단국東丹國으로 고쳤다.[533]

위 사료는 요遼가 부여부扶餘府를 함락시키고, 일주일 후에 발해의 수도인 홀한성忽汗城을 포위하여 노상老相[534]이 이끄는 발해 수도방위군대 3만 명을 물리친 기사이다. 즉 발해 멸망직전의 상황을 나타내는 사료로서, 궁성宮城 및 경성京城을 방비하는 발해의 수도방위부대의 규모가 약 3만 명으로 이루어졌음을 알 수 있다.

4) 발해의 지방통치와 군사

발해의 지방제도는 『신당서』 발해전의 기사를 통하여 전성기 때에 5경京, 15부府, 62주州와 3개의 독주주獨奏州로 이루어졌음을 알 수 있다. 또한 주州 아래에는 1백여 개의 현縣이 있어, 발해의 지방제도는 부府·주州·현縣의 3단계 행정관리체제를 이룬다고 할 수 있다. 부府에는 도독都督, 주州에는 자사刺史, 현縣에는 현승縣丞을 두었는데, 이는 당의 도道·부府·주州·현縣제도를 모방한 것이라 할 수 있다. 하지만 병력충원과 관련하여 발해에서는 절충부折衝府가 보이지 않는다. 대신에 발해에서는 5경 15부 62주 중에서 15부府와 관련한 군사편제의 모습을 확인 할 수 있다. 이것은 발해의 현실적 상황에 맞추어 지방제도인 15부府가 그 역할을 수행하였을 가능성이 있다.[535] 먼저 아래의 사료를 통하여 군사적 긴장감이 높은 접경지역에 해당하는 부府의 상황을 살펴보도록 하자.

---

533 『요사』 권73, 열전3, 소적로.

534 '老相'을 발해 政堂省의 장관인 大內相으로 비정하는 견해가 있다(金恩國, 「渤海滅亡에 관한 재검토」 『白山學報』 40, 1992, 113~115쪽). 한편 발해가 멸망한지 1개월 후에 渤海老相은 東丹國의 右大相이 된 기사가 있다(『요사』 권2, 천현 원년 2월 병오, "以皇弟迭剌爲左大相 渤海老相爲右大相 渤海司徒大素賢爲左次相 耶律羽之爲右次相").

535 발해의 15부는 수도를 비롯한 5경을 포함하고 있으며, 발해의 전 지역을 관할 할 수 있는 지방제도의 편제이다. 발해에서는 넓은 영역과 반농·반렵의 사회경제적 상황을 고려하여 자국적 상황에 맞추어 병력충원을 하였을 것으로 보인다. 따라서 당에서처럼 균전제 하의 折衝府를 설치하지 않고, 15부의 지방제도를 활용하여 병력동원을 행하였을 것으로 추정할 수도 있겠다.

① 부여의 옛 땅에는 부여부扶餘府를 삼아서 항상 경병勁兵을 주둔시켜 거란을 방어하며, 부주扶州·선주仙州 등 2주州를 통치한다.[536]

② 상경임황부上京臨潢府……정패현定霸縣은 본래 부여부扶餘府 강사현强師縣이다. 태조太祖가 부여扶餘를 함락시켜 그 백성을 경서京西로 옮기고, 한인漢人과 더불어 살게하면서 땅을 나눠주고 농사케 하였다.[537]

위의 사료들을 통해서 발해의 5경15부 중 부여부扶餘府는 거란도契丹道의 경유지이면서 항상 경병勁兵을 두어 거란에 방비하고 있었음을 알 수 있다. 또한 부여부 아래에 강사현强師縣이 있는데, 그 명칭으로 보아도 발해가 이곳을 군사적 요충지로 생각하였음을 짐작 할 수 있다.[538] 따라서 부여부는 발해의 15부 중에서 군사적 긴장감이 높은 접경지역에 해당되며, 병력 충원에 있어서도 부여부의 군사들은 상경성上京城을 비롯한 5경京지역에 번상하지 않고 자체적으로 충원이 되어 상비군常備軍의 군사체제를 갖추었을 것으로 짐작된다.

다음으로 15부 중에서 발해의 수도인 상경성을 비롯한 5경지역에 해당되는 부府에서는 어떻게 병력이 충원되었는지 살펴보도록 하겠다. 이와 관련하여 5경 중의 하나인 서경압록부西京鴨淥府에 관한 아래의 사료가 있어 참조된다.

……이미 항복한 군현郡縣에서 다시 반란이 일어나 도적들이 봉기하였다. 아고지阿古只는 강묵기康默記와 더불어 이들을 토벌하러 나섰는데, 압록부鴨淥府에서 구원하러 온 적賊 유기游騎 7천을 만났다. (적의) 기세는 매우 높았다. 아고지阿古只는 휘하의 정예병을 거느리고 곧바로 그 예봉銳鋒을 꺾어 한번 싸워 물리쳤다.[539]

위의 사료를 통해서 발해의 수도 상경성上京城이 함락되었다는 소식을 듣고, 서경

536 『신당서』 권219, 열전144, 북적, 발해.
537 『요사』 권37, 지리지1, 상경도.
538 宋基豪, 앞의 책, 1995, 226쪽.
539 『요사』 권73, 열전3, 소아고지.

압록부에서 유기游騎 7천명의 군사가 구원하지만 실패하였음을 알 수 있다. 여기에서 압록부에서 구원하러 온 병사는 유기游騎 7천 명이므로, 압록부 전체에서는 그 이상의 병사를 지니고 있었음을 알 수 있다. 그러므로 서경 압록부의 군사들은 수도에 있는 상경성上京城과는 별도로 서경西京 관할에 있는 부府에서 병력을 충원하여 군사 방비체제를 갖추었을 것으로 생각된다.[540] 참고로 당에서는 장안長安을 중심으로 하는 경기지역京畿地域에 절충부折衝府가 집중적으로 설치되어 있었다.[541]

발해에서는 자국의 상황에 맞게끔 효율적인 군사적 징발을 행하였을 것으로 생각된다. 즉 당의 부병제를 전국적으로 확대실시하지 않고 수도를 비롯한 5경 및 경기京畿지역을 중심으로 병력충원이 이루어졌을 것이다. 따라서 발해의 15부 중에서 5경의 관할 아래 있는 부府에서는 부병제가 제한적이나마 이루어져 5경 지역에 번상하였을 것으로 유추할 수 있겠다.

한편, 오늘날의 연해주 지역에 해당되는 지역인 발해의 동북지역은 당에서처럼 모두 농민으로 존재하지 않고, 수렵狩獵·어로漁撈에 기인하는 사회경제적 토대를 지니므로 부병제의 실시가 어렵다고 할 수 있다. 이와 관련하여 아래의 사료를 살펴보도록 하자.

> 그 나라는 사방 2천리이며, 주州, 현縣, 관역館驛이 없으며, 곳곳에 촌리村里가 있는데 모두 말갈부락이다. 그 백성은 말갈인이 많으며, 토인土人은 적다. 모두 토인으로 촌장을 삼았는데, 대촌大村에는 도독都督, 다음(의 촌에)는 자사刺史이며, 그 아래(의 촌에)는 백성들이 모두 수령首領이라 부른다. 토지는 극도로 춥고, 수전水田이 마땅치 않다.

---

540 한편 남경에서도 구체적인 군사제도의 면모를 확인할 수 없지만 그 군사적 기능을 유추할 수는 있다. 즉 이 곳에 청해토성·북해토성 등으로 불리는 토성이 있으며, 그 주위에는 토성 북쪽 남대천 右岸의 용전리산성과 左岸의 안곡산성, 그리고 평리의 거산성이 확인된다. 또한 이 곳에서 활촉·창·칼 등이 발굴되었으며, 그 주위에서 군사적 목적으로 많이 이용되는 봉수대도 발견되고 있어 남경의 군사적 기능을 더욱 분명히 해준다 하겠다(한규철, 앞의 책, 1996, 174쪽).

541 전국 320개 州 가운데 折衝府가 설치된 곳은 90주에 불과하였다. 그것도 長安, 洛陽, 太原에 집중되어있다. 특히 장안을 둘러싼 關內道에 260여 개, 장안을 중심으로 하는 京兆府에 131개가 두어졌다. 결국 부병제도하의 절충부가 경기지역에 50% 이상을 차지한다 할 수 있다(박한제, 「중국 역대 수도의 유형과 사회변화」『역사와도시』, 서울대출판부, 2000, 49~68쪽).

자못 풍속에 글을 안다.[542]

　위의 기사는 발해를 견문한 일본인에 의한 소개 기사로서, 8세기 초에 말갈족이 집단을 이루어 살고 있었던 동북부 연해주지역의 상황을 알려준다. 이 지역은 수령首領을 중심으로 부족제部族制가 실시되었던 것을 짐작할 수 있다.[543] 따라서 이곳은 당의 부병제府兵制처럼 균전제均田制 하의 농민이 절충부折衝府에 속하면서 징집이 이루어지지는 않았을 것이다. 그것은 이 지역의 경제적 상황이 농업에 중심을 두지 않고, 수렵·어로에 기반을 두었던 지역이기 때문이다.[544] 그러므로 이 지역은 발해의 수도인 상경성을 비롯한 5경지역에 해당하는 부府, 부여부와 같이 군사적 긴장감이 높은 접경지역에 해당되는 부府와는 다른 군사체제가 이루어졌을 것으로 보인다. 즉 수령首領을 중심으로 부족자치제가 이루어지며, 평상시에는 일반적인 생활을 영위하다가 유사시에만 병력이 동원되는 군사체제라고 추정할 수 있겠다.[545]

　위에서 살펴보았듯이 수도를 비롯한 5경 지역에 해당되는 부府에서는 군사들이 각 관할 내에서 충원되어 제한적인 부병제가 이루어졌을 것으로 추정되며, 군사적 중요도가 높은 변방의 접경지역에서는 상비군을 주둔시켰을 것으로 보인다. 그 이외의 동북지역에서는 수렵·어로에 해당하는 경제적 상황을 고려할 때 수령首領을 중심으로 부족자치제가 이루어졌을 것으로 생각된다.

---

542 『유취국사』 권193, 수속부, 발해 상, 연력 15년(796) 4월 무자.

543 金鍾圓, 「渤海의 首領에 대하여-地方 統治 制度와 關聯하여-」 『全海宗博士華甲記念史學論叢』, 1979.

544 唐에서도 사회·경제적기반이 다른 유목민들을 통치하려 할 때 부병제를 실시하지 않으려 한점이 주목된다. 唐太宗은 來降하는 酋長 및 降戶(유목민)들을 唐 방위체계에 편입하고자 할 때 府兵制에 포함시키지 않으려 했다. 즉 부병제의 형식을 빌리지 않으면서 부병제의 부족한 부분을 보완할 변경방위책인 '河南分治論'을 실시하려 했다. 그것은 降戶들을 故土로 돌려보내되 단, 그 부락을 갈라서 권위를 약하게 하고 세력을 나누게 하면서 그들 스스로 변경을 지키게 하는 통치방식이다(金羨珉, 「당태종의 對外膚脹政策」 『황원구선생정년기념논총』, 1995).

545 이와 관련하여 발해 수령과 고려 전기 도령의 비교검토를 통한 연구가 있어 주목된다. 여기에서는 발해 수령의 존재양상과 그 성격을 고려 도령과 비교하여 발해 지방사회의 일면을 고찰하고 있다(강성봉, 「발해 수령과 고려 도령의 상관성 검토」 『고구려발해연구』 42, 2012).

3. 발해의 성곽과 방어체계

1) 5경 15부 62주와 교통로

『신당서』 발해전에는 발해의 강역을 5경 15부 62주로 설명하고 있다.

그 땅에는 5경京 15부府 62주州가 있었다. 숙신肅愼의 옛터를 상경上京으로 하였는데 용천부龍泉府라 하였고 용龍·호湖·발渤 등 3주를 다스렸다. 그 남이 중경中京인데 현덕부顯德府라 하였고, 노盧·현顯·철鐵·탕湯·영榮·흥興 등 6주를 통치하였다. 예맥濊貊의 옛터는 동경東京인데 용원부龍原府라 했고 책성부柵城府라고도 하였다. 경慶·염鹽·목穆·하賀 등 4주를 다스렸다. 옥저의 옛땅은 남경南京인데 남해부南海府라 하고, 옥沃·정晴·초椒 등 3주를 다스렸다. 고구려의 옛땅은 서경西京인데, 압록부鴨淥府라고 하고, 신神·환桓·풍豊·정正 등 4주를 다스리고, 장령부長嶺府는 하瑕·하河 등 2주를 다스렸다. 부여의 옛터를 부여부扶餘府라 하였는데 거란을 막기 위해서 평소에 강대한 군사를 주둔시키고 있었으며 부扶·선仙 2주를 다스렸다. 막힐부는 정鄭·고高 2주를 다스렸다. 읍루의 옛땅은 정리부定理府인데 정定·반潘 2주를 다스리고, 안변부安邊府는 안安·경瓊 2주를 다스렸다. 솔빈率賓의 옛땅은 솔빈부인데 화華·익益·건建 3주를 다스렸다. 불열佛涅의 옛땅은 동평부東平府인데 이伊·몽蒙·타沱·흑黑·비比 등 5주를 다스렸다. 철리鐵利의 옛땅은 철리부인데 광廣·분汾·포蒲·해海·의義·귀歸 등 6주를 다스렸다. 월희越喜의 옛땅은 회원부懷遠府인데 달達·월越·회懷·기紀·부富·미美·복福·사邪·지芝 등 9주를 다스렸으며 안원부安遠府는 녕寧·미郿·모慕·상常 등 4주를 다스렸다. 또 영郢·동銅·속涑 등 3주를 독주주獨奏州라 하였다. 속주涑州란 가까이의 속말강涑沫江으로 인한 이름인데 아마도 이른바 속말수粟沫水를 가리킨 것이다.[546]

현재까지 발해 5경의 위치에 대해서는 대체적으로 중경현덕부는 대조영이 발해를

---

[546] 『신당서』 권219, 열전144, 북적, 발해.

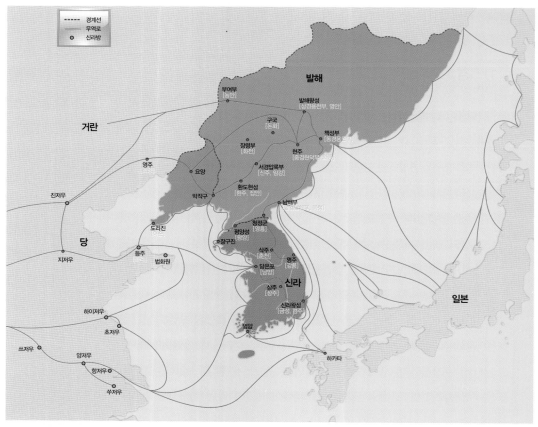

남북국 시기의 대외교통로

건국한 동모산이 있던 '구국舊國'(오늘날 중국 길림성 돈화현의 육정산六頂山, 영승유적永勝遺蹟, 성산자산성城山子山城 일대)에서 문왕대에 옮겨간 곳으로서 오늘날의 길림성 화룡현和龍縣 서고성자西古城子로 비정되며, 상경용천부는 흑룡강성 영안현 동경성진에 있는 고성지古城址, 동경용원부는 길림성 혼춘현 팔련성의 유적, 서경압록부는 길림성 통화 부근의 임강臨江, 그리고 남경남해부南京南海府는 최근 함경북도 북청北靑이 유력시되고 있다.

그런데 발해의 5경제는 고구려 5부제의 영향과 함께 당나라의 4경에 1경을 더하여 5경을 두게 된 것으로 짐작된다. 발해 5경중 중경, 상경, 동경은 모두 한때 발해의 수도였지만, 남경남해부와 서경압록부는 수도가 된 기록은 없이 지방통치와 교통의 요지로서 기능이 강하였다.

특히 당과의 교통로에 서경압록부와 장령부가 설치되어 있는 것을 통하여 발해가 당과의 교류를 중시한 것을 알 수 있다. 이것이 압록부에 서경西京이 설치된 주요한 요인이었으며, 압록강 연안에서 고구려의 수도였던 집안集安이 아니고 임강臨江에 서경압록부가 설치된 것은 당과의 교역에 따른 물자의 유통에서 수로와 육로의 전환점이라는 지리적 조건이 중시되었기 때문이었다.

그리고 지방의 주요 거점인 동시에 대외교통의 요충이라는 특성으로 인하여 5경에는 왕의 혈연과 같은 유력자가 파견되어 강력한 병력을 배경으로 소속 주현州縣을 관할하였을 것으로 추정된다.[547] 발해는 당, 신라, 일본, 거란 등과 활발한 교류를 하였으며, 양국의 사신이나 일반인들이 교류시 일정 교통로를 이용하지 않으면 안되었다. 『신당서』 발해전에는 이러한 교통로를 다음과 같이 설명하고 있다.

> 용원龍原의 동남은 바다에 임하였는데 일본도日本道이다. 남해南海는 신라도新羅道이고, 압록은 조공도朝貢道이고, 장령長嶺은 영주도營州道이고 부여는 거란도契丹道이다.[548]

일본도日本道는 동경용원부를 통과하며 동남은 바다에 면해있다고 하였다. 동경용원부지인 길림성 훈춘현이 바다에 연해 있는 곳이라는 점에서 위의 기록에 부합된다. 대체로 발해의 사신이 일본으로 갈 때는 수도인 상경上京에서 남쪽으로 내려와 오늘날의 합이파령哈爾巴嶺(중국 길림성 연길현 경내)으로 접어들어, 동쪽으로 굽어서 용원부에 이르고, 오늘날의 훈춘 부근의 포시에트만灣에서 멀고 험한 동해에 몸을 실었다.[549]

신라도新羅道는 명칭에서도 알 수 있듯이 발해가 신라와 교류시 이용한 교통로이

---

547 河上 洋, 「渤海の交通路と五京」 『史林』 72권 제6호, 1989 ; 林相先 譯, 『國學研究』 3, 국학연구소, 1990, 259~261쪽.

548 『신당서』 권219, 열전144, 북적, 발해.

549 金毓黻, 『渤海國志長編』(『渤海國志』宋遼金元四史資料叢刊1), 제14권, 地理考, 文海出版社, 1977년판.

다. 남경 남해부는 발해의 남변으로서 신라와 니하泥河로써 경계를 삼고 있었다. 가탐의 『고금군국지古今郡國志』에 의하면 신라의 정천군으로부터 발해의 책성부柵城府까지는 39개 역이 있다고 하였으므로, 발해와 신라의 교류시에 바로 이 39개 역을 왕래했을 것으로 생각된다.

그러나 신라도는 문왕이 정복사업을 마무리하고 내치內治에 힘쓰기 시작하면서 빈번히 이용되었을 것이며, 이에 상응하기 위하여 757년에 이르러 721년에 쌓은 장성에 탄항관문炭項關門을 쌓아 양국의 교섭통로로 삼았다고 한다. 발해와 신라간의 교통로는 신라도 이외에 동해바다를 통하는 것과 서부의 평안도 지역을 경유하는 길도 있었을 것이다. 특히 790년(원성왕 6) 3월에 일길찬一吉湌 백어伯魚를 발해(북국)에 사신을 보내고,[550] 812년(헌덕왕 4)에 다시 신라가 급찬級湌 숭정崇正을 발해에 파견[551]할 때도 이 신라도를 이용하였을 것이다.

서경압록부西京鴨淥府는 조공도가 통과하는 곳인데, 당과의 공사 교류시 주로 이용되었다. 발해에서 당으로 가는 사신은 건국 초기에는 육로인 영주營州를 경유하여 당의 수도인 장안에 도달하였으나, 8세기 중반 안사安史의 난亂이 일어나 영주도營州道가 거란에 의해 막히게 되고, 그 후부터 주로 서경압록부를 거치는 조공도를 많이 이용하게 되었다.

장령부長嶺府를 지나는 영주도營州道는 당의 동북변 거점인 영주營州(오늘의 조양朝陽)에 이르는 교통로이며, 이곳을 거쳐 당의 장안에 도달할 수 있었으므로, 전체 노정이 모두 육로였다. 발해가 영주의 평로절도사平盧節度使와 교류시 주로 이용한 이 교통로는 안사의 난 이후 거란이 이곳을 점령한 이후부터 막혀서, 서경압록부에서 바다를 통하는 조공도가 주로 이용되었다.

발해는 부여부에 항상 강한 군사를 주둔시켜 거란을 막았다는 『신당서』발해전의 기록을 통해서도, 부여부가 거란도인 것은 미루어 짐작할 수 있다. 거란도의 여정을 살펴보면 대체로 발해의 상경으로부터 지금의 숭령崇嶺 즉 장광재령을 지나서 부여부에 이르고, 다시 지금의 회덕懷德으로부터 이수梨樹, 요원遼源, 통요通遼 등지를 거쳐

---

550 『삼국사기』 권10, 신라본기10, 원성왕 6년 3월.
551 『삼국사기』 권10, 신라본기10, 헌덕왕 4년 추9월.

거란의 임황臨潢(오늘날의 임동현林東縣)에 이른다. 발해 말기 요의 태조가 발해를 멸망시킬 때 먼저 부여성을 공략한 뒤에 홀한성으로 진공한 것도 발해와 거란간의 교통이 부여부를 거쳤다는 것을 이야기하는 것이다.[552]

발해에서 역참이 설치되었다는 것은 『삼국사기』에서 찾아볼 수 있다.[553]

① 가탐의 「고금군국지」에는 "발해국의 남해·압록·부여·책성 등 4개 부府는 모두 고구려의 옛 땅이었으며, 신라의 천정군으로부터 책성부에 이르기까지 모두 39개의 역이 있었다."라고 기록되어 있다.[554]

② 「목록」에는 "압록강 이북에서 이미 항복한 성이 열 하나인데 그 중 하나가 국내성이며, 평양으로부터 국내성까지는 17개의 역이 있었다."고 기록되어 있으니, 이 성도 역시 북조北朝 경내에 있었으나 다만 어느 곳인지를 알 수 없을 뿐이다.[555]

가탐의 고금군국지에는 신라의 천장군에서 책성부(즉 동경용원부)에 이르기까지 39개의 역이 있다고 하고,[556] 「목록目錄」에서 말하길 북조(즉 발해)의 경내인 압록 이북의 항복한 성 11개 중의 하나인 국내성에서 평양에 이르기까지 17개의 역의 존재도 언급하고 있다.

발해의 역참들이 수행한 기능을 알 수 있는 구체적인 기록은 남아있지 않지만, 전후 사정으로 미루어 5경 15부 관내의 주요도로에 위치한 발해의 역참들도 주변국의 것과 유사한 기능을 하였을 것으로 판단된다. 공문서나 물품의 전달과 같이 국가통치의 직접적인 기능을 보조하고, 지방의 특산물이나 조세의 운송을 담당하기도 하였을 것이다. 또한 이러한 교통로가 관리들이나 일반민의 이동 뿐아니라 전쟁 시에는 군대

552 영주도와 조공도에 대한 지도로서는 李建才, 『東北史地考略』, 吉林文史出版社, 1986, 52쪽의 圖1-渤海朝貢道, 營州道 路線略圖와 王綿厚·李健才, 『東北古代交通』, 瀋陽出版社, 1990년 뒷 부분의 관련 지도 등이 참조된다.
553 방학봉, 「발해의 역참에 대하여」 『발해의 주요교통로 연구』, 연변인민출판사, 2000, 298~309쪽.
554 『삼국사기』 권37, 잡지6, 지리4.
555 『삼국사기』 권37, 잡지6, 지리4.
556 井泉郡은 본래 泉井郡이었으나, 景德王 때에 泉井郡으로 개칭되었다(『삼국사기』 권35, 지리지2).

의 이동로이므로, 군사적인 측면에서도 일정 역할을 담당하였을 것이다.

2) 발해의 성곽과 방어체계[557]

도성은 나라의 통치기관이 있는 정치, 군사·문화의 중심지이다. 도성은 좁은 의미로서는 수도의 중심시설이지만 그 기능을 수행하기 위해서는 제반 시설이 필요하다. 도성 주변에는 일반적으로 왕실귀족이나 평민의 묘지, 방어를 위한 산성, 농경지, 교통시설, 그리고 종교건축 등이 있을 수 있다.

이 중에서 도성이 올바로 기능하는데 중요한 고려 사항이 바로 방어시설이다. 기왕의 연구 성과를 참고로 하여,[558] 각 시기별 도성과 주변 성곽 유적을 유기적으로 검토하고자 한다. 특히 고구려 도성제의 특성인 평지성과 산성의 조합이 발해의 경우에도 확인될 수 있는지에 대하여 주목하고자 한다.

(1) 구국기(舊國期)의 방어체제

발해가 건국된 돈화지역에는 많은 관계 유적이 잔존하고 있다. 돈화 시내에 평지성인 오동성敖東城이 있고, 그 북쪽에는 흑석고성黑石古城, 석호고성石湖古城, 대전자고성지大甸子古城址 및 통구령산성通溝嶺山城 등이 있고, 남쪽으로는 성산자산성城山子山城, 마권자성지馬圈子城址 등이 있다. 또한 목단강 주변에는 강방시설江防施設 및 건물지建物址(24괴석塊石)도 확인되고, 왕실묘지인 육정산 고분군도 존재한다.

가. 도성과 평지성

오동성敖東城 : 오동성의 외성은 동서 길이 4백m, 남북 너비 2백m이고, 내성은 방

---

557 임상선, 「발해의 都城體制와 그 특징」 『韓國史學報』 24, 高麗史學會, 2006 참조.

558 이중에서 사카요리 마사시(酒寄雅志)는 발해의 영역지배가 왕도를 거점으로 하여 각지에 산성이나 토성을 축조하여 광대한 지역에 패권을 미치고 있었다고 지적하였다(酒寄雅志, 「渤海の王都と領域支配」 『古代文化』 50-9, 1998 ; 『渤海と古代の日本』, 校倉書房, 2001). 그러나 도성과 그 주변의 관련 유적을 개별적으로 설명하였을 뿐, 도성체제와 같은 일관되고 복합적인 관점에서 검토한 것은 아니었다.

형인데 한변의 길이 80m 이다. 1960년대 초의 오동성은 내성 평면이 정방형이고, 성벽은 비록 경작으로 파괴되었지만, 일반 평지보다 높고 각 벽에는 균등히 한 개의 수구水溝, 즉 호성하護城河가 있었다. 내외성 모두 호성호護城壕가 있고, 성문 밖에 옹성甕城을 쌓고, 성벽 위에 마면馬面을 쌓았다. 성 4각에 각루角樓 등이 있었다. 건축에 이용한 큰 기와와 와당은 고구려와 비슷한 것이 많고, 당에서 배운 것이 적다고 하였다. 그러나 옹문은 당 나라 성城에서 배운 것이고, 백자편은 중당묘中唐墓에서 드물지 않게 나온다고 하였다. 특히 내성, 외성 즉 중성重城의 형태는 본래 오대五代에서 시작하여 북송北宋에서 완성한 것이므로, 오대에 이러한 종류의 성의 평면형태가 없었다고 지적되고 있다.[559]

그 후 오동성이 구국의 도성이라는 주장에 대한 반론이 제기되었지만,[560] 최근 상경성의 구조에 대한 논의의 바탕이 오동성의 '회回'자 구조에서 출발하는 것에서도 알 수 있듯이, 오동성이 여전히 발해 초기 도성으로 주목을 받고 있다. 오동성이 내성과 외성에 호가 있고, 성문에 옹문, 그리고 유물에 고구려적 요소가 많다는 것은 그 축조나 사용시기가 발해 초기일 가능성을 뒷받침하는 것이라고 할 수 있다.

영승유지永勝遺址 : 영승유지는 돈화시 강동향江東鄕 영승촌永勝村 북 1km의 밭에 있다. 유지는 평탄하고 개활한 목단강 충적평원상에 있다. 유지 범위는 동서 넓이 1천m 내외, 남북 2,500m이고, 몇십년의 경작으로 유지 표면이 파괴되고, 지표상에 대량의 와편瓦片, 잔전殘磚, 건축 재료, 도편陶片 등이 흩어져 있고, 아울러 당의 '개원통보開元通寶'와 송전宋錢이 발견되었다. 크고 작은 다섯 개의 건축물 대기臺基 중 최대의 것은 유지의 중심부에 있는데 동서 길이 30m, 남북 너비 20m 내외이고, 이곳에서 동쪽으로 3백m 지점에 남북으로 각각 놓인 비교적 작은 전와磚瓦로 만든 건축지 2개가 있다. 최대 건축유지 서북 250m와 정서正西 2백m에도 각각 건축지 한 개씩이 있고, 최대 건축지 북방 1천m의 논에 나머지 한 개의 건축지가 있다. 그러나 1978년

559 單慶麟, 「渤海舊京城址調査」 『文物』, 1960-6 ; 『高句麗渤海研究集成 5』(渤海2), 哈爾濱出版社, 1997, 565~566쪽.

560 李强, 「渤海舊都舊邑放東域置疑-兼對放東城周長的考訂-」 『東北亞歷史与文化』, 遼沈書社 ; 『高句麗渤海研究集成 5』(渤海2), 哈爾濱出版社, 1997(재수록), 344~345쪽.

이래 여러 번의 성벽부위와 형상을 조사하였으나 결과를 얻지 못하였다.[561]

이상과 같이 영승유지는 오동성에 비하여 유리한 조건을 갖추고 있지만 지금까지의 조사결과에 의하면 도성으로서 중요한 성벽 유적이 발견되지 않는 것이 한계이다.[562]

나. 산성

성산자산성城山子山城 : 698년 대조영이 발해를 건국한 동모산으로 비정되는 성산자산성城山子山城[563]은 돈화시敦化市 서남쪽으로 12.5km의 거리에 돌출된 형태로 자리한 높은 산 위에 자리한다. 이곳은 목단강牡丹江 상류에서 가지쳐 나온 지류인 대석하大石河가 산의 북쪽 기슭을 흘러 지나는데, 성벽의 둘레는 약 2천m의 규모이다. 성벽은 흙과 돌을 사용하여 쌓았는데, 바닥 부분은 너비가 5~7m이고, 높이는 1.5~2.5m 정도이다. 성의 전체 평면은 불규칙한 타원형이고, 동쪽과 서쪽에 문지가 있다. 동문지의 안쪽 평탄지역에서 약 50여기의 반혈식半穴式 주거지가 확인되었다. 그리고 성내에 "연병장練兵場"과 우물 등이 발굴되고 "개원통보開元通寶" 등의 유물이 수습되었다.[564]

성자산산성은 평지성인 오동성으로 옮겨간 이후에도 서남쪽으로부터 오동성을 호위하는 중요한 기능을 담당하였을 것이다.

통구령산성通溝嶺山城 : 통구령산성은 돈화시 관지官地 서남의 작은 언덕 남쪽에 위치하며, 오동성의 북쪽에서 수도를 호위하는 기능을 담당하였을 것이다. 오동성과 통구령산성과의 거리는 28km 좌우이고, 관지진에서 서남으로 2.5km 떨어진 곳이다. 성벽은 흙으로 쌓았고 둘레길이는 2천여m이며[565] 산성의 위치가 돈화분지 평원의 중

561 劉忠義, 「渤海舊國都城位置新探」 『高句麗渤海研究集成 5』(渤海2), 哈爾濱出版社, 1997(재수록), 349쪽.

562 張博泉・魏存成 主編, 「제7장 渤海考古」 『東北古代民族・考古与疆域』, 吉林大學出版社, 1998, 398쪽.

563 劉忠義, 「東牟山在哪理?」 『學習與探索』, 1982-4.

564 劉忠義 외, 「渤海東牟山考」 『松遼學刊』, 1984-1.

565 王承禮, 「吉林敦化牡丹江上游渤海遺址調查記」 『考古』, 1962-11 ; 崔茂藏 譯, 『高句麗・渤海文化』, 集文堂, 1982・1985, 280~282쪽 ; 방학봉, 「발해의 산성」 『발해성곽연구』, 연변인민출판사,

북부에 해당되기 때문에, 오동성을 호위하는 위성의 역할도 하였을 것이다.

다. 구국기의 방어체제와 그 특징

구국 일대에는 오동성 혹은 영승유적을 중심으로 남서쪽에 성산자산성 등이 있고, 돈화시의 북쪽에는 석호고성을 비롯하여 흑석고성, 통구령산성 등이 분포한다. 구국에서의 평지성을 오동성 혹은 영승유적이라고 할 때 이것과 가장 밀접한 관계가 깊은 산성은 단연 성산자산성이고, 고분군은 육정산고분군이다. 돈화일대 발해 유적 상호간의 거리를 살펴보면, 영승유지 서쪽 5km에 성산자산성(동모산)이 강을 사이에 두고 있고, 북으로 조금 동쪽으로 치우친 3km 거리에 육정산고분군이 있고, 서북 2.7km에 발해 고묘지古墓址가 있고, 동북 9km에 오동성이 있고, 동북 10km 위치에 24괴석유지가 있다.[566]

그런데 돈화 지역 주변의 방어시설은 서쪽 지역에 비하여 동북쪽 지역에 집중되어 있다. 구국은 시기상으로 당의 추격을 뿌리치고 달아나 국가를 건국하고, 고왕高王을 지나 무왕武王 시기에도 주변 민족을 복속하고, 당과 충돌을 한 시기이다. 그리하여 요동 지역으로부터 진입하는 서쪽 지역에 대한 방어가 중요하였을 것으로 생각되지만, 실제상으로는 목단강 상류를 넘어 부이하富爾河 유역에는 평지성인 마권자고성馬圈子古城이 있을 뿐이다. 이와 달리 동북쪽의 각종 방어시설은 눈길을 끌며, 산성이나 평지성은 대부분 목단강이 흘러가는 방향, 즉 동북쪽에 설치되어 있다. 이것은 건국 이후, 서북쪽 보다는 동북쪽으로부터의 위협이 상당하였다는 의미가 되고, 그 위협의 대상은 바로 말갈(특히 흑수말갈)이었을 것으로 짐작된다.[567]

현재 한국학계에서는 일반적으로 성산자산성이 발해 최초의 건국지였고, 그후 평화시기가 되자 평지성을 조영하였으니 그것이 오동성 혹은 영승유지라고 해석하고 있다. 오동성과 성산자산성은 평지성과 산성으로 이루어진 고구려의 도성체제와 연관

2002, 148~149쪽.

566 劉忠義, 「渤海舊國都城位置新探」, 앞의 책, 1997, 349~350쪽.

567 다만, 돈화에서 경박호에 이르는 일대에 축조된 성이 구국시기가 아니라 상경시기에 축조된 것이라는 견해도 있다(酒壽雅志, 「渤海の王都と領域支配」, 앞의 책, 1998, 137쪽).

이 있으며, 이것은 발해가 고구려를 계승한 요소의 하나로 예시되기도 하였다.

오동성이 내성과 외성으로 이루어지고, 내성에도 해자가 둘러져 있다는 것은 중요한 사실이다. 외성의 한변이 목단강을 끼고, 나머지 3면에 해자를 두른 상태에서, 내성에 다시 해자가 있다는 것은 그만큼 방어적 요소가 도성축조시 강조되었다는 의미일 것이다. 건국시의 불안한 정세하에서 동모산에서 멀리 떨어진 이곳에 평지성을 지으면서도 외부로부터의 침입에 대비하려는 발해건국집단의 고뇌를 엿볼 수 있다.

오동성에 있어서 성산자산성은 남서쪽과 서쪽으로부터의 침입에 대비하는 위성의 역할을 하고, 목단강을 통한 동북쪽으로부터의 위협, 가령 흑수말갈등의 침입에 대비하여 목단강쪽에 축조한 것이 통구령산성이라고 생각된다. 넓은 의미에서 오동성과 성산자산성 그리고 기타 산성이 구국 도성체제의 핵심을 이루고 있었다고 하겠다.

(2) 중경기(中京期)의 방어체제

가. 도성과 평지성

서고성西古城 : 천보 연간天寶中에 왕도였던 서고성 부근에는 풍부한 발해시기의 유적·유물이 분포한다. 서고성 이외에 하남둔고성河南屯古城, 잠두성蠶頭城, 북대묘지北大墓地, 하남둔묘장河南屯墓葬. 용두산묘군龍頭山墓群, 용해묘군龍海墓群, 고건축지古建築址 등이 존재한다.[568]

서고성은 현재의 길림성吉林省 화룡현和龍縣의 비옥한 두도구평야頭道溝平野의 서쪽 약 10km에 위치한다. 성의 남쪽에는 두만강의 지류인 해란강이 서북쪽에서 동남방향으로 흐르고, 성은 해란강의 좌우에 펼쳐진 평강평야의 서북쪽에 있다. 성은 토성으로서 외성, 내성, 중성으로 된 3중성이다. 외성은 서쪽으로 10도 치우친 남향이다. 성벽 모서리는 둔각이고 벽의 다른 곳보다 두 배 이상 넓어서 방어에 편하게 한것은 고구려성에서 모서리에 다락을 짓는 것과 그 뜻을 같이하는 것으로 볼 수 있다. 성벽 밖으로는 해자를 팠는데 지금도 관개수가 흐른다. 문터는 남벽과 북벽의 중앙에있다. 성의 총 둘레는 약 2, 714m이고, 동·서벽의 길이 각각 729m, 남·북벽의 길이

---

568 鄭永振,「和龍縣龍海古迹調査」『黑龍江文物叢刊』, 1983.

각각 약 628m이다. 내성은 외성의 중앙 북벽에 있으며 그 총 둘레는 약 1천m로서 동서의 길이 약 190m, 남북의 길이 약 310m 이다. 내성의 북쪽에 있는 중성의 북벽은 내성 북벽에서 남으로 34m, 외성 북벽에서 47m 되는 곳에 있다.[569]

상경성과 비교할 때, 현재의 외성은 상경성의 내성과 유사하고, 그밖에 외성이 따로 있었을 것으로 보기도 하지만 그 흔적은 분명치 않다.

하남둔고성河南屯古城 : 서고성의 남쪽 4.5km의 해란강 대안에 하남둔고성이 있다. 성벽은 거의 파괴되었지만, 주위 길이 2.5km 정도의 장방형을 띤 외성外城과 그 속에 주위 길이 5백m의 방형의 내성內城이 회回자형으로 배치되어 있었다. 이 하남둔고성을 가탐賈耽의 「도리기道里記」에 보이는 천보년간의 왕도王都라 하고, 천부말년에 도읍이 상경용천부로 옮겨간 후에 협소한 땅이었던 하남둔고성이 폐기되고, 새로이 해란강海蘭江 대안에 쌓은 것이 바로 중경현덕부에 해당되는 서고성이라는 주장도 있다.[570] 내성內城에서는 발해시대의 부부夫婦의 합장묘가 발견되고 있는 것을 비롯, 불상佛像이 출토하고 있는 점 등에서 왕도王都로서의 역할을 마친 후, 서고성에 수반하는 능원陵園이 되었다고 생각된다.[571]

나. 산성

서고성에 대해 위성의 작용을 한 산성으로 송월산성, 팔가자산성八家子山城, 양목정자산성, 성자산산성 등이 있다.[572] 팔가자산성은 둘레길이는 1,500m이다. 동북쪽으로 약 6km 떨어진 곳에 발해시기 중경현덕부의 소재지 서고성이 있다. 팔가자산성은 서고성에서 서남방향이고 거리는 공로로 가면 약 10km이다. 송월산성은 서고성에서 서남쪽 30km 좌우 떨어져 있고 둘레 길이는 2,480m이며, 양목정자산성은 화룡시 용수향 석국땜에서 동남으로 5km 떨어진 양목정자 골짜기의 산꼭대기에 있고 둘레길이 2, 690m이다. 성자산산성은 연길시에서 동쪽으로 10km 거리에 있고, 둘레길이

---

569 주영헌, 『발해문화』, 사회과학출판사, 1971, 16~17쪽.
570 秋山進午, 「渤海"塔基"壁畵墓の發見と硏究」『大境』10, 1986.
571 酒寄雅志, 앞의 논문, 1998, 141쪽.
572 방학봉, 「발해의 산성」, 앞의 책, 2002, 149~150쪽.

는 4, 454m이다. 성새(보루)로 안전옛성새와 흥륭옛성새를 들 수 있다.

이외 또 변장성邊牆城을 수축하고 수도방위력을 강화하였다. 장성은 화룡시 토산향 동산촌 2도구의 산비탈로부터 시작하여 서성북쪽, 세린하향, 팔도구향, 성자산북쪽, 부르하통하를 넘어 해란강 연안의 계림까지 이르렀다. 이를 세속에서 '백리장성'이라고 한다. 그러나 실제 리수는 3백리다. '백리장성'은 고구려시기에 쌓고 발해시기에 계속 사용한 장성으로서 수도 서고성을 호위하는 중요한 작용을 하였다고 한다.[573]

다. 중경기 방어체제와 그 특징

중경 시기에 평지성인 서고성과 하남둔고성의 세트가 되는 산성은 남쪽의 팔가자산성八家子山城이고, 무덤군은 서쪽의 북대고분군北大古墳群과 동남쪽의 용두산고분군이 있다. 용두산고분군 동쪽에 있는 잠두고성蠶頭古城도 주목된다. 바로 이들 유적들이 중경현덕부의 도성체제를 이루고 있었을 것이다. 서고성과 정효공주무덤과의 거리는 6.5km이고, 하남둔고분과 서고성과의 거리는 4km이다.

중경 시기의 도성체제 중에서 하남둔고성은 구조상으로 주목해야 할 대상이다. 이성의 형태가 '회回'자 형태이고, 출토 유물이 발해 초기라는 것은 이 성의 축조 혹은 사용 시기와 관계가 있다고 해야 할 것이다. 나아가, 하남둔고성이 발해초기의 것이라면, 구국의 평지성으로 비정되는 오동성의 축조시기 판정에도 많은 시사를 받을 수 있다. 오동성에서 발해초기 유물이 거의 나오지 않았지만, 하남둔고성이 발해 초기성이라는 것은 같은 구조를 가진 오동성도 비슷한 시기의 성일 가능성이 높아지는 것이다.

이와 함께 서고성의 출토유물의 편년도 하남둔고성과 서고성의 관계를 이해하는데 중요한 점이다. 지금까지 서고성에서는 발해 조기早期에 속하는 유물이 거의 발견되지 않고, 출토 유물이 중기中期 혹은 만기晩期에 속하고, 서고성 주변에 있는 유적 중에서는 하남둔고성에서만 이른 시기의 유물이 발굴되고 있다. 이것은 구국의 오동성에서 천도한 도성이 서고성보다는 하남둔고성일 가능성을 뒷받침하는 것이 아닐까.

---

573 방학봉, 「발해의 수도위성 성곽방위체계」, 앞의 책, 2002, 358쪽.

발해의 초기에 도읍이 설치되었다고 하는 현주성의 유지는 서고성이 아니고 하남둔고성이고, 하남둔고성이 해란강에 침식됨에 따라 서고성이 축조된 것이라는 설명도 이와 같은 맥락이다.

그러나 구국으로부터 천도한 곳이 하남둔고성이라고 할 때, 이곳에서 다시 서고성으로의 이동이 언제 이루어졌는지를 단정하기는 매우 어렵다. 왜냐하면 구국에서 현주로의 천도가 740년 전후인데, 그후 상경으로 다시 천도한 시기가 대략 756년으로서 20년 이내라는 짧은 기간이기 때문이다. 상경으로 천도하는 즈음에도 서고성은 도성으로서의 모습을 갖추기 어려웠을 것으로 짐작된다.

이밖에 군사적인 측면에서 중경은 평지성을 보호하기 위하여 주변에 산성을 축조하였다. 현재 서고성 주변에 있는 산성으로는 팔가자산성 등이 있다. 팔가자산성의 규모는 둘레길이 1,500m 정도이고, 서고성과의 거리는 약 6km이다. 서고성과 팔가자산성과의 관계는 구국에서 오동성과 동모산의 그것과 유사하다고 할 수 있을 것이다.

이와 같이 서고성과 주변 산성과의 관계는 고구려 도성의 특색인 평지성과 산성의 조합과 비슷하다고 할 수 있다. 종래 오동성과 성산자산성(동모산)만이 산성과 평지성의 관계를 가진 것으로 해석하였지만, 중경시기의 도성에서도 이러한 결합 관계가 있었다고 할 수 있다.

(3) 동경기(東京期)의 방어체제

가. 도성과 평지성

팔련성은 지금의 훈춘시 서쪽 6km 거리의 훈춘시 국영 우량종농장 안의 남쪽 경작지에 있고, 도문강이 서쪽 2.5km, 북쪽으로 1km에 도문-훈춘 도로가 지나고, 동남쪽 약 5km에 훈춘하가 동북쪽에서 남서쪽으로 흘로 두만강에 들어간다.[574] 팔련성이 위치한 혼춘시琿春市는 동쪽의 산맥을 경계로 러시아의 연해주沿海州와 상대하고, 서북은 노야령산맥老爺嶺山脈이 잇달아 있다.

팔련성은 방형으로 생겼으며 외성과 여러개의 내성으로 이루어졌다. 외성의 둘레

---

574 방학봉, 『발해유적과 그에 관한 연구』, 연변대학출판사, 1992, 52쪽.

는 약 2, 775m 정도인데, 그중 동벽은 약 739m, 서벽 약 728m, 남벽 약 612m, 북벽 약 696m이다. 벽마다 그 가운데에는 문터인 듯한 흔적이 있다.

성안은 성벽에 의해 몇 개의 구역으로 구분되는데, 북벽에서 132m 되는 곳에 동서로 북벽과 평행하는 성벽이 있다. 성벽으로 둘러싸인 그 안은 하나의 커다란 구역을 이루는데 이것을 성의 북쪽구역이라고 볼 수 있다. 이것의 남벽 중심부에 잇닿아서 3개의 작은 구역이 남북방향으로 줄지어있는 것이 이 성의 중심구역을 이룬다. 『혼춘현지琿春縣志』에는 성안에 북대성과 7개의 작은 성이 있어 연달아 있기 때문에 팔련성이라 부른다고 하였다.[575] 이곳에서는 이미 19세기 전반 일본학자들에 의해 고구려계통의 연화문와당, 이불병좌상二佛竝座像 등을 비롯하여, 상경성이나 서고성과 같은 형태의 기와 쪼각이 다수 발굴되었고,[576] 그 후 중국측에 의하여 2001년에는 전국중점문물보호단위로 지정되었다.

현재 도성의 평면배치와 관련하여 분명한 유구遺構를 확인할 수 없지만, 현재의 외성外城이라 하는 것이 실상은 내성內城이고, 그 바깥에 다시 외성이 존재했을 것이라는 주장이 있다.[577] 팔련성과 비슷한 시기에 만들어진 서고성에서도 유사한 주장이 제기되고 있는 점으로 미루어 향후의 검토가 필요한 부분이라 할 수 있다.[578]

나. 산성

팔련성의 위성기능을 한 산성으로는 살기성薩其城, 정암산성, 농평고성, 도원동산성 등이 있는데, 이 중에서 가장 중요한 것이 살기성이다. 이 성은 혼춘시 양포향 양목림림자촌에서 동남으로 1.5km 떨어진 산우에 위치하며, 팔련성으로부터 거리는 15km 남짓하다. 주위 길이 7km에 이르는 석축의 성벽을 돌리고, 내측에는 폭 2~5m의 호濠가 파져 있다. 그중에 서남과 동남의 모서리에는 장대將臺가 설치되어 있는 등, 동

---

575 주영헌, 앞의 책, 1971, 15~17쪽.

576 滿洲國國務院文敎部 編, 『滿洲國古蹟古物調査報告書(三) 間島省の古蹟』, 1942, 47~48쪽.

577 齋藤兵甚衛, 「琿春」『琿春・敦化』, 1943, 15~18쪽 ; 「滿洲國間島省琿春半拉城に就いて」『考古學雜誌』 32-5, 1942, 234~235쪽 ; 駒井和愛, 「渤海の舊國・顯州・中京顯德府について」『中國都城・渤海研究』, 1977, 180쪽.

578 林相先, 앞의 논문, 1988 참조.

경용원부의 동북방의 중요한 방위거점이었던 것 같다.[579]

이밖에 성새로는 도원동남산성, 대륙도구옛성새 등이 있고, 또 팔련성과 훈춘하 중 하류평원지대의 안전을 도모하기 위하여 장성을 정비하였다. 장성은 훈춘평원 북부에 있는데 동으로 하달문향 화평촌 서산에서 시작하여 용신, 용천, 신지방 등 지역을 지나 영안향의 관무주자서산에 이르렀다. 총길이는 약 25km이고 성벽은 주로 흙으로 쌓았으며 망대와 봉화대는 흙 혹은 돌로 쌓았다.[580]

다. 동경기의 방어체제와 그 특징

팔련성의 축조시기와 관련된 주장은 대체적으로 두 가지로 분류할 수 있다. 첫번째는 이곳으로 천도하기 이전에 수축되기 시작하여 수도로 있던 기간에 계속적으로 조영이 이루어진 것으로 보고 있다.[581] 이와 달리 궁전 지역에 8개의 건물지가 있는 구조가 서고성과 비슷한 점을 근거로 이 두 개의 성이 비슷한 시기에 축조되었을 것이라는 전제하에 팔련성이 740년 전후에 건설되고, 그 후 천도와 함께 왕도王都에 걸맞는 체재를 갖추게 된 것은 아닐까 추정하기도 한다.[582] 두 가지 주장이 다른 점도 있지만, 팔련성과 서고성이 서로 유사한 구조를 가지고 있는 점에서 두 도성이 비슷한 시기에 축조되기 시작하였다는 것에 대해서는 이의가 없는 듯하다.

팔련성 주변의 산성으로서는 훈춘하琿春河 상류쪽인 북서쪽 도문 부근에 형암산성亭岩山城이 있고, 동북쪽에 살기성이 있고, 그 북쪽에 농평산성과 도원동남산성이 있고, 팔련성 동사묘적東寺廟跡, 신생사묘적新生寺廟跡 등의 절터도 있다. 또한 훈춘평원의 북부 25km 정도 거리에 축조되어 있는 장성長城(변장邊牆)도 서고성을 에워싸고 있는 '고변장'과 마찬가지로 동경용원부의 방위를 고려하여 축조된 것으로 짐작된다. 이 장성의 동쪽 끝부분에는 거대한 산성인 살기성이 있다.

그런데 팔련성 주변의 방위시설은 주로 동북쪽의 훈춘하를 따라 배치되어 있다. 즉

---

579 酒寄雅志, 앞의 논문, 1998, 145~146쪽.
580 방학봉, 「발해의 수도위성성곽방위체계」, 앞의 책, 2002, 360~361쪽.
581 방학봉, 『발해건축연구』, 연변대학출판사, 1996, 54쪽.
582 酒寄雅志, 앞의 논문, 1998, 144~145쪽.

이쪽이 팔련성에 대한 위협지역이라는 의미가 될 것이다. 그리고 그 주체는 말갈일 것이다. 동경용원부는 북의 동녕東寧에서 수분하 연안에 우스리스크, 다시 홍개호 남부 등, 현재의 러시아 연해지방으로의 진출의 거점이기도 하였다. 동경용원부로의 천도는 일본과의 통행만 아니라, 솔빈부 지방으로의 진출을 의도하고 이루어진 것이라는 지적도 있다.[583] 다만 무덤군의 존재는 보이지 않고, 동북쪽의 마적달탑기만 보일 뿐이다.

팔련성은 수도였던 시기가 기록상 10년 이내이므로 도성만이 어느정도 축조되고, 도성과 직간접적으로 연계되는 산성, 무덤, 혹은 생활공간 등은 수도였던 기간에는 충분히 갖추지 못하였던 것으로 생각된다. 팔련성의 위성에 해당하는 산성을 추정한다면 그 대상은 살기성일 가능성이 높다.

(4) 상경기(上京期)의 방어체제

가. 도성과 평지성

상경성上京城은 발해의 도성 중에서 가장 오랫동안 왕도의 지위에 있었으며, 그 결과 규모나 구조에 있어서도 한층 거대하고 정제된 모습을 보여준다. 상경성 주위는 수백리나 되는 평평한 분지로서, 목단강이 성의 남·동·북의 성벽을 휘감아 돌고 있다.

상경성은 1963년~1965년의 조사, 발굴로 대략적인 구조가 판명되었다.[584] 외성의 평면은 기본상 장방형이다. 남아있는 벽의 높이는 약 2~3m이다. 동벽은 3,358.5m, 남벽 4,586m, 서벽 3,406m, 북벽 4,946m로서 총 둘레는 16,296.5m이다. 외성 밖에는 해자를 돌리고 10개의 문지가 알려졌으나, 최근 11호 문지가 새로이 발견되었다.

궁성은 장방형이다. 궁성 성벽의 남은 높이는 약 3m이고 부분적으로는 4m도 있다. 동벽과 서벽의 길이는 각 720m이고, 남벽과 북벽의 길이는 각 620m이니, 총둘

---

583 酒寄雅志, 앞의 논문, 1998, 147~149쪽.

584 東亞考古學會, 『東京城』, 동아고고학회, 1939 ; 동아고고학회, 『중국 동북 지방의 유적 발굴 보고 1963-1965』, 사회과학원출판사, 1966 ; 中國社會科學院考古研究所 編著, 『六頂山與渤海鎭-唐代 渤海國的貴族墓地與都城遺址-』(中國田野考古學報告集 考古學專刊 丁種 56號), 中國大百科全書出版社, 1997.

레는 2,680m이다. 궁성을 에워싸며 성을 지키는 호壕 유적은 궁성 담 밖 약 5m 곳에 있고, 도랑은 단면이 위는 넓고 아래는 좁은 사다리형이다. 위는 폭 2.5m, 바닥은 폭 1.65m, 깊이 1.8m 좌우로서 양벽의 각도는 약 70도이고, 당시에는 물을 통하게 하여 사용된 것을 알 수 있다.[585]

황성은 너비 92m 도로 하나를 사이에 두고 궁성 남쪽에 있다. 황성의 평면구조는 장방형이고, 동쪽 길이 447m, 남쪽 길이 1,045m, 서쪽길이 454m, 북쪽 길이 1,050m이다. 황성은 동구, 서구, 중구의 3부분으로 나눈다. 동구와 중구 사이, 중구와 서구 사이에는 각각 돌로 쌓은 남북향의 벽이 있다. 황성은 발해국 중앙정부 기관의 소재지이며, 동구와 서구에서 발견한 건축지가 당시의 관청터이다.

성내에는 9개 도로가 있는데, 5개는 남북향이고 4개는 동서향이다. 그리고 각 구역에 이방里坊과 절터가 배치되어 있다. 절터로서 발견된 것만 하여도 9개소이고, 그중 7개는 성내의 이방에 있고, 다른 2개는 북벽 동문밖과 서문밖 서북쪽에 각각 1개씩 있다.

나. 산성[586]

상경성에 대해 위성의 역할을 하였을 산성으로는 성장립자산성城墻砬子山城, 대왕산고성, 성자후산성, 오봉고성 등이 있다.

대왕산산성 : 이 성은 영안현 영안진에서 동쪽으로 6km 떨어진 강동 대왕산 위에 위치해 있다. 대왕산산성으로부터 상경성까지의 거리는 15km 좌우이며, 목단강의 수륙교통과 상경성을 수호하는 중요한 군사요새였다.

성장립자산성 : 흑룡강성 영안 서남쪽 경박호鏡泊湖 서안의 구릉성 산지 안에 위치하고 있다. 동·남·북의 삼면은 호수로 에워싸여 있고, 서쪽은 가파른 절벽으로 이루어져 있다. 성의 평면은 불규칙 장방형으로, 전체 길이는 3,100m이다. 북벽에 문지가

---

585 陶剛·姜玉珂,「渤海上京龍泉府考古發現与研究」『'해동성국-발해' 특별전 기념 국제학술대회 발해 고고학의 최신 성과』(서울대학교 박물관 주최, 서울대학교박물관 강당), 2003년 8월 22일, 44쪽.

586 방학봉,「발해의 산성」, 앞의 책, 2002, 152~154쪽.

하나 있고, 그 바깥쪽에 옹성의 흔적이 남아 있고, 남벽 바깥쪽에도 옹성이 설치되어 있다. 상경성과 성장립자산성과의 거리는 35km 좌우이고, 경박호와 목단강 수륙교통을 수호하고 상경성을 수호하는 중요한 군사요새였다. 또한 이 성의 대안對岸에 있는 전장 4,500m의 장성長城은 목단강 수로나 구국인 돈화에서 상경용천부로 이르는 교통로를 차단할 수 있는 중요한 변장이다.[587]

목단강변성 : 목단강변성은 목단강시와 해림현이북, 남성자고성 이서 목단강좌안에 자리잡은 강서촌 이서에 위치해있다. 그 길이는 약 백리가량 된다. 성은 제자리의 흙이거나 혹은 돌로 수축하였고 성벽 두께는 일반적으로 5~7m이다. 성의 위치와 방향, 성의 짜임새와 시설로 보아 이 성은 목단강을 사이에 두고있는 남성자고성南城子古城과 함께 흑수말갈의 남진을 막고 상경룡천부의 안전을 확보하려는 군사 방위용 성이였다는 것을 알 수 있다.[588]

다. 상경기의 방어체제와 그 특징

상경성과 관련된 주변 유적으로는 산성, 평지성, 성새, 장성, 봉화대 등 시설이 배치되어 있다. 상경성 주변의 평지성에는 동암자고성東巖子古城, 우장고성牛場古城, 토성자고성土城子古城, 강변원성江邊園城이 있고, 산성으로는 남서쪽 목단강가의 성자후산성城子后山城, 중순하산성重脣河山城이 있고, 더 남서쪽으로 성장립자산성城牆砬子山城이 있다. 그리고 무덤은 목단강 건너 서쪽에 홍준어장묘군과 대주둔고분이 있고, 북쪽에 삼령둔고분이 있다. 이 유적들이 상경성과 직간접적으로 연관을 갖고 있는 넓은 의미에서의 상경의 도성체제에 포함될 수 있을 것이다. 발해 산성이나 요새의 분포로 미루어, 발해인의 주요 방어 방향이 동북과 서남이었으며 동북 방향으로는 주로 흑수말갈을 방어하고 서남쪽으로는 당의 군대와 후에 강대해진 거란契丹 방어 목적도 있었을 것이다.[589]

---

587 酒寄雅志, 앞의 논문, 1998, 150~151쪽.
588 방학봉, 「발해의 평지성」, 앞의 책, 2002, 33~34쪽.
589 王禹浪 · 王宏北, 「黑龍江 渤海山城에 나타난 高句麗文化 研究」 『고구려연구』 12, 고구려연구회, 2001.

상경용천부 오봉루

상경성이 형태상으로 당나라 장안성長安城의 영향을 받았다는 것은 학계의 견해가 일치하고 있다. 상경성의 축조시기는 문왕文王으로부터 시작하여 성왕成王, 강왕康王 시기를 지나 대이진大彝震 시기에 완성되었다고 하였다.[590] 서고성과 팔련성 유지가 문왕 시기에 완성되었으므로, 상경성중에서 앞의 두 도성과 비슷한 궁성은 바로 문왕 시기에 만들어졌을 것이다.

상경성이 처음에 중경이나 동경과 비슷한 규모로 축조가 시작되었다면, 그것은 내성을 중심으로 한 지역일 것이다. 상경성이 처음 내성을 중심으로 조성되었다는 것은 궁성주변에 해자가 있는 것에서도 그 자취를 찾을 수 있다. 궁성 주변에 해자가 있고 내성과 궁성이 외성에 비하여 높이나 폭 등에서 규모가 큰 것은 상경성에서 내성과 궁성이 무엇보다도 중요하기 때문이다.

그런데 외성의 성문이 다른 시설에 비하여 취약하다는 의문도 제기되고 있다.[591] 성문은 성내외로 통하고 적의 침입을 막고 방어하는데 있어서 중요한 기능을 담당하는 등, 성문은 전체 성에 있어서 매우 중요한 전략적 위치에 있다.[592] 발해가 거란에 의해

---

590 劉曉東・魏存成,「渤海上京城營築時序與形制淵源研究」『中國考古學會第六次年會文集』, 文物出版社, 1987 ; 앞의 책, 1997, 574~576쪽.
591 리정봉,「발해국 평원성의 류형, 시기획분 및 그 특점」『발해사 연구』4, 연변대학 출판사, 1993, 172~173쪽 ; 田村晃一,「渤海上京龍泉府址の考古學的檢討」『東アジアの都城と渤海』(田村晃一 編) 東洋文庫論叢 제64, 東洋文庫, 2005, 152쪽.
592 방학봉,「발해의 평지성」, 앞의 책, 2002, 116쪽.

상경성이 포위된지 겨우 수일만에 항복하였는데, 이렇게 짧은 시기에 도성이 무너진 사정을 밝히기 위해서도 외성 성벽과 성문의 구조를 명확히 구명할 필요가 있다고 생각된다.[593]

이상에서 살펴본 바와 같이 상경성은 문왕 때의 천도를 전후하여 조영이 시작되어 9세기 전반까지 계속적으로 수축이 진행되었다.[594] 발해는 도성인 상경성을 보호하기 위하여, 대왕산산성이나 성장립자산성 등의 산성을 축조하고, 사후공간으로서 왕실 귀족은 삼령둔무덤, 그리고 일반민은 홍준어장과 대주둔에 고분을 축조하였을 것으로 짐작된다.

---

593 田村晃一, 앞의 논문, 2005, 152쪽.

594 도성지에서 발굴된 와당문양의 변천검토를 통해서도 상경 후기의 어느 단계에서 상경 궁전지구에 큰 개수공사가 진행되었다는 것을 알 수 있다. 제3, 4, 5궁전이나 서궁 등의 궁전지구에서 먼저 공사가 있고, 이보다 약간 뒷 시기에 서사, 북벽 등 궁전 이외의 외성 지역에서의 정비, 보수 작업이 이루어졌다고 하였다(田村晃一, 「上京龍泉府址出土瓦當の蓮花文に關する考察」, 앞의 책, 2005, 260~261쪽).

참고문헌

찾아보기

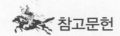 참고문헌

1. 사료

『거란국지(契丹國志)』
『고려사(高麗史)』
『구당서(舊唐書)』
『구오대사(舊五代史)』
『대당육전(大唐六典)』
『무경총요(武經總要)』
『발해고(渤海考)』
『발해국지장편(渤海國志長編)』
『북사(北史)』
『사기(史記)』
『삼국사기(三國史記)』
『삼국유사(三國遺事)』
『삼국지(三國志)』
『선화봉사고려도경(宣和奉使高麗圖經)』
『속일본기(續日本紀)』
『수서(隋書)』
『신당서(新唐書)』
『신오대사(新五代史)』
『신증동국여지승람(新增東國輿地勝覽)』
『요동행부지(遼東行部志)』
『요사(遼史)』
『위략(魏略)』
『위서(魏書)』
『유취국사(類聚國史)』
『일본일사(日本逸史)』

『자치통감(資治通鑑)』
『책부원귀(册府元龜)』
『태평환우기(太平寰宇記)』
『통전(通典)』
『한서(漢書)』
『후한서(後漢書)』

2. 단행본 (박사학위논문 포함)

(1) 국내

강만길 외, 『한국사』 3, 한길사, 1994.

강종훈, 『신라상고사연구』, 서울대출판부, 2000.

경남고고학연구소, 『鳳凰土城 -金海 會峴洞事務所~盆城路間 消防道路 開設區間 發掘調査 報告書-』, (社)慶南考古學研究所, 2005.

경성대학교박물관, 『金海大成洞古墳群 I 』, 부산: 경성대학교박물관, 2000.

공석구, 『고구려영역확장사연구』, 서경문화사, 1998.

과학백과사전출판사, 『조선전사』 2권(고조선 부여 진국), 1997.

국립경주박물관, 『경주구정동고분』, 2006.

국방군사연구소, 『한민족전쟁통사 1 -고대편-』, 1994.

국사편찬위원회, 『한국사』 10, 발해, 1996.

군산대학교박물관, 『전북동부지역 가야유물』, 군산대학교박물관, 2005.

권덕영, 『古代韓中外交史 - 遣唐使研究』, 一潮閣, 1997.

권오영, 『삼한 사회의 國에 관한 연구』, 서울대

박사학위 논문, 1996.

김구진, 『13~17C 女眞 社會의 硏究』, 고려대학교 박사학위논문, 1988.

김기섭, 『백제와 근초고왕』, 학연문화사, 2000.

김기웅 외, 『韓國武器發達史』, 國防軍史硏究所, 1994.

김기흥, 『삼국 및 통일신라 세제의 연구』, 역사비평사, 1991.

김기흥, 『고구려 건국사』, 창비, 2002.

김명희, 『中國 隋·唐史 硏究』, 國學資料院, 1998.

김세기, 『고분 자료로 본 대가야 연구』, 학연문화사, 2003.

김열규, 『한국의 신화』, 일조각, 1979.

김영관, 『백제 부흥운동 연구』, 2005.

김영하, 『韓國古代社會의 軍事와 政治』, 고려대학교 민족문화연구원, 2002.

김위현, 『契丹社會文化史論』, 景仁文化社, 2004.

김정배, 『韓國古代의 國家起源과 形成』, 고려대출판부, 1986.

김정배·유재신 편, 『발해국사』Ⅰ, 정음사, 1988.

김종복, 『渤海 政治勢力의 推移 硏究』, 成均館大學校 박사학위논문, 2002.

김종혁, 『동해안 일대의 발해 유적에 대한 연구』, 사회과학원, 2002.

김창겸 외, 『한국고전사-고대편-』, 육군본부, 2007.

김창석, 『三國 및 統一新羅의 商業과 流通』, 서울대박사학위논문, 2001.

김철준, 『韓國古代國家發達史』, 春秋文庫, 1975.

김철준·최병헌, 『史料로 본 韓國文化史 古代篇』, 一志社, 1986.

김태식, 『加耶聯盟史』, 서울: 一潮閣, 1993.

김태식, 『미완의 문명 7백년 가야사 1권』, 푸른역사, 2002.

김태식, 『미완의 문명 7백년 가야사 2권』, 푸른역사, 2002.

김태식 송계현, 『韓國의 騎馬民族論』, 한국마사회 마사박물관, 2003.

김현숙, 『高句麗 地方統治體制 硏究』, 경북대학교 박사학위논문, 1996.

김홍 편저, 『韓國의 軍制史』, 학연문화사, 2001.

남재우, 『안라국사』, 혜안, 2003 ; 白承玉, 『가야 각국사 연구』, 혜안, 2003.

노중국, 『百濟政治史硏究』, 一潮閣, 1988.

노중국, 『백제부흥운동사』, 일조각, 2003.

노태돈 편, 『단군과 고조선사』, 사계절, 2000.

노태돈, 『고구려사연구』, 사계절, 2003.

단재신채호선생기념사업회 편, 『丹齋 申采浩全集(改訂版) 上』, 1977.

델브뤼크 저, 『兵法史』 1(민경길 譯), 한국학술정보, 2009.

동의대학교박물관, 『金海 良洞里 古墳文化』, 2000.

레첸꼬 엔. 뻬, 『연해주 발해 유물 중의 철제 칼, 극동 및 접경지역 민족 문화 문제』, 1993.

렌꼬프 뻬. 제·샤브꾸노프 뻬. 에, 『연해주 발해인들의 철 화살촉, 남부 시베리아와 극동의 식민지 전쟁사건』, 1993.

류웰린 윈 저, 한경구·엄봉길 공역, 『정치인류학』, 일조각, 1995.

문안식, 『백제의 영역 확장과 지방통치』, 신서원, 2002.

문안식, 『한국 고대사와 말갈』, 혜안, 2003.

문안식, 『백제의 흥망과 전쟁』, 혜안, 2006.

문창노, 『삼한시대의 읍락과 사회』, 신서원, 2000.

미야자키 이치사다, 『중국중세사』(임중혁 · 박선희 역), 신서원, 1996

박대재, 『삼한의 '왕'에 대한 연구– 전쟁과의 관계를 중심으로』, 고려대학교 대학원 박사학위논문, 2005.

박선미, 『화폐유적을 통해 본 고조선의 교역』, 서울시립대 대학권 박사학위논문, 2008.

박순발, 『漢城百濟의 誕生』, 서경문화사, 2001.

박시형, 『광개토왕릉비』, 사회과학원, 1966.

박시형, 『발해사』, 이론과 실천, 1979.

박시형 외, 『발해사연구논문집』, 민족문화, 1995.

박옥걸, 『高麗時代의 歸化人 硏究』, 國學資料院, 1996.

박진숙, 『渤海의 對日本外交史硏究』, 충남대교 박사학위논문, 2001.

박진욱, 『조선고고학전서』, 과학백과사전종합출판사, 1988.

방학봉, 『발해문화연구』, 이론과 실천, 1991.

방학봉, 『발해의 강역과 행정제도에 관한 연구』, 연변대학출판사, 1996.

방학봉, 『渤海遺蹟硏究』, 백사자료원, 2000.

방학봉, 『발해의 주요교통로 연구』, 연변인민출판사, 2000.

배근흥, 『7世紀 中葉 羅唐關係 硏究』, 경북대박사논문, 2002.

백산학회, 『고조선, 부여사 연구』, 백산자료원, 1995.

백산학회, 『한국의 청동기 연구』, 백산자료원, 1995.

변인석, 『白江口戰爭과 百濟 倭 관계』, 한울, 1994.

복기대, 『요서지역의 청동기시대 문화연구』, 백산자료원, 2002.

복천박물관, 『금관가야와 신라』, 복천박물관, 2004.

서영교, 『羅唐戰爭史 硏究』, 아세아문화사, 2006.

서영일, 『신라 육상교통로 연구』, 학연문화사, 1999.

서인한, 『高句麗 對隋 · 唐 戰爭史』, 戰史編纂委員會, 1991.

서인한, 『한민족전쟁통사』 I (고대편), 국방군사연구소, 1994.

서인한, 『羅唐戰爭史』, 國防軍史硏究所, 1999.

서인한, 『한국 고대 군사전략』, 국방부 군사편찬연구소, 2005.

서인한, 『동북아의 왕자를 꿈꾸다』, 플래닛 미디어, 2009.

선석열, 『新羅國家成立過程硏究』, 혜안, 2001.

성정용, 『중서부 마한지역의 백제 영역화 과정 연구』, 서울대 박사학위논문, 2000.

송기호, 『渤海政治史硏究』, 一潮閣, 1995.

송호정, 『古朝鮮 國家形成 過程 硏究』, 서울대 박사학위논문, 1999.

송호정, 『한국 고대사 속의 고조선사』, 푸른역사, 2003.

순천대학교 박물관, 한국상고사학회, 『전남동부지역의 가야문화』(제36회 한국상고

사학회 학술발표대회), 순천대학교 70
주년 기념관 2층 대회의실, 2008년 11
월 14일.

스기야마 마사아키, 『유목민이 본 세계사』(이
진복 옮김), 학민사, 1999

신형식, 『韓國古代史의 新研究』, 일조각, 1984

신형식·최근영·윤명철 등, 『고구려산성과
해양방어체제연구』, 백산자료원,
2000.

신호철, 『後百濟 甄萱政權研究』, 一潮閣, 1993.

심광주 외, 『漣川瓠蘆古壘』, 한국토지공사박물
관·연천군, 1999

심봉근, 『한국청동기시대 문화의 이해』, 동아대
학교 출판부, 1990.

에·베·샤브꾸노프 엮음(송기호·정석배 옮
김), 『러시아 연해주와 발해 역사』, 민
음사, 1996.

엥겔스·김대웅 번역, 『가족 사유재산 및 국가
의 기원』, 한울, 1984.

왕승례 저 송기호 역, 『발해의 역사』, 한림대학
교 아시아문화연구소, 1987.

울산광역시, 『울산의 유적과 유물 -발굴로 드
러난 울산의 역사-』, 2008.

유득공 저, 송기호 옮김, 『발해고』, 홍익출판사,
2001.

육군군사연구소, 『한국고대무기체계』, 1979.

윤명철, 『高句麗 海洋交涉史 研究』, 성균관대
박사학위논문, 1993

이기백, 『高麗兵制史研究』, 一潮閣, 1968.

이기백·이기동, 『韓國史講座1』(古代篇), 일
조각, 1982.

이동복, 『東北亞細亞史研究』, 一潮閣, 1986.

이문기, 『新羅兵制史研究』, 一潮閣, 1997.

이병도, 『韓國古代史研究』, 박영사, 1976.

이병도, 『國譯三國史記』, 乙酉文化社, 1977.

이영문, 『한국 청동기시대 연구』, 주류성,
2002.

이용범, 『中世東北亞細亞史研究』, 亞細亞文化
社, 1976.

이용범, 『韓滿交流史 研究』, 同和出版公社,
1989.

이용현, 『加耶と東アジア諸國』, 日本 國學院大
學 大學院 博士學位論文, 1999.

이인철, 『新羅政治制度史研究』, 一志社, 1993.

이인철, 『고구려의 대외정복 연구』, 백산자료
원, 2000.

이정재, 『동북아의 곰문화와 곰신화』, 민속원,
1997.

이종욱, 『古朝鮮研究』, 一潮閣, 1993.

이춘식, 『中國古代史의 展開』, 藝文出版社,
1986.

이현혜, 『三韓社會形成過程研究』, 一朝閣,
1984.

이현혜, 『韓國 古代의 생산과 교역』, 一潮閣,
1998.

이호영, 『新羅三國統合과 麗·濟敗亡原因研
究』, 서경문화사, 1999

이희준, 『신라고고학연구』, 사회평론, 2007.

임기환, 『고구려 집권체제 성립과정의 연구』,
경희대 박사학위논문, 1995.

임병태, 『한국 청동기문화의 연구』, 학연문화
사, 1996.

임상선 편역, 『발해사의 이해』, 신서원, 1991.

임상선, 『발해의 지배세력 연구』, 신서원,
1999.

임영진, 『百濟 漢城時代 古墳研究』, 서울대학교

박사학위논문, 1995.

장광직, 『신화 미술 제사』(李徹 譯), 동문선 문예신서 18, 1990

장국종, 『조선정치제도사』(Ⅰ), 과학백과사전출판사, 1989.

장국종, 『渤海史研究 (1)』, 朝鮮社會科學院出版社, 1997.

장국종(사회과학원), 『발해국과 말갈족』, 도서출판 중심, 2001.

장준식, 『新羅中原京研究 -位置 比定을 中心으로-』, 學研文化社, 1998.

전영래, 『한국청동기시대문화연구』, 원광대학교 마한백제문화연구소, 1990.

전영래, 『百濟最後決戰場의 研究 -白村江에서 大野城까지-』, 新亞出版社, 1996.

전준현, 『조선민족의 반침략투쟁사』(고조선-발해편), 과학백과사전종합출판사, 1990.

조법종, 『고조선 고구려사 연구』, 신서원, 2006.

조이옥, 『統一新羅의 北方進出 研究 -8世紀를 中心으로-』, 서경문화사, 2001.

조인성, 『태봉의 궁예정권』, 푸른역사, 2007.

존 키건, 『세계전쟁사』(유병진 역), 까치, 1996

주보돈, 『新羅 地方統治體制의 整備過程과 村落』, 신서원, 1998.

주영헌, 『발해문화』, 사회과학출판사, 1971.

지배선, 『중세동북아사연구』, 일조각, 1986.

차성환, 『韓國武器發達史』, 國防軍史研究所, 1996.

천관우, 『고조선사 삼한사연구』, 일조각, 1989.

최무장, 『渤海의 起源과 文化』, 藝文出版社, 1988.

최종규, 『삼한고고학연구』, 서경문화사, 1995.

한국보이스카우트연맹, 『韓國의 城郭과 烽燧 下』, 1989.

한국상고사학회 편, 『전환기의 고고학 1』, 학연문화사, 2002.

한규철, 『渤海의 對外關係史 - 南北國의 형성과 전개』, 신서원, 1994.

한양대학교박물관, 『二聖山城』, 1987 · 1988 · 2000.

허중권, 『新羅 統一戰爭史의 軍事史的 研究』, 한국교원대 박사학위논문, 1995

(2) 국외

江上波夫 · 水野清一, 『內蒙古 長城地帶』, 1935.

高寬敏, 『古代朝鮮諸國と倭國』, 雄山閣出版, 1997.

都出比呂志, 『日本農耕社會の成立過程』, 岩波書店, 1989.

陶希聖, 『中國政治制度史』第二册 秦漢, 啓業書局, 1962.

末松保和, 『任那興亡史』, 大八洲出版, 1949.

武田幸男, 『高句麗史と 東アジア』, 岩波書店, 1989.

濱田耕作, 『貔子窩』, 1929.

濱田耕作 · 水野清一, 『赤峰紅山後』, 1938.

森公章, 『東アジアの動亂と倭國』, 吉川弘文館, 2006.

徐松 撰 · 愛宕元 譯註, 『唐兩京城坊攷』, 平凡社, 1994.

徐連達 編, 『中國歷代官制詞典』, 1991.

安應民 著, 『吐蕃史』, 寧夏人民出版, 1989

嚴耕望 撰, 『唐代交通圖考 제5권』, 中央研究院

歷史語言硏究所, 河東河北區, 1986.

鈴木靖民, 『古代對外關係史の研究』(吉川弘文館, 東京), 1985

王健群, 『好太王碑研究』, 1984.

王貫·喜饒尼瑪·唐家衛 等, 『西藏歷史地位辨』(北京, 民族出版社), 1995

王綿厚·李健才, 『東北古代交通』, 瀋陽出版社, 1990.

王小甫, 『唐·吐蕃·大食政治關係史』, 北京大出版社, 1995

王承禮, 『渤海簡史』, 黑龍江人民出版社, 1984.

魏國忠·朱國忱, 『渤海史稿』, 黑龍江人民出版社, 1984.

魏國忠·朱國忱·郝慶云, 『渤海國史』, 中國社會科學出版社, 2006.

李建才, 『東北史地考略』, 吉林文史出版社, 1986.

李殿福·孫玉良, 『渤海國』, 文物出版社, 1987.

鳥山喜一, 『渤海史上の諸問題』, 風間書房, 1968.

佐藤長, 『古代チベット史研究』(東洋文庫, 京都), 1959

佐藤長, 『中國古代史論考』(朋友書店, 京都), 2000

池內宏, 『滿鮮史研究』上世 第二卷, 吉川弘文官, 東京, 1960

黃約瑟, 『薛仁貴』(西北大學出版社, 西安), 1995

Bert S. Hall, *Weapons and Warfare in Renaissance Europe*, The Johns Hopkins Univ Press, Baltimore & London, 1997.

C. P. Fitzgerald, *The Empress Wu*, The Cresset Press, London [1956] 1968.

Christopher I. Beckwith "The Tibetan Empire in West", *Tibetan Studies in Honour of Hugh Richardson, Proceedings of The International Seminar on Tibetan Studies,* Oxford, 1979.

Christopher I. Beckwith, *The Tibetan Empire in Central Asia*, Princenton University Press, Princenton, 1987.

David Snellgrove & Hugh Richardson, *A.Cultural History of Tibet*, Shambhala, Boston, 1995.

Geza Uray, "Administrative Unit of The Tibetan Empire in 7th-9th Centuries" *Tibetan Studies in Honour of Hugh Richardson,* Proceedings of The International Seminar on Tibetan Studies, Oxford, 1979.

Helmut Hoffman, "Early and Medieval Tibet", *The Cambridge history of Early Inner Asia*, Cambridge University Press, 1990.

Herbert Franke, "The forest people of Manchuria: Kitan and Jurchen", *The Cambridge history of Early Inner Asia*, Cambridge University Press, Cambridge, 1990.

Howard J Wechsler, *Mirror to The Son of Heaven--Wei Cheng at Court of Tang Tai-tsung,* Yale University

Press, New Heaven, 1974.

J. F. Verburggen, *The art of warfare Europe during Middle Age*, Amsterdam「1954」1977.

Jacque Bacot, F. W. Thomas, *Gustave-Charles Toussaint, Documents De Touen- houang relatifs a l'historire du Tibet*, Paris, 1940~46.

John Ellis, *Cavalry- The History of Mounted Warfare*, G.P.Putnam's, New York, 1978.

John Keegan, *The Face of Battle*, Viking press, New York 1976.

Josef Kolmas, *Tibet and Imperial China*, Center of Oriental Study, The Australian National University, Canberra, 1967.

Luc Kwanten, *Imperial Nomads-A History of Central Asia, 500~1500.*

Owen Lattimore, "Inner Asian Frontiers of China", *American Geographic Society, New York, 1940.*

Paul Demieville, *Le concile de Lhasa, une controvers sur le quietisme entre Bouddhistes de l'Inde et de la Chine au Ⅷ siecle de l'etre chretienne*, Paris, 1952

Potala Pub, *Singapore, 1998.*

Ralph payne-Gallwey, *The Book of The Crossbow*, Dover Publication, Inc. New York 1995.

Robert Carneiro L, "A Theory of the Origin of the State", *Science 169, 1970.*

Robert Silverberg, *The Great Wall of China*, Chilton Book, Philadelphia and New York.

Tsepon W. D. Shakabpa, *TIBET: A Political History*, Potala Pub, Singapore, 1998

Tsung-Lien Shen & Shen-Chi Liu, *Tibet and Tibetan*, Stanford University Press, Stanford, 1953.

Warren W. Smith Jr, *Tibetan Nation-A History of Tibetan Nationalism and Sino-Tibetan Relation*, Westview Press, Oxford, 1996.

Woodbridge Bingham, *The Founding of Tang Dynasty*, Waverly Press, Baltimore. 1941.

Ying - shih Yu, *Trade and Expansion in Han China - A Study in the Structure of Sino - Barbarian Economic Relations*, University of California Press, Berkeley and Los Angeles, 1967.

3. 논문

(1) 국내

강경구, 「高句麗 復興運動의 新考察」『韓國上古史學報』47, 2005.

강봉룡, 「新羅下代 浿江鎭의 設置와 運營 -州郡縣體制의 확대와 관련하여- 」『韓國古代史研究』11, 한국고대사연구회, 1997.

강봉룡, 「三國 및 統一新羅 軍事參與層의 擴大와 軍役制」 『百濟研究』 32, 충남대학교 백제연구소, 2000.

강선, 「4 5C 고구려의 영토확장과 평양천도」 『숙명한국사론』, 숙명여자대학교, 1996.

강선, 「고구려와 전연의 관계에 대한 고찰」 『高句麗研究』 11, 고구려연구회, 2001.

강선, 「高句麗와 五胡十六國의 關係-後燕·北燕과의 關係를 中心으로-」 『高句麗研究』 14, 高句麗研究會, 2002.

강성문, 「여수 여당전쟁 원인고」 『국사관논총』 69, 국사편찬위원회, 1996.

강성봉, 「발해 8위제에 관한 검토」 『군사』 79, 국방부 군사편찬연구소, 2011.

강인욱, 「연해주 출토 청동기의 일고찰」 『박물관기요』 19, 단국대 석주선기념박물관, 2004.

강인욱, 「비파형동검문화권의 연구에 대한 새로운 시도 -"비파형동검문화와 요령지역의 청동기문화"-, 『한국고고학보』 63, 한국고고학회, 2006.

강종원, 「백제 좌장의 정치적 성격」 『백제연구』 29, 1999.

강종훈, 「신라 상고기년의 재검토」 『한국사론』 26, 서울대학교 국사학과, 1991.

강종훈, 「삼국사기 초기기록에 보이는 '낙랑'의 실체 – 진한연맹체의 공간적 범위와 관련하여 –」 『한국고대사연구』 10(삼한의 사회와 문화 특집호), 한국고대사연구회 편, 신서원, 1995.

강종훈, 「4세기 백제의 요서지역진출과 그 배경」 『한국고대사연구』 30, 2003.

강종훈, 「7세기 통일전쟁기의 순국 인물 분석 -『三國史記』 列傳7에 실린 新羅 인물들을 중심으로」 『신라문화제학술논문집』 25, 2004.

강종훈, 「백제의 성장과 대중국군현 관계의 추이-삼국사기 백제본기 초기기록의 낙랑 관련 기사의 검토를 중심으로-」 『한국고대사연구』 34, 2004.

강종훈, 「신라 왕경의 방어체계 – 경주 지역 성곽에 대한 검토를 중심으로」 『신라왕경의 구조와 체계』, 경주시 신라문화선양회, 2006.

강현숙, 「고분 출토 갑주와 마구로 본 4, 5세기 신라, 가야와 고구려」 『신라문화』 32, 2008.

강화창 저, 방학봉 역, 「발해국의 군사제도를 론함」 『발해사연구』 4, 연변대학출판사, 1993.

고구려연구재단편, 「당대 인물의 고구려 관련 행적」 『중국소재 고구려관련 금석문자료집』, 2005.

공석구, 「廣開土王陵碑의 東夫餘에 對한 考察」 『韓國史研究』 70, 韓國史研究會, 1990.

공석구, 「고구려의 영역확장에 대한 연구-4세기를 중심으로-」 『한국상고사학보』 6, 한국상고사학회, 1991.

공석구, 「5 6세기의 대외관계」 『한국사』 5(삼국의 정치와 사회 Ⅰ:고구려), 국사편찬위원회, 1996.

공석구, 「동부여 지역에 대한 지배권 확립」 『고구려 영역확장사연구』, 서경문화사, 1998.

공석구, 「高句麗의 南進과 壁畵古墳」『韓國古代史研究』20, 한국고대사학회, 2000.

공석구, 「高句麗와 慕容燕의 갈등 그리고 교류」『강좌한국고대사』4, 가락국사적개발연구원, 2003.

곽장근, 「호남 동부지역 산성 및 봉수의 분포양상」『영남학』제13호, 경북대학교 영남문화연구원, 2008.

곽장근, 「삼국시대 교통로의 조직망과 재편과정 -전북지역을 중심으로-」『동아시아 고대의 길: 제24회 한국고대사학회 합동토론회 발표요지』, 한국고대사학회, 2011.

구난희, 「日本의 新羅侵攻計劃 추진 의도」『靑藍史學』2, 1998.

구난희, 「8세기 중엽 발해 신라 일본의 관계 -일본의 신라침공계획을 중심으로-」『韓日關係史研究』10, 1999.

구산우, 「羅末麗初의 蔚山地域과 朴允雄; 藿所의 기원과 관련하여」『한국문화연구』5, 부산대 한국문화연구소, 1992.

국립중앙박물관·국립광주박물관,『한국의 청동기문화』, 범우사, 1992

권도희, 「백제 마구의 연구」『숭실사학』19, 2006.

권오영, 「초기 백제의 성장 과정에 관한 일고찰」『韓國史論』15, 서울대 국사학과, 1986.

권오영, 「삼한 국읍의 기능과 내부구조」『부산사학』28, 부산사학회, 1995.

권오영, 「삼한사회 '국'의 구성에 대한 고찰」『한국고대사연구』10(삼한의 사회와 문화 특집호), 한국고대사연구회 편, 신서원, 1995.

권오영, 「중서부지역의 초기철기문화와 '중국'의 대두」『부산사학』31, 부산사학회, 1996.

권오중, 「靺鞨의 種族系統에 관한 試論」『震檀學報』, 49, 1980.

권오중, 「漢과 高句麗의 關係」『高句麗研究』14, 高句麗研究會, 2002.

권오중, 「중국사에서의 낙랑군」『韓國古代史研究』34집, 2004.

권은주, 「渤海의 靺鞨服屬과 支配」, 경북대학교, 석사학위논문, 2001.

권학수, 「역사시대 마을고고학의 성과와 과제」『마을의 고고학』, 한국고고학회, 1994.

권학수, 「가야의 社會發展 動因과 發展段階」『가야 고고학의 새로운 조명』, 부산대학교 한국민족문화연구소 편, 혜안, 2003.

금경숙, 「高句麗 領域으로서의 北漢江流域-靺鞨문제와 관련하여-」『韓國史學報』11, 고려사학회, 2001.

금위현, 「遼代 渤海 復興運動의 性格」『명대논문집』11, 1978.

기수연, 「중국 문헌에 보이는 '동이'와 '조선'」『단군학연구』4, 단군학회, 2001.

김갑동, 「百濟 以後의 禮山과 任存城」『百濟文化』28, 1999.

김광수, 「新羅 上古世系의 再構成 試圖」『東洋學』3, 1973.

김광수, 「古朝鮮 官名의 系統的 理解」『歷史教育』第56輯, 1994.

김구진, 「公嶮鎭과 先春嶺碑」『白山學報』21

집, 1976.

김권구, 「고고학과 이론-고고학상으로본 국가-」『한국고대국가형성론』, 서울대출판부, 2004.

김규호, 「唐代의 異民族系 軍將」『변태섭화갑논총』, 삼영사, 1985.

김기섭, 「"삼국사기" '백제본기'에 보이는 말갈과 낙랑의 위치에 대한 재검토」『청계사학』8, 1991.

김기섭, 「백제의 요서경략설: 4세기를 중심으로」『한국 고대의 고고와 역사』, 학연문화사, 1997.

김기웅, 「배천산성 답사보고」『고고민속』, 1966 - 1.

김기웅, 「三國時代 武器小考」『韓國學報』5, 1976.

김기흥, 「고구려의 성장과 대외교역」, 서울대학교 석사학위논문, 1984.

김기흥, 「부조예군에 대한 고찰」『韓國史論』12, 서울대 국사학과, 1985.

김기흥, 「高句麗의 成長과 對外交易」『韓國史論』16집, 1987.

김기흥, 「高句麗의 國家形成」『韓國古代國家의 形成』, 민음사, 1990.

김길식, 「부여 송국리 유적의 발굴조사 개요와 성과」『마을의 고고학』, 1994.

김대환, 「古墳資料로 본 新羅의 國家 形成」『국가형성의 고고학』, 한국고고학회 편, 서울: 사회평론, 2008.

김동우, 「발해의 지방통치체제와 首領」『韓國史學報』1, 高麗史學會, 1996.

김동우, 「渤海의 地方統治體制 운영과 그 변화」『韓國史學報』24, 고려사학회,

2006.

김두철, 「무기 무구 및 마구를 통해 본 가야의 전쟁」『가야 고고학의 새로운 조명』, 부산대학교 한국민족문화연구소 편, 혜안, 2003.

김두철, 「4세기 후반~5세기 초 고구려 가야 왜의 무기 무장체계 비교」『광개토대왕비와 한일관계』, 한일관계사연구논집 편찬위원회 편, 景仁文化社, 2005.

김두철, 「삼국시대 철촉의 연구」『백제연구』43, 2006.

김미경, 「高句麗의 樂浪·帶方地域 進出과 그 支配形態」『學林』17, 연세대학교, 1996.

김미경, 「高句麗의 沃沮服屬과 그 性格」『韓國史의 構造와 展開』(河炫綱敎授定年紀念論叢), 하현강교수정년기념논총간행위원회, 2000.

김병남, 「"삼국사기" 초기 기록의 말갈에 대한 재검토」『전북사학』23, 전북사학회, 2000.

김병남, 「백제 웅진시대의 북방 영역」『백산학보』64, 2002.

김병남, 「백제 근초고왕대의 가야 진출과 신라의 대응」『대동사학』2, 2003.

김병남, 「백제 근초고왕대의 남방정벌」『한일관계사연구』15, 2003.

김병모, 「한국의 청동기문화연구」『한국학보』81, 일지사, 1995.

김병주, 「羅濟同盟에 관한 研究」『韓國史研究』46, 1984.

김병준, 「중국 고대 簡牘자료를 통해 본 낙랑군의 군현지배」『歷史學報』189, 2006.

김병환, 「고구려 요동 방어체계 연구」『군사연구』125집, 육군군사연구소, 2008.김복순, 「당의 침공과 고구려 멸망의 고찰」『군사』13, 국방부전사편찬위원회, 1986.

김복순, 「삼국의 첩보전과 승려」『한국불교문화사상사』, 1992.

김석구, 「이순신 장군의 용병술 연구」『군사연구』116집, 육군군사연구소, 1995.

김선민, 「唐太宗의 對外膨脹政策」『東亞細亞의 人間像』(황원구정년기념논총), 혜안, 1995.

김선민, 「隋 煬帝의 軍制改革과 高句麗遠征」『東方學志』119, 연세대학교 國學研究院, 2003.

김선욱, 「高句麗의 隋・唐關係 研究-朝貢記事의 檢討를 中心으로-」『논문집』11, 충남대학교 인문과학연구소, 1984.

김선욱, 「高句麗의 隋唐關係 研究-靺鞨을 中心으로-」『百濟研究』16, 충남대학교 백제연구소, 1985.

김성남・우정연, 「오이도 원삼국토기의 성격」『백제연구』제40집, 2004.

김성태, 「삼한시대 병기소유의 계층성에 대하여-영남지방 출토병기를 중심으로 -」『문화재』31, 문화재관리국, 1998.

김성태, 「삼국시대 도검의 연구」『인하사학』8, 2001.

김성태, 「삼국시대 鐵鉾의 연구」『사림』16, 2003.

김성태, 「달전리 유적」『한국의 고고학』, 주류성, 2006.

김성호, 「발해의 당나라와의 국교관계수립과 흑수말갈원정에 대하여」『발해사연구론문선집』2, 과학백과사전종합출판사, 1997.

김세기, 「대가야 묘제의 변천」『가야사연구』, 경상북도, 1995.

김세기, 「加耶의 殉葬과 王權」『加耶諸國의 王權』, 新書苑, 1997.

김수태, 「高麗初 忠州地方의 豪族; 忠州劉氏를 중심으로」『충청문화연구』1, 한남대 충청문화연구소, 1989.

김수태, 「3세기 중・후반 백제의 발전과 마한」『馬韓史研究』, 충북대출판부, 1998.

김수태, 「全州 遷都期 甄萱政權의 變化」『韓國古代史研究』15, 한국고대사학회, 1999.

김수태, 「백제의 대외교섭권 장악과 마한」『백제연구』33, 2001.

김승옥, 「한성백제의 형성과정과 대외관계」『백제사상의 전쟁』, 백제연구소편, 서경문화사, 2000.

김승옥, 「청동기시대 주거지의 편년과 사회변천」『한국고고학보』60집, 2006.

김악기, 「高句麗 후기의 군사편제와 可邏達」『仁荷史學』10, 仁荷歷史學會, 2003.

김양옥, 「삼한의 형성과 문화적 배경 - 변, 진한을 중심으로 -」『국사관논총』13, 1990.

김영관, 「삼국쟁패기 아단성의 위치와 영유권」『고구려연구』5, 1998.

김영관, 「羅唐聯合軍의 百濟侵攻戰略과 百濟의 防禦戰略」『STRATEGY 21』제2권 제2호, 1999.

김영관, 「百濟의 熊津遷都 背景과 漢城經營」

『충북사학』11 · 12合, 2000.

김영덕, 「백제의 담로」『한국민족학연구』5, 2001.

김영심, 「백제의 성 · 촌과 지방통치」『백제연구』28, 1998.

김영심, 「사비도성의 행정구역 편제」『사비도성과 백제의 성곽』, 국립부여문화재연구소, 2000.

김영심, 「관산성전투 전후 시기 대가야, 백제와 신라의 대립」『5~6세기 동아시아의 국제정세와 대가야』(대가야학술총서 5), 2007.

김영주, 「고구려 고국원왕대의 대전연관계」『북악사론』4, 국민대학교 국사학과, 1997.

김영하, 「高句麗의 巡狩制」『역사학보』106, 역사학회, 1985.

김영하, 「삼국과 남북국의 사회성격」『한국사』3, 한길사, 1994.

김영하, 「韓國 古代社會의 政治構造」『韓國史의 時代區分』, 신서원, 1995.

김영하, 「고구려의 발전과 전쟁」『대동문화연구』32, 성균관대학교 대동문화연구원, 1998.

김영하, 「新羅의 百濟統合戰爭과 體制變化」『韓國古代史研究』16, 1999.

김용범, 「魏晉의 東北關係」(충남대석사학위논문), 1986.

김용선, 「高句麗琉璃王考」『歷史學報』87, 1980.

김원룡, 「십이대영자의 청동단검묘 - 한국 청동기문화의 기원문제 -」『역사학보』16, 역사학회, 1961.

김원룡, 「낙랑문화의 역사적 위치」『한국사의 재조명』, 독서신문사, 1977.

김윤우, 「新羅十停과 所在地名 變遷考」『경주사학』7, 1988.

김윤우, 「광개토왕의 남하정복지에 대한 일고-관미성의 위치를 중심으로-」『차문섭교수 화갑기념 사학논총』, 1989.

김윤우, 「都彌史話에 관한 歷史地理的 考察」『京畿鄕土史學』8, 문화원 경기도지회, 2003.

김은국, 「渤海滅亡에 관한 재검토 - 거란 침공과 그 대응을 중심으로-」『白山學報』40, 1992.

김은숙, 「8세기의 新羅와 日本의 關係」『國史館論叢』29, 1991.

김장석, 「충청지역의 선송국리 물질문화와 송국리유형」『한국상고사학보』51호, 2006.

김장석, 「원시 시대의 전개와 사회의 복합화」『새로운 한국사 길잡이』, 지식산업사, 2008.

김정배, 「한국 청동기문화의 사적 고찰」『한국사연구』6, 한국사연구회, 1971.

김정배, 「고조선의 재인식」『한국사론』14, 국사편찬위원회, 1984.

김정배, 「高句麗와 新羅의 領域問題-順興地域의 考古學資料와 關聯하여-」『韓國史研究』61 · 62, 한국사연구회, 1988.

김정배, 「중국에서 발견되는 우리 나라 청동유물의 문제-석관묘의 검, 경, 옥을 중심으로 -」『선사와 고대』1, 1991.

김정배, 「고조선의 변천」『한국사 4-초기국가 : 고조선, 부여, 삼한 -』, 국사편찬위원회, 1997.

김정배, 「동북아의 비파형동검문화에 대한 종
　　　합적 연구」『국사관논총』 88집, 국사
　　　편찬위원회, 2000.

김정완, 「신라와 가야토기의 발생 및 변화과
　　　정」『한국고대의 토기』, 국립중앙박물
　　　관, 1997.

김정학, 「고조선의 청동기문화」『한국사 2(고
　　　대) - 민족의 성장 -』, 국사편찬위원
　　　회, 1977.

김정학, 「청동기의 전개」『한국사론』 13, 국사
　　　편찬위원회, 1983.

김종수, 「삼국시대의 군사제도」『군사연구』
　　　131집, 육군군사연구소, 2011.

김종복, 「新羅 聖德王代의 浿江지역 진출 배
　　　경」『成大史林』 12·13합집, 成大史
　　　學會, 1997.

김종복, 「발해 폐왕·성왕대 정치세력의 동향」
　　　『역사와 현실』 41, 한국역사연구회,
　　　2001.

김종복, 「발해시대 遼東지역의 귀속 문제」『史
　　　林』 31, 2008.

김종수, 「新羅 中代 軍制의 구조」『韓國史研究』
　　　126, 2004.

김종수, 「백제 군제의 성립과 정비」『역사교육』
　　　103, 2007.

김종완, 「南朝와 高句麗의 關係」『高句麗研究』
　　　14, 高句麗硏究會, 2002.

김종원, 「渤海의 首領에 대하여-地方統治制 關
　　　聯하여-」『全海宗博士 華甲紀念 史學
　　　論叢』, 일조각, 1979.

김주성, 「성왕의 한강유역 점령과 상실」『백제
　　　사상의 전쟁』(백제연구총서), 2000.

김주성, 「관산성 전투의 배경」『중원문화논총』
　　　12, 2008.

김주성, 「百濟 武王의 大耶城과 進出 企圖」『百
　　　濟研究』 49, 2009.

김진광, 「발해의 군사제도」『발해의 역사와 문
　　　화』, 동북아역사재단, 2007.

김창석, 「唐의 東北亞 戰略과 三國의 對應」『軍
　　　史』 47, 2002.

김창석, 「통일신라의 천하관과 대일(對日) 인
　　　식」『역사와 현실』 56, 2005.

김철준, 「高句麗·新羅의 官階組織의 成立過
　　　程」『韓國古代社會研究』, 知識産業社,
　　　1975.

김철준, 「'能步戰'과 '便鞍馬'」『韓█师尙博士停
　　　年退任記念論叢』, 지식산업사, 1981.

김태식, 「後期加耶諸國의 성장기반 고찰」『釜
　　　山史學』 11, 1986.

김태식, 「咸安 安羅國의 成長과 變遷」『韓國史
　　　研究』 86, 韓國史研究會, 1994.

김태식, 「廣開土王陵碑文의 任那加羅와 '安羅
　　　人戍兵'」『韓國古代史論叢』 6, 韓國古
　　　代社會研究所, 1994.

김태식, 「百濟의 加耶地域 關係史: 交涉과 征
　　　服」『百濟의 中央과 地方』, 忠南大學校
　　　百濟研究所, 1997.

김태식, 「初期 古代國家論」『강좌 한국고대사
　　　제2권』, 가락국사적개발연구원, 2003.

김태식, 「4世紀의 韓日關係史 -廣開土王陵碑
　　　文의 倭軍問題를 中心으로-」『韓日歷
　　　史共同研究報告書 제1권』, 韓日歷史共
　　　同研究委員會, 2005.

김태식, 「韓國 古代諸國의 對外交易 -加耶를
　　　中心으로-」『震檀學報』 101, 2006.

김태식, 「5~6세기 高句麗와 加耶의 관계」 『북
　　방사논총』 11, 고구려역사재단, 2006.

김태식, 「新羅와 前期 加耶의 關係史」 『韓國古
　　代史研究』 57, 한국고대사학회, 2010.

김한규, 「衛滿朝鮮關係 中國側史料에 대한 再
　　檢討」 『釜山女大論文集』 8, 1980.

김헌선, 「동북아시아 곰신화 비교연구」 『아시
　　아문화』 14, 한림대 아시아문화연구
　　소, 1999.

김현구, 「日唐關係의 成立과 羅日同盟; 『日本
　　書紀』 金春秋의 渡日 記事를 中心으
　　로」 『金俊燁教授 華甲紀念 中國學論
　　叢』, 1983.

김현구, 「白村江 싸움 직후 일본의 大陸關係의
　　再開 -신라와의 관계를 중심으로」 『日
　　本歷史研究』 8, 1998.

김현숙, 「고구려의 말갈지배에 관한 시론적 고
　　찰」 『한국고대사연구』 6, 한국고대사
　　연구회, 1992.

김현숙, 「延邊地域의 長城을 통해 본 高句麗의
　　東夫餘支配」 『國史館論叢』 88, 국사편
　　찬위원회, 2000.

김현숙, 「4 6세기경 小白山脈 以東地域의 領域
　　向方」 『韓國古代史研究』 26, 한국고대
　　사연구회, 2002.

김현숙, 「6~7세기 高句麗史에서의 靺鞨」 『강
　　좌한국고대사』 10, 가락국사적개발연
　　구원, 2003.

김현숙, 「웅진시기 백제와 고구려의 관계」 『고
　　대 동아세아와 백제』, 2003.

김호동, 「古代遊牧國家의 構造」 『講座 中國史』
　　2, 지식산업사, 1989.

김호동, 「唐의 羈縻支配와 北方 遊牧民族의 對

應」 『歷史學報』 137, 1993.

김호상, 「新羅 王京의 金城 研究」 『慶州史學』
　　18, 1999.

김희만, 「新羅 神文王代의 政治狀況과 兵制」
　　『신라문화』 9, 1992.

김희선, 「高句麗의 漢江流域 進出과 그 防禦體
　　系-漢江流域의 高句麗 關防 遺蹟과 관
　　련하여-」 『서울학연구』 20, 서울시립
　　대 서울학연구소, 2003.

깁갑동, 「신라와 백제의 관산성 전투」 『백산학
　　보』 52, 1999.

남재우, 「廣開土王碑文에서의 ‘安羅人戍兵’과
　　安羅國」 『成大史林』 12 13합, 성균관
　　대학교 사학과, 1997.

노중국, 「高句麗 百濟 新羅사이의 力關係變化
　　에 대한 一考察」 『東方學志』 28, 연세
　　대학교 국학연구원, 1981.

노중국, 「高句麗 對外關係史 研究의 現況과 課
　　題」 『東方學志』 49, 연세대학교 國學
　　研究院, 1985.

노중국, 「漢城時代 百濟의 地方統治體制」 『邊
　　太燮華甲紀念論叢』, 1986.

노중국, 「統一期 新羅의 百濟故地支配; 『三國
　　史記』 職官志・祭祀志・地理志의 百
　　濟關係記事 分析을 中心으로」 『韓國古
　　代史研究』 1, 1988.

노중국, 「馬韓과 樂浪・帶方郡과의 군사 충돌
　　과 目支國의 쇠퇴」 『大邱史學』 제71
　　집, 2003.

노태돈, 「三國時代 ‘部’에 關한 研究」 『韓國史
　　論』 2, 서울대 국사학과, 1975.

노태돈, 「高句麗의 漢水流域 喪失의 原因에 對
　　하여」 『韓國史研究』 13, 韓國史研究

會, 1976.

노태돈, 「나대의 문객」『한국사연구』 21 · 22,
　　1978.

노태돈, 「渤海 建國의 背景」『大丘史學』 19, 대
　　구사학회, 1981.

노태돈, 「5~6世紀 東亞細亞의 國際情勢와 高
　　句麗의 對外關係」『東方學志』 44, 延
　　世大 國學硏究院, 1984.

노태돈, 「渤海國의 住民構成과 渤海人의 族源」
　　『韓國古代의 國家와 社會』, 歷史學會,
　　1985.

노태돈, 「扶餘國의 境域의 變遷」『國史館論叢』
　　4, 1989.

노태돈, 「高句麗 · 渤海人과 內陸아시아 住民과
　　의 交涉에 關한 一考察」『大東文化硏
　　究』 23, 성균관대학교 大東文化硏究
　　所, 1989.

노태돈, 「고조선 중심지의 변천에 관한 연구」
　　『한국사론』 23, 서울대학교 국사학과,
　　1990.

노태돈, 「廣開土王碑」, 『譯註韓國古代金石文』
　　1(古代社會硏究所編), 1992.

노태돈, 「朱蒙의 出自傳承과 桂婁部의 起源」
　　『韓國古代史論叢』 5, 1993.

노태돈, 「5~7世紀 高句麗의 地方制度」『韓國
　　古代史論叢』 8, 가락국사적개발연구
　　원, 1996.

노태돈, 「羅唐戰爭期(669~676) 新羅의 對外
　　關係와 軍事活動」『軍史』 34, 1997.

노태돈, 「북한 학계의 고조선사 연구동향」『한
　　국사론』 41 · 42(일계김철준선생10년
　　주기추모논총), 서울대학교 인문대학
　　국사학과, 1999.

노태돈, 「나 · 당전쟁과 나 · 일관계」『전쟁과
　　동북아의 국제질서』, 일조각, 2006.

도수희, 「都彌傳의 泉城島에 대하여」『韓國地
　　名硏究』, 이회문화사, 1999.

류창환, 「백제 마구에 대한 기초적 연구」『백제
　　연구』 40, 2006.

리순진, 「부조예군 무덤에 대하여」『고고민속』
　　1964-4, 사회과학출판사, 1964.

리순진, 「부조예군 무덤 발굴 보고」『고고학자
　　료집』 4, 과학백과사전출판사, 1974.

림호성, 「연해주에서 드러난 발해의 활과 화살
　　에 대한 고찰」『조선고고연구』 1994-
　　1, 1994.

림호성, 「발해의 무기, 무장에 대하여」『과학백
　　과사전종합출판사』(1998 백산자료
　　원), 1997.

문명대, 「新羅 神印宗 硏究」『震檀學報』 41,
　　1976.

문안식, 「삼국사기 新羅本紀에 보이는 樂浪 ·
　　靺鞨史料에 관한 검토」『傳統文化硏
　　究』 5, 1997.

문안식, 「삼국사기 나 · 제본기의 말갈 사료에
　　대하여 」『한국고대사연구』 13, 한국
　　고대사학회, 1998.

문안식, 「삼국시대 영서지역 토착세력의 추이
　　-'삼국사기' 백제본기에 보이는 말갈
　　세력을 중심으로-」『충북학』 2, 충북
　　개발연구원 충북학연구소, 2000.

문안식, 「백제의 마한복속과 지방지배방식의
　　변화」『한국사연구』 120, 2003.

문안식, 「옥저의 기원과 대외관계의 변화」『역
　　사학연구』 32, 호남사학회, 2008.

민덕식, 「진천대모산성의 분석적 연구」『한국

사연구』29, 1980.

민덕식, 「新羅王京의 防備에 關한 考察」『史學研究』39, 1987.

민덕식 , 「新羅王京의 都市設計와 運營에 關한 考察」『白山學報』33, 1987.

민덕식, 「羅·唐戰爭에 대한 考察-買肖城 전투를 중심으로-」『史學研究』40, 1989.

민덕식, 「철기시대의 유적 - 방어시설 -」『한국사 3 - 청동기문화와 철기문화 -』, 국사편찬위원회, 1997.

민덕식, 「성곽유적으로 본 백제 전기도성 연구」『서울학연구』9, 1998.

민현구, 「한국 군제사 연구의 회고와 전망」『史叢』26집, 1981.

박경민, 「고구려와 수당전쟁, 그전략적 역사적 의미」『군사연구』124집, 육군군사연구소, 2008.

박경철, 「高句麗 軍事力量의 再檢討」『白山學報』35, 백산학회, 1988.

박경철, 「高句麗軍事戰略考察을 위한 一試論-平壤遷都以後 高句麗軍事戰略의 志向點을 中心으로-」『史學研究』40, 1989.

박경철, 「부여국가의 지배구조 고찰을 위한 일시론」『한국고대사연구』9(고조선과 부여의 제문제 특집호), 한국고대사연구회 편, 신서원, 1996.

박경철, 「高句麗 異種族支配의 實相」『韓國史學報』15, 2003.

박노석, 「고구려 동천왕대 관구검의 침입」『韓國思想과 文化』20, 韓國思想文化學會, 2003.

박노석, 「서기 3세기의 고구려의 동해안 지역 진출」『全北史學』23, 전북사학회, 2000.

박노석, 「서기 3세기 초의 고구려와 魏의 외교관계」『全北史學』24, 전북사학회, 2001.

박대재, 「백제초기 대신라 침공지역 재고」『공사논집』42, 1998.

박대재, 「삼국사기 초기기사에 보이는 신라와 백제의 전투」『한국사학보』7, 1999.

박대재, 「고조선의 '왕'과 국가형성」『북방사논총』7, 고구려연구재단, 2005.

박대재, 「고조선과 연, 제의 상호관계 - 기원전 4세기말~3세기 초 전쟁기사를 중심으로」『사학연구』83, 한국사학회, 2006.

박대재, 「고조선의 왕과 연과의 전쟁」『고대 한국의 초기국가의 왕과 전쟁』, 경인문화사, 2006.

박방룡, 「都城·城址」『韓國史論』15, 1985.

박방룡, 「新羅王都의 守備; 慶州地域 山城을 中心으로」『신라문화』9, 1992.

박방룡, 「新羅 都城의 交通路」『慶州史學』16輯, 慶州史學會, 1997.

박선미, 「기원전 3~2세기 요동지역의 고조선문화의 명도전유적」『선사와 고대 - 청동기문화의 새로운 연구-』14, 한국고대학회, 2000.

박선미, 「전국-진, 한 초 화폐사용집단과 고조선의 관련성」『북방사논총』7, 고구려연구재단, 2005.

박성현, 「6~8세기 新羅 漢州 '郡縣城'과 그 성격」『韓國史論』47, 2002.

박성현, 「4세기 전후 신라의 토성 축조와 그 목

적 -영남 지역 초기 토성의 성격-」
『韓國史硏究』139, 2007.

박순발, 「마한 대외교섭의 변천과 백제의 등장」『백제연구』33, 2001.

박승규, 「慶南 西南部地域 陶質土器에 대한 硏究 -晉州式土器와 관련하여-」『慶尙史學』9, 경상대학교, 1993.

박시형, 「발해사 연구를 위하여」『력사과학』1962년 제1호, 과학백과사전출판사, 평양, 1962.

박양진, 「고고학에서 본 부여」『한국고대사연구』37, 한국고대사학회, 2005.

박원길, 「高句麗와 柔然·突厥의 關係」『高句麗硏究』14, 高句麗硏究會, 2002.

박장식, 「고구려의 철기제작 기술체계에 관한 연구」『고구려연구』18, 고구려연구회, 2004.

박준형, 「고조선의 해상교역로와 내이」『북방사논총』10, 고구려연구재단, 2006.

박진숙, 「渤海 宣王代의 對日本外交」『韓國古代史硏究』14, 1998.

박진숙, 「渤海의 地方支配와 首領」『國史館論叢』97, 2002.

박진욱, 「발해의 마구에 대하여」『조선고고연구』1998-4, 1998.

박찬규, 「마한세력의 분포와 변천」『용암 차문섭교수 화갑기념 사학논총』, 1989.

박찬규, 「백제 웅진초기 북경문제」『사학지』24, 1991.

박찬규, 「백제의 마한사회 병합 연구」『국사관논총』95, 2001.

박천수, 「大伽耶의 古代國家 形成」『碩晤尹容鎭敎授停年退任紀念論叢』, 1996.

박천수, 「대가야의 역사와 유적」『가야문화도록』, 경상북도, 1998.

박천수, 「器臺를 통하여 본 加耶勢力의 동향」『가야의 그릇받침』, 국립김해박물관, 1999.

박태우, 「統一新羅時代의 地方都市에 對한 硏究」『百濟硏究』18, 1987.

박태홍, 「전남 동부지역 백제산성의 분포와 그 의미」『한국상고사학보』56, 2006.

박한제, 「중국역대 수도의 유형과 사회변화」『역사와도시』, 서울대출판부, 2000.

박현숙, 「百濟 軍事組織의 整備와 그 性格」『史叢』47輯, 고대사학회, 1988.

박현숙, 「백제 군사조직의 정비와 그 성격-사비시대를 중심으로-」『사총』47, 1999.

박형표, 「淵蓋蘇文의 西征國策과 對唐戰役」『學術誌』10, 建國大學校 學術硏究院, 1969.

방동인, 「「三國史記」地理志의 郡縣 考察-九州所管郡縣의 漏記를 中心으로-」『史學硏究』23, 1973.

방동인, 「浿江鎭의 管轄範圍에 關하여」『靑坡盧道陽博士古稀紀念論文集』, 1979.

방상현, 「渤海의 唐나라 攻擊小考」『白山學報』38, 1991.

방학봉, 「渤海의 五京에 대하여」, 『歷史敎育』53, 1993.

방학봉, 「발해의 무기에 대하여」『史學硏究』58·59, 1999.

방학봉, 「발해유적과 발해군사문제에 관한 연구」『발해의 유물유적下』, 천지출판사, 2003.

배종도, 「新羅 下代의 地方制度 개편에 대한 고찰」『學林』11, 연세대 사학연구회, 1989.

백승충, 「1 3세기 가야세력의 성격과 그 추이-수로집단의 등장과 포상팔국의 난을 중심으로-」『부대사학』13, 1989.

백승충, 「변한의 성립과 발전 - 변진구야국의 성격과 관련하여 -」『한국고대사연구』10(삼한의 사회와 문화 특집호), 한국고대사연구회 편, 신서원, 1995.

백승충, 「日本書紀 神功紀 소재 한일관계 기사의 성격」『광개토대왕비와 한일관계』, 한일관계사연구논집 편찬위원회편, 경인문화사, 2005.

백종오, 「백제 한성기 육계토성에 대하여」『국립공주박물관기요』5, 2006.

백종오, 「인천연안의 고대 성곽에 대하여」『문화사학』27, 2007.

변태섭, 「丹陽眞興王拓境碑의 建立年代와 性格」『史學志』12, 1978.

서병국, 「渤海와 新羅의 國境線 研究-東海岸地域을 中心으로-」『關東大 論文集』9, 1981.

서영교, 「新羅 長槍幢에 대한 新考察」『慶州史學』17, 1998.

서영교, 「羅唐戰爭과 吐蕃」『東洋史學研究』79, 2002.

서영교, 「羅唐戰爭期 唐兵法의 導入과 그 意義」『韓國史研究』116, 2002.

서영교, 「나당전쟁기 石門전투」『東國史學』38. 2002.

서영교, 「고구려의 對唐戰爭과 내륙아시아 제민족-안시성전투와 설연타-」『軍史』 49, 국방부 군사편찬연구소, 2003.

서영교, 「고구려 기병과 鐙子-고구려 고분벽화 분석을 중심으로-」『歷史學報』181, 歷史學會, 2004.

서영교, 「高句麗 壁畵에 보이는 高句麗의 戰術과 武器」『高句麗研究』17, 學研文化社, 2004.

서영교, 「황산벌 결전 직전의 국제정세」『군사연구』131집, 육군군사연구소, 2011.

서영남, 「봉황대 유적의 성격」『金海鳳凰臺遺蹟』, 釜山大學校博物館, 1998.

서영수, 「廣開土王陵碑文의 '朝貢' 記事에 對하여」『第24會 全國歷史學大會發表要旨』, 전국역사학대회준비위원회, 1981.

서영수, 「廣開土大王陵碑文의 征服記事 再檢討(上)」『歷史學報』96, 歷史學會, 1982.

서영수, 「廣開土大王陵碑文의 征服記事 再檢討(中)」『歷史學報』119, 歷史學會, 1988.

서영수, 「廣開土大王碑文의 연구사적 검토」『고구려연구』1, 고구려연구회, 1995.

서영수, 「위만조선의 형성과정과 국가적 성격」『한국고대사연구』9(고조선과 부여의 제문제 특집호), 한국고대사연구회 편, 신서원, 1996.

서영수, 「고조선의 대외관계와 강역의 변동」『동양학』29, 동양학연구소, 1999.

서영수, 「高句麗와 三國의 關係-위진과의 외교와 전쟁을 중심으로-」『高句麗研究』14, 高句麗研究會, 2002.

서영수, 「고조선의 발전과정과 강역의 변동」

『백산학보』 76, 백산학회, 2006.

서영일, 「5 6세기의 고구려 동남경 고찰」『사학지』 24, 단국대학교 사학회, 1991.

서영일, 「新羅五通考」『白山學報』 52, 백산학회, 1999.

서영일, 「中原高句麗碑에 나타난 高句麗 城과 國防體系」『高句麗研究』 10(中原高句麗碑 研究), 고구려연구회, 2000.

서영일, 「6 7세기 고구려 남경 고제」『高句麗研究』 11, 고구려연구회, 2001.

서영일, 「한성시대의 백제 북방교통로」『문화사학』 21, 2004.

서영일, 「한성 백제시대 산성과 지방통치」『문화사학』 24, 2005.

서일범, 「북한 경내 고구려 성 분포와 연구현황」『고구려연구』 8(고구려산성연구), 고구려연구회, 1999.

서정석, 「백제 사비도성의 구조」『국사관논총』 104, 2004.

서정흠, 「明末 建州女直과 八旗制의 起源」『歷史敎育論集』 2, 경북대 사범대학 역사교육과, 1981.

선석열, 「"삼국사기' '신라본기' 상대 말갈기사의 검토 -초기기록의 기년을 중심으로-」『부대사학』 17, 1993.

선석열, 「加耶の鐵と倭の南北市□」『古代東アヅアにおける倭と加耶の交流』(國立歷史民俗博物館研究報告書 第110集), 2004.

성정용, 「後百濟 都城과 防禦體系」『후백제와 견훤』, 百濟研究所, 2000.

성정용, 「4~5세기 백제의 지방지배」『한국고대사연구』 24, 2001.

성정용, 「고악산성과 마로산성 출토 마구에 대하여」『호남고고학』 27, 2007.

성주탁, 「百濟 炭峴 小考; 金庾信將軍의 百濟攻擊路를 中心으로」『백제논총』 2, 1990.

손병현, 「고조선에 대한 고고학적 연구」『인문과학』 28, 성균관대학교 인문과학연구소, 1998.

손영종, 「발해의 서변에 대하여 (1)」『력사과학』 1980-2, 과학백과사전출판사, 평양, 1980.

손영종, 「중원고구려비에 대하여」『력사과학』, 1985-2.

송계현, 「낙동강 하류역의 고대 철생산」『가야제국의 철』, 인제대학교 가야문화연구소 편, 신서원, 1995.

송계현, 「우리나라 甲冑의 變化」『고대 전사와 무기』, 부산복천박물관, 1999.

송계현, 「전쟁의 양상과 사회의 변화」『고대의 전쟁과 무기』, 부산복천박물관, 2001.

송기호, 「발해 멸망기의 대외관계; 거란, 후삼국과의 관계를 중심으로」『韓國史論』 17, 서울대학교 인문대학 국사학과, 1987.

송기호, 「東아시아 國際關係 속의 渤海와 新羅」『韓國史市民講座 제5집』, 一潮閣, 1989.

송기호, 「발해 城地의 조사와 연구」『韓國史論』 19, 국사편찬위원회, 1989.

송기호, 「발해의 초기 도읍지와 천도 과정」『于江權兌遠敎授停年紀念論叢 民族文化의 諸問題』, 1994.

송기호, 「渤海 首領의 性格」『金容燮敎授停年

紀念』韓國史學論叢 2, 1997.

송기호, 「渤海의 地方統治와 그 실상」, 『韓國古代史研究』 11-韓國 古代社會의 地方支配, 신서원, 1997.

송기호, 「부여사 연구의 쟁점과 자료 해석」, 『한국고대사연구』 37, 한국고대사학회, 2005.

송만영, 「중부지방 원삼국시대~한성백제시대 전쟁양상의 변화-화재주거지 자료를 중심으로-」, 『한국고고학보』 43, 2001.

송순탁, 「고조선에 의한 조선중남부지역의 통합과 진국의 분리」, 『력사과학』 176, 과학백과사전출판사, 2000.

송순탁, 「대동강유역 청동기시대문화의 성격에 대하여」, 『단군학연구』 8, 단군학회, 2003.

송완범, 「8세기 중엽 '新羅征討' 계획으로 본 古代日本의 對外方針」, 『韓日關係史研究』 25, 2006.

송호정, 「요동~서북한지역에서 고조선의 국가 형성」, 『역사와 현실』 21, 역사비평사, 1996.

송호정, 「부여의 대외 관계」, 『한국사 4』, 국사편찬위원회, 1997.

송호정, 「부여의 문화」, 『한국사 4 - 초기국가 : 고조선, 부여, 삼한 -』, 국사편찬위원회, 1997.

송호정, 「부여의 성장과 대외관계」, 『한국사 4 - 초기국가 : 고조선, 부여, 삼한 -』, 국사편찬위원회, 1997.

송호정, 「부여의 정치와 사회」, 『한국사 4 - 초기국가 : 고조선, 부여, 삼한 -』, 국사편찬위원회, 1997.

송호정, 「고조선 중심지 및 사회성격 연구의 쟁점과 과제」, 『한국고대사논총』 10, 한국고대사회연구소, 2000.

송호정, 「고조선, 부여의 국가구조와 정치운영 -부 및 부체제론과 관련하여-」, 『한국고대사연구』 17(특집 : 한국고대사의 부), 한국고대사학회, 2000.

송호정, 「기원전 5~4세기 초기 세형동검문화의 발생과 고조선」, 『선사와 고대 - 청동기문화의 새로운 연구-』 14, 한국고대학회, 2000.

송호정, 「요동~서북한 지역에서 세형동검문화의 발생과 고조선의 국가형성연구」, 『한국상고사학보』 40, 한국상고사학회, 2003.

송호정, 「대릉하류성 은주 청동례기 사용 집단과 기자조선」, 『한국고대사연구』 38, 한국고대사학회, 2005.

신경철, 「金海禮安里 160號墳에 對하여 -古墳의 發生과 관련하여-」, 『伽耶考古學論叢』 1, 駕洛國史蹟開發研究院, 1992.

신경철, 「加耶 初期馬具에 대하여」, 『釜大史學』 18, 1994.

신경철, 「金海大成洞·東萊福泉洞古墳群 點描 -金官加耶 이해의 一端-」, 『釜大史學』 19, 1995.

신경철, 「백제의 甲冑에 대하여」, 『백제사상의 전쟁』, 충남대 백제연구소, 2001.

신재현, 「고구려 강성기 서·북만 고토 수복전략 분석」, 『군사연구』 125집, 육군군사연구소, 2008.

신형식, 「羅末麗初의 宿衛學生」, 『韓國古代史의

新研究』, 一潮閣, 1984.

신형식, 「統一新羅의 對日關係」『統一新羅史硏究』, 삼지원, 1990.

신형식, 「新羅의 發展과 漢江」『韓國史硏究』 77, 한국사연구회, 1992.

신호철, 「新羅末 高麗初 昧谷城(懷仁)將軍 襲直」『호서문화연구』 10, 1992.

신호철, 「後三國期 忠北地方의 豪族勢力」『金顯吉敎授停年紀念논총』, 1997.

신호철, 「후삼국 건국세력과 청주 지방세력」『신라 서원소경 연구』, 서경문화사, 2001.

심광주, 「南韓地域의 高句麗 遺蹟」『고구려연구』 12輯, 2001.

심봉근, 「주변지역 청동기문화와의 비교 -일본-」『한국사 3 - 청동기문화와 철기문화 -』, 국사편찬위원회, 1997.

심정보, 「百濟復興軍의 主要據點에 관한 硏究」『百濟硏究』 14, 1983.

안신원, 「청동기를 통해 본 한, 중관계」『한국선사고고학보』 11, 한국선사고고학회, 2005.

안재호, 「鐵鎌의 變化와 劃期」『伽耶考古學論叢』 2, 서울: 駕洛國史蹟開發硏究院, 1997.

안춘배, 「廣開土大王陵碑文 硏究Ⅰ -碑文의 文段과 解釋을 중심으로-」『歷史考古學誌』 8, 1992.

양기석, 「웅진시대 백제 지배층연구」『사학지』 14, 1980.

양기석, 「新羅 五小京의 設置와 西原京」『湖西文化硏究』 11, 1993.

양기석, 「관산성 전투의 양상과 영향」『중원문화논총』 12, 2008.

양병룡, 「羅唐戰爭의 進行過程에 보이는 高句麗遺民의 對唐戰爭」『史叢』 46, 1997.

여호규, 「3C후반~4C전반 고구려의 교통로와 지방통치조직」『한국사연구』 91, 한국사연구회, 1995.

여호규, 「고구려 초기 병력동원체계」『군사』 36, 국방군사연구소, 1998.

여호규, 「국내성기 고구려의 군사방어체계」『한국군사사연구』 1, 국방군사연구소, 1998.

여호규, 「고구려 중기의 무기 체계와 병종구성」『한국군사사연구』 2, 국방군사연구소, 1999.

여호규, 「고구려 후기의 군사방어체계와 군사전략」『한국군사사연구』 3, 국방군사연구소, 1999.

여호규, 「4세기 동아시아 국제질서와 고구려 대외정책의 변화」『역사와 현실』 36, 2000.

여호규, 「백제의 요서진출설 재검토-4세기 후반 부여계 인물의 동향과 관련하여-」『진단학보』 91, 2001.

여호규, 「한국 고대의 지방도시 - 신라 5小京을 중심으로」『강좌 한국고대사 7』, 2002.

여호규, 「한성시기 백제의 도성제와 방어체계」『백제연구』 36, 2002.

여호규, 「고구려 초기의 梁貊과 小水貊」『韓國古代史硏究』 25, 한국고대사학회, 2002.

여호규, 「6세기말~7세기초 동아시아 국제질서와 고구려 대외정책의 변화」『역사와 현실』46, 한국역사연구회, 2002.

여호규, 「고구려 초기 對中戰爭의 전개과정과 그 성격」『동북아역사논총』15, 2007.

연민수, 「廣開土王碑文에 보이는 倭關係 記事의 檢討」『東國史學』21, 동국사학회, 1987.

연민수, 「廣開土王碑文에 보이는 對外關係-高句麗의 南方經營과 國際關係論-」『한국고대사연구』10(삼한의 社會와 文化 특집호), 韓國古代史研究會·신서원, 1995.

오강원, 「고조선 위치 비정에 관한 연구사적 검토」『백산학보』48, 백산학회, 1997.

오강원, 「요령-서북한지역 중세형동검에 관한 연구」『청계사학』16·17, 한국정신문화연구원 청계사학회, 2002.

유리 니키틴, 「수이푼 강 연안 체르냐티노 5 발해 武將 古墳」『고조선·고구려·발해 발표 논문집』, 고구려연구재단, 2005.

유원재, 「삼국사기 위말갈고」『사학연구』29, 한국사학회, 1979.

윤덕향, 「청동기시대의 유물 - 석기 -」『한국사 3 - 청동기문화와 철기문화 -』, 국사편찬위원회, 1997.

윤명철, 「강화지역의 해양방어체제연구-관미성 위치와 관련하여-」『사학연구』58·59합집(내운최근영박사정년기념논문집), 한국사학회, 1999.

윤무병, 「한국 청동단검의 형식분류」『진단학보』29·30합, 진단학회, 1966.

윤무병, 「역사도시 경주의 보존에 대한 조사」『文化財의 科學的 保存에 대한 研究』(1), 과학기술처, 1970.

윤무병, 「철기(청동기문화)」『한국사 1(고대) - 한국의 선사문화 -』, 국사편찬위원회, 1973.

윤무병, 「청동기(청동기문화)」『한국사 1(고대) - 한국의 선사문화 -』, 국사편찬위원회, 1973.

윤무병·박태우, 「五小京의 位置 및 都市構造에 대한 一考察」『中原京과 中央塔』, 1992.

윤선태, 「752년 신라의 대일교역과『바이시라기모쯔게(買新羅物解)』」『역사와 현실』24, 1997.

윤선태, 「馬韓의 辰王과 臣濆沽國」『百濟研究』제34집, 2001.

윤용구, 「樂浪前期 郡縣支配勢力의 種族系統과 性格」『歷史學報』126, 1990.

윤용구, 「『三國志』韓傳 대외관계기사에 대한 일고찰」『馬韓史研究』, 충남대출판부, 1998

윤용구, 「三韓의 對中交涉과 그 性格」『국사관논총』85, 1999.

윤용구, 「삼한의 조공무역에 대한 일고찰 -한대 낙랑군의 교역형태와 관련하여-」『역사학보』162, 역사학회, 1999.

윤용구, 「三韓과 樂浪의 교섭」『韓國古代史研究』34, 2004.

윤용구, 「새로 발견된 낙랑 목간」(제95회 한국고대사학회 정기발표회 자료집), 2007.

윤용진, 「석기, 골각기(청동기문화)」『한국사 1(고대) - 한국의 선사문화 -』, 국사편찬위원회, 1973.

윤용혁, 「나말여초 洪州의 등장과 運州城主 兢俊」『한국중세사연구』 22, 2007.

윤일영, 「관미성위치고-광개토대왕비문, 삼국사기, 대동지지를 바탕으로 -」『북악사론』 2, 1990.

윤일영, 「신라가 대백전시(서기660) 투입하였던 부대 수, 병력 수, 부대편제, 전투대형」『군사학연구』 5, 대전대학교 군사연구원, 2007.

윤재운, 「新羅 下代 鎭의 再檢討」『史學研究』 58 59, 1999.

윤정희, 「소가야토기의 성립과 전개」, 경남대학교 대학원 석사학위논문, 1997.

윤희면, 「新羅下代의 城主 將軍-眞寶城主 洪術과 載岩城將軍 善弼을 中心으로-」『韓國史研究』 39, 1982.

이강래, 「'삼국사기'에 보이는 말갈의 군사활동」『영토문제연구』 2, 고려대학교 영토문제연구소, 1985.

이강래, 「『三國史記』의 靺鞨 認識」『白山學報』 52, 1999.

이강승 · 조유전, 「청동기시대 유적의 분포」『한국사 3-청동기문화와 철기문화-』, 국사편찬위원회, 1997.

이건무, 「청동기시대의 유물-청동기-」『한국사 3-청동기문화와 철기문화-』, 국사편찬위원회, 1997.

이근우, 「백제의 방군성제 관련사료에 대한 재검토」『한국 고대의 고고와 역사』, 학연문화사, 1997.

이기동, 「新羅 內勿王系의 血緣意識」『歷史學報』 52 · 53 합집, 1972.

이기동, 「新羅 下代의 浿江鎭 -高麗王朝의 成立과 聯關하여」『新羅骨品制社會와 花郎徒』, 一潮閣, 1976.

이기동, 「新羅 下代의 王位繼承과 政治過程」『歷史學報』 85, 역사학회, 1980.

이기동 · 이기백, 「城邑國家와 聯盟王國」『韓國史講座』(古代篇), 一潮閣, 1982.

이기동, 「張保皐와 그의 海上王國」『新羅社會史研究』, 一潮閣, 1985.

이기동, 「廣開土王陵 碑文에 보이는 百濟關係 記事의 檢討」『百濟研究』 17, 충남대학교 百濟研究所, 1986.

이기동, 「歷史篇」『韓國學基礎資料選集-古代篇-』, 1987.

이기동, 「북한에서의 고조선 연구」『한국사시민강좌』 2, 일조각, 1988.

이기동, 「百濟王國의 興亡」『百濟史研究』, 일조각, 1996.

이기동, 「高句麗史 발전의 劃期로서의 4世紀-慕容 '燕'과의 항쟁을 통해서-」『東國史學』 30, 동국대학교사학회, 1996.

이기동, 「于老傳說의 世界」『新羅社會史 研究』, 일조각, 1997.

이기동, 「한국민족사에서 본 부여」『한국고대사연구』 37, 한국고대사학회, 2005.

이기백, 「新羅私兵考」『新羅政治社會史研究』, 一潮閣, 1957.

이기백, 「傳統社會와 兵制」『韓國學報』 6, 일지사, 1977.

이기백, 「熊津時代 百濟의 貴族勢力」『백제연구』(특집호), 1982.

이기백, 「고조선의 국가형성」『한국사시민강좌』 2, 일조각, 1988.

이기백, 「고대 한일관계사의 연구의 방향」『韓

國古代史論』(증보판), 일조각, 1995.

이남규, 「1~3세기 낙랑지역의 금속기문화-철기를 중심으로-『한국고대사논총』 5, 한국고대사회연구소 편·가락국사적 개발연구원, 1993.

이남규, 「주변지역 철기문화와의 비교-중국-」 『한국사 3-청동기문화와 철기문화-』, 국사편찬위원회, 1997.

이남규, 「철기시대의 유물-철기생산기술-」 『한국사 3-청동기문화와 철기문화-』, 국사편찬위원회, 1997.

이남규, 「한반도 고대국가 형성기 철제무기의 형성과 보급-중국과의 비교적 시각에서」『한국고대사연구』 16, 1999.

이남규, 「한성백제기 철기문화의 특성」『백제연구』 36, 충남대백제연구소, 2002.

이남석, 「경기·충청지역 분구묘의 검토」『분구묘의 신지평』, 전북대학교BK21사업단·전북대학교박물관, 2011.

이노우에 히데오, 「조선의 초기국가 - 3세기의 부여국 -」『동북대학교 일본문화연구소 연구보고』 12, 동북대학교 일본문화연구소, 1976.

이도학, 「漢城末 熊津時代 百濟王系의 검토」 『한국사연구』 45, 1984.

이도학, 「永樂6年 廣開土王의 南征과 國原城」 『孫寶基停年記念 韓國史學論叢』, 知識産業社, 1988.

이도학, 「高句麗의 洛東江流域 進出과 新羅·伽倻 經營」『國學研究』 2, 국학연구소, 1988.

이도학, 「新羅의 北進經略에 관한 新考察」『慶州史學』 7, 1990.

이도학, 「廣開土王陵碑文에 보이는 戰爭記事의 分析」『廣開土好太王碑研究 100年』 (第2會 高句麗研究會 國際學術大會), 고구려연구회·학연문화사, 1996.

이도학, 「百濟復興運動의 시작과 끝, 任存城」 『百濟文化』 28, 1999.

이도학, 「廣開土王碑文에 보이는 地名比定의 재검토」『廣開土王碑文의 新研究』, 서라벌군사연구소, 1999.

이도학, 「百濟 復國運動과 遲受信, 그리고 黑齒常之」『전통문화논총』 4, 2006.

이도학, 「弓裔의 北方京 占領과 그 意義」『東國史學』 43, 2007.

이동복, 「金初 女眞社會의 構成」, 『역사학보』 106집, 역사학회, 1985.

이동희, 「백제의 전남 동부 지역 진출의 고고학적 연구」『韓國考古學報』 64집, 2007.

이룡범, 「遼代 東京道의 渤海遺民」『史叢』 17 18, 고려대학교 사학회, 1973.

이명식, 「新羅 統一期의 軍事組織」『韓國古代史研究』 1, 1988.

이문기, 「신라 시위부의 성립과 성격」『역사교육논집』 9, 1986.

이문기, 「統一新羅期의「北鎭」과 軍事的 位相」 『九谷黃鍾東敎授停年기념논총』, 1994.

이문기, 「三國史記 武官條의 史料的 檢討」『新羅兵制史 研究』, 일조각, 1997.

이문기, 「景德王代 軍制改革의 實態와 新軍制의 運用」『新羅兵制史 研究』, 一潮閣, 1997.

이문기, 「『三國史記』職官志 武官條의 內容과 性格」『新羅兵制史研究』, 一潮閣,

1997.

이문기, 「사비시대 백제의 군사조직과 그 운용」『백제연구』28, 1998.

이문기, 「7세기 후반 新羅의 軍制改編과 그 性格에 대한 一試論」『韓國古代史研究』16, 1999.

이문기, 「고구려 막리지의 관제적 성격과 기능」『백산학보』55, 白山學會, 2000.

이문기, 「甄萱政權의 軍事的 基盤 -특히 新羅 公兵組織의 再編과 關聯하여-」『후백제와 견훤』, 百濟研究所, 2000.

이문기, 「新羅 文武王代의 軍事政策에 대하여」『歷史教育論集』32, 2004.

이백겸, 「論夏家店下層文化」『紀念北京大學考古專業三十周年論文集』, 文物出版社, 1990.

이병도, 「廣開土王의 雄略」『韓國古代史研究』, 박영사, 1976.

이병도, 「夫餘考」『韓國古代史研究』, 博英社, 1976.

이병도, 「衛氏朝鮮 興亡考」『韓國古代史研究』, 博英社, 1976.

이병도, 「玄菟郡考」『韓國古代史研究』, 박영사, 1976.

이병호, 「백제 사비도성의 조영과정」『한국사론』47, 서울대 국사학과, 2002.

이부오, 「1~3세기 진왕의 성격 변화와 삼한소국의 대외교섭」『신라사학보』1, 신라사학회, 2004.

이상훈, 「唐의 軍事戰略을 통해 본 羅唐戰爭期의 買肖城 戰鬪」『新羅文化』29, 2007.

이상훈, 「羅唐戰爭期 伎伐浦 戰鬪와 薛仁貴」

『大丘史學』90, 2008.

이성규, 「중국 군현으로서의 낙랑」『낙랑 문화 연구』(동북아역사재단 연구총서 20), 동북아역사재단, 2006.

이성시, 「군사조직과 지휘체계」『백제사상의 전쟁』, 충남대 백제연구소, 2001.

이성제, 「영양왕 9년 高句麗의 遼西 攻擊」『震檀學報』90, 진단학회, 2000.

이성제, 「高句麗와 北齊의 關係-552년 流人 送還의 문제를 중심으로-」『韓國古代史研究』23, 한국고대사학회, 2001.

이성제, 「高句麗 長壽王代의 對宋外交와 그 意義」『白山學報』67, 白山學會, 2003.

이성제, 「高句麗 長壽王의 對北魏交涉과 그 政治的 의미-北燕을 둘러싸고 이루어진 對北魏關係의 전개-」『歷史學報』181, 歷史學會, 2004.

이성주, 「목관묘에서 목곽묘로 -울산 중산리유적과 다운동유적에 대한 검토-」『신라문화』14, 1997.

이성주, 「철기시대의 유물 - 철기유물 -」『한국사 3 - 청동기문화와 철기문화 -』, 국사편찬위원회, 1997.

이영식, 「古代의 戰爭과 國家形成」『한국고대사연구』16, 1999.

이영택, 田溶新, 『韓國古地名辭典』, 고대민족문화연구소, 1993.

이영훈 · 손명조, 「고대 철, 철기 생산과 그 전개에 대한 고찰」『한국고대사논총』9, 한국고대사회연구소, 2000.

이용범, 「高句麗의 遼西進出 企圖와 突厥」『史學研究』4, 1959.

이용범, 「高句麗의 成長과 鐵」『白山學報』1,

백산학회, 1966.

이용범, 「渤海王國의 形成과 高句麗遺族 上」 『東國大學校 論文集』 10, 1972.

이용범, 「渤海王國의 形成과 高句麗遺族 下」 『東國大學校 論文集』 11, 1973.

이용빈, 「백제 5방제의 성립과정 연구」 『백산학보』 61, 2001.

이용현, 「五世紀末における加耶の高句麗接近と挫折」 『東アジアの古代文化』 90, 1997.

이용현, 「광개토왕 비문에 보이는 각군의 군사전략」 『군사』 39, 국방군사연구소, 1999.

이용현, 「統-新羅の傳達體系と'北海通'」 『朝鮮學報』 171, 조선학회, 일본, 1999.

이우성, 「南北國時代와 崔致遠」 『創作과 批評』 38, 창작과 비평사, 1975.

이인재, 「羅末麗初 北原京의 政治勢力 再編과 佛敎界의 動向」 『韓國古代史研究』 31, 2003.

이인철, 「新羅의 軍事組織과 그 運營實態」 『軍史』 28, 1994.

이인철, 「6~7世紀의 武器·武裝과 軍事組織의 編制」 『韓國古代史論叢』 7, 1995.

이인철, 「덕흥리벽화고분의 묵서명을 통해본 고구려의 유주경영」 『역사학보』 158, 역사학회, 1998.

이인철, 「고대국가의 군사조직과 그 운영」 『강좌 한국고대사』 2, 가락국사적개발연구원, 2003.

이잔수, 「高句麗 壁畵에 보이는 기사(騎射)에 關하여」 『高句麗研究』 17, 學研文化社, 2004.

이재성, 「契丹 '古八部' 聯盟의 形成과 解體」 『東國史學』 27, 1993.

이재성, 「4~5世紀 高句麗와 契丹」 『高句麗研究』 14, 高句麗研究會, 2002.

이재현, 「Ⅴ. 考察」 『蔚山下垈遺蹟-古墳Ⅰ』, 釜山大學校博物館, 1997.

이재현, 「弁韓社會의 形成과 發展」 『가야 고고학의 새로운 조명』, 부산대학교 한국민족문화연구소 편, 혜안, 2003.

이종수, 「길림성 중부지역 초기 철기시대 문화유적 연구」 『백제문화』 30, 공주대 백제문화연구소, 2001.

이종수, 「고고자료를 통해 본 부여의 대외 교류」 『선사와 고대』 제33호, 2010.

이종욱, 「百濟의 國家形成」 『대구사학』 11, 1976.

이종욱, 「高句麗初期의 政治的 成長과 對中國關係의 展開」 『東亞細亞의 比較研究』, 一潮閣, 1987.

이종욱, 「廣開土王陵碑 및 「三國史記」에 보이는 '倭兵'의 정체」 『韓國史市民講座』 11, 一潮閣, 1992.

이청규, 「세형동검의 형식분류 및 그 변천에 대하여」 『한국고고학보』 13, 한국고고학연구회, 1982.

이청규, 「요녕지방 청동기 연구의 몇가지 문제」 『박물관기요』 7, 1991.

이청규, 「청동기를 통해 본 고조선」 『국사관논총』 42, 1993.

이청규, 「철기시대의 사회와 경제」 『한국사 3 - 청동기문화와 철기문화 -』, 국사편찬위원회, 1997.

이청규, 「한중교류에 대한 고고학적 접근 - 청

동기 시대에서 철기시대까지-」『한국 고대사연구』 32, 한국고대사학회, 2003.

이현숙, 「百濟盛矢具에 대한 檢討」『百濟文化』 28, 1999.

이현주, 「福泉洞古墳群의 武器副葬樣相을 통해 본 軍事組織의 形態」『博物館研究論集』 9, 부산박물관, 2002.

이현혜, 「삼한의 국읍과 그 성장에 대하여」『역사학보』 69, 역사학회, 1976.

이현혜, 「삼한사회의 농업생산과 철제농기구」『역사학보』 126, 1990.

이현혜, 「마한 백제국의 형성과 지배집단의 출자」『百濟研究』 22, 1991.

이현혜, 「三韓의 對外交易體系」『李基白先生 古稀紀念 韓國史學論叢』(上), 一潮閣, 1994.

이현혜, 「철기보급과 정치세력의 성장-진, 변한지역의 정치집단을 중심으로-」『가야제국의 철』(가야연학술총서 1), 인제대학교 가야문화연구소 편, 신서원, 1995.

이현혜, 「金海地域의 古代 聚落과 城」『韓國古代史論叢』 8, 韓國古代社會研究所 編, 駕洛國史蹟開發研究院, 1996.

이현혜, 「3세기 馬韓과 伯濟國」『百濟의 中央과 地方』, 충남대백제연구소, 1997.

이현혜, 「동예의 사회와 문화」『한국사 4-초기국가 : 고조선, 부여, 삼한-』, 국사편찬위원회, 1997.

이현혜, 「삼한의 문화」『한국사 4-초기국가 : 고조선, 부여, 삼한-』, 국사편찬위원회, 1997.

이현혜, 「삼한의 정치와 사회」『한국사 4-초기국가 : 고조선, 부여, 삼한-』, 국사편찬위원회, 1997.

이현혜, 「옥저의 사회와 문화」『한국사 4-초기국가 : 고조선, 부여, 삼한-』, 국사편찬위원회, 1997.

이현혜, 「삼한의 대외교역체계」『한국 고대의 생산과 교역』, 일조각, 1998.

이현혜, 「한국 초기철기시대의 정치체 수장에 대한 고찰」『역사학보』 180, 역사학회, 2003.

이현혜, 「고고학 자료로 본 斯盧國 六村」『韓國古代史研究』 52, 2008.

이현혜, 「沃沮의 기원과 문화 성격에 대한 고찰」『한국상고사학보』 70호, 2010.

이형구, 「대릉하유역의 은말주초 청동기문화와 기자 및 기자조선」『한국상고사학보』 5, 1991.

이형구, 「발해연안 대릉하류역 기자조선의 유적, 유물」『한국고대사연구』 9(고조선과 부여의 제문제 특집호), 한국고대사연구회 편, 신서원, 1996.

이형구, 「서울 풍납동 백제왕성에 관한 연구」『백제논총』 7, 2003.

이호영, 「삼국통일의 과정」『한국사 9 -통일신라-』, 국사편찬위원회, 1998.

이홍종, 「『삼국사기』 '말갈' 기사의 고고학적 접근」『한국사학보』 5, 고려사학회, 1998.

이홍종, 「송국리문화의 문화접촉과 문화변동」『한국상고사학보』 48호, 2005.

이홍직, 「羅末의 戰亂과 緇軍」『韓國古代史의 研究』, 新丘文化社, 1968.

이효형, 「『高麗史 소재 渤海關係 기사의 검토」 『지역과 역사』 11, 2002.

이희준, 「토기로 본 대가야의 권역과 그 변천」 『가야사연구』, 1995, 경상북도.

임기환, 「고구려와 수·당의 전쟁」 『한국사』 4(고대사회에서 중세사회로2), 한길사, 1994.

임기환, 「3~4세기초 위·진의 동방정책-낙랑군·대방군을 중심으로-」 『역사와 현실』 36, 2000.

임기환, 「中原高句麗碑를 통해 본 高句麗와 新羅의 關係」 『高句麗硏究』 10(中原高句麗碑 硏究), 고구려연구회, 2000.

임기환, 「고구려, 신라의 한강 유역 경영과 서울」 『서울학연구』 18, 서울시립대 서울학연구소, 2002.

임기환, 「報德國考」 『강좌 한국고대사 10』, 2003.

임기환, 「고구려와 낙랑군의 관계」 『韓國古代史研究』 34, 한국고대사학회, 2004.

임기환, 「廣開土王碑에 보이는 百濟 관련 記事의 檢討」 『漢城百濟史料研究』(한성백제연구총서1), 경기문화재단, 2005.

임기환, 「고구려본기 전거자료의 계통과 성격」 『한국고대사연구』 42, 2006.

임기환, 「고대의 강원도와 삼국의 역관계」 『강원도와 고구려』, 강원발전연구원, 2006.

임병태, 「新羅小京考」 『歷史學報』 35·36, 1967.

임병태, 「新羅의 三國統一」 『한국사 2』, 국사편찬위원회, 1981.

임상선, 「발해의 사회·경제구조」 『한국사 8』, 국사편찬위원회, 1997.

임상선, 「渤海의 遷都에 대한 考察」 『淸溪史學』 5, 청계사학회, 1988.

임상선, 「新羅時代의 서울지역 經營」 『鄕土서울』 61, 서울특별시사편찬위원회, 2001.

임상선, 「발해 '東京' 지역의 고구려 문화 요소」 『고구려연구』 25, 고구려연구회, 2006.

임상선, 「발해의 都城體制와 그 특징」 『韓國史學報』 24, 2006.

임상선, 「발해의 왕도 顯州와 中京 치소 西古城의 관계」 『고구려발해연구』 37, 고구려발해학회, 2010.

임영진, 「마한의 형성과 변천에 대한 고고학적 고찰」 『한국고대사연구』 10(삼한의 사회와 문화 특집호), 한국고대사연구회 편, 신서원, 1995.

임영진, 「積石塚으로 본 百濟 建國集團의 南下過程」 『선사와 고대』 19, 한국고대학회, 2003.

임효택, 「김해 양동리 제162호 토광목곽묘 발굴조사개요」(발굴지도위원회 현장보고자료), 1991.

장학근, 「新羅의 征服地 支配·防禦戰略 - 對唐戰爭을 中心으로 - 」 『軍史』 41, 2000.

전기웅, 「羅末麗初의 地方社會와 知州諸軍事」 『慶南史學』 4, 1987.

전덕재, 「新羅 下代 鎭의 設置와 性格」 『軍史』 35, 1997.

전덕재, 「尼師今時期 新羅의 成長과 6部」 『신라문화』 21, 2003.

전덕재, 「관산성 전투에 대한 새로운 고찰」 『신 라문화』 34, 2009.

전영래, 「百濟南方境域의 變遷」 『千寬宇先生還 曆紀念 韓國史學論叢』, 1985.

전해종, 「唐代均田考」 『동아문화의 비교사적 연구』 27, 1976.

정경숙, 「新羅時代의 '將軍'의 成立과 變遷」 『韓國史研究』 48, 1985.

정광용, 「삼국시대 철기유물의 제작기술 연구」 『문화재』 35, 국립문화재연구소, 2002.

정석배, 「청동, 철기기대 중국북방의 단검」 『한 국고고학보』 32, 1995.

정석배, 「청동, 초기철기시대 중국북방지역 단 검의 형식분류와 지역성 검토」 『선사 와 고대』 20, 한국고대학회, 2004.

정영진, 「延邊地域의 城郭에 대한 研究」 『高句 麗研究』 8, 1999.

정영진, 「渤海의 강역과 五京의 위치」 『韓國史 論 34 -한국사의 전개과정과 영토-』, 국사편찬위원회, 2002.

정영호, 「金庾信의 百濟攻擊路 研究」 『史學志』 6, 단국대학교 사학회, 1972.

정영호, 「百濟 助川城考」 『百濟研究』 3, 1972.

정영호, 「신라 남천정지의 연구」 『변태섭교수 화갑기념논총』, 1986.

정영호, 「新羅關門城에 대한 小考」 『古文化』 15, 1997.

정운용, 「5세기 고구려 세력권의 남한」 『사총』 35, 고려대학교 사학회, 1989.

정운용, 『5~6世紀 新羅 對外關係史 硏究』, 高 麗大 博士學位論文, 1996.

정인성, 「지석묘문화에서 세형동검문화로의 이

행」 『전환기의 고고학 1』, 학연문화사, 2002.

정재윤, 「新羅의 百濟故地 점령 정책 -完山州 설치 배경을 중심으로-」 『國史館論 叢』 98, 2002.

정진헌, 「渤海 住民構成의 新解析-《類聚國史》 의 渤海 史料를 중심으로-」 『慶熙史 學』 19, 1995.

정청주, 「弓裔의 豪族勢力」 『전북사학』 10, 1986.

정청주, 「新羅末 高麗初 豪族의 形成과 變化에 대한 一考察; 平山朴氏의 一家門의 實 例 檢討」 『歷史學報』 18, 1988.

정청주, 「新羅末 高麗初의 羅州豪族」 『全北史 學』 14, 1991.

정청주, 「新羅末 高麗初 順天地域의 豪族」 『全 南史學』 18, 2002.

정효운, 「7세기대의 한일관계 연구-백강구전 에의 왜군 파견을 중심으로-」 『고고역 사학지』 5·6합집, 1990.

제레뱌꼬 예. 이, 「고대 말갈전쟁의 무기」 『극 동 민족의 역사 고고와 민족학; 역사과 학의 문제에 관한 8차 극동 회의 학술 보고』 1, 1973.

조명일, 「전북 동부지역 봉수의 분포양상」 『호 남지역 문화유적 발굴성과』, 호남고고 학회, 2004.

조법종, 「위만 조선의 대한 전쟁과 항한제후국 의 성격」 『선사와 고대』 14, 한국고대 학회, 2000.

조법종, 「고조선의 영역과 그 변천」 『한국사론』 34, 국사편찬위원회, 2002.

조원창, 「삼국시대 鏃에 관한 연구」 『백제문화』

29, 2001.

조이옥, 「新羅水軍制의 確立과 三國統一」 『STRATEGY 21』 제2권 제2호, 1999.

조이옥, 「8~9世紀 新羅의 北方經營과 築城事業」 『新羅文化』 34, 동국대학교 신라문화연구소, 2009.

조인성, 「남북국시대론-1960년대 초 북한의 고대사 인식을 중심으로-」 『한국고대사연구』 47, 한국고대사학회, 2007.

조효식, 「낙동강 중류역 삼국시대 성곽의 분류와 특징」 『古文化』 67, 한국대학박물관협회, 2006.

조효식, 「5세기 말 가야와 신라의 국경선」 『한국 고대 사국의 국경선』, 김태식 외, 서경문화사, 2008.

존·씨·재미슨, 「羅唐同盟의 瓦解 - 韓中記事 取捨의 比較」 『歷史學報』 44, 1969.

주보돈, 「新羅國家形成期 大邱社會의 動向」 『韓國古代史論叢』 8, 1996.

주보돈, 「朴堤上과 5세기초 新羅의 정치 동향」 『慶北史學』 21, 1998.

주보돈, 「5세기 高句麗·新羅와 倭의 관계」 『왜 5왕 문제와 한일관계』(한일관계사연구논집3), 경인문화사, 2005.

채태형, 「료동반도는 발해국의 령토」 『력사과학』, 1992-1, 과학백과사전출판사, 평양, 1992.

천관우, 「目支國考」 『韓國史研究』 24, 1979.

천관우, 「광개토대왕릉비문 재론」 『전해종박사화갑기념 사학논총』, 일조각, 1979.

천관우, 「廣開土王의 征服活動에 對하여」 『軍史』 創刊號, 國防部 戰史編纂委員會, 1980.

천관우, 「廣開土王代의 高句麗 領域에 대하여」 『領土問題研究』 1, 고려대학교 민족문화연구소, 1983.

최근영, 「8~10世紀 新羅 地方勢力 形成의 實際와 그 性格」 『사학지』 22, 1989.

최남선 편수, 『東京雜記』 卷2, 古蹟, 朝鮮光文會, 1913.

최몽룡, 「한국 동과에 대하여 - 특히 형식분류를 중심으로 -」 『고고미술』 110, 한국미술사학회, 1971.

최몽룡, 「古代國家成長과 貿易」 『韓國古代의 國家와 社會』, 一潮閣, 1985.

최몽룡·신숙정, 「초기철기시대 - 학설사적 검토 -」 『국사관논총』 16, 1990.

최몽룡, 「한국 철기시대의 시대구분」 『국사관논총』 50, 1993.

최몽룡, 「주변지역 청동기문화와의 비교-시베리아 및 극동지역-」 『한국사 3-청동기문화와 철기문화-』, 국사편찬위원회, 1997.

최몽룡 외, 『동북아 청동기시대 문화연구』, 주류성, 2004.

최성락, 「철기문화를 통해서 본 고조선」 『국사관논총』, 1992.

최성락, 「철기시대 유적의 분포」 『한국사 3-청동기문화와 철기문화-』, 국사편찬위원회, 1997.

최영희, 「歷史的 背景」 『雁鴨池』, 文化財管理局, 1978.

최의광, 「渤海 文王代의 大唐關係」 『史叢』 50輯, 고대사학회, 1999.

최인선, 「전남 동부지역의 백제산성 연구」『문화사학』18.

최정필, 「신진화론과 한국상고사 해설의 비판에 대한 재검토」『한국고대국가형성론』, 학연문화사, 1997.

최종석, 「羅末麗初 城主·將軍의 정치적 위상과 城」『韓國史論』50, 2004.

최태길, 「발해국에서 사용한 "百姓"이란 단어에 대하여」『발해사연구』3(연변대학 발해사연구실 편), 연변대학출판사, 1992.

최현화, 『羅唐同盟의 性格 研究』, 동국대 석사학위논문, 1999.

하상양, 「발해의 地方統治體制-하나의 試論으로서」『東洋史研究』42-2, 1983.

하상양, 「渤海의 交通路와 五京」『국학연구』3, 국학연구소, 1990.

하일식, 「新羅統一期의 貴族私領과 郡縣制-關門城 築城時의 力役 編成 事例 分析-」『東方學志』122, 2003.

한국고대사회연구소 편, 「광개토왕릉비」『譯註 韓國古代金石文 I』, 駕洛國史蹟開發研究院, 1992.

한국고대사회연구소 편, 「중원고구려비」『譯註 韓國古代金石文 I』, 駕洛國史蹟開發研究院, 1992.

한국동북아역사재단·중국내몽고문물고고연구소, 『하가점상층문화의 청동기』, 한국동북아역사재단·중국내몽고문물고고연구소, 2007.

한규철, 「渤海國의 住民構成問題」『발해사 국제학술회의 - 발해의 민족형성과 연구사』(고려대학교 민족문화연구소 주최, 발표요지) 1993.

한규철, 「渤海國의 서쪽 경계에 관한 연구」『역사와 경계』47, 부산경남사학회, 2003.

한양대학교박물관, 「이성산성-제8차발굴조사 현장설명회」, 2000.

한정훈, 「신라통일기 육상교통망과 五通」『釜大史學』27, 부산대학교 사학회, 2003.

한준수, 「신라 中·下代 鎭·道·府의 설치와 체제 정비」『한국학논총』31, 2009.

호극, 「中國 水軍과 白江口 戰鬪」『百濟史上의 戰爭』, 忠南大學校百濟研究所, 2000.

홍보식, 「金官加耶의 성립과 발전 -참고자료를 중심으로-」『加耶文化遺蹟調査 및 整備計劃』, 경상북도·가야대학교 부설 가야문화연구소, 1998.

홍보식, 「고고학으로 본 금관가야-성립·위계·권역-」『고고학을 통해 본 가야』(제23회 한국고고학전국대회 발표요지), 한국고고학회, 1999.

홍사준, 「炭峴考 -階伯의 三營과 金庾信의 三道-」『歷史學報』35 36, 1967.

홍원기, 「高麗 二軍·六衛制의 性格」『韓國史研究』68, 1990.

황기덕, 「고조선 국가의 형성」『조선고고연구』, 1989.

황선영, 「新羅下代의 府」『한국중세사연구』1, 1994.

황선영, 「신라하대 김헌창 난의 성격」『부산사학』35, 1998.

황수진, 「三國時代 嶺南 出土 札甲의 研究」『한국고고학보』78, 한국고고학회, 2011.

(2) 국외

岡崎敬,「夫租薉君銀印をめぐる諸問題」『朝鮮學報』46, 朝鮮學會, 1968.

姜華昌·沈仲衡,「試論渤海國的軍事制度」『高句麗渤海研究集成4』, 1997.

高寬敏,「五世紀 新羅の北邊」『三國史記の原典的研究』, 雄山閣出版, 1996.

高橋學而,「渤海山城理解のために-その基礎的 檢討-」『百濟研究』20, 1989.

古畑徹,「日渤交涉開始期の東アジア政勢 -渤海對日通交開始要因の再檢討-」『朝鮮史研究會論文集』23, 1986.

古畑徹,「後期新羅·渤海の統合意識と境域觀」『朝鮮史研究會論文集』36, 1998.

菅谷博子,「安史の亂時期における渤海の遼東占領について」『紀要 法大大學院』40, 1998.

匡瑜,「戰國至兩漢的北沃沮文化」『黑龍江文物叢刊』1982-1.

旗田巍,「『三國史記』新羅本紀にあらわれた '倭'」『日本文化と朝鮮』2(朝鮮文化史編), 1975.

吉田光男,「『翰苑』註所引「高麗記」について」『朝鮮學報』85, 1977.

金子修一,「高句麗와 隋의 關係」『高句麗研究』14, 高句麗研究會, 2002.

大隅晃弘,「渤海の首領制-渤海國家と東アジア世界」『新潟史學』17, 新潟大學人文學部, 1984.

大庭脩,「第三章 3, 4世紀における遼東地域の動向」『古代中世における日中關係史の研究』, 1996.

董學增,「吉林蛟河縣新街福來東古城考」『博物館研究』2期, 1989.

藤島亥治郎,「朝鮮三國時代の都市と城」『日本古代史講座』4, 學生社, 1929.

藤田亮策,「新羅九州五京攷」『朝鮮學報』5, 朝鮮學會, 1953.

鈴木靖民,「渤海の首領に關する豫備的考察」『朝鮮歷史論集』上, 1979

李凭,「高句麗와 北朝의 關係」『高句麗研究』14, 高句麗研究會, 2002.

李成市,「新羅兵制における浿江鎭典」『學術論文集』11, 朝鮮學會, 1981.

李成市,「八世紀新羅·渤海關係の一視角」『古代東アジアの民族と國家』, 岩波書店, 1998.

馬德謙,「談談吉林龍潭山東團山一帶的漢代遺物」『北方文物』, 1991年 2期, 1991.

末松保和,「新羅幢停考」『新羅史の諸問題』, 東洋文庫, 1954.

木村誠,「統一新羅の郡縣制と浿江地方經營」『朝鮮歷史論集』上卷(旗田巍先生古稀記念會 編), 龍溪書舍, 1979.

木下禮仁,「五世紀以前の倭關係記事─『三國史記』を中心として」『倭人傳を讀む』(森浩一編), 中公新書, 1982.

武國勛,「夫餘王城新考」『黑龍江文物叢刊』4期, 1983.

武田幸男,「廣開土王碑文辛卯年條の再吟味」『古代史論叢』上, 1978.

武田幸男,「牟頭婁一族と高句麗王權」『朝鮮學報』99·100, 1981.

白石太一郎,「古墳成立論」『古墳と古墳群の研究』, 塙書房, 2000.

濱田耕策,「渤海國の京府州郡縣制の整備と首

領の動向」『白山學報』52, 1999.

山口瑞鳳,「チベット史文獻」『敦煌胡語文獻』講座敦煌 6(大東出版, 東京), 1985.

山尾幸久,「任那に關する一試論」『古代東アジア史論集』下卷, 1978.

山尾幸久,「日本古代王權の形成と日朝關係」『古代の日朝關係』, 塙書房, 1989.

三上次男,「半拉城出土の 二佛并座像とその歷史的意義-高句麗と渤海を結ぶもの」『朝鮮學報』49, 조선학회, 일본, 1968.

石井正敏,「初期日渤交涉における一問題 - 新羅征討計畫中止との關連をめぐって」『日本渤海關係史の研究』, 吉川弘文館, 1974.

石井正敏,「渤海の 地方社會-『類聚國史』渤海沿革記事の檢討」『日本渤海關係史研究』, 吉川弘文館, 2001.

孫進己,「渤海疆域考」『北方論叢』, 1982-4.

孫進己,「渤海國的彊域與都城」『東北民族硏究(1)』, 中州古籍出版社, 1984.

宋玉彬,「渤海都城故址研究」『考古』2009-6.

新川登龜男,「白村江の戰いと古代の東アジア」『백제 부흥운동과 백강전쟁』, 2003.

瀋陽古宮博物館,「鄭家窪子遺蹟調査簡報」『考古學報』, 1975.

鈴木靖民,「渤海の首領制に關する豫備的考察」『古代對外關係史の研究』, 吉川弘文館, 1979.

鈴木靖民,「文獻からみた加耶と倭の鐵」『古代東アジアにおける倭と加耶の交流』(國立歷史民俗博物館研究報告書, 第110集), 2004.

王吉林,「唐初與吐蕃關係的發展(634~670)」『中華民國家藏學術會議論文集』, 文化大學, 1988.

王綿厚,「關于確認高句麗歷史地位的三要素」『東北史地』1, 2004.

魏國忠,「渤海疆域變遷考略」『求是學刊』1984-6, 1984.

魏國忠,「渤海王國据有遼東考」『龍江史苑』, 1985-1, 1985.

栗原朋信,「漢帝國と周辺諸民族」『岩波講座世界歷史』4, 1970.

李成市,「金春秋の來日に見る新羅外交政策の變革」『歷史讀本』臨時增刊 30-11, 1985.

林沄,「論團結文化」『北方文物』1985-1.

赤羽目匡由,「新羅末高麗初における東北境外の黑水·鐵勒·達姑の諸族」『朝鮮學報』197, 2005.

赤羽目匡由,「新羅東北境에서의 新羅와 渤海의 交涉에 대하여」『高句麗渤海研究』31, 고구려발해학회, 2008.

田中琢,「倭人爭亂」『日本の歷史』2, 集英社, 1991.

田村晃一,「渤海の土城·山城·寺院」『アジア遊學』6, 1999.

井上秀雄,「新羅軍制考(上)-職官志軍制の組織を中心として」『朝鮮學報』11, 朝鮮學會, 1957.

井上秀雄,「新羅軍制考(下)-職官志軍制の組織を中心として」『朝鮮學報』12, 朝鮮學會, 1958.

井上秀雄,「新羅兵制考」『新羅史基礎研究』, 1974.

井上秀雄,「新羅王畿の構成」『新羅史基礎研究』, 東出版, 1974.

井上秀雄,「朝鮮の初期國家」『日本文化研究所研究報告』1, 1976.

町田章,「加耶の環頭大刀と王權」『加耶諸國의王權』, 仁濟大 加耶文化研究所 編, 1997.

趙評春,「遼太祖攻滅渤海時程考」『學習與探索』1986-6, 1986.

酒寄雅志,「渤海國家の史的展開と國際關係」『朝鮮史研究會論文集』16, 1979.

酒井改藏,「好太王碑面の地名について」『朝鮮學報』, 1955.

池內宏,「高句麗滅亡後の遺民の叛亂及ひ"唐と新羅との關係」,『滿鮮地理歷史研究報告』12, 1927.

池內宏,「眞興王の戊子巡境碑と新羅の東北境」『滿鮮史研究』上世第2冊, 吉川弘文館, 1960.

池田雄一,「中國古代における郡縣屬吏制の展開」『中國古代史研究』第四, 1976.

津田左右吉,「好太王征服地域考」『朝鮮歷史地理』第一冊, 1913.

陳顯昌,「論渤海國的彊域」『學習與探索』1985-2.

曉辰,「也談渤海五京制的起始年代」『北方文物』2003-3.

Denis Twitchett and Howard J Wechsler, "Kao-tsung and Empress Wu", The Cambridge History of China, Vol. 3, Cambridge University Press, Cambridge, 1979.

Denis Twitchett, "Introduction" The Cambridge History of China Vol.3, Cambridge University Press, London, 1979.

Dennis E. Showalter, "Caste, Skill, and Training: The Evolution Armies from the Middle Ages to the Sixteenth Century", The Journal of Military History Vol. 57, No.3, July, 1993.

Howard J Wechsler, "Tai-tsung the Consolidator", The Cambridge History of China Vol. 3, Cambridge University Press, Cambridge, 1979.

Naoki Kojiro, "Nara state(Felicia G. Bock, tr)", The Cambridge History of Japan Vol. 1, Cambridge University Press, Cambridge, 1993.

Shelach Gideon, "A comparative Study of Erlitou and Lower Xiajiadian Cultures", Social Complexity in China during the Early bronze Age, Vol33, no2, University of Hawaii Press, 1994.

Ymakuchi, Matrimonial Relationship between the Tu-fan and Tang Dynasties, Memoirs of the Research Department of Toyo Bunko. No27, Tokyo, 1969.

찾아보기

『한국군사사』권별 집필진

구분	집필진		구분	집필진	
고대 I	이 태 진	국사편찬위원장	조선 후기 II	송 양 섭	충남대 교수
	송 호 정	한국교원대 교수		남 상 호	경기대 교수
	임 기 환	서울교대 교수		이 민 웅	해군사관학교 교수
	서 영 교	중원대 박물관장		이 왕 무	한국학중앙연구원 연구원
	김 태 식	홍익대 교수	근현대 I	이 헌 주	국사편찬위원회 편사연구사
	이 문 기	경북대 교수		조 재 곤	동국대 연구교수
고대 II	임 기 환	서울교대 교수	근현대 II	윤 대 원	서울대 규장각 HK교수
	서 영 교	중원대 박물관장	강역	박 영 길	한국해양수산개발원 책임연구원
	이 문 기	경북대 교수		송 호 정	한국교원대 교수
	임 상 선	동북아역사재단 연구위원		임 상 선	동북아역사재단 연구위원
	강 성 봉	한국미래문제연구원 연구원		신 안 식	숙명여대 연구교수
고려 I	최 종 석	동덕여대 교수		이 왕 무	한국학중앙연구원 연구원
	김 인 호	광운대 교수		김 병 렬	국방대 교수
	임 용 한	충북대 연구교수	군사 사상	임 기 환	서울교대 교수
고려 II	김 인 호	광운대 교수		정 해 은	한국학중앙연구원 선임연구원
	홍 영 의	숙명여대 연구교수		윤 대 원	서울대 규장각 HK교수
조선 전기 I	윤 훈 표	연세대 연구교수	군사 통신· 무기	조 병 로	경기대 교수
	김 순 남	고려대 초빙교수		남 상 호	경기대 교수
	이 민 웅	해군사관학교 교수		박 재 광	전쟁기념관 학예연구관
	임 용 한	충북대 연구교수	성곽	서 영 일	단국대 교수
조선 전기 II	윤 훈 표	연세대 연구교수		여 호 규	한국외국어대 교수
	임 용 한	충북대 연구교수		박 성 현	연세대 국학연구원
	김 순 남	고려대 초빙교수		최 종 석	동덕여대 교수
	김 일 환	순천향대 연구교수		유 재 춘	강원대 교수
조선 후기 I	노 영 구	국방대 교수	연표		한국미래문제연구원
	이 민 웅	해군사관학교 교수	개설	이 태 진	국사편찬위원장
	이 근 호	국민대 강사		이 헌 수	육군사관학교 명예교수
	이 왕 무	한국학중앙연구원 연구원		이 영 화	한국학중앙연구원 연구원

『한국군사사』 간행위원

1. 주간

준장 오상택 (현 육군 군사연구소장)

준장 이필헌 (62대 육군 군사연구소장)

준장 정대현 (61대 육군 군사연구소장)

준장 신석현 (60대 육군 군사연구소장)

준장 이웅희 (59대 육군 군사연구소장)

2. 사업관리

대령 하보철 (현 한국전쟁연구과장)

대령 신기철 (전 한국전쟁연구과장)

대령 김규빈 (전 군사관리과장)

대령 이동욱 (전 군사관리과장)

대령 임방순 (전 군사관리과장)

대령 유인운 (전 군사관리과장)

대령 김상원 (전 세계전쟁연구과장)

중령 김재종 (전 군사기획장교)

소령 조상현 (전 세계현대전사연구장교)

연구원 조진열 (현 한국고대전사연구사)

연구원 박재용 (현 역사편찬사)

연구원 이재훈 (전 한국고대전사연구사)

연구원 김자현 (전 한국고대전사연구사)

3. 연구용역기관

사단법인 한국미래문제연구 (원장 안주섭)

편찬위원장 이태진 (국사편찬위원장)

교열 감수위원 채웅석 (가톨릭대 교수)

책임연구원 임용한 (충북대 연구교수)

연구원 오정섭, 이창섭, 심철기, 강성봉

4. 평가위원   김태준 (국방대 교수)

김　홍 (3사관학교 교수)

민현구 (고려대 교수)

백기인 (국방부 군사편찬연구소 선임연구원)

서인한 (국방부 군사편찬연구소 부장)

석영준 (육군대학 교수)

안병우 (한신대 교수)

오수창 (서울대 교수)

이기동 (동국대 교수)

임재찬 (위덕대 교수)

한명기 (명지대 교수)

허남성 (국방대 교수)

5. 자문위원   강석화 (경인교대 교수)

권영국 (숭실대 교수)

김우철 (한중대 교수)

노중국 (계명대 교수)

박경철 (강남대 교수)

배우성 (서울시립대 교수)

배항섭 (성균관대 교수)

서태원 (목원대 교수)

오종록 (성신여대 교수)

이민원 (동아역사연구소 소장)

이진한 (고려대 교수)

장득진 (국사편찬위원회 편사연구관)

한희숙 (숙명여대 교수)

집 필 자

- 임기환(서울교대 교수) 제4장 제1·2·3절
- 서영교(중원대 박물관장) 제4장 제4절
- 이문기(경북대 교수) 제5장 제1절
- 임상선(동북아역사재단 연구위원) 제5장 제2절 1·3항
- 강성봉(한국미래문제연구원 연구원) 제5장 제2절 2항

한국군사사 2 **고대 II**

초판 인쇄 2012년 10월 15일
초판 발행 2012년 10월 31일

발 행 처 육군본부(군사연구소)
주   소 충청남도 계룡시 신도안면 부남리 계룡대로 663 사서함 501-22호
전   화 042) 550 - 3630~4
홈페이지 http://www.army.mil.kr

출   판 경인문화사
등록번호 제10-18호(1973년 11월 8일)
주   소 서울시 마포구 마포대로4다길 8 경인빌딩(마포동 324-3)
대표전화 02-718-4831~2 팩스 02-703-9711
홈페이지 http://www.kyunginp.co.kr
이 메 일 kyunginp@chol.com

ISBN 978-89-499-0874-8 94910 세트
     978-89-499-0877-9 94910
육군발간등록번호 36-1580001-008412-01
값 44,000원